Ulrich Matheja

Schlappekicker und Himmelsstürmer
Die Geschichte von Eintracht Frankfurt

walk alone
alone

Ulrich Matheja

Schlappekicker und Himmelsstürmer

Die Geschichte von Eintracht Frankfurt

VERLAG DIE WERKSTATT

Bibliografische Information der Deutschen Bibliothek

Die Deutsche Bibliothek verzeichnet diese Publikation in der Deutschen Nationalbibliografie; detaillierte bibliografische Daten sind im Internet über http://dnb.ddb.de abrufbar.

Lotzestraße 24a, D-37083 Göttingen
www.werkstatt-verlag.de

Satz und Gestaltung: Verlag Die Werkstatt, Göttingen
Druck und Bindung: Westermann Druck, Zwickau

ISBN 10: 3-89533-538-X
ISBN 13: 978-3-89533-538-9

Inhalt

Die Eintracht meisterhaft: Alfred Pfaff präsentiert die Schale, nachdem Kickers Offenbach am 28. Juni 1959 im Endspiel mit 5:3 bezwungen wurde.

Vorwort

Als mich mein Cousin Wolfgang am 5. Februar 1966 zum ersten Mal mit zur Eintracht nahm (0:1 gegen Hannover 96), konnte niemand ahnen, wohin das einmal führen würde. Am allerwenigsten wohl Chavdar Yankov, der mir am 12. Februar 2006 mit einem Sonntagsschuss mein „Vierzigjähriges" als Eintracht-Fan vermieste. Wieder 0:1 gegen Hannover 96, wieder ein Spiel verloren, das die Eintracht eigentlich nicht verlieren durfte. Wie oft hatte ich das in all diesen Jahren schon erleben müssen? In Anlehnung an den Wiener Schriftsteller und Journalisten Friedrich Torberg (der ein bekennender Austrianer war) bleibt einem daher nur die Feststellung: „Eintrachtler ist, wer's trotzdem bleibt."

Dennoch überwiegen beim Rückblick auf die vergangenen 40 Jahre die positiven Erinnerungen. So habe ich die Eintracht im Endspiel gesehen. Jawohl, mit dem Jürgen – zweimal sogar: 1974 und 1975. Ich habe den UEFA-Pokal in Händen gehabt, damals beim Tag der offenen Tür am Riederwald, als die Tribüne noch ihr Dach hatte. Ich war natürlich auch 1981 in Stuttgart und 1988 in Berlin, als „Charly" Körbel zum vierten Mal in seiner Laufbahn Pokalsieger wurde. Rostock 1992 und den 4. Mai 1996 wollen wir dagegen lieber in der Mottenkiste der Geschichte ruhen lassen.

Meine Mutter, inzwischen 84 und einst eine erstklassige Näherin von erstklassigen Eintracht-Fahnen, meinte einmal, es müsse doch mal nachlassen, das mit der Eintracht. Aber es ließ nicht nach – und das war auch gut so. Natürlich begegnet einem viel Unverständnis, wenn man beispielsweise an den heißen Tagen des Sommers 2006 statt am Badesee brav an seinem Computer sitzt und die neuesten Daten und Informationen zu dem zusammenfügt, was Sie jetzt in Händen halten: die dritte Auflage von „Schlappekicker und Himmelsstürmer" – die Geschichte von Eintracht Frankfurt.

Seit 1998 und 2003, als die erste und zweite Auflage des Buches erschienen, hat sich viel bewegt im Fußball – und bei der Eintracht sowieso. Manchmal wurde einem ganz schwindelig bei dem Gedanken, Fan einer Fahrstuhlmannschaft zu sein. Wollen wir hoffen, dass diese Zeiten ein für allemal vorbei sind und die Eintracht wieder ein fester Bestandteil der Bundesliga wird. Nie mehr 2. Liga.

Noch tiefer ging ich dafür im Statistikteil. In der letzten Auflage erschien erstmals das Spieler-Lexikon aller (bekannten) Eintracht-Akteure seit 1899. Doch keine Statistik, die sich nicht verbessern ließe. Also machte ich mich auf die Suche nach den Aufstellungen der Amateure seit ihrem Hessenliga-Aufstieg 1969. Interessant, wie viele der späteren Bundesliga-Cracks einem dort begegneten. Ihre Einsätze und Tore in der Hes-

Drei Tore zum Glück: Michael Thurk (hier mit Albert Streit) gelang im Spiel gegen Bröndby IF ein Hattrick. Die Eintracht war im September 2006 erfolgreich auf die europäische Bühne zurückgekehrt.

senliga, Oberliga und Regionalliga sowie in den Spielen um den Hessenpokal und die Deutsche Amateur-Meisterschaft habe ich ins Spieler-Lexikon eingearbeitet.

Mein Dank gilt daher allen, die mir bei der Aktualisierung des Text- und Statistikteils Unterstützung gewährten: dem Archiv der „Frankfurter Neuen Presse", wo ich vor dem Tsunami-Benefiz-Turnier im Februar 2005 stundenlang Mikrofilme nach Hessenliga-Aufstellungen durchforsten durfte; meiner Freundin Barbara, die das Spieler-Abc der Amateure Korrektur las; Rolf Lutz, dem Archivar des Hessischen Fußball-Verbandes in Grünberg, mit dem ich den Jugendbereich nach Hessenmeistern und Hessenpokalsiegern abklopfte. Nicht zu vergessen natürlich Matthias Thoma vom Eintracht-Archiv am Riederwald, der wie einst Indiana Jones auf der Jagd nach verlorenen Schätzen für das geplante Eintracht-Museum ist, sowie Jörg Heinisch, Frank Gotta und Dr. Othmar Hermann, die mich immer mit Informationen zu Spielern und Spielen von einst auf dem Laufenden halten. Auch Christian Doublier, der schon 2003 den Einwurf mit „Charly" Körbel beisteuerte, war wieder mit großem Engagement dabei. Diesmal entstammen die Interviews mit Alexander Schur und Heribert Bruchhagen seiner Feder.

Ganz besonders stolz bin ich aber auf meinen Neffen Benedikt, jetzt im gleichen Alter wie ich anno 1966, dass er in schweren (Eintracht-)Zeiten den Verlockungen nicht-hessischer Klubs widerstand und heute stolz den Adler auf der Brust trägt. Die neue Philosophie mit jungen Leuten aus der Region soll schließlich nicht nur auf dem Platz, sondern auch auf den Rängen gelten. Denn ohne Jugend keine Zukunft.

Ulrich Matheja,
im Herbst 2006

PS: Über Korrekturen und Ergänzungen – insbesondere zum Spieler-Lexikon sowie zu fehlenden Tabellen – bin ich jederzeit dankbar: u.matheja@t-online.de.

Die Wurzeln der Eintracht

Wie der Ball in Frankfurt ins Rollen kam

Die ersten „Fußballer" in Frankfurt spielten in Wahrheit Rugby. Junge Engländer und Amerikaner waren es, die schon um 1876 auf der Körnerwiese dem Ball nachjagten. Sie fungierten als Vorbild für eine ganze Reihe junger Vereinsgründer: Aus der Taufe gehoben wurden bis 1879 etwa der „Football Club Germania" (von Schülern der Wöhler- und Klingerschule), der „Football Club Franconia" (von Schülern des Frankfurter Gymnasiums), die „Arminia", „Constantia", „Teutonia", „Fortuna" und sogar schon eine Eintracht, die sich allerdings lateinisch „Concordia" nannte. 1880 entstand dann der „Fußball-Klub Frankfurt", der einzige dieser Vereine, der heute – unter dem Namen „Sport-Club 1880" – noch existiert.

Sie alle spielten Fußball nach den Regeln der Rugby Union, nach denen die Ballaufnahme mit der Hand sowie das Treten gegen des Gegners Beine erlaubt waren. Dagegen setzte sich das Spiel der Football Association, später kurz „Soccer" genannt, in Frankfurt erst langsam durch. Der erste „richtige" Frankfurter Fußballklub entstand auch gar nicht am Main, sondern an der Spree. Der aus Sachsenhausen stammende Georg Leux gründete am 5. Mai 1885 in Berlin zusammen mit dem späteren Spielwart der Germania, Jean Freyeisen, und dem Ruderer Fritz Bender den „Berliner Fußball-Club Frankfurt". Der BFC Frankfurt gehörte 1891 zu den Gründungsmitgliedern des „Deutschen Fußball- und Cricket-Bundes" und gewann 1898 sogar die Meisterschaft des 1894 gegründeten „Allgemeinen Deutschen Sportbundes", scheint jedoch wenig später eingegangen zu sein, denn im Vereinsverzeichnis des ersten DFB-Jahrbuchs 1904/05 taucht er nicht mehr auf.

In der Zwischenzeit jagte die Frankfurter Jugend jedoch nicht mehr nur dem ovalen Rugby-Ei, sondern auch dem runden Leder nach. Beliebtester Spielplatz war die Hundswiese an der Eschersheimer Landstraße. Ludwig Isenburger beschreibt in seinem 1929 erschienenen Büchlein „Aus der Steinzeit des Frankfurter Fußballs" recht amüsant den Werdegang des jungen Frankfurter Fußballs, obgleich diese Leidenschaft für ihn und seine Genossen ab und zu weniger vergnügliche Folgen hatte. Zerbrochene Fensterscheiben oder Schäden an der Sonntagskleidung waren schon immer ein besonderes Ärgernis für Nachbarn und Eltern gleichermaßen.

Der Berliner Fußball-Club „Frankfurt". Der aus Sachsenhausen stammende Gründer Georg Leux ist ganz rechts zu erkennen.

Isenburger, jüngster Sohn eines Frankfurter Lederhändlers, wurde 1892 vom „Bazillus Fußball“ befallen, als der Vater von der Leipziger Herbstmesse einen richtigen Lederball mitbrachte. Zu dieser Zeit wurde Fußball nur von der Spielabteilung des Vergnügungsklubs „Fidelitas“ vereinsmäßig betrieben, deren Spielplatz die Hundswiese war. Nachdem sich die „Fidelitas“ 1894 nach internen Differenzen aufgelöst hatte, gründeten die übrig gebliebenen Fußball-Enthusiasten am 26. August 1894 einen neuen Klub, den „Frankfurter Fußball-Klub Germania“, heute VfL Germania 94. Anfangs kamen den Germanen die guten Verbindungen ihres Kapitäns Ernst Ohly zur in Frankfurt recht zahlreichen Engländerkolonie zugute, doch bald wurde das Spiel auch unter der Frankfurter Jugend immer populärer, so dass bald eine 2. und 3. Senioren- und eine Schülermannschaft gebildet wurde. Allerdings fehlten in Frankfurt Wettspielgegner, so dass man noch lange nach auswärts reisen musste, so nach Hanau zum „1. FC 1893“ (dem ältesten hessischen Fußballklub) und zu „Viktoria 1894“ oder nach Mannheim zur „Fußball-Gesellschaft 1896“ oder zu „Union 1897“, beides Vorläufer des heutigen VfR Mannheim.

Die Germania wurde zur Keimzelle aller nachfolgenden Frankfurter Fußballvereine, denn gegen Ende des Jahrhunderts war ihre Mitgliederzahl so stark gestiegen, dass nicht mehr allen Mitgliedern ein Platz in einer Mannschaft garantiert werden konnte und es zur Gründung weiterer Klubs kam. Der Kickers- und Eintracht-Spieler Fritz Becker, Frankfurts erster Nationalspieler, prägte später den Satz: „Ohne die Germania keine Victoria, keine Kickers, keine Eintracht und kein FSV!“ Schon 1898 war in Bornheim der „Fußball-Klub Nordend“ entstanden, aus dem dann ein Jahr später der

Fußballsportverein wurde. Am 8. März 1899 schließlich verließ eine Gruppe um Albert Pohlenk, Albert Gerhardt, Hans Schnug und Emil Müller die Germania und gründete den „Frankfurter Fußball-Club Victoria". Kurz darauf entstand mit dem „Frankfurter Fußball-Club von 1899" ein weiterer Verein.

Neue Impulse erhielt der Frankfurter Fußball durch Walther Bensemann, der auf seinen zahlreichen Reisen den Fußball schon in anderen süddeutschen Städten eingebürgert hatte. Bensemann, der spätere Begründer des Fußball-Fachblatts „Der Kicker", hatte schon 1896 mit Schülern der Klinger- und Adlerflychtschule auf der Hundswiese gekickt. Bei seinem zweiten Aufenthalt in Frankfurt 1899 sah man ihn immer häufiger auf der Hundswiese. Wie bereits in Karlsruhe und Straßburg scheute der nicht unvermögende Bensemann auch in Frankfurt weder Kosten noch Mühe, um seine Schützlinge mit allen notwendigen Fußballutensilien auszustatten. Das schicke Equipement erwies sich als wirksames Mittel der Mitgliederwerbung: Bald sah man immer mehr junge Leute in den weißen Blusen mit rotem Adler und schwarzen Hosen der „Frankfurter Kickers". Am 28. November 1900 schloss sich der Klub mit dem FFC 1899 zum „Frankfurter Fußball-Club 1899 Kickers" zusammen. Mit der Germania, der Victoria und den Kickers auf der Hundswiese, dem FSV und der Hermannia in Bornheim sowie dem 1. Bockenheimer FC 1899 gab es damit zur Jahrhundertwende bereits ein halbes Dutzend Fußballvereine in Frankfurt.

▶ EINWURF

Walther Bensemann, der Pionier

Walther Bensemann, geboren am 13. Januar 1873, stammte aus einer wohlhabenden Berliner Bankiersfamilie. Er besuchte englische Privatschulen in der Schweiz, wo er von englischen Mitschülern das Fußballspiel kennen lernte und als 14-Jähriger in Montreux seinen ersten Verein gründete. In Karlsruhe, wo er sein Abitur ablegte, rief er

1889 mit dem „International Football Club" den vermutlich ersten süddeutschen Verein ins Leben, der nach den Regeln der Football Association spielte. 1891 war er Mitbegründer des Karlsruher Fußball-Vereins, der nach 1900 mehrfach Süddeutscher Meister und 1910 Deutscher Meister wurde. Nach dem Abitur zog Bensemann als eine Art Fußball-Missionar durch Süddeutschland und initiierte zahlreiche Vereinsgründungen. 1899 gab er die entscheidenden Impulse zum Entstehen der Frankfurter Kickers, 1900 war er an der Gründung des Deutschen Fußball-Bundes beteiligt. Berühmt wurde er in jenen Jahren auch durch die Organisierung zahlreicher internationaler Begegnungen. So reiste 1898 mit dem „Bensemann-Team" erstmals eine Fußballmannschaft nach Paris, ein Jahr später gastierte auf seine Initiative zum ersten Mal eine englische Auswahl auf dem Kontinent.

Bensemann, ein Kosmopolit und Bonvivant, schaffte es auf eigene Art, die Vorbehalte gegen den Fußball zu überwinden. In dem Buch „Neue Ausgrabungen aus der Steinzeit des Frankfurter Fußballs" heißt es über ihn: „Mit Walther Bensemann zog ein neuer Sportgeist in unsere Reihen. Was waren das für reizende Dinners im Frankfurter Hof, zu denen eine große Anzahl der damaligen Frankfurter Prominenz geladen war (...) Jetzt begegnete man auch schon einem größeren Verständnis bei den Eltern. Welche Kämpfe und Überredungen waren vorher mit den Eltern der einzelnen Spieler nötig, wenn unsere Mannschaft auswärts spielen musste."

Auch der Name „Kickers" geht wohl auf eine Bensemann'sche Idee zurück. In Karlsruhe hatte er im Jahr 1893 erstmals ein Team unter diesem Namen gegründet: die Karlsruher Kickers, die er als eine Art süddeutscher Auswahl verstand und stolz als „Meistermannschaft des Kontinents" bezeichnete. Auch wenn dieser Titel übertrieben war, so erlangten die Karlsruher Kickers in den zwei Jahren ihrer Existenz in der jungen süddeutschen Fußballszene bald einen legendären Ruf. Einige Vereinsgründer – so in Stuttgart und wohl auch in Frankfurt – wählten den glanzvollen Namen, um an den alten Kickers-Ruhm anzuknüpfen.

1920 begründete Bensemann in Konstanz das Fußball-Fachblatt „Der Kicker". Zu seinen Mitarbeitern zählten in den 1920er Jahren im Frankfurter Raum auch der Jurist und spätere Schriftleiter der Eintracht-„Vereins-Nachrichten", Dr. Josef Keil („Jockey"), und Ludwig Isenburger. Bensemann genoss international großes Ansehen, wie eine fast zwei Seiten lange Liste von Glückwunschschreiben und Telegrammen im „Kicker" anlässlich seines 60. Geburtstags im Januar 1933 beweist, die vom französischen FIFA-Präsidenten Jules Rimet angeführt wurde. Wegen seiner jüdischen Abstammung sowie seiner internationalistischen Einstellung drängten die Nationalsozialisten Bensemann bald nach der Machtübernahme aus dem „Kicker"-Verlag. Er zog sich nach Montreux zurück, wo er am 12. November 1934 starb. Zu den wenigen Zeitungen, die im damaligen NS-Deutschland einen Nachruf veröffentlichten, zählten die „Vereins-Nachrichten" der Frankfurter Eintracht, die anmerkten: „Auch er war in den Gründerjahren der Eintracht für uns ein vorbildlicher Mensch." ■

Der Stammbaum der Eintracht

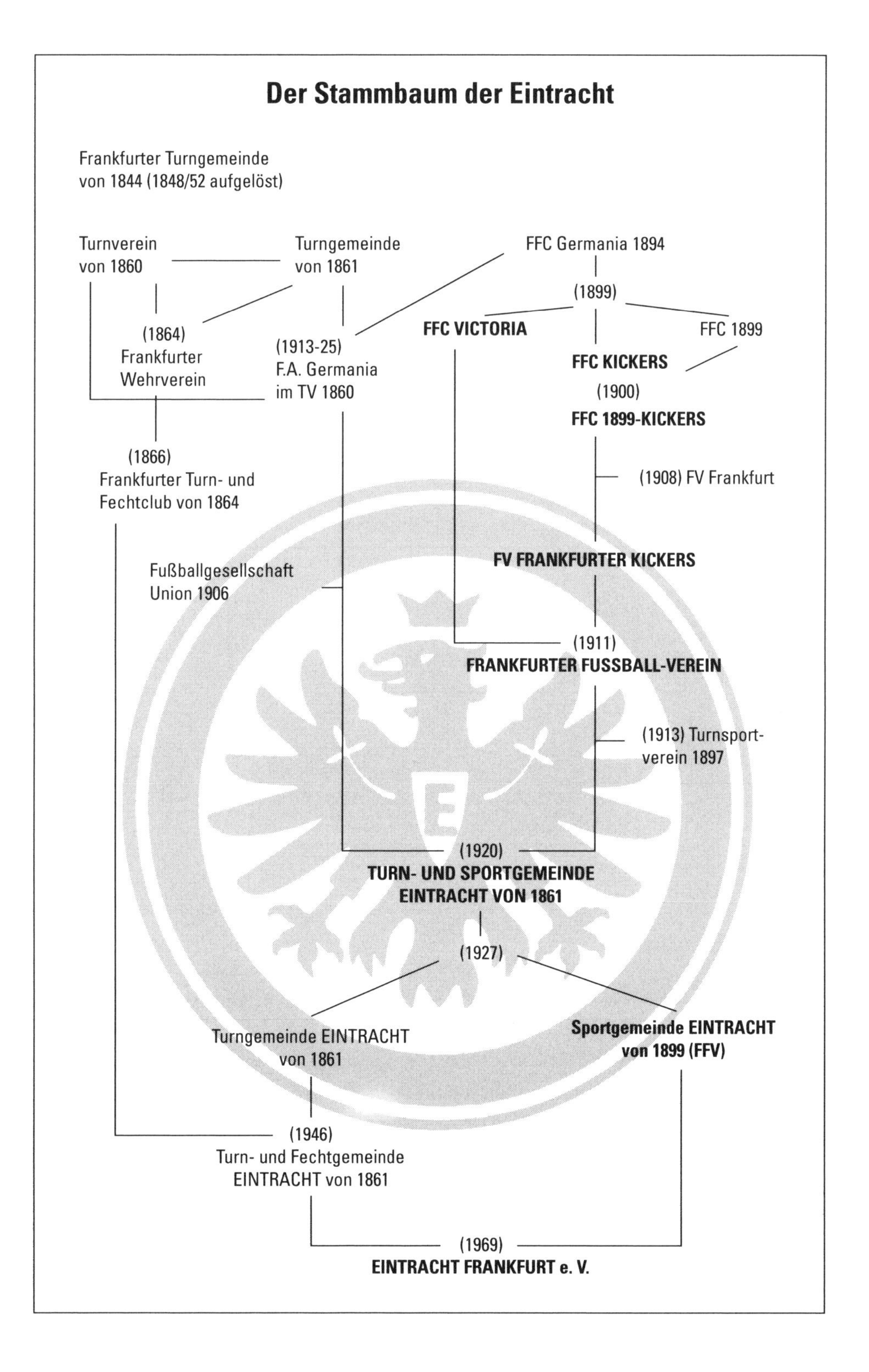

Der „Frankfurter Fußball-Club Victoria"

Das Gründungsprotokoll des „Frankfurter Fußball-Club Victoria".

1899 ■ Gründung

Die Gründung des Klubs fand am 8. März 1899 in einer Wirtschaft in der Hohenzollernstraße 14 (der heutigen Düsseldorfer Straße) statt. Im Gründungsprotokoll ist nachzulesen, dass sich die anwesenden 15 Personen einstimmig auf den Namen „Frankfurter Fußball-Club Victoria" einigten. Jeder hatte für Gründung und den Monatsbeitrag für März zwei Mark zu entrichten, für jeden folgenden Monat eine Mark. Für neue Mitglieder betrug die Aufnahmegebühr 1,50 Mark, der Monatsbeitag eine Mark, für Schüler 50 Pfennige. Zum ersten Vorsitzenden wurde Albert Pohlenk gewählt. Auch die Platzfrage konnte rasch geklärt werden. Dank des Entgegenkommens des städtischen Turninspektors Weidenbusch durfte der Klub die Hundswiese benutzen. Als Umkleideraum wurde von der benachbarten Gaststätte „Milchkur" für stolze neun Mark pro Monat eine Scheune angemietet. Als Vereinslokal fungierte das „Schlesinger Eck" in der Großen

Die erste Victoria-Mannschaft 1899.

Gallusstraße 2a, wo man sich jeden Donnerstag Abend traf. Bereits am 19. März 1899 trat Victoria zu ihrem ersten Wettspiel gegen den 1. Bockenheimer FC 1899 an. Der Eintrag von Kapitän Pohlenk in die „Spiel-Berichte des F.F.C. Victoria 1899" lautete:

„‚Victoria' tritt zum ersten mal auf & beginnt ihre Spiele mit einem Gesellschafts-Spiel C/a F. C. Bockenheim, es gelingt ihr auch, über denselben mit 4:1 Goal zu siegen. Die erste Mannschaft ‚Victorias' bestand aus folgenden Mitgliedern: Müller, Birkner, (Baks) Trolliet, Riese, abwechselnd (Goal) Gerhardt, Seubert, Trolliett, (Halves) Reick, Heil, Pohlenk, Schmidt, Schnug. (Forwards) es waren dies die Leute, welche Victorias Farben zum erstenmal auf dem Spielfeld gleich siegreich vertraten." (Mit „Baks" = backs waren Verteidiger gemeint, mit „Halves" die Läufer bzw. Mittelfeldspieler, mit „Forwards" die Stürmer.)

Bis zum 22. September 1899 trug die 1. Mannschaft 16 Spiele aus, von denen zehn gewonnen und sechs verloren wurden. Gegner waren unter anderem der FC Hanau 93 (2:3 und 0:2), Viktoria 94 Hanau (3:2) und die Mannheimer FC Union (0:8 und 2:0). Gegen den 1. Bockenheimer FC 1899 gab es mit 7:1 und 5:0 zwei hohe Siege. Am prestigeträchtigsten war jedoch das 2:1 am 17. September 1899 beim alten Lehrmeister Germania. Die Farben der Victoria vertraten:

► Scheiterle; Letsche, Wegmann; Heil, Gerhardt, Müller; Reick, Vesper, Keller, Schnug, Pohlenk.

Obwohl die Victoria selbst noch in den Kinderschuhen steckte, war sie am 28. Januar 1900 einer von 86 Vereinen, die in Leipzig bei der Gründung des „Deutschen Fußball-Bundes" (DFB) dabei waren. Da die Gegner aber noch dünn gesät waren, gab es oft auch nur Übungsspiele untereinander, die aber mit nicht geringerem Eifer ausgetragen wurden und meist erst durch die hereinbrechende Dunkelheit ein Ende fanden. Selbst als die Stadt im Frühjahr die Hundswiese sperrte, damit sich das Gras erholen konnte, beeinträchtigte das die Spielleidenschaft keineswegs, und man wich auf den Griesheimer Exerzierplatz aus. Viel dazugelernt wurde von dem Engländer Cecil Nicholas, der von November 1899 bis Februar 1900 Spielführer war.

Angeregt von den ersten Erfolgen kamen die Frankfurter Vereine Anfang 1900 auf die Idee, ein Wettspiel der gebürtigen Frankfurter gegen die „Eingeplackten" auszutragen. Es fand am Sonntag, dem 4. Februar, auf der Hundswiese statt und brachte einen klaren 3:0-Erfolg der einheimischen Mannschaft. In ihrer Ausgabe vom 6. Februar berichteten die „Frankfurter Nachrichten" unter der Überschrift „Fußball. Assoziation-Wettspiel":

„Vergangenen Sonntag fand ein vom Fußballklub ‚Germania' veranstaltetes Wettspiel statt zwischen einer Ausländermannschaft, welche zum größten Theil aus Engländern bestand, und einer kombinierten Mannschaft geborener Frankfurter aus den Klubs ‚Germania', ‚Frankfurt' u. ‚Viktoria'. Das Spiel begann um 2 Uhr. Kurz nach dem Anstoß konnten die Frankfurter das erste Goal erzielen, welchem bis Schluß des Spieles noch zwei weitere folgten. Die Ausländer vermochten kein einziges Goal zu erringen, so dass die Frankfurter Klubs mit 3:0 Goals trotz der starken Gegnerschaft den Sieg davon trugen."

1900-1903 ■ Die ersten Frankfurter Fußballmeisterschaften

Zu einer Stärkung des Frankfurter Fußballs führte im März 1900 die Gründung des „Frankfurter Associations-Bundes" (FAB) durch Germania, Victoria und 1. Bockenheimer FC 99. Im Herbst wurde erstmals eine Frankfurter Meisterschaft ausgetragen, die am Ende Germania und Victoria mit je fünf Punkten an der Spitze sah. Dabei hatte es die Victoria am 4. November sogar in der Hand gehabt, aus eigener Kraft erster FAB-Meister zu werden. In einem sehr flotten Spiel ging Victoria in der 81. Minute mit 1:0 in Führung, doch konnte Germania zwei Minuten vor Schluss ausgleichen, so dass es am 18. November in Bockenheim zu einem Entscheidungsspiel kam, in dem der Altmeister Germania durch einen Treffer von Billetter kurz nach der Pause knapp mit 1:0 die Oberhand behielt. Nur eine Woche später glückte die Revanche. In einem Spiel um die Süddeutsche Meisterschaft führte Victoria mit 1:0, doch musste das Spiel 14 Minuten vor Schluss wegen Dunkelheit abgebrochen werden. Nachdem der Verband Süddeutscher Fußball-Vereine (VSFV) das Spiel zunächst neu angesetzt hatte, wurde Victoria nach einem erfolgreichen Protest zum Sieger erklärt. In der nächsten Runde schied man dann gegen die Studentenmannschaft des FC Darmstadt aus (1:5).

Trotzdem konnte der Klub mit dem Erreichten mehr als zufrieden sein. In 21 Spielen gab es zwölf Siege, zwei Unentschieden und sieben Niederlagen. Am 21. April 1901 konnte erstmals der FC Hanau 93 geschlagen werden (1:0). Am 5. Mai trugen Victoria und der Offenbacher FC 99 in Aschaffenburg ein Gesellschaftsspiel aus (7:0 für Victoria), das zur Gründung des ersten Aschaffenburger Fußballklubs führte, aus dem sich der heutige SV Viktoria 01 Aschaffenburg entwickelte. Für das Spieljahr 1901/02 konnte Victoria auf zahlreiche Neuzugänge zurückgreifen. Aus Karlsruhe hatten W. Altenhain (KFV) und Firnrohr (Phönix) den Weg an den Main gefunden, aus Neuchâtel war Billeter und aus Pforzheim Fels gekommen. Mit diesen Spielern wurde 1901/02 erstmals die FAB-Meisterschaft gewonnen. Auch gegen auswärtige Konkurrenz wurden gute Ergebnisse erzielt. Der FC Darmstadt wurde 8:3, der FC Bonn in Koblenz 3:1 und die TG Wiesbaden 8:1 geschlagen. Selbst ein 2:4 gegen den Karlsruher FV kann als Erfolg bewertet werden, denn der KFV gehörte damals zur Creme des süddeutschen Fußballs. Ein frühes Aus bescherten allerdings wieder die Spiele um die Süddeutsche Meisterschaft. Beim FC Hanau 93 gab es bereits in der 1. Runde eine 0:2-Niederlage. Die „93er" schalteten danach auch 1899-Kickers und Germania 94 aus und mussten sich erst im Endspiel dem Karlsruher FV mit 0:2 beugen.

1902/03 konnte der Erfolg in der FAB-Meisterschaft wiederholt werden. Zum ersten Mal umfasste die Konkurrenz fünf Vereine. Der 1. Bockenheimer FC 99 hatte sich nach der Saison 1901/02 aufgelöst, dafür waren der FSV und Hermannia Frankfurt neu hinzugekommen. Victoria bestritt in dieser Spielzeit 28 Spiele. 18 Siegen standen je fünf Unentschieden und Niederlagen gegenüber. In der Süddeutschen Meisterschaft zog man wieder gegen den FC Hanau 93 den Kürzeren (2:3), nachdem zuvor die Offenbacher Kickers mit 3:0 und Viktoria 94 Hanau mit 2:0 ausgeschaltet worden waren.

1900-1903 ■ Erste Punktspielrunde im Maingau

Auf dem 7. Verbandstag des VSFV in Hanau wurde 1903 eine Änderung des Meisterschaftsmodus beschlossen. Das Verbandsgebiet wurde in zwei Kreise (Nord- und Südkreis) mit sechs Gauen aufgeteilt. Da fast die Hälfte aller süddeutschen Fußballklubs (32 von 65) im Maingau beheimatet waren, wurde dieser in zwei selbstständige Gaue geteilt; zwölf Teams aus Frankfurt und Wiesbaden bildeten den Westmaingau. Von dieser Meisterschaft gab es nur wenig Positives zu berichten. Mit 9:13 Punkten und 29:29 Toren belegte Victoria nur einen enttäuschenden 9. Platz. Lediglich vier Spiele konnten gewonnen werden. Erfreulicher verliefen die Freundschaftsspiele. Kickers Offenbach wurde mit 4:2, der Gießener FC 1900 mit 12:1, Phönix Mannheim gar mit 15:1 geschlagen. Auch Union 97 Mannheim wurde 3:2 besiegt und gegen den FSV mit 4:3 Revanche genommen. Niederlagen gab es bei Hanau 93 (0:2) und zu Hause gegen den Kölner FC 1899 (0:3).

In der FAB-Meisterschaft war gleich das erste Spiel das entscheidende, denn nach einem unglücklichen 0:1 gegen 1899-Kickers war der Pokal nicht mehr zu verteidigen. Zudem wurde mit den Fußball-Göttern und dem Schiedsrichter gehadert, wie Kapitän Michael Pickel in den Spiel-Berichten vermerkte:

„Victoria I musste bei Halbzeit die Führung Kickers I mit 1:0 überlassen. Dann schnürte Victoria die Kickers-Mannschaft vollständig ein und nur durch den Umstand, dass solche mit 10 Backs spielte, gelang es ihr, mit 1:0 zu siegen. Victoria war riesig vom

Pech verfolgt. Sicher, bei ein klein wenig mehr Aufmerksamkeit des Schiedsrichters, Herrn Rahn, hätte ein anderes Resultat zustandekommen müssen, da ein Ball tatsächlich im Kickers-Netz war und außerdem mindestens 1 x 11-Meterstoß zu geben war. Durch dieses Spiel ging Victoria I der Pokal I. Cl., der andernfalls ihr endgültiges Eigentum gewesen wäre, verloren.“

Dafür lief es 1904/05 wieder besser. Ohne Punktverlust wurde Victoria erstmals Gaumeister. In der Endrunde um die Nordkreismeisterschaft erwies sich die Konkurrenz vom FC Hanau 93 (0:6) und Union 97 Mannheim (1:3) allerdings noch als zu stark. Auch in der FAB-Meisterschaft ging Victoria wieder leer aus, da gegen den FSV eine 2:0-Pausenführung noch verspielt wurde (2:2). So kam es am 25. Juni 1905 in Hanau zu einem Entscheidungsspiel gegen den FSV. Wieder führte Victoria mit 2:0, doch wieder schafften die Bornheimer den Ausgleich und sicherten sich durch zwei weitere Treffer in der Verlängerung zum ersten Mal den Wanderpokal des FAB.

Das Kopf-an-Kopf-Rennen mit dem FSV wiederholte sich auch 1905/06. Zwar wurde der direkte Vergleich mit 1:2 verloren, doch am Ende standen beide Klubs mit 12:2 Punkten gleichauf. Dank des besseren Torverhältnisses, das Victoria mit 27:6 gegenüber FSV mit 22:12 im Vorteil sah, wurde Victoria erneut Westmaingaumeister. In der sich anschließenden Nordkreismeisterschaft wurde die Mannschaft Vierter im fünfköpfigen Feld. Mit einer Gastspielreise nach Mittelfranken, wo es einen 4:0-Sieg über die SpVgg Fürth und eine 1:3-Niederlage gegen den 1. FC Nürnberg gab, wurde das Spieljahr abgeschlossen. Zu dieser Zeit standen in der 1. Mannschaft:
► Fahrenkamp; Mortensen, Zahn; Bürckner, Schnug, Heil; Zindel, M. Pickel, Berk, Freund, Hellbach. Mit Ausnahme von Hellbach (früher Viktoria 89 Berlin) handelte es sich ausnahmslos um Frankfurter „Buwe“.

1907-1909 ■ Eigener Sportplatz an der Eschersheimer Landstraße

Während sportlich also alles im Lot war, machte ein ganz anderes Problem den Frankfurter Vereinen zu schaffen: die Sportplatzfrage. Bereits vor Beginn der Meisterschaftsspiele 1904/05 hatten die „Frankfurter Nachrichten“ das Problem in einem Artikel angesprochen: „Dass auch das Publikum immer mehr Interesse an dem Fußballsport nimmt, zeigte wieder der Besuch auf der Hundswiese am letzten Sonntag. Es ist nur zu bedauern, dass den Fußballklubs keine besseren, womöglich abgeschlossenen Plätze, wie dies in den meisten anderen Städten schon der Fall ist, zur Verfügung stehen.“

Nicht nur wegen des stetig wachsenden Zuschauerinteresses sah sich schließlich auch die Stadt Frankfurt veranlasst, in der Sportplatzfrage tätig zu werden. Bis Mitte 1906 war die Zahl der dem DFB angehörenden Fußballvereine in Frankfurt auf 21 angewachsen. Im Osten und Norden der Stadt entstanden auf städtischem Grund die ersten geschlossenen Fußballplätze. Der „Sportpark Frankfurt“ im Ostpark wurde Heimat der Hermannia, die für das Gelände mit einer Holztribüne eine jährliche Pacht von 1.000 Mark an die Stadt zahlte. Insgesamt kostete die Errichtung des Sportparks den Verein

18.000 Mark, womit er sich finanziell übernahm. Als bis 1909 eine Restschuld von 7.600 Mark übrig blieb, die nicht getilgt werden konnte, löste sich der Klub 1910 auf. Nördlich der Hundswiese erhielt Germania 94 ihre Platzanlage. Beide wurden zu Pfingsten 1906 unter Beteiligung ausländischer Gäste feierlich eingeweiht.

Durch den Zuwachs an Vereinen wurde der Maingau vor der Saison 1906/07 erneut geteilt und der Südmaingau eingerichtet. Nach schwachem Start blieb Victoria in der Rückrunde zwar ungeschlagen, mehr als ein ausgeglichenes Punktverhältnis sprang nicht mehr heraus. Dafür wurde mit umso größerem Eifer an der Herrichtung der eigenen Platzanlage an der Eschersheimer Landstraße gearbeitet. Aus diesem Grund ließ sich der Klub auch ins Vereinsregister eintragen und gab Anteilsscheine für die Errichtung des Sportplatzes aus. Der Eröffnung am Ostersonntag, 31. März 1907, sah das Frankfurter Publikum mit großem Interesse entgegen, denn mit dem Gallia Club Paris stellte sich erstmals eine Associations-Mannschaft aus der französischen Hauptstadt in Frankfurt vor. Victorias Aufstellung an diesem Festtag lautete:

► Fahrenkamp; Mortensen, Zahn; Schnug, Bürckner, Baumgärtner; Berk, Jockel, Häfner, Freund, Obersberger.

In den Spielberichten wurde vermerkt: *„Das Spiel war trotz der großen Hitze von Anfang bis Ende sehr interessant. Victoria führt bei der Pause 2:0, doch die aus vorzüglichen Einzelspielern zusammengesetzte Gallia-Mannschaft findet sich erst in der zweiten Hälfte zusammen und vermag gleichzuziehen. Victoria erzielt noch ein 3. Tor, das der sonst fehlerfreie & unparteiische Schiedsr. (Ohly, Frankf. Germania) aber nicht gibt. So blieb dieses bedeutendste Spiel des F. F. C. Victoria mit 2:2 unentschieden. Den Gästen muss man zu Gunsten rechnen, dass sie die Nacht über gefahren waren. V. spielte famos.*

Abends fand im Hotel-Restaurant Kyffhäuser ein großer Commers statt, der einen schönen Abschluss nahm. In sportl. wie gesellschaftlicher Beziehung nahmen die Franzosen den besten Eindruck von V. mit, was die Pariser Zeitungen umfangreich dokumentierten.“

Kaum hatten die Franzosen die Stadt verlassen, warf das nächste Großereignis seinen Schatten voraus. Am 5. Mai empfing eine Frankfurter Stadtauswahl vor einer großen Zuschauermenge auf dem Hermannia-Platz im Ostpark den amtierenden englischen Ligameister Newcastle United, der mit britischen Internationalen nur so gespickt war. Von der Victoria waren Torhüter Fahrenkamp sowie Zahn und Berk dabei, die Kickers wurden von ihrem Sturmtrio Bertrand, Fritz Becker, Fay vertreten. Newcastle, dem die „Frankfurter Zeitung“ in einem 43-zeiligen Bericht „vornehme Ruhe der Überlegenheit“ und eine „außerordentlich rasche Kombinationsfähigkeit“ attestierte, ging schnell mit 2:0 in Führung, doch konnte Becker noch vor der Pause verkürzen. Der gleiche Spieler erzielte fünf Minuten vor Schluss auch den zweiten Frankfurter Treffer. Trotz „einer gewissen Zaghaftigkeit und Unausgeglichenheit der Technik“ stellte das Endergebnis von 2:6 der Frankfurter Mannschaft „ein gutes Zeugnis aus“, denn im weiteren Verlauf ihrer Deutschland-Tournee bewiesen die Engländer ihre Klasse: 5:0 bei der Mannheimer FG 96 (Neckargau-Meister), 8:1 beim Freiburger FC (der drei

Wochen später die Deutsche Meisterschaft gewann!) und 7:0 beim Karlsruher FV (mittelbadischer Meister).

Durch die Eingliederung der Wiesbadener Vereine SVW, Germania und FC 01 umfasste der Südmaingau 1907/08 zunächst acht Mannschaften, nach dem Ausscheiden des FC 01 Wiesbaden und der Disqualifikation des FSV kamen jedoch nur sechs Mannschaften ins Schluss-Klassement. Victoria landete punktgleich mit Germania 94 auf dem vierten Rang, elf Punkte hinter Meister FFC Kickers. 1908/09 gab es eine erneute Änderung der Spielklasseneinteilung. Die 15 A-Klassenvereine sowie B-Klassenmeister Germania Bieber wurden in zwei Bezirksligen mit je acht Vereinen zusammengefasst. Nachdem sich schon in den beiden letzten Jahren eine spielerische Stagnation bei der Victoria angedeutet hatte, setzte sich der Abwärtstrend in diesem Spieljahr fort. Die Kickers, aber insbesondere der FSV gaben nun in Frankfurt den Ton an. Von den zwölf Meisterschaftsspielen konnten nur zwei gewonnen werden (5:0 gegen Germania Bieber und 2:1 gegen Hermannia). Mit 7:17 Punkten wurde Victoria nur Sechster, fand aber dennoch Aufnahme in die neue eingleisige Nordkreisliga.

Auch in den Freundschaftsspielen gegen auswärtige Gegner gab es nur wenig zu bejubeln. Am 26. Dezember 1908 unterlag eine kombinierte Victoria/FSV-Mannschaft auf dem Victoria-Platz dem holländischen Klub HFC Haarlem mit 2:4. Das letzte bedeutende Ereignis der Saison sah am 16. Mai 1909 den Auftritt des Süddeutschen und späteren Deutschen Meisters Phönix Karlsruhe, der glatt mit 6:0 gewann. Zum Trost und zum Beweis der Klasse der Karlsruher sei jedoch erwähnt, dass auch Bezirksmeister FSV bei der Eröffnung seines neuen Sportplatzes an der Seckbacher Landstraße am 6. September 1908 gegen Phönix mit 2:7 verloren hatte.

1909-1911 ■ Ein hartes Dasein in der eingleisigen Nordkreisliga

Mit Bildung der neuen Spielklasse wurde die Konkurrenz im Rhein-Main-Gebiet immer größer. Der Liga gehörten im ersten Jahr ihres Bestehens (1909/10) zwölf Vereine an. Davon kamen allein sieben aus Frankfurt. Die alte Hochburg Hanau war mit zwei, Wiesbaden, Offenbach und Bieber mit je einem Klub vertreten. Die Meisterschaft wurde in einer Doppelrunde ausgetragen, was 22 Pflichtspiele für jeden Verein bedeutete. Da die Runde erst Mitte September begann und wegen der Ermittlung des Süddeutschen Meisters bereits im Februar entschieden sein musste, kamen enorme Belastungen auf jeden Klub und seine Spieler zu, zumal zusätzlich noch eine ganze Reihe von Übungs- und Freundschaftsspielen ausgetragen wurde. Andererseits bedeuteten mehr Spiele auch mehr Einnahmen für die Vereine, die diese für die Errichtung und Finanzierung ihrer Platzanlagen benötigten. Fußball hatte aufgehört, nur noch ein Sonntagnachmittagsvergnügen zu sein, wie die Karikatur auf einer zeitgenössischen Postkarte aus Wiesbaden belegt, die die „Meisterschaftshatz 1909/10“ darstellt. Es ging inzwischen um Punkte und Pokale und letztendlich auch ums liebe Geld.

Die Meisterschaftshatz im Nordkreis.

Für Victoria verlief die Ligasaison enttäuschend. Zwar konnte man den führenden Klubs Viktoria 94 Hanau, SV Wiesbaden und dem FSV jeweils ein Unentschieden abtrotzen, ins Titelrennen wurde jedoch in keiner Phase eingegriffen. Am Ende sprang mit 19 Punkten Rückstand auf Meister Viktoria 94 Hanau nur der achte Platz heraus. Obwohl die Leistungen auf dem Spielfeld zu wünschen ließen, ging der Klub daran, seinen Sportplatz weiter auszubauen. Durch den Niedergang der Hermannia war deren Sportgelände im Ostpark verwaist. Die Brauerei Henninger hatte die hölzerne Tribüne abtragen und auf ihrem Firmengelände am Sachsenhäuser Berg einlagern lassen. Da der Vorstand gute Verbindungen zur Brauerei hatte, konnte die Tribüne 1910 für 350 Mark erworben und auf dem Victoria-Platz aufgestellt werden. Diese Anstrengungen wurden vom DFB mit der Vergabe des Vorrundenspiels um die Deutsche Meisterschaft zwischen Titelverteidiger Phönix Karlsruhe und dem VfB Leipzig (2:1) belohnt.

Zur gleichen Zeit ließ ein anderes Projekt die Frankfurter Fußballgemeinde aufhorchen. Für die vom 15. Mai bis 15. Juli 1910 auf dem Festhallengelände stattfindende „Internationale Ausstellung für Sport und Spiel“ gab es Pläne, ein Stadion zu errichten. Obwohl kein Geringerer als Kronprinz Wilhelm Schirmherr der Veranstaltung war, erwies sich ein Stadionbau als zu teuer. Stattdessen gründeten sportfreudige Bürger und die Festhallengesellschaft die „Arena, Frankfurt a.M., GmbH.“, die nordwestlich der Festhalle eine 500-m-Radrennbahn mit einem Rasenplatz im Innenraum errichtete. Der Sportplatz an der Festhalle wurde 1914 Heimat des SC 1880 Frankfurt und in den 20er Jahren des SC Rot-Weiss Frankfurt. Die Arena bot 12.000 Zuschauern Platz und hatte 1.200 Sitzplätze auf einer Logentribüne. Neben Pferde- und Radsport standen auch interessante Rasensportwettkämpfe auf dem Programm. So gab es am 18. Mai einen Rugby-Vergleich zwischen dem FC Frankfurt 1880 und den London Harlequins sowie zwischen dem 21. und 25. Mai vier Fußballspiele.

Glanzpunkt der Veranstaltung war am 22. Mai das Aufeinandertreffen zweier englischer Profiklubs. Vor fast 6.000 Zuschauern – was neuen Besucherrekord für Frankfurt bedeutete – unterlag der Tabellendritte der 1. Divsion, Blackburn Rovers, dem Absteiger FC Chelsea mit 3:5. Das Publikum war von den gezeigten Leistungen sehr beeindruckt: „Der Kampf, den sich die englischen Berufsspieler lieferten, wurde in einem Stil geführt, der für die deutschen Sportverständigen ein Genuss war, und zwar ebensosehr wegen der vollkommenen Lauf- und Schusstechnik und der sicheren Kombination der Spieler als auch wegen ihrer von Grund aus fairen Art und der Oekonomik, mit der jeder Einzelne die für die gegebene Situation anzuwendende Kraft bemaß." („Frankfurter Zeitung" vom 23. Mai 1910)

Wer geglaubt hatte, die Victoria könne solchen Vorbildern nacheifern, sah sich leider getäuscht. Wieder war eine Mammutsaison zu absolvieren, denn mit Germania 94 umfasste die Nordkreisliga 1910/11 sogar 13 Mannschaften. Erneut hatte Victoria mit dem Ausgang der Meisterschaft, die sich der SV Wiesbaden vor dem FSV sicherte, wenig zu tun. Mit 25:23 Punkten landete der Klub genau in der Mitte der Tabelle auf dem siebten Platz. Damit war Victoria hinter dem FSV und den Kickers nur noch die dritte Kraft in Frankfurt, mit 133 Mitgliedern hinter dem FSV (335), Amicitia und 1902 (244), Kickers (214), Bockenheimer FVgg (187) und Germania 94 (143) sogar nurmehr der sechstgrößte Verein. Dies schlug sich auch in der Frankfurter Presse nieder, die kaum noch von Spielen der Victoria berichtete. Zwischen August 1910 und Anfang Mai 1911 finden sich in der „Frankfurter Zeitung" und den „Frankfurter Nachrichten" nur zwei Hinweise über Freundschaftsspiele der Victoria, dagegen neun der Kickers. Zwar besaß Victoria eine schöne Platzanlage, auf der beim Zwischenrundenspiel um den Kronprinzenpokal zwischen Süddeutschland und Berlin (3:1) im November 1910 erneut etwa 5.000 Zuschauer anwesend waren, die spielerisch bessere Mannschaft dagegen hatte der unmittelbare Nachbar Kickers. Nach längeren Beratungen zwischen Vertretern beider Vereine – Albert Pohlenk und Michael Pickel vertraten die Victoria, Arthur Cahn, Rudolf Hetebrügge und Dr. von Goldberger („Gilly") die Kickers – schlossen sich beide Klubs schließlich im Mai 1911 zum „Frankfurter Fußball-Verein" (FFV) zusammen. Die „Frankfurter Nachrichten" hatten bereits am 21. April über die bevorstehende Fusion berichtet und „diese Stärkung des Frankfurter Fußballsports" sehr begrüßt.

Die „Frankfurter Kickers"

Der vollständige Name des im November 1900 entstandenen Klubs lautete „Frankfurter Fußball-Club 1899 – Kickers". Diese Bezeichnung verweist auf die beiden Vorgängervereine: den FFC 1899 und die Kickers.

Über die Anfänge der Frankfurter Kickers gibt es sich widersprechende Quellen. So heißt es in einer Meldung der Zeitschrift „Sport und Wort" vom 8. November 1900, dass sich „im Juni laufd. Jahres … in Frankfurt a.M. ein neuer Fußballclub unter dem Namen Frankfurter Kickers konstituiert" habe. Auf der Hauptversammlung am 6. Juli war ein Vorstand mit A. Schmid, Carl Trapp (1. und 2. Vorsitzender), Hermann Hößbacher, A. Wegmann (1. und 2. Kapitän), Theo Streit (Kassierer und Schriftführer) und Carl Krömmelbein (Gerätewart) gebildet worden. Demzufolge hätten die Kickers erst im Jahr 1900 das Licht der Welt erblickt. Dagegen spricht eine Anstecknadel mit der Aufschrift „FUSSBALL Vr. Fr. KICKERS", auf der eine „10" sowie das Datum „13.11.09" abgebildet sind. Da Anstecknadeln gern zu Jubiläen angefertigt werden, liegt es nahe, dass an jenem 13. November 1909 das „Zehnjährige" gefeiert wurde. Diese Annahme wird auch durch eine Meldung in der „Vereins-Zeitung" der Frankfurter Kickers vom 1. September 1910 unterstrichen. Dort heißt es: „F. V. Frankfurter Kickers. Der Verein ist im Jahre 1899 gegründet worden und zwar vornehmlich von Sekundanern der Adlerflycht- und der Klingerschule." Damit wäre der Bezug zum erwähnten Fußballpionier Bensemann hergestellt. In den „Frankfurter Nachrichten" wurden die Kickers zum ersten Mal am 26. September 1900 erwähnt, nachdem das „Retourwettspiel" gegen die „Assoziations-Abtheilung des Fußballklubs ‚Frankfurt' … nach scharfem, aber fairen Spiel unentschieden mit 1:1 Goal" geendet hatte. Wenig später heißt es dort in einer Vorankündigung auf ein Freundschaftsspiel bei Viktoria 94 Hanau, dass „die Kickers … gegenwärtig wohl eine der besten Frankfurter Mannschaften besitzen …".

Die Wiege des Frankfurter Fußball-Clubs 1899 lag in Bockenheim. Wie Philip Wolf in seiner 1930 in Anlehung an Ludwig Isenburger herausgegebenen Broschüre „Neue Ausgrabungen aus der Steinzeit des Frankfurter Fußballs" schildert, war ihm als Jugendlicher von ärztlicher Seite sportliche Betätigung verordnet worden. Da ihm jedoch das notwendige Kleingeld fehlte, um damals etablierte Sportarten wie Rudern oder Hochradfahren zu betreiben, erinnerte er sich an ein Fußballspiel, das anlässlich des Sedanstages am 2. September 1897 zwischen Primanern und Sekundanern der Bockenheimer Realschule auf der Hohemark ausgetragen worden war und in dem er die Vorarbeit zum 1:0-Siegtreffer für die Sekundaner geleistet hatte.

Dem ärztlichen Rat folgend, war Philip Wolf im Sommer 1899 beseelt von dem Gedanken, einen Klub zu gründen, „der in Deutschland in sportlicher und gesellschaftlicher Beziehung an erster Stelle stand und der auch im Ausland einen guten

Ruf genoss". Umgehend wurde in einer Bockenheimer Gaststätte die „Spielgesellschaft" aus der Taufe gehoben. Der Monatsbeitrag wurde auf 50 Pfennig festgesetzt. Nachdem Geld für einen Ball gesammelt und die Torstangen selbst gefertigt waren, ging es hinaus auf die Hundswiese. Dort waren auch Schüler der Klinger- und Adlerflychtschule aktiv, die sich nach und nach dem jungen Verein anschlossen, so dass dieser bald 50 Mitglieder zählte. Erstmals erwähnt wird die Spielgesellschaft in den Spielberichten der Victoria, gegen die am 30. Juli und 20. August 1899 zwei Gesellschaftsspiele ausgetragen wurden, die mit 0:5 und 0:7 verloren gingen. Kurz darauf muss die Umbenennung in „Frankfurter Fußball-Club 1899" vorgenommen worden sein, denn anlässlich eines weiteren Spieles gegen Victoria am 24. September 1899 ist in deren Spielberichten als Gegner der „F. Fußballklub 1899 (früher Spielgesellschaft)" vermerkt. Der FFC 1899 verfügte auch über eine Rugby-Mannschaft und wäre an den internen Differenzen zwischen Rugby- und Association-Verfechtern fast zerbrochen. Eine große Mehrheit unter Führung von Ludwig Gatzert wollte nämlich nur noch dem ovalen Leder nachjagen. Erst in letzter Sekunde konnte ein Kompromiss gefunden und doch noch eine Associations-Abteilung geschaffen werden, die anfangs aus gerade zwei Mitgliedern bestand: Philip Wolf und Paul Schmidt.

1900-1906 ■ Erstmals Frankfurter Meister

Wesentlich besser wird die Quellenlage nach der Fusion des FFC 1899 und der Kickers zum „Frankfurter Fußball-Club 1899 - Kickers" am 28. November 1900. Der neue Verein verfügte über drei Assoziations- und zwei Rugby-Teams. Dass der neue Klub eine schlagkräftige Mannschaft besaß, bewiesen gleich die ersten Spiele. Eine Mannheimer Auswahl wurde mit 6:1 geschlagen, die 2. Mannschaft schlug die 1. Mannschaft des FSV mit 3:0. Am 9. Dezember 1900 sicherte ein Treffer des Fußball-Pioniers Walther Bensemanns den Sieg über Viktoria 94 Hanau. Für die Sensation schlechthin sorgte der neue Fusionsklub eine Woche später in einem Spiel um die Süddeutsche Meisterschaft beim FC Hanau 93. Seit Jahren war es keinem Frankfurter Klub mehr gelungen, die „93er" zu schlagen. 1899-Kickers kam, sah und siegte mit 2:0.

Von den Vorstandswahlen Anfang Februar 1901 berichteten die „Frankfurter Nachrichten" recht ausführlich. 1. Vorsitzender wurde Ludwig Gatzert, Gerätewart Carl Krömmelbein, der Vater von Kurt Krömmelbein, in den 1950er Jahren Oberligaspieler und 1979/80 Vizepräsident der Eintracht. 1901/02 nahm 1899-Kickers erstmals an der FAB-Meisterschaft teil und wurde hinter Victoria Zweiter. In den Spielen um die Süddeutsche Meisterschaft nahm Hanau 93 mit 5:1 deutlich Revanche für die im Vorjahr erlittene Niederlage. Insgesamt wurden 15 Spiele bestritten, wovon je sieben gewonnen und verloren wurden und eines unentschieden endete. Dabei verdienen vor allem die Erfolge über auswärtige Mannschaften besondere Erwähnung: 2:0 über die Fußball-Abteilung der TG Wiesbaden, 1:0 über den Offenbacher FC 99, 6:2 über den FC Darmstadt und 3:2 über Palatia Ludwigshafen.

Eine der ersten Mannschaften der Frankfurter Kickers.

In der Frankfurter Meisterschaft trug 1899-Kickers 1902/03 nur die beiden Spiele gegen Victoria (0:2 und 2:8) aus, Germania, dem FSV und Hermannia wurden die Punkte kampflos überlassen. Erfolgreicher verliefen die Spiele um die Süddeutsche Meisterschaft. Nach Siegen über Germania Bockenheim (4:2) und Hermannia Frankfurt (3:0) kam erst im Halbfinalspiel der Nordgruppe gegen den FC Darmstadt das Aus (2:3). Einen weiteren Höhepunkt des Spieljahres stellte auch der zusammen mit Germania 94 errungene 5:2-Sieg über eine kombinierte englische Auswahlmannschaft aus Frankfurter, Darmstädter und Wiesbadener Klubs dar.

In der Generalversammlung am 14. August 1903 wurde Theo Streit zum neuen 1. Vorsitzenden gewählt. Ein Kapitän für Rugby wurde nicht mehr erwähnt, dafür ein technischer Beirat in Person des ehemaligen Vorsitzenden Ludwig Gatzert. Infolge der stark angestiegenen Mitgliederzahl wurde beschlossen, *„vom nächsten Sonntag den 30. cr. ab jeden Sonntag vormittag von 9 Uhr an … an der Hundswiese die dritte Mannschaft, sowie die Schüler spielen zu lassen, während der Nachmittag für die erste und zweite reserviert bleibt. Bei zu großer Beteiligung ist vorgesehen, dass sich die überzähligen Anwesenden auch mit Schleuderball, Stoßball, Schlagball, Laufen usw. beschäftigen können.“* („Frankfurter Nachrichten“ vom 29. August 1903)

In der Westmaingau-Meisterschaft wurde 1899-Kickers hinter Germania 94 Zweiter. Trotz nur drei Punkten Rückstand war der Abstand auf den Meister in Wirklichkeit größer, als es die Zahlen ausdrücken. 1899-Kickers bekam nämlich nachträglich die Punkte aus dem mit 0:5 verlorenen Meisterschaftsspiel gutgeschrieben, da die Germanen den Platz nicht rechtzeitig abgesteckt hatten. In der FAB-Meisterschaft gewannen die Kickers, wie sie sich seit April 1904 der Einfachheit halber nur noch nannten, alle drei Spiele gegen Victoria, Germania Bockenheim und den FSV und wurden erstmals Frankfurter Meister.

Da die Kickers aber keinen eigenen Sportplatz hatten, wurde im Sommer 1904 eine Fusion mit dem FC Frankfurt 1880 erwogen. Dieser hatte gerade eine neue Platzanlage an der Louisa bezogen, klagte jedoch über Mangel an jüngeren Spielern. Auf Vorstandsebene war bereits Einigung in den wichtigsten Fragen erzielt, doch lehnte die Generalversammlung des FC 1880 den Zusammenschluss ab. Der FC 1880 ging alleine an die Louisa, die Kickers blieben auf der Hundswiese Nachbar der Germania und Victoria.

1904/05 wurden die Kickers hinter Victoria und Germania Dritter im Westmaingau. Auf die Verteidigung der FAB-Meisterschaft wurde verzichtet. In den Freundschaftsspielen standen klaren Niederlagen gegen Germania 94 (1:7) und FC Hanau 93 (1:5) Siege gegen Germania und Amicitia Bockenheim (jeweils mit 4:1) sowie Hermannia (5:2) gegenüber. Bereits am 7. April 1905 fand eine erneute Generalversammlung statt, auf der Philip Wolf zum 1. Vorsitzenden gewählt wurde. Auch 1905/06 wurde wieder der dritte Platz erreicht. Mit 13:3 Punkten lagen die Kickers nur einen Zähler hinter Victoria und dem FSV, gegen die es mit 0:3 und 1:1 auch die einzigen Punktverluste gab. In den Freundschaftsspielen wurde „von dem Prinzip ausgehend, dass nur vom besten und stärksten Gegner zu lernen ist", bei den süddeutschen Spitzenmannschaften Freiburger FC (Ergebnis unbekannt) und Stuttgarter Kickers (1:7) sowie zu Hause gegen den Westdeutschen Meister Kölner FC 99 (1:2) gespielt.

1907 ■ Gau-Meisterschaft und Skandal

1906/07 trugen sich die Kickers als Erste in die Meisterliste des neuen Südmaingaues ein, in der anschließenden Nordkreismeisterschaft langte es jedoch hinter dem FC Hanau 93, der Mannheimer FG 96, dem SV Wiesbaden und vor Pfalz Ludwigshafen und Amicitia Bockenheim nur zum 4. Platz.

Allerdings gerieten die Kickers in dieser Saison in eine schwere finanzielle Krise. Noch auf der Generalversammlung im April 1906 war verkündet worden, dass sich „die Kassenverhältnisse ... im letzten Jahre gebessert haben". Im Frühjahr 1907 stellte sich dann heraus, dass Kassenführer Kühn „die Casse ... seit einem Jahre nicht ordnungsgemäß verwaltet" hatte. Daraufhin wurde er zur sofortigen Herausgabe sämtlichen Vereinseigentums aufgefordert, aber:

„... außer dem Betrag von 42 Pfennig in einer Blechbüchse war kein Geld vorhanden. Herr Duntze wird beauftragt, die Sachen zu ordnen & danach eine Aufstellung über das vorhandene resp. nicht vorhandene Clubvermögen anzufertigen. ... Außerdem wird beschlossen, Herrn Kühn abermals einen Einschreibebrief mit der Aufforderung zu senden, das dem Verein gehörige Geld & sonstige evtl. noch in seinem [Kühn's] Besitz befindlichen Clubsachen herauszugeben."

Insgesamt belief sich das vom ehemaligen Kassenführer veruntreute Klubvermögen auf ca. 900 Mark. Zwar musste er einen Schuldschein unterzeichnen, ob und wann das unterschlagene Geld zurückgezahlt worden ist, geht aus den vorliegenden Quellen jedoch nicht hervor. Am 6. Dezember 1907 wird das Klubvermögen mit 464,89 Mark beziffert, im Kassenbericht auf der Hauptversammlung am 10. April 1908 ist unter Berücksichtigung der Außenstände in Höhe von 829,05 Mark von einem Barvermögen von 446,93 Mark die Rede.

Trotz dieser internen Schwierigkeiten wurden die Kickers auch 1907/08 wieder überlegen Meister des Südmaingaus. Die Titelverteidigung war zu keiner Zeit in Gefahr und stand spätestens nach dem 5:1-Heimsieg über den schärfsten Verfolger SV Wiesbaden kurz vor Weihnachten 1907 fest. Der höchste Saisonsieg wurde gegen den Tabellenletzten Germania Wiesbaden mit sage und schreibe 22:0 errungen. In der Nordkreis-Endrunde konnte anschließend zwar die Bockenheimer FVgg 10:0 und 9:0 geschlagen werden, doch erwiesen sich die beiden anderen Konkurrenten Hanau 93 (1:2 und 2:8) und Viktoria 97 Mannheim (0:6 und 1:5) als zu stark.

1907/08 ■ Die Sportplatzfrage und Fusionspläne

Nachdem vor der Saison 1906/07 beschlossen wurde, Wettspiele der ersten Mannschaften nur noch auf geschlossenen Plätzen zuzulassen, stellte der 1. Vorsitzende Ludwig Gatzert auf einer Monatsversammlung am 7. September 1906 die Frage: „Wie stellt sich der F. C. F. Kickers zu einem Zusammenschluß mit Germania?“ Nachdem dies von den Mitgliedern vehement abgelehnt wurde, trat Gatzert zurück und übergab die Amtsgeschäfte an Heinrich Duntze. Hintergrund war die nach wie vor ungeklärte Platzfrage. Zwar waren bereits am 19. Januar 1906 250 Mark für die „Beteiligung an einem von der Stadt anzulegenden Sportplatz“ bewilligt worden, konkrete Ergebnisse gab es aber nicht zu vermelden. Deshalb nahm der Klub im September 1906 Verhandlungen mit dem Nachbarn Germania bezüglich einer Mitbenutzung dessen eingezäunten Platzes auf. Obwohl das Verhältnis zwischen beiden Klubs nicht das beste war, kam es im Dezember 1906 zu einer Übereinkunft unter der Bedingung, dass den Mitgliedern der Germania bei Spielen der Kickers freier Eintritt gewährt wird.

Im Verlauf der Spielzeit 1907/08 war der in Sachen Sportplatzfrage gebildete Ausschuss dann sehr aktiv. Anfang Dezember 1907 fanden Gespräche über einen Zusammenschluss mit dem Fußball-Verein Frankfurt, einer Vereinigung junger Kaufleute, und Übernahme dessen Platzes an der Forsthausstraße statt. Die zur Herrichtung des Platzes benötigten Mittel wurden mit 200 Mark beziffert, die durch freiwillige Spenden von beiden Vereinen aufgebracht werden sollten. Nachdem die Mitglieder diesen Plänen am 10. Januar 1908 einstimmig zugestimmt hatten, wurde der Vereinsname in „Fußball-Verein Frankfurter Kickers“ geändert und Herr Hugo vom ehemaligen Fußball-Verein zum 2. Vorsitzenden des neuen Vereins ernannt.

Damit verfügten die Kickers nun neben dem Platz auf der Hundswiese, der nicht aufgegeben werden sollte, über einen zweiten Sportplatz. Mehrkosten enstanden dadurch vorläufig nicht, da die Miete für den Platz an der Forsthausstraße in Höhe von 150 Mark bereits vom ehemaligen Fußball-Verein für das Rechnungsjahr 1907/08 entrichtet worden war. Allerdings war der der Stadt gehörende Platz in einem sehr schlechten Zustand. Da er im Sommer zudem von den Schulen benutzt wurde, wurde versucht, die Stadtgärtnerei zur Herrichtung des Platzes zu gewinnen. An den dabei entstehenden Kosten wollte sich der Verein jedoch beteiligen. Für die Rückspiele der

Nordkreismeisterschaft musste daher ein anderer Platz gesucht werden, auf dem höhere Einnahmen erzielt werden konnten.

In dieser Situation überraschte Heinrich Duntze seine Kollegen auf einer Vorstandssitzung am 28. Februar 1908 mit der Nachricht, dass ihm am 25. Februar von der Germania der Zusammenschluss beider Vereine vorgeschlagen worden sei, „um so den Frankfurter Fußballsport durch Schaffung eines großen und spieltüchtigen Vereins zu heben". Von Seiten der Kickers waren verdienstvolle Mitglieder wie Gatzert, Kreuzer, Bertrand und Cahn anwesend, die den Vorschlag positiv aufgenommen und sich bereits auf den Namen „Verein für Rasensport" verständigt hatten. Obwohl es im Kickers-Vorstand Bedenken gegen eine Vereinigung mit dem alten Rivalen gab, entschied man sich am 6. März mit 4:1 Stimmen für die Fusion. In der anschließenden Monatsversammlung wurde das Thema von den 47 anwesenden Mitgliedern leidenschaftlich diskutiert. Das Protokoll dieser Versammlung, die um 22 Uhr eröffnet wurde und bis 1.15 Uhr morgens dauerte, umfasst nicht weniger als 15 Seiten. Die meisten Fragen betrafen finanzielle Dinge, etwa die Zukunft des Platzes an der Forsthausstraße (Herr Duntze verweist auf die langwierigen Verhandlungen mit der Stadt), die Schulden Germanias (Kassenverhältnisse seien günstiger als allgemein angenommen werde, später nennt Herr Gatzert die Summe von 800 Mark), die Miete für den Germania-Platz (jährlich 600 Mark, auf zehn Jahre festgeschrieben). Obwohl der Vorstand immer wieder auf die Vorteile eines Zusammenschlusses hinwies, gab es bei den Mitgliedern erneut große Widerstände. Schließlich waren 17 Mitglieder gegen und nur elf für den geplanten Zusammenschluss mit der Germania.

Auf der eine Woche später stattfindenden außerordentlichen Hauptversammlung wurden die meisten Argumente erneut vorgetragen und diskutiert. Der Vorstand erwähnte den Erfolg der im Jahre 1900 erfolgten Vereinigung von FFC 1899 und FC Kickers und versprach sich vom neuen Großverein mit rund 300 Mitgliedern – die Mitgliederzahl der Kickers wurde mit 130-140, die der Germania mit ca. 165 angegeben – auch eine stärkere Unterstützung in der Platzfrage durch die Behörden.

Ein Argument, das überzeugte: Diesmal sprachen sich bei einer Enthaltung 34 Mitglieder für und 22 gegen eine Vereinigung mit Germania aus. Danach wurde die Versammlung unterbrochen, um den Entscheid der Germania abzuwarten, deren Mitglieder den Zusammenschluss mit den Frankfurter Kickers jedoch mit 28:11 Stimmen ablehnten. (Die Idee eines „VfR Frankfurt" war damit freilich nicht vom Tisch. Im Jahre 1919 schloss sich die Bockenheimer FVgg Germania 01 mit dem FFV Amicitia und 1902 zum „VfR 01 Frankfurt" zusammen, aus dem nach dem Anschluss der Bockenheimer Helvetia 1926 der SC Rot-Weiss Frankfurt hervorging.)

Für den Vorstand bedeutete das Scheitern der Fusion eine schwere Niederlage, weshalb sich viele auf der ordentlichen Hauptversammlung am 10. April 1908 nicht mehr zur Wahl stellten. Neue 1. und 2. Vorsitzende wurden Arthur Cahn und Rudolf Hetebrügge, die schließlich 1911 mit ihren Fusionsplänen mehr Glück haben sollten.

1908-1911 ■ Fritz Becker, Frankfurts erster Nationalspieler

Die Jahre 1904 bis 1908 gehörten zu den erfolgreichsten der Kickers. Den Stamm der damaligen Mannschaft bildeten Fay, Hartmann, Kalkbrenner, Becker und Maeder im Sturm, Emmerich, Max Gwinner und Meyerding in der Läuferreihe, Nissen und Schwalbe in der Verteidigung sowie Förster im Tor. Später kamen Bertrand und Hermann Kreuzer, schließlich Claus, Löffler, Unkel, Karl und Oskar Kreuzer hinzu. Bei einem Spiel in Wiesbaden standen mit Konrad, Karl, Oskar und Hermann sogar vier Kreuzer-Brüder in der Kickers-Elf. Mit Fritz Becker waren die Kickers außerdem beim ersten deutschen Länderspiel am 5. April 1908 in Basel gegen die Schweiz vertreten; der Frankfurter erzielte bei der 3:5-Niederlage zwei Tore für die Nationalelf.

Über die abenteuerlichen Umstände seiner Nominierung berichtete Becker später: *„Nach der Veröffentlichung in der Zeitung habe ich damals über eine Woche lang nichts mehr von meiner Aufstellung für den Länderkampf gehört. Zwei in Frankfurt ansässige Mitglieder des DFB-Vorstandes bzw. des VSFV konnten mir lediglich bestätigen, dass es mit meiner Nominierung zum Länderspiel seine Richtigkeit habe. Endlich kam dann am Donnerstag (am darauf folgenden Sonntag fand das Spiel statt, d. V.) die sehnlichst erwartete Nachricht vom DFB. Ich hatte natürlich gehofft, in diesem Schreiben etwas über einen gemeinsamen Treffpunkt, den Reiseweg, die Fahrkarte usw. zu erfahren. Aber weit gefehlt! (...) Die Situation wurde langsam brenzlig, als auch in den nächsten 24 Stunden keinerlei Nachricht vom DFB eintraf, und ich am Freitagmittag noch nicht wusste, wie ich überhaupt nach Basel kommen sollte. Die Freude, an dem großen Ereignis teilnehmen zu können, wurde allmählich von dem Gedanken verdrängt, dass bei der Sache etwas nicht stimmen könne. (...) Dann kam endlich am Freitagnachmittag, also nicht einmal 24 Stunden vor der Abfahrt des Zuges nach Basel, der Schlussbescheid. Kurz und bündig: Am*

Die erste deutsche Nationalmannschaft mit dem Frankfurter-Kickers-Spieler Fritz Becker (Dritter von links). Er erzielte am 5. April 1908 in Basel gegen die Schweiz das erste deutsche Länderspieltor.

Samstag würde mir an der Bahnsteigsperre (Zug kommt aus Berlin) die Fahrkarte zur Reise nach Basel ausgehändigt. Man kann nicht sagen, dass die Nachricht des DFB sehr ausführlich und eindeutig war. Aber ich habe mich dann doch anweisungsgemäß an der Bahnsteigsperre vor dem Zug, der gegen zwei Uhr aus Berlin kam, aufgebaut. Als das Ein- und Aussteigen der Reisenden vorüber war, stand ich noch immer an der Bahnsteigsperre; nicht wie ein stolzer Nationalspieler, sondern ein beinahe Verzweifelter. (…) Die Rettung brachte schließlich ein älterer Herr, schweißgebadet wie ich, den ich nicht kannte und noch nie in meinem Leben gesehen hatte. Sichtlich erleichtert war er, als ich ihm auf seine Frage: ‚Sind Sie das Beckerche aus Frankfurt?' mit ‚Ja' antworten konnte. (…) Die Zeit reichte gerade noch aus, mir eine Fahrkarte in die Hand zu drücken und zuzurufen, er säße vorne bei den Berlinern. Ich habe es gerade noch geschafft, dem Ruf des Zugführers: ‚Einsteigen und die Türen schließen!' Folge zu leisten." (aus: „25 Jahre DFB")

Nach den Erfolgen der vergangenen Jahre kam der Formrückgang in der Saison 1908/09 etwas überraschend. Der dritte Platz im Bezirk I des Nordkreises hinter dem FSV und Viktoria 94 Hanau reichte aber immerhin zur Qualifikation für die neue eingleisige Nordkreisliga. Zum Saisonabschluss gab es schließlich einen 4:2-Sieg beim ehemaligen Deutschen Meister Freiburger FC.

In der neuen Nordkreis-Mammutliga hatten es die Kickers genau wie Victoria schwer, sich gegen die starke Konkurrenz von Viktoria 94 und Hanau 93, SV Wiesbaden und FSV zu behaupten. Immerhin sprang am Ende aber noch der sechste Platz heraus. Angesichts des Umbruchs in der Mannschaft konnte dies sogar als Erfolg gewertet werden, denn spielerisch konnten die Kickers durchaus mithalten. 1910/11 wurde erneut der sechste Platz erreicht. In diesem Jahr präsentierten die Kickers mit dem Holländer ter Horst auf Rechtsaußen, Band (Karlsruher FV) auf Halbrechts, dem ehemaligen FSV'ler Ph. Hohmann als Mittelstürmer und Neidhardt (Stuttgarter Kickers) auf Halblinks der wachsenden Zuschauergemeinde einen fast komplett neuen Sturm.

Wie groß das Interesse am runden Leder inzwischen in Frankfurt war, kann einem Vorbericht auf das Frankfurter Derby (erstmals so genannt!) zwischen dem FSV und den Kickers in den „Frankfurter Nachrichten" vom 7. Oktober 1910 entnommen werden: „Dieser Kampf, der alljährlich ungeheure Zuschauermengen herbeilockt, bildet schon seit Wochen den Gesprächsstoff in Fußballkreisen. Wer von den beiden größten Frankfurter Fußballvereinen wird siegen, der Vertreter der schärferen Kampfart, der Sportverein, oder die technisch vollendet und fein spielenden Kickers? … Auf alle Fälle aber wird der Unparteiische mit der größten Strenge und Sachlichkeit vorgehen und Uebergriffe ganz gehörig ahnden… Und an dem gastgebenden Verein, dem Sportverein, ist es, dafür zu sorgen, dass Ruhe und Ordnung auf seinem Platze herrscht und dass er der Begeisterung in ihren Ausartungen bei Freund und Feind gleichmäßig Einhalt gebietet."

Nach Beendigung der Meisterschaftsspiele gastierten die Kickers über Ostern bei Phönix Karlsruhe (0:1) und Pfeil Nürnberg (2:0). Am 7. Mai schließlich traten Kickers und Victoria erstmals gemeinsam unter der neuen Flagge des Frankfurter Fußball-Vereins (FFV) gegen den Freiburger FC an. Der Weg Richtung „Eintracht" war beschritten.

Vom Frankfurter Fußball-Verein zur Eintracht

Der Hattrick im Nordkreis

Der erste Vorstand des „Frankfurter Fußball-Verein (Kickers-Victoria)“ wurde paritätisch mit Rudolf Hetebrügge (Kickers, 1. Vorsitzender) und Albert Pohlenk (Victoria, 2. Vorsitzender) besetzt. Obwohl die Fusion von den Mitgliederversammlungen beider Vereine mit großer Mehrheit beschlossen worden war, „bedeutete [sie] unter den damaligen Verhältnissen, gelinde gesagt, eine Sensation und gab natürlich Anlass zu den dunkelsten Prophezeiungen aus verschiedenen Lagern – – – Auch einige ‚Ur-Kickers-Viktorianer‘, die sich nicht so schnelle dem Banne der Partei-Politik entziehen konnten, standen ob dieses ihrem geliebten Verein zugefügten Unglückes blutenden Herzens abseits…“ (Michael Pickel, Manuskript „Aus den Jahren 1911 bis 1920“)

Als sich aber die sportlichen Belange durchaus positiv entwickelten, kehrten auch die Abtrünnigen schnell ins Vereinsschiff zurück, und es herrschte bald im wahrsten Sinne des Wortes Eintracht. Mit 333 Mitgliedern war der FFV nun nach dem FSV (439) der zweitgrößte Fußballklub in Frankfurt. Im ersten Spiel unter neuem Namen am Sonntag, 7. Mai 1911, blieben

► Charbout-Mollard; Seibel, Claus; Jockel, Dr. von Goldberger, Berger; ter Horst, Dornbusch, Dörr, Becker, Caesar

gegen den Freiburger FC mit 2:0 siegreich. Eine Woche später unterlag „Kickers-Victoria“, wie der neue Klub anfänglich in der Presse genannt wurde, bei Phönix Karlsruhe nur knapp mit 0:1. Am Himmelfahrtstag, dem 25. Mai, wurden die englischen Profis von Tottenham Hotspur empfangen, die zuvor in Hamburg und Berlin hohe Siege errungen hatten. Wie schon 1907 beim Gastspiel von Newcastle United kamen die rund 2.000 Zuschauer voll auf ihre Kosten. Obwohl die Londoner auch in Frankfurt deutlich mit 6:0 gewannen, waren „die Mitglieder und Zuschauer sehr befriedigt“ („Vereins-Zeitung“ vom 1. Juni 1911). Pech hatten die Frankfurter in der 33. Minute, als Jockel und Kirchgarth beim Stand von 0:2 nur das Holz trafen, und in der 80. Minute, als der englische Torwart Joyce einen Becker-Schuss gerade noch auf der Linie abfangen konnte.

Der Sommer wurde genutzt, das Vereinsgefüge weiter zu festigen. Spielführer Dr. von Goldberger, genannt „Gilly", stand vor der keineswegs leichten Aufgabe, aus zwei eher mittelmäßigen Mannschaften eine schlagkräftige Truppe zusammenzuschweißen:

„Ein rühriger Vergnügungs-Ausschuss, sowie die unter Karl Kremers Leitung stehende Gesangs-Abteilung sorgten für Unterhaltung und Feste aller Art und die aus ‚D. U.'-Fußballern bestehende, in einer ewigen Feststimmung befindliche ‚Kerwe-Mannschaft' tat noch das Ihrige. Nicht zuletzt trug die Vereins-Zeitung (Schriftleiter Art. Cahn und Osk. Schneider) viel dazu bei, dass die Harmonie im Verein schnelle Fortschritte machte."

1911/12 ■ Auf Anhieb Nordkreismeister

Vor dem Startschuss zur Meisterschaft 1911/12 am 3. September konnte die neue Mannschaft nur in zwei Freundschaftsspielen gegen den FV Kaiserslautern (2:2) und Phönix Mannheim (1:0) getestet werden. Umso mehr waren die Verantwortlichen daher mit dem Saisonstart zufrieden. Nach acht Spielen war der Sprung an die Tabellenspitze geschafft, die bis Saisonende nur noch zweimal abgegeben wurde. Erst am Heiligabend gab es gegen den FSV die erste Niederlage: Ein Handelfmeter brachte das Tor des Tages. Im Januar geriet die Mannschaft noch einmal in Bedrängnis, als sie im vorentscheidenden Spiel zu Hause gegen den FC Hanau 93 vor 2.000 Zuschauern nicht über ein 3:3 (1:2) hinauskam. Nun folgten drei Auswärtsspiele in Folge. Ausgerechnet bei der vermeintlich leichtesten Aufgabe wurde sofort gepatzt: Beim Neuling SC Bürgel gab es am 28. Januar mit 0:1 überraschend die zweite Saisonniederlage. Dafür wurden bei Viktoria 94 Hanau (2:1) und Kickers Offenbach (3:2) wichtige Siege errungen. Somit hatte es der Fußball-Verein bei drei noch ausstehenden Spielen selbst in der Hand, sich gleich im ersten Jahr seines Bestehens die Nordkreis-Meisterschaft zu sichern.

Mit einem 3:1 gegen Britannia wurde bereits im vorletzten Spiel am 25. Februar alles perfekt gemacht. Am Ende betrug der Vorsprung vor dem FC Hanau 93 und dem FSV Frankfurt vier Punkte. In 22 Meisterschaftsspielen hatte es 15 Siege, fünf Unentschieden und nur zwei Niederlagen bei 50:26 Toren gegeben. Zu den Stützen zählten Torwart Charbout-Mollart, Dr. Claus – einmal als die „Seele der Mannschaft" beschrieben – in der Verteidigung, Spielführer Dr. von Goldberger, der anlässlich seines 350. Spiels für den Klub am 12. November 1911 gegen Kickers Offenbach mit einem Lorbeerkranz geehrt wurde, sowie die Innensturmreihe Dornbusch - Pickel - Becker.

Damit stand zum ersten Mal ein Frankfurter Verein als Vertreter des Nordkreises in der Endrunde um die Süddeutsche Meisterschaft, in der die SpVgg Fürth, der Karlsruher FV und Phönix Mannheim die Gegner waren. Viel Zeit zur Vorbereitung blieb der Mannschaft nicht, denn nur acht Tage nach Abschluss der Nordkreisspiele musste der Fußball-Verein das erste Endrundenspiel gegen die Fürther bestreiten. Vor 2.000 Zuschauern gingen die Gäste aus Franken sehr hart zur Sache. Bereits Mitte der ersten Halbzeit war der Halbrechte Dornbusch so schwer angeschlagen, dass er ins Krankenhaus gebracht werden musste und bis Saisonende ausfiel. Zwar konnte der Fußball-

Verein das Spiel recht ausgeglichen gestalten, das goldene Tor aber erzielten die Gäste nach 70. Minuten durch Burger.

Auch im zweiten Spiel gegen Phönix Mannheim trafen die Stürmer nicht, dafür hielt diesmal die Abwehrreihe, so dass das zweite Heimspiel torlos endete. Bereits zu diesem Zeitpunkt war jedoch klar, dass der Fußball-Verein noch nicht in der Lage war, im Konzert der Großen mitzuhalten. So hatte der Karlsruher FV die Fürther zweimal klar mit 4:1 und 7:2 bezwungen. Beim Rückspiel im Ronhof aber traf der Sturm endlich viermal ins Schwarze, dennoch hatten die Fürther am Ende die Nase mit 5:4 (3:1) vorn. Erst als die Mannschaft schon 1:4 hinten lag, besann sie sich auf ihre Fähigkeiten, doch lief ihr am Ende die Zeit weg. „Noch 10 Minuten länger, und die Gäste hätten vermutlich aufgeholt, wenn nicht gar gesiegt", kommentierte die „Nordbayerische Zeitung".

Anschließend konnte sich der Fußball-Verein selbst von der Klasse des Karlsruher FV überzeugen. In Karlsruhe siegte der KFV souverän 7:0. Das Rückspiel eine Woche später lockte rund 3.000 Zuschauer an, die einen erneuten 7:0-Erfolg des alten und neuen Süddeutschen Meisters sahen. Nach fünf Spielen lautete die ernüchternde Bilanz somit 4:20 Tore und 1:9 Punkte. Für einen versöhnlichen Abschluss sorgte das 1:1 im letzten Spiel beim Vizemeister Phönix Mannheim, der dem KFV immerhin ein Unentschieden abgetrotzt hatte. Die Verantwortlichen konnten mit dem Erreichten dennoch mehr als zufrieden sein, denn nach langen Jahren des Mittelmaßes von Kickers und Victoria gab es wieder eine Mannschaft, die nach Höherem strebte. Leider verließ der Baumeister dieser Mannschaft, Spielführer Dr. von Goldberger, nach dieser Spielzeit aus beruflichen Gründen den Verein. Ein neuer Spielausschuss mit E. Gutsch (Vorsitzender), Fay, ter Horst und Dr. Claus übernahm fortan die Geschicke der Mannschaft.

1912/13 ■ Ein neuer Sportplatz an der Roseggerstraße

In der Sommerpause wurde das neue Vereinsgelände an der Roseggerstraße fertig gestellt. Damit verfügte der Fußball-Verein nun über einen neuen Sportplatz mit Aschenlaufbahn, Reservefeldern, Tribüne und Vereinshaus, für damalige Zeiten eine Musteranlage. Der alte Victoria-Platz wurde von nun an von den unteren Mannschaften genutzt. Da die Ligaklasse auf acht Vereine reduziert wurde, blieb genügend Zeit, die Mannschaft auf die Titelverteidigung vorzubereiten. Höhepunkt war die Einweihung des neuen Platzes am 8. September gegen Quick Den Haag. In folgender Aufstellung erkämpfte der Fußball-Verein ein 2:2 gegen den niederländischen Meister von 1908 und Pokalsieger von 1909, 1910 und 1911:

► Neppach; W. Pfeiffer, Claus; Becker, Jockel, Braun; Leissing, Dornbusch, Weicz, K. Pickel, Burckhardt.

Nach dem Teilerfolg gegen Quick Den Haag gab es eine Woche vor dem ersten Punktspiel mit 0:6 beim VfR Mannheim jedoch eine kalte Dusche. Doch wie so oft sollte sich das Sprichwort „Generalprobe misslungen – Premiere gelungen" bewahrheiten. Souverän verteidigte der Fußball-Verein die Nordkreis-Meisterschaft. Die in München erscheinende „Illustrierte Sportzeitung zur Hebung der Volkskraft" schrieb dazu: „Der vorjährige Nordkreismeister: Frankfurter Fußball-Verein zeigte auch in dieser Saison eine große Beständigkeit. Trotzdem verschiedene junge Kräfte in der Elf mitwirkten, verstehen diese den Mangel an Routine und Wettspielpraxis durch großen Eifer und flinkes Ballabgeben zu ersetzen. Hierdurch wird auch logischerweise mehr erzielt, als durch draufgängerisches Einzelspiel. Die Mannschaft spielte nur zweimal unentschieden (gegen Hanau, Viktoria und Kickers, Offenbach), und das Treffen gegen Wiesbadener Sportverein wurde wegen Teilnahme des disqualifizierten ungarischen Spielers Weicz für verloren gerechnet; der Frankfurter F.-V. steht somit mit nur vier Verlustpunkten an der Spitze. Allerdings schwebt wegen des genannten Spielers noch ein Verfahren, so dass es fraglich ist, ob dem Frankfurter F.-V. die Meisterschaft zuerkannt wird. Vom sportlichen Standpunkt aus betrachtet, wäre es zu bedauern, wenn die derzeit beste Elf des Nordkreises des Meistertitels verlustig ginge, aber andererseits dürften Fehler, wie sie gemacht wurden, einer umseitigen Vereinsleitung auch nicht unterlaufen."

Im ersten Saisonspiel gegen den SV Wiesbaden (der Fußball-Verein gewann glatt mit 4:0) war der Neuzugang Fritz Weicz eingesetzt worden. Da jedoch kein Spielerpass seines alten Klubs FFV Amicitia und 1902 vorlag, wurde der Fußball-Verein im November 1912 von der Südmaingaubehörde für vier Monate gesperrt. Dieses Urteil wurde allerdings nach erfolgreichem Einspruch Anfang Dezember von der Nordkreisbehörde wieder aufgehoben. Danach zogen schwarze Wolken auf, die „den Fußball-Horizont im allgemeinen und den von Frankfurt-Bornheim im besonderen stark verdunkelten. Schließlich loderte … ein Kriegsbrand zwischen dem F. F. V. und Fussballsportverein, der leichter entzündet als gelöscht war."

Der Frankfurter Fußball-Verein in ungewohntem Dress: Nordkreismeister 1912/13.

Süddeutsche Meisterschaft 1913: FFV gegen SpVgg Fürth (0:0) auf dem Rosegger-Platz. Im Hintergrund die 1912 fertiggestellte Tribüne.

Wegen unfairen Spiels in der Begegnung FSV - FFV (0:2) am 29. September waren zwei Spieler des FSV nämlich nachträglich vom Vorstand des VSFV für drei Monate gesperrt worden, entgegen besseren Wissens des FFV- und Nordkreis-Vorsitzenden Hetebrügge, wie man beim FSV meinte. Als nun die viermonatige Sperre gegen den Fußball-Verein aufgehoben wurde, richteten mehrere Vereine eine Resolution an den VSFV-Vorstand, die Sperre doch aufrechtzuerhalten. Beim Fußball-Verein vermutete man wiederum den FSV als Drahtzieher dieser Aktion. In dieser vergifteten Atmosphäre trat Hetebrügge von seinem Amt zurück, womit sich die Wogen wieder glätteten. Emil Flasbarth wurde sein Nachfolger. Der Verbandsvorstand bestätigte schließlich den Fußball-Verein als Nordkreis-Meister, lediglich die Punkte aus dem Spiel gegen den SV Wiesbaden wurden ihm aberkannt.

In der Endrunde um die Süddeutsche Meisterschaft gab der Fußball-Verein eine bessere Vorstellung ab als im Vorjahr. Zwar ging das erste Spiel mit 2:3 beim VfR Mannheim verloren, doch am 9. März 1913 genügte ein Dornbusch-Tor zum 1:0-Sieg über die Stuttgarter Kickers. Auch im Rückspiel gegen den VfR Mannheim sah es dann lange Zeit nach einem Erfolg des Fußball-Vereins aus, der bis zur 83. Minute mit 1:0 führte. Dann gelang den Mannheimern nach einem Eckball der keineswegs unverdiente Ausgleich. Das vierte Spiel führte den Fußball-Verein zur SpVgg nach Fürth, wo es knapp fünf Wochen vorher in einem Freundschaftsspiel eine deutliche 2:5-Niederlage gegeben hatte. Doch dieses Mal drehte der Fußball-Verein den Spieß um und siegte auf schwer bespielbarem Platz mit 1:0. Da am gleichen Tag der VfR Mannheim mit 0:5 bei den Stuttgarter Kickers unter die Räder kam, übernahm der Fußball-Verein erstmals die Führung. Zwar kam der FFV im Rückspiel trotz überlegen geführten Spiels nicht über ein 0:0 gegen die Fürther hinaus, hatte aber weiterhin die Chance, aus eigener Kraft erstmals Süddeutscher Meister zu werden. Dafür musste aber im letzten Spiel bei den Stuttgarter Kickers mindestens ein Unentschieden geholt werden.

Allerdings musste der Fußball-Verein dieses Spiel ohne Mittelstürmer Weicz bestreiten, der sich nach dem zweiten Spiel gegen Fürth den Franken angeschlossen hatte. Vor 7.000 Zuschauern, darunter auch Herzog Ulrich von Württemberg, erspielten sich die Stuttgarter Kickers zunächst leichte Vorteile und gingen nach 22 Minuten durch Heilig in Führung. Zwar drängte der Fußball-Verein in der zweiten Halbzeit vehement auf den Ausgleich, doch es sollte nicht sein. Mit dem knappen 1:0-Sieg zogen die Stuttgarter Kickers am Fußball-Verein vorbei und wurden zum zweiten Mal nach 1908 Süddeutscher Meister. Dennoch gebührte der Frankfurter Mannschaft hohes Lob. Bis zum Weggang von Weicz sah die Stammformation folgendermaßen aus:
► Gmelin (der den verletzten Neppach ersetzte); Pfeiffer, Claus; Becker, Jockel, Braun; Leissing, Dornbusch, Weicz (später Schwarze, der vom Karlsruher FV gekommen war), Köllisch, Burckhardt.

1913/14 ■ Historischer Sieg über englische Profis

In der Saison 1913/14 war die Dominanz des Fußball-Vereins im Nordkreis noch deutlicher. Am Ende hatte die Mannschaft neun Punkte Vorsprung vor dem Zweiten, SV Wiesbaden, und holte sich damit die dritte Meisterschaft in Folge. Dabei hatte die Spielzeit gar nicht berauschend begonnen, denn eine Woche vor dem Meisterschaftsstart hatte sich der Fußball-Verein eine deftige 0:9-Schlappe bei der SpVgg Fürth eingehandelt. Auch der Auftakt in die Punktrunde war holprig. Nach dem 2:0 bei den Offenbacher Kickers hatte der Fußball-Verein im zweiten Spiel den FSV zu Gast. Schon zu Zeiten der Victoria und Kickers war die Rivalität mit den Bornheimern groß gewesen, nach der Fusion zum Frankfurter Fußball-Verein und insbesondere nach der Affäre „Hetebrügge/Weicz“ nahm diese dann „fast bedrohliche Ausmaße“ (Harald Stenger in „80 Jahre FSV“) an.

Auch dieses Derby am 21. September 1913 sollte nicht ohne Misstöne bleiben. Die „Frankfurter Zeitung“ berichtete: „Wie im Vorjahr, so kam es auch am Sonntag wieder bei dem Ligawettspiel im Nordkreis zwischen Frankfurter Fußballverein gegen Sportverein Frankfurt zu bedauerlichen Zwischenfällen. Bis Halbzeit spielte der Sportverein überlegen und führte mit 2:0. Kurz nach der Pause holte der Fußballverein auf, worauf drei Spieler vom Sportverein unfair spielten, so dass der Schiedsrichter Dr. R. Raßbach-Wiesbaden genötigt war, sie vom Platz zu verweisen. Schließlich siegte der Fußballverein 5:2.“

Ebenfalls mit zwei Siegen gestartet war der nächste Gegner, der FC Hanau 93, gegen den der Fußball-Verein noch kein Punktspiel verloren hatte. Doch dieses Mal liefen die „93er“ zu großer Form auf und ließen dem FFV mit 4:1 keine Chance. Es sollte allerdings der einzige Ausrutscher bleiben. In den folgenden Spielen wurden nur noch zwei

Punkte – zu Hause 0:0 gegen den SV Wiesbaden und im letzten Spiel 1:1 bei Germania Bieber – abgegeben. Die Liga-Mannschaft hatte zu jener Zeit folgendes Aussehen:
► Gmelin; Dr. Claus, Pfeiffer; Becker, Jockel, Braun; Sand oder Schneider, Dornbusch, Schlüter, Köllisch oder Martin, Burckhardt.

Die guten Leistungen des Fußball-Vereins wurden mit der Berufung von Dr. Claus und Jockel in die süddeutsche Auswahlmannschaft honoriert. In den Endrundenspielen um die Süddeutsche Meisterschaft waren wie im Vorjahr die Stuttgarter Kickers der Stolperstein. Lediglich ein Punkt gegen die Schwaben war zu wenig, um Ostkreismeister SpVgg Fürth zu stoppen. Der spätere Süddeutsche und Deutsche Meister verlor nur sein Auftaktspiel vor 3.000 Zuschauern an der Roseggerstraße mit 1:2. Im Rückspiel führte der Fußball-Verein zur Pause zwar mit 1:0, doch nach dem Seitenwechsel drehten die Fürther auf und schossen einen glatten 5:1-Sieg heraus. Mit 7:5-Punkten wurde der Frankfurter Fußball-Verein erneut Zweiter vor den Stuttgarter Kickers (6:6) und dem abgeschlagenen VfR Mannheim (1:11).

Blieb dem Fußball-Verein die Verbandsmeisterschaft zwar erneut versagt, so konnte dies durch einen unerwarteten Erfolg über den englischen Erstligisten Bradford City (Pokalsieger 1911) mehr als kompensiert werden. Die Engländer hatten auf dem Weg nach Frankfurt bereits die belgische Nationalmannschaft mit 4:0 geschlagen und in Anbetracht ihrer vermeintlichen Überlegenheit anscheinend auch die Begegnung in Frankfurt schon abgehakt. Das aber war ihr Fehler. Die „Frankfurter Zeitung“ kommentierte den sensationellen 3:1-Sieg des Fußball-Vereins vom 2. Mai 1913 wie folgt: „Frankfurter Fußballverein schlägt Bradford City. Die englische Berufsspielermannschaft Bradford City absolvierte am Samstag-Abend vor etwa 4.000 Zuschauern ihr ers-

Sieg über englische Profis: Vor dem Spiel gegen Bradford City stellten sich beide Mannschaften dem Fotografen. Die Engländer stehend, der FFV sitzend.

tes Gastspiel auf deutschem Boden gegen den Frankfurter Fußballverein und unterlag wider Erwarten mit 1:3. Im Großen und Ganzen waren die Leistungen gleichwertig, sie ließen, im Vergleich zu dem vor vier Jahren stattgefundenen Wettspiel zwischen dem Frankfurter Verein und den Tottenham Hotspurs, die damals überlegen spielten, erkennen, dass das Associations-Spiel in Deutschland gewaltige Fortschritte gemacht hat. Im Einzelnen zeichnete sich die englische Mannschaft durch gutes Kopfspiel, energisches Stürmen und scharfes Schießen aus, die Frankfurter verstanden es jedoch, den Gegner durch gute Tricks zu täuschen, und sich sehr gut durchzuspielen, sie waren auch im Zusammenspiel etwas besser. Das erste Tor fiel für Frankfurt in der 30. Minute; zwei Minuten später schufen die Engländer den Ausgleich. Nach der Pause beherrschten während zehn Minuten die Engländer die Situation, dann kamen die Frankfurter sehr gut auf, und zwei erfolgreiche Durchbrüche … führten zu dem ungeheuer bejubelten Sieg des Frankfurter Fußballvereins."

Dreifacher Torschütze war Mittelstürmer Rudi Schlüter. Leider wurde die allgemeine Freude durch das Fernbleiben der vollkommen niedergeschlagenen Bradford-Mannschaft vom Bankett etwas gestört, die sich in den folgenden Tagen durch Siege bei den Stuttgarter Kickers (1:0) und Phönix Mannheim (7:0) für die in Frankfurt erlittene Schmach revanchierte.

In diesen Tagen war der Frankfurter Fußball-Verein auf der Höhe seiner noch jungen Entwicklung angelangt und zählte über 800 Mitglieder. Zwölf aktive Mannschaften nahmen am Spielbetrieb teil, dazu kamen zwei Hockey- und eine Cricket-Mannschaft sowie eine Fechtriege. Auch die Leichtathletik, schon bei den Kickers und der Victoria als Ausgleichsport im Sommer betrieben, war eine feste Größe im Verein. Nach dem 1913 erfolgten Anschluss des Turnsportvereins von 1897 zählte sie 100 Aktive.

Seiner nunmehrigen Bedeutung entsprechend hatte sich der Klub, der sich nun offiziell „Frankfurter Fußball-Verein (Kickers-Victoria-Turnsportverein)" nannte, auf einer außerordentlichen Hauptversammlung am 9. Januar 1914 eine neue Satzung gegeben, in der auch seine gesellschaftliche Stellung deutlich wurde. So gab es unter anderem Beitragssätze „für akademische Korporationen" (1,50 Mark monatlich), „für Akademiker (immatrikulierte Mitglieder der Akademie und Universität)" (fünf Mark pro Semester) und „für auswärtige Mitglieder (außerhalb eines Umkreises von 20 km Frankfurts wohnhaft)" (drei Mark jährlich). Im Gegensatz etwa zum FSV, den Bockenheimer Vereinen FFV Amicitia und 1902, FVgg Germania oder der im Gallusviertel beheimateten Britannia war der Fußball-Verein nämlich kein Stadtteilklub. Wie Martin Lothar Müller in seiner Magisterarbeit (1989) über die „Sozialgeschichte des Fußballsports im Raum Frankfurt am Main 1890-1933" ausführt, wohnten „seine Mitglieder und Anhänger … über viele Stadtteile verstreut… Die Mitgliedschaft des FFV war zwar räumlich zersplittert, doch bestand deren soziale Homogenität darin, dass sie sich vor allem aus dem gehobenen Frankfurter Bürgertum zusammensetzte; die Pflege von Prestigesportarten wie Hockey und Cricket sowie die beachtliche Zahl promovierter Akademiker in ihren Reihen sind deutliche Zeichen hierfür."

Erster Weltkrieg und Revolutionswirren

Nach Ausbruch des Ersten Weltkrieges am 28. Juli/1. August 1914 war an eine normale Ligameisterschaft nicht zu denken. Zunächst einmal wurde der gesamte Spielbetrieb bis zum Frühjahr 1915 ausgesetzt, wohl auch, weil allgemein geglaubt und gehofft wurde, dass der Krieg bis Weihnachten beendet sein werde. Auch Zeitzeuge Michael Pickel schrieb in seinem Manuskript: „Wer glaubte im Ernst an einen Krieg von der Dauer, wie wir ihn erleben mussten!" Als dieser sich aber immer länger hinzog, erklang „zuerst leise und zurückhaltend, dann immer lauter, der Ruf nach neuer Betätigung auf dem Spielfeld. Vier Gaue begannen mit der Durchführung von Jugendspielen. Im Übrigen war der Betrieb zunächst beschränkt auf Privatspiele, die in einigen Fällen in Form von Kriegsrunden erledigt wurden. Aus den Einnahmen dieser Spiele wurden damals besonders Kriegswohlfahrtszwecken erhebliche Beträge zugeführt." (aus: „Sechzig Jahre Süddeutscher Fußball-Verband 1897-1957")

Der Frankfurter Fußball-Verein bestritt sein erstes Spiel am 20. September an der Roseggerstraße gegen Viktoria 94 Hanau (3:2). Auch für die Soldaten an der Front war Fußball eine „willkommene Abwechslung", die „von der Armeeleitung gern gefördert" wurde („Frankfurter Zeitung" vom 6.11.1914). Bis Sommer 1915 sind zwölf weitere Spielvereinbarungen des FFV „zugunsten der im Feld stehenden Krieger" bekannt. Im Frühjahr wurde im Nordkreis ein Kriegspokal ausgespielt, den sich der SV Wiesbaden am 25. April vor großer Kulisse durch einen 4:1-Sieg über Kickers Offenbach sicherte. Derweil wurde die Liste der Gefallenen länger und länger. Max Rebenschütz und Alois Braun, zwei der besten Aktiven, waren die ersten Opfer aus den Reihen des Frankfurter Fußball-Vereins. „Viele, allzuviele folgten ihnen nach in unerbittlicher, grausamer Regelmäßigkeit. – Der Krieg kümmerte sich nicht um Sportsleute und nicht um Meister." (aus: „30 Jahre Eintracht")

1914-1916 ■ Alte Ressentiments gegen das „Engländerspiel"

Je länger sich die Kampfhandlungen hinzogen, desto häufiger wurde auch die Zivilbevölkerung in allen Krieg führenden Ländern aufgefordert, durch Teilnahme an militärischen Übungen ihren Beitrag für die Verteidigung des Vaterlandes zu leisten. Am 30. Oktober 1914 forderte ein Erlass des deutschen Kriegsministeriums die Aufstellung von Jugendkompanien. Durch die dazu notwendige Requirierung von Sportplätzen wurde der Spielverkehr weiter stark behindert. Am 5. September 1915 wurde auf dem Platz des Frankfurter Fußball-Vereins im Rahmen der „olympischen Spiele des Frankfurter Verbandes für Turnsport" Handgranatenwerfen (!) als Sportkonkurrenz vorgeführt. Weiteren Schwierigkeiten sahen sich die Fußballer von Seiten einiger lokaler

Behörden und der Deutschen Turnerschaft ausgesetzt, denn schon bald nach Kriegsausbruch lebten alte Vorurteile gegen den „rohen englischen Fußballsport" wieder auf. Dagegen bezog der ehemalige DFB-Vorsitzende Prof. Ferdinand Hueppe im Kriegsjahrbuch des DFB (1915/16) energisch Position:

„Da vernehmen wir nun plötzlich zu unserem großen Erstaunen ... mit der Frage: ‚Sollen wir noch englische Spiele spielen?' die Aufforderung, den ‚englischen' Fußball durch den ‚deutschen' Schlagball zu ersetzen, das heißt nichts weiter, als einen Rückschritt von zwanzig Jahren machen. Man sollte doch endlich einmal aufhören, solche Dinge mit bloßen Redensarten zu behandeln, statt einfach zu prüfen, was gut ist und für uns passt und was nicht... Es muss im Gegenteil gefordert werden, dass die Schulen, in denen es noch der Fall ist, ihren Widerstand gegen dieses Spiel aufgeben ... Jetzt haben wir im Fußball ein deutsches Nationalspiel, das allen Anforderungen für jetzt und die nächste Zeit in vollem Maße gerecht wird."

Im Kriegsministerium war man sich dessen wohl auch bewusst. Reihenweise wurden Bälle und Fußballutensilien an die Front geschickt, um den Soldaten Abwechslung vom Kriegsalltag zu geben. Trotz großer organisatorischer Probleme – von 59.826 Mitgliedern des Süddeutschen Fußball-Verbandes standen am 1. August 1915 immerhin 41.931 unter Waffen – wurde im Herbst 1915 auf Gauebene wieder mit der Durchführung von Meisterschaftsspielen begonnen. Unangefochten – nur gegen den SV Wiesbaden wurde ein Punkt abgegeben – gewann der Fußball-Verein zuerst die Bezirks- und am 6. Februar 1916 auch die Gaumeisterschaft. Im Entscheidungsspiel konnte Viktoria Neu-Isenburg an der Roseggerstraße glatt mit 4:1 besiegt werden.

Trotz dieses Erfolges steckte der Verein in argen Schwierigkeiten. Die von Schwamm und Sturmschäden angegriffene Tribüne bedurfte dringender Reparaturen. Verhältnismäßig hohen Ausgaben standen aber nur mäßige Einnahmen aus dem Spielbetrieb gegenüber. Zu dieser Zeit übernahm Rudolf Hetebrügge wieder den Vorsitz. Die Kontakte zwischen den Mitgliedern in der Heimat und an der Front wurde mit Hilfe von Rundbriefen aufrecht gehalten, die die Vereinszeitung ersetzten. Insgesamt erschienen sieben solcher Berichte (Dezember 1914, April, Juni und Dezember 1915, Mai und Dezember 1916 sowie August 1917). Im Sommer 1919 gab der Verein eine 22 Seiten starke Broschüre heraus, die hauptsächlich die sportlichen Aktivitäten der Fußball-Abteilung während des Krieges zusammenfasste. 54 Mitglieder kehrten von den Schlachtfeldern Europas nicht mehr in die Heimat zurück.

1916-1918 ■ Kriegsbedingte Krise – die Spieler werden knapp

Am 26. März 1916 begannen die Frühjahrsverbandsspiele um den „Eisernen Fußball" im Südmaingau, die den Fußball-Verein als überlegenen Sieger sahen. Lediglich beim FSV gab es am 7. Mai eine Niederlage (0:2), alle anderen Spiele konnten gewonnen werden. Anders als nach der Herbstrunde folgten nun auch Entscheidungsspiele um die Kreis- und Süddeutsche Meisterschaft. Nachdem der FC Hanau 93 das erste Spiel auf dem FFV-Platz mit 3:1 nach Verlängerung gegen den FFV Amicitia und 1902 gewonnen hatte, fand am 2. Juli auf dem Amicitia-Platz in Bockenheim das „Entscheidungsspiel ... um den Eisernen Fußball und gleichzeitig um die Nordkreis-Meisterschaft [statt] ... Nicht unerwartet siegte die schnellere, besser zusammengespielte Mannschaft des Fußballklubs Hanau 93 über den Verteidiger des Meistertitels, den Frankfurter Fußballverein, mit 3:1, Halbzeit 1:0." („Frankfurter Zeitung" vom 3. Juli 1916)

Bereits zu dieser Zeit wurde es für den Fußball-Verein immer schwieriger, eine schlagkräftige Mannschaft aufzustellen, da mit der Einberufung der jüngeren Jahrgänge fast die komplette erste Mannschaft im Felde stand und von dort ständig neue Hiobsbotschaften ihren Weg in die Heimat fanden. So war der Ligaspieler Schlüter (1914 Mitglied der Nordkreis-Meistermannschaft) bereits seit Juni 1915 in Galizien vermisst. Anfang September 1916 fiel Alfred Bertrand bei Verdun, und auch Verteidiger Schwind (im Februar noch zweifacher Torschütze im Meisterschafts-Entscheidungsspiel gegen Viktoria Neu-Isenburg) kehrte nicht mehr von der Front zurück.

Obwohl sich die allgemeine Lage zu Beginn der Spielzeit 1916/17 durch Urlaubssperren und Verkehrseinschränkungen noch zuspitzte, wurde eine Meisterschaft in zwei Klassen ausgetragen. Der Fußball-Verein setzte dabei in seinen zehn Begegnungen gegen den FSV, Viktoria Neu-Isenburg, den SV Wiesbaden, Germania 94 und FV Neu-Isenburg nicht weniger als 43 (!) Spieler ein. Einmal musste sogar Torwart Gmelin als Verteidiger aufgeboten werden. Kein Wunder also, dass die Erfolge des Vorjahres nicht wiederholt werden konnten und die Herbstrunde mit sieben Punkten Rückstand auf den Meister FSV beendet wurde. Zu dieser Zeit hatte die Stammformation des Fußball-Vereins folgendes Aussehen:

► Torhüter: Stroh oder Roth; Verteidiger: Reußwig, „Lulu" Neureuther, Ph. Hohmann; Läufer: Leiber (aus der Schweiz!), Carmal, Heine, Dietrich; Stürmer: Dornbusch, Debus, Nees, Schönfeld, Knörzer, Freund, Ackermann.

Für den Großteil der Bevölkerung aber waren sportlicher Erfolg oder Misserfolg nur mehr Nebensache. Immer stärker waren die Auswirkungen des Krieges auch in der Heimat zu spüren. Es herrschte ein strenger „Kohlrübenwinter". Die Versorgungslage der Bevölkerung war mangelhaft, militärisch steckte Deutschland in der Sackgasse, immer häufiger wurde die Beendigung des Krieges gefordert. So war es keineswegs verwunderlich, dass der Fußball-Verein auch in der im März 1917 beginnenden Frühjahrsrunde nichts mit dem Ausgang der Meisterschaft zu tun hatte, die sich erneut der FSV sicherte. Dennoch boten die Fußballspiele eine willkommene Abwechslung vom immer trister werdenden Alltag. Wie immer den größten Zuspruch hatte dabei das Derby mit dem FSV am 13. Mai, das der geschwächte Fußball-Verein mit 1:3 verlor. Zwar blieb der FFV auch in der Herbstrunde 1917/18 ohne Sieg gegen den FSV, profitierte aber von zwei Ausrutschern der Bornheimer und sicherte sich somit die Südmaingau-Meisterschaft. In der anschließenden Nordkreis-Endrunde konnte aber das Fehlen wichtiger Stammspieler nicht kompensiert werden. So konnten im ersten Spiel gegen den FFV Amicitia und 1902 zunächst nur acht Spieler aufgeboten werden. Nach einem fragwürdigen Elfmeter, den die Bockenheimer zum 3:0 nutzten, wurde zudem der FFV-Spielführer wegen Reklamierens vom Platz gestellt. Doch damit nicht genug. Zehn Minuten vor Schluss musste auch noch der Torhüter nach einem Zusammenstoß bewusstlos vom Platz getragen werden. Daraufhin wurde das Spiel beim Stand von 0:4 abgebrochen. Im Frühjahr 1918 wurden die Aufstellungsprobleme immer ärger. In dieser Situation war es „dem Eifer und der Unverdrossenheit von Heinr. Berger, Jak. Knöffel, Alb. Sohn und Gebr. Pickel und dem Spielführer L. Neureuther zu danken, dass der schwache Pulsschlag des Vereins- und Spielbetriebes nicht ganz zum Stillstand kam".

Ohne Zweifel: Der Fußball-Verein war auf dem Tiefpunkt angelangt. Beim FV Sprendlingen gab es ein 0:6, bei Viktoria Neu-Isenburg gar eine 1:9-Abfuhr. Dafür konnte dem FSV der einzige Punktverlust zugefügt werden (2:2). Insgesamt sprangen aber nur 4:12 Punkte heraus – nicht viel für die Erfolg gewohnten Anhänger. Es sollten aber auch wieder bessere Zeiten kommen, denn im Sommer kehrten Carl Jockel und weitere Stammspieler aus dem Krieg an die Roseggerstraße zurück. Verstärkt durch diese alten „Ligakämpen" lieferte sich der Fußball-Verein ein spannendes Duell mit dem FSV. Nach zwei torlosen Unentschieden lagen beide am Ende gleichauf, so dass ein Entscheidungsspiel notwendig wurde. Dabei hatte es eine Weile so ausgesehen, als ob der Fußball-Verein am grünen Tisch zu Meisterehren gekommen sei, nachdem die Südmaingaubehörde den FSV Ende Dezember 1918 für drei Monate disqualifiziert hatte und dem Fußball-Verein die Punkte aus dem Meisterschaftsspiel vom 15. Dezember zuerkannt hatte. Dieses Urteil scheint aber später revidiert worden zu sein, obwohl sich dafür kein Hinweis in der Presse findet. An sich kein Wunder, denn in jenen Tagen lieferten nicht die sportlichen, sondern die politischen Ereignisse die Schlagzeilen.

Novemberrevolution in Frankfurt: Oberbürgermeister Voigt fügt sich dem Matrosenführer Stickelmann. Karikatur von Lino Salini, 1919. Stickelmann war eine zwielichtige Gestalt. Kurz vor Kriegsende zum Tode verurteilt, schließlich zu lebenslanger Festungshaft begnadigt, nutzte er die Revolutionswirren und wurde selbst zum Revolutionär. Mit seiner bis an die Zähne bewaffneten Marinetruppe übte er ein Jahr lang ein regelrechtes Terrorregime in der Stadt aus.

Inzwischen war nämlich der wilhelminische Obrigkeitsstaat zusammengebrochen, hatten sich im ganzen Reich Arbeiter- und Soldatenräte gebildet. Kaiser und Kronprinz dankten am 9.

November ab, am 11. November wurde das Waffenstillstandsabkommen unterzeichnet. Auch in Frankfurt kam es zur „Novemberrevolution". In der Nacht vom 8. auf den 9. November wollten die Unabhängigen Sozialdemokraten ihren Führungsanspruch durch Besetzung der Zeitungsredaktionen und Verhängung der Pressezensur gewaltsam durchsetzen, scheiterten aber an der Entschlossenheit des demokratisch gewählten Soldatenrates. Schließlich etablierte sich ein paritätisch besetzter Arbeiterrat als „die höchste Vertretung der Stadt". Auf dem Römer wurde die rote Fahne aufgezogen, die Kommunalverfassung blieb jedoch in Kraft, und auch die praktische Arbeit der städtischen Behörden wurde nicht behindert. Problematischer war die Aufrechterhaltung der öffentlichen Ordnung, denn zeitweise existierten nebeneinander drei verschiedene Polizeiformationen, die jedoch nicht in der Lage waren, Schwarzmarkt und Lebensmittelschiebereien zu unterbinden. Der Unmut der Bevölkerung, deren Versorgungslage nach wie vor sehr ernst war, entlud sich schließlich in Massenausschreitungen und Plünderungen. Der schwerste Zwischenfall am 31. März 1919 forderte 20 Tote und konnte erst mit Waffengewalt beendet werden, nachdem ein aufgebrachter Mob bei einer Razzia des Marine-Sicherheitsdienstes am Börneplatz die Matrosen und die anrückende Polizei attackierte, über 200 Häftlinge aus dem Untersuchungsgefängnis befreite und zahlreiche Geschäfte der Innenstadt plünderte.

1918/19 ■ Der FFV beteiligt sich am Boykott der Verbandsspiele

Trotz der politischen Wirren liefen die Verbandsspiele auf Kreisebene nahezu ungestört weiter. Der Fußball-Verein zog am 17. November 1918 durch ein 3:0 über Viktoria Neu-Isenburg ins Pokalendspiel des Nordkreises ein, das er am 9. Februar 1919 mit 2:3 gegen Britannia verlor. Angesichts der schwierigen Verkehrsverhältnisse wurden die Spiele um die Süddeutsche Meisterschaft jedoch abgesetzt und stattdessen Frühjahrs-Verbandsspiele ausgeschrieben, deren Ausgang Grundlage für die Spielklasseneinteilung 1919/20 werden sollte. Bei den Großvereinen verspürte man allerdings wenig Lust, gegen Melitia Hanau, FC 06 oder FVgg Groß-Auheim anzutreten und boykottierte diese Runde. Stattdessen ließen Fußball-Verein, FSV, FC Hanau 93, Viktoria 94 Hanau, Kickers Offenbach, Germania Bieber und der SC Bürgel am 16. März die alte Vorkriegs-Liga wieder aufleben.

Zuvor lieferten sich aber der Fußball-Verein und der FSV zwei spannende Entscheidungsspiele um die Südmaingau-Meisterschaft der Herbstrunde. Im ersten Aufeinandertreffen an der Roseggerstraße gab es am 2. März 1919 vor einer stattlichen Zuschauermenge einen Kampf auf Biegen und Brechen, bei dem auf beiden Seiten je ein Akteur des Feldes verwiesen wurde. Müller und Stumpp brachten die Bornheimer mit 2:0 in Führung, doch gelang Jockel noch vor dem Seitenwechsel durch einen Elfmeter der Anschlusstreffer. Nach Dornbuschs Ausgleich blieb es auch trotz zweimaliger Verlängerung beim 2:2, so dass das Spiel nach fast 160 Minuten wegen Einbruch der Dunkelheit abgebrochen werden musste. So standen sich beide Mannschaf-

Frankfurter Fußball-Verein vor dem Derby mit dem FSV am 17. August 1919. Von links: Pfeiffer, Schneider, Jockel, Becker, Reußwig, Gmelin, Klemm, Neureuther, Knörzer, Imke, Dornbusch.

ten eine Woche später an der Seckbacher Landstraße erneut gegenüber. Vor rund 2.000 Zuschauern ging diesmal der Fußball-Verein mit 2:0 in Führung, Böttger und Klump konnten jedoch nach der Pause für den Sportverein ausgleichen. Also wieder Verlängerung, die wiederum torlos blieb. Nach den damaligen Regeln wurde bis zur Entscheidung weitergespielt. Schließlich war der Fußball-Verein der Glücklichere und erzielte nach 155 Minuten das „golden goal".

Eine „Verlängerung" gab es auch in der Nordkreis-Endrunde. Nachdem im letzten Spiel durch ein 1:1 gegen den FFV Amicitia und 1902 die Meisterschaft verspielt worden war, legte der Fußball-Verein gegen die Wertung des Spiels erfolgreich Protest ein. So hatte er am 9. Juni also eine zweite Chance, sich doch noch den Meisterlorbeer zu sichern. Doch just für jenen Tag war ein Freundschaftsspiel beim Karlsruher FV abgeschlossen worden. Während die erste Mannschaft in Karlsruhe 1:6 verlor, unterlag die Ersatzmannschaft des FFV gegen Amicitia und 1902 deutlich mit 1:5. „Warum also erst protestieren und dann die Meisterschaft verschenken?", fragte der „FN-Sport". Zu verschenken hatte der Frankfurter Fußball-Verein in jenen Tagen wahrhaftig nichts. Von der Nordkreismeisterschaft konnte man sich nichts kaufen, wohl aber von einer Garantiesumme bei einem auswärtigen Freundschaftsspiel.

Beim FFV waren nämlich schwere Zeiten angebrochen. Die Zinslast des 38.000-Mark-Darlehens für die Errichtung des Sportplatzes an der Roseggerstraße drückte, das Reservespielfeld, im dritten Kriegsjahr auf Veranlassung des Magistrats in Ackerland umgepflügt, musste wieder hergerichtet werden, und schließlich waren an der gesamten Anlage dringende Reparaturarbeiten nötig. Bereits am 19. Mai hatte der „FN-Sport" eine „Eingabe des Frankfurter Fußballvereins" veröffentlicht, in der um „Gewährung einer Beihilfe von 10.000 Mark" gebeten wurde. In den städtischen Akten ist jedoch nichts über diesen Antrag zu finden. Obwohl die Stadt den Sportvereinen am

7. August die unentgeltliche Nutzung der städtischen Sportplätze gewährte, sah sich der FFV gezwungen, auf der Jahresversammlung am 27. August „zur Deckung der horrenden Unkosten, welche uns durch die gründliche Herrichtung unserer Sportstätte (Ausbesserung des Klubhauses, Umzäunung, Tribüne und neue Barriere) erwachsen sind, einen Barzuschuss in Mindesthöhe von Mk. 5,–" zu erheben. Als im Herbst schließlich auch die Frankfurter Turngemeinde von 1861 einen Antrag an die Stadt richtete, sie bei der Herrichtung der von ihr seit 1913 genutzten Fußballfelder zwischen Riederwald und Ostparkstraße finanziell zu unterstützen – am 8. Januar 1920 wurden dafür 5.000 Mark bewilligt –, nahm der FFV Kontakte zur Turngemeinde auf, die schließlich im Mai 1920 in der Fusion zur Eintracht und der Errichtung des Sportplatzes am Riederwald endeten.

Mit der schwierigen Zukunft des Vereins befasste sich diese 1919 erschienene Broschüre.

Auch in der Liga war es nicht das Jahr des Fußball-Vereins. Zwar hatte sich die Mannschaft nach einem schwachen Start steigern können, lag nach Abschluss der Vorrunde sogar mit den Offenbacher Kickers punktgleich in Führung, doch riss danach der Faden. Am Ende landete man mit 10:14 Punkten auf einem enttäuschenden fünften Platz – nur zwei Punkte vor dem Schlusslicht SC Bürgel, aber acht Punkte hinter dem Spitzenduo Kickers Offenbach und Viktoria 94 Hanau, die sich am 16. August im Entscheidungsspiel auf dem FFV-Platz gegenüberstanden. Mit 2:1 sicherten sich die Offenbacher erstmals die Nordkreis-Meisterschaft.

1919/20 ■ Fußball-Boom in der ersten Nachkriegsmeisterschaft

Zu dieser Zeit befand sich der Fußball-Verein schon wieder in der Vorbereitung auf die erste Nachkriegssaison 1919/20, in der nichts mehr so sein sollte wie vor 1914. Nicht nur in Deutschland kam es zu einem wahren Fußball-Boom. Viele junge Männer hatten während ihrer Militärzeit Bekanntschaft mit dem runden Leder gemacht. Der Zulauf zu den Vereinen war beträchtlich, ebenso die Zahl der Neugründungen. Und wer nicht aktiv dabei sein wollte (oder konnte), erschien als Zuschauer. Überall strömten die Massen auf die Sportplätze. So schrieb der Korrespondent des „FN-Sport" anlässlich des Derbys zwischen FSV und Fußball-Verein am 17. August 1919 von einer

„Völkerwanderung“ nach Seckbach, „und mancher Neugierige frug mich: ‚Gibt es denn in Seckbach Äpfelwein?‘ Der Sportplatz war überfüllt und sämtliche Umzäunungen und Ankleide- und Geräteschuppen dienten als Tribünen. Es war ein fußballsportliches Ereignis erster Ordnung …“

Die Zuschauerzahl wurde auf „mehrere tausend Menschen“ beziffert. Dabei handelte es sich nicht einmal um ein Meisterschafts-, sondern „nur“ um ein Freundschaftsspiel. Der Fußball-Verein hatte sich im Sommer mit Paul Imke von Hannover 96 verstärkt, der als die Neuentdeckung gefeiert wurde. Der FFV spielte an diesem Tag in folgender Besetzung:

► Gmelin; Pfeiffer, Reußwig; Schönfeld, Reußsling, Imke; Plock, Winkler, Klemm, Dornbusch, „Lulu“ Neureuther.

Klemm brachte den Fußball-Verein unmittelbar vor dem Halbzeitpfiff in Führung, die Hennig per Elfmeter fünf Minuten vor Schluss egalisieren konnte. Gut gerüstet ging es anschließend in die Meisterschaftsspiele. Die Kreiseinteilung, wie sie vor 1914 bestanden hatte, konnte durch die Folgen des Krieges nicht beibehalten werden. Da die linksrheinischen Gebiete einschließlich eines Brückenkopfes um Mainz und Wiesbaden von den Siegermächten besetzt waren, schied der SV Wiesbaden aus dem Nordkreis aus, der in zwei Kreise, Nord- und Südmain, geteilt wurde. Von Anfang an entwickelte sich im Nordmainkreis ein spannender Dreikampf zwischen dem Fußball-Verein, dem FSV und dem durch Fusion von FFV Amicitia und 1902 und Bockenheimer FVgg Germania neu entstandenen VfR 01 Frankfurt, der lange Zeit in Führung lag. Mit einem Punkt Vorsprung auf den FSV ging der FFV am 21. Dezember ins Derby gegen die Bornheimer. Durch einen 1:0-Sieg konnte die Führung ausgebaut werden. Die Entscheidung fiel am 25. Januar 1920. Während der FSV bei Germania 94 mit 1:5 verlor, siegte der Fußball-Verein beim VfR 01. Vor 3.000 Zuschauern hatten Imke und Schneider bis zur Pause eine 2:0-Führung erzielt. Zwar konnten die Bockenheimer zwischenzeitlich ausgleichen, Hohmann und Neureuther per Foulelfmeter sicherten in der Schlussphase jedoch den 4:2-Erfolg. Welche Bedeutung diesem Spiel vom Verband beigemessen wurde, zeigt die Tatsache, dass mit Schiedsrichter Kehm ein Unparteiischer aus München mit der Spielleitung beauftragt wurde.

Zu diesem Zeitpunkt hatte nämlich eine große Protestwelle den Nordmainkreis erschüttert, so dass die Tabellensituation auch für Insider immer verworrener wurde. Da dem Fußball-Verein wegen Einsatzes von Torhüters Gmelin die Punkte aus dem Auftaktsieg beim FC Hanau 93 aberkannt worden waren, war die Meisterschaft noch Anfang März nicht offiziell bestätigt.

„Nördlich des Maines gibt es immer noch keinen Meister. Frankfurter F. V. hat zwar mit 28 Punkten die Führung vor Sportverein mit 26 und V. f. R. mit 24, aber nicht neidlos wird ihm der Meistertitel gegönnt. Vielmehr sind eine selten stattliche Zahl von Protesten gegen die Sieger vom Besiegten angestrengt worden. Um jeden einzelnen Punkt musste die Kreisbehörde in Aktion treten. Man hat sich nachgerade abgewöhnt, zu fragen, wer hat das Spiel gewonnen, sondern wer gewinnt den Protest. Ein-

Restaurant Augustiner-Bräu „Stadtgarten“
Am Eschenheimer Tor 3
Verkehrslokal des Frankfurter Fussball-Vereins e. V.

Walter Strack
Zahnarzt
Frankfurt a. M. · Baumweg 22
Sprechstunden: von 8–½6 · Sonntags von 9–1 Uhr

BINDINGS-BIERHALLE
KAISERSTRASSE 63
Besitzer: Gustav Thieme
Vorzügliche Küche
Stammtisch der F.-Abt. Germania 1894 des Frankf. Turn-Vereins

Treibt Sport im Frankfurter Fußball-Verein

Frankfurter Fußball-Verein e. V. = Stuttgarter Sportfreunde e. V.

Frankfurter Fußball-Verein e. V.		Stuttgarter Sportfreunde e. V.	
Gmelin	einer der gefürchtesten Torhüter im Nordmainkreis	Geisel	gilt als bester Torwart Stuttgarts
Klemm	talentierter Verteidiger, vorzüglich in der Abwehr	B[illegible]z	ein junger sehr talentierter Spieler, ist für die süddeutsche Elf in Frankfurt am Main vorgesehen
Pfeiffer	zeigt typ. engl. Verteidigerspiel, fast vollendetes Kopfspiel und dirigierenden Schlag, beweisen hohe Klasse	Burger	zuletzt Ehrenspielführer u. Spielführer der Sp. Vg. Fürth spielte 18 mal international und zahllos repräsentativ
Knörzer	ein junger veranlagter Spieler mit berechnetem Stellungsvermögen und gutem Kopfspiel	Walter	ein sehr eifriger Spieler, guter Ballabnehmer, jedoch technisch weniger durchgebildet
Jockel	spielte wiederholt repräsentativ, ruhiges Spiel und gute Ballbehandlung mit zweckmäßigem Verteilungsspiel	Kicker	guter Ballverteiler, etwas langsamer aber gefährlicher Torschütze
Becker	spielte vor Jahren international, trotz seiner langen Laufbahn entwickelt er eine seltengesehene Energie	Borger	technisch gut mit raffiniertem Spiel
Appel	technisch veranlagter Kombinationsspieler ohne Liga-Wettspielpraxis	Retter	spielt seit November (Rückkehr aus Gefangenschaft) in der Mannschaft, schnellster Flügelstürmer Stuttgarts
Imke	technischer Spieler mit gesundem Schußvermögen spielte oft repräsentativ u. nahm wiederholt an ausländischen Tourniers der Hannover 96er teil	Janus	sehr guter Techniker, mit seltenem Schuss
Mohr	Dribbler und Techniker ohne Schußvermögen	Zetsche	(fr. Wacker-Leipzig) junger Spieler mit intern. Anlagen anerk. best. Mittelstürmer Stuttgarts, guter Torschütze
Hohmann	repräsentativ, brillanten Schuss, gutes Kopfspiel und eminente Durchschlagskraft	Heinzelmann	technisch durchgebildet, aber zu langsam
Schneider	zeitweise guter Flügelstürmer, aber ohne Flankenschlag; als Läufer ausgezeichnet	Seemann	bester Linksaussen Stuttgarts, mehrfach repräsentativ, Durchreisser und gefürchteter Torschütze

Sportfreunde Stuttgart unter Leitung des Internationalen Burger, belegen im Kreis Württemberg hinter Sportklub 1910 u. Kickers Stuttgart den 3. Platz. Sie ist als die fairste u. sympathischste Mannschaft im Kreis Württemberg bekannt. Das Spielsystem, flaches schnelles Kombinationsspiel, ist das gleiche wie bei Fürth und Nürnberg. Die Mannschaft insgesamt ist sehr spielstark. Nur die Läuferreihe ist etwas schwach. Der Sturm, besonders Retter, Zetsche, Seemann, ist z. Zt. der Beste Stuttgarts. Die Verteidigung, Burger, Benz, Geisel, hervorragend. Bemerkenswerte Resultate: Spielvereinigung Fürth u. Nürnberg je 1:1.

Frankfurter Fußball-Verein e. V.
Abteilungen für:
Fußball • Leichtathletik • Hockey • Cricket • Fechten • Körperkultur

Zeil-Casino
Vornehmes Weinrestaurant
Frankfurt a. M., Zeil 52
Inhaber: Fritz Riedling
Mitglied d. F.F.V.

die DSZ
Illustrierte weitverbreitetste Sportzeitung

Kaffee Ruhland
Frankfurt a. M.
Kaiserstraße 56 · Ecke Elbestraße
Täglich 5 Uhr-Tee mit Tanz

Fußball und Werbung: Auch 1920 schon gang und gäbe. Faltblatt mit den Aufstellungen zum Freundschaftsspiel FFV gegen die Sportfreunde Stuttgart (1:1) am 29. Februar 1920.

zelne Vereine wissen stets die überzeugendsten Argumente anzuführen, so dass an den Brennpunkten des Fußballverkehrs wütende Redeschlachten geschlagen werden, und der Sport an sich in der Hitze des Gefechts ganz in Vergessenheit gerät. Damit wird aber der ideale Zweck unseres schönen Sports zu nichts… Es darf nicht, wie es in diesem Jahr ganz besonders unschön sich gezeigt hat, dauernd das Lager der Klassengegner durchstöbert werden, ob nicht vielleicht eine Unregelmäßigkeit in bezug auf Meldung oder Spielerlaubnis vorgekommen sein könnte. Auf ganz unbestimmte und unwahrscheinliche Behauptungen hin werden dann Proteste eingelegt. Dass der Behörde damit die ehrenamtliche Arbeit recht sauer wird, ist das weniger Schlimme. Das Unglück für unseren Sport ist der Neid und die Eifersucht… Hier ist es zuletzt so weit gekommen, dass gegen jeden neu übergesiedelten Spieler protestiert wurde, und dadurch die Rechtschaffenheit des betreffenden Vereins in Zweifel gestellt war… Dieses gegenseitige Misstrauen muss unbedingt verschwinden, es ist der größte Krebsschaden.“ („Fußball“ vom 3. März 1920)

Als der Fußball-Verein einen Monat später endlich als Meister bestätigt wurde, hatte er bereits zwei Spiele der Endrunde um die Süddeutsche Meisterschaft bestritten, in deren Verlauf sich der Fußball-Boom der Nachkriegszeit auch in Frankfurt deutlich zeigte. Der Auftakt beim 1. FC Nürnberg verlief für den Fußball-Verein am 14. März weniger erfolgreich. Mit 0:4 gab es eine klare Niederlage gegen den „Club“, der am Anfang seiner Erfolgsära stand. Doch weniger die Höhe der Niederlage war erstaunlich, sondern vielmehr, dass die Frankfurter Mannschaft überhaupt nach Nürnberg hatte fahren können.

Nach Ausbruch des „Kapp-Putsches“ am 13. März in Berlin war es auch in Frankfurt zu bewaffneten Auseinandersetzungen gekommen, in deren Verlauf 14 Tote und mehr als 100 Verletzte zu beklagen waren. Daraufhin waren am Sonntagmorgen Reichswehrtruppen in die Stadt eingerückt, die Stellung um das Polizeipräsidium und die Eisenbahndirektion bezogen und das Goethe-Gymnasium besetzten. Zwar brach der Putsch binnen weniger Tage infolge eines Generalstreiks zusammen, die Auswirkungen auf den Reiseverkehr blieben jedoch noch eine Zeit lang bestehen. So konnte der 1. FC Nürnberg zum Beispiel nach dem Rückspiel in Frankfurt die Heimreise nicht sofort antreten. Das Gastspiel des „Club" zog am 21. März eine für Frankfurter Verhältnisse neue Rekordzuschauerzahl an. Vor rund 10.000 Menschen an der Roseggerstraße entging der souveräne Nordbayerische Meister nur knapp einer Niederlage. Steinlein hatte zwei Minuten vor Schluss den FFV-Rechtsaußen Brandt im Strafraum regelwidrig zu Fall gebracht, die spätere Nürnberger Torwartlegende Heiner Stuhlfauth konnte Jockels scharf geschossenen Elfmeterball jedoch abwehren. Wenn man bedenkt, dass der Fußball-Verein ab der 70. Minute ohne Mittelstürmer Dornbusch auskommen musste, war es zumindest ein moralischer Sieg. Immerhin sollte es der einzige Verlustpunkt des 1. FC Nürnberg auf seinem Triumphzug zur Süddeutschen und Deutschen Meisterschaft bleiben.

Die nächsten Wochen standen ganz im Zeichen der Besetzung der Stadt durch französisches Militär, das am 6. April nach Frankfurt eingerückt war. Bis zum Abzug am 17. Mai herrschte eine nächtliche Ausgangssperre, und niemand durfte die Stadt ohne Identitätskarte verlassen. Es mutet daher wie ein Wunder an, dass die Endrundenspiele trotzdem fast planmäßig weitergingen. Gegen die Offenbacher Kickers wurden drei Punkte eingefahren. Hinter dem 1. FC Nürnberg und TuSV Waldhof wurde schließlich der dritte Platz in der Nordgruppe belegt.

Zu diesem Zeitpunkt hatte sich der Frankfurter Fußball-Verein bereits mit der Frankfurter Turngemeinde von 1861 zur „Frankfurter Turn- und Sportgemeinde Eintracht von 1861" zusammengeschlossen, deren erster Vorsitzender Dr. Wilhelm Schöndube von der bisherigen FTG 1861 wurde. Es dauerte allerdings einige Zeit, bis der neue Name „Eintracht" akzeptiert war. Die „Frankfurter Zeitung" verwendete ihn erstmals anlässlich des Endrundenspiels gegen den TuSV Waldhof am 16. Mai (3:4). Schwerer tat sich der „Fußball", der auch im Rückspiel am 30. Mai den „Frankfurter Fußball-Verein" spielen ließ (zweifacher Torschütze beim 0:4 war übrigens der spätere Bundestrainer Sepp Herberger!) und es „nicht nur schade, sondern unverzeihlich" fand, „einen solch ruhmvollen Namen so klanglos fallen zu lassen".

Nun, ganz fallen gelassen wurde er natürlich nicht. Er blieb bis 1969 Bestandteil des Vereinsnamens: zunächst in „Frankfurter Turn- und Sportgemeinde Eintracht (F. F. V.) von 1861", nach der „reinlichen Scheidung" zwischen Turnern und Sportlern 1927 in „Frankfurter Sportgemeinde Eintracht (F. F. V.) von 1899". Letzteren Namen konnte man bis Ende des 80er Jahre noch über den Kassenhäuschen des Riederwaldsportplatzes in der Haenischstraße bewundern, bevor er zusammen mit den Stehkurven und dem Tribünendach den Sanierungsarbeiten zum Opfer fiel.

Die „reinliche Scheidung" zwischen Turnen und Sport

Durch die frühe Phase des deutschen Fußballs zieht sich ein heftiger Konflikt zwischen den traditionellen Turnern und den Befürwortern der modernen, meist aus England importierten Sportarten. Fußball als der populärste „englische Sport" zog die meisten Angriffe und Vorurteile der überwiegend erzkonservativen Turnerschaft auf sich.

Die deutsche Turnbewegung (von lateinisch *tornare* = drechseln, abrunden) geht auf Friedrich Ludwig Jahn („Turnvater Jahn") zurück. Neben der Beseitigung der napoleonischen Fremdherrschaft hatten sich die deutschen Turner auch die Überwindung der Kleinstaaterei und die Errichtung eines deutschen Nationalstaates auf die Fahnen geschrieben. Damit gerieten sie jedoch in Konflikt mit der auf dem Wiener Kongress 1815 verabschiedeten restaurativen politischen Ordnung sowohl in deren Früh- (Turnsperre in Preußen von 1819 bis 1842) und Spätphase (Vormärz). So wurde die 1844 gegründete „Frankfurter Turngemeinde" 1848 und 1852 zweimal verboten.

Wie politisiert Teile der Turnbewegung waren, zeigt das Beispiel des „Frankfurter Turn-Verein von 1860". Einer Fraktion, die mit der bestehenden politischen Ordnung konform ging, standen die Anhänger des Nationalvereins gegenüber, der die so genannte „kleindeutsche" Lösung, d.h. die Einigung Deutschlands unter Führung Preußens und ohne Österreich, favorisierte. Die Gegensätze führten schließlich zum Ausschluss der „Großdeutschen" und zur Gründung einer neuen „Frankfurter Turngemeinde" am 22. Januar 1861. Aber auch in dieser blieben innere Spannungen nicht aus. Eine 1862 gebildete Wehrabteilung für „Volksbewaffnung und Volkswehr" verließ 1864 die FTG und gründete mit Dissidenten des FTV 1860 den „Frankfurter Wehrverein", der nach der Annexion der Freien Stadt Frankfurt durch Preußen im Jahre 1866 entwaffnet wurde und sich in „Frankfurter Turn- und Fechtclub" umnennen musste.

Im Jahre 1868 wurde die „Deutsche Turnerschaft" (DT) als Dachverband der deutschen Turner gegründet, zu deren Zielen die „Förderung des deutschen Turnens als eines Mittels zur körperlichen und sittlichen Kräftigung" gehörte. Wesentlicher Bestandteil der Turnidee waren Massenveranstaltungen, die die Gemeinschaft in den Mittelpunkt stellten, Konkurrenz- und Leistungsdenken waren verpönt. Daraus resultierten Gegensätze zum englischen „Sport", der im letzten Viertel des 19. Jahrhunderts auch in Deutschland immer mehr Anhänger gefunden hatte. Dennoch entstanden vor 1914 in vielen Turnvereinen Sport- und Spielabteilungen, in denen Fußball gespielt wurde.

Nach dem Ersten Weltkrieg verschlechterte sich das Verhältnis zwischen Turnern und Sportlern zusehends. Vordergründig ging es dabei um unterschiedliche Auffassungen über den Zuständigkeitsbereich von DT und des 1917 gebildeten Deutschen Reichsausschusses für Leibesübungen (DRA). Da in der DT neben Turnen auch andere Sportarten betrieben wurden, kam für den ältesten und größten Sportverband Deutschlands eine Selbstbeschränkung auf einen „Fachverband Turnen" innerhalb des DRA nicht in Frage. Bereits am 14. Dezember 1922 hatte daher der Hauptausschuss der DT die so genannte „reinliche Scheidung" angeordnet: „Abteilungen und Einzelmitglieder unserer Turnvereine, welche auch einem Sportverband angehören, haben dort oder bei der DT auszuscheiden, sobald ihnen die Teilnahme an Veranstaltungen der DT durch den Sportverband verwehrt wird."

Zwar fand diese Anordnung zunächst wenig Beachtung, als jedoch die Sportverbände ab 1924 wieder sportliche Kontakte zu ehemaligen Feindstaaten aufnahmen, verschärfte sich der Konflikt. Das Fass zum Überlaufen brachte im Mai 1925 der Beschluss des DRA, an den Olympischen Spielen 1928 in Amsterdam teilzunehmen. Da die DT „auf Grund ihrer Geschichte und ihrer vaterländischen Wesensart erklärt hatte, dass, solange ein Feind auf deutschem Boden stünde, ihr eine Teilnahme unmöglich wäre", wurde am 18. August 1925 in Detmold „der Beschluss gefasst, aus dem Deutschen Reichsausschuss auszutreten, da die D. T. die Überzeugung gewonnen hat, dass sie ihre besondere turnerische Eigenart im D. R. A. nicht zur Geltung bringen kann" („Deutsche Turn-Zeitung" vom 27. August 1925). Im gleichen Jahr wurde auch erstmals eine eigene Deutsche Fußball-Meisterschaft innerhalb der DT ausgespielt.

Auch an der Eintracht ging dieser Konflikt nicht spurlos vorbei. Zum offenen Bruch kam es 1926/27. Zunächst war der 1. Vorsitzende, Dr. Wilhelm Schöndube, im Herbst 1926 zurückgetreten, da „die Trennungsbestimmungen der Verbände ... es notwendig [gemacht hatten], die turnerische und sportliche Arbeit weitgehend selbstständig zu machen" (Mitglieder-Mitteilungen vom Januar 1927). Auf einer außerordentlichen Generalversammlung der „Frankfurter Turn- und Sportgemeinde Eintracht" am 11. Juni 1927 wurde schließlich die Trennung der beiden Stammvereine beschlossen, worauf der ehemalige „Frankfurter Fußball-Verein" den Namen „Frankfurter Sportgemeinde Eintracht (F. F. V.)" annahm.

Obwohl es 1930 zu einer Verständigung zwischen DRA und DT gekommen war, blieb das Schisma in Frankfurt bis 1968/69 bestehen. Nachdem sich 1946 zunächst die „Frankfurter Turngemeinde Eintracht" und der „Frankfurter Turn- und Fechtclub" zur „Frankfurter Turn- und Fechtgemeinde Eintracht von 1861" zusammengeschlossen hatten, billigte die ordentliche Mitgliederversammlung der „Sportgemeinde Eintracht" am 8. Dezember 1967 die „Wiedervereinigung" mit Turnern und Fechtern, die am 10. Oktober 1969 dem neuen Gesamtverein „Eintracht Frankfurt e.V." als neue Abteilungen beitraten. Nach dem Rücktritt des langjährigen Präsidenten Rudolf Gramlich übernahm von 1970 bis 1973 mit Alfred Zellekens wieder ein Turner die Führung des Vereins. ■

Der Weg zurück an die Spitze

Aller Anfang ist schwer

Das erste Nachkriegsendspiel um die Deutsche Meisterschaft fand am 13. Juni 1920 in Frankfurt auf dem mit etwa 30.000 Zuschauern hoffnungslos überfüllten Platz an den Sandhöfer Wiesen in Niederrad zwischen dem 1. FC Nürnberg und der SpVgg Fürth statt (2:0). Angesichts des Fußball-Booms (allein im Bereich des Süddeutschen Fußball-Verbandes stieg die Zahl der Vereine von 1.005 mit 170.780 Mitgliedern im Juli 1920 auf 1.640 mit 311.766 Mitgliedern Ende Juni 1921) gab es daher Überlegungen, zur Saison 1920/21 eine süddeutsche Verbandsliga einzuführen, doch prallten die Interessen der Ligaklubs und der kleineren Vereine beim SFV-Verbandstag am 1./2. August heftig aufeinander. So wurde das bestehende Spielsystem mit zehn Kreisligen – auch zum Bedauern der Eintracht – beibehalten, die Verbandsliga blieb ein Wunschtraum.

Nachdem am 1. September vor 4.000 Zuschauern mit einem Freundschaftsspiel gegen Malmö FF (2:1) Abschied vom alten Platz an der Roseggerstraße genommen worden war, wurde bereits eine Woche später der neue Eintracht-Sportplatz am Riederwald feierlich seiner Bestimmung übergeben. Die Ehre, das erste Spiel auf dem neuen Rasen zu bestreiten, hatte übrigens die Cricket-Mannschaft der Eintracht, die am Samstag, 4. September, gegen den Deutschen Meister Sportfreunde Berlin antrat. Tags darauf trennten sich die Eintracht-Fußballer und der Freiburger FC 1:1. Dabei bestritt Fritz Becker sein 850. Wettspiel – erst für die Kickers, dann den FFV und jetzt die Eintracht. Außerdem wirkten in den Reihen der Eintracht zwei Spieler des Deutschen Meisters 1. FC Nürnberg mit: Hans Kalb, der in Frankfurt Zahnmedizin studierte, und Peter Szabo, für den das Spiel der Beginn einer langjährigen Affinität mit der Eintracht und der Stadt Frankfurt werden sollte.

1920/21 ■ Erstmals „Eintracht vom Riederwald"

Natürlich war auch Kickers-„Urvater" Walther Bensemann anwesend, der dem Ereignis im Kicker fast zwei Seiten widmete. Die neue Anlage hatte den Verein rund 300.000 Mark gekostet. Glanzstück der Hauptkampfbahn war die Haupttribüne mit 1.600 überdachten Sitzplätzen. Die Stehterrassen boten Platz für rund 40.000. Um das Spielfeld

Der neue Eintracht-Sportplatz am Riederwald.

zog sich eine 400-m-Aschenbahn, vor der Tribüne gab es eine weitere 120-m-Laufbahn. Dass sich die Investitionen gelohnt hatten, bestätigte sich bereits beim ersten Meisterschaftsheimspiel gegen Germania 94 (3:1), dem rund 7.500 Zuschauer beiwohnten. Leider sind von den Nordkreisspielen nur noch zwei weitere Zuschauerzahlen überliefert: 5.000 gegen Viktoria Aschaffenburg und 10.000 für das letzte Spiel gegen Helvetia, in dem sich die Eintracht erneut die Meisterschaft sicherte. Bevor es aber so weit war, hatten die Sportrichter wieder jede Menge zu tun. Zunächst wurde das 4:1 vom 26. September gegen Helvetia annulliert, da die Bockenheimer ihren Stürmer Wunderlich für das Länderspiel in Österreich hatten abstellen müssen. Dann gab es am 5. Dezember einen Spielabbruch bei Germania Rückingen, nachdem der Schiedsrichter vom Rückinger Linksaußen Gerhardt tätlich angegriffen und Zuschauer auf den Platz eingedrungen waren. Schließlich wurde das 4:0 am 9. Januar 1921 gegen einen überharten VfR 01 Frankfurt teuer erkauft: Nach einem Foul von Bauer musste Szabo verletzt vom Platz getragen werden und fiel für den eine Woche später stattfindenden Schlager bei Germania 94 aus. Vor 16.000 Zuschauern kassierte die Eintracht mit 1:5 zwar ihre höchste Punktspielniederlage, sicherte sich am 20. Februar im neu angesetzten Spiel gegen Helvetia aber erneut die Nordmainmeisterschaft.

In der Süddeutschen Meisterschaft gab es die gleichen Gegner wie im Vorjahr. Nach einem 2:0 zum Auftakt gegen den TuSV Waldhof brachte sich die Mannschaft am 20. März selbst um die Früchte ihrer Arbeit, als sie beim Deutschen Meister 1. FC Nürnberg eine 2:0-Führung verspielte und am Ende mit 2:7 „baden" ging. Dementsprechend fiel die Analyse im „Kicker" aus: „Das, was uns die Frankfurter gezeigt haben, war Fußballkunst und System, wie wir es nur von den besten Vereinen des Kontinents gewöhnt sind... Bis zur 70. Minute war Eintracht seinem großen Gegner mindestens ebenbürtig und dann kam leider die Katastrophe. Sie fielen ihrem eigenen Tempo selbst zum Opfer, denn in den letzten 20 Minuten waren sie einfach fertig, körperlich und psychisch, und darin lag die Schwäche ... Sich in fünf Minuten fünf Tore aufbrummen zu lassen, das darf nicht vorkommen..." („Der Kicker" vom 5. April 1921)

Nach einem 4:0 gegen Kickers Offenbach wurde die Runde mit drei Niederlagen in Folge abgeschlossen, so dass am Ende nur der Kassierer zufrieden gewesen sein dürfte, denn die drei Heimspiele hatten 33.000 Zuschauer angelockt. Auch beim Jubiläumsturnier „60 Jahre Turn- und Sportgemeinde Eintracht von 1861 e. V." Anfang Mai zeichnete sich die sportliche Stagnation ab. Nach einem 1:0 über Saarmeister Borussia Neunkirchen gab es eine deutliche 1:6-Abfuhr gegen Wacker München. Noch schlimmer war jedoch die deutliche Niederlage der Jugend-Mannschaft gegen die Würzburger Kickers. „Der Kicker" schimpfte danach: „Muss man denn erst, wenn man bei der Eintracht zu etwas kommen will, austreten, in Groß-Krotzenburg in der ersten C-Mannschaft spielen, um nachher mit Tam-Tam und Jubel nach Frankfurt zurückgeführt zu werden? Es sind da ein paar Leute, die haben eben ein Abonnement auf die Liga für ewige Zeiten. Nachwuchs! Nachwuchs! Meine Herren von der Eintracht, sehen sie sich die Kickersjugend aus Würzburg an. 6:0 ist eine saumäßige Abfuhr, noch schlimmer als das 6:1 gegen Wacker."

1921/22 ■ Von Germania 94 entzaubert

Nachdem die Verantwortlichen die Probleme erkannt hatten, wurde im Sommer 1921 mit dem ehemaligen ungarischen Meisterspieler Dori Kürschner erstmals ein „richtiger" Trainer präsentiert. Außerdem nahmen die Verbandsoberen wieder einmal eine Spielklassenreform in Angriff. Doch statt zu einer Konzentration der Besten kam es

Eintracht Frankfurt: Nordmainmeister 1920/21. Von links: Heinrich Berger (Spielausschuss), Imke, Dornbusch, Szabo, Böttcher, Pfeiffer, Gmelin, Brandt, Jockel, Schönfeld, Köster, Schneider und Fritz Becker (Spielausschuss).

zunächst zu einer Aufblähung von Süddeutschlands Spitzenklasse auf sage und schreibe 160 Vereine, die bis 1924 sukzessive auf 40 Erstligisten in fünf Bezirksligen reduziert wurden. Sportlich und finanziell war diese Entscheidung vor allem für die Großvereine ein Rückschritt, denn Spiele gegen Borussia Frankfurt oder die FG 02 Seckbach waren wenig attraktiv. Selbst das Derby gegen den FSV zog nur 8.000 Interessierte an. Zu überlegen zog die Eintracht ihre Kreise. Mit 13 Siegen und nur einer Niederlage (1:2 beim FSV) wurde die Eintracht souverän Meister in der Abteilung I des Nordmains.

Ähnlich deutlich dominierte Germania 94 die andere Abteilung, so dass es in den Spielen um die Kreismeisterschaft zum Duell mit dem alten Rivalen kam. Nachdem das erste Spiel auf den Sandhöfer Wiesen 2:2 geendet hatte, musste das Rückspiel am Riederwald eine Woche später 18 Minuten vor Schluss wegen eines Schneesturms abgebrochen werden. Im dritten Anlauf am 11. Februar 1922 unterlag die Eintracht, die „zwar technisch vollendetes und schönes Kombinationsspiel“ vorführte, „aber solches nicht in Tore umzusetzen“ verstand, gegen die „stärkere Kampfmannschaft“ der Germania deutlich mit 1:4 (Zitate aus der „Frankfurter Zeitung“).

So war der eigentliche Saisonhöhepunkt das Länderspiel gegen die Schweiz am Riederwald. 38.000 Zuschauer, die für eine Einnahme von 350.000 Mark sorgten, bildeten am 26. März 1922 den gewaltigen Rahmen bei einem 2:2-Unentschieden. Die Höhe dieser Summe war allerdings bereits ein erstes Anzeichen der langsam einsetzenden Inflation, die indirekt auch Auswirkungen auf das Kräfteverhältnis im Frankfurter Fußball haben sollte.

Im Schatten des FSV

Die Abteilungsmeisterschaft 1922 sollte für lange Zeit der letzte Titel sein, den die Eintracht-Fußballer bejubeln konnten. Es war die Zeit, in der altbewährte Kräfte wie Fritz Becker, Karl Jockel, Torhüter Wilhelm Gmelin und Paul Imke ihre Fußballschuhe an den berühmten Nagel hingen. Auch Trainer Kürschner hatte den Riederwald wieder in Richtung Nordstern Basel verlassen. Da das Frankfurter Bürgertum an den Folgen der Inflation besonders zu leiden hatte, traf dies auch die Eintracht, die „der" bürgerliche Fußballklub der Stadt war. So spricht die Jubiläumsbroschüre „30 Jahre Eintracht" (1929) von einer „denkbar unerfreulichen" Saison 1924/25, „zu stark litten wir noch unter den Begleiterscheinungen der Inflationszeit". Zu leiden hatte natürlich auch das zahlende Publikum. So mussten im September 1922 Besucher aus Frankfurt 20 Mark Eintritt für das Spiel FC Hanau 93 - Eintracht zahlen. Den Vereinen zerrann das Geld unter den Händen. Am Ende war es nicht einmal das Papier wert, auf dem es gedruckt war.

1922/23 ■ Als Dritter für die Mainbezirksliga qualifiziert

Immerhin brachte die Konzentration auf eine oberste Spielklasse im Nordmainkreis höhere Zuschauerzahlen als im Vorjahr. Die Heimspiele gegen Germania 94 (3:2) und Helvetia Frankfurt (1:2) lockten je 10.000 an den Riederwald, das Derby gegen den FSV (2:3) am 3. Dezember 1922 sogar 12.000. Ein Tor des Bornheimers Waldschmidt drei Minuten vor Schluss beendete die letzten Hoffnungen der Eintracht auf den Titel, den sich der FSV mit zwei Punkten Vorsprung auf Helvetia und vier auf die Eintracht sicherte. Die Qualifikation für die neue Mainbezirksliga stand jedoch nie in Frage.

Nachdem 1921/22 die Spiele um den Süddeutschen Pokal nicht ernst genommen und die so genannte „Schupo"-Mannschaft zu Germania Mörfelden geschickt worden war (und 1:2 verlor), fuhr die Eintracht diesmal mit allen „Kanonen" auf den Bieberer Berg nach Offenbach. Trotz einer zeitweiligen 3:1-Führung hieß es am Ende jedoch 5:6. Aus der Reihe der zahlreichen Freundschaftsspiele ragte das 0:0 gegen den österreichischen Vizemeister Hakoah Wien am Silvestertag 1922 hervor.

1923/24 ■ Außenseiter Bürgel als Stolperstein

Die gute Form konnte auch ins Spieljahr 1923/24 hinübergerettet werden, denn nach einem 2:1-Derbysieg gegen den FSV stand die Eintracht nach vier Spielen an der Tabellenspitze. Allerdings tat sich die Mannschaft gegen „kleinere" Vereine schwer. Während gegen den FSV und Helvetia kein Punkt abgegeben wurde, gab es gegen den FC Hanau 93 und den SC Bürgel zweimal eine „Nullrunde". Gerade auf Bürgel war man in diesem Jahr nicht gut zu sprechen. Ausgangspunkt für die Verstimmung war das Spiel am 4. November 1923 in Bürgel, in dem vier Verletzte zu beklagen waren. Bereits nach drei Minuten hatte der rechte Läufer Egly eine Knieprellung erlitten. Nach 25 Minuten fiel Torhüter Trumpp nach Foulspiel mit Gehirnerschütterung aus, so dass Mittelläufer Kirchheim ins Tor musste. Nachdem in der zweiten Halbzeit mit Klemm und Schönfeld zwei weitere Akteure verletzt ausfielen, brach der Stuttgarter Schiedsrichter Faigle, dem die Eintracht vorwarf, die Härte nicht unterbunden zu haben, das Spiel beim Stand von 2:0 für Bürgel ab. Überhaupt waren die Schärfe der Spiele und mangelhafte Schiedsrichterleistungen ein hochaktuelles Thema. So schrieb „Der Kicker", dass „ein Unparteiischer ... auch in Bürgel nichts durchgehen lassen [darf]. Nun hat die Behörde das Wort, es ist höchste Zeit, sonst ist's zu spät." Am gleichen Spieltag gab es übrigens schwere Schelte für die Spielleiter Spät aus Mannheim (FSV - Kickers Offenbach) und Gerlings aus Nürnberg (SV 99 Offenbach - FC Hanau 93).

Dass nach dem zweiten Sieg über den FSV die Beziehungen zu den Bornheimern – wieder einmal – atmosphärisch gestört waren, trug auch nicht gerade zur allgemeinen Beruhigung bei. Nachdem der Sportverein Anfang Januar 1924 sein vorletztes Meisterschaftsspiel verloren hatte, wiesen er und die Eintracht die gleiche Anzahl von Minuspunkten (acht) auf. Zum Zünglein an der Waage sollte nun ausgerechnet der SC Bürgel werden. Am 13. Januar beendete der FSV mit einem 3:1 in Bürgel sein Punktspielprogramm. Zur gleichen Zeit gewann die Eintracht ihr „Auswärtsspiel" gegen den SV 99 Offenbach am Riederwald mit 3:2; der Platz in Offenbach war total vereist. Dies sorgte für reichlich Verstimmung in Bornheim, denn mit zwei Siegen über Bürgel konnte die Eintracht mit dem FSV gleichziehen und ein Entscheidungsspiel erzwingen. Trotz großer Überlegenheit gelang es der Eintracht jedoch eine Woche später bei strömendem Regen nicht, das Bürgeler Abwehrbollwerk zu knacken. Im Gegenteil: Am Ende hatte die Mannschaft mit 0:2 ihre letzte Meisterschaftschance verspielt und führte „die Zermürbung ihrer Energie auf die gehässigen Zurufe und das Schreien und Johlen eines gewissen Publikumsteils zurück, in dem sie einen großen Prozentsatz Anhänger ihres derzeit stärksten Rivalen erkannt haben will". („Fußball" vom 24. Januar 1924) Die Atmosphäre im Mainbezirk war endgültig vergiftet, als die Eintracht auf die Wiederholung des am 4. November 1923 in Bürgel abgebrochenen Spieles verzichtete.

Erfolgreicher verliefen in diesem Jahr die Pokalspiele. Nach Siegen über Kickers-Viktoria Mühlheim (5:2), die 1923 in die Zweitklassigkeit abgerutschte Germania 94 Frankfurt (2:0), Viktoria Aschaffenburg (2:1) und den SV Darmstadt 98 (3:2) wurde das Viertelfinale erreicht, in dem sich allerdings die Stuttgarter Kickers am Riederwald als geschlossenere Mannschaft zeigten und verdient mit 4:3 die Oberhand behielten.

Durch die Stabilisierung der Währung Ende 1923 konnten endlich auch wieder attraktive ausländische Mannschaften verpflichtet werden. Höhepunkte waren die Gastspiele von West Ham United und Sparta Prag. Besonders der Auftritt der Engländer am 17. Mai 1924 – seit dem Bradford-Spiel zehn Jahre zuvor die ersten Gäste von der Insel in Frankfurt – war eine Meisterleistung der Eintracht-Verantwortlichen, wenn man bedenkt, dass es 1920 gerade die englische „Football Association“ gewesen war, die nach dem Ersten Weltkrieg jegliche Fußballkontakte zu den Mittelmächten strikt abgelehnt hatte und deshalb sogar aus der FIFA ausgetreten war. So pries „Der Kicker“ vor allem die „gute Pionierarbeit für den deutschen Sport“. Vor 10.000 Zuschauern lieferte die Eintracht in der Aufstellung

► Trumpp; Grünerwald, Egly; Roth, Kirchheim, Schneider; Weber, Schönfeld, Pfeiffer, Schenk, Österling

„wie immer bei großen Gegnern eines ihrer besten Spiele und setzte den Engländern bewundernswerten Widerstand entgegen. Zeitweise zwang sie den Gegner zur Hergabe seines vollen Könnens. Aus dem Rahmen fielen Trumpp, das Torwächterphänomen, und Pfeiffer, der überragende Sturmführer… Klare Torchancen hatte die Eintracht viermal, zwei davon wurden vor dem leeren Tor in der Aufregung verschossen.“ („Der Kicker“ vom 21. Mai 1924)

Das deutliche 0:4 war fast Nebensache. Am Abend trafen sich beide Mannschaften im Zeil-Casino, wo „eine überaus herzliche Verbindung mit den Gästen geschaffen [wurde]. Als die Musikkapelle ‚God save the King‘ intonierte…, war der Höhepunkt erreicht.“

14 Tage später besiegte eine Kombination Eintracht/FSV die berühmte Prager Sparta mit 3:1. Zwar fehlten bei den Tschechen einige der besten Akteure, die am Olympiaturnier in Paris teilnahmen, dennoch kam das Publikum voll auf die Kosten. Zu dieser Zeit hatte sich das Verhältnis zum Bornheimer Rivalen wieder einigermaßen normalisiert. Im Zusammenhang mit dem Sparta-Spiel sprechen die „Mitglieder-Mitteilungen“ der Eintracht vom „befreundeten Nachbarverein“. Es wurde sogar ein Silberpokal gestiftet, um den beide Vereine nun jährlich spielen sollten. Mit 4:0 gelang dem Sportverein eine deutliche Revanche für die beiden Meisterschaftsniederlagen.

1924/25 ■ Sportlich und finanziell in höchster Gefahr

Die Kooperation mit dem FSV wurde auch zum Start der Saison 1924/25 fortgesetzt, diesmal mit einem Spiel gegen den DFC Prag (2:4). Angesichts der Feierlichkeiten zum 25-jährigen Bestehen der Fußball-Abteilung unterlag die Eintracht mit 1:4 gegen den Freiburger FC und 0:2 gegen die SpVgg Fürth. Zu diesem Zeitpunkt zählte die Eintracht 2.250 Mitglieder und war damit der fünftgrößte Verein im Bereich des Süddeutschen Fußball-Verbandes. Die Fußball-Abteilung hatte 34 aktive Mannschaften (20 Senioren, zwölf Jugend, zwei Alte Herren) für den Spielbetrieb gemeldet, was Rekord im SFV bedeutete. In sieben weiteren Abteilungen (Turnen, Leichtathletik, Hockey, Boxen, Handball, Tennis, Rugby) wurde unter dem Dach der Eintracht Sport betrieben. Dass die Eintracht auch gesellschaftlich ganz weit oben stand, beweisen einige Namen aus dem Kreise des Ehrenausschusses anlässlich der Jubiläumswoche: Walther Bensemann, Oberbürgermeister Dr. Georg Voigt und Dr. Ivo Schricker, der Vorsitzende des Süddeutschen Fußball-Verbandes.

Bereits in den Jubiläumsspielen war eine gewisse spielerische Stagnation sichtbar geworden, und in den Meisterschaftsspielen ging es weiter bergab. Ende November 1924 standen lediglich zwei Siege zu Buche, und nach dem 1:4 im Derby gegen den FSV fand sich die Eintracht auf dem drittletzten Platz in höchster Abstiegsnot wieder. Die Lage wurde noch dramatischer, denn zwei Runden vor Schluss lag man nur zwei Zähler vor dem VfR 01 Frankfurt, dem Hauptkonkurrenten im Überlebenskampf.

Zu allem Übel hatte sich zu der sportlichen Krise bereits im Sommer eine finanzielle eingestellt. Unmittelbar nach dem West-Ham-Spiel hatte die Stadt Frankfurt von der Eintracht den gesamten Überschuss zuzüglich 7.000 Mark Steuer gefordert, da die Engländer Profis gewesen seien und „eine berufsmäßige Erlustigung des Publikums ... mit 40 % vergnügungssteuerpflichtig" sei („Fußball" vom 26. Juli 1924). Mit der gleichen Begründung forderte die Stadt auch Lustbarkeitssteuer aus dem Spiel Eintracht/ FSV - Sparta Prag, obwohl die Tschechen zum Zeitpunkt des Spiels noch keine Profis waren. Für das städtische Rechneiamt war Fußballspielen laut Anklageschrift vom 24. August 1924 jedoch „nur zur Befriedigung der Schaulust und des Vergnügens da und zu Erwerbszwecken".

Zwar appellierte die Sportpresse an die Stadt, nicht zu vergessen, „dass die Eintrachtleute ihren Namen, zur Ehre der Vaterstadt, dem Namen der Stadt Frankfurt, in allen Gauen Deutschlands, im Ausland zu hohen Siegesehren verholfen" hatten. Als jedoch die Gesamtforderung bis Mitte Oktober auf 20.000 Mark angewachsen war und sich die Eintracht außerstande sah zu zahlen, wurden am 26. Oktober die Eintrittsgelder aus dem Spiel gegen den VfR 01 Frankfurt beschlagnahmt. Erst als „der Ruin dieses alten, großen Vereins [bevor]stand, ... erinnerte man sich im hohen Magistrat, dass man auch ein Stadtamt für Leibesübungen habe, das eigentlich zur Hebung des Sportes da sei. Auch dachte man an das neue Stadion, das doch ohne unsere Sportler nur als gärtnerische Anlage zu betrachten wäre, und auf einmal konnte man nachgeben! Auch ein hoher Magistrat kann nun einmal nicht mit dem Kopf durch die Wand, selbst wenn er noch so dick ist!" („Fußball" vom 6. Januar 1925)

Auch der sportliche Abstieg konnte in letzter Minute vermieden werden. Dazu wurde Paul Imke reaktiviert, der mit zwei Toren den wichtigen Sieg gegen Helvetia Frankfurt (2:1) sicherte. Noch aber war die Eintracht nicht aus dem Schneider, denn vor dem letzten Spiel beim Vorletzten VfR 01 betrug der Vorsprung auf diesen lediglich zwei Punkte. Sich der Gefahr bewusst, in der sie schwebte, raufte sich die Mannschaft zusammen und ging schon in der ersten Viertelstunde durch Riegel in Führung. Und mehr als ein Eigentor von Verteidiger Grünerwald ließ die Abwehr nicht zu. Der Kelch war gerade noch einmal am Riederwald vorbeigegangen.

Für den Niedergang hatte der „Fußball" bereits am 9. Dezember 1924 Unstimmigkeiten in der Vereinsführung verantwortlich gemacht: „Hier ist furchtbar gefehlt worden... Jeder wollte etwas Besseres wissen, immer wieder wurde die Mannschaft umgestülpt, es herrschte Unzufriedenheit, Unfrieden, bald zeigte der Spielausschuss die harte Faust, dann winkte er wieder mit zarten Pfötchen, wenn er sich nicht mehr

Eröffnungszeremonie bei einem Derby im Waldstadion zwischen Eintracht Frankfurt und dem FSV in den 1920er Jahren. Der FSV gelangte 1925 ins Endspiel um die Deutsche Meisterschaft, wo er dem 1. FC Nürnberg im Frankfurter Stadion 0:1 unterlag.

zu helfen wusste und schließlich wusste niemand mehr aus und ein. Es geht hier wie in der Politik, jetzt soll der alte Pionier des Fußballsportes, Albert Sohn, der Retter in der Not sein. Hoffen wir, dass es ihm noch gelingt, es wäre bitter, wenn einer der größten Vereine Deutschlands zur Bedeutungslosigkeit verurteilt würde. Experimentieren gibt's nicht im Fußballsport, hier heißt es handeln oder verderben!"

Dazu kamen disziplinarische Probleme innerhalb der Mannschaft. Besonders in der Kritik stand der alte Liga-Kämpe und Sturmführer Willy Pfeiffer, der im vorentscheidenden Spiel gegen Helvetia beim Stande von 1:1 wutentbrannt den Platz verlassen hatte und, da er sich nicht ordnungsgemäß abgemeldet hatte, dafür von Schiedsrichter Maier aus Stuttgart des Feldes verwiesen wurde. Sowohl für die „Frankfurter Zeitung" als auch den „Kicker" war er für die Uneinigkeit innerhalb der Mannschaft verantwortlich. Willy Pfeiffer, der schon 1912/13 in der Ligaelf des FFV gestanden hatte, war als Hitzkopf bekannt, und es sollte nicht seine letzte Entgleisung sein. Die Jubiläumsschrift „50 Jahre Eintracht" beschrieb ihn 1949 als „eine jener Erscheinungen, die von Frankfurter Fußballfeldern nicht wegzudenken sind. Er wird immer unvergesslich bleiben, schon wegen seines einzigartigen Temperamentes. Man hatte oft Mühe, es zu dämpfen, auf dem Spielfeld und im Sitzungssaal. Wenn es dabei auch mitunter recht stürmisch zuging, über eine Tatsache war nicht zu streiten. Sobald Willi einmal aus dem Häuschen geriet, war es immer seiner geliebten ‚Eintracht' wegen, für die er sich nun einmal bedingungslos einsetzte." Er tat dies bis 1932 in über 700 Spielen in der ersten Mannschaft, wofür er später zum Ehrenmitglied und Ehrenspielführer ernannt wurde.

Derby-Szenen: Links Eintracht-Stürmer Karoly (weißes Hemd) und Fritz (FSV) beim Kopfballduell, rechts kann Torhüter Trumpp vor dem Bornheimer Wallishausen klären.

Nachdem der Klassenerhalt gesichert war, wurde im März 1925 mit Maurice Parry wieder ein Trainer verpflichtet. Der 16-malige walisische Nationalspieler, der 1906 mit dem FC Liverpool die englische Ligameisterschaft gewonnen hatte, sortierte einige ältere Spieler aus, baute verstärkt auf Nachwuchskräfte und verbesserte durch gezieltes Konditionstraining die physischen Fähigkeiten der Mannschaft.

1925/26 ■ Aufschwung durch den Schweizer Walter Dietrich

Für die Saison 1925/26 zog die Eintracht drei wesentliche Verstärkungen an Land. Von Servette Genf kam der Schweizer Nationalspieler Walter Dietrich, vom Mülheimer SV der gebürtige Offenbacher Franz Schütz und vom FFC Olympia 07 Karl Döpfer. Trotzdem ging der Start in die neue Ligasaison gründlich daneben. Nach fünf Spielen und nur 2:8 Punkten schienen erneut Abstiegssorgen ins Haus zu stehen. In dieser Situation platzte jedoch bei der in den Vorjahren so arg kritisierten Sturmreihe der Knoten. Es gab Kantersieg auf Kantersieg: 4:0 bei Helvetia, 5:0 gegen Union Niederrad, 6:0 gegen Kickers Offenbach, 7:3 gegen Viktoria Aschaffenburg. Mit 40:28 Toren und 14:14 Punkten landete die Eintracht am Ende auf Platz vier. Nur Meister FSV erzielte mehr Treffer (41).

Allerdings konnte Trainer Parry die Früchte seiner Arbeit nicht mehr ernten, da man sich bereits Anfang des Jahres 1926 wieder von ihm getrennt hatte. Die Gründe dafür nannte Ludwig Isenburger in der Vereinszeitung vom Februar 1927, wobei er unterschwellig auch auf aktuelle strukturelle Probleme des deutschen Fußballs hinwies: „Die Arbeitsweise englischer Berufstrainer ist immer darauf eingestellt, die aktive Spielerschaft des Vereins möglichst den ganzen Tag zur Verfügung zu haben. Solange wir in Deutschland keine Berufsspieler haben, bleibt diese erste und wichtigste Forderung englischer Trainer unerfüllbar. Das und die mangelnde Kenntnis der deutschen Sprache hat dem Wirken Maurice Parrys enge Grenzen gesetzt. So mussten wir uns von ihm trennen, wenn auch schweren Herzens, denn Maurice Parry war unstreitig ein ganz großer Könner in seinem Fache."

Walter Dietrich

Nach Parrys Abgang übernahm Walter Dietrich zusammen mit Fritz Egly als Spielertrainer die Führung der Mannschaft. Der Schweizer hatte sich auf Anhieb in die Herzen der Eintracht-Anhänger gespielt und war sozusagen der Prototyp heutiger Megastars, um dessen Person sich eine wahre „Dietrich-Manie" entwickelte.

„Der Schweizer ist das Gesprächsthema der Fußballkreise geworden, besonders der Eintrachtkreise. Man trägt ohne Unterschied des Geschlechts – dank dem Bubikopf fällt's nicht schwer – Dietrichsfiguren, es gibt Schirme, Marke Dietrich, es gibt Schuhe, Form Dietrich, es gibt Pralinen à la Dietrich, es wird bald Zigaretten à la Dietrich geben und die Speisehäuser und Cafés, die Wert auf Fußballkundschaft legen, werden nicht umhin können, eine Schildkrötensuppe à la Dietrich, ein Filetsteak à la etc. oder einen Mazagran à la Dietrich auf ihre Karten zu setzen. [...] Dietrichs Spiel ist ein Genuss. Er spielt mit ebenso viel Technik, wie Geist, mit ebenso viel Grazie, wie Kraft, mit ebenso viel Verstand, wie Können. Er ist kurzum ein Prachtspieler und der zweite Schweizer in Frankfurt [Seit Oktober 1924 spielte Robert Pache beim FSV. Auch er war von Servette Genf an den Main gekommen, Anm. d. Verf.], der eine Frankfurter Mannschaft in die Höhe bringen wird. Seine Sturmführung ist formvollendet. Seine Einzelleistungen begeistern. Ich habe viele Mittelstürmer gesehen, Ungarn, Tschechen, usw., aber nachdem was ich bis jetzt zu sehen bekam, muss ich Dietrich als einen der besten bezeichnen." („Der Kicker" vom 27. Oktober 1925)

Walter Dietrich, der bis 1935 bei der Eintracht aktiv war und danach in Frankfurt eine Baufirma besaß, wurde zum Liebling der Massen, ähnlich wie später ein Alfred Pfaff, Jürgen Grabowski oder Jay-Jay Okocha. Unter seiner Regie entwickelte sich die Eintracht zur spielerisch besten Mannschaft des Mainbezirks. Sowohl die Londoner Amateure der Kingstonians (1:1) als auch die französische Presse waren vom Stil der Eintracht sehr angetan, nachdem diese am 30. Mai 1926 Red Star Olympique mit 5:1 abgefertigt hatte. Bei der Rückkehr aus Paris wurden Dietrich und die Mannschaft von mehreren hundert Menschen begeistert auf dem Frankfurter Hauptbahnhof empfangen. Eine Woche später besiegte die Eintracht auch Ajax Amsterdam mit 5:4.

1926/27 ■ Süddeutsche „Trostrunde" und der „Fall Pfeiffer"

Im April 1926 wurde der Eintracht-Angriff durch Bernhard Kellerhoff von Schwarz-Weiß Essen weiter verstärkt. Im Gegensatz zum Vorjahr gelang ein glänzender Start. Vor dem ersten Derby gegen den FSV lag die Eintracht mit 11:1 Punkten gleichauf mit den Offenbacher Kickers. Einen Punkt dahinter folgte der FSV. Wie sehr das Eintracht-Spiel inzwischen auf Walter Dietrich fixiert war, zeigte sich im Derby beim FSV, wo sich der Schweizer Spielmacher schon früh verletzte und auf der Rechtsaußenposition keine Akzente mehr setzen konnte. Prompt gab es mit 2:3 die erste Niederlage. Doch die Eintracht war keineswegs nur eine Auswahl „Dietrich plus zehn". In dieser Saison ging der Stern des jungen Fritz Schaller auf, der im Dezember 1924 vom 1. FC Oberstedten an den Riederwald gekommen war. Nachdem Tabellenführer Kickers Offenbach vor 8.000 Zuschauern am Riederwald mit 2:0 gestürzt worden war, setzte sich die Eintracht auf dem zweiten Platz fest.

Ins Weihnachtsderby gegen den FSV ging die Eintracht mit einem Rückstand von nur zwei Punkten auf die Bornheimer, hätte also bei einem Sieg mit diesen gleichziehen können. Die ganze Woche vor dem Spiel grassierte in der Stadt das „Derbyfieber". 15.000 Zuschauer sahen eine meist überlegene Eintracht-Elf, die es aber nicht verstand, ihr ausgezeichnetes Kombinationsspiel in zählbare Erfolge umzusetzen. Als sich schon fast alle mit einem torlosen Unentschieden abgefunden hatten, erzielte der Schwede Wyk zehn Minuten vor dem Ende aus klarer Abseitsposition noch den Siegtreffer für den FSV. Der zweite Platz, der in diesem Jahr erstmals die Teilnahme an der Trostrunde der Süddeutschen Meisterschaft, der so genannten „Runde der Zweiten", bedeutete, war der Mannschaft jedoch nicht mehr zu nehmen. In diesen Spielen wurde mit 8:8 Punkten hinter dem SV 1860 München (11:5), der zu Hause mit 2:1 besiegt werden konnte, und Karlsruher FV (10:6) und vor dem VfR Mannheim (7:9) und FV Saarbrücken (4:12) der dritte Platz belegt.

Nachdem sich das Verhältnis zum FSV in den letzten drei Jahren wieder halbwegs normalisiert hatte, wurde die Saison am 25. Juni mit einem handfesten Skandal beendet. Das „Freundschaftsspiel" Eintracht - FSV wurde zur „Marneschlacht des Frankfurter Fußballsports" („Der Kicker"). Im Mittelpunkt der Ereignisse stand einmal mehr Heißsporn Willy Pfeiffer, der schon nach dem 0:2 von Brück, dem ein klares Handspiel vorausgegangen war, nur von einem Vorstandsmitglied davon abgehalten werden konnte, das Spiel abzubrechen. Nachdem das Spiel vollends zu einer Holzerei verkommen war, „kam es zu einer Zusammenrottung sämtlicher Spieler in der Mitte des Feldes. Der Schiedsrichter, der Trumpp gerade noch vor einem hals-brecherischen Angriff Wyks befreien musste, eilte heran. Was gesprochen und getan wurde, war von der Presseloge aus nicht zu erkennen. Man hörte lediglich Paches lautes Organ. Plötzlich sah man, dass Pache zusammenstürzte und sich hinaustragen ließ… Dr. Rothschild [der FSV-Vorsitzende, Anm. d. Verf.] stürzte wild gestikulierend auf den Platz. Mehrere eindringende Zivilisten wurden von Spielern vom Platz gescheucht. Pfeiffer musste gehen.

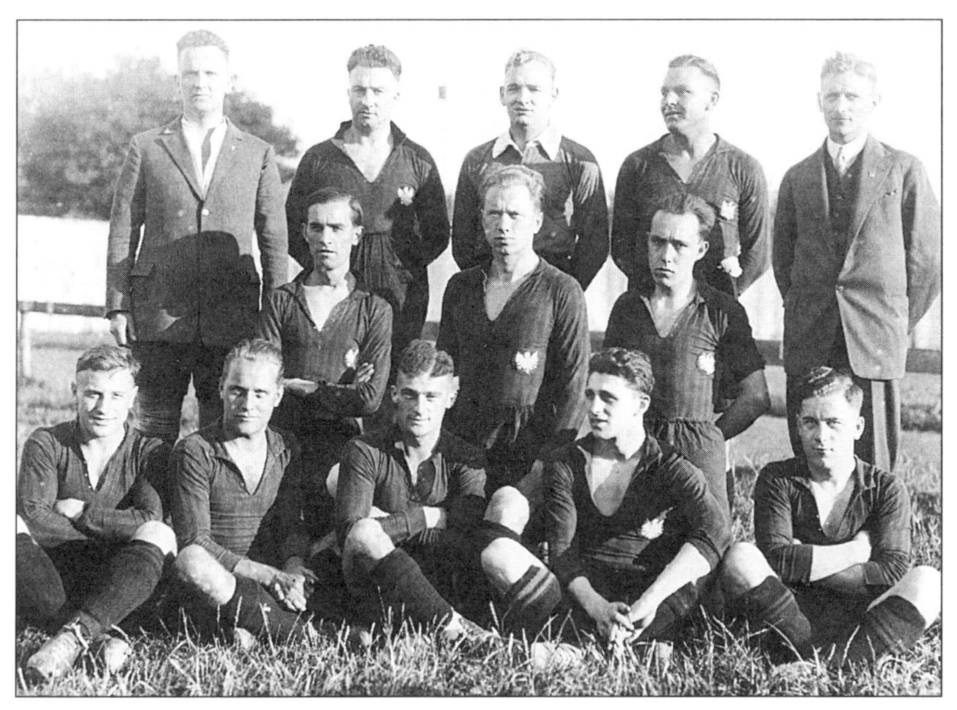

Eintracht 1926/27: Stehend von links Egly, Kirchheim, Trumpp, Schütz und Zimmer. In der Mitte Kübert, Goldammer und Müller. Vorne Döpfer, Dietrich, Schaller, Kellerhoff und Weber.

Der Schiedsrichter pfiff an und ab und aus und an. Das Publikum gröhlte und vollführte einen ohrenbetäubenden Lärm, wobei die Jugend sich mit besonderer Inbrunst beteiligte." („Der Kicker" vom 28. Juni 1927)

Bei der „Zusammenrottung" im Mittelkreis soll Pache den Eintracht-Choleriker Pfeiffer durch verächtliche Gesten und Worte beleidigt haben, worauf dieser den Schweizer getreten und im Gegenzug Dr. Rothschild die Eintracht als „Lumpenbande" beschimpft haben soll. Nach Spielende rottete sich eine Zuschauermenge vor der Tribüne zusammen und musste von berittener Polizei abgedrängt werden. Ach so, Fußball gespielt wurde auch noch. Der FSV siegte mit 4:0.

Für Willy Pfeiffer hatte der Fall ernste Konsequenzen. Er wurde wegen Tätlichkeit ein Jahr sowie wegen Bedrohung und Auflehnung gegen die Anordnung des Schiedsrichters (er hatte diesem nach seiner Hinausstellung Schläge angedroht!) zusätzlich zwei Monate gesperrt. So ging das eigentlich recht erfolgreiche Spieljahr 1926/27 mit einem Misston zu Ende. Fünfmal hintereinander (von 1923 bis 1927) war der FSV Mainbezirksmeister geworden. Keiner konnte ahnen, dass sich die Eintracht in der bereits am 31. Juli beginnenden Saison 1927/28 daranmachen sollte, diesen Rekord einzustellen.

Vom Schießstand zur Commerzbank-Arena. Die Geschichte des Frankfurter Waldstadions

Nachdem es bereits zu Kaisers Zeiten Pläne für ein Stadion in Frankfurt gegeben hatte, wurden diese nach dem Ersten Weltkrieg wieder aufgegriffen. Man wählte ein Areal in der Nähe des Oberforsthauses aus, da die dortigen Militär-Schießstände aufgrund des Versailler Vertrages beseitigt werden mussten. Erste Konzepte wurden im Mai 1920 erarbeitet, und Anfang 1921 begann man mit den ersten Erdarbeiten. Da es zwischen Stadt und Reichsregierung aber zu keiner Einigung über eine finanzielle Unterstützung kam, wurden die Arbeiten schon am 18. März wieder eingestellt. Obwohl der Stadionbau im Rahmen eines Beschäftigungsplans für Arbeitslose durchgeführt werden sollte, wollte die Reichsregierung dafür keine Mittel aus der Arbeitslosenfürsorge bereitstellen. So beschloss der Magistrat am 25. August 1921, das Projekt allein voranzutreiben. Bis zur Fertigstellung der Gesamtanlage Ende 1927 investierte die Stadt 4,782 Millionen Mark. Durch den Bahnhof Stadion (1935 - 2005 „Sportfeld") und die Verlängerung der Straßenbahn wurde das Stadion an den Personennahverkehr angeschlossen. Neben der Hauptkampfbahn mit Tribüne wurden vier weitere Übungsfelder, eine Radrennbahn und ein Reitplatz mit Sprunggarten angelegt.

Schmuckstück war die Tribüne, die leicht geschwungen den das Spielfeld umgebenden Ringwall abschloss. Sie hatte eine Länge von 120 Metern, im Mittelbau eine Höhe von 18 Metern und war mit weißem Muschelkalk verblendet. Der Mittelbau war das Besondere, denn er sollte nicht nur als Zuschauerterrasse dienen, sondern auch als Hintergrund und künstlerische Basis für choreographische Darstellungen. Die Frontseite zum Spielfeld hin erinnerte an ein antikes griechisches Theater. Dadurch sollte, wie Stadtbaurat a.D. Gustav Schaumann 1927 erklärte, „die ideelle Anknüpfung unserer Leibesübungen an die der antiken Welt zum sinnfälligen Ausdruck" gebracht werden. „Wir erleben die jüngste Wiedergeburt von Hellas", freute sich die „Frankfurter Zeitung" über das in Anlehnung an das Athener Dionysostheater konzipierte Bauwerk. Da zum Stadion weiter Freilichtbühne, Waldtheater, Bibliothek, Bildersammlung u.a.m. gehörten, lud Stadiondirektor Eduard Zeiss ins „Gymnasion" ein: „Hier ist Neuland, Ihr Dichter, Ihr Spieler, Ihr Tonkünstler! Kommt zu uns ins Stadion, wir haben auch Platz für Euch!" Immerhin folgte die Bildhauerklasse der Kunstgewerbeschule dem Ruf und richtete in der Tribüne ein Atelier ein. Nachdem die „Bühne" bereits 1938

45.000 Zuschauer sahen am 2. März 1930 im Frankfurter Stadion das Länderspiel gegen Italien (0:2).

einer Vortribüne hatte weichen müssen, fielen die letzten antikisierten Teile der Haupttribüne dem Umbau 1953-55 zum Opfer, um Platz für weitere Sitzplätze und eine Pressetribüne zu schaffen. Im Zuge des Umbaus für die WM 1974 schließlich wurde die gesamte historische Tribüne abgerissen.

Um das Stadion auszulasten, schloss die am 8. April 1925 gegründete kommunale „Stadion-Betriebs-Gesellschaft m.b.H." noch vor Fertigstellung der Hauptkampfbahn einen Vertrag mit der Eintracht, wonach Spiele um die Süddeutsche Meisterschaft und solche, bei denen mehr als 12.000 Zuschauer erwartet wurden, im Stadion durchzuführen seien. 1931 wurden ähnliche Verträge auch mit dem FSV und dem SC Rot-Weiss Frankfurt abgeschlossen.

Das Stadion wurde am 21. Mai 1925 vor 25.000 Zuschauern feierlich von Oberbürgermeister Ludwig Landmann mit einem Spiel zwischen einer Mainbezirksauswahl und der argentinischen Mannschaft Boca Juniors (0:2) eröffnet. Am 7. Juni 1925 war das Stadion mit 40.000 Zuschauern erstmals ausverkauft, als sich der 1. FC Nürnberg und der FSV Frankfurt im Endspiel um die Deutsche Fußballmeisterschaft gegenüberstanden (der „Club“ siegte 1:0 nach Verlängerung). Vom 24. bis 28. Juli war das Stadion Austragungsstätte der Arbeiterolympiade. 1930 fand das erste von inzwischen 19 DFB-Länderspielen im Frankfurter Stadion statt. Vor 45.000 Zuschauern verlor Deutschland zwar mit 0:2 gegen Italien, doch „Kicker“-Herausgeber Walther Bensemann lobte die Organisation: „Bravo Frankfurt! Bravo Zeiss, bravo Polizei, bravo alle!“

Das Stadion blieb bis in den Zweiten Weltkrieg hinein Schauplatz bedeutender Wettkämpfe. Die letzte Großveranstaltung war das Pokalhalbfinale zwischen dem First Vienna FC und Schalke 04 am 17. Oktober 1943, das die Wiener vor 32.000 Zuschauer mit 6:2 gewannen. Am 1. Mai 1945 wurde das Stadion von den Amerikanern beschlagnahmt und in „Victory Park“ umgetauft. Am 13. Juli 1946 fand vor 45.000 Zuschauern wieder ein Fußballspiel zwischen der Eintracht und dem VfB Stuttgart statt (0:1). 1950 wurde das Gelände an die Stadion-GmbH zurückgegeben. Nachdem das Fassungsvermögen bereits 1938 auf 50.000 erhöht worden war, wurde es zwischen 1953 und 1955 durch Tieferlegung des Spielfeldes noch einmal für 1,5 Millionen Mark (darunter 800.000 Mark Totogelder) auf knapp 90.000 gesteigert. Zum Start der Bundesliga wurde die Gegengerade 1963 komplett mit Sitzplätzen ausgerüstet, so dass fortan 70.739 Plätze (davon 23.239 Sitze) zur Verfügung standen. Für die WM 1974 wurde das Waldstadion 1972/73 vollständig umgebaut. Die alte Haupttribüne musste einem Neubau weichen, die Gegengerade wurde komplett überdacht. Das Fassungsvermögen reduzierte sich dadurch auf 61.146 (30.546 Sitzplätze, davon 20.364 überdacht). Im Vorfeld der EM-Endrunde 1988 gab es dann noch einmal vorwiegend kosmetische Veränderungen.

Aus dem Dornröschenschlaf gerissen wurden die Verantwortlichen schließlich durch die nach den Stadionkatastrophen von Bradford (1985) und Hillsborough (1989) verabschiedeten Beschlüsse von FIFA und UEFA, große internationale Turniere und Europapokalspiele nur noch in reinen Sitzplatzstadien zuzulassen. Damit

Das Waldstadion, wie es bis 2002 aussah.

war das Schicksal des Waldstadions in seinem damaligen Zustand besiegelt. Hochtrabende Pläne gab es zunächst viele. So sollte Mitte der 1990er Jahre auf den Übungsplätzen hinter der Haupttribüne ein „Weltstadion" mit 45.000 Sitzplätzen entstehen, das dem „SkyDome" von Toronto nachempfunden war. Durch ein bewegliches Dach sollte die Arena innerhalb weniger Minuten in eine Halle verwandelt werden. Völlig neu war damals das Konzept des „Roll-in/Roll-out-Rasens" (inzwischen in der „Arena AufSchalke" verwirklicht), der auf dem Gelände der mittlerweile abgerissenen Radrennbahn unter freiem Himmel wachsen und nur bei Bedarf ins Hauptstadion herübergeschoben werden sollte. Als sich für dieses Projekt aber keine Geldgeber fanden,

Neueröffnung als reine Fußball-Arena mit verschließbarem Dach: das Waldstadion als Commerzbank-Arena, hier während des Confederations Cup 2005 beim 4:3 gegen Australien.

einigten sich Stadt und Eintracht 1998, das alte Stadion in eine reine Fußball-Arena zu verwandeln. Aus dem ins Auge gefassten Baubeginn 1999 wurde jedoch nichts.

Erst als Deutschland den Zuschlag für die Ausrichtung der WM 2006 erhielt, kam Bewegung in die Stadionfrage. Nachdem Stadt und Land beträchtliche Mittel zugesagt hatten, wurde im Sommer 2002 mit dem auf 126 Millionen Euro veranschlagten Umbau in eine reine Fußball-Arena begonnen, die für internationale Spiele eine Kapazität von 48.500 Sitzplätzen hat. Durch partielle Umwandlung von Sitz- in Stehplätze erhöht sich diese für Bundesligaspiele auf 52.300 (davon 9.300 Stehplätze). Außerdem

gibt es auf zwei Ebenen 74 Logen für knapp 1.000 Zuschauer sowie 2.000 Business-Seats auf der Haupttribüne.

Als Erstes wurden bis Anfang 2003 anstelle der beiden Stehplatz-Kurven zwei Hintertortribünen erstellt. Mit Sprengung des Daches waren dann Ende Februar auch die Tage der Gegentribüne gezählt. Als Letztes kam die Haupttribüne dran, von der die Fans nach fast 30 Jahren am 25. Mai mit dem Aufstiegskrimi gegen den SSV Reutlingen Abschied nehmen mussten. Am 12. Mai 2004 konnte Richtfest gefeiert werden. Insgesamt wurden 80.000 Kubikmeter Beton und 12.000 Tonnen Stahl verbaut sowie 250.000 Kubikmeter Erde bewegt. Rund anderthalb Jahre nahm auch die Konstruktion des Daches mit Videowürfel in Anspruch. Nach monatelangen Vorbereitungen fand schließlich im Juli 2004 der „Big Lift", das Hochfahren des Seiltragwerks, statt. Danach folgte die Bespannung mit teflonbeschichtetem Glasfasergewebe. Rechtzeitig zum Confederations Cup 2005, bei dem das Eröffnungs- und Endspiel in Frankfurt stattfanden, präsentierte sich das altehrwürdige Waldstadion als „Frankfurts größtes Cabrio" und unter neuem Namen. Seit dem 1. Mai 2005 heißt das Waldstadion nämlich offiziell „Commerzbank-Arena". Für einen zweistelligen Millionenbetrag – abhängig vom sportlichen Abschneiden der Eintracht – wurden die Namensrechte für zehn Jahre an die Commerzbank abgetreten. Der überwiegende Teil der so erzielten Einnahmen wird zur Schuldentilgung verwendet.

Doch Cabrios haben auch so ihre Tücken, insbesondere bei schlechtem Wetter. Beim Finale des Confederations Cups (Brasilien - Argentinien 4:1) sammelte sich Regenwasser auf Grund einer fehlerhaften Verspannung in einer Mulde des Daches und ergoss sich in Höhe einer Eckfahne wie ein Wasserfall ins Stadioninnere. Allerdings muss man zu Gute halten, dass das Spiel ohne geschlossenes Dach bei den sintflutartigen Regenfällen an diesem Abend wohl nicht hätte stattfinden können. Als dann aber

WM-Highlight in Frankfurt: Der Franzose Thierry Henry drischt das Leder ins Tor der Brasilianer; die Titelverteidiger sind ausgeschieden.

im Oktober bei ähnlichen Witterungsverhältnissen vor dem Heimspiel gegen Schalke die Technik versagte und erneut Sturzbäche auf den Rasen prasselten, lachte man in ganz Deutschland über die Frankfurter „Dachschäden". Erinnerungen wurden wach an das WM-Spiel 1974 gegen Polen, das als „Wasserschlacht von Frankfurt" in die Geschichte eingegangen ist.

Doch nicht nur Wasser machte den Verantwortlichen in der Vergangenheit zu schaffen. 1978 musste das Länderspiel gegen Ungarn nach einer Stunde abgebrochen werden, weil sich während der Halbzeitpause dichter Nebel über das Stadion gelegt hatte. Trotz aller Pannen in der nun über 80-jährigen Geschichte gehört das von den Fans weiterhin liebevoll „Waldstadion" genannte Frankfurter Stadion sicherlich zu den beeindruckendsten Sportstätten Deutschlands.

Fünf WM-Spiele gingen während des großartigen Turniers 2006 in Frankfurt über die Bühne; der Höhepunkt war zweifellos die Viertelfinalpartie zwischen Brasilien und Frankreich, als der Weltmeister von 1998 den amtierenden Titelträger überraschend mit 1:0 besiegte. Alle WM-Partien waren mit 48.000 Zuschauern ausverkauft.

Auch sonst übt die neue Arena ihren Reiz aus. So trug der 1. FSV Mainz 05 bereits 2005/06 seine UEFA-Pokal-Heimspiele gegen MIKA Ashtarak (4:0), IB Keflavik (2:0) und den FC Sevilla (0:2) in Frankfurt aus. Außerdem wird die Türkei im Herbst 2006 in der EM-Qualifikation gegen Malta und Moldawien wegen einer Platzsperre in Frankfurt spielen – allerdings ohne Zuschauer. Rund 30.000 Fans lockte am 30. Juli 2006 bereits das Spiel um den türkischen Supercup zwischen Besiktas und Galatasaray Istanbul an.

Und in der Saison 2006/07 konnte endlich auch die Eintracht wieder auf europäischer Bühne mitspielen. Am 14. September 2006 besiegte sie in der ersten Runde des UEFA-Pokals Bröndby IF überraschend deutlich mit 4:0. Dieser Vorsprung reichte, um nach einem 2:2 im Rückspiel die Gruppenphase zu erreichen und weitere europäische Pokalspiele in die Frankfurter Arena zu holen. ■

Länderspiele im Frankfurter Waldstadion

2.3.1930	Deutschland – Italien	0:2	45.000	
14.1.1934	Deutschland – Ungarn	2:1	38.000	
24.4.1938	Deutschland – Portugal	1:1	54.000	
14.7.1940	Deutschland – Rumänien	9:3	35.000	
21.11.1956	Deutschland – Schweiz	1:3	80.000	
19.3.1958	Deutschland – Spanien	2:0	81.000	
8.3.1961	Deutschland – Belgien	1:0	65.000	
28.9.1963	Deutschland – Türkei	3:0	47.000	
26.3.1969	Deutschland – Wales	1:1	40.000	
13.2.1974	Jugoslawien – Spanien	1:0	62.000	WM-Qualifikation
27.3.1974	Deutschland – Schottland	2:1	60.000	
13.6.1974	Jugoslawien – Brasilien	0:0	62.000	WM-Eröffnungsspiel
18.6.1974	Brasilien – Schottland	0:0	50.000	WM-Vorrunde
22.6.1974	Jugoslawien – Schottland	1:1	60.000	WM-Vorrunde
30.6.1974	Polen – Jugoslawien	2:1	55.000	WM-Zwischenrunde
3.7.1974	Deutschland – Polen	1:0	62.000	WM-Zwischenrunde
17.5.1975	Deutschland – Niederlande	1:1	55.000	
8.3.1978	Deutschland – UdSSR	1:0		
15.11.1978	Deutschland – Ungarn	0:0	50.000	nach 60 Min. wegen Nebel abgebrochen
13.5.1980	Deutschland – Polen	3:1	35.000	
12.3.1986	Deutschland – Brasilien	2:0	52.000	
14.6.1988	Italien – Spanien	1:0	51.790	EM-Vorrunde
18.6.1988	England – UdSSR	1:3	53.000	EM-Vorrunde
27.3.1991	Deutschland – UdSSR	2:1	30.000	
30.5.1998	Deutschland – Kolumbien	3:1	50.000	
15.6.2005	Deutschland – Australien	4:3	46.466	ConfedCup-Eröffnungsspiel
19.6.2005	Griechenland – Japan	0:1	34.314	ConfedCup-Vorrunde
22.6.2005	Griechenland – Mexiko	0:0	31.285	ConfedCup-Vorrunde
29.6.2005	Brasilien – Argentinien	4:1	45 591	ConfedCup-Endspiel
10.6.2006	England – Paraguay	1:0	48.000	WM-Vorrunde
13.6.2006	Südkorea – Togo	2:1	48.000	WM-Vorrunde
17.6.2006	Portugal – Iran	2:0	48.000	WM-Vorrunde
21.6.2006	Niederlande – Argentinien	0:0	48.000	WM-Vorrunde
1.7.2006	Brasilien – Frankreich	0:1	48.000	WM-Viertelfinale

34 Spiele, davon 19 mit deutscher Beteiligung: 13 Siege, 4 Unentschieden, 2 Niederlagen, 40:19 Tore; 10 WM-Spiele, 1 WM-Qualifikationsspiel, 4 Confederations-Cup-Spiele, 2 EM-Spiele

Gastmannschaften aus allen sechs FIFA-Kontinentalverbänden:
Europa: Jugoslawien (4x), Polen, Schottland, Spanien, UdSSR (je 3x), England, Griechenland, Italien, Niederlande, Portugal, Ungarn (je 2x), Belgien, Frankreich, Rumänien, Schweiz, Türkei, Wales (je 1x)
Südamerika: Brasilien (5x), Argentinien (2x), Kolumbien, Paraguay (je 1x)
Ozeanien: Australien (1x)
Asien: Japan, Südkorea, Iran (je 1x)
Nord-/Mittelamerika: Mexiko (1x)
Afrika: Togo (1x)

Frauen-Länderspiel:

6.4.2000	Deutschland – Italien	3:0	5.800 EM-Qualifikation

Europapokal-Endspiele:

21.5.1980	Eintracht Frankfurt – Bor. M'gladbach	1:0	Hinspiel 2:3 UEFA-Pokal
23.5.2002	1. FFC Frankfurt – Umea IK	2:0	UEFA-Pokal d. Frauen

Endspiele um die Deutsche Meisterschaft:

7.6.1925	1. FC Nürnberg – FSV Frankfurt	n.V. 1:0
13.6.1926	SpVgg Fürth – Hertha BSC Berlin	4:1
25.6.1960	Hamburger SV – 1. FC Köln	3:2

Endspiele um den DFB-Pokal:

4.6.1966	Bayern München – Meidericher SV	4:2	
14.6.1969	Bayern München – FC Schalke 04	2:1	
26.6.1976	Hamburger SV – 1. FC Kaiserslautern	2:0	
1.5.1982	SSG Berg. Gladb. – VfL Wildeshausen	6:0	Frauen-Endspiel
1.5.1982	Bayern München – 1. FC Nürnberg	4:2	
31.5.1984	Bayern München – Bor. M'gladbach	n.V. 1:1, Elfmeterschießen 7:6	

Spiele um den Deutschen Supercup:

28.7.1987	Bayern München – Hamburger SV	2:1
20.7.1988	Werder Bremen – Eintracht Frankfurt	2:0

Spiel um den türkischen Supercup:

30.7.2006	Besiktas Istanbul – Galatasaray Istanbul	1:0

Die Macht am Main

Wegen der erneuten Änderung des Spielsystems begann die Meisterschaft 1927/28 bereits am 31. Juli. Durch die Neueinteilung des Verbandsgebietes gab es jetzt vier Bezirke, die je zwei Gruppen umfassten. In der Gruppe Main der Bezirksliga Main-Hessen gingen elf Vereine an den Start. Da künftig neben den acht Gruppenmeistern, die den Süddeutschen Meister ermittelten, auch die Zweit- und Drittplatzierten die Chance hatten, sich über die Trostrunde (die so genannte „Runde der Zweiten und Dritten") für die Endrunde an der Deutschen Meisterschaft zu qualifizieren, standen die Chancen der Eintracht recht günstig. Nachdem zum Auftakt die Offenbacher Kickers bei unerträglicher Hitze mit 2:0 bezwungen wurden, gab es auch in den folgenden acht Spielen keinen Punktverlust, so dass die Eintracht am 2. Oktober mit 18:0 Punkten und 36:6 Toren ins erste Derby mit dem FSV ging.

1927/28 ■ Neue Trainingsmethoden machen sich bezahlt

Da auch die Bornheimer bis dato noch keinen Punkt abgegeben hatten, pilgerten 25.000 Fans an den Riederwald. In einem sehr guten Spiel erzielten Ehmer für die Eintracht und Strehlke für den Sportverein bereits vor der Pause die Tore zum 1:1. Hatte diese Zuschauermenge bereits neuen Punktspielrekord im Mainbezirk bedeutet, so stellte die Kulisse beim Rückspiel vier Wochen später alles bisher Dagewesene in den Schatten: 40.000 sahen im Stadion den ersten Punktspielsieg der Eintracht über den FSV seit dem 16. Dezember 1923. Ehmer in der 40. Minute und Schaller unmittelbar nach der Pause erzielten die Tore zum 2:0. Sowohl „Der Kicker" als auch der „Fußball" lobten die Eintracht in höchsten Tönen. Während der „Fußball" den 30. Oktober 1927 einen „weithin sichtbaren Markstein in der Geschichte des Frankfurter Fußballsports" nannte und die Zuschauerkulisse mit „englischen Verhältnissen" verglich, stellte „Der Kicker" die unter dem neuen Trainer Gustav Wieser – einem 26-maligen österreichischen Nationalspieler – erreichten spieltechnischen Fortschritte in den Vordergrund: „Sieh da! Die weiche, fast verweichlichte Eintracht hat zu kämpfen gelernt ... Eintracht war eine Mannschaft mit der rückhaltgebenden Stärke des gewohnten Zusammenspiels ... Eintracht hat Haltung in großen Spielen bekommen, auch in dem nervenaufreibenden Lokalkampf." („Der Kicker" vom 1. November 1927)

Unterstützt wurde Wieser durch die Leichtathleten Otto Boer und Dr. Friedrich Wilhelm Wichmann, die für die Konditionsarbeit und medizinische Betreuung verantwortlich waren – für damalige Verhältnisse sensationelle Neuerungen. Diese neuen Trainingsmethoden verbesserten nicht nur das Sprint- und Sprungvermögen der Spieler. Wie der Eintracht-Spieler James Müller in einem Interview mit Richard Kirn im

„Fußball“ vom 31. Januar 1928 erzählte, lief jeder Spieler die 100 Meter unter 11,2 Sekunden und sprang in Fußballkluft mindestens 1,40 m hoch. Besonders geschätzt wurde die psychologische Arbeit des Arztes Dr. Wichmann, der seine Leute genau kannte: „Jeden einzelnen Spieler. Weiß ihn zu behandeln, weiß Tadel und Ansporn zur rechten Zeit zu geben.“ Auf dem Spielfeld schlug sich die Arbeit des Trios in folgenden Zahlen nieder: 20 Siege, ein Unentschieden, eine Niederlage (1:2 bei Rot-Weiss Frankfurt), 41:3 Punkte, 94:13 Tore. Fünf Punkte betrug der Vorsprung am Ende auf den Zweiten FSV, gar elf auf den Dritten Rot-Weiss.

Sightseeing anno 1928: Die Eintracht-Mannschaft anlässlich des Endrundenspiels um die Deutsche Meisterschaft vor dem Kölner Dom.

Einen Fehlstart gab es allerdings in den Spielen um die Süddeutsche Meisterschaft. Vor 15.000 Zuschauern unterlag die Eintracht am 1. Januar 1928 dem späteren Meister Bayern München mit 0:2. Außerdem wurde Mittelstürmer Ehmer, der in den Punktspielen 34 Tore erzielt hatte, nach einer Tätlichkeit des Feldes verwiesen und für zwei Monate gesperrt. Für ihn rückte Dietrich in die Sturmmitte und sorgte mit dafür, dass der Eintracht-Express wieder in Fahrt kam. Nach einem 1:1 bei den Stuttgarter Kickers gab es fünf Siege in Folge, so dass die Eintracht am 11. März als Tabellenzweiter zum „Spiel der Spiele“ nach München reiste. Auf schneebedecktem Boden lagen die Frankfurter schon nach sieben Minuten durch Kissinger und Schaller mit 2:0 vorn, mussten aber kurz vor dem Pausenpfiff den Anschlusstreffer hinnehmen. Und obwohl Dietrich angeschlagen ins Spiel gegangen und Schaller nach einer frühen Verletzung in der zweiten Halbzeit nur noch als Statist auf dem Platz war, hätte die Eintracht das Spiel nach dem Wechsel für sich entscheiden können. So aber nutzte Haringer in der 80. Minute den einzigen Fehler des besten Eintrachtlers, Torhüter Trumpp, zum 2:2-Ausgleich.

Immerhin hatten die Riederwälder aber den zweiten Platz behauptet und lagen zwei Punkte vor der SpVgg Fürth. Am 1. April hätte gegen die Fürther im Frankfurter Stadion bereits die Vorentscheidung fallen können. Vor 35.000 Zuschauern konnten jedoch zahlreiche gute Chancen nicht genutzt werden, so dass es am Ende 2:3 hieß. Jetzt war die Eintracht auf fremde Mithilfe angewiesen, um noch Zweiter zu werden. Da die Münchner Bayern sich bereits am vorletzten Spieltag mit einem 2:0 im Ronhof die Süddeutsche Meisterschaft sicherten, musste das letzte Heimspiel gegen den SV Waldhof unbedingt gewonnen werden. Doch die Eintracht wäre nicht die Eintracht, wenn sie nicht nach der Devise „Warum einfach, wenn es auch umständlich geht“ gehandelt hätte. Nach 29 Minuten war eine komfortable 5:1-Führung herausgeschossen. Dann

aber machten sich die Mannheimer dran, Tor auf Tor aufzuholen: 5:2 in der 44., 5:3 in der 57., 5:4 in der 65. Minute. Damit hatten die Gäste jedoch ihr Pulver verschossen, und die Eintracht war als Süddeutscher Vizemeister erstmals bei der Endrunde um die Deutsche Meisterschaft dabei.

Wegen des Olympischen Fußballturniers in Amsterdam – bei dem die Eintracht durch den Schweizer Internationalen Walter Dietrich vertreten war – wurde die Endrunde erst im Juli ausgetragen. In der Vorbereitung gab es ein Wiedersehen mit West Ham United, das diesmal gegen eine sehr starke Eintracht-Elf nur zu einem schmeichelhaften 2:1-Sieg kam. Am 8. Juli 1928 war es dann so weit: Die Eintracht feierte bei der SpVgg Sülz 07 ihre Premiere in der Endrunde zur Deutschen Meisterschaft. Ohne Spielmacher Dietrich agierte sie vor 35.000 Zuschauern im Müngersdorfer Stadion jedoch zu aufgeregt und überhastet. Zudem verletzte sich Mittelläufer Goldammer bereits nach einer Viertelstunde, wenig später auch Kübert. Swatosch (26.) und Zarges (38.) nutzten dieses Handicap zur 2:0-Führung. Ehmers Anschlusstreffer (42.) ließ noch einmal Hoffnung bei den in einem Sonderzug mitgereisten 700 Eintracht-Anhängern keimen, doch mehr als zwei Holztreffer durch Schaller und Ehmer sprangen nicht heraus. Zehn Minuten vor Schluss stellte der österreichische Alt-Internationale Swatosch den 3:1-Endstand her.

1928/29 ■ Paul Oßwald übernimmt das Kommando

In der Saison 1928/29 bewahrheitete sich einmal mehr die alte Fußball-Weisheit, dass das zweite Jahr eines Höhenflugs schwieriger als das erste ist. Die Eintracht war nun kein unbeschriebenes Blatt mehr. Für den zum aufstrebenden FC Schalke 04 gewechselten Trainer Wieser hatte der erst 23-jährige Paul Oßwald die Kommandobrücke am Riederwald betreten. Oßwald nahm zahlreiche Umstellungen im Mannschaftsgefüge vor, was anfänglich nicht zur Stabilität beitrug. Zum Vergleich: In den 22 Punktspielen 1927/28 waren nur 15 Spieler eingesetzt worden, 1928/29 wurden für 18 Spiele auch 18 Spieler benötigt. Bekanntester Neuling am Riederwald war Nationalspieler Hugo Mantel (Dresdner SC), der sich auf Anhieb einen Stammplatz sicherte.

Wichtig für die erfolgreiche Titelverteidigung war eine spielerischen Steigerung im richtigen Moment. Nach durchwachsenem Start fand sich die Mannschaft und legte eine Serie von sechs Siegen in Folge hin, in deren Verlauf an drei aufeinander folgenden Wochenenden die Hauptkonkurrenten um die vorderen Plätze geschlagen wurden: Zunächst gab es vor 25.000 Zuschauern im Stadion ein 5:2 gegen den FSV, dann ein 3:1 gegen die Offenbacher Kickers und schließlich ein 2:1 bei Rot-Weiss vor 17.000 an der Festhalle. Zwar ging das Rückspiel gegen den FSV (diesmal vor über 30.000 im Stadion) mit 2:4 verloren, am Ende lag die Eintracht jedoch mit 27:9 Punkten zwei Zähler vor den Bornheimern und Union Niederrad.

Zum Auftakt in die süddeutsche Endrunde sahen 20.000 Zuschauer im Stadion ein deutliches 4:0 über den württembergischen Überraschungsmeister Germania Brötzingen. Nur ein Punkt aus den nächsten sieben Begegnungen kostete jedoch die erneute Teilnehme an der Endrunde um die Deutsche Meisterschaft. Da half auch eine eindrucksvolle Serie von sechs Siegen zum Abschluss nichts mehr. Mehr als Platz 4 war nicht mehr drin. Dafür hatte die Eintracht mit 89.000 den zweitbesten Zuschauerzuspruch hinter Bayern München (108.000) und vor dem überlegenen Südmeister 1. FC Nürnberg (65.000) aufzuweisen.

Ein besonderes Ereignis war auch das Länderspiel Deutschland - Schweiz (7:1) am 10. Februar 1929 in Mannheim, in dem mit Franz Schütz zum ersten Mal ein Eintracht-Spieler das Trikot der deutschen Nationalmannschaft tragen durfte. Neben dem gebürtigen Offenbacher, der 1925 aus Köln vom Mülheimer SV an den Riederwald gekommen war, vertraten auch Torhüter Willibald Kreß (Rot-Weiss) und Georg Knöpfle (FSV) die Farben der Stadt Frankfurt, die damit nach Fritz Becker vom Eintracht-Vorgänger Frankfurter Kickers (1908), Georg Wunderlich (Helvetia, 1920) und Fritz Schnürle (Germania 94, 1921) sechs Nationalspieler aus sechs verschiedenen Vereinen vorweisen konnte. Für eine Zeit, in der jährlich nur fünf oder sechs Länderspiele stattfanden, wahrlich keine schlechte Ausbeute.

▶ EINWURF

Paul Oßwald

Paul Oßwald wurde am 4. Februar 1905 im thüringischen Saalfeld geboren, wo er beim örtlichen VfL 06 mit dem Fußball begann. Während seines Studiums an der Deutschen Hochschule für Leibesübungen in Berlin spielte er für Minerva 93. Auf Empfehlung von Reichstrainer Otto Nerz kam Paul Oßwald 1928 an den Riederwald, wo er zunächst neun Monate auf Probe arbeitete. Sein erstes Engagement bei der Eintracht dauerte bis 1933. In dieser Zeit holte er vier Main- (1929, 1930, 1931, 1932) und zwei Süddeutsche Meisterschaften (1930, 1932) und führte die Mannschaft 1932 ins Endspiel um die Deutsche Meisterschaft.

Nach zwei Jahren beim 1. FSV Mainz 05 kehrte Oßwald 1935 an den Riederwald zurück und wurde mit der Eintracht 1938 Gaumeister. Danach wurde er zum Leiter des Stadtamtes für Leibesübungen nach Frankenthal berufen und trainierte bis 1941 auch den dortigen VfR. Mit einer schweren Verletzung aus dem Krieg zurückgekehrt, übernahm er 1946 die Offenbacher Kickers, mit denen er ebenfalls zweimal Süddeutscher Meister (1949, 1955) wurde und 1950 das Endspiel um die Deutsche Meisterschaft erreichte.

1958 übernahm er zum dritten Mal den Trainerposten bei der Eintracht und feierte im folgenden Jahr seinen größten Erfolg: Deutscher Meister 1959. Pikanterweise gegen seinen Ex-Klub Kickers Offenbach. Schon im Rennen um den Oberliga-Titel hatte er den Rivalen von der anderen Mainseite hinter sich gelassen. Im Endspiel siegte die Eintracht dann im Berliner Olympiastadion mit 5:3 nach Verlängerung. Ein Jahr später führte er die Riederwälder als erste deutsche Mannschaft ins Finale des Europapokals der Landesmeister (3:7 gegen Real Madrid in Glasgow).

Paul Oßwald war auch der erste Bundesligatrainer der Eintracht, musste am 17. April 1964 jedoch nach zwei Herzinfarkten zurücktreten. 1968 kehrte er noch einmal nach Offenbach zurück, konnte jedoch den Bundesliga-Abstieg der Kickers auch nicht verhindern. Im November 1969 nahm er Abschied von der Trainerbank, sprang aber im September 1975 noch einmal als Nothelfer für den vom DFB gesperrten Otto Rehhagel bei den Kickers ein. Paul Oßwald verstarb am 10. November 1993 im Alter von 88 Jahren in Frankfurt am Main. ■

1929/30 ■ Zum ersten Mal Süddeutscher Meister

Im Gegensatz zum Vorjahr gab es im Sommer 1929 nur wenig Veränderungen im Eintracht-Kader. Lediglich Kissinger hatte den Verein verlassen. Für ihn rückte der Schweizer Dietrich wieder auf die linke Halbstürmerposition. Von den Neuzugängen konnte sich der vielseitig verwendbare Bernhard Leis, der aus Kelsterbach an den Riederwald gewechselt war, sofort einen Stammplatz sichern, während Rudolf Gramlich, der nach drei Jahren bei den Sportfreunden Freiberg/Sachsen nach Frankfurt zurückgekehrt war, erst im Oktober 1929 in die Liga-Elf aufrückte. In der Abwehr feierte Veteran Willy Pfeiffer neben Nationalspieler Schütz ein gelungenes Comeback. Behutsam aufgebaut wurde der junge Hans Stubb, der schon 1928 von der SpVgg Ostend 07 gekommen war und Schütz mehr als einmal hervorragend vertrat.

Was die Mannschaft zu leisten imstande war, bewies sie in der Vorbereitung, als sie Westmeister FC Schalke 04 – mit Szepan und Kuzorra – am Riederwald mit 6:1 vom Platz fegte. Nicht ganz so torreich verliefen die meisten Saisonspiele. Nach zwei Unentschieden bei Germania Bieber und den Offenbacher Kickers gab es zwar zehn Siege in Folge, davon allerdings sechs mit nur einem Tor Vorsprung (vier 1:0). Demgegenüber stand aber auch nur eine einzige Niederlage – am letzten Spieltag mit 2:3 bei Union Niederrad (nach 2:0-Führung). 33:12 Tore und 23:5 Punkte verwiesen am Ende die Konkurrenz von Rot-Weiss, FSV und Union Niederrad abgeschlagen (je 16:12) auf die Plätze zwei bis vier.

Welches Potenzial in dieser Mannschaft steckte, hatte der „Fußball" schon in der Vorrunde erkannt: „Das System der Eintracht ist ein Gemisch von schottischem Kurzpass und modernem, raumgreifenden Spiele, gewissermaßen das alte System auf die Neuerungen der Abseitsregel und W-Formation eingestellt. Die Entwicklung dieser durchschnittlich noch jungen Mannschaft, die mit gutem Ersatz rechnen kann, bedeutet eine ernsthafte Konkurrenz für die Hochburgen Bayerns."

Süddeutscher Meister 1930: Stehend von links: Trainer Oßwald, Rist (Spielausschuss), Mantel, Pfeiffer, Stubb, Schüler, Goldammer, Gramlich, Ehmer, Leis, Buhlmann (Spielausschuss), Schütz, Trumpp. Kniend: Kellerhoff, Dietrich, Trumpler.

In der Endrunde um die Süddeutsche Meisterschaft gelang ein Traumstart. Nach einem 3:2 beim Freiburger FC wurde am 12. Januar 1930 die SpVgg Fürth vor 25.000 Zuschauern im Stadion durch Tore von Trumpler und Ehmer mit 2:1 geschlagen. „Die große Stunde des Frankfurter Fußballsports – Eintracht schlägt den Deutschen Meister“ schrieb der „Fußball“ im Januar 1930 und fuhr fort: „Eintracht hat heute erstmals eine Bresche in die Vorherrschaft der Nürnberg-Fürther geschlagen. Die Fürther besiegt haben schon andere, auch die Eintracht selbst. Aber es waren doch mehr oder minder Augenblickserfolge. Irgendwie waren damals die Fürther geschwächt. Diesmal sind sie erstmals in stärkster Aufstellung geschlagen worden! Und was noch mehr heißt: nach vollständig ebenbürtigem Spiel geschlagen worden! Das ist die große Stunde der Eintracht und des Frankfurter Fußballsports.“

Selbst die schon fast obligatorische Niederlage bei den Münchner Bayern, die mit 1:5 allerdings recht deftig ausfiel, konnte die Eintracht nicht stoppen. In den verbleibenden zehn Spielen wurde nur noch ein einziger Punkt (1:1 bei der SpVgg Fürth) abgegeben, so dass die erste Süddeutsche Meisterschaft bereits am drittletzten Spieltag unter Dach und Fach war. Mit 24:4 Punkten betrug der Vorsprung auf den Zweiten SpVgg Fürth am Ende sieben Punkte. So deutlich hatte sich bisher noch keine Mannschaft in den Schluss-Spielen durchgesetzt.

Der Aufschwung des Frankfurter Fußballs wurde auch von höherer Stelle honoriert. Am 2. März 1930 fand im Stadion ein Länderspiel gegen Italien (0:2) statt, bei dem vor 45.000 Zuschauern Knöpfle vom FSV und Mantel von der Eintracht mitwirkten. Am 4. Mai gab Hans Stubb in Zürich an der Seite von Franz Schütz sein Debüt in der Nationalmannschaft, die gegen die Schweiz 5:0 siegte. Beim sensationellen 3:3 gegen England eine Woche später in Berlin standen gar drei Eintrachtler in der deutschen Elf: die Verteidiger Schütz und Stubb und der linke Läufer Mantel. Dahinter hütete in beiden Spielen mit Willibald Kreß (Rot-Weiss) ein weiterer Frankfurter das Tor. Auf der Tribüne verfolgte übrigens die gesamte Eintracht-Mannschaft das erste deutsche Länderspiel gegen eine englische Profi-Auswahl.

Leider verliefen die Spiele um die Deutsche Meisterschaft weniger erfolgreich. In der Vorrunde hatte es die Eintracht mit dem West-Dritten VfL Benrath zu tun, der sich vor 15.000 Zuschauern im Stadion als knüppelharter Gegner erwies. So musste in der 42. Minute Schütz verletzt vom Platz getragen werden. Außerdem gab es zwei Platzverweise gegen die Düsseldorfer Vorstädter. Ein Tor von Ehmer in der 75. Minute reichte zum Einzug ins Viertelfinale, in dem die Eintracht auf den vermeintlich schwächsten Gegner, Nordmeister Holstein Kiel, traf. Doch just zu diesem Zeitpunkt drückten die Eintracht Abwehrprobleme. Stubb und Schütz waren angeschlagen, wovon sich Stammkeeper Trumpp anstecken ließ und bei einem Test bei den Stuttgarter Kickers (3:4) einen überaus nervösen Eindruck machte. Also musste der unerfahrene Schüler ran, der vorher lediglich drei Pflichtspiele in der Liga-Mannschaft bestritten hatte. Das Spiel auf dem Berliner Preussen-Platz endete mit einer „Katastrophe des süddeutschen Meisters“ („Fußball“ vom 3. Juni 1930). Bereits nach 51 Minuten lagen die „Adlerträger“ gegen die Kieler „Störche“ mit 0:3 zurück, wobei Schüler zweimal schwer patzte. Trumpler konnte mit zwei Toren lediglich für eine Ergebniskosmetik sorgen. Am Ende siegte Holstein mit 4:2 und erreichte schließlich das Endspiel, unterlag dort jedoch Hertha BSC Berlin 4:5.

Auf jeden Fall wurden die Lehren aus der Torhütermisere gezogen. Bereits eine Woche später stand im Freundschaftsspiel beim SC Erfurt (5:0) mit Ludwig Schmitt von der SpVgg Oberrad ein neuer Mann zwischen den Pfosten. Mit ihm kehrte die Sicherheit in die Hintermannschaft zurück. Neu in der Mannschaft auch Halbstürmer August Möbs, der bereits im März vom VfB Friedberg an den Riederwald gekommen war.

1930/31 ■ Die Wirtschaftskrise fordert ihren Tribut

Auch in diesem Jahr gewann die Eintracht die Mainmeisterschaft wieder unangefochten mit fünf Punkten Vorsprung auf Union Niederrad und Rot-Weiss. Diese Dominanz und die einsetzende Wirtschaftskrise schlugen sich jedoch bei den Zuschauerzahlen nieder. So wurden bei den Derbys gegen den FSV, der in dieser Saison eine „Auszeit“ genommen hatte, nur noch 12.000 bzw. 15.000 Zuschauer gezählt, die zwei Eintracht-Siege (3:1 und 2:0) sahen.

In den Spielen um die Süddeutsche Meisterschaft erwies sich zunächst das Wetter als härtester Gegner. Nachdem bereits am 25. Januar 1931 das Spiel beim FK Pirmasens ausgefallen war, musste am 22. Februar die Begegnung gegen Bayern München nach 15 Minuten abgebrochen werden, da das Spielfeld im Stadion einer „Matschgrube“ glich. Bei der Eintracht war man besonders verärgert, weil auf dem nicht vom Schnee geräumten Platz zuvor (!) bereits das Trostrundenspiel Union Niederrad gegen FV Saarbrücken ausgetragen worden war. Obwohl sich der Riederwaldplatz in bester Verfassung präsentierte, musste aber im Stadion gespielt hatte, wozu sich die Eintracht – wie bereits erwähnt – 1925 vertraglich verpflichtet hatte. Darüber schwelte schon seit längerem ein Streit zwischen den Frankfurter Fußballvereinen (insbesondere der Eintracht) und der Stadt sowie der Stadion-GmbH, der unter dem Schlagwort „Kommunalisierung des Sports“ ausgefochten wurde. Den Vereinen war besonders die 15%ige Abgabe von den Brutto-Einnahmen an die Stadion-GmbH ein Dorn im Auge. Ludwig Isenburger bezeichnete den Vertrag deshalb als „Versailler Diktat“ („Der Kicker“ vom Februar 1931) und sprach von einer „städtische[n] Sport-Diktatur … [, die] es zuwege gebracht [habe], dass die in städtischer Pacht sitzenden Fußballvereine nicht die geringste Spur von Nutznießung behielten, zum mindesten nicht d i e Nutznießung, die den Erbauern bei der Durchführung ihres gemeinnützigen Werkes vorgeschwebt hat.“

Es ging – wie so oft – ums liebe Geld. Natürlich waren die Vereine froh, wenn es im Stadion bei einer guten Zuschauerzahl große Einnahmen gab, aber gerade die Eintracht konnte am Riederwald mühelos auch 20-30.000 Zuschauer unterbringen – und das ohne die 15%ige Abgabe. Isenburger selbst hatte kurz vorher folgende Rechnung aufgestellt: „Die führenden Frankfurter Vereine und ihr eintrittzahlender Anhang

Drei Eintracht-Spieler in der deutschen Nationalelf:

▷ 10. Mai 1930 Deutschland - England (3:3) in Berlin: Schütz, Stubb, Mantel.

▷ 27. September 1931 Deutschland - Dänemark (4:2) in Hannover: Schütz, Stubb, Gramlich. Dazu Kreß (Rot-Weiss) und Knöpfle (FSV).

▷ 6. März 1932 Deutschland - Schweiz (2:0) in Berlin: Schütz, Stubb, Gramlich. Dazu Kreß (Rot-Weiss) und Knöpfle (FSV).

▷ 1. Juli 1932 Finnland - Deutschland (1:4) in Helsinki: Schütz, Stubb, Gramlich.

▷ 19. März 1933 Deutschland - Frankreich (3:3) in Berlin: Gramlich, Mantel, Willi Lindner.

▷ 22. Dezember 1975 Malta - Deutschland (0:1) in Gzira: Körbel, Bernd Nickel, Hölzenbein.

▷ 29. August 1990 Portugal - Deutschland (1:1) in Lissabon: Bein, Binz, Möller. Dazu der Ex-Eintrachtler Berthold (AS Rom).

▷ 18. Dezember 1991 Deutschland - Luxemburg (4:0) in Leverkusen: Binz, Möller (für ihn ab 70. Bein).

Drei Eintracht-Spieler auf dem Weg zum Länderspiel 1932 in Helsinki: Franz Schütz (links im mittleren Fenster), Hans Stubb (rechtes Fenster) und Rudolf Gramlich (stehend 4. von links).

sind weder im Stadtteil Niederrad noch in Sachsenhausen ansässig und lassen sich nicht durch teure Straßenbahnfahrten den an sich genügend kostspieligen Besuch eines Fußballspiels noch mehr verteuern... Was nutzt es aber, die im Norden und Nordosten der Stadt wohnenden Interessenten nach dem entgegengesetzten Stadtteil zu locken, wenn ... damit dem Stadion nicht ein einziger Pfennig übrig bleibt und lediglich dem platzbauenden Verein die Einnahmequote geschmälert wird? Bitte laut vorrechnen zu dürfen: Knapp 6.000 Zuschauer bedeuten eine Kasseneinnahme von etwa 5.000 Mark, von denen das Stadion ... 15 Prozent, also 750 Mark erhält." („Der Kicker" vom 3. Februar 1931)

Inklusive des abgebrochenen Bayern-Spiels hatten in der Saison 1930/31 jedoch rund 176.000 Zuschauer die 15 Meisterschaftsspiele der Eintracht besucht, was nach obiger Rechnung rund 138.000 Mark Einnahme bedeutete. Davon wurden nur fünf Spiele im Stadion ausgetragen, die mit rund 86.000 Zuschauern allerdings überdurchschnittlich gut besucht waren. Bei rund 72.000 Mark Einnahmen waren demnach 10.800 Mark an die Stadt abzuführen. Das finanzielle Tauziehen zwischen Stadt und Vereinen ergab sich aus einer gegensätzlichen Interessenlage:

- Die Eintracht hatte den Riederwaldsportplatz überwiegend aus eigenen Mitteln finanziert (rund 300.000 Mark), wodurch sie bis Anfang 1927 stark verschuldet war, musste aber jährlich 6.000 Mark Pacht an die Stadt zahlen.
- Nur die Stadt war in der Lage, 4,7 Millionen Mark für einen Stadionbau aufzubringen. Folgerichtig war die Stadt stark daran interessiert, dass dort auch möglichst viele Spiele stattfanden.

Trotz aller hitzigen Debatten wurde weiterhin Fußball gespielt. Von Anfang an entwickelte sich ein spannender Dreikampf zwischen der Eintracht, der SpVgg Fürth und Bayern München. Fünf Wochen nach dem Spielabbruch gegen die Bayern stand der Schlager gegen Fürth auf dem Programm. Das Interesse an diesem Spiel war riesengroß, denn die Franken hatten bis dahin erst zwei, die Eintracht vier Punkte abgegeben. Bereits im Vorverkauf konnten 28.000 Karten abgesetzt werden. 35.000 Zuschauer sahen schließlich ein Spiel, das von den Abwehrreihen dominiert wurde. Obwohl die Eintracht in der zweiten Halbzeit leicht überlegen war, kam sie über ein 0:0 nicht hinaus, womit der zweite Platz vor dem FC Bayern gehalten werden konnte.

Die Entscheidung sollte schließlich in den beiden Spielen gegen die Münchner fallen. Je ein Punkt trennte die SpVgg Fürth (17:5) von der Eintracht (16:6) und dem FC Bayern (15:7). Zunächst kam es wie in den Jahren zuvor: Das erste Spiel wurde verloren. Trotz 12:0 Ecken für die Eintracht hieß es am Ende 2:1 für die Münchner. Bereits acht Tage später fand das Rückspiel in Frankfurt statt. 30.000 Zuschauer sahen in der ersten Halbzeit eine starke Bayern-Mannschaft, die nach 30 Minuten durch Bergmayer in Führung ging. Nachdem Ehmer noch vor der Pause der Ausgleich gelungen war (43.), spielte die Eintracht nach dem Wechsel aus einem Guss und kam durch einen Treffer Kellerhoffs in der 79. Minute zu einem knappen, aber verdienten 2:1-Sieg. Da bereits am darauf folgenden Wochenende die Vorrunde der Deutschen Meisterschaft stattfand, herrschte Verwirrung, wer Süddeutschland in der Endrunde vertreten sollte. Statt um die „Deutsche" zu spielen, musste die Eintracht am 10. Mai erst die Eintrittskarte dafür lösen, was mit einem 2:1 über Wormatia Worms auch gelang.

Nur vier Tage später, am Himmelfahrtstag, musste der Südzweite bei Fortuna Düsseldorf antreten. Nachdem Kron vor 40.000 Zuschauern eine Elfmeterchance (15.) ausgelassenn hatte, brachte Hochgesang die Düsseldorfer im Gegenzug in Führung – ebenfalls per Elfmeter. Doch die Eintracht hielt dagegen. Ehmer konnte noch vor der Pause ausgleichen und egalisierte in der zweiten Halbzeit die erneute Fortuna-Führung. 2:2 hieß es nach 90 Minuten. Als auch in der Verlängerung kein weiterer Treffer gefallen war und man sich schon fast mit einem Wiederholungsspiel abgefunden hatte, sorgte in der 120. Minute eine Schaller-Flanke für Verwirrung im Düsseldorfer Strafraum. Bornemann verzuchte zu klären, Albrecht kam zu Hilfe und schoss Ehmer oder Möbs an, von wo der Ball abgefälscht in den Torwinkel sauste. 3:2, Mittelanstoß, Abpfiff, die Eintracht hatte in letzter Sekunde den Sprung ins Viertelfinale geschafft.

Die Ansetzung der Viertelfinalpaarung sorgte für viel Unruhe, denn der Sieger von Düsseldorf hatte bereits drei Tage später beim Hamburger SV anzutreten. Besonders im Lager der Eintracht war man über den DFB verärgert, da man zweimal hintereinander auswärts spielen musste. Zudem hatte die Mannschaft wegen der Verlängerung erst am Freitag aus Düsseldorf nach Frankfurt zurückfahren können und musste sich praktisch ohne Pause auf den Weg nach Altona zu machen. Verlangt wurde das von Spielern, die offiziell alle Amateure waren.

Wie erwartet konnte die Eintracht die Hürde HSV nicht nehmen. Obwohl Schaller in der Startoffensive die Latte traf, führten die Hamburger zur Pause durch Halvorsen mit 1:0. Zwar versuchte die Eintracht in der zweiten Halbzeit, das Blatt noch zu wenden, baute aber verständlicherweise konditionell immer stärker ab, musste in der 70. Minute das 0:2 durch Wollers hinnehmen und schied wie im Vorjahr in der 2. Runde aus. Ihr wahres Können demonstrierte die Mannschaft noch einmal zum Saisonausklang im Derby gegen den FSV. Dieser war seit Weihnachten 1930 ungeschlagen und hatte in dieser Zeit den 1. FC Nürnberg, die SpVgg Fürth und den FC Schalke 04 bezwungen. Am 21. Juni 1931 trauten jedoch 12.000 Zuschauer am Riederwald ihren Augen nicht. Mit 9:1 wurden die favorisierten Bornheimer nach allen Regeln der Fußballkunst auseinander genommen. Der „Fußball" sprach aus, was viele Frankfurter Fußballfreunde dachten: „So wie die Eintracht gegen Fußballsportverein spielte, also ausgeruht, wäre sie Deutscher Meister geworden. Und sie hätte es verdient."

1931/32 ■ Das „deutsche Arsenal" eilt von Sieg zu Sieg

Bevor die Eintracht einen neuen Anlauf unternehmen konnte, gab es eine erneute Reform des Spielsystems. Wieder einmal stand eine süddeutsche Verbandsliga zur Diskussion. Doch wie 1920 wurde der Plan nicht in die Realität umgesetzt. Stattdessen wurden die Bezirksligagruppn auf zehn Vereine aufgestockt und der Modus zur

Ermittlung des Süddeutschen Meisters geändert. Fortan waren alle Gruppenersten und -zweiten für die Endrunde qualifiziert, die in zwei Gruppen ausgetragen wurde.

Durch die Zuteilung des VfL Neu-Isenburg umfasste die Gruppe Main sogar elf Vereine. Doch auch in 20 Ligaspielen war die Eintracht nicht zu stoppen. Erneut gab es nur eine einzige Niederlage (1:2 bei Rot-Weiss), so dass die Meisterschaft mit 35:5 Punkten und 71:18 Toren verteidigt werden konnte. Mit sieben Punkten Rückstand landete der FSV auf dem zweiten Platz. Wie schon im Jahr zuvor endete das Derby am Riederwald mit Zuschauerausschreitungen. Nachdem Dietrich die Eintracht zwei Minuten vor Spielende mit 1:0 in Führung gebracht hatte und den Bornheimern postwendend der Ausgleich gelang, gerieten sich die Anhänger beider Lager in die Haare.

„[Beim Ausgleich] strömt das Publikum ins Feld. Es sind Bornheimer, denn sie heben ihre Mannschaft auf die Schultern. Es sind Bornheimer darunter, die überfallen einen Teil der Eintrachtspieler, treten und schlagen sie. Schütz wird im Gesicht übel zugerichtet, Kron wird niedergetrampelt … Jedenfalls setzte es Streit unter den jubelnden und schimpfenden Zuschauern und es gab blutige Köpfe … Ein halbes Dutzend schwerer beschädigter Personen musste sich verbinden lassen. Nur langsam ebbte die Erregung ab." („Fußball" vom 6. Oktober 1931)

Das Rückspiel im Stadion verlief ohne Zwischenfälle. Mit 6:0 überfuhr die Eintracht am zweiten Weihnachtsfeiertag den Sportverein und sicherte sich die fünfte Mainmeisterschaft in Folge. Auch in der Süddeutschen Meisterschaft setzte sich die Mannschaft souverän an die Spitze und führte zu Ostern die Gruppe Nordwest mit vier Punkten vor dem FSV an. Die Endspielteilnahme schien also sicher, und als die Eintracht auch noch das Jubiläumsturnier von Tennis Borussia Berlin gewann, sprach „Der Kicker" vom „rot-schwarzen Wunder aus Frankfurt a.M.". Für den „Fußball" waren die Riederwälder gar der Favorit auf die Deutsche Meisterschaft. „Ist die Eintracht die deutsche ‚Arsenal'-Elf?", fragte er am 29. März 1932: „Eins hat Eintracht sicher mit Arsenal gemeinsam, der Sturm spielt konsequentes W-Format. Die Außen- und der Mittelstürmer besorgen vorn das Rennen allein. Und Mittelstürmer ist mit Ehmer ein schusskräftiger starker Durchbrecher, wie Lambert beim englischen Meister."

Allein schon der Vergleich mit dem Londoner Nobelklub, der Anfang der 30er Jahre nicht nur das Non-plus-ultra des englischen, sondern des europäischen Fußballs verkörperte, ehrte. Aber Hochmut kommt bekanntlich vor dem Fall. Nur eine Woche nach dem Berliner Turniersieg verlor eine saft- und kraftlose Eintracht-Mannschaft mit 0:2 gegen den FSV, wodurch die Bornheimer bis auf einen Punkt an die Riederwälder herankamen. Auch in Worms patzte die Eintracht. Schon zur Pause lag die Wormatia mit 4:1 in Führung. Zwar konnten Leis und Dietrich im zweiten Abschnitt zwischenzeitlich auf 4:3 verkürzen, am Ende hieß es jedoch 5:3. Damit übernahm der FSV mit 19:9 Punkten die Führung vor der Eintracht (18:8), die nun ihr letztes Heimspiel gegen den FK Pirmasens gewinnen musste, um Gruppensieger zu werden.

Dieses Spiel fand am Riederwald statt, nachdem gegen den FV Saarbrücken, den FSV Mainz 05, Wormatia Worms und den VfL Neckarau zusammen nur 18.500 Zuschauer ins Stadion gepilgert waren. Selbst die Derbys gegen den FSV waren mit 18.000 bzw. 20.000 vergleichsweise schwach besucht, was „Der Kicker" nicht nur auf das „derzeitige Reichs-Einheits-Einkommen von 10,60 Mark die Woche" bei einer „großen Anzahl ständiger Platzbesucher aus früheren Jahren" zurückführte, sondern dafür auch das gesunkene Spielniveau verantwortlich machte: „Den derzeitigen Spielen wohnt nicht mehr die altgewohnte Zugkraft inne." („Der Kicker" vom 5. April 1932)

Für die Mehrzahl der Arbeitslosen war der Besuch eines Fußballspiels ein Luxus, den man sich nicht oft leisten konnte. Ende 1932 zählte die Stadt Frankfurt bei einer Bevölkerungszahl von rund 550.000 knapp 71.000 Arbeitslose, von denen fast die Hälfte keinen Anspruch mehr auf Leistungen aus der Arbeitslosenunterstützung hatte. Ehepaaren aus diesem Personenkreis standen aus der kommunalen Wohlfahrtspflege monatlich durchschnittlich 25,60 Mark für die Ernährung zur Verfügung (91 Pfennige am Tag). Bei Preisen von 38 Pfennigen für 1 kg Schwarzbrot, 10-12 Pfennigen für 1 kg Kartoffeln, 23 Pfennigen für einen Liter Milch und 1,80-2,03 Mark für 1 kg Schweinefleisch bedeuteten 50 Pfennige für eine Straßenbahnfahrt ins Stadion und 50 Pfennige für eine Erwerbslosenkarte zwei Tage ohne Nahrung.

Immerhin kamen zum letzten Spiel 10.000 Zuschauer an den Riederwald. Ein Tor von Leis, der zuvor eine Elfmeterchance ausgelassen hatte, nach 39 Minuten reichte für den Gruppensieg und den Einzug ins Endspiel um die Süddeutsche Meisterschaft. Die Mannschaft wirkte in ihrem 34. Pflichtspiel jedoch abgekämpft und müde. Von einer „Arsenal"-Form war sie jedenfalls meilenweit entfernt. Und im süddeutschen Finale warteten die Münchner Bayern, die sich in der Vergangenheit stets als unbequemer Gegner entpuppt hatten.

1932 ■ Zwei Endspiele gegen Bayern München

Am 1. Mai 1932 erwischte die Eintracht jedoch vor über 50.000 Zuschauern in Stuttgart einen Traumstart. Bereits nach vier Minuten erzielte Dietrich die 1:0-Führung. Das 2:0 durch den Schweizer in der 33. Minute war bereits die Vorentscheidung. Der Mainmeister schien einem sicheren Sieg entgegenzusteuern, als zehn Minuten vor Schluss das Unheil seinen Lauf nahm. Im Mittelpunkt der Emotionen: Schiedsrichter Glöckner aus Pirmasens. Zuerst gab er nach einer Attacke an einem Bayern-Spieler im Strafraum keinen Elfmeter, dann forderten die Bayern-Spieler und -Anhänger einen Handelfmeter – Glöckners Pfiff blieb erneut aus. Und als Schütz kurz darauf ein Handspiel unterlief und Glöckner wieder nicht pfiff, kochte die Volksseele über. Von der Tribüne strömten Bayern-Anhänger aufs Spielfeld und bedrängten den Unparteiischen. Zwar gelang es dem Ordnungsdienst, den Platz wieder zu räumen, doch als das Spiel durch einen Einwurf für die Münchner fortgesetzt werden sollte, wurde Nagelschmitz „der Ball von einem seinem Dialekt nach aus Bayern stammenden Zuschauer aus der Hand geschlagen". Als kurz darauf Haringer Schütz foulte und Glöckner Freistoß für die Eintracht gab, „drangen die ‚Bayern'-Anhänger von der Tribünenseite her mit erhobenen

Endspiel um die Süddeutsche Meisterschaft 1932: Eintracht - Bayern München 2:0. Dietrich (vorn) erzielt per Kopf den Frankfurter Führungstreffer.

Stöcken und einem Stuhl erneut ins Spielfeld, so dass sich der bedrohte Schiedsrichter zum Spielabbruch gezwungen sah". (Zitiert aus der Urteilsbegründung des SFLV, „Der Kicker" vom 21. Juni 1932)

Die zweite Süddeutsche Meisterschaft der Eintracht ging damit fast in den Mühlen der Verbandsjustiz unter. Erst im Juni erklärte der Verband die Eintracht nachträglich zum Sieger und verurteilte den FC Bayern unter Androhung einer Platzsperre im Wiederholungsfall zu einer Geldstrafe. Die Namen der siegreichen Eintracht-Mannschaft: ► Ludwig Schmitt; Schütz, Stubb; Gramlich, Leis, Mantel; Trumpler, Möbs, Ehmer, Dietrich, Kellerhoff. Bis auf Linksaußen Kellerhoff waren es dieselben Akteure, die wenige Wochen später erneut gegen die Bayern antreten sollten.

Zum Auftakt der Spiele um die Deutsche Meisterschaft musste die Eintracht am 8. Mai nach Königsberg reisen, wo sie auf den Baltenmeister Hindenburg Allenstein traf. Obwohl den Spielern eine 24-stündige Bahnfahrt in den Knochen steckte, wurde die erste Hürde souverän mit 6:0 gemeistert. Ehmer (4) und Dietrich (2) hatten das halbe Dutzend bereits nach 53 Minuten herausgeschossen. Im Viertelfinale genoss die Eintracht Heimrecht, nachdem sie in den letzten Jahren fünf von sechs DFB-Endrundenspielen auswärts oder auf neutralem Platz zu bestreiten hatte. Vor 22.000 Zuschauern wurde Tennis Borussia Berlin durch Tore von Ehmer, Schaller, Stubb bei einem Gegentreffer von Handschuhmacher mit 3:1 besiegt. Die Eintracht stand erstmals im Halbfinale. Auch der FC Schalke 04 feierte seine Premiere in der Runde der letzten Vier und lieferte am 29. Mai vor 18.000 Zuschauern in Dresden ein glänzendes Spiel. Ehmer brachte die Eintracht bereits nach neun Minuten in Führung, doch konnte Rothardt in der 35. Minute ausgleichen. In der zweiten Halbzeit besaß die Eintracht dann die besseren Nerven und größere Erfahrung. Ehmers Tor zum 2:1 in der 65. Minute bedeutete den Sieg und den Einzug ins Endspiel um die Deutsche Meisterschaft. Da zur gleichen

Stunde in Mannheim Bayern München den 1. FC Nürnberg mit 2:0 schlug, kam es zu einer Neuauflage des süddeutschen Finales am 12. Juni in Nürnberg.

Nicht zuletzt auch wegen der zum Zeitpunkt des Finales noch nicht geklärten Vorfälle von Stuttgart war das Interesse an diesem – erst dritten – rein süddeutschen Endspiel riesengroß. Bereits eine Woche vor dem Spiel waren alle Sitzplätze (Preis vier Mark) restlos vergriffen. Aus Frankfurt wurden über 3.000 Anhänger in der Noris erwartet, aus München machten sich 421 Erwerbslose mit dem Fahrrad (!) auf den Weg ins 180 km entfernte Nürnberg. Die meisten Frankfurter reisten mit offenen Lastwagen in die Frankenmetropole. Im „Kicker" beschrieb Dr. David Rothschild recht anschaulich den „Anmarsch von Frankfurt", auf dem bereits deutlich wurde, dass man sich im Eintracht-Lager bezüglich der Sympathien gehörig verschätzt hatte. Immerhin hatten die Bayern ja den Nürnberger „Club" im Halbfinale besiegt …

„Wir starten um 5 Uhr früh in der Erwartung, die erwachende Straße im Glanz der entgegenstrahlenden Sonne frei zu finden … Bis Offenbach schweben wir fast allein die Mainuferstraße aufwärts. Aber die Kickersstadt ist auf den Beinen. Frühbegeisterte umsäumen … die Straße. Im Wald von Germania Bieber kampieren Gruppen von Sportenthusiasten, Siegeswünsche schreiend. Bald müssen wir einsehen, dass wir uns fast zu spät auf den Weg gemacht haben. Lastwagen auf Lastwagen rollt vor uns her, behängt mit Menschenköpfen; wie reife Trauben taumeln sie hin. Hundert Fähnchen stoßen bei unserer Vorbeifahrt in die duftende Morgenluft. Hipp-Hipp-Hurra! Hanau 93 wird linksmainisch umsegelt. Hinter Seligenstadt die bayerische Grenze. Aber immer noch Mainbezirk. Eintracht noch Trumpf! Bis weit hinter Aschaffenburg der Viktorianer! Heulende Limosinen

Endspiel um die Deutsche Meisterschaft 1932: Ein Lastwagen mit Eintracht-Fans trifft in Nürnberg ein.

Endspiel um die Deutsche Meisterschaft 1932: Bayern München - Eintracht 2:0. Der Anfang vom Ende: Rohr verwandelt einen Handelfmeter zur Münchner Führung. Fast wäre Torhüter Ludwig Schmitt (vorn) noch an das Leder gekommen.

überfliegen uns, Wagen auf Wagen. Wir haben Mitleid mit den Menschenknäueln, die die Federn platt biegen und wir genießen den unvergleichlichen Sonntagmorgen im behaglichen 50-Kilometer-Tempo ... Enger schieben sich Autos und Räder und Motorwagen ineinander, Exemplare von musealem Wert sind frisch geputzt und lackiert, mit unmöglicher Last. Alles rollt nach Nürnberg. Eine einzige mächtige Korsofahrt von Frankfurt zur Noris. Eine sportliche Mobilmachung, die Ihresgleichen sucht. Kurz vor Würzburg ändern sich die Zurufe ... die Massen werden feindselig ... In Neustadt ein Sprechchor der Jugendlichen: ‚Eintracht verliert'. Die ortsansässigen Massen nehmen immer lebhafteren Anteil. In jedem Dorf steigert sich die Aufregung über die preußische Invasion. Plötzlich liegt Frankfurt jenseits des Mains ... In Nürnberg ist ein Volksfest. Markt. Tausend Wagen jeder Art. Singende, tänzelnde, siegesfrohe Münchner kochen auf der Straße ab ... Nürnberg glaubt an einen Münchner Sieg – !" („Der Kicker" vom 14. Juni 1932)

Die Eintracht, die vor dem Spiel in Erlangen Quartier bezogen hatte, ging als leichter Favorit ins Endspiel und erlangte vor 55.000 Zuschauern anfangs auch eine leichte Überlegenheit. Beide Mannschaften hatten aber viel Respekt voreinander, so dass es bis zur 34. Minute kaum Torchancen gab. Da brachte die Eintracht-Hintermannschaft den Ball nicht rechtzeitig aus dem Strafraum, und Stubb konnte einen Münchner Gewaltschuss nur mit der Hand auf der Linie abwehren – Elfmeter. Knapp über Ludwig Schmitts linker Faust fand der von Rohr nicht sonderlich platziert getretene Ball den

Weg zur Bayern-Führung ins Eintracht-Netz. In der zweiten Halbzeit steigerten sich die Münchner und erzielten eine Viertelstunde vor Schluss durch Krumm den zweiten und entscheidenden Treffer. Erst danach wachte die Eintracht auf, zu spät.

Das Gesetz der Serie blieb bestehen: Der FC Bayern hatte seinen jährlichen Sieg gegen die Eintracht verdient errungen, weil er sich im Gegensatz zur Eintracht in der Endphase der Meisterschaft kontinuierlich gesteigert hatte, während die Aktionen der Riederwälder immer schwerfälliger wurden. „Das war nicht mehr die Eintracht, die noch vor Monatsfrist ihrem heutigen Bezwinger Tempo und Elan vorschrieb" („Der Kicker" vom 14. Juni 1932).

Trotz der Niederlage wurde die Eintracht-Mannschaft in Frankfurt begeistert empfangen: „Als der Zug einlief, ertönte Musik. Der Bahnhof schwarz von Menschen. Eintrachtfähnchen überall. Donnernde Rufe auf die tapfere Elf. Die Spieler werden auf die Schultern gehoben. Kurz aber kernig ertönt die Ansprache Graf von Beroldingens. Blumen werden überreicht. Der große, offene Omnibus windet sich nur schwer aus dem Gedränge. Es geht zum ‚Palmengarten', zur Feier. Zwei Menschenmauern bilden Spalier die Kaiserstraße hinunter, die Anlagen, der Opernplatz sind voller Fußballenthusiasten, die gekommen sind, der Eintracht ihre Sympathie auszusprechen, bis zum ‚Palmengarten' dauert die ehrende Haltung des Publikums. War das die Rückkehr nach einer Niederlage? Nein! Wenn die Eintracht einen Sieg errungen hat, dann sicher den über die bisher spröden Herzen seiner Mitbürger. Und das will viel heißen. Frankfurt hat neuen Antrieb erhalten …" („Fußball" vom 21. Juni 1932)

1932/33 ■ Frankfurt, eine neue Fußball-Hochburg

Verstärkt durch Willi Tiefel, der im Sommer 1932 von Union Niederrad gekommen war, startete die Eintracht am 31. Juli mit einem 2:0 beim VfL Neu-Isenburg in die neue Mainbezirksmeisterschaft, was am Riederwald nicht unbedingt große Freude auslöste. Der erfolgreiche Vorstoß an die Spitze des deutschen Fußballs hatte bei allen Beteiligten, Offiziellen, Spielern und Anhängern, Hunger auf mehr „großen" Fußball gemacht. Schon unmittelbar nach dem Endspiel hatte Dr. C.E. Laenge die Stimmung beschrieben: „Vor dem Endspiel schon sagten viele Eintrachtler resigniert: ‚Scheußlich! Jetzt spielen wir die großen Endkämpfe, spielen gegen München vor 60.000 Zuschauern … und in sechs Wochen ziehen wir wieder nach Bieber und – o Grausen! – nach Obertshausen!' Spielsystem – – – Die Eintrachtelf hätte unbedingt Geschmack an einer Reichsliga. Die Führung dagegen ist abgeneigt. Man paktiert mit Kartini [1. Vorsitzender des SFLV, Anm. d. Verf.] und der paktiert mit den unteren Klassen. Nicht einmal zur Verbandsliga bringen es die Schwächlinge. Lassen lieber Deutschlands Klassemannschaften auf die Dörfer reisen. Warum dürfen wir nur einmal im Jahre ein Erlebnis wie in Nürnberg haben?! … Warum keine rein deutsche Ligameisterschaft, keine Pokalmeisterschaft? Was würden wir hinter England zurückstehen?" („Fußball" vom 21. Juni 1932)

Die große Hitze tat das Ihrige, das Interesse an den ersten Ligaspielen niedrig zu halten. Zum Derby mit Rot-Weiss fanden am 21. August bei 35 Grad lediglich 2.000 Unentwegte den Weg ins (Fußball-)Stadion – im benachbarten Schwimmstadion dagegen herrschte Hochbetrieb. So wurde der Anstoß eine Woche später gegen die vom Ex-Eintrachtler Willy Pfeiffer trainierte Union Niederrad auf 17.30 Uhr verlegt. Doch auch zu „kühlerer" Stunde bot die Eintracht keine spielerische Offenbarung. Es schien, als hätte die Hitze die Spielfreude eintrocknen lassen. So ging am 18. September auch das erste Derby beim FSV mit 1:3 verloren. Dieses Spiel wurde zusammen mit der Begegnung Union Niederrad - Kickers Offenbach (2:3) als Doppelveranstaltung am Bornheimer Hang ausgetragen, um mehr Zuschauer anzulocken. Durch diese Niederlage rutschte die Eintracht auf den dritten Platz ab.

Die Wende glückte bei Tabellenführer Kickers Offenbach. Dreimal Schaller und einmal Gramlich machten einen 4:2-Sieg auf dem Bieberer Berg und die erste Kickers-Saisonniederlage perfekt, womit die Eintracht zum Ende der Vorrunde nur einen Punkt hinter dem FSV lag. Obwohl in der Rückrunde nur noch drei Punkte abgegeben und selbst das zweite Derby gegen die Bornheimer gewonnen wurde, langte es nicht zur Verteidigung der Mainmeisterschaft, die sich erstmals seit 1927 wieder der FSV sicherte (31:5 Punkte). Mit zwei Punkten Rückstand wurde die Eintracht Zweiter. Damit standen beide Frankfurter Mannschaften in der Endrunde um die Süddeutsche Meisterschaft, in der man am Riederwald auf den ehemaligen Niederräder Willi Lindner setzte, der über Tennis Borussia Berlin zurück an den Main gefunden hatte.

Auch hier war der Start nur mäßig. Nach dem vierten Spiel hatte die Eintracht lediglich drei Punkte eingefahren und lag damit schon sieben Zähler hinter dem Rivalen, der mit 10:0 Zählern eine blütenweiße Weste aufwies. Für Dr. C. E. Laenge war die Krise der Eintracht hauptsächlich eine Führungskrise: „Man kann mit Recht sagen: ‚Ein jeder Verein ist so gut, wie er geleitet wird!' Bei der Eintracht hapert es in der Leitung. Seit Jahren gibt es im Verein verschiedene Strömungen und Richtungen. Die Folge dieser Vereins-Innenpolitik ist, dass für die Mannschaftsaufstellung und Spielerbehandlung nicht immer rein sportliche Erwägungen ausschlaggebend sind. Es werden Spieler übergangen, nur weil sie es nicht verstehen, sich bei gewissen Vorstandsmitgliedern beliebt zu machen, weil sie unabhängig sind und ihre eigenen Wege gehen. Andere Spieler erfreuen sich einer offensichtlichen und oft ungerechtfertigten Protektion, worunter das Mannschaftsgefüge leiden muss. Der Eintracht ist nur damit zu helfen, dass eine Standardelf aufgestellt wird, die auf jeden Fall stehen bleibt und sich einspielen kann!" („Fußball" vom 10. Januar 1933)

In den 18 Ligaspielen waren nicht weniger als 23 Spieler eingesetzt worden, nur Torhüter Ludwig Schmitt und Mittelläufer Bernhard Leis waren immer dabei. 1931/32 dagegen war Trainer Oßwald in allen 39 Pflichtspielen mit nur 19 Akteuren ausgekommen, von denen acht 30 und mehr Spiele bestritten. Nach dem schwachen Auftakt war jedoch bald eine neue Stammformation gefunden, in der noch neun Spieler aus der Nürnberger Endspielmannschaft von 1932 standen. Mit dem zukünftigen Nationalspieler Lindner auf Linksaußen gewann die Mannschaft siebenmal in Folge (u.a. 3:1 beim FSV) und übernahm die Tabellenführung. Selbst nach einem 1:3 bei Wormatia Worms drei Spieltage vor Schluss blieben alle Chancen auf den Gruppensieg gewahrt, doch dazu musste am 9. April 1933 unbedingt der jetzt wieder führende FSV besiegt werden. Vor 25.000 Zuschauern erspielte sich die Eintracht im Stadion auch eine leichte Feldüberlegenheit, doch die Stürmer trafen das Tor nicht. Da sich die Bornheimer mit dem torlosen Remis zufrieden gaben, zog das Publikum enttäuscht von dannen. „Frankfurter Derby ohne Schwung", schrieb „Der Kicker", „kick and rush", meinte der „Fußball". Für den FSV war der Punkt der Grundstein zum Einzug ins Endspiel um die Süddeutsche Meisterschaft.

Halbfinale um die Deutsche Meisterschaft 1933: Fortuna Düsseldorf - Eintracht 4:0. Das Programmheft zeigt eine Szene aus dem Vorjahrsfinale zwischen Bayern München und der Eintracht.

Als Gruppenzweiter musste die Eintracht in die Qualifikation zur Ermittlung des dritten Südvertreters. Als Erstes wurde der süddeutsche Pokalsieger VfB Stuttgart vor nur 7.000 Zuschauern im Frankfurter Stadion durch Tore von Ehmer und Lindner mit 2:0 besiegt. Eine Woche später setzten sich die Riederwälder mit 1:0 (Torschütze Trumpler) in Saarbrücken gegen die SpVgg Fürth durch. Der 30. April 1933 wurde damit zu einem denkwürdigen Tag der Frankfurter Fußballgeschichte. Während sich die Eintracht erneut für die Endrunde qualifizierte, besiegte der FSV im Frankfurter Stadion den TSV 1860 München mit 1:0 und wurde zum ersten (und einzigen) Mal in seiner Geschichte Süddeutscher Meister. Damit standen beide Frankfurter Spitzenklubs – ebenfalls zum ersten und einzigen Mal – in den Schlussspielen um die Deutsche Meisterschaft.

In der ersten Runde musste die Eintracht beim Hamburger SV antreten. Ehmers Führungstreffer nach nur 20 Sekunden brachte die Hanseaten total durcheinander. Zweimal Lindner und Möbs schraubten das Endergebnis schließlich auf 4:1. Im Viertelfinale wurde beim 12:2 (Halbzeit 7:0) gegen den Baltenmeister Hindenburg Allenstein ein Klassenunterschied deutlich. Die Freude des Frankfurter Publikums wurde allerdings durch die Nachricht von der 0:1-Niederlage des FSV gegen den FC Schalke 04 gedämpft. Damit war der Traum eines Frankfurter Endspiels geplatzt. Eine Woche später waren freilich auch die Eintracht-Träume von einer erneuten Endspielteilnahme

Erreichte das Halbfinale um die Deutsche Meisterschaft: die Eintracht-Elf 1932/33. Von links: Gorth, Hugo Mantel, Rudolf Gramlich, Franz Schütz, Karl Ehmer, Hans Stubb, Ludwig Schmitt, August Möbs, Walter Dietrich, Bernhard Leis, Fritz Schaller.

ausgeträumt. Wie schon 1930 gegen Holstein Kiel brachte der Berliner Preussen-Platz kein Glück. Mit 0:4 zog die Eintracht gegen Fortuna Düsseldorf den Kürzeren. Vor dem Anpfiff dokumentierten beide Mannschaften den neuen Zeitgeist und begrüßten die 30.000 Zuschauer mit Hitlergruß. Trotz leichter Feldvorteile hatte die Eintracht an diesem Tag dem Kombinationsspiel der taktisch besser eingestellten Fortunen wenig entgegenzusetzen, so dass das Endergebnis selbst in dieser Höhe verdient war.

Damit gab es zum ersten Male ein rein westdeutsches Finale, in dem sich Fortuna Düsseldorf mit 3:0 gegen den FC Schalke 04 als erster Westklub den Titel sicherte. Mit diesem Finale wurde eine neue Ära im deutschen Fußball eingeläutet. Die Dominanz der süddeutschen Vereine war beendet. Dafür ging der Stern des Westens und hier insbesondere der des FC Schalke 04 auf. Die selbst ernannte „Fußball-Hochburg“ Frankfurt dagegen hatte sich nur ein Jahr lang gegen die gegnerischen Attacken behaupten können.

DFB kontra Professionalismus – Der Fall Böhm

Nach dem Ersten Weltkrieg erlebte nicht nur der deutsche Fußball einen großen Aufschwung. Während aber die führenden mitteleuropäischen Fußballnationen Österreich, Ungarn und die Tschechoslowakei darauf reagierten und Mitte der 20er Jahre offiziell den Professionalismus einführten, blieb in Deutschland die fußballerische „Kleinstaaterei" bestehen. Wie zu Kaisers Zeiten wurde die Deutsche Meisterschaft nicht in einer nationalen Liga, sondern in einer K.-o.-Runde der sieben Landesmeister ausgespielt. Aber selbst bei der Ermittlung der regionalen Meister gab es kein einheitliches System. Eine Verbandsliga (in zwei Gruppen) existierte lediglich in Berlin-Brandenburg, in Norddeutschland wurde ein ähnlicher Versuch nach nur einem Jahr (1920/21) wieder abgebrochen. Auch im Süden waren Pläne zur Einführung einer Verbandsliga an den Interessen der kleineren Vereine gescheitert. Der Westen praktizierte von 1922 bis 1926 den „neuen Weg" mit Mammutligen, die über zwei Jahre ohne Auf- und Abstieg spielten. Am chaotischsten ging es in Mitteldeutschland zu, wo es zwischen 1923 und 1933 nicht weniger als 27 (!) „oberste" Spielklassen gab. Wegen dieser komplizierten Verhältnisse waren für die meisten Vereine die Ligaspiele bereits um Weihnachten/Neujahr beendet. Während anschließend lediglich eine Handvoll Klubs die regionalen Landesmeister ermittelten, musste sich der überwiegende Teil der Vereine mit Freundschaftsspielen über Wasser halten. Höhepunkte waren dabei die schon vor dem Krieg sehr populären Spiele gegen britische Profimannschaften.

Die hohen Herren beim DFB glaubten allerdings noch an die moralische Überlegenheit der Amateure – genau wie ihre englischen Amtsbrüder 40 Jahre zuvor. So sprach sich der DFB auf dem Bundestag vom 2. November 1924 nicht nur entschieden gegen den Professionalismus aus, sondern erließ Anfang 1925 auch noch ein Spielverbot gegen ausländische Profimannschaften. „Man glaubte damals, unsere Spieler zu infizieren, wenn man sie mit Berufsspielern zusammenkommen ließe." So nachzulesen in der Jubiläumsschrift „60 Jahre Süddeutscher Fußball-Verband" (1957).

Dennoch waren Verstöße gegen die Amateurstatuten an der Tagesordnung. Der prominenteste „Übeltäter" war der spätere Bundestrainer Sepp Herberger, der 1921 für seinen Wechsel vom TuSV 1877 Waldhof zu Phönix Mannheim 10.000 Mark Handgeld kassierte, daraufhin zum Berufsspieler erklärt und gesperrt wurde. Die meisten Vereine handelten jedoch nach der Devise: „Erlaubt ist alles, solange man sich nicht erwischen lässt!" Auch die beiden Frankfurter Spitzenklubs machten dabei keine Ausnahme. Ein

Peter Szabo oder Walter Dietrich waren gewiss nicht wegen des guten Apfelweins aus Ungarn oder der Schweiz an den Riederwald gewechselt. Auch der Rivale FSV glich in der Saison 1926/27 einer Völkerbund-Auswahl: Bretteville war Norweger, Pache Schweizer, Wyk Schwede.

Was passierte, wenn man sich trotzdem erwischen ließ, zeigt exemplarisch der „Fall Böhm". Der gelernte Werkzeugmeister spielte für den ASV Nürnberg, und fand, nachdem er im Frühjahr 1925 arbeitslos geworden war, zunächst Beschäftigung in einer Zigarettenfabrik, an der der ASV-Vorsitzende Stark beteiligt war. Da gegen ihn zur gleichen Zeit ein Vaterschaftsprozess anhängig war, hatte ihm Stark einen Vorschuss in unbekannter Höhe gezahlt. Im Juni 1926 erkundigte sich Böhm bei der Eintracht, ob sie ihm einen Arbeitsplatz beschaffen könne. Obwohl die Eintracht zuerst zögerte, bat Böhm Stark am 9. Juli schriftlich um die Herausgabe seines Spielerpasses und meldete sich am 22. Juli bei den Riederwäldern an. Inzwischen hatte nämlich das Eintracht-Mitglied Bär für den Nürnberger eine Anstellung in einer Frankfurter Firma gefunden, in der Eintracht-Ehrenmitglied Arthur Cahn Prokurist war. Außerdem erhielt Böhm einen Lohnvorschuss in Höhe von 100 Mark. Der ASV Nürnberg wollte den Spielerpass jedoch nur gegen Begleichung von Böhms Restschuld in Höhe von 800 Mark herausgeben. Als Böhm am 31. Juli beim Gastspiel seines ehemaligen Klubs beim FSV Frankfurt gesehen wurde, hieß es plötzlich, er wolle nun zu den Bornheimern wechseln. Kurz darauf präsentierte Böhm dem späteren Eintracht-Spielausschussvorsitzenden Willi Balles tatsächlich einen Vertragsentwurf mit dem Werkmeister und FSV-Mitglied Karl Kreß. In diesem verpflichteten sich dieser und ein weiteres FSV-Mitglied namens Schlau, Böhms Alimentenschulden zu übernehmen, wenn dieser mindestens fünf Jahre für den FSV spiele. Nun war die Eintracht erbost, worauf der FSV-Vorsitzende Dr. Rothschild am 12. August folgenden Kuhhandel vorschlug: Der FSV werde auf eine Verpflichtung Böhms verzichten, wenn sich die Eintracht im Gegenzug verpflichte, diesen nicht in den Ligaspielen einzusetzen. Als Entschädigung wurde ein Spieler aus Norddeutschland angeboten, an dem der FSV Interesse gezeigt hatte. So weit die Fakten.

Dass die ganze Sache überhaupt aufflog und es zu einem Verbandsgerichtsverfahren kam, ist der Rubrik „Wer im Glashaus sitzt, soll nicht mit Steinen werfen" zuzuordnen: Als die Eintracht nämlich erfuhr, dass der FSV in den Besitz von Böhms Pass gekommen war, erstattete sie Anzeige. Am 7. November 1926 verurteilte das Verbandsgericht des SFV:

► den ASV Nürnberg zu 300 Mark Geldstrafe, da der Prozesskostenvorschuss für Böhm nach den DFB-Statuten ein verbotenes Geldgeschenk, mindestens ein Darlehen sei, das ohne Böhms fußballerische Verdienste für den Verein wohl nicht gewährt worden wäre;

► die Eintracht zu 300, ihre Mitglieder Bär und Balles zu 500 bzw. 150 Mark Geldstrafe, da die Vermittlung eines Arbeitsplatzes ein unerlaubtes „Wegziehen" eines Spielers gewesen sei;

► den FSV zu 100 und seine Mitglieder Kreß und Schlau zu je 500 Mark Geldstrafe, da diese vom Verein nur vorgeschoben worden seien. Böhm wollte nur deshalb zum FSV wechseln, weil ihm dort finanziell mehr als bei der Eintracht geboten worden sei.

Böhm selbst wurde zum Berufsspieler erklärt und sein Ausschluss aus dem SFV beantragt. Für die Verfahrenskosten hatten anteilig der ASV Nürnberg (60 Mark), die Eintracht (100 Mark) und der FSV (140 Mark) aufzukommen.

Obwohl der „Fall Böhm" sicherlich nur die Spitze eines Eisbergs darstellte, blieb der DFB weiterhin ein entschiedener Verfechter des Amateurgedankens, musste den Spitzenvereinen gegenüber jedoch Konzessionen machen und erhöhte die Zahl der an der Endrunde zur Deutschen Meisterschaft teilnehmenden Mannschaften ab 1925 auf 16. In Norddeutschland wurde dies als „halbamtlicher Plan einer deutschen Bundesliga" verstanden: „Während sich nun der D.F.B. beschäftigt, sein Haus von allen Profis zu reinigen, arbeitet er anderseits für das Berufsspielertum. Sechzehn deutsche Mannschaften sollen gegen einander spielen. Schön! (Die technische Durchführung soll hier gar nicht so wichtig sein.) Aber: Reisen kostet nicht nur Geld, sondern auch Zeit. Zeit! Woher aber soll ein Amateur diese Zeit zum Reisen nehmen? Man braucht diese Frage gar nicht beantworten, die Antwort ist leicht genug … O, D. F. B.!" („Der Kicker" vom 17. März 1925)

Besonders die süddeutschen Vereine waren an einer Lockerung der Berufsspielerfrage stark interessiert, da hier traditionell ein reger Spielverkehr mit österreichischen, ungarischen und tschechischen Vereinen geherrscht hatte. Es sollte aber noch bis 1930 dauern, bevor Spiele gegen ausländische Profimannschaften wieder zugelassen wurden. Zu diesem Zeitpunkt hatte das Thema „Professionalimus" in Deutschland längst eine andere Dimension angenommen. Spätestens seit dem „Fall Schalke 04" vom August 1930 – als die komplette Mannschaft zu Berufsspielern erklärt und ein Jahr gesperrt wurde – war klar, dass bei den meisten deutschen Spitzenmannschaften nur noch Scheinamateure aktiv waren. Daran änderte auch die 1930 vom DFB beschlossene neue Spesenregelung wenig, nach der Zahlungen von bis zu 7,50 Mark für Heim- und bis zu 15 Mark für Auswärtsspiele gestattet wurden. Die Haltung des DFB sorgte für viel Unverständnis. „Berufsspielertum mit dem Decknamen Amateurismus!", „Heuchelei siegt!", „Geld-Schein-Amateurismus sanktioniert!", „Amateurismus durch Honorierung gerettet", „D.F.B.-Führer stecken die Köpfe in den Sand!", „Berufsspieler, die unehrliche Amateure sein müssen!" und „Spesen-Amateurismus in Deutschland!" ist nur eine Auswahl aus 50 Schlagzeilen großer deutscher Tageszeitungen, die in einer Presseschau im „Fußball" am 7. Oktober 1930 veröffentlicht wurden.

Dass unter der Hand weitaus mehr gezahlt wurde, beweist die „Würzburger Verschwörung" vom 4. Oktober 1930. Da beschlossen nämlich 21 bedeutende süddeutschen Fußballvereine (darunter auch Eintracht, FSV und Rot-Weiss Frankfurt sowie die Offenbacher Kickers), sich bei einem Berufsspielerverfahren gegen einen von ihnen solidarisch zu verhalten, was einer Streikdrohung gleichkam. Außerdem wurde eine Kommission gebildet, die mit dem DFB Verhandlungen aufnehmen sollte. Dieser gehörte auch der Eintracht-Vorsitzende Graf von Beroldingen an. Doch erst als einige windige Geschäftsleute eine wilde deutsche Profiliga aus dem Boden stampfen wollten, sah sich der DFB veranlasst, selbst tätig zu werden. Am 26. Oktober erklärten die Verbandsoberen, dass der DFB den Berufsfußball kontrollieren und international vertreten werde und ein Statut vorbereite. Die endgültige Entscheidung treffe jedoch der DFB-Bundestag.

Zu den Befürworten des Profifußballs in Deutschland gehörten auch der ehemalige Vorsitzende des FSV, Dr. David Rothschild, und der Frankfurter Stadiondirektor Eduard Zeiss, die ihre Meinungen im „Kicker" vom 18. November 1930 darlegten. Walther Bensemann, der Herausgeber des Blattes, bemängelte vor allem den Starrsinn einiger DFB-Funktionäre und der Landesverbände: „Im Gegensatz zu allen Gepflogenheiten akademischer und sportlicher Verbände [datieren] die Führer der Fußballkorporationen – ob Vereine oder Verbände oder Bund bleibt sich gleich – die Fußballgeschichte erst vom Tage ihres Regierungsantritts ... Dieser Mangel an Zusammenhang und Contact hat seit Jahrzehnten den Krebsschaden unseres Sports gebildet. Durch die ganzen Regierungsaktionen der großen deutschen Fußballwelt hat sich wie ein roter Faden das Prinzip gezogen, dass Weisheit nur wenigen gegeben sei, und zwar immer gerade denen, die am Ruder sind ... Die Zeiten, in denen die Vorstände gewählt wurden, weil sie sich als gute Fußballer erwiesen hatten, sind vorüber und, man muss anerkennen, dass sich im Kreislauf der Jahre eine geistige Elite herausgebildet hat, die zur Führung prädestiniert schien und Qualitäten besaß. Manches besaß sie nicht, zum Beispiel die Erkenntnis des schönen Wortes von La Rochefoucauld: ‚Es ist möglich, eine Zeit lang gescheiter zu sein als alle andern; es ist auch möglich, immer gescheiter zu sein als viele andere; es ist aber nicht möglich, immer gescheiter zu sein als alle andern.'" („Der Kicker" vom 18. November 1930)

Auf dem Bundestag vom 14./15. Oktober 1932 erklärte der DFB-Vorsitzende Felix Linnemann erneut, sich der Berufsspielerfrage anzunehmen und bat die Versammelten, „ihm die Vollmacht zur Durchführung der notwendigen Maßnahmen zu geben" („Der Kicker" vom 17. Oktober 1932). Große Erwartungen wurden daher in die DFB-Vorstandssitzung vom 22. Januar 1933 in Berlin gesetzt. Zwar hatte sich der Geschäftsführende Ausschuss des DFB inzwischen für die Legalisierung des Professionalismus ausgesprochen, eine Entscheidung wurde aber nochmals auf einen außerordentlichen Bundestag am 28. Mai 1933 vertagt. Von diesem erhoffte man sich die Einführung des „offenen Berufsspielertums" nach italienischem und Schweizer Modell – keine Unterscheidung mehr zwischen „Profi" und „Amateur", stattdessen nur noch Verwendung des Begriffes „Fußballer".

Doch dazu sollte es nicht mehr kommen. Nur acht Tage nach der Berliner Tagung kamen die Nationalsozialisten an die Macht, die ganz andere Pläne verfolgten. Statt von einem Bundestag in Berlin berichtete „Der Kicker" in seiner Ausgabe vom 30. Mai 1933 über den „Neuaufbau des deutschen Sports". Bis zur Einführung des Profifußballs und einer Bundesliga sollten noch 30 Jahre vergehen. ▪

Zwischen Krieg und Frieden

Rückschläge in der NS-Zeit

Schon bald nach der Machtergreifung Adolf Hitlers am 30. Januar 1933 wurde deutlich, dass die neuen Machthaber auch eine völlige Neuordnung des deutschen Sportes anstrebten. Nach der Auflösung des Arbeiter-Turn- und Sportbundes (27. Februar), des Verbots der Kommunistischen Kampfgemeinschaft für Rote Sporteinheit (21. März) wurde am 24. Mai auch der ungeliebte Deutsche Reichsausschuss für Leibesübungen (DRA) von einem Reichsführerring ersetzt und Anfang 1934 in den Deutschen (ab 1938: Nationalsozialischen) Reichsbund für Leibesübungen (DRL/NSRL) umgewandelt. Nachdem die DT bereits am 8. April „Marxisten und Juden" aus ihren Reihen ausgeschlossen hatte, folgten wenig später auch die Fußballer. Zu den ersten und prominentesten Opfern gehörte Walther Bensemann, der Begründer des „Kicker" und „Ur-Vater" der Frankfurter Kickers. Am 28. März schrieb er, dass ihm die Ärzte schon seit langem geraten hätten, sich einer Kur zu unterziehen, die aber immer wieder habe zurückgestellt werden müssen. Da jetzt aber „Besprechungen zwischen den Verbandsführern und der Reichsregierung im Gange sind, bei denen die Sportpresse eine mehr referierende als kritische Aufgabe hat", verabschiedete sich Bensemann bei den Lesern bis zum Bundespokal-Endspiel am 23. April. Es sollte ein Abschied für immer werden. Bereits ab der nächsten Ausgabe wurde „Der Kicker" genau wie der „Fußball" für NS-Propaganda benutzt. In der Ausgabe vom 6. Juni 1933 war Bensemanns Name aus dem Impressum verschwunden.

Nachdem auf diese Weise die Reihen der dem Regime ablehnend gegenüberstehenden Personen gelichtet wurden, ging die Gleichschaltung des deutschen Sports weiter voran. Durch einen Erlass von Hans von Tschammer und Osten, des neuen Reichssportkommissars (ab Juli Reichssportführer) vom 24. Mai wurden die bisher regional gegliederten Sportverbände durch 15 Fachverbände ersetzt, die allein das Recht hatten, Meisterschaften auszutragen. Das war auch das Ende der konfessionellen Sportverbände. Fußball, Rugby und Cricket wurden im Deutschen Fußball-Verband zusammengefasst, der nur noch eine Geschäftsstelle in Berlin haben durfte. Während der DFB dem Schein nach bestehen blieb, um die deutsche FIFA-Mitgliedschaft nicht zu gefährden, musste sich der Süddeutsche Fußball- und Leichtathleik-Verband am

6. August selbst auflösen. An Stelle der sieben DFB-Landesverbände traten 16 Gaue, die mit den politischen Grenzen einer preußischen Provinz oder eines größeren Bundesstaates übereinzustimmen hatten. Der komplizierte Grenzverlauf im Rhein-Main-Gebiet zog große Veränderungen nach sich. So gehörte das politisch bayerische Aschaffenburg nun auch sportlich zum Gau XVI Bayern, Hanau und Friedberg zum Gau XII Hessen. Der Rest des alten Mainbezirks wurde mit den südmainischen Gebieten des Volksstaates Hessen, der bayerischen Pfalz und dem Saargebiet zum Gau XIII – vorläufig „Rheinhessen-Saar" genannt – zusammengefasst. Statt im Zentrum lag Frankfurt plötzlich nur noch an der Peripherie, was sich auch bei der Zusammensetzung der Gauligavereine bemerkbar machte: „Nur drei Vereine, der süddeutsche Meister Fußballsportverein, die berühmte Eintracht und die stets zur Spitzenklasse zählenden Offenbacher Kickers haben Gnade gefunden. Der erste Rest, man denke nur an Niederrad und Isenburg, mussten in die zweite Klasse, während ausgerechnet die beiden Abgestiegenen der letzten Saison, Hanau 93 und Friedberg, durch den Gau Nordhessen Erstklassigkeit erlangt haben!" (Dr. C.E. Laenge im „Fußball" vom 29. August 1933)

1933/34 ■ Lange Eingewöhnungsphase in neuer Umgebung

Neben den drei mainischen Klubs komplettierten der FSV Mainz 05, Wormatia und Alemannia-Olympia Worms, Phönix Ludwigshafen, der FK Pirmasens, der 1. FC Kaiserslautern, die Sportfreunde Saarbrücken, Borussia Neunkirchen und der SV Wiesbaden die nun „Südwest" genannte Gauliga, die am 10. September in ihre erste Saison startete. So spät war schon seit Jahren kein Punktspieljahr mehr eröffnet worden, was auch auf die Finanzen der Klubs drückte. Bedingt durch Wirtschaftskrise und Arbeitslosigkeit waren die Zuschauerzahlen der Eintracht von 161.000 bei 14 Heimspielen (im Schnitt 11.500) in der Saison 1930/31 auf 96.000 bei 17 Heimspielen (im Schnitt 5.647) gesunken. Durch den Fortfall der Endrunde um die Süddeutsche Meisterschaft winkten nur dem Gaumeister 14 Heimspiele, alle anderen mussten sich mit elf zufrieden geben. Mit rund 5.000 wurde 1933/34 der niedrigste Zuschauerschnitt seit 1925/26 (3.643) registriert. Allerdings verbuchte die Eintracht mit Platz 4 auch ihr schlechtestes Abschneiden seit jenem Jahr.

Zwar war die Mannschaft im Vergleich zu 1932/33 kaum verändert worden, dafür wog der Verlust von Trainer Paul Oßwald umso schwerer, der am 1. September zum Ligakonkurrenten FSV Mainz 05 gewechselt und durch Willi Spreng, früher FSV und Kickers Offenbach, ersetzt worden war. Dennoch gelang ein passabler Start mit zwei Siegen in Neunkirchen (3:2) und gegen den SV Wiesbaden (3:1). Dann griffen die neuen Machthaber erstmals direkt in den Meisterschaftsverlauf ein. Statt zum Derby mit dem FSV musste die Eintracht am 1. Oktober anlässlich des Erntedankfestes zum „Rheinisch-Westfälischen Sportfest" und dort ein Freundschaftsspiel gegen FC Schalke 04 bestreiten (2:1). Eine Woche später gab es im Rahmen der Saarkundgebung im Stadion eine Doppelveranstaltung mit den Meisterschaftsspielen FSV gegen

Borussia Neunkirchen (3:2) und Eintracht gegen Sportfreunde Saarbrücken (0:0). Die Aktien der Eintracht fielen weiter, als Mittelstürmer Ehmer nach einer Blinddarmoperation für den Rest der Saison ausfiel und aus den nächsten fünf Spielen (davon vier auswärts!) lediglich vier Punkte geholt wurden. Als am 3. Dezember auch noch das nachgeholte Derby gegen den FSV mit 0:2 verloren ging, war die Eintracht auf Platz 7 abgerutscht.

Für positive Schlagzeilen sorgte Eintracht-Verteidiger Hans Stubb, der am 14. Januar 1934 im Stadion das Kunststück fertig brachte, vor 38.000 Zuschauern im Länderspiel gegen Ungarn (3:1) ein Freistoßtor aus 60 Metern (!) zu erzielen. Schlagzeilen gab es auch um Hugo Mantel, der in Mailand eine pharmazeutische Vertretung übernehmen sollte und sich Ambrosiana-Inter (der Klub musste auf Druck der Faschisten 1928 den Namen des Mailänder Schutzpatrons in den Vereinsnamen aufnehmen) anschließen wollte. Da dies jedoch die Statuten des Italienischen Fußball-Verbandes nicht zuließen, kehrte „Amateur" Mantel schon Ende Februar nach Frankfurt zurück. Zu diesem Zeitpunkt hatte die Eintracht direkten Kontakt zur Abstiegszone. Zwar war sie mit 13:15 Punkten Siebter, lag aber nur einen Zähler vor dem Vorletzten Borussia Neunkirchen. Der „Fußball" sah schon das Schlimmste kommen: „Die Verfallserscheinungen bei der Eintracht sind jetzt so weit, dass an eine Wiederherstellung der alten, schlagkräftigen Mannschaft kaum gedacht werden kann. Es muss vielmehr von Grund auf neu aufgebaut werden. Die alten, seit Jahren kritisierten Regiefehler wirken sich jetzt aus. Wann wird neues Leben aus den Ruinen blühen?! ... Man hat bei der Eintracht talentierte eigene Kräfte ziehen lassen und klammert sich an fremde, geringwertige Spieler! ... Es ist vieles nicht zu verstehen." („Fußball" vom 28. Januar 1934)

In dieser Situation rückte Leis auf Halblinks, Schütz kehrte in die Abwehr zurück und Monz wurde neuer Sturmführer. Wie verwandelt fegte die Mannschaft den 1. FC Kaiserslautern mit 6:1 vom Platz und trotzte auch Tabellenführer Kickers Offenbach am Riederwald ein 2:2 ab. Zwar gab es in Mainz mit 3:7 noch einmal einen Ausrutscher, doch wurden aus den letzten fünf Saisonspielen stolze 11:1 Punkte geholt. Beeindruckend vor allem die Kantersiege gegen den FSV (6:1) und Wormatia Worms (6:0). Mit fünf Punkten Rückstand auf Meister Kickers Offenbach wurde die Saison als Vierter beendet.

Da die Punktspiele wegen der anstehenden Gruppenspiele um die Deutsche Meisterschaft und der Weltmeisterschaft in Italien bereits Anfang April beendet waren, gab es bis zur Sommerpause zahlreiche Freundschaftsspiele, in denen die gute Form der Meisterschaftsendphase konserviert werden konnte. Dabei wurde auch der „Graf-Beroldingen-Pokal" mit Spielen gegen den VfB Stuttgart ins Leben gerufen. Egon Graf von Beroldingen war bis 1928 Vorsitzender des VfB gewesen. Nach seiner Berufung zum Direktor des Frankfurter Flughafens war er bis zu seinem Tod im Oktober 1933 in gleicher Funktion bei der Eintracht tätig. Sein Nachfolger als „Vereinsführer" wurde Hans Söhngen.

„Schlappekicker", „Juddebuwe" – Die Eintracht und die Nazis

Eintracht Frankfurt hatte durch die Repressionen des NS-Regimes in besonderem Maße zu leiden. Denn zur Geschichte der Eintracht gehörte auch ein verhältnismäßig hoher Anteil jüdischer Funktionäre und Förderer beim Verein. Die Tatsache, dass dies auch auf den Lokalrivalen FSV zutraf, verweist auf die große Tradition jüdischer Bürger in Frankfurt.

1933 waren von 555.857 Einwohnern der Stadt 26.158 jüdischen Glaubens. Damit beheimatete Frankfurt die nach Berlin zweitgrößte jüdische Gemeinde Deutschlands, mit 4,7 % war der jüdische Bevölkerungsanteil jedoch der höchste aller deutschen Großstädte (Berlin 3,8 %). Den Anteil jüdischer Firmen und Unternehmen beziffert Gundi Mohr mit 35 %. Es gab vier jüdische Sportvereine, von denen zwei, der „Sportverein Bar Kochba" (seit 1928) und der „Jüdische Arbeiter-Sportklub" (1930 gegründet) eine Fußball-Abteilung besaßen. Im Großen und Ganzen war die jüdische Bevölkerung Frankfurts jedoch in den gleichen Sportvereinen organisiert wie die nichtjüdische. Nach Martin Lothar Müller war „die soziale Klassenlage ... für die Vereinsentscheidung eines jüdischen Sportlers sicherlich meist wichtiger als die Religionszugehörigkeit".

Im Gegensatz zu den Stadtteilvereinen FSV (Bornheim) oder Rot-Weiss (Bockenheim) war bei der Eintracht das gehobene Bürgertum der gesamten Stadt stark vertreten. Obwohl keine Zahlen über die Mitgliederstruktur vorliegen, galt die Eintracht aufgrund der ihr zukommenden Unterstützung aus jüdischen Geschäftskreisen als „Judenverein". Wie Bert Merz, der ehemalige Sportchef der „Frankfurter Rundschau", in einer Veranstaltung des Frankfurter Erzählcafés im November 1994 darlegte, waren noch Mitte der 1930er Jahre mit Rudi Gramlich, Hugo Mantel, Franz Schütz, Hans Stubb, Karl Ehmer und Willi Lindner sechs der besten Eintrachtspieler – mit Ausnahme von Ehmer alles Nationalspieler – bei der Firma „J. & C. A. Schneider" angestellt. Das Unternehmen, das täglich bis zu 70.000 Paar Hausschuhe produzierte (in Frankfurt „Schlappe" genannt, daher auch der Begriff „Schlappekicker") und 3.000 Beschäftigte zählte, wurde von den Brüdern Fritz und Lothar Adler sowie Walter Neumann geleitet, die jüdischen Glaubens waren. Während Neumann, der im Report „75 Jahre Eintracht" als „Förderer des Vereins 1925 - 1933" bezeichnet wird, schon bald nach der nationalsozialistischen Machtergreifung nach Großbritannien emigriert war, blieben die Gebrüder Adler bis 1938 in Frankfurt. Sie wurden nach der Reichskristallnacht verhaftet und wanderten schließlich in die USA aus. Die Fabrik wurde kurz darauf „arisiert".

Ebenfalls bei „Schlappe-JCAS" angestellt war Hugo Reiss, von 1924 bis 1933 Schatzmeister der Eintracht. Auch er emigrierte 1933 nach Amerika. Entgegen bisherigen Annahmen war US-Captain Günter Reis, der vom 15. Juni bis 14. Dezember 1946 der erste „ordentliche" 1. Vorsitzende der Eintracht nach dem Zweiten Weltkrieg war, kein Verwandter von Hugo Reiss.

Auch Hugo Reiss war jüdischer Herkunft, und sein Rücktritt erfolgte alles andere als freiwillig. Im Februar 1933 wurde er in den „Vereinsnachrichten" letztmals als Schatzmeister erwähnt. In der Doppelnummer März/April 1933 der Zeitschrift war dann schon ein Bekenntnis zur neuen Reichsregierung enthalten, zugleich aber auch eine bemerkenswert mutige Würdigung der Verdienste des alten Schatzmeisters, der „nach vieljähriger aufopfernder Tätigkeit sein Amt niedergelegt" habe und dem eine „ungeheure und vorbildliche Arbeit" bescheinigt wurde. Übrigens musste der für die „Vereinsnachrichten" verantwortliche Schriftleiter, Rechtsanwalt Josef Keil, kurz nach Erscheinen dieses Artikels ebenfalls sein Amt niederlegen.

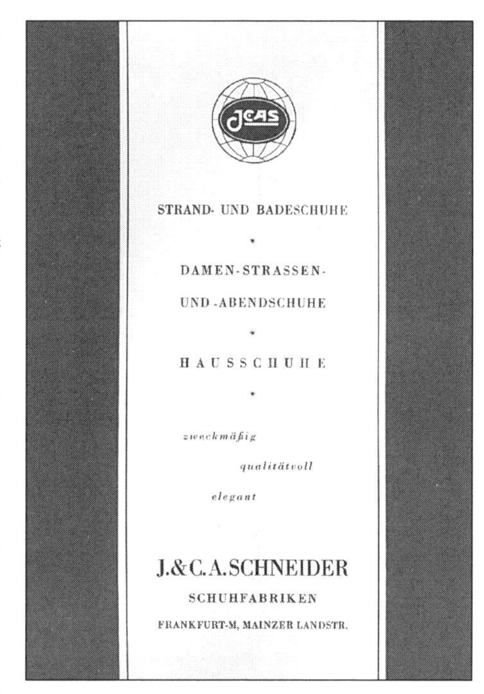

Annonce der Schuhfabriken „J. & C.A. Schneider" in der Broschüre zum 40-jährigen Bestehen der Eintracht 1939.

Am 13. März 1933 gab es in Frankfurt die ersten Boykottaktionen gegen jüdische Geschäfte, am 28. März wurden die ersten Juden aus dem öffentlichen Dienst entlassen. Im Zuge der am 7. April erlassenen Gesetze „Zur Wiederherstellung des Berufsbeamtentums" und „Über die Zulassung zur Rechtsanwaltschaft" wurde gezielt gegen jüdische Richter und Anwälte vorgegangen. Auch das Eintracht-Mitglied Dr. Paul Blüthenthal war Rechtsanwalt und betrieb mit Josef Keil eine Kanzlei in der Alten Rothofstraße 8. Als Dr. Blüthenthal Anfang April 1933 aus der Leichtathletik-Abteilung der Eintracht austrat, drückte diese ihm in einem Schreiben vom 11. April ihr Bedauern darüber aus, „dass Sie infolge der derzeitigen politischen Verhältnisse in unserem geliebten Vaterlande Ihren Austritt erklärt haben". Nachdem die Gemeinschaftskanzlei am 22. Juni 1933 aufgelöst wurde, arbeitete Dr. Blüthenthal bis 1935 als Syndikus und Wirtschaftsberater. Er wohnte noch bis 1939 in der Westendstr. 106, sein weiteres Schicksal ist nicht bekannt. Laut Auskunft des Instituts für Stadtgeschichte ist er jedoch nicht im Frankfurter Deportationsbuch aufgeführt. Von den 26.158 jüdischen Bürgern der Stadt überlebten nur knapp 100 in Frankfurt. 9.415 waren deportiert und im KZ ermordet worden. Heute zählt die jüdische Gemeinde Frankfurt mit 7.161 Mitgliedern nach Berlin (11.146), München (9.097) und Düsseldorf (7.319) zu den vier großen jüdischen Gemeinden Deutschlands.

Obwohl bis 1933 bei der Eintracht Juden an exponierter Stelle zu finden waren, gehörte der Klub zu den prominenten süddeutschen Vereinen – allesamt Teilnehmer an der Endrunde um die Süddeutsche Meisterschaft –, die am 9. April 1933 eine skandalöse Erklärung veröffentlichten: Die Vereine, so hieß es darin, stellten sich „freudig und entschieden den von der nationalen Regierung auf dem Gebiete der körperlichen Ertüchtigung verfolgten Besprechungen zur Verfügung, ... insbesondere in der Frage der Entfernung der Juden aus den Sportvereinen" („Der Kicker" vom 11. April 1933).

Ganz offensichtlich handelte es sich dabei um einen Akt vorauseilenden Gehorsams, denn erst zehn Tage später veröffentlichte der DFB eine ähnliche – und nicht einmal so weit gehende – Erklärung: „Der Vorstand des Deutschen Fussballbundes und der Vorstand der Deutschen Sportbehörde halten Angehörige der jüdischen Rasse, ebenso auch Personen, die sich in der marxistischen Bewegung herausgestellt haben, in führenden Stellungen der Landesverbände und der Vereine nicht für tragbar." („Der Kicker" vom 19. April 1933)

In einem an Herrn W. Hübener in Gießen adressierten Exemplar des „Kicker" sind einige Passagen dieser DFB-Erklärung unterstrichen („jüdische Rasse" ... „nicht für tragbar"), daneben ist mit Bleistift vermerkt: „oh weh, Eintracht!!!" – ein weiterer Beleg dafür, dass die Eintracht bei Teilen der Öffentlichkeit als „Judenklub" wahrgenommen wurde.

Nicht entziehen konnte sich die Eintracht der von oben angeordneten Gleichschaltung. Rechtsanwalt Keil wurde beauftragt, eine „gemäß den Richtlinien des Reichssportführers abgestimmte neue Satzung" auszuarbeiten. Mit der einstimmigen Annahme des Führerprinzips auf der Hauptversammlung am 21. September 1933 und der „Wahl" des bisherigen Vorsitzenden, Egon Graf von Beroldingen, zum Vereinsführer war auch die Eintracht gleichgeschaltet. „Mit einem dreifachen ‚Sieg-Heil!' auf den deutschen Sport, auf die ‚Eintracht' und auf unseren Volkskanzler Adolf Hitler" sowie dem Absingen des Deutschland- und Horst-Wessel-Liedes endete die Versammlung („Vereins-Nachrichten" vom Oktober 1933).

Werner Skrentny nennt in einem Artikel über jüdische Eintracht-Mitglieder einige Opfer der Gleichschaltung: „Vizepräsident Fritz Steffan, der Spielausschuss-Vorsitzende Heinrich Buhlmann im Fußball, Christian Kiefer in der Leichtathletik, Hans Schöning von den Boxern (der 1934 wiederkehrte) und der ‚Boxerfürst' genannte Arzt Dr. Cahen-Bracht, Weiß von der Rugby-Abteilung, genannt ‚die Ruggerer', Otto Abel im Tennis, Beitragskassierer Fritz Gehrig. Nun waren dies vermutlich nicht alles Mitglieder jüdischen Glaubens, doch mag auch ein Engagement für sozialistische, liberale, konservative Ideen und deren Parteien ausgereicht haben, um die ‚Säuberung' herbeizuführen." Von Karl „Moppel" Alt, der in der 3. Fußball-Mannschaft spielte, berichtet Skrentny, dass er seinem jüdischen Mitspieler Julius „Julle" Lehmann geholfen habe. Für dieses antifaschistische Engagement erhielt er 1995 die Johanna-Kirchner-Medaille der Stadt Frankfurt.

Beim FSV musste im April 1933 der Vorsitzende Alfred Meyers zurücktreten, wie sein Vorgänger Dr. David Rothschild jüdischen Glaubens. Meyers, Rothschild und der Schatzmeister des FSV, Siegbert Wetterhahn, konnten noch im gleichen Jahr emigrieren.

Dr. David Rothschild, ehemaliger FSV-Vorsitzender und Mäzen des Frankfurter Fußballs, musste in der NS-Zeit emigrieren.

Dass bei der Eintracht mit Graf von Beroldingen der bisherige Vorsitzende an der Vereinsspitze blieb, war kein Zufall, denn er galt schon für die Zeit vor 1933 als ein Führer, „wie ihn der neue Staat wünscht". Im Ersten Weltkrieg Kommandeur einer Fliegerstaffel, habe er „schon vor vielen Jahren der Bewegung sein Interesse [zugewandt], die nun unter dem Volkskanzler Adolf Hitler zum nationalen Aufschwung Deutschlands verhalf. Gerade seine Freundschaft mit Ministerpräsident Göring und dem Reichssportführer von Tschammer und Osten war geeignet, ihn im deutschen Sport weiterhin bahnbrechend an der Spitze zu sehen." („Der Kicker" vom 24. Oktober 1933) In der Nacht vom 20. auf den 21. Oktober starb Graf von Beroldingen nach kurzer Krankheit überraschend. Nachfolger wurde Hans Söhngen, der bereits 1931 der NSDAP beigetreten war. Pathetisch rühmten die „Vereins-Nachrichten" vom Dezember 1933, Söhngen sehe seine „Aufgabe als Führer der Sportgemeinde Eintracht im Sinne des S.A.-Mannes, der sich opferwillig und pflichtbereit unterordnet, der nicht nach Beifall und Kritik fragt, der immer mehr s e i n will als scheinen". Nach einer Affäre wegen angeblicher homosexueller Kontakte musste der 1934 zum Stadtturnrat beförderte Söhngen allerdings 1938 sein Amt niederlegen. Wegen dieser Affäre war er bereits 1937 aus der SA ausgeschlossen und ein Parteiausschlussverfahren gegen ihn eingeleitet worden.

Interessant ist in diesem Zusammenhang die Tatsache, dass der ehemalige Ligaspieler Willi Pfeiffer in Briefen an Bürgermeister Kremer und die Eintracht von einer Zumutung sprach, „in heutiger Zeit ... einen Mann als Vereinsführer anzuerkennen, den die SA, die für mich als Nationalsozialist Vorbild in allen Belangen ist, aus ihren Reihen entfernt hat" (Brief Pfeiffers an die Eintracht vom 17. Juli 1938, Institut für Stadtgeschichte). Ob Pfeiffer tatsächlich Nazi war oder nicht, bleibt unklar, denn andererseits schickte er einem alten jüdischen Vereinskameraden kurz vor dessen Ausreise nach Kuba ein mit Datum 20. 4. 1939 signiertes Foto von sich und seinem Sohn. Das Foto ist in Peter Gays Buch „My German Question – Growing Up in Nazi Berlin" abgebildet. Peter Gays Vater Moritz Fröhlich war bis zu seiner Übersiedlung nach Berlin 1922 Mitglied der Eintracht-Leichtathletik-Abteilung. Zu Pfeiffers Verhalten in der „Affäre Söhngen" merkte Peter Gay in einem Brief vom 13. Juni 2000 an: „1. [Pfeiffer] war voller Widersprüche – ein guter Nazi und loyal zu seinem alten Freund oder 2. ein Mann, der für sich entschieden hatte, um in Ruhe weiterleben zu können, vorzutäuschen, ein Nazi zu sein. Unter Berücksichtigung der menschlichen Widersprüchlichkeit ist vielleicht Nr. 1 wahr."

Nach dem Rücktritt Söhngens übernahmen mit dem ehemaligen Fußball-Nationalspieler Rudi Gramlich und dem Leichtathleten Dr. Adolf Metzner zwei überaus erfolgreiche Athleten die Führung des Vereins. Gramlich war 1937 der SS und 1940 der NSDAP beigetreten. Nach Kriegsende tauchte ihn belastendes Material auf. So soll er in Polen als Mitglied des 8. Totenkopf-Regiments der SS an einer Aktion gegen Juden beteiligt gewesen sein und später aus Prag, wo er das Amt eines Inspekteurs für Leibesübungen bekleidete, kistenweise Beutegut nach Frankfurt geschickt haben. 1947 wurde im Rahmen der Entnazifizierung in Regensburg ein Spruchkammerverfahren gegen ihn eröffnet, in dem er der Gruppe der Minderbelasteten zugeordnet und zu 10.000 Mark Sühnegeld mit zweijähriger Bewährungsfrist verurteilt wurde. („Frankfurter Rundschau" vom 1. August 1945 und 15. November 1947 sowie Matthias Thoma in einer Diplomarbeit über die Eintracht) Von Dr. Adolf Metzner ist überliefert, dass er 1940 zum SS-Obersturmführer befördert wurde („Vereins-Nachrichten" vom Oktober 1940). Da Gramlich und Metzner zu dieser Zeit bei der Wehrmacht waren, war auf einer außerordentlichen Hauptversammlung am 20. Mai 1940 Anton Gentil zum stellvertretenden Gemeinschaftsführer gewählt worden. Gentil war seit 1933 Partei-Mitglied und wurde nach dem Krieg als Mitläufer zu einer Geldstrafe von 1.000 Mark verurteilt.

Wesentlich schwieriger ist ein Urteil, wie sich die aktiven Fußballer mit den neuen Machthabern arrangierten. Matthias Thoma legte zuletzt Anfang 2006 auf einer Tagung der Schwabenakademie Irsee zum Thema „Fußball im Nationalsozialismus" dar, wie sich die NSDAP in die Jugendarbeit der Vereine einmischte und diese politisierte. Wer weiterhin Fußball spielen wollte, musste Mitglied der HJ sein und den Besuch bei deren Veranstaltungen nachweisen. Nachforschungen im Bundesarchiv in Berlin haben für die erste Mannschaft keine Ergebnisse gebracht. Horst Müller, Autor der Broschüren über die Süddeutschen Meisterschaften 1898 bis 1910, der diese Recherchen für mich durchführte, merkte dazu an, „dass die Spieler einfach nur Fußball spielen wollten" (Brief vom 22. Juli 2002). Dieses Urteil deckt sich mit den Aussagen von Zeitzeugen, die Matthias Thoma 2002/03 befragte. Im Nachhinein ist das Erinnerungsvermögen der Befragten an die Zeit im „Dritten Reich" weitgehend unpolitisch. Daher besteht hinsichtlich der braunen Vergangenheit der Eintracht noch erheblicher Forschungsbedarf. Dazu Matthias Thoma in seinem Schlusssatz: „Die Eintracht hat mit Hilfe ihrer engagierten Mitglieder die Chance, sich über die sportlichen Erfolge und Misserfolge hinaus ihrer Vergangenheit zu stellen. Sie muss diese nur nutzen." ■

1934/35 ■ Enttäuschung auf der ganzen Linie

Für die Saison 1934/35 hatte sich die Eintracht mit Stürmer Pettinger aus Magdeburg und dem Kasteler Torhüter Siebel verstärkt. Auf Grund der Vorbereitung herrschte bei Trainer Spreng vorsichtiger Optimismus: „Die Mannschaft befindet sich seit Mitte August im Training... Die zu leistende Trainingsarbeit ist aufopfernd und wird von Trainingsabend zu Trainingsabend gesteigert. Wenn ich erwähne, dass das letzte Training außer der zu leistenden Ballarbeit 12 Starts zu je 40 Meter, Steigerungsläufe, doppeltes Seilspringen, Medizinballarbeit und Hammerschwingen in sich einbezog, so wird jeder Unbeteiligte zu dem Ergebnis kommen, dass für die körperliche Verfassung der Mannschaft genügend Arbeit geleistet wird, welcher Arbeit die Spieler mit vollem Verständnis begegnen." („Vereins-Nachrichten" vom September 1934)

Doch nach dem 1:1 zum Auftakt bei Borussia Neunkirchen geriet das Spielprogramm zur Farce, zahlreiche Verlegungen benachteiligten die Eintracht deutlich. Mitte Oktober hatte sie gerade zwei Spiele absolviert (zum Vergleich: Phönix Ludwigshafen hatte bereits sieben auf dem Konto!) und stand mit nur einem Punkt an vorletzter Stelle. Nach dem 3:3 gegen den FSV am 21. Oktober rutschte sie sogar ans Tabellenende. Zu allem Überfluss handelte sich Stubb dabei wegen Reklamierens auch noch einen Platzverweis ein, so dass für das Main-Derby gegen Kickers Offenbach der Schweizer Walter Dietrich als Verteidiger reaktiviert wurde, der am 28. Oktober 1934 sein 209. und letztes Punktspiel für die Riederwälder bestritt.

Trotz des 2:1-Sieges über den Titelverteidiger tat sich die Eintracht schwer, die hinteren Tabellenregionen zu verlassen. Zum einen sammelten auch die direkten „Rivalen" eifrig Punkte, da 1935 erneut drei Vereine absteigen mussten, zum anderen war die Auswärtsform nicht gerade dazu angetan, den Punktestand zu verbessern. Lediglich sechs Punkte wurden auf Reisen gewonnen, den ersten und einzigen Auswärtssieg gab es erst am 10. März 1935 beim späteren Absteiger Sportfreunde Saarbrücken.

Negativer Höhepunkt war das Spiel bei den Offenbacher Kickers am 6. Januar 1935. Nachdem das Schiedsrichter-Gespann zwei Tätlichkeiten gegen die Eintrachtler Boßler und Möbs übersehen hatte, reklamierte Möbs beim Unparteiischen Müller aus Hanau und wurde des Feldes verwiesen. Als sich wenig später der Offenbacher Stuber nach einer harten Attacke Boßlers ein Bein brach, nahm „das Publikum gegenüber Boßler eine drohende Haltung ein", so dass „der Frankfurter unter polizeilichem Schutz vom Spielfeld geführt" werden musste. Selbst nach dem Schlusspfiff hatten sich die Gemüter noch nicht beruhigt. Beim Verlassen des Spielfeldes musste die Eintracht-Mannschaft „von Offenbacher Spielern, Offenbacher Klubmitgliedern und der Polizei" geschützt werden und anschließend „wegen der drohenden Haltung einiger aufgebrachter Zuschauer den Heimweg auf dem Umweg über Bieber - Heusenstamm antreten" („Frankfurter Zeitung" vom 7. Januar 1935).

Den Rest der Saison konnte man abhaken. Am Ende sprang nur ein siebter Rang heraus – hinter Offenbach, dem FSV und Union Niederrad. Keine Spur mehr von der „Macht am Main". Auch das Engagement im neuen deutschen Vereins-Pokal, nach seinem Stifter „Tschammer-Pokal" genannt, war kurz. Gegen den Bezirksliga-Meister Opel Rüsselsheim zog die Eintracht vor eigenem Publikum mit 1:3 den Kürzeren. Dass dennoch Substanz in der Mannschaft steckte, bewiesen einige recht erfreuliche Auftritte in Freundschaftsspielen. So schrieb der „Fußball" nach dem 1:0 über Bayernmeister SpVgg Fürth: „Wenn die Eintracht ernst macht... Eins dürfte klar geworden sein: die Eintracht passt nicht in einen Gau XIII mit primitiver Spielart. Hier geht sie zugrunde. Erst bei großen Gegnern, wie Fürth, taut die Elf auf." („Fußball" vom 2. April 1935) Worte, die sich in den kommenden Jahren mehrfach wiederholen sollten. Die „launische Diva" reifte heran.

Auch in der Führungsetage wurde die Diskrepanz zwischen dem vorhandenen Potenzial und den Ergebnissen auf dem Platz erkannt. Trainer Willi Spreng wurde Ende Mai wieder von Paul Oßwald abgelöst. Eine seiner ersten Amtshandlungen war die Wiedereinführung einer Reserve-Mannschaft, in der junge Nachwuchskräfte an die „Liga" herangeführt werden sollten. Aus der Stammelf der Vorsaison schied Lindner (zu Tura Leipzig) aus, Monz, Zipp und Ehmer konnten sich keinen Stammplatz mehr sichern. Für Siebel kehrte Ludwig Schmitt nach einer Knieoperation ins Tor zurück, die Verteidigung wurde durch Albert Conrad vom 1. FC Kaiserslautern verstärkt, im Angriff tauchte Trumpler wieder auf, dazu kamen Josef Weigand (SV Somborn), Friedrich Groß (FG 02 Seckbach) und Adam Schmitt (Hassia Dieburg), der der neue „Mr. Eintracht" werden sollte.

1935/36 ■ Auf der Zielgeraden abgefangen

Schon in der Vorbereitung zeigte sich, dass die Eintracht auf dem richtigen Weg war. Auch der Saisonauftakt verlief viel versprechend, und nach drei Siegen fuhr die Eintracht als Spitzenreiter zum Meister Phönix Ludwigshafen. Da es bereits im Vorjahr knüppelhart zur Sache gegangen war, hatte die Eintracht vorsichtshalber Verbandsaufsicht beantragt, doch blieb bis zur 78. Minute alles ruhig. Trumpler und Möbs hatten die Frankfurter zweimal in Führung gebracht, doch Phönix konnte noch vor der Halbzeit ausgleichen. Als Lindemann die Ludwigshafener zwölf Minuten vor Schluss mit 3:2 in Führung brachte, nahm das Unheil seinen Verlauf. Kurz darauf „führte eine harte Entscheidung des Schiedsrichters zu einem Elfmeterstrafstoß gegen Frankfurt. Der Frankfurter Tormann Koch hielt Lindemanns Schuss, und Leis und Mantel suchten ihren Torhüter gegen den nachsetzenden Lindemann zu decken, und es mag sein, dass Leis dabei etwas zu derb war. Jedenfalls schlug Lindemann den Eintrachtspieler Mantel, so dass der Schiedsrichter Lindemann vom Platz weisen musste. Ehe dieser aber ging, trat er dem völlig unbeteiligten Tiefel von rückwärts, und zur gleichen Zeit wurde der Frankfurter Verteidiger Conrad von einem in das Spielfeld eingedrungenen Zuschauer derart geschlagen, dass er vom Platz getragen werden musste. Mantel und Stubb hatten das Spielfeld bereits verlassen, so dass die Frankfurter den Kampf mit acht Spielern zu

Ende führen mussten. Dass Phönix in dieser Zeit zu einem weiteren Treffer kam, war nicht weiter verwunderlich." („Frankfurter Zeitung" vom 28. Oktober 1935)

Alle Beobachter waren sich eigentlich einig, dass Phönix mit einer Platzsperre zu rechnen habe und das Spiel auf neutralem Platz zu wiederholen sei. Doch weit gefehlt: Leis (Eintracht) wurde für drei, Lindemann und Ulrich (beide Phönix) für je sechs Monate gesperrt, Stubb zu einer einer Geldstrafe verurteilt, Mantel und Conrad verwarnt. Zwar wurde der Phönix-Platz für vier Spiele gesperrt und der Klub mit einer Rüge belegt, die Spielwertung mit 4:2 für Ludwigshafen wurde jedoch bestätigt. Während Union Niederrad, Borussia Neunkirchen und Kickers Offenbach als Nutznießer jeweils zwei Punkte am grünen Tisch zugesprochen bekamen, schaute die Eintracht, die sozusagen zum falschen Zeitpunkt am falschen Ort war, in die Röhre. Zwar legte die Eintracht gegen „das unverständliche Urteil und seine Begründung" („Vereins-Nachrichten" vom Dezember 1935) Berufung beim DFB ein, außer einer Reduzierung der Sperre gegen Leis auf zwei Spiele wurde aber nichts erreicht.

Der Form der Mannschaft kam der ganze Rummel wenig zu Gute. Nach einem 0:4 in Offenbach und 0:0 in Pirmasens fiel die Eintracht auf Platz fünf zurück. Das Derby gegen den FSV (1:0) artete vor 14.000 Zuschauern im Stadion fast zu einem neuen Skandal aus. Diesmal kochten die Wogen der Erregung bei den Bornheimern über, die sich bei Trumplers Siegtor verschaukelt fühlten. Nachdem Ludwig Schmitt Mitte der 2. Halbzeit hart gegen Haderer eingestiegen war, beließ es Schiedsrichter Paulus aus Saarbrücken nämlich bei einer Ermahnung gegen den Eintracht-Torhüter. Während die FSV-Spieler noch lautstark einen Elfmeter reklamierten, nutzte Trumpler die allgemeine Verwirrung zum 1:0 für die Eintracht. Jetzt brach beim FSV-Anhang erst recht ein Sturm der Entrüstung aus, die Bornheimer Spieler bedrängten den Schiedsrichter und konnten von ihren Betreuern nur mit Mühe davon abgebracht werden, das Spiel abzubrechen.

Bei der Eintracht legte dieser Sieg neue Kräfte frei. In den nächsten acht Spielen wurden lediglich zwei Punkte abgegeben, so dass die Mannschaft nach dem 4:1 beim FV Saarbrücken am 9. Februar wieder an der Tabellenspitze stand – und das drei Spiele vor Schluss. Allerdings schienen gerade die Rivalen vom Main der Eintracht die Meisterschaft nicht zu gönnen. Das Heimspiel gegen die Offenbacher Kickers am 16. Februar artete jedenfalls zu einer wilden Treterei aus, wobei Kickers-Linksaußen Stein des Feldes verwiesen wurde. Da zudem auch Gramlich und Trumpler mit Lattenschüssen Pech hatten, kam die Mannschaft über ein 1:1 nicht hinaus.

Was besonders auffiel, war die Schadenfreude, mit der der Punktverlust der Eintracht gefeiert wurde, denn „die Lokalrivalen scheinen allen Ehrgeiz darein zu legen, den Riederwäldern den Weg zur Meisterschaft zu verbauen. Gegen diese Einstellung wäre an sich nichts zu sagen, wenn sie nur sportlichem Ehrgeiz entspränge und mit sportlichen Mitteln ausgetragen würde … Hier aber geht etwas anderes vor. Das ist nicht Härte und Kampf allein, das ist der Zerstörungswille mit allen Mitteln, die zu Gebote stehen, vor allem auch der Unerlaubten … Und die Anhänger taten nicht gut daran zu verraten, dass sie nicht Begeisterung antrieb, sondern Hass … Die fremden

Zuschauer (es waren nicht nur die Offenbacher, sondern noch viel mehr die Bornheimer) stimmten triumphierend den Sprechchor an: ‚Hi, ha, ho, Eintracht ist k.o.!'" („Fußball" vom 18. Februar 1936)

Immerhin hatte es die Eintracht noch in der Hand, in den letzten beiden Spielen gegen die direkten Verfolger Wormatia Worms und FK Pirmasens alles klar zu machen. Da die Eintracht jedoch Gramlich für das Länderspiel in Spanien (2:1 für Deutschland) abstellen musste und eine Woche später das Bundespokal-Endspiel Südwest - Sachsen im Frankfurter Stadion (n.V. 2:2 vor 35.000 Zuschauern) stattfand, kam der FKP nach einem 6:0 über die Offenbacher Kickers am 15. März als Tabellenführer an den Riederwald. Vor 20.000 Zuschauern hätte den Pfälzern bereits ein 0:0 zum Gewinn der Gaumeisterschaft gereicht. Die Rechnung schien auch lange aufzugehen, Torhüter Schaumberger hatte sogar einen Elfmeter meistern können. Doch die Eintracht setzte ab der 70. Minute auf bedingungslose Offensive und beorderte Mittelläufer Tiefel in die vorderste Spitze. Der Mut zum Risiko wurde schließlich zwei Minuten vor Schluss belohnt: Tiefel erzielte das Tor des Tages! Der FKP war damit so gut wie aus dem Rennen, und da Worms zur gleichen Stunde die Offenbacher schlug, stand das nächste Endspiel bevor.

Das Interesse an diesem Spiel war riesengroß. Durch Errichtung einer Nottribüne und Aufbau von 5.000 Sitzplätzen auf der Laufbahn wurde das Fassungsvermögen des Wormser Stadions auf 12-15.000 erweitert. Aus Frankfurt rollte ein Sonderzug heran, insgesamt waren etwa 4.000 Eintracht-Anhänger in die Nibelungenstadt gereist. Die Ausgangslage war klar: Worms musste gewinnen, der Eintracht hätte wegen des besseren Torverhältnisses gegenüber Pirmasens bereits ein 0:0 oder 1:1 gereicht. Nur bei einem Remis von 2:2 und höher wäre Pirmasens der lachende Dritte gewesen. Das Konzept der Eintracht schien auch aufzugehen, Halbzeit 0:0. Nach dem Wechsel stand das Spiel auf des Messers Schneide – bis zur 61. Minute. Ein harmlos vor das Eintracht-Tor geschlagener Ball schien eine sichere Beute von Schmitt zu werden, doch Verteidiger Conrad schlug ohne ersichtlichen Grund den Ball weg – genau vor die Füße eines Wormser Spielers, der so verdutzt war, dass er statt des leeren Tores nur die Latte traf. Den Abpraller setzte Winkler in die Maschen. Von diesem Schock erholte sich die Eintracht nicht mehr. Fünf Minuten später markierte Eckert das 2:0, und als dem Unglücksraben Conrad auch noch ein Eigentor unterlief, war das Rennen gelaufen. 4:1 hieß es am Ende, wodurch die Eintracht sogar noch an die dritte Stelle abrutschte.

Auch im Tschammer-Pokal gab es ein unrühmliches Ende: Gegen den unterklassigen SV Flörsheim kam in der 3. Runde auf Gauebene auf eigenem Platz das Aus (1:2). Ein weiteres Unglück ereignete sich in den frühen Morgenstunden des 19. Juli 1936, als die Haupttribüne am Riederwald bis auf die Grundmauern abbrannte. Selbst vier Löschzüge der Feuerwehr konnten nichts mehr retten. Mit dem Neubau wurde der ehemalige Ligaspieler Walter Dietrich beauftragt.

Annonce im Programmheft zur Tribünenweihe am 5. September 1937.

Die alte Tribüne am Riederwald – und was nach dem Brand 1936 von ihr blieb.

1936/37 ■ Erneut an Wormatia Worms gescheitert

Auch das Gesicht der Mannschaft änderte sich. Conrad ging zum VfR Mannheim, Trumpler hörte auf, und auch der 31-jährige Leis sollte nur noch ein Punktspiel für die Eintracht bestreiten. Besonders bitter war jedoch der Verlust von Nationalspieler Willi Tiefel, den es zum Berliner SV 92 gezogen hatte – oder besser: der gezogen worden war. Tiefel arbeitete beim „DeFaKa" (Deutsches Familien-Kaufhaus, seit 1934 Bezeichnung des „arisierten" Kaufhauses Wronker) auf der Zeil. Da einige Vorstandsherren in der Berliner Zentrale Mäzene des BSV 92 waren, wurde Tiefel nach Berlin versetzt. Bis 1940 spielte Tiefel für den BSV 92, anschließend beim Brandenburger SC 05, bevor er im September 1941 an der Ostfront fiel.

Kompensiert wurden die Abgänge mit Spielern aus den eigenen Reihen. Der Start in die neue Saison ging gehörig daneben. Mit einer 0:4-Schlappe kehrte man vom Aufsteiger SV Wiesbaden zurück, und auch in den nächsten Wochen zeigte sich die Eintracht unbeständig. In Worms bekam sie von Meister Wormatia mit 5:1 das Fell über die Ohren gezogen. Hinzu kam großes Verletzungspech. Im Derby gegen den FSV (3:2) zog sich Gramlich eine schwere Knieverletzung zu und fiel bis Saisonende aus. Für ihn rückte Dr. Paul Hermann, der im November 1936 aus Stuttgart-Feuerbach an den Riederwald gekommen war, in die Läuferreihe. Da auch der aus Fulda geholte Rechtsaußen Karl Röll spielberechtigt wurde und sich die Gebrüder Hemmerich in den Kreis der Liga-Mannschaft spielten, entspannte sich die Personallage jedoch etwas.

Das Derby gegen den FSV am 25. Oktober (3:2) wurde zum Wendepunkt. „Weniger der Sieg, als das schöne Spiel hoben das Selbstvertrauen von Spielern und Anhängern mächtig", hieß es in den „Vereins-Nachrichten". Nach vier Siegen in Folge stand man punktgleich mit Tabellenführer Kickers Offenbach auf Platz zwei. Selbstbewusst fuhr man zum Tabellenletzten Sportfreunde Saarbrücken, der erst drei Punkte auf dem Konto, hatte. Mit 2:4 gab es jedoch eine unerwartete Niederlage. Dennoch blieb die Eintracht vorne dran und war für den Schlager am 31. Januar 1937 gegen Wormatia Worms gerüstet. 15.000 Zuschauer mussten jedoch nach 55 Minuten beim Stand von 2:2 vorzeitig den Heimweg antreten, da die Gesundheit der Spieler auf dem schneebedeckten und darunter seifenglatten Platz gefährdet war. Als das Spiel am 7. März wiederholt wurde, lag Wormatia mit 24:8 Punkten knapp vor der Eintracht (23:9).

Diesmal waren 17.000 Zuschauer an den Bornheimer Hang gekommen, davon rund 1.500 aus Worms, die ihre Mannschaft zur Pause mit 1:0 in Führung sahen. Die Eintracht wirkte übernervös und nicht in der Lage, das Blatt noch einmal zu wenden. Sogar das Ausgleichstor musste ein Wormser erzielen (Eigentor Winkler). Das sagt eigentlich alles. Obwohl die Lage nach diesem Punktverlust fast aussichtslos schien, zeigte die Eintracht-Mannschaft noch einmal Charakter und siegte am letzten Spieltag mit 2:0 bei den Offenbacher Kickers. Fast hätte es noch zur Sensation gereicht, doch die Wormser holten sich mit einem 0:0 in Pirmasens den noch fehlenden Punkt zur Titelverteidigung.

Der Zieleinlauf hätte knapper nicht ausfallen können. Bei Punktegleichstand (26:10) entschied das bessere Torverhältnis (48:23 gegenüber 48:31) für die Wormatia.

Im Sommer wurde eifrig an der Verstärkung der Mannschaft gebastelt. Mantel, der seit Dezember 1936 nicht mehr gespielt hatte, wurde durch Hermann Lindemann (Kickers Offenbach, vorher FSV) ersetzt. Im Sturm erkämpfte sich das erst 17-jährige Talent Albert Wirsching aus der eigenen Jugend sofort einen Stammplatz. Zwar fiel Möbs nach einer Beinoperation bis Ende März 1938 aus, dafür stand Rudi Gramlich nach seiner Knieverletzung wieder zur Verfügung. Weitere Neuzugänge waren Mittelstürmer Emil Arheilger und Linksaußen Fritz Linken, die ab November spielberechtigt waren.

Im Sommer 1937 stand die Eintracht erstmals in der Schlussrunde des Tschammer-Pokals. Doch wie neun Jahre zuvor bei der Premiere in der „Deutschen" erwies sich die SpVgg Sülz 07 als zu stark und siegte mit 2:0. Allerdings musste die Eintracht auf Röll, Lindemann und Knapp verzichten, die in Paris mit der deutschen Studenten-Auswahl Weltmeister wurden! Am 5. September 1937 ging die einjährige „Diaspora" am Bornheimer Hang zu Ende. Mit einem Freundschaftsspiel gegen Fortuna Düsseldorf (1:5) wurde die neue Haupttribüne vor 10.000 Besuchern eingeweiht. Mit dem Tribünenbau war der Verein an die Grenze seiner finanziellen Möglichkeiten gegangen. Da von der Bausumme in Höhe von 66.000 Mark nur 36.000 Mark aus eigenen Mitteln aufgebracht werden konnten, hatte die Stadt Frankfurt der Eintracht im März 1937 ein Darlehen über den Fehlbetrag von 30.000 Mark bewilligt, das in Monatsraten zu 500 Mark zurückzuzahlen war.

1937/38 ■ Im dritten Anlauf endlich Gaumeister

In der neuen Gauliga-Saison kämpfte sich die Eintracht rasch an die Tabellenspitze. Im Derby gegen den FSV wurde vor 20.000 Zuschauern am Riederwald zwar eine 2:0-Führung verspielt (Ende 2:2), doch 14 Tage später wurde der alte Rivale Wormatia Worms mit 4:0 nach Hause geschickt und beim SV Wiesbaden zwei weitere Punkte eingefahren (1:0). Für das Duell mit dem Zweiten Borussia Neunkirchen wurde folglich Rekordbesuch erwartet. Da im Saargebiet jedoch die Maul- und Klauenseuche ausgebrochen war, wurden sämtliche für den 31. Oktober angesetzten Meisterschaftsspiele verschoben.

Die einwöchige Pause brachte die Mannschaft jedoch aus dem Tritt. Einen Fehler von Torhüter Gorka nutzten die Borussen zum Führungstor. Zwar erspielte sich die Eintracht in der zweiten Halbzeit eine deutliche Überlegenheit, doch mehr als der Ausgleich durch Wirsching gelang nicht. Danach kam es wegen der Maul- und Klauenseuche erneut zu einer längeren Spielpause. Als es am 12. Dezember mit einem 5:3-Heimsieg über den FV Saarbrücken weiterging, stand mit Peuttler ein neuer Torhüter im Eintracht-Gehäuse. Die in diesem Spiel aufgebotene Mannschaft war:

► Alois Peuttler – Friedrich Groß, Hans Stubb – Rudi Gramlich, Gottfried Fürbeth, Hermann Lindemann – Karl Röll, Albert Wirsching, Emil Arheilger, Adam Schmitt, Fritz Linken.

Die Einweihung der neuen Tribüne am Riederwald, 5. September 1937.

Diese Elf sollte bis zum Saisonende fast unverändert durchspielen. Lediglich Ehmer und Möbs, der im letzten Spiel beim FV Saarbrücken sein Comeback feierte, wurden noch eingesetzt. Mit einem 3:0 über den FK Pirmasens übernahm die Eintracht eine Woche später wieder die Tabellenführung und holte bis zum 20. März 26:6 Punkte. In diesem Zeitraum gab es lediglich zwei Niederlagen, 2:4 bei den Offenbacher Kickers und 0:2 bei Wormatia Worms. Dabei hatte es am 2. Januar 1938 am Bieberer Berg lange Zeit nach einem weiteren Eintracht-Sieg ausgesehen. Zur Pause lagen die Gäste vom Riederwald verdient mit 2:0 in Führung. „Es sah gar nicht aus wie ein Punktekampf, es war eher ein Trainingsspiel. Die Kickers wirkten völlig verwirrt. Eintracht spielte gelassen und mit einer selbstverständlichen Reife. Sie war schneller am Ball, sie köpfte besser, sie spielte auch sonst mit Kopf, sie dominierte … Die Raketen zischten und die Zuschauer freuten sich an ihrem Zauber. […] Die Frankfurter saßen fröhlich auf der Tribüne und standen schmunzelnd mitten unter den Offenbachern … Alles schien gut zu laufen… Aber bald nach Wiederbeginn … änderten [die Kickers] ihr System … Es gab nur eine Parole: Angriff! Unter diesem begann das Eintrachtgebäude langsam zu erzittern … Und während Eintrachts Nerven zerrissen wie dünne Drähte, spielte sich Offenbach in den Wirbel seiner Wunderform hinein. […] Wir erlebten eine Sensation. Die Eintracht verlor ein Spiel, das offenbar nicht mehr zu verlieren war … Vielhundert Wagen mit traurigen Insassen, vollgepfropfte Omnibusse rollten nach Frankfurt zurück. Ihre Insassen hörten, fassungslos vor Glück, dass auch der Mitrivale Neunkirchen verloren hatte. Plötzlich blühte wieder ein Hoffnungsreis. Zaghaft, aber doch.“ („Der Kicker“ vom 4. Januar 1938)

Dass sich im Verlauf einer Saison jedoch Glück und Pech ausgleichen, zeigte sich zwei Wochen nach dem Offenbacher Debakel im Derby am Bornheimer Hang. 2:1 führte der FSV gegen eine Eintracht, die nur schwer ihr Spiel fand. Nachdem Wirsching in der 65. Minute den Ausgleich erzielt hatte, fiel die Entscheidung innerhalb von nur drei Minuten: 2:3 Wirsching (78.), 2:4, 2:5 Arheilger (79., 80.). Zwei Minuten vor Schluss machte Röll das halbe Dutzend voll.

Bereits in ihrem vorletzten Spiel am 20. März in Neunkirchen hätte die Eintracht alles klarmachen können, denn sie lag mit 26:6 Punkten knapp vor den Borussen (25:9). Die Neunkirchener aber kämpften um ihre letzte Chance – und nutzten sie. Mit 0:3 erlebten die Riederwälder ein ähnliches Debakel wie Anfang des Jahres in Offenbach. Damit übernahmen die Saarländer die Tabellenführung, mussten aber tatenlos zusehen, wie die Eintracht am 27. März 1938 beim FV Saarbrücken ihr Meisterschaftsstück machte. Weder 2.000 Borussen-Fans, die mit einem Sonderzug angereist waren, noch die frühe Führung des FVS nach nur drei Minuten konnten die Frankfurter Mannschaft aus der Bahn bringen. Wirsching und Linken sorgten noch vor der Pause für die Führung. Auch nach dem zwischenzeitlichen Ausgleich zum 2:2 kam keine Panik auf, schließlich hätte selbst ein 4:4 noch gereicht. In der Schlussphase erzielten erneut Linken und Wirsching die Treffer Nr. drei und vier. Die Eintracht war Meister der Gauliga Südwest, ihr erster Titel seit 1932.

Bereits am folgenden Wochenende stand das erste Gruppenspiel der Deutschen Meisterschaft bei der Soldatenelf von Yorck Boyen Insterburg auf dem Programm. Die Ostpreußen hatten nie den Hauch einer Chance und unterlagen mit 1:5. Auch beim Stettiner SC hieß es nach 62 Minuten bereits 6:2 für die Eintracht, der SSC ließ aber nicht locker und kam noch auf 5:6 heran. Da die fünf Gegentore einem Punktverlust gleichkamen, musste im nächsten Spiel beim Hamburger SV mindestens ein Punkt geholt werden. Doch just als es um die Wurst ging, war die Eintracht in der Krise. Auf der Rückreise von Stettin kassierte die Mannschaft bei einem Turnier in Berlin erneut acht Gegentore. Besonders Torhüter Peuttler stand in der Kritik. Der Vorstand reagierte auf das permanente Torhüterproblem und gab Anfang April die Verpflichtung des Rot-Weiss-Keepers Hans Fischer bekannt. Gegen den HSV musste aber Ludwig Schmitt in den Kasten, der seit elf Monaten kein Pflichtspiel mehr bestritten hatte. Vor 25.000 Zuschauern auf dem Victoria-Platz begann die Eintracht zwar technisch sehr versiert, geriet aber bereits nach zehn Minuten in Rückstand und musste bald alle Hoffnungen begraben. 0:3 hieß es nach 45, 0:5 nach 90 Minuten. Mit zwei 5:0-Siegen gegen Stettin und Insterburg wurden

„Frankfurter Tribut": Karikatur im „Kicker" vom 26. April 1938 nach dem 0:5 beim Hamburger SV.

zwar die theoretischen Chancen auf den Gruppensieg gewahrt, die angesichts des Torverhältnisses (HSV 19:2, Eintracht 21:11) aber deutlich gegen Null tendierten. Der Eintracht-Anhang konnte gerade zwölf Minuten träumen, dann hatte Carstens Rölls Führungstreffer aus der 4. Minute egalisiert. Immerhin gab sich die Mannschaft nie auf, steckte sogar einen Rückstand weg und ging am Ende mit 3:2 als Sieger vom Platz.

Auch im Sommer 1938 drehte sich das Personalkarussel bei der Eintracht. Neben Torhüter Fischer konnte Willi Lindner nach drei Jahren Abwesenheit (Tura Leipzig, Reichsbahn-Rot-Weiss) wieder am Riederwald begrüßt werden. Weitere Neuzugänge waren August Groß aus Friedrichshafen, Adolf Schmidt (SpVgg Oberrad) und Ernst Künz (FC Lustenau 07), ein Mitglied des österreichischen Olympia-Teams von 1936. Seine Karriere beendet hatte Torjäger Ehmer. Außerdem deutete sich an, dass über kurz oder lang die erfahrenen Stubb (fast 32), Gramlich und Möbs (beide 30) zu ersetzen waren. Am schwersten wog jedoch der erneute Weggang von Trainer Oßwald, der zum Leiter des Stadtamtes für Leibesübungen in Frankenthal berufen worden war und fortan den dortigen VfR betreute. In dieser Situation wurde ein gravierender Fehler begangen und auf einen Trainer für 1938/39 verzichtet.

1938/39 ■ Ohne Trainer und ohne Konzept in die Krise

Zudem verschloss ein erfolgeicher Start den Blick für die Realität. Nach einem verdienten 4:2-Sieg über den Deutschen Meister Hannover 96 und einem unglücklichen 1:2 im Tschammer-Pokal gegen den TSV 1860 München stand die Eintracht nach drei (Heim-) Siegen an der Spitze der Gauliga. Auch im Derby gegen den als Geheimfavoriten eingestuften FSV schien die Eintracht zur Pause auf der Siegesstraße. Doch innerhalb von nur sieben Minuten machten die Bornheimer vor 25.000 Zuschauern im Stadion – der beste Besuch seit Jahren – aus dem 1:2 ein 4:2. Röll gelang nur noch der Anschlusstreffer zum 4:3. Jetzt begann sich das Fehlen eines Trainers erst richtig auszuwirken. Es folgte eine Zeit des Experimentierens. Einschließlich des Derbys waren 14 Spieler eingesetzt worden, bis zum Ende der Vorrunde waren es bereits 19.

Die 1:6-Niederlage vom 27. November 1938 bei den Offenbacher Kickers stürzte die Eintracht in eine der größten Krisen ihrer Vereinsgeschichte. Schon zur Halbzeit hatte es 0:5 gestanden. Im Mittelpunkt der Kritik stand wieder einmal die konzeptlose Personalpolitik: „Die Eintracht [hatte] wieder einmal eine Überraschung für das staunende Fußballpublikum bereit. Der Wunderknabe Arheilger tauchte plötzlich als Verteidiger auf. Irgend ein Mittel, die Mannschaft umzustellen, findet sich ja bei der Eintracht immer… Seit Jahren wird dort probiert. Aus den ständigen Umstellungen zeigt sich eine Planlosigkeit und Unsicherheit der Mannschaftsführung, die eine ausreichende Erklärung für die sich immer wiederholenden schweren Rückschläge ist… Bei der Eintracht befindet sich gewiss kein schlechtes Spielermaterial… Es fehlt nur noch der richtige Mann…, der daraus eine Elf bildet, der die Saison im Sommer vorbereitet und der keinerlei Unsicherheit aufkommen lässt." („Fußball" vom 29. November 1938)

Eintracht-Torhüter Fischer wehrt einen Angriff von Emrich (Kickers Offenbach) ab und sichert den 2:0-Sieg seiner Elf am Riederwald (1938).

Eintracht gegen Hannover 96 (4:2) am 21. August 1938. Von links: Fischer, Möbs, Arheilger, Fürbeth, Lindemann, Fr. Groß, Wirsching, Röll, Adam Schmitt, Gramlich, Linken. Bis auf Torhüter Fischer war es die gleiche Mannschaft, die Gaumeister wurde.

Die Krise hatte Auswirkungen bis in die höchsten Kreise: Die Vereinsführung um Hans Söhngen trat zurück und wurde bis zur nächsten Generalversammlung von Rudi Gramlich, der kurz zuvor seine aktive Laufbahn beendet hatte, und Dr. Adolf Metzner ersetzt. Auch bei der Mannschaft war eine Reaktion zu spüren. Zwar spielte sie zunächst nicht besser, hielt aber den Kontakt zur Spitze. Und als im Januar der Leichtathlet Otto Boer, der Ende der 20er Jahre bereits unter Paul Oßwald als Konditionstrainer gearbeitet hatte, das Training übernahm, zeigte auch die Formkurve wieder nach oben. Bis zum Schlager am 29. Januar in Worms hatte sich die Eintracht bis auf einen (Minus-) Punkt an den Spitzenreiter aus der Nibelungenstadt herangearbeitet. Doch wie 1936 und 1937 konnte auch 1939 die Hürde Worms nicht genommen werden. Obwohl die Mannschaft einen großen Kampf lieferte und Künz zweimal eine Wormser Führung egalisieren konnte, sorgte Kiefer in der 79. Minute für die Entscheidung zuungunsten der Eintracht. Durch ein 5:7 im letzten Spiel beim FV Saarbrücken fiel die Eintracht am Ende noch hinter den FSV auf den dritten Platz zurück.

Anlässlich des 40-jährigen Vereinsjubiläums wurden dem Publikum vier ausgesprochene Leckerbissen serviert. Als erster Jubiläumsgast stellte sich zu Ostern der Deutsche Pokalsieger Rapid Wien am Riederwald vor (der im Finale den FSV geschlagen hatte!). Der neue Mittelstürmer Edmund Adamkiewicz (zuvor Wilhelmsburger FV 09), Wirsching und Röll legten den „Ostmärkern" drei Ostereier ins Nest – 3:2 für die Eintracht. Am 14. Mai sahen 12.000 Zuschauer eine begeisternde Vorstellung des italienischen Meisters FC Bologna, der mit 6:3 siegte. Zwei Wochen später wurde Sparta Prag, als „Meister des Protektorats" angekündigt, mit 4:0 geschlagen. Zum Abschluss der Jubiläumsspiele stellte sich der AS Rom am Riederwald vor und behielt am 21. Juni mit 3:1 die Oberhand.

40 Jahre Eintracht: Die Mannschaft vom 21. Juni 1939 gegen den AS Rom. Von links Fr. Groß, Trageser, Adamkiewicz, Arheilger, Linken, Wirsching, Räll, Opper, Adam Schmitt, Adolf Schmidt, Kolb. Etwas verhalten zeigen die Spieler den „Hitler-Gruß".

Die Reichsliga als Instrument der NS-Sportpolitik

Als 1932/33 die Einführung einer professionell ausgerichteten Bundes-/Reichsliga zur Diskussion stand, war die Eintracht ein sicherer Kandidat gewesen. Die Machtergreifung der Nationalsozialisten beendete jedoch zunächst alle diesbezüglichen Überlegungen. Damit hinkte Deutschland weiterhin hinter der Entwicklung in Europa hinterher. Spanien hatte bereits 1928 seine „Liga" eingeführt, ein Jahr später folgte Italiens „Serie A". Frankreich startete 1932 seine Profiliga, und 1933 nahm die Schweizer Nationalliga ihren Betrieb auf.

Die Errichtung von 16 Gauligen war ein halbherziger Kompromiss. Zwar reduzierte sich die Anzahl der obersten Spielklassen in einigen Regionen erheblich, die Gruppenspiele zur Deutschen Meisterschaft machten jedoch deutlich, dass es vielleicht auch anders gegangen wäre, wenn man nur gewollt hätte. So aber wurde die Frage nach einer Reichsliga selbst nach dem Scheitern bei den Olympischen Spielen 1936 in Berlin (0:2 gegen Norwegen) „ohne den Amateurstandpunkt zu untergraben" als „sehr problematisch" angesehen, „wiewohl sie technisch (flugtechnisch) möglich wäre".

„Gewiss würden mit einer Nationalliga mehr hervorragende Vereinsmannschaften in Erscheinung treten, die Klasse von Schalke und Nürnberg stiege möglicherweise auf ein Dutzend an, doch der Nutzen wäre fraglich. Zwischen Hamburg - München, Düsseldorf - Dresden sind die Verkehrswege nicht länger als zwischen Marseille bis Lille oder Turin - Neapel ... Aber unsere Gauliga hat sich bewährt; selbst eine gewisse Unausgeglichenheit, wie sie sich aus der landschaftlichen Gliederung der Gaue in der Spielstärke gibt, zeitigte keine Nachteile. Der Gau ist das beste Haus für unsere erste Fußballklasse, mit der weder große Geschäfte noch Spieler-Transaktionen gemacht werden sollen." („Der Kicker" vom 20. Juli 1937)

Das frühe Scheitern bei der WM 1938 in Frankreich (gegen die Schweiz) bewirkte eine Änderung der offiziellen Sichtweise. So schrieb Dr. Friedebert Becker im Kicker vom 15. August 1939: „Auch im Sport steht über allen Interessen die n a t i o n a l e Aufgabe. So schöne Erfolge die Deutsche Nationalmannschaft auch in den letzten Jahren feierte, wer konnte leugnen, dass die Schlagkraft des großdeutschen Fußballs längst nicht seiner Macht und Größe entspricht ... Und wer unbefangen kritisch nach den Ursachen ... von Misserfolgen forschte, musste immer wieder zu der Erkenntnis kommen: Der Massenspielbetrieb lässt keine Leistungssteigerung zu ...

Warum eilt Italien von Sieg zu Sieg? [Weltmeister 1934, 1938, Olympiasieger 1936, Anm. d. Verf.] Warum ist diese einzigartige Nationalelf schier unschlagbar ...? Pozzo [der italienische Nationaltrainer, Anm. d. Verf.] hatte es in seinem weithin beachteten Interview mit unserem italienischen Korrespondenten ... ausgedrückt: Die deutsche Kraft des Fußballs verzehrt sich im schwelenden Feuer der Masse und Mittelmäßigkeit, die italienische wird immer wieder neu entzündet an dem sprühenden Funken des Kampfes der Elite!"

Starten sollte die geplante Reichsliga bereits 1940 in vier Gruppen Süd, West, Nord und Mitte-Ost. Nach den Tabellenständen des Jahres 1939 hätten die Frankfurter Vereine FSV und Eintracht in der Gruppe West mit Wormatia Worms, CSC 03 Kassel, FC Hanau 93, Hessen Bad Hersfeld, SpVgg Sülz 07, SSV Troisdorf, Tura Bonn, Fortuna Düsseldorf, Schwarz-Weiß und Rot-Weiß Essen, FC Schalke 04, VfL Bochum und Borussia Dortmund spielen sollen. Für den 26./27. August war bereits eine Tagung des Fachamtes Fußball in Bremen anberaumt, die aber aufgrund der politischen Entwicklung abgesagt werden musste. Immerhin kündigte das Fachamt noch kurz vor Kriegsausbruch an, dass die Reichsliga sofort nach Kriegsende verwirklicht werden sollte. So wurden am 21. Januar 1941 im „Kicker" Pläne für eine Reichsliga in zwei Gruppen Nord und Süd veröffentlicht. Startberechtigt sollten alle Gaumeister und -zweiten des Jahres 1939, die Kriegsmeister und -zweiten des Jahres 1941 sowie „hohe Titelinhaber, Deutsche Meister, Pokalsieger, Gruppensieger" sein. Nach diesen Überlegungen wäre die Eintracht wohl nicht mit dabei gewesen, dafür die Lokalrivalen Kickers Offenbach, FSV und Reichsbahn-Rot-Weiss Frankfurt!

Selbst als sich die militärische Niederlage immer deutlicher abzeichnete, wurde weiter von der Reichsliga geträumt. So zitierte der „Kicker-Fußball" am 12. September 1944 das „Neue Wiener Tagblatt": „Nach dem Krieg wird ... der Weg zu einer gemeinsamen deutschen Liga gefunden werden müssen, zu einer Reichsliga, an der etwa zwanzig deutsche Spitzenvereine teilnehmen werden ... Das ist wohl noch ein Zukunftstraum, aber einer, der als der natürlichen Entwicklung entsprechend sicher in Erfüllung gehen wird."

Acht Monate später lag das Reich in Schutt und Asche. Der Traum „Reichsliga" schrumpfte zur „Bundesliga", aber er lebte weiter. Beim Startschuss 1963 waren aus dem ehemaligen Gau Südwest mit der Eintracht, dem 1. FC Kaiserslautern und 1. FC Saarbrücken (dem früheren FVS) immerhin drei Klubs dabei. ■

Fußball und totaler Krieg

Ungeachtet der im Sommer 1939 zunehmenden Spannungen zwischen den europäischen Großmächten, ging man bei der Eintracht daran, sich den Herausforderungen des neuen Spieljahres zu stellen. Schließlich sollte ja der Sprung in die neue Reichsliga geschafft werden. Um dieses Ziel zu erreichen, wurde mit dem ehemaligen Spieler Peter Szabo wieder ein richtiger Trainer verpflichtet. Der Ungar, der 1939 Ruch Chorzow zur polnischen Meisterschaft geführt hatte, fand eine Mannschaft vor, in der es im Vergleich zum Vorjahr kaum Veränderungen gegeben hatte. Nachdem durch ein 5:0 beim SV Beuel 06 erstmals die 2. Runde des Tschammer-Pokal auf Reichsebene erreicht worden war, sollte am 27. August der Start zur Gauliga-Meisterschaft 1939/40 erfolgen. Infolge der geheimen Kriegsvorbereitungen wurden aber im gesamten Reich nur zwölf Spiele ausgetragen, davon fünf im Gau Südwest. Die Eintracht kam beim in Bestbesetzung spielenden SV Wiesbaden ohne Röll, Linken (beide bei der Wehrmacht) und Verteidiger Groß zu einem 1:1. Nach dem deutschen Angriff auf Polen am 1. September wurde die Meisterschaft jedoch abgebrochen und durch Stadtmeisterschaften ersetzt.

1939/40 ■ Der Kriegsbeginn wirft alle Planungen über den Haufen

In Frankfurt sollten die Gauligisten Eintracht, FSV und Reichsbahn-Rot-Weiss mit mehreren unterklassigen Vereinen eine Kriegsrunde absolvieren. Besonders die großen Vereine waren von dieser Idee wenig begeistert. Auch die Offenbacher Kickers, die es nur mit unterklassigen Gegnern zu tun hatten, hätten lieber mit den drei Frankfurter Topvereinen, dem FC Hanau 93, Opel Rüsselsheim und dem SV Wiesbaden gespielt, weil dies „einmal spielerischen Nutzen bringen und zum anderen auch in finanzieller Hinsicht ertragreich sein" würde („Der Kicker" vom 19. September 1939). Doch Eigeninitiative war nicht gefragt in diesen Tagen. So startete die Eintracht mit einem 10:1 bei der BSG IG Farben in die Stadtrunde, in der in sechs Spielen nur ein Punkt abgegeben wurde (1:1 gegen den FSV). Da Reichsbahn-Rot-Weiss bei Germania 94 (1:3) und der FSV beim VfL Rödelheim (2:5) patzten, wurde die Eintracht Mitte November vorzeitig zum Sieger erklärt.

Mit dem Pokalspiel gegen den SV Waldhof stand am 19. November das erste überregionale Spiel auf dem Programm. Ohne Mittelstürmer Adamkiewicz, der im Oktober zum Hamburger SV gewechselt war, und ohne Kolb, Lindemann, Arheilger, Adam Schmitt und Röll unterlag die Eintracht vor nur 1.500 Zuschauern den Mannheimer Vorstädtern unglücklich mit 0:1 nach Verlängerung. Eine Woche später erfolgte der Startschuss zur „Kriegsmeisterschaft der Gauklasse". Für diese wurde der Gau Südwest in die Gruppen Mainhessen und Saarpfalz geteilt. Die Gruppe Mainhessen war bis auf den FC Hanau 93 (dafür Union Niederrad) mit jener Liga identisch, die viele bereits als Kriegsrunde hatten sehen wollen. Der Start fiel im wahrsten Sinne des Wortes ins Wasser, denn am 26. November 1939 konnte wegen des schlechten Wetters keines der angesetzten Spiele stattfinden. Da die meisten Spieler zur Wehrmacht eingezogen worden waren, so auch Kolb und Adolf Schmidt, kamen die „Gastspieler“ in Mode. Um den Spielbetrieb aufrechtzuerhalten, durften die Vereine am Ort stationierte Soldaten einsetzen. Als Erstes verstärkte der Karlsruher Johannes Herberger, ein Neffe des Reichstrainers, die Riederwälder. Nach einem 1:1 bei Union Niederrad fiel bereits im zweiten Punktspiel die Vorentscheidung im Meisterschaftsrennen. Vor 3.000 Zuschauern unterlag die Eintracht am Riederwald den Offenbacher Kickers mit 1:4. Obwohl im Derby beim FSV (1:0) erstmals Nationalspieler Alfons Moog vom VfL Köln 99 mitwirkte und im Januar mit Albert Resch vom FV Saarbrücken ein weiterer Gastspieler zur Eintracht stieß, hielten die Aufstellungssorgen an. Beim SV Wiesbaden standen am 4. Februar (0:3) mit Heyl und Wirsching nur noch zwei Spieler aus der Stammelf des Jahres 1938/39 auf dem Platz.

Was die Eintracht zu leisten imstande war, wenn sie in Bestbesetzung spielte, zeigte sie im Rückspiel auf dem Bieberer Berg. Mit Adam Schmitt, Friedrich Groß, Künz und Kolb brachte sie den Offenbachern die einzige Saisonniederlage bei. Nachdem Wirsching in der 67. Minute das goldene Tor erzielt hatte, meisterte Torhüter Fischer kurz danach sogar einen Handelfmeter von Novotny. In dieser Phase gingen Eintracht und FSV dazu über, ihre Spiele als Doppelveranstaltungen auszutragen, was sich sofort in höheren Zuschauerzahlen niederschlug. Zum Derby am 10. März kamen 10.000 Fans an den Riederwald – die erste fünfstellige Zuschauerzahl in einem Meisterschaftsspiel seit dem 23. Oktober 1938 (7:1 gegen FV Saarbrücken). Sie sahen eine entfesselt aufspielende Eintracht-Mannschaft, die nach 29 Minuten bereits mit 3:0 in Führung lag. Zwar konnte der FSV noch auf 2:3 verkürzen – die Eintracht baute ihre Siegesserie jedoch weiter aus. Nach 12:0 Punkten in Folge schauten die Fußball-Fans am Main gebannt auf eine weitere Doppelveranstaltung am 24. März, in der sich am Riederwald die Eintracht und der SV Wiesbaden sowie Kickers Offenbach und Union Niederrad gegenüberstanden.

5.000 Zuschauer sahen zunächst einen Sieben-Tore-Krimi, durch den die Eintracht mit 4:3 an die Tabellenspitze vorstieß. 90 Minuten später waren wieder die Offenbacher in Front (1:0) und damit so gut wie Meister – es sei denn, die Kickers würden ihr letztes Spiel beim FSV mit 0:15 verlieren. Mit einem 6:2 am Bornheimer Hang sicherten sich die Offenbacher jedoch den Gruppensieg. Bei der Eintracht war man wegen der widrigen Umstände im ersten Kriegsjahr – in den zwölf Meisterschaftsspielen waren 28 Spieler eingesetzt worden und nur Wirsching war in allen dabei – mit dem zweiten Platz nicht unzufrieden.

Auch während der „Blitzkriege“ im Westen am April 1940 wurde mit allen Mitteln versucht, den Spielbetrieb aufrechtzuerhalten, obwohl die meisten Aktiven ihr Trikot mit der Uniform getauscht hatten. Von der Eintracht waren zu diesem Zeitpunkt 13 eigene und fünf Gastspieler bei der Wehrmacht. Trainer Szabo war so gezwungen,

Nachwuchskräften eine Chance zu geben. Zu den Entdeckungen des ersten Kriegsjahres gehörte der 18-jährige Werner Heilig, der über 400 Spiele für die erste Mannschaft bestreiten sollte. Doch nicht nur auf dem Rasen, auch auf den Rängen machte sich der „Männermangel" bemerkbar. So lockten zwei parallel stattfindende Spiele (Eintracht - FC Hanau 93 5:2 und FSV - Borussia Fulda 3:1) am 14. April 1940 zusammen nur rund 500 Zuschauer an. Am 4. Juni erlebte die Frankfurter Bevölkerung den ersten alliierten Fliegerangriff auf die Stadt. Wegen des Frankreich-Feldzuges wurde praktisch den ganzen Sommer ohne Pause durchgespielt. Am 14. Juli sahen 30.000 Zuschauer im Frankfurter Stadion gegen Rumänien (9:3) das Länderspieldebüt von Fritz Walter und Alfons Moogs erstes Länderspiel als Eintracht-Gastspieler.

1940/41 ■ Der Kölner Alfons Moog als Aushängeschild

Die erste große Bewährungsprobe der Spielzeit 1940/41 war das Tschammer-Pokalspiel gegen Westfalia Herne am 18. August, das mit Mühe 3:2 gewonnen wurde. Durch ein 2:0 bei Rot-Weiß Essen wurde zum ersten Mal das Achtelfinale erreicht, in dem es eine unglückliche Niederlage gegen Fortuna Düsseldorf gab. Im Lager der Eintracht haderte man insbesondere mit Schiedsrichter Bernhard aus Bad Homburg, der der Eintracht

Tschammer-Pokal 1940: Eintracht - Westfalia Herne (3:2). Adolf Schmidt (rechts) erzielt den Siegtreffer in der letzten Spielminute. Nicklas (Herne) und Wirsching schauen gebannt zu.

bei einer 2:1-Führung zwei glasklare Elfmeter verweigerte. Statt auf 3:1 oder 4:1 davonzuziehen, mussten die Riederwälder in der 77. Minute den Ausgleich durch Kobierski hinnehmen. Fünf Minuten später erzielte Pickart den Siegtreffer für die Düsseldorfer Mannschaft, „die mit Recht ‚Fortuna' heißt, denn so viel Glück gibt es fast nicht" („Vereins-Nachrichten" vom Oktober 1940). In diesem Spiel wirkte erstmals Nationalspieler Erwin Schädler vom Ulmer FV 94 als Gastspieler mit.

Der Start in die Meisterschaft erfolgte am 15. September, wegen diverser Abstellungen für die Stadt- und Bereichsauswahlen (die Gauliga hieß seit Sommer 1940 „Bereichsklasse") hatte die Eintracht erst drei Spiele absolviert, während andere Vereine bereits die Vorrunde (sieben Spiele) beendet hatten. Ab November musste die Eintracht dann auch ihren Trainer Peter Szabo mit dem Ligakonkurrenten Reichsbahn-Rot-Weiss teilen. Angesichts dieser personellen Probleme war bei den jeweils in Bestbesetzung spielenden Offenbacher Kickers (2:5) und bei Reichsbahn-Rot-Weiss (1:2) kein Blumentopf zu gewinnen. Mit 9:5 Punkten nach Ende der Vorrunde waren die Meisterschaftschancen bereits auf ein Minimum gesunken. Am Ende betrug der Vorsprung der Kickers (27:1 Punkte) sieben Zähler auf Reichsbahn-Rot-Weiss und gar zehn auf die Eintracht.

Zu den Leistungsträgern der zweiten Kriegsmeisterschaft gehörte Nationalspieler Alfons Moog, der während seiner Frankfurter Zeit sechsmal das Trikot der Nationalmannschaft trug, nach Abschluss der Punktspiele aber wieder zu seinem Stammverein VfL 99 Köln zurückkehrte. Auf dem Sprung in die Nationalmannschaft standen auch Ludwig Kolb, der am 9. März 1941 in Stuttgart gegen die Schweiz (4:2) als Ersatzmann im Kader stand, sowie Heilig und Wirsching, die kurz darauf zu einem Sichtungslehrgang nach Berlin eingeladen wurden. Dafür blamierte man sich in den Spielen der Frankfurter Stadtrunde gegen meist unterklassige Gegner bis auf die Knochen. Auch im Tschammer-Pokal war bereits auf Bereichsebene Endstation. Während am 22. Juni mit dem „Unternehmen Barbarossa" der Feldzug gegen die UdSSR begann, unterlag die Eintracht am Bornheimer Hang dem SV Waldhof mit 1:6.

1941/42 ■ Die alten Haudegen müssen wieder ran

Immer stärker machte sich der Krieg bemerkbar. Mit der Mai-Ausgabe musste die Eintracht wie alle anderen Klubs in Deutschland ihre „Vereins-Nachrichten" aus „wehrwirtschaftlichen Gründen" und „vorübergehend" einstellen. Beim Pokalspiel gegen den FSV (2:0) wurde am 25. Mai auch Trainer Peter Szabo verabschiedet, der zu den Bornheimern wechselte. Für ihn übernahm Willi Lindner ehrenamtlich das Training am Riederwald. Kriegsbedingt kam es Anfang Juli 1941 auch zu einer Erweiterung der Gaugrenzen Richtung Norden. Um die wachsende Zahl der Einberufungen in die Wehrmacht einigermaßen zu kompensieren, wurden im Sommer 1941 die alten Haudegen Hermann Lindemann (31), Hans Stubb und Theodor Trumpler (beide 34) reaktiviert. Auch Alfons Moog kehrte noch einmal kurz nach Frankfurt zurück und zählte zu den Stützen der Mannschaft, die Vizemeister FC Schalke 04 am 26. Juli ein 1:1

Nie waren sie wertvoller: Im Sommer 1941 kehrten Hermann Lindemann (31, links), Hans Stubb und Theodor Trumpler (beide 34) in die Liga-Mannschaft der Eintracht zurück.

abtrotzte. Nachdem Frankfurt zuvor drei Tage nacheinander von Nachtangriffen heimgesucht worden war, bot das Spiel den 6.000 Zuschauern eine willkommene Abwechslung und nährte Hoffnungen auf ein besseres Abschneiden in der Meisterschaft, zumal wenig später ein weiteres 1:1 bei Meister Kickers Offenbach erzielt werden konnte.

Die Meisterschaftsspiele verloren zunehmend an sportlichem Wert; die Resultate waren oft Zufallsprodukte, weil kaum eine Mannschaft in normaler Besetzung antreten konnte. Entsprechend krass fielen die Ergebnisse oft aus: Einer 1:6-Niederlage gegen Kickers Offenbach folgten Kantersiege gegen den TSV 1860 Hanau (9:1) und SV Wetzlar 05 (11:0). Die dritte Kriegsmeisterschaft geriet vollends zur Farce, als ab 25. Januar 1942 Sportveranstaltungen, bei denen mehr als 50 km in einer Richtung zu reisen war, auf Anordnung des Reichssportführers auf einen späteren Zeitpunkt verschoben wurden, da die Verkehrsmittel für Transporte an die Ostfront benötigt wurden. Erst Anfang März wurden die Restriktionen teilweise wieder aufgehoben.

Die Entscheidung um den Sieg in der Gruppe 1 fiel am 22. März auf dem Bieberer Berg. Nur mit einem Sieg hätte die Eintracht (15:3 Punkte) den Offenbachern (21:1) noch gefährlich werden können. Diesmal verkaufte sich die Eintracht besser als im Dezember. Bis zur Pause konnte die Mannschaft ein 2:2 halten und selbst nach Picards 3:2 drückte sie noch einmal gehörig auf das Kickers-Tor – allerdings vergebens. Als Zweiter wurde immerhin die Qualifikation für die eingleisige Gauliga 1942/43 geschafft. Auch im Sommer 1942 wurde praktisch wieder durchgespielt. Die Auswirkungen des Krieges machten sich jetzt allerdings immer stärker bemerkbar. Seit März wurde ein Frankfurter Gemeinschaftstraining organisiert, das von Peter Szabo geleitet wurde. Von den 27 eingesetzten Eintracht-Akteuren der Spielzeit 1941/42 waren nicht weniger als acht Gastspieler. Andere Vereine waren weniger gut dran. So konnte Union Niederrad am 7. Juni keine Mannschaft stellen, so dass die Eintracht kampflos in die nächste Pokal-Runde einzog.

In der 1. Schlussrunde auf Reichsebene (4:1 gegen die SpVgg Fürth) hatte die Eintracht Glück und konnte auf die Urlauber Fischer (Tor), Kolb und Lindemann zurück-

Die Eintracht im Sommer 1942. Pokalspiel gegen den FC Schalke 04 (0:6) in Kassel. Stehend von links: Röll, During, Ackermann, Lindemann, Adam Schmitt, Friedrich Groß, Kraus, Heilig, Stubb, Lehmann. Vorn Albrecht Bechtold.

greifen. Unter Wert geschlagen wurden die Riederwälder allerdings anschließend vom FC Schalke 04. Am Ende hieß es vor 18.000 Zuschauern in Kassel 0:6, doch bis zur 75. Minute hatte der Deutsche Meister nur 1:0 geführt.

1942/43 ■ Akuter Spielermangel und Abstiegsgefahr

Im Spieljahr 1942/43 wurden die Besetzungsprobleme bei der Eintracht noch größer. Ab September stellte Willi Balles die Mannschaft auf. Insgesamt 46 Spielernamen konnten der Tagespresse für die 18 Meisterschafts- und acht Pokalspiele entnommen werden. Da einige Aufstellungen unvollständig oder gänzlich unbekannt sind, ist davon auszugehen, dass noch mehr Spieler eingesetzt wurden. Von der einstigen Stammelf spielten zeitweise auswärts: Röll (SpVgg Zeitz), Friedrich Groß (Rot-Weiß Oberhausen), Arheilger (Eintracht Braunschweig). Otto Lehmann – selbst Gastspieler vom Freiburger FC – war längere Zeit nach Minsk versetzt. Nur mit Hilfe von Gastspielern – darunter sogar zwei Holländer! – konnte überhaupt noch eine halbwegs passable Mannschaft zusammengestellt werden. Kein Wunder also, dass der Start in die Meisterschaft völlig misslang. Nach zwei Niederlagen stand die Eintracht am Tabellenende. Selbst gegen die so genannten „Kleinen“ fiel das Punkten nun schwer. So gelang gegen den SV Darmstadt 98 nach 0:2-Rückstand ein schwer erkämpfter 3:2-Sieg. Ohne Chance war die Mannschaft beim 1:4 auf dem Bieberer Berg. Erst beim Rückspiel vor 6.000 Zuschauern am Riederwald wurde die Abstiegsgefahr gebannt. Eine wie verwandelt auftretende Eintracht-Mannschaft schaffte die Sensation und drehte einen 1:2-Pausenrückstand durch Tore von

Kirchheim und Ganzmann noch zu einem verdienten 3:2-Erfolg um. Außerdem wehrte Torhüter Savelsberg beim Stand von 2:2 einen Offenbacher Elfmeter ab. Mit einem 2:0 über Reichsbahn-Rot-Weiss wurde am 21. Februar der Klassenerhalt endgültig gesichert. Letztlich wurde die Saison als Fünfter beendet, mit 16:20 gab es allerdings zum ersten Mal seit 1924/25 wieder ein negatives Punktekonto.

Im Tschammer-Pokal wurde das Endspiel auf Gauebene erreicht – und wieder hieß der Gegner Offenbacher Kickers. Erneut hatte die Eintracht große Besetzungsprobleme. So begann der linke Läufer Heilig am 8. August vor 6.000 Zuschauern im Stadion zunächst als Torhüter, spielte in der zweiten Halbzeit aber für den verletzten Feth Mittelläufer. Dafür hütete nun der linke Verteidiger Stubb das Tor. Trotzdem lieferte die Eintracht den Kickers einen großen Kampf und unterlag nur denkbar knapp mit 1:2.

1943/44 ■ Eine Katastrophe nach der anderen

Einen Tag nach dem Start in die fünfte Kriegsmeisterschaft (9:2 beim VfL Rödelheim), am 4. Oktober 1943, erlebte Frankfurt die bis dahin heftigsten Luftangriffe. Besonders schwer traf es die Stadt am Abend, als binnen zwei Stunden 4.000 Spreng- und 250.000 Brandbomben abgeworfen wurden. 529 Menschen kamen dabei ums Leben. Fast der gesamte Osten Frankfurts stand in Flammen, darunter auch der Eintracht-Sportplatz am Riederwald, der vollständig zerstört wurde. Wie schon nach dem Tribünenbrand 1936 fand die Eintracht zunächst Unterschlupf auf dem Bornheimer Hang, wo ihr am 7. November vor 3.000 Zuschauern durch Tore von Adam Schmitt (2) und Kraus ein 3:2-Sieg über Meister Kickers Offenbach gelang. Dafür wurden auswärts wertvolle Punkte verspielt. Ein 2:3 im Derby gegen den FSV bedeutete am 5. Dezember bereits das Ende aller Meisterschaftsträume.

Zu diesem Zeitpunkt hatte die Eintracht alle Hebel in Bewegung gesetzt, um auf den alten FFV-Sportplatz an der Roseggerstraße zurückzukehren, der inzwischen von der Stadt an die „KSG (Kampfsportgemeinschaft) der SA“ vermietet worden war. Da der Riederwaldplatz völlig zerstört war, wollte ihn die Stadt als Schuttabladeplatz nutzen. Bei ihrem Protest wurde die Eintracht sogar vom stellvertretenden Sportgauführer von Hessen-Nassau, SA-Standartenführer Rieke, unterstützt. Dieser schrieb am 30. November 1943 an den NSRL, dass er sich „als alter Sportler dagegen verwahre, den Eintrachtplatz als Schuttplatz zu benutzen“. Schließlich schlug Oberbürgermeister Krebs vor, den Platz an der Roseggerstraße „vorübergehend, längstens jedoch bis zur Wiederherstellung der Sportanlage am Riederwald, der Sportgemeinde ‚Eintracht‘ zur Mitbenutzung zu überlassen“. Nachdem die Standortführung der SA am 17. Dezember zugestimmt hatte, konnte die Eintracht am 2. Januar 1944 erstmals wieder auf dem „Rosegger“ spielen. Gegner war Union Niederrad, und die Eintracht – mit Ex-Nationalspieler Rudi Gramlich (35) auf halblinks – siegte 6:0. Die alte Heimat schien die Mannschaft zu beflügeln. Bis zum 12. März holte die Eintracht 7:1 Punkte und stieß auf Platz drei vor. Überschattet wurde der Aufwärtstrend durch den Tod von Nationalspieler Willi Lindner,

Durch einen Bombenangriff am 4. Oktober 1943 wurde das Stadion am Riederwald fast völlig zerstört. Unversehrt blieb lediglich die berühmte Uhr.

der an der Ostfront fiel, und von Stefan Hemmerich. Auch an der „Heimatfront" waren immer mehr Opfer zu beklagen. Bei einem schweren Luftangriff Anfang Februar 1944 kam der ehemalige Eintracht-Spieler August Möbs um Leben. Zwischen dem 18. und 24. März wurde schließlich die gesamte Frankfurter Altstadt zerstört.

Obwohl 1.814 Menschen in den Feuerstürmen umkamen und 175.000 obdachlos wurden, hielt die Parteiführung aus propagandistischen Gründen an der Fortsetzung der Fußballspiele und insbesondere der Durchführung der Deutschen Meisterschaft 1944 fest. Für die Eintracht brachte die Saison noch die höchste Niederlage der Vereinsgeschichte. Am 21. Mai 1944 kam sie bei den Offenbacher Kickers mit 0:10 unter die Räder und stand am Ende auf dem 4. Platz.

1944/45 ■ Ein Verein am Ende – Spielgemeinschaft mit dem FSV

Im Sommer 1944 zeichnete sich die militärische Niederlage Deutschlands immer deutlicher ab. Von allen Seiten rückten die Alliierten näher an die Reichsgrenzen heran. In dieser Situation wurden „im Zuge der weiteren Anpassung des deutschen Sports an die Erfordernisse der totalen Kriegführung ... die Reichsmeisterschaften und Reichsveranstaltungen eingestellt". Die „körperliche Ertüchtigung des Volkes durch den Sport" ging aber weiter („Der Kicker/Fußball" vom 15. August 1944).

In Frankfurt waren jetzt nur noch lokale Spiele möglich. Am 9. Juli wurde Hans Stubb beim 1:0 gegen Viktoria Eckenheim für sein 500. Spiel im Adler-Trikot geehrt. Zur Durchführung der Meisterschaft 1944/45 wurde der Gau Hessen-Nassau in neun Staffeln mit insgesamt 50 Mannschaften aufgeteilt. Die Eintracht sollte zusammen mit dem FFC Olympia 07, VDM Heddernheim, Viktoria Eckenheim, der SpVgg Neu-Isenburg und Reichsbahn Friedberg spielen, doch standen ihr zum Start am 1. Oktober gegen VDM Heddernheim nur sechs Akteure zur Verfügung. Im gesamten Monat Oktober trat die Eintracht nicht mehr in Aktion, und auch das Spiel am 5. November beim FFC Olympia 07 wurde vorzeitig abgesagt. An diesem Tag fand schließlich wegen eines weiteren Bombenangriffs kein einziges Spiel in Frankfurt statt. Während das Parteiblatt „Rhein-Mainische Zeitung" auf der Titelseite den „Terror" der „Luftgangster über dem Rhein-Main-Gebiet" geißelte, wurde den Lesern im Sportteil schlichtweg mitgeteilt, dass „aus technischen Gründen ... gestern der gesamte Sportbetrieb in Hessen-Nassau ruhen" musste.

Daraufhin wurde die Meisterschaft in Frankfurt abgebrochen, eine neue Staffeleinteilung vorgenommen und die Runde vollkommen neu gestartet. Dies geschah ohne Beteiligung der Eintracht, die sich „endgültig zurückzog, da sie keine Mannschaft mehr zusammenbekommt" („Frankfurter Anzeiger" vom 13. November 1944). Da auch der FSV großen Spielermangel zu beklagen hatte, bildeten die beiden Erzrivalen schließlich eine Kriegssportgemeinschaft (KSG), die am 19. November erstmals in Aktion trat. Mit sieben Bornheimern und vier Eintracht-Spielern gab es ein 2:2 gegen Viktoria Eckenheim. Obwohl der sportliche Wert der Spiele sehr gering war, nahm die Sportführung ihre Durchführung sehr ernst. So wurde über Weihnachten eine ganze Anzahl von Spielausfällen überprüft und auch der KSG FSV/Eintracht zwei Punkte „wegen unvollständigen Nichtantretens" (Behördendeutsch für „keine elf Spieler zusammenbekommen") aberkannt. Das letzte Spiel der vereinigten Bornheimer und Riederwälder Mannschaft fand am 7. Januar 1945 in Eckenheim statt; die KSG siegte 16:0. Zehn Spieler sind namentlich bekannt:

► Feist; Struth (beide FSV), Hammer; Adolf Schmidt, Lindemann, Schädler (alle Eintracht) sowie im Innensturm Kraus (Eintracht), Rückel und Schuchardt (beide FSV). Außerdem kam Horst Schmidt vom FSV zum Einsatz.

Der letzte Bericht über ein Eintracht-Spiel im „Kicker/Fußball": Eintracht - Kickers Offenbach (2:4) am 6. August 1944.

○ Kickers Offenbach und Eintracht Frankfurt lieferten sich ein sehr wechselvolles Freundschaftsspiel. Die Meisterelf hatte sich die FSV.-Spieler Feucht und Schuchardt sowie Preiß vom VfB. Offenbach „entlehnen" müssen. Novotny brachte Kickers mit 1:0 in Führung, aber Siegler glich postwendend aus. Nach dem Wechsel übernahm Eintracht durch ein Tor von Krauß zunächst zwar die Führung, aber bald übernahm Kickers das Kommando. Kaiser, Harter und Novotny sicherten durch drei Tore ihrer Elf den Sieg.

Zwischen Parolen und Wirklichkeit: Fußball im Krieg

In seiner Ausgabe vom 23. Mai 1944 bezeichnete „Der Kicker/Fußball" die Fortsetzung der Spiele um die Deutsche Fußball-Meisterschaft als Ausdruck „für den Lebenswillen und die Unbeugsamkeit des deutschen Volkes im fünften Kriegsjahr... Die Welt – auch die Feindseite – erfährt indirekt die Kraft der deutschen Heimatfront". Zu diesem Zeitpunkt nicht mehr als leere Phrasen. Schaut man sich die Tabellen der höchsten deutschen Spielklasse an, so tauchen ab 1942 vermehrt sogenannte „Kriegssportgemeinschaften" (KSG) auf: Um weiterhin am Spielbetrieb teilnehmen zu können, waren die Vereine gezwungen, sich zusammenzuschließen, da es nicht mehr genügend Spieler gab. Auch bei der Eintracht herrschte chronischer Spielermangel. Man traf sich am Samstag im Café Hauptwache und schaute, wer gerade mal auf Urlaub war und für den Sonntag zur Verfügung stand. Seit September 1942 war der Spielausschussvorsitzende Willi Balles bei der Eintracht für die Zusammenstellung der Mannschaft zuständig, beruflich Kompaniefeldwebel beim Heimatkraftfahrpark. In dieser Eigenschaft gelang es ihm immer wieder, Spieler frei zu bekommen oder ihre Rückkehr an die Front zu verzögern.

Alfred Kraus (* 1924, † 2005), Ligaspieler von 1941 bis 1952, berichtet, dass er im November 1942 in eine Marschkompanie versetzt worden war. Da sei Willi Balles mit ihm zu seinem Vorgesetzten gegangen und habe diesem erklärt, *„dass ich noch ein bisschen dableiben müsste. Er würde mich noch brauchen. Der Spieß war auch einverstanden mit der Geschichte, aber das war ein ganz Böser. Ich habe also Fußball gespielt, habe in der Auswahl Hessen gespielt gegen Mainfranken, habe da vier Tore geschossen. Die Zeitung hat einen großen Artikel geschrieben. Diesen Artikel hat dieser Mensch in mein Gesundheitsbuch gelegt. Das hatte zur Bedeutung, bei der nächsten Untersuchung wäre ich wieder kriegsverwendungsfähig geschrieben worden. Aber es gab auch freundliche Menschen, mir hat das einer verraten, der hat gesagt: ‚Pass mal auf, in deinem Buch liegt der Zeitungsartikel von den vier Toren, das kann dir also bitter aufstoßen, sieh, dass du hier die Kurve kratzt.' Das konnte ich ja leider nicht alleine, aber ich war dann bei dieser Marschkompanie beim Gerichtsoffizier als Schreiber beschäftigt. Das war ein Rechtsanwalt aus Frankfurt, der hat gesagt: ‚Für dich habe ich was Schönes. Beim Stab, beim Bataillon, suchen sie einen Schreiber für den Gerichtsoffizier. Das könntest du doch machen.' Da habe ich gesagt: ‚Aber sofort mache ich das, ganz klar.' Das war in Bonames gelegen, ich habe mich bei dem Hauptmann Kurzius damals vorgestellt, der hat gesagt: ‚Kleiner, du bist mein*

Die B-Jugend-Meistermannschaft der Eintracht 1936. Vorn von links: Wirsching, Krüger, Moritz, August Langer, May, Heider. Dahinter Otto Richter, Strutt, Karl Richter. Hinten zwei Freunde. Es fehlen Jost und Neubert.

Mann, so was haben wir gerade gesucht hier.' Da bin ich also versetzt worden, von dieser Marschkompanie nach Bonames, zur Stammkompanie. Dort selbst musste ich meinen Laufzettel machen, und der Feldwebel, der meine Papiere vor sich auf dem Tisch liegen hatte, sagte plötzlich: ,Ich muss mal raus.' Und dann habe ich auf den Tisch geschaut und da lag mein Gesundheitsbuch. Er hatte es aufgeschlagen, darin lag der Artikel aus der Zeitung, wo ich vier Tore geschossen habe. Kraus war jedes Mal rot unterstrichen und links am Rand stand geschrieben: ,Dieser Mann ist GVH. [„garnisonsverwendungsfähig Heimat", Anm. d. Verf.]' Da habe ich mir den Zeitungsartikel gegriffen, habe ihn schön in die Brusttasche gesteckt – verschwunden war er und wurde nie mehr gesehen. Aber ich habe ihn heute noch." (Zitiert nach: Matthias Thoma, Anhang zur Diplomarbeit, S. 42f.)

Auch andere Spieler hatten Glück und trafen auf „freundliche" Menschen. August Langer (*1921, †2000), Mitglied der B-Jugend-Meistermannschaft 1936, schilderte folgenden Sachverhalt: *„Ich war von November 1943 bis Februar 1944 im Lazarett in Frankfurt zur ambulanten Behandlung und konnte daheim in der Wohnung der Eltern in der Fürstenbergstr. wohnen und leben und musste nur jeden Dienstag ins Maingaukrankenhaus zur Nachuntersuchung. Wenn ich mit meinem Namen gespielt hätte und es wäre herausgekommen (so sagte mir auch Herr Balles), wäre ich sofort wieder an die Front versetzt worden, in eine Strafkompanie strafversetzt worden, denn ich wäre ja gesund gewesen. Um dem aber zu entgehen, hat mich Balles unter falschem, d. h. einem anderen Namen gemeldet und spielen lassen. Auf dem Spielbogen ist dann allerdings mein Name erschienen, aber nicht in der Zeitung und das war wichtig. Am 5.12.1943 gegen den FSV*

2:3 hatte ich auch unter falschem Namen gespielt. – Dienstag musste ich ins Maingaukrankenhaus zur Visite. Da fragte mich der untersuchende Oberstabsarzt, was ich denn am Sonntag immer unternehmen würde. Ich habe halt einiges geplappert. Er unterbrach mich und sagte mir, er sei Mitglied beim FSV und natürlich auch beim Spiel Eintracht gegen FSV gewesen. Er habe mich erkannt, ich hätte sehr gut gespielt, aber er habe mich denn doch n i c h t erkannt, denn sonst hätte er mich an die Front versetzen müssen, und das habe er nicht machen wollen. Aber in drei bis vier Wochen müsse er mich dann doch k. v.-schreiben und so war es dann auch. Ende Februar 1944 wurde ich wieder als gesund zu meiner Einheit zurückversetzt." (Brief von August Langer vom 24. März 1999 an den Autor)

August Langer gibt an, neben den drei nachgewiesenen Gauliga-Spielen zehn weitere unter falschem Namen bestritten zu haben, die aber nicht eindeutig zugeordnet werden können. Sicher nicht dabei war er am 27. Februar 1944 beim VfB Offenbach, wie der „Rhein-Mainischen Zeitung" zu entnehmen ist: „Der Eintracht fehlte diesmal eine ganze Reihe ihrer wertvollen Spieler. So vermisste man nicht nur Lindemann, Feth und Langer, also die gesamte Läuferreihe des letzten Sonntags, sondern auch Lampert. Die Mannschaft stand also mit neun Leuten da und musste sich durch einen Jugendlichen, den man in das Tor stellte, sowie einen unter den Zuschauern befindlichen verwundeten Soldaten ergänzen." („Rhein-Mainische Zeitung" vom 28. Februar 1944)

Zweifacher Torschütze beim 2:2 war übrigens der oben zitierte Mittelstürmer Alfred Kraus. Schließlich ging gar nichts mehr, und im November 1944 musste auch die Eintracht eine Spielgemeinschaft mit dem FSV eingehen. Das letzte Fußballspiel in der Stadt fand am 4. März statt. Dreieinhalb Wochen später, am 29. März 1945, wurde Frankfurt durch amerikanische Truppen eingenommen. Der Krieg war endlich zu Ende. ■

Eintracht in aller Welt

Heimatlos

Als am Morgen des 29. März 1945 Soldaten der 5. US-Division nach Frankfurt einrückten, hatte sich die Einwohnerzahl der Stadt, vor dem Krieg rund 550.000, auf etwa 270.000 reduziert. Über die Hälfte des Wohnraums war zerstört. 4.822 Frankfurter waren im Bombenkrieg umgekommen, 12.701 als Soldaten an der Front gefallen. Obwohl die Stadt zu 85 % zerstört war, ging der Wiederaufbau recht zügig voran. Ende Mai waren zwei Mainbrücken passierbar, und die Straßenbahn verkehrte wieder. Anfang Juni nahm Radio Frankfurt seinen Betrieb wieder auf, am 21. Juni wurde der erste vorläufige Eisenbahn-Fahrplan veröffentlicht. Sport war für die Überlebenden nicht das drängendste Thema: „Sportplätze am Stadtrand sind für den Anbau von Gemüse freigegeben worden", lautete am 17. Mai eine Kurzmeldung in der „Frankfurter Presse". Doch schon am 8. Juli fand in Frankfurt das erste Fußballspiel in der amerikanischen Zone statt. Auf dem Sportplatz der Adlerwerke in Niederrad besiegte der FSV Union Niederrad mit 7:1.

Doch so einfach wie nach dem Ersten Weltkrieg sollte der deutsche Sport nicht wieder zur Normalität übergehen können. Nach dem Gesetz Nr. 52 der alliierten Siegermächte waren „alle Vereine und Verbände, die von der NSDAP betreut wurden, verboten, und ihr Vermögen ... beschlagnahmt. Die Auflösung der NSRL-Vereine ist nicht nur eine formelle, sondern jede irgendwie geartete Weiterführung ist nicht statthaft." („Frankfurter Rundschau" vom 29. August 1945)

Da die Amerikaner aber relativ bald auf Selbstverwaltung auf allen Ebenen setzten, wurde im August „im Einvernehmen mit der Militärregierung Frankfurt am Main ... ein Komitee, bestehend aus Vertretern der früheren Arbeiter-, bürgerlichen und konfessionellen Sportvereine" gebildet, das die Neuorganisation des Sports vorbereiten sollte. Ende September wurde „mit Genehmigung der obersten alliierten Behörde in Deutschland und der Regierung Hessen ... ein Sportverband ins Leben gerufen, der in Gießen seinen Sitz hat. In den einzelnen Ortschaften wird jeweils nur ein Sportverein zugelassen, der sinngemäß alle Sportarten umfaßt. Der Einwohnerzahl entsprechend können in den Städten mehrere Vereine zugelassen werden." („Frankfurter Rundschau" vom 30. September 1945)

Ziel dieses Volkssportverbandes war die Überwindung der sportlichen Zersplitterung, wie sie vor 1933 bestanden hatte, und „kleinlicher Vereinsmeierei". „Der Wegfall traditionsreicher Vereinsnamen mag oft schmerzlich empfunden werden, er war notwendig... Die Frankfurter Sportler sehen in dem Begriff Sportgemeinschaft weniger einen neuen Namen als ein Programm . . ., das die Arbeiter wie die bürgerlichen und katholischen Sportler verbindet." (Otto Großmann in der „Frankfurter Rundschau" vom 22. September 1945)

Bereits am 19. August hatten im Rahmen einer Doppelveranstaltung auf dem Sportplatz an der Roseggerstraße „Sportfreunde Westend - Neu-Isenburg" (1:6) und „Bornheim (früherer FSV) - Kickers Offenbach" (2:1) gespielt. Eine Woche später kam es zum „erstmaligen Auftreten der ehemaligen Eintracht", die sich auf den Sandhöfer Wiesen gegen die SG Niederrad nach einer 3:0-Führung noch mit einem 3:3 zufrieden geben musste. Am 16. September trat die Eintracht bei den Offenbacher Kickers (1:3) erstmals unter der Bezeichnung „SG Frankfurt" an. Wie groß das Interesse am Fußball in den ersten Nachkriegsmonaten war, verdeutlicht die Ankündigung einer Zugverbindung zum nächsten Spiel bei der SG Friedberg (1:2) in der „Frankfurter Rundschau": 12.10 Uhr ab Frankfurt-Hauptbahnhof. Am 7. Oktober kam es zum ersten Nachkriegsderby mit dem FSV an der Roseggerstraße, bei dem beide Klubs wieder unter ihrem Traditionsnamen auftraten. Ein Bornheimer Eigentor, Heilig und Farschon sowie ein Gegentreffer von Schuchardt sorgten für einen 3:1-Erfolg der Eintracht.

Die erste Eintracht-Nachkriegsmannschaft gegen die SG (Union) Niederrad (3:3) am 26. August 1945. Stehend von links: Henkel, Lindemann, Schädler, Heilig, Adolf Schmidt, R. Schmitt, Farschon, Moritz. Vorne Kolb, Fischer, Hammer.

Beide Klubs hatten sich nicht einer der neuen Sportgemeinschaften angeschlossen, deren Stadtmeisterschaft am 14. Oktober begann, sondern „einer süddeutschen Liga ..., die sich an die Großvereine wandte und einen stark professionellen Einschlag hat". („Frankfurter Rundschau" vom 13. Oktober 1945)

Die Oberliga Süd war entstanden und nahm am 4. November 1945 mit 16 Vereinen aus der gesamten amerikanischen Zone ihren Spielbetrieb auf.

1945/46 ■ Oberliga-Start am „Rosegger"

Bevor die Eintracht in die Oberliga-Punktspiele startete, fanden sich am 23. Oktober ehemalige Mitglieder zusammen, um die Wiedergründung des Vereins voranzutreiben. Dabei wurde ein provisorischer Vorstand gebildet, Abteilungsleiter berufen (neben der Fußball- wurden die Leichtathletik-, Hockey- und Damen-Handball-Abteilung reaktiviert) und Ausschüsse für die Wiederaufnahme des Sportbetriebes eingesetzt. Kommissarischer 1. Vorsitzender wurde das langjährige Mitglied Christian Kiefer, dem Spielausschuss gehörten Emanuel Rothschild, Ex-Nationalspieler Hans Stubb, Harry Lenz und Karlheinz Trapper an. Geschäftsführer wurde Hermann Lindemann, der auch der neuen Oberliga-Mannschaft angehörte.

Als Nächstes galt es, einen geeigneten Sportplatz zur Austragung der Heimspiele zu finden. Der Riederwald und der Bornheimer Hang standen infolge der Kriegsschäden nicht zur Verfügung, das Stadion war von den Amerikanern beschlagnahmt. So wurde der Platz an der Roseggerstraße zunächst Heimat sowohl der Eintracht als auch des FSV. Allerdings hoffte man bei der Eintracht immer noch, irgendwann an den Riederwald zurückzukehren. Bereits im August/September 1945 finden sich in den städtischen Akten Schriftwechsel „Betr.: Eintrachtsportplatz wegen Wiederherstellung". Zwar wurde Ende August die Auffüllung des Sportplatzes mit Kriegsschutt gestoppt; mit Gründung der „Trümmer-Verwertungs-Gesellschaft m.b.H." (TVG) im Herbst 1945 war das Schicksal des alten Eintracht-Sportplatzes jedoch besiegelt. Am 18. März 1946 teilte Oberbürgermeister Dr. Blaum der Eintracht mit, dass ihr wegen ihres Entgegenkommens bei der Errichtung der TVG „als Ersatz ... vorläufig die Sportanlage Eschersheimer Landstr. 320 überlassen" werde. Für die somit heimatlos gewordene Eintracht begann ein über drei Jahre andauernder Papierkrieg mit den städtischen Behörden um die Wiedererrichtung eines eigenen Sportplatzes.

Zum Start in die Oberliga gelang der Eintracht am 4. November 1945 ein 2:2 bei Phönix Karlsruhe. Leider wirkte sich der schwelende Konflikt zwischen dem Süddeutschen Fußball-Verband und dem Sportverband Großhessen, der für die neuen Sportgemeinschaften konkurrierende Ligen geschaffen hatte, auch auf die Berichterstattung aus. Die „Frankfurter Rundschau", die damals einzige in Frankfurt erscheinende Zeitung, vertrat offen die Interessen der Sportgemeinschaften. Dem „Start der Süddeutschen Oberliga" wurden gerade einmal 20 Druckzeilen gewidmet, den SG-Spielen dagegen 92. Zum Gastspiel des Alt-Meisters 1. FC Nürnberg (1:4) war der „Rosegger" eine Woche später mit 9.000 Zuschauern knüppelvoll. „Die erste Halbzeit war noch ziemlich ausgeglichen und endete auch 1:1. Dann erst fanden sich die Nürnberger, die vor allem ausgezeichnete Flügel besaßen, und errangen einen eindeutigen Sieg, der durch die gute Arbeit Henigs nicht noch höher ausfiel", meldete die „Frankfurter Rundschau". Erst im vierten Spiel gelang mit einem 2:1 gegen den VfB Stuttgart der erste Sieg, den Schädler und der erstmals wieder mitwirkende Arheilger sicherstellten. Wie schwer das Leben in der neuen Spielklasse war, sollten die nächsten vier Spiele zeigen, die sämtlich verloren gingen. Besonders bitter dabei die beiden Heimschlappen gegen den FSV (0:6) und Schwaben Augsburg (0:5). Die Eintracht war Tabellenletzter.

Obwohl Ende des Jahres Adam Schmitt aus der Kriegsgefangenschaft zurückkehrte und Anfang Januar mit Liesem (Union Niederrad) und Außenstürmer Csakany (SV Wiesbaden) weitere Verstärkungen zur Eintracht stießen, ging es nur langsam aufwärts. Dabei spielte die Mannschaft oft besser als es ihr Tabellenplatz ausdrückte. Beim 3:3 in Fürth präsentierte sich jedenfalls ein „Tabellenletzter, der Eindruck macht. – Unerklärlich bleibt den 5.000 Besuchern, wieso die Mannschaft am Tabellenende liegt. Sie führten ihnen ein technisch erstklassiges Spiel vor, dem nur der letzte Nachdruck fehlte, sonst hätten sie gar beide Punkte aus dem Ronhof mitgenommen." („Nürnberger Nachrichten" vom 3. Januar 1946)

Der Grund für die Misere lag im Angriff: Nach elf Saisonspielen hatte dieser erst zwölfmal ins Schwarze getroffen. Dafür war die Mannschaft in den nächsten vier Heimspielen nicht wiederzuerkennen: 7:1 Punkte und 20:4 Tore ließen die Eintracht auf Platz 13 klettern. Die Stuttgarter Kickers wurden 6:1, der Karlsruher FV 5:1 und Phönix Karlsruhe gar 8:1 geschlagen. Zu dieser Zeit gab auch der Düsseldorfer Nationalspieler Paul Janes ein kurzes Gastspiel bei der Eintracht. Durch eine weitere Serie im April/Mai wurde das Abstiegsgespenst endgültig vertrieben. Am Ende landete die Eintracht mit 25:35 Punkten und 71:75 Toren auf Platz 11, einen Punkt hinter dem FSV und einen vor den Offenbacher Kickers.

Die erste Oberliga-Saison hatte alle Erwartungen übertroffen – sportlich und finanziell. Die Zuschauer waren nach den Entbehrungen des Krieges in Massen in die Stadien geströmt. Für Frankfurt traf dies nur bedingt zu, denn an der Roseggerstraße konnten schon bei 8.000 Zuschauern viele das Spielgeschehen nur eingeschränkt verfolgen. Zwar war bis März 1946 der Bornheimer Hang wieder notdürftig instandgesetzt, aber auch dieser war zu klein für die ganz großen Spiele und besaß obendrein keinen Rasen. Welches Potenzial Frankfurt nach wie vor zu mobilisieren imstande war, bewiesen am 13. Juli 1946 45.000 Zuschauer beim „Tag der Eintracht", der ersten Nach-kriegsveranstaltung im Stadion. Dabei konnte sich der Süddeutsche Meister VfB Stuttgart bei seinem Torhüter Schmidt bedanken, der einen Elfmeter von Wirsching meisterte und so ein 1:0 über die Zeit rettete. Auch organisatorisch wurden weitere Fortschritte gemacht. Auf einer „vorbereitenden Gründungsversammlung" wurde am 15. Juni Günter Reis, ein in Frankfurt geborener Captain der US-Armee, zum 1. Vorsitzenden gewählt. Nach seiner Versetzung übernahm Rudolf Brubacher am 14. Dezember 1946 den Vorsitz.

1946/47 ■ Ein unerwarteter Höhenflug

Ende Juli begannen die Spiele um den „Groß-Hessischen Fußball-Pokal", den die Eintracht am 22. September vor 12.000 Zuschauern am Bornheimer Hang durch Tore von Motsch (2) und Muth mit 3:2 (2:1) gegen Rot-Weiss Frankfurt gewann. Eine Woche später erfolgte der Startschuss in die zweite Oberliga-Saison, die mit einer „Mammutliga" von 20 Vereinen bestritten wurde, da auf Wunsch der amerikanischen Militärregierung die beiden Karlsruher Absteiger, Phönix und KFV, neben den vier Aufsteigern in der obersten Spielklasse verbleiben durften. In Frankfurt gab man sich keinen großen Hoffnungen hin, im ersten Spiel gegen Bayern München erfolgreich zu bestehen. Schließlich hatte die Eintracht seit dem denkwürdigen Endspiel um die Süddeutsche Meisterschaft 1932 nicht mehr gegen die Bayern gewonnen. Vor ausverkauftem Haus strafte die Eintracht an der Roseggerstraße jedoch alle Zweifler Lügen und gewann durch Tore von Muth und Heilig mit 2:1.

Nachdem auch die erste Auswärtshürde beim VfR Mannheim mit 1:0 erfolgreich genommen werden konnte, wechselte die Eintracht zum nächsten Heimspiel gegen Schwaben Augsburg an den Bornheimer Hang. Vor 12.000 Zuschauern sorgte Wirsching mit zwei Treffern für den dritten Sieg in Folge (2:0). Damit gehörte die Eintracht einer fünfköpfigen Gruppe an, die mit je 6:0 Punkten an der Tabellenspitze stand.

Gegen den Tabellenführer 1. FC Nürnberg konnte erstmals das Stadion für ein Oberligaspiel genutzt werden. Dabei präsentierte die Eintracht zwei neue Spieler: Im Tor stand der spätere Weltmeister Toni Turek (TuS Duisburg 48/99), und im Sturm meldete sich mit Edmund Adamkiewicz ein alter Bekannter in Frankfurt zurück. Vor 35.000 Zuschauern brachte Morlock die Franken bereits nach zehn Minuten in Führung, die Adamkiewicz in der 55. Minute egalisierte. Was ihr vor Saisonbeginn kaum jemand zugetraut hatte, wurde jetzt Wirklichkeit: Die Eintracht setzte sich im ersten Tabellendrittel fest. Zwischen dem 22. Dezember 1946 und dem 23. März 1947 blieb sie acht Spiele ungeschlagen. Auch das Heimspiel gegen die Offenbacher Kickers am 20. April fand wieder im Stadion statt, wo 35.000 Zuschauer einen 2:1-Sieg sahen (Tore durch Adamkiewicz und Wirsching). Nach diesem Spiel war die Eintracht Dritter, allerdings bereits zehn Punkte hinter dem späteren Meister 1. FC Nürnberg und fünf hinter dem TSV 1860 München.

Abgesehen von einem 0:4-Einbruch beim Tabellenvorletzten 1. FC Bamberg konnte die Eintracht ihre gute Form bis zum Schluss halten und die zweite Oberliga-Saison als Dritter mit 46:30 Punkten beenden. Auch der Zuschauerzuspruch konnte sich sehen lassen. 233.000 Zuschauer bedeuteten einen Schnitt von 12.263, den besten seit der Endrunde um

Oberliga Meisterschaftsspiel
Sportgemeinde Eintracht-Frankfurt
Frankfurter Stadion
Sonntag, 1. Dezember 1946, 14 Uhr

Soccer Football Game
(Championships)
Victory Stadium, Sunday, December 1st, 1946
1400 hours

Werbung für das „Club"-Spiel am 1. Dezember 1946 im Stadion.

die Süddeutsche Meisterschaft von 1931 (damals 15.428). Außerdem wurde die Eintracht bei einer Umfrage der Stuttgarter Sportwelt von den Oberliga-Schiedsrichtern zur fairsten Mannschaft der Saison erkoren.

Heiße Diskussionen gab es im Sommer 1947 um die „Mammutliga" sowie um die Austragung einer Deutschen Fußball-Meisterschaft. Obwohl eigentlich eine Reduzierung der Oberliga auf 18 Vereine vorgesehen war, wurde auch 1947/48 mit 20 Vereinen gespielt. An der 20er-Liga scheiterte letztlich auch die erste deutsche Nachkriegsmeisterschaft, da der Süddeutsche Meister 1. FC Nürnberg neben organisatorischen Unzulänglichkeiten und der Nichtberücksichtigung der Ostzone monierte, dass „die Vorbedingungen für die Kandidaten bei einer Meisterschaft wenigstens annähernd die gleichen sein müssen". Da er 38 Meisterschaftsspiele „unter schwierigen Bedingungen ausgetragen" habe, die anderen Kandidaten aber „nur einen Bruchteil der genannten Zahl" („Sport" vom 27. August 1947), lehnte er eine Teilnahme ab.

So blieben den Vereinen letztlich nur die „interzonalen" Vergleichskämpfe, bei denen sich auch die Eintracht hervorragend aus der Affäre zog. Am 13. Juli gastierte der französische Zonenmeister 1. FC Kaiserslautern mit vier späteren Weltmeistern (Kohlmeyer, Liebrich und den beiden Walter-Brüdern) im Stadion und wurde vor 40.000 Zuschauern durch Tore von Wirsching, Heilig und zweimal Baas mit 4:3 besiegt. Beim Niedersachsenmeister Werder Bremen gab es zwar ein 0:3, dafür konnte der FC Schalke 04 vor wieder 45.000 Zuschauern im Stadion durch Tore von Heilig und Baas bei einem Gegentreffer von Herbert Burdenski mit 2:1 besiegt werden.

1947/48 ■ Rückfall ins Mittelmaß

Vor dem Start in die Saison 1947/48 gab es einige Änderungen im Eintracht-Kader. Dazu zählte ein Torhüter-Tausch mit der TSG Ulm 1846. Für Turek kam Henig zurück an den Riederwald. Ein schwerer Verlust war der Weggang von Adamkiewicz, der in der Vorsaison 15 Tore erzielt hatte und den es wieder zum Hamburger SV zog. Dennoch waren die Erwartungen in Frankfurt recht hoch, und so wurde das erste Heimspiel gegen den TSV 1860 München im Stadion ausgetragen. Vor 25.000 Zuschauern lag die Eintracht jedoch nach einer Stunde mit 0:3 zurück und konnte durch Gärtner und Willi Kraus lediglich noch auf 2:3 verkürzen. Als auch das zweite Spiel bei der SpVgg Fürth mit 1:2 verloren ging, fand man sich mit der roten Laterne auf Platz 20 wieder. Langsam stabilisierte sich die Form allerdings, und nachdem es in den nächsten acht Spielen nur noch eine Niederlage (1:3 beim VfB Stuttgart) gab, war die Eintracht Anfang Januar 1948 bis auf den neunten Platz vorgerückt. Zu mehr sollte es in diesem Jahr allerdings nicht mehr reichen, denn auch nachdem Trainer Willi Treml am 1. Februar 1948 durch den ehemaligen Spieler Bernhard Kellerhoff (zuvor 1. SC Göttingen 05) abgelöst worden war, pendelte die Mannschaft nur noch zwischen den Rängen acht und zwölf.

Dass die Eintracht immer noch zog, bewiesen auch die Spiele gegen die Offenbacher Kickers (3:5) und den FSV (0:0), die 35.000 bzw. 40.000 Zuschauer ins Stadion

3:5 unterlag die Eintracht den Rivalen aus Offenbach am 6. März 1948 im Stadion. Eine Szene vor dem Offenbacher Tor mit Liesem, Keim, Schepper und Nowotny.

lockten. Einen dritten Zahltag ließ die Währungsreform am 20. Juni 1948 nicht zu. Da an diesem Tag in Hessen Spielverbot herrschte, musste das Spiel gegen den alten und kommenden Süd-Meister 1. FC Nürnberg verlegt werden. Bei der Neuansetzung am 11. Juli hatte die Eintracht erneut Pech, da dem „Club" wegen der Teilnahme an der Endrunde zur Deutschen Meisterschaft mehr Vorbereitungszeit zugestanden wurde. So beendete die Eintracht das Spieljahr 1947/48 erst am 28. August mit einem 3:1 über den ersten deutschen Nachkriegsmeister.

1948/49 ■ Abstiegsängste zum 50-jährigen Jubiläum

Bereits 14 Tage später erfolgte der Start in die Saison 1948/49. In diesen Tagen lebte die Idee einer deutschen Profiliga wieder auf. Zwar wurde ihr in Süddeutschland durch die Einführung des Vertragsspielerstatuts ab 1. August 1948 der Wind aus den Segeln genommen, angesichts der wirtschaftlichen Not waren aber „die Amateurgesetze praktisch aufgehoben und zwar ... in allen Klassen. Jeder zahlte eben, so viel er konnte... Gute Spieler in den Städten zeigten plötzlich eine besondere Liebe für die Landvereine, und mit Lebensmitteln ließ sich restlos alles machen" (Hans Dieter Baroth: Anpfiff in Ruinen). Bei der Eintracht zeigten Wirsching und Adolf Schmidt Interesse an einer Profikarriere. Prompt wurden sie aus dem Verein ausgeschlossen. Die offizielle Version lautete zwar „wegen vereinsschädigenden Verhaltens und nicht wegen ihres Übertritts zu den Profi-Fußballern" („Sportmagazin" vom 28. Juli 1948). Da eine süddeutsche Profiliga nicht realisiert werden konnte, wechselten beide zu den Offenbacher Kickers. Da auch Schädler (TSG Ulm 1846) und Liesem (zurück zu Union Niederrad) die Eintracht verlassen hatten, stand Trainer Kellerhoff vor der schwierigen Aufgabe, aus dem verbliebenen Rest und einigen Neuzugängen aus unterklassigen Vereinen eine neue Einheit zu formen. In dieser Situation hatte man Glück, dass mit Ernst Kudras (früher SV Ratibor 03) und Hans Wloka (Vorwärts-Rasensport Gleiwitz) zwei Spieler zur Eintracht stießen, die in den kommenden Jahren bewährte Stammspieler wurden.

Bis dahin war es jedoch noch ein weiter Weg. Nach vier Spielen waren bereits 17 Spieler eingesetzt worden, nach sechs 19. Kein Wunder, dass sich da sportliche Erfolge nicht sofort einstellten. Gegen diese Misere half auch die Ablösung von Trainer Kellerhoff durch den Universitätssportlehrer Walter Hollstein ab 1. Januar 1949 kurzfristig wenig. Das Manko lag im Sturm. In 19 Spielen hatte die Eintracht nur 17 Tore erzielt. Angesichts dieser mageren Ausbeute konnte einem vor dem nächsten Heimspiel gegen die TSG Ulm 1846 angst und bange werden, denn die Ulmer lagen nur zwei Punkte hinter der Eintracht. Durch Tore von Heilig, Baas und Willi Kraus wurde das „Schicksalsspiel" jedoch deutlich mit 3:0 gewonnen. Nach zwei Derby-Pleiten in Offenbach (0:5) und beim FSV (0:2) kam der BC Augsburg zwar noch mal bis auf zwei Zähler heran, doch mit drei (Heim-)Siegen in Folge – darunter einem 1:0 über den späteren Deutschen Meister VfR Mannheim vor 20.000 Zuschauern im Stadion – wurden die Abstiegskandidaten auf Distanz gehalten. Mit einem 2:1 bei den Stuttgarter Kickers wurde der Klassenerhalt drei Spieltage vor Schluss endgültig gesichert. Am Ende lag die Eintracht als 13. vier Punkte vor einem Abstiegslatz.

1949/50 ■ Fast ein Schrecken ohne Ende

Im Sommer 1949 verließ mit Heinz Baas der beste Torschütze 1948/49 (neun Tore) die Eintracht in Richtung Kickers Offenbach. Verstärkung suchte – und fand – man beim FC Rödelheim 02, mit dem ein heftiger Streit um die Wechsel von Hubert Schieth, Alfred Pfaff, Herbert Kesper und Kurt Krömmelbein entbrannte. Der Absteiger wollte nämlich Schieth für vier Monate sperren lassen, „da er sich in der Meisterschaft nur mangelhaft eingesetzt haben soll und Rödelheimer Spieler zum Übertritt zur Eintracht bewegen wollte". („Sportmagazin" vom 29. Juni 1949)

Andererseits forderten die Rödelheimer für die Freigabe von Pfaff, Kesper und Krömmelbein 9.200 Mark. Mitte August wurde Einigung erzielt. Für 5.000 Mark erkaufte sich die Eintracht die sofortige Spielberechtigung von Schieth, Kesper und Krömmelbein. Lediglich der Fall Pfaff zog sich noch bis Mitte September hin, so dass „Don Alfredo" erst im dritten Saisonspiel bei Schwaben Augsburg eingesetzt werden konnte. Weitere Neuzugänge waren Heinz Kaster (FC St. Pauli) – der Vater des Offenbacher und Kölner Bundesligaprofis Dieter (Kaster-)Müller –, Lemm (Schwaben Augsburg) und Schildt (Hamburger SV). Dass Schieth sein Geld wert war, zeigte er erstmals im Spiel gegen den FC Basel anlässlich des 50-jährigen Vereinsjubiläums. Vor 30.000 Zuschauern erzielte der Ex-Rödelheimer im Stadion beim 4:1 über die Schweizer alle Tore und traf eine Woche später beim 3:0 gegen den österreichischen Staatsligisten FC Wien erneut zweimal. Dafür gab es zum Oberliga-Auftakt ein deprimierendes 1:5 beim SV Waldhof und die rote Laterne. Auch gegen den 1. FC Nürnberg drohte eine weitere Pleite. Nach 34 Minuten hieß es vor 30.000 Zuschauern am Bornheimer Hang 0:2. Schieth noch vor der Pause und Willi Kraus 17 Minuten vor Schluss retteten jedoch noch einen Punkt.

Trotz des schwachen Starts geriet Trainer Hollstein nicht in Panik. Bereits nach den Siegen über Basel und Wien hatte er erklärt: „Wir wollen arbeiten und auf solider Basis aufbauen. Gut Ding braucht gute Weil, ich bin kein Hexenmeister. Sprechen wir uns in zwei Jahren wieder. Man soll nichts Unmögliches verlangen, und wir wünschen nicht nur von uns selbst und unseren Freunden, sondern auch von der Presse Geduld. Mit einem zehnten oder elften Tabellenplatz sind wir am Ende der kommenden Saison zufrieden." („Fußball" vom 29. August 1949)

Doch plötzlich schien der Knoten zu platzen. Mit 7:1 Punkten in Folge kletterte die Eintracht auf Platz fünf. Rückschläge gab es wie gewohnt gegen vermeintlich schwächere Gegner. So entführte Neuling Jahn Regensburg mit 2:0 beide Punkte vom Bornheimer Hang. Überhaupt schien der FSV-Platz der Eintracht nicht zu behagen. Nach einem 2:2 im Derby mit dem FSV kündigte der Spielausschussvorsitzende Rudi Gramlich jedenfalls an, dass die Eintracht ihre künftigen Heimspiele im Stadion austragen wolle. „Der harte Boden am Bornheimer Hang behagt den sensiblen Eintracht-Füßen nicht!", kommentierte das „Sportmagazin" am 9. November 1949. Da aber nur 8.000 den Auftritt des Deutschen Meisters VfR Mannheim (1:2) sehen wollten, wurden diese

Pläne schnell wieder ad acta gelegt. Sportlich wechselten sich Höhen und Tiefen in schöner Regelmäßigkeit ab: Den Tabellendritten VfB Stuttgart schoss Willi Kraus im Alleingang vom Platz – 4:0, „Eintrachts bestem Spiel seit Jahren" („Sportmagazin" vom 30. November 1949). Dafür gab es eine Woche später gegen Schlusslicht TSV 1860 München eine peinliche 1:2-Niederlage. Im Verlauf der Rückrunde konnte man sich bis auf den fünften Platz vorarbeiten und von der Teilnahme an der Deutschen Meisterschaft träumen (der Süden durfte 1950 vier Klubs für die Endrunde melden). Vor dem Derby gegen den FSV blieb die Eintracht in sieben Spielen ungeschlagen und lag nur zwei Punkte hinter dem Vierten SV Waldhof.

Kein Wunder, dass die Erwartungen besonders hoch waren. 25.000 waren ins Stadion gepilgert und sahen eine überlegene Eintracht-Mannschaft, die aber nur eine ihrer zahlreichen Chancen durch Schieth zur 1:0-Pausenführung nutzen konnte. Nach dem Wechsel drehte dann der FSV den Spieß um und ging am Ende als 3:1-Sieger vom Platz. Auch im nächsten Spiel gab es eine Niederlage im Stadion. Vor 26.000 Zuschauern gewann Spitzenreiter SpVgg Fürth souverän mit 4:0. Es folgte Niederlage auf Niederlage, und langsam kamen die unteren Tabellenregionen bedrohlich nahe. Trainer Hollstein sah „seine Mannschaft … mit ihren Kräften am Ende" und war froh, „dass zu Beginn der Saison und auf der Mitte des Weges Punkte gesammelt wurden, auf die man kaum zu hoffen gewagt hatte" („Sportmagazin" vom 12. April 1950). Bis Saisonende gab es mit 0:16 Punkten und 3:17 Toren einen Absturz von Platz 5 auf 14. Mit 24:36 Punkten lag die Eintracht nur zwei Zähler vor Absteiger Jahn Regensburg. Sowohl Trainer Hollstein als auch der Spielausschussvorsitzende Rudi Gramlich zogen die Konsequenz und stellten ihre Posten zur Verfügung. Während Hollstein als Verbandstrainer nach Niedersachsen ging, übernahm Willi Balles den Vorsitz im Spielausschuss.

1950/51 ■ Große Erfolge in Spanien und Amerika

Neuer Trainer wurde Kurt Windmann, der zuletzt in der bayerischen Landesliga tätig war. Hauptziel war, nicht wieder zittern zu müssen, denn durch die Eingliederung des SSV Reutlingen und FC Singen 04 aus der aufgelösten französischen Zonenliga Süd umfasste die Oberliga jetzt 18 Mannschaften, aus der 1951 vier Mannschaften in die neue 2. Liga Süd absteigen mussten. Mit 23 Spielern machte sich Windmann an die Bewältigung der Aufgabe. Nachdem sich in den ersten sieben Spielen Licht und Schatten abgewechselt hatten, ging die Eintracht am 15. Oktober als krasser Außenseiter ins Derby beim ungeschlagenen Tabellenführer FSV. Aber „wieder einmal verlor, wie so oft, der Favorit das Derby. Der Tabellenführer, FSV, fand gegen die Eintracht nicht die Form, die ihm die erste Stelle eingebracht hatte, während die ‚Adlerträger' an ihre guten Leistungen der letzten Wochen anknüpften … Dass die Eintracht … einwandfrei und verdient als die bessere Mannschaft gewonnen hat, wird ihr selbst im gegnerischen Lager nicht abgestritten werden können … Das 1:2 ist schmeichelhaft für die Bornheimer, das Ergebnis hätte höher lauten können … Eintracht machte von Beginn an einen frischen, zielstrebigen Eindruck. Sie spielte vor den 30.000 ohne jede Befangenheit, die man früher so oft bei ihr feststellen musste." („Sportmagazin" vom 18. Oktober 1950)

Über Weihnachten begab sich die Eintracht zum ersten Mal seit Mai 1939 (damals 4:0 bei Sparta Prag) wieder auf eine Auslandsreise. Diesmal war Spanien das Reiseziel. Das erste Spiel fand am Heiligabend in Madrid gegen den Vorjahresmeister Atletico statt, der sich mit einigen Spielern des Lokalrivalen Real verstärkt hatte. Vor 45.000 Zuschauern ließ sich die Eintracht weder von der Kulisse noch von den klangvollen Namen im Atletico-Sturm (mit dem Marokkaner Ben Barek und dem schwedischen Olympiasieger Carlsson) beeinflussen und konnte dreimal die Führung der Madrilenen durch Willi Kraus und Schieth (2) ausgleichen. Elf Minuten vor Schluss gelang dem jungen Rechtsaußen Reichert auf Vorlage von Schieth sogar der 4:3-Siegtreffer. Mit langem Beifall wurde die Eintracht nach dem Schlusspfiff vom Publikum verabschiedet. Nach einer kleinen Weihnachtsfeier ging es bereits am nächsten Tag weiter nach Sevilla, wo die Eintracht gegen den Tabellenführer FC Sevilla bis zur 62. Minute ein 3:3 halten konnte. Doch innerhalb von sechs Minuten zogen die Spanier auf 5:3 davon, dem die Eintracht diesmal nichts mehr entgegenzusetzen hatte. Der Auftritt der Eintracht hatte südlich der Pyrenäen enorm beeindruckt. Noch in der dritten

Shakehands vor dem ersten Spiel: Eintracht-Kapitän Adolf Bechtold, Dr. Harry Kraus, der deutsche Konsul in New York, Schiedsrichter Kuttner und der Kapitän der DAFB-Auswahl.

Januar-Woche wurde das Spiel bei Atletico in den Madrider Kinos gezeigt. Henig und Pfaff bekamen sogar Angebote aus der spanischen Hauptstadt, blieben der Eintracht jedoch treu.

Weniger erfolgreich verlief dagegen der Start in die Rückrunde. Von der Spanien-Reise geschwächt, gab es an Silvester ein 1:4 beim SSV Reutlingen. Nach fünf weiteren Spielen ohne Sieg betrug der Abstand auf Platz zwei bereits acht Punkte. Im Derby gegen den FSV wurde sogar eine 2:0-Führung verspielt (Ende 2:2), und nach einem 0:3 beim VfR Mannheim wurden Erinnerungen an das Vorjahr wach. Nach 3:13 Punkten wurde die Negativserie schließlich gegen den SV Darmstadt 98 (2:1) beendet. Am Ende landete die Eintracht mit ausgeglichenem Punktekonto auf Platz neun. Kurios: Obwohl sie immer noch über keinen eigenen Platz verfügte, blieb sie in den 17 „Heim"-Spielen am Bornheimer Hang ungeschlagen.

Unmittelbar nach dem Meisterschaftsende wartete auf die Mannschaft das ganz große Abenteuer: Amerika! Angeführt von Trainer Windmann, dem stellvertretenden Vorsitzenden Christian Kiefer und dem Spielausschussvorsitzenden Willi Balles startete die Eintracht am 2. Mai 1951 mit 15 Aktiven zu einer vom Deutsch-Amerikanischen Fußball-Bund (DAFB) organisierten USA-Reise. Dafür hatte man sich sogar extra neue Trikots zugelegt: weiße Hemden mit roten Ärmeln und einem rotem Saum an der Knopfleiste. Zwischen dem 6. und 30. Mai wurden insgesamt acht Spiele bestritten. Nach leichten Siegen gegen eine DAFB-Auswahl (5:2 in New York), die Western New York All Stars (13:1 in Buffalo) und eine Auswahl der Staaten Michigan/Ohio (5:1 in Toledo) gab es im vierten Spiel in St. Louis mit 1:2 die erste Niederlage. Die Eintracht hatte diese Mannschaft schlichtweg unterschätzt und war erst nach dem 0:2 richtig aufgewacht. Für Verwunderung sorgten allerdings die von den Amerikanern praktizierten „fliegenden" Wechsel. Insgesamt setzten die „Zenthoefer" 22 Akteure ein, wobei es manchmal auch vorkam, dass zwölf oder 13 Spieler gleichzeitig auf dem Platz standen.

Nach St. Louis ging es über Milwaukee (5:0 gegen die Midwest All Stars) zurück an die Ostküste, wo die Reise mit drei weiteren Spielen abgeschlossen wurde. Eine deutsch-ungarische Auswahl aus Brooklyn wurde 5:1, eine DAFB-Auswahl aus New Jersey 7:0 geschlagen. Das letzte Spiel gegen Celtic Glasgow endete vor 20.000 Zuschauern im New Yorker „Randalls Island Stadium" allerdings fast mit einem Eklat. Nachdem Wloka die Eintracht schon in der 1. Minute in Führung gebracht hatte, fielen die Schotten nämlich mehr durch übertriebene Härte als durch spielerischen Glanz auf – und siegten noch 3:1.

Die Reise über den großen Teich war dennoch ein voller Erfolg, auch in ihren politischen Begleitumständen. Anders als beim Auftritt des Hamburger SV im Jahr zuvor gab es keine anti-deutschen Demonstrationen. Bei der Rückkehr wurde die Mannschaft am 3. Juni von 5.000 Anhängern auf dem Frankfurter Flughafen begeistert empfangen. Die „Eintracht-Hefte" vom Juli 1951 widmeten dem USA-Trip mehrere Seiten. Trainer Kurt Windmann fasste die Stimmung zusammen: „Wir sind unendlich dankbar für alles, was uns während unseres Aufenthaltes in den Staaten geboten wurde. Wir sind auch überzeugt, dass wir solch ein großes Erlebnis in unserem Leben wahrscheinlich nicht mehr haben werden. Wir werden einige Dinge wieder aus dem Gedächtnis verlieren, aber wir werden nicht vergessen, dass uns die Deutschen in Amerika nach dem Krieg die Hand der Freundschaft gereicht haben. Wir waren in Amerika keine geduldeten Gäste, sondern überall herzlich willkommen. Das wurde auch nach außenhin durch die Empfänge bei den Stadtoberhäuptern dokumentiert. Und weil diese Tatsache gar nicht so selbstverständlich war, wissen wir sie besonders zu schätzen. Dank unseren Gastgebern, Dank unseren amerikanischen Freunden, Dank der Eintracht, die die Reise arrangierte! Uns blieb darum nichts anderes übrig, als uns in USA so zu benehmen, dass der Ehrenpräsident des D. A. F. B., August Steuer, uns zum Abschied zugerufen hat: ‚Bessere Jungs konnte der deutsche Sport nicht herüberschicken.'"

Berühmte Gäste im Stadion: Box-Idol Max Schmeling stößt das Freundschaftsspiel Eintracht - AC Mailand (1:1) an. Das schwedische Sturmtrio Gunnar Gren, Gunnar Nordahl und Nils Liedholm (von links) schaut interessiert zu.

Die Reise „löste auch eine Welle der Hilfe und Unterstützung für unsere durch den Krieg heimatlos gewordene ‚Eintracht' aus. Durch eine sehr namhafte Spende ... wurde der Grundstein zu unserer neuen Tribüne gelegt. Eine bronzene Ehrentafel in der Eingangshalle derselben wird die Erinnerung an die Amerikafahrt für immer verewigen" (60 Jahre Eintracht).

In jenen Zeiten des Kalten Krieges sorgte noch eine weitere Begegnung für Aufsehen: Am 12. August 1951 besiegte die Eintracht im Dresdner Heinz-Steyer-Stadion (der alten DSC-Anlage) vor 20.000 Zuschauern in einem Freundschaftsspiel den DDR-Meister Turbine Erfurt durch Treffer von Reichert und zweimal Schieth mit 3:1.

1951/52 ■ Abschied vom Bornheimer Hang

Nach einem Traumstart mit vier Siegen in Folge stand die Eintracht an der Tabellenspitze. Bis zum Ende der Vorrunde folgten jedoch lediglich zwei weitere doppelte Punktgewinne. Besonders auswärts gelang nichts mehr: Zwischen dem 23. September und 9. Dezember gab es sechs Auswärtsniederlagen in Folge, darunter einige deftige wie 0:4 beim 1. FC Nürnberg, 2:7 beim VfB Mühlburg und 1:4 beim 1. FC Schweinfurt 05. Nach einer schöpferischen Pause über Weihnachten zeigte sich die Eintracht jedoch gut erholt und besiegte den VfR Mannheim am 30. Dezember mit 2:0. Nach einem torlosen Derby beim FSV sowie zwei 2:0-Siegen gegen die Stuttgarter Kickers und bei Schwaben Augsburg war Platz vier erreicht, der bis Saisonende nicht mehr abgegeben werden sollte. In den letzten fünf Heimspielen blieb die Mannschaft ohne Gegentor.

Am 23. März 1952 wurde nach fast sechs Jahren Abschied vom Bornheimer Hang genommen. Über 30.000 Zuschauer sahen dabei einen verdienten 1:0-Erfolg über den Tabellenführer 1. FC Nürnberg.

Im Mai/Juni 1952 standen erstmals seit 1943 wieder Spiele um den Vereinspokal auf dem Programm. Die süddeutschen Vorrundenspiele wurden in Gruppen ausgetragen, in denen die Eintracht Zweiter hinter den Offenbacher Kickers wurde. Zum Saisonausklang zog das Gastspiel des AC Mailand am 17. Mai 30.000 Zuschauer ins Stadion, die vor allem den berühmten schwedischen „Gre-No-Li"-Innensturm bewundern wollten. Der Favorit aus Italien ging auch nach zehn Minuten durch Liedholm in Führung, doch dann kam die Eintracht mächtig auf. Geier glückte in der 36. Minute der Ausgleich, und mit ein bisschen Glück hätte es am Ende beinahe noch einen Eintracht-Sieg gegeben. So aber wurde auch das 1:1 als großer Erfolg gefeiert.

Der Kampf um den „neuen" Riederwald

Bereits zu Beginn der Saison 1946/47 hatte die Eintracht erkennen müssen, dass Oberliga-Fußball auf Dauer nicht auf dem „Rosegger" durchgeführt werden konnte. Auch der Bornheimer Hang war zu dieser Zeit lediglich ein Provisorium. Im Winter 1947/48 erwog man bei der Eintracht sogar einen Umzug auf den Rot-Weiss-Platz am Brentanobad. Ein Umzug ins Stadion lohnte nur bei wirklich großen Spielen, da von den Einnahmen 33 % Steuer, 10 % Miete an die Stadion-GmbH und 15 % Abgaben an die Besatzungsbehörden zu entrichten waren. Immerhin gelang es durch Vermittlung der Stadt, dass die Amerikaner Anfang 1948 auf ihren Anteil verzichteten.

Im Juni 1947 hatte sich die Eintracht mit der Bitte an die Stadt gewandt, sie solle ihr als Ersatz für den alten Riederwald einen Sportplatz mit einer Zuschauerkapazität von 10-12.000, einer 400-m-Laufbahn, zwei Reserve-Fußballfeldern, einem Hockeyplatz, vier Tennisfeldern und einem Parkplatz errichten. Die Eintracht wolle dafür auf eigene Kosten eine Tribüne mit Umkleideräumen errichten. Bei der Stadt sah man allerdings keinen Handlungsbedarf, „die weitgehenden Forderungen ... zu erfüllen ..., weil die Sportgemeinde Eintracht z. Zt. den ... Platz an der Roseggerstrasse benutzt". Zwar war man „der Ansicht, dass der Sportgemeinde Eintracht seitens der Stadt geholfen werden sollte, aber nur in einem Umfange wie es unter Würdigung der gesamten derzeitigen Verhältnisse vertreten werden kann". (Aktennotiz des Rechnei-Amtes/Finanzverwaltung an den Magistrat vom 13. August 1947)

Immerhin gab es am 11. September eine Aussprache zwischen Vertretern der Stadt und der Eintracht, an der auch Oberbürgermeister Kolb teilnahm. Da die Herrichtung eines neuen Sportplatzes etwa zwei Jahre dauern würde, wollte sich die Stadt bei den Besatzungsbehörden dafür einsetzen, die Sportanlagen an der Adickes-Allee oder der ehem. IG Farben an der Miquelstraße freizubekommen. Es folgten zahlreiche Verhandlungen und Besprechungen, bei denen immer neue Standorte in Erwägung gezogen wurden. Überlegungen, den „Rosegger" im Sommer 1948 auf ein Fassungsvermögen von 15.000 Plätzen auszubauen, scheiterten, weil die benachbarte Gärtnerei Sinai auf Grund bestehender Pachtverträge nicht gezwungen werden konnte, Gelände dafür abzutreten. Von der Stadt wurde außerdem angeführt, dass die Straßenbahnlinie 23 ohnehin überlastet sei. Das endgültige Aus für den Ausbau des „Rosegger" kam allerdings erst Anfang April 1949. Von nun an verfolgten Stadt und Eintracht gemeinsam das Ziel, den neuen Platz erneut im Riederwald zu errichten. Dagegen meldete zunächst die Ortsgruppe des „TV Naturfreunde" Bedenken an, da dafür Wald abgeholzt werden müsse! Auch der Bezirksvorsteher, die SG Riederwald und der Volks-Bau-

und Sparverein legten Einsprüche ein, Letzterer, weil der neue Sportplatz „den Wohnwert der Riederwaldsiedlung sinken lassen würde".

Bei der Stadt wurden die Einsprüche ernst genommen, und so wurde im Mai 1949 ein neues Projekt westlich der Pestalozzischule favorisiert. Zur Finanzierung wurden für 1950 und 1951 je 150.000 Mark aus städtischen Mitteln bereitgestellt. Nachdem die Stadtverordnetenversammlung am 29. September zugestimmt hatte, erging am 3. Oktober 1949 der endgültige Magistratsbeschluss. Der neue Sportplatz am Riederwald konnte gebaut werden.

Während die Stadt die Grünanlagen und Zuschauerwälle sowie Laufbahn und Eingangstore herrichtete, blieb der Bau der Tribüne dem Verein in Eigenregie überlassen. Die Planungen wurden vom Architekten Alfred Weber, einem langjährigen Eintracht-Mitglied, ehrenamtlich übernommen. Mit den wegen der ungünstigen Bodenverhältnisse im Riederbruch schwierigen Bauarbeiten wurde im Frühjahr 1952 begonnen. Mit einem Freundschaftsspiel gegen die ägyptische Nationalmannschaft wurde die Anlage am 17. August 1952 feierlich eröffnet. Die Spannbetonkonstruktion der Tribüne gehörte damals zu den modernsten in ganz Europa. ■

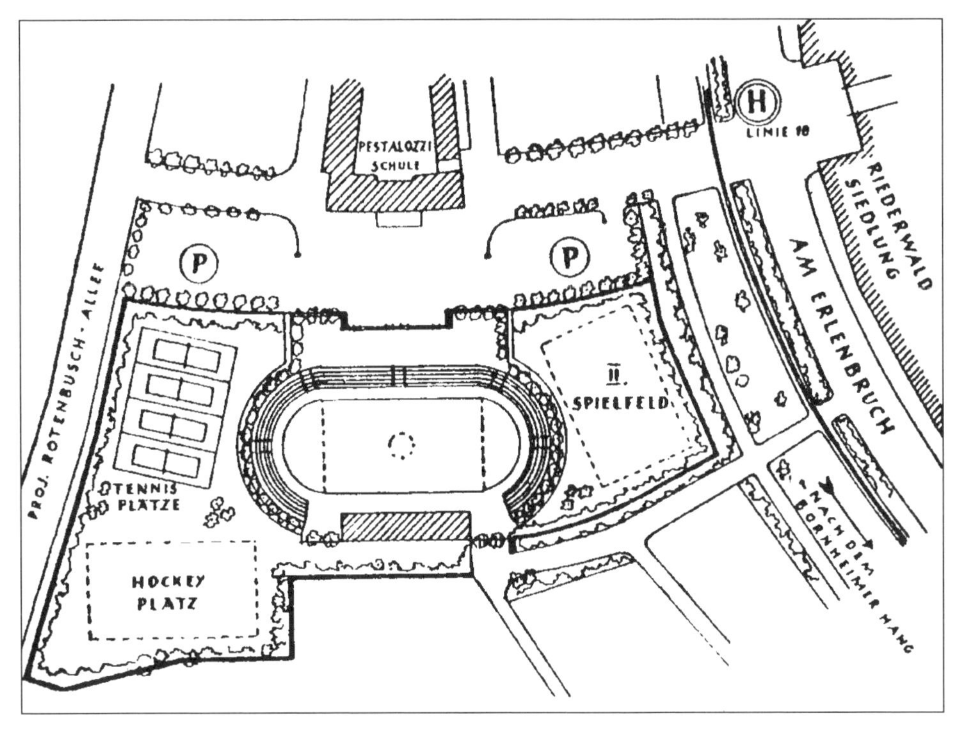

Plan des neuen Eintracht-Sportplatzes am Riederwald.

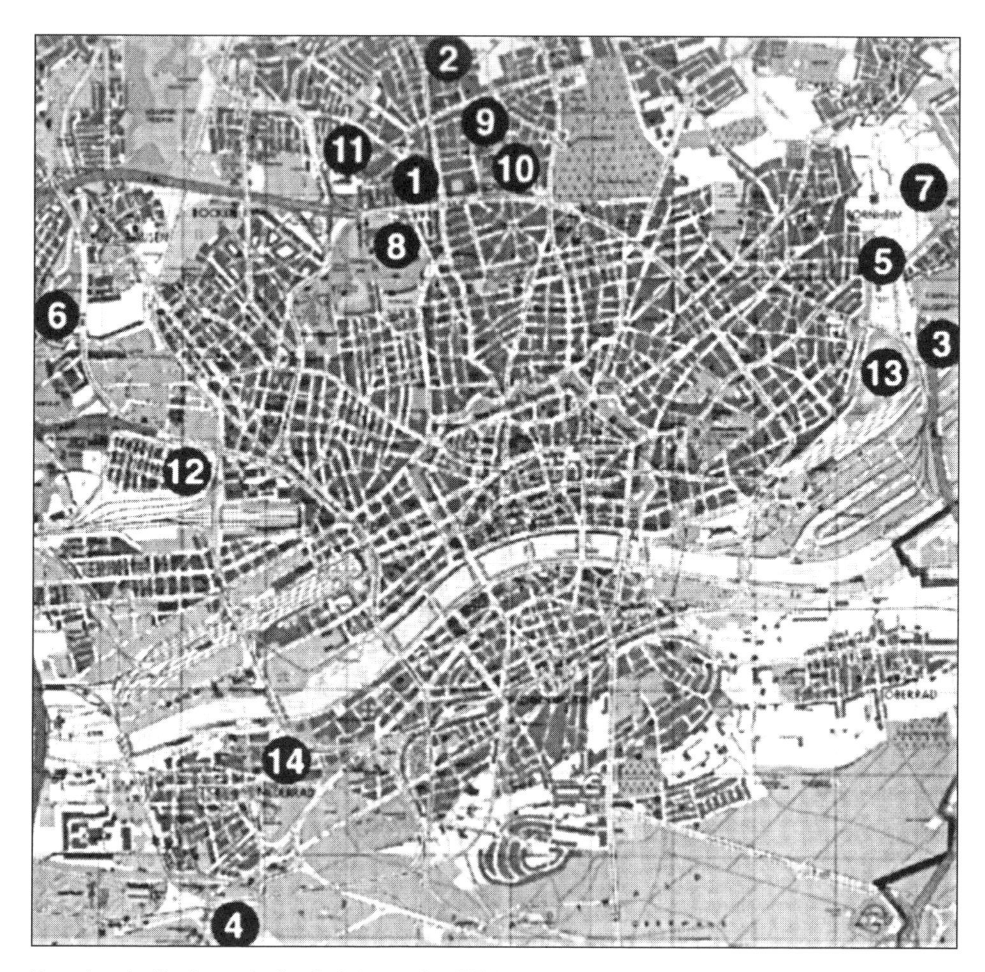

Zug durch die Gemeinde: Spielorte des FFV und der Eintracht.
1 = Hundswiese, hier begannen 1899 Victoria und Kickers; 2 = FFV-Platz an der Roseggerstraße (1911 bis 1920), 1945/46 Schauplatz der Eintracht-Oberligaspiele; 3 = der „alte" Riederwald (1920 bis 1943/44), 1945 bis 1964 von der TVG genutzt; 4 = Stadion (1925 eröffnet), seit 1963 ständiger Austragungsort der Eintracht-Heimspiele; 5 = FSV-Sportplatz am Bornheimer Hang (seit 1931), hier war die Eintracht 1936/37 und von 1946 bis 1952 Gast; 6 = Rot-Weiss-Sportplatz am Brentanobad (seit 1940), hier wurden 1947/48 und 1951/52 einige Heimspiele ausgetragen; 7 = der „neue" Riederwald (eröffnet am 17. August 1952), bis 1963 Schauplatz der Oberliga-Spiele.
Weitere Plätze, die nach dem Zweiten Weltkrieg als Eintracht-Heimstätte zur Diskussion standen: 8 = Gelände der ehemaligen IG Farben, bis 1995 Hauptquartier der US-Streitkräfte; 9 = Bertramswiese; 10 = Sportplatz des SC 1880; 11 = Platenstraße/Ginnheimer Stadtweg (gegenüber des heutigen Fernmeldeturms); 12 = Bismarck- (jetzt Theodor-Heuss-) Allee/Philipp-Reis-Straße (heute von Messehallen überbaut); 13 = Ostpark; 14 = Sandhöfer Wiesen (von 1913 bis in die 1930er Jahre die Heimat von Germania 94), hier fand 1920 das Endspiel um die Deutsche Meisterschaft zwischen dem 1. FC Nürnberg und der SpVgg Fürth (2:0) statt.

Anschluss an die Spitze

Während im Sommer 1952 mit den Bauarbeiten am Bornheimer Hang begonnen wurde, sah wenige hundert Meter weiter östlich der neue Eintracht-Sportplatz am Riederwald seiner Vollendung entgegen. Zur Unterstützung der Projekte erhielten beide Vereine im Mai von der hessischen Landesregierung je 200.000 Mark. Vor dem Freundschaftsspiel am 17. August gegen die ägyptische Nationalmannschaft übergaben Ministerialdirektor Schuster vom hessischen Innenministerium und Frankfurts Oberbürgermeister Kolb das Gelände offiziell der Eintracht. Anschließend wurde Werner Heilig für sein 750. Spiel im Eintracht-Dress geehrt. Allerdings war die ägyptische Mannschaft nicht gewillt, dem neuen Hausherren Einweihungsgeschenke zu machen. Zwar brachte Schieth die „Riederwälder", wie man sie jetzt wieder zu Recht nennen konnte, vor 20.000 Zuschauern nach einer halben Stunde in Führung, doch siegten die Gäste vom Nil durch Tore von Elfar, Hamza und zweimal El Hamouly mit 4:1.

Die neue Tribüne am Riederwald. Das Dach musste 1989 wegen Baufälligkeit vollständig abgetragen werden.

1952/53 ■ Nach 21 Jahren wieder Süddeutscher Meister

Auch das erste Oberliga-Spiel am Riederwald endete 4:1. Diesmal musste jedoch die SpVgg Fürth die Überlegenheit der Eintracht neidlos anerkennen. Die 1:3-Niederlage bei Bayern München eine Woche später konnte leicht verschmerzt werden – es sollte die einzige in der gesamten Vorrunde bleiben. Am 26. September war die Eintracht beim Derby gegen den FSV Gast im eigenen Stadion, denn wegen der Arbeiten am Bornheimer Hang trugen die Bornheimer ihre Heimspiele 1952/53 am Riederwald aus. Es war ein Kampf auf des Messers Schneide. Nachdem Ruppel in der 59. Minute Dziwokis Führungstreffer aus der 11. Minute wettgemacht hatte, drückte der FSV auf den Sieg – und wurde kurz vor Schluss zweimal eiskalt ausgekontert: 1:2 Dokter (87.), 1:3 Dziwoki (88.). Nach einem 2:1 bei den Stuttgarter Kickers übernahm die Eintracht am 19. Oktober erstmals die Tabellenführung.

Über Weihnachten stattete die Eintracht den Ägyptern einen 14-tägigen Gegenbesuch ab, der einem Märchen aus „1001 Nacht“ glich: Untergebracht war die Mannschaft nämlich auf dem Nil in einer Luxusjacht von Ex-König Faruk! Auch sportlich konnte sich die Bilanz sehen lassen. Mit je zwei Siegen und Unentschieden kehrte die Eintracht am 29. Dezember aus dem Lande der Pharaonen nach Frankfurt zurück. Bereits zwei Tage später stand ein Nachholspiel gegen den VfB Stuttgart an. Obwohl Dokter, Hesse, Kudras und Pfaff verletzt ausfielen, gelang der „mit Herz und Einsatz“ („Kicker“) spielenden Mannschaft ein verdienter 1:0-Sieg, den Ebeling vor 35.000 Zuschauern schon nach 25 Minuten herausschoss.

Im Januar nahm die Eintracht dann ihre jährliche Krise und verlor drei Auswärtsspiele in Folge. Und als am 8. Februar das Derby mit dem FSV nur 1:1 endete, war die Tabellenführung vorerst futsch. Mit vier Siegen in Folge konnte sie jedoch zurückerobert werden. Vor dem letzten Heimspiel am 18. April 1953 gegen den Karlsruher SC lag die Eintracht mit 37:19 Punkten einen Zähler vor dem VfB und drei vor dem KSC. Ein Heimsieg hätte also bereits die Qualifikation für die Endrunde zur Deutschen Meisterschaft bedeutet. Doch es sollte noch besser kommen. Während die Eintracht vor 36.000 Zuschauern durch Tore von Pfaff und dreimal Schieth 4:1 gewann, unterlagen die Stuttgarter mit 1:3 bei den Offenbacher Kickers. Damit war die Eintracht zum dritten Mal nach 1930 und 1932 Süddeutscher Meister. Der Vater des Erfolges war zweifellos Trainer Windmann, der bei seinem Amtsantritt 1950 erkannt hatte, dass die Mannschaft mit ihrem traditionellen Stil zu oft in Schönheit gestorben war. Also impfte er die Spielern einen unbändigen Teamgeist ein.

Bereits wenige Tage vor dem entscheidenden Spiel gegen den KSC charakterisierte das „Sportmagazin“ die Grundlage des Erfolges wie folgt: „Man müsste vielleicht erstmal das betonen, was die Mannschaft n i c h t besitzt: Sie strahlt nicht den Glanz eines 1. FC Kaiserslautern aus und kann nicht die Erfahrung und Beständigkeit eines VfB Stuttgart in die Waagschale werfen; sie kann sich nicht auf eine jahrzehntelange Erfolgsserie stützen wie etwa ein HSV und ein ‚Club‘ …, und sie hat vielleicht auch nicht ganz

Eintracht Frankfurt: Süddeutscher Meister 1952/53. Stehend von links: Adolf Bechtold, Dziwoki, Krömmelbein, Schieth, Heilig, Pfaff, Ebeling, Kudras. Vorn von links: Wloka, Henig, Jänisch, Trainer Windmann.

die unverwüstliche Kampfkraft einer Borussia Dortmund. Aber bei dem Stichwort ‚Kampfkraft' kommen wir dem Kern der Dinge schon näher… [Die] Eintracht [ist] eine Mannschaft im wahrsten Sinne des Wortes, ein Team ohne Stars. Sie ziehen alle an einem Strick. Und der Trainer weiß, dass die Mannschaft nicht nur aus den elf Spielern besteht, die an diesem Sonntag gerade das Trikot der ‚Ersten' angezogen haben." („Sportmagazin" vom 15. April 1953)

Zwar galt die Eintracht in der Deutschen Meisterschaft nur als Außenseiter, denn als Gruppengegner warteten der Südwest-Meister 1. FC Kaiserslautern sowie die West- und Nord-Zweiten 1. FC Köln und Holstein Kiel. Dennoch war das Interesse in Frankfurt riesengroß. Zum Auftakt gegen den 1. FC Köln pilgerten über 50.000 Zuschauer ins Stadion und konnten schon nach wenigen Sekunden die Eintracht-Führung durch Dziwoki bejubeln. Hesse stellte noch vor der Pause den 2:0-Endstand her. Ein Tor von Schieth drei Minuten vor Schluss sicherte bei Holstein Kiel weitere zwei Punkte. Da auch die Lauterer 4:0 Punkte auf dem Konto hatten, hatten die nächsten beiden Spiele bereits vorentscheidende Bedeutung. Das Gastspiel des 1. FC Kaiserslautern sorgte für einen neuen Besucherrekord im Stadion. 68.000 Karten wurden offiziell verkauft, doch stürmten Tausende ohne Karten das Gelände, suchten sich ihren Platz auf der Laufbahn oder dem Tribünendach. Indirekt war dieses Chaos dann auch der letzte Anstoß zum Ausbau des Stadions auf ein Fassungsvermögen von 80.000. Die Eintracht lieferte ein großes Spiel, stand aber am Ende mit leeren Händen da. Mittelläufer Hans Wloka war der Unglücksrabe, der in der 65. Minute einen Schuss von Ottmar Walter unhaltbar für Torhüter Henig zum Tor des Tages abfälschte. Selbst Fritz Walter und Bundestrainer Sepp Herberger sprachen nach dem Spiel von einem glücklichen FCK-Sieg.

Auch im Rückspiel in Ludwigshafen legte die Eintracht los wie die Feuerwehr, doch nach zwei Doppelschlägen in der 6./8. und 19./20. Minute lag sie hoffnungslos mit 0:4 im Rückstand. Selbst eine Elfmeterchance konnte Pfaff (25.) nicht nutzen. An diesem Tag lief alles für die Lauterer, die am Ende mit 5:1 triumphierten und auf dem Wege zu ihrer zweiten Deutschen Meisterschaft waren. Immerhin bewies die Mannschaft Moral und beendete die Gruppenspiele nach einem 4:1 gegen Holstein Kiel und einem 0:0 in Köln als Zweiter. Außerdem wurde die Abwehrreihe Bechtold-Kudras-Kaster bei einer „Kicker"-Umfrage in den acht Endrundestädten fünfmal als „beste Verteidigung" genannt.

1953/54 ■ Hessische Konkurrenz vereitelt Titelverteidigung

Wurde der Gewinn des Süd-Titels 1953 allgemein noch als Überraschung betrachtet, gehörte die Eintracht 1953/54 zum Favoritenkreis der Oberliga. Das Hauptaugenmerk von Trainer Windmann galt im Sommer der Verstärkung des Angriffs. Für den zu Schwarz-Weiß Essen gewechselten Hubert Schieth – der zwischen 1950 und 1953 in 103 Oberligaspielen 45 Tore erzielt hatte – rückten Richard Kreß (vom FV Horas) und der Hattersheimer Hans Weilbächer (von den eigenen Amateuren) in den Oberligakader. Mit Alfons Remlein (TSG Ulm 1846) wurde auch die Abwehr weiter stabilisiert. Alle drei schlugen auf Anhieb ein. Kreß und Weilbächer bestritten 1953/54 alle, Remlein 27 Punktspiele. Überhaupt ließ sich die mannschaftliche Geschlossenheit eindrucksvoll in Zahlen ausdrücken. Von den 20 während der Saison eingesetzten Spielern waren zehn (Torhüter Henig, Kudras, Adolf Bechtold, Remlein, Wloka, Heilig, Dziwoki, Weilbächer, Kreß und Pfaff) mindestens 27-mal dabei!

Der Start ins neue Spieljahr war verheißungsvoll. Nach einem 2:2 bei Viktoria Aschaffenburg gab es sechs Siege in Folge, darunter zwei prestigeträchtige Derby-Erfolge beim FSV (6:0) und gegen die Offenbacher Kickers (2:1). Bereits nach dem vierten Spiel (7:0 gegen die Stuttgarter Kickers) war der zweiten Tabellenplatz erreicht – schlechter sollte es bis Saisonende nicht mehr werden. Am elften Spieltag übernahm die Eintracht erstmals die Führung und wurde mit 24:6 Punkten und 38:12 Toren (bester Sturm, beste Abwehr!) überlegen Herbstmeister.

Doch keiner kann in Frieden leben, wenn der böse Nachbar es nicht will. An drei Januar-Wochenenden hintereinander wurden nämlich gegen die hessische Konkurrenz sechs Punkte verloren: 0:1 bei Hessen Kassel, 1:2 gegen den FSV, 1:2 bei den Offenbacher Kickers. Damit war man Platz 1 zunächst los, der in diesem Jahr besonders wichtig war, da wegen der anstehenden Weltmeisterschaft in der Schweiz nur die fünf Oberligameister und der Deutsche Pokalsieger an der Endrunde um die Deutsche Meisterschaft teilnahmen. Im Süddeutschen Pokal war die Eintracht aber schon im Sommer 1953 ausgeschieden (0:3 bei den Stuttgarter Kickers). Zwar konnte man durch ein verdientes 5:0 über den neuen Spitzenreiter VfB Stuttgart noch einmal den Platz an der Sonne einnehmen, war ihn nach einem 2:5 beim Karlsruher SC aber auch postwendend wieder los. Obwohl die Eintracht in den letzten sechs Spielen ungeschlagen blieb, landete sie am Ende nur auf dem undankbaren zweiten Platz, einen Punkt hinter dem VfB und einen Punkt vor den Offenbachern. Nun hieß es, dem VfB die Daumen drücken, denn die Schwaben hatten auch das DFB-Pokal-Finale erreicht. Und tatsächlich: Das Stuttgarter 1:0 nach Verlängerung über den 1. FC Köln machte die Eintracht zum sechsten Teilnehmer an der Deutschen Meisterschaft.

In der Endrunde hatte es die Eintracht mit zwei Bekannten aus der Vorsaison zu tun: 1. FC Kaiserslautern und 1. FC Köln. Der Modus sah nur je ein Spiel gegeneinander auf neutralem Platz vor. Vor 50.000 in Köln war das Treffen mit den Pfälzern geprägt von dem Duell Alfred Pfaff - Fritz Walter. Beide waren sich an diesem Tag ebenbürtig, aber der Lauterer hatte den entscheidenden Vorteil: Er erzielte in der 81. Minute den einzigen Treffer. Auch gegen den 1. FC Köln fehlte in Ludwigshafen erneut das entscheidende Quentchen Glück. Zudem ging Trainer Windmann das Risiko ein, den angeschlagenen Wloka spielen zu lassen. Bereits nach fünf Minuten machte ihm seine Knieverletzung wieder zu schaffen, nach 15 Minuten musste er vom Platz getragen werden und konnte später nur noch als Statist auf Rechtsaußen umherhumpeln. Zwar ging die Eintracht nach 26 Minuten durch Heilig mit 1:0 in Führung, geriet aber nach Toren von Stollenwerk (31., 40.) und Dörner (50.) bald auf die Verliererstraße. Obwohl praktisch in Unterzahl, steckte die Mannschaft aber nie auf und verkürzte noch einmal durch Weilbächer (55.). Zu mehr langte es nicht mehr, auch nicht vier Minuten vor Schluss, als Remlein einen Elfmeter am Kölner Tor vorbeischoss.

Dafür standen mit Pfaff und Weilbächer zwei Eintracht-Akteure im vorläufigen WM-Aufgebot. Die Reise in die Schweiz machte aber nur Pfaff mit, der beim denkwürdigen 3:8 gegen Ungarn sogar ein Tor erzielte. Einen weiteren Treffer steuerte Richard Herrmann vom Lokalrivalen FSV bei. Beide kehrten im Juli als Weltmeister nach Frankfurt zurück.

1954/55 ■ „Aber die Eintracht ist launisch...“

Im Sommer 1954 gab es einen Wechsel im Eintracht-Gehäuse. Nach sieben Jahren als Nr. 1 zog es den 33-jährigen Helmut Henig noch einmal zur TSG Ulm 1846. Für ihn wurde der zehn Jahre jüngere Amateur-Nationalspieler Egon Loy vom TSV 04 Schwabach verpflichtet. Ebenfalls aus Bayern, und zwar von der SpVgg Weiden, kam Erich Bäumler. Der erste Erfolg konnte bereits in der Vorbereitung auf die neue Oberliga-Saison verbucht werden. Durch ein 1:0 über den FK Pirmasens wurde zum ersten Mal seit 1940 wieder die Pokalrunde der letzten 16 erreicht. Zum Saisonauftakt am 22. August war ein weiterer Meilenstein zu bejubeln: der erste Sieg auf dem Bieberer Berg seit dem

Vier Trümpfe der Eintracht 1954/55: Von links Alfons Remlein, Richard Kreß, Egon Loy und Alfred Pfaff.

18. Februar 1940. Weilbächer erzielte nach 61 Minuten das goldene Tor. Danach ging's erstmal bergab, auch aus dem DFB-Pokal schied die Eintracht beim Altonaer FC 93 mit einem 1:2 aus.

Erneut brachte das Derby gegen den FSV die Wende. Mit 8:2 Punkten standen die Bornheimer an der Tabellenspitze. Bäumlers Tor nach 16 Minuten entschied das Spiel jedoch für die Eintracht, die danach kaum wiederzuerkennen war und bis zum Ende der Vorrunde nur noch zwei Punkte abgab. Nach einem hart umkämpften 4:3 (nach 4:1-Führung) gegen den Überraschungs-Aufsteiger SSV Reutlingen übernahm die Eintracht am 11. Spieltag die Spitze. Vor der Rückrunde betrug der Vorsprung auf den Zweiten Reutlingen vier Punkte. Endlich schien „das Gleichgewicht zwischen Hintermannschaft und Sturm hergestellt". Nachdem die Eintracht in den letzten Jahren hauptsächlich von ihrer starken Abwehr gelebt hatte, war jetzt die „große Wandlung des Eintracht-Angriffs" zu erkennen. Neben dem Regisseur Pfaff fand sich der quirlige Rechtsaußen Richard Kreß immer besser zurecht. Gut eingelebt hatte sich auch „der mit Köpfchen spielende Bäumler". Dazu gesellten sich hoffnungsvolle

Talente aus dem eigenen Nachwuchs wie der bereits im Vorjahr zum Stamm zählende Weilbächer und „nun auch Höfer, der … seinen Weg machen wird“ („Kicker“ vom 20. Dezember 1954).

Ausgerechnet vor dem schweren Gang zum 1. FC Nürnberg am 30. Januar 1955 jagte aber eine Hiobsbotschaft die andere. Durch Verletzungen, Erkrankungen und Unfälle war der Einsatz des kompletten Innensturms gefährdet. Am Dienstag vor dem Spiel konnte Trainer Windmann gerade noch vier gesunde Akteure zum Training begrüßen. Während der grippegeschwächte Bäumler schließlich doch in Nürnberg dabei war, fiel Weilbächer für drei, Pfaff für zwei Spiele aus. In diesem Zeitraum verlor die Eintracht dreimal in Folge und schoss dabei nur ein Tor (je 0:2 in Nürnberg und gegen Schwaben Augsburg, 1:2 beim FSV). Aus vier Punkten Vorsprung waren zwei Punkte Rückstand auf den neuen Spitzenreiter Kickers Offenbach geworden.

Zwar erholte sich die Mannschaft noch einmal von diesem Rückschlag, die vorher hochgelobte Durchschlagskraft des Sturmes war allerdings dahin. In den nächsten sechs Spielen erzielte die Eintracht nie mehr als einen Treffer. Beim wichtigen Spiel gegen den Karlsruher SC wurden die ersten 20 Minuten nach der Halbzeit regelrecht verschlafen, in der die Badener auf 3:0 davonzogen. Bäumler und Geiger (67., 69.) ließen zwar nochmals Hoffnung aufkommen, doch trotz Powerplay konnte der Ausgleich nicht mehr erzielt werden, der wegen des besseren Torverhältnisses den zweiten Platz bedeutet hätte. So aber stand man am Ende mit leeren Händen da und fiel sogar noch hinter den 1. FC Schweinfurt 05 auf den vierten Platz zurück. Dabei hatte es „diese Mannschaft … in sich, das ‚Beinahe‘ von 1932 endlich einmal in die Tat umzusetzen. Spielerisch ist sie an manchen Tagen unverwundbar. Aber die Eintracht ist auch launisch und, was noch schlimmer ist, sie hält keine Saison durch. Herbstmeister wird sie mit einer Regelmäßigkeit, die einem zu denken geben sollte… Im Übrigen ist die Spielweise der Eintracht traditionsbedingt. Das Spielerische und Verspielte hat schon den früheren Generationen besonders im Blut gelegen, und wahrscheinlich muss das so sein, dass die Namen wechseln und die Spielart bleibt.“ („Kicker“ vom 16. Mai 1955)

Das Verpassen der Endrunde war diesmal besonders bitter, denn erstmals stand das umgebaute Stadion mit einer Kapazität von 80.000 Plätzen zur Verfügung. Während also der Rivale und Südmeister Kickers Offenbach seine Endrundenspiele in der modernisierten Arena austrug, musste die Eintracht mit der Oberliga-Vergleichsrunde – auch „Totorunde“ genannt – Vorlieb nehmen, in der hinter Hannover 96 der zweite Platz belegt wurde. Zu den positiven Erinnerungen an diese ansonsten verkorkste Saison gehören das Länderspieldebüt von Richard Kreß am 19. Dezember 1954 in Portugal (3:0) und Hans Weilbächers einziger Einsatz in der Nationalmannschaft am 28. Mai 1955 gegen Irland (2:1).

Pioniere in Europa: Der Messe-Pokal

Zehn Jahre nach Kriegsende hatte Ernst Thommen, langjähriger Präsident des Schweizerischen Fußball-Verbandes und FIFA-Vizepräsident, die Idee, den internationalen Spielplan zwischen den Weltmeisterschaften durch einen Wettbewerb für Stadtauswahlmannschaften auszufüllen. Unterstützung fand er bei dem Engländer Stanley Rous und dem Italiener Ottorino Barassi, die ein provisorisches Organisationskomitee bildeten und interessierte Verbände, Vereine und Städte für den 18. April 1955 nach Rheinfelden bei Basel einluden.

Auf diesem Treffen beschlossen die Vertreter von zwölf europäischen Städten, künftig einen „Internationalen Messestädtepokal" auszuspielen. Aus dem geteilten Deutschland waren Frankfurt und Leipzig sowie – nach dem Rückzug von Stockholm – Köln mit dabei. Die Auslosung für die Gruppenspiele führte Frankfurt mit London und Basel zusammen. Zum Auftakt des später kurz „Messe-Pokal" genannten Wettbewerbs besiegte London am 4. Juni 1955 Basel mit 5:0. Die Frankfurter Stadtauswahl trat am 26. Oktober 1955 im Londoner Wembleystadion erstmals in Aktion. Vor 35.000 Zuschauern bestritten

▶ Rado (FSV); Sattler, Magel; Keim (alle Kickers Offenbach), Lurz (FSV), Weber; Kraus, Kaufhold (alle Kickers Offenbach), Kreß, Pfaff (beide Eintracht) und Herrmann (FSV)

das erste Europapokalspiel mit deutscher Beteiligung. Trotz einer 2:0-Pausenführung durch Pfaff und Kaufhold unterlagen sie am Ende jedoch mit 2:3.

Das Heimspiel gegen Basel (5:1) fand am 20. Juni 1956 am Bornheimer Hang, das gegen London (1:0) am 27. März 1957 unter Flutlicht am Riederwald statt. Die Chance auf den möglichen Gruppensieg wurde durch die Weigerung der Eintracht und der Offenbacher Kickers vertan, ihre besten Akteure zum Spiel in Basel abzustellen. Eine Kombination FSV/SpVgg Neu-Isenburg war am 12. Juni 1957 ohne Chance und unterlag den Schweizern mit 2:6.

Insgesamt wurden 29 Spieler eingesetzt. Der FSV stellte elf Akteure: Buchenau, Krone, Mayer (je 3 Einsätze), Herrmann, Lurz, Rado (je 2), Hofmann, Leichum, Lidynski, Nold und Wagner (je 1); die Eintracht sieben: Kreß, Pfaff (je 3), Höfer, Wloka (je 2), Bäumler, Schymik, Weilbächer (je 1); die Kickers neun: Kraus (3), Sattler (2), Kaufhold, Keim, Magel, Wade, Weber, Preisendörfer, Zimmermann (je 1) und die SpVgg Neu-Isenburg zwei: Kabatzki und Tilke (je 1).

Nach gewissen Anlaufschwierigkeiten wurde der Wettbewerb immer populärer, insbesondere nachdem er seit 1960/61 jährlich ausgetragen wurde und allmählich Ver-

Messe-Pokal 1955/58: Frankfurt - London (1:0). Der Offenbacher Preisendörfer (rechts im Eintracht-Trikot!) nutzt einen Freistoß-Abpraller (linkes Foto) von Pfaff zum goldenen Tor.

einsmannschaften die Stadtauswahlen ersetzten. In 16 Jahren verfolgten über 18 Millionen Zuschauer die 1.039 Spiele. 1971 wurde die Organisation von der UEFA übernommen und der Messe-Pokal in „UEFA-Pokal" umgetauft.

Die Eintracht nahm noch viermal am Messepokal teil. 1964/65 scheiterte sie in der 1. Runde am FC Kilmarrock, 1966/67 gelangte sie über Drumcondra Dublin, Hvidovre Kopenhagen, Ferencvaros Budapest und FC Burnley ins Halbfinale. Dem 3:0-Sieg im Hinspiel gegen Dinamo Zagreb folgte eine 0:4-Niederlage (n.V.) in Zagreb. Ein Jahr später war gegen Nottingham Forest bereits wieder in der 1. Runde Schluss, während 1968/69 immerhin Juventus Turin ausgeschaltet werden konnte. Im Achtelfinale kam dann das Aus gegen Atletico Bilbao.

In der Saison 2006/07 nahm die Eintracht zum zehnten Mal nach 1972/73, 1977/78, 1979/80, 1980/81, 1990/91, 1991/92, 1992/93, 1993/94 und 1994/95 am UEFA-Cup teil, wo ihr 1980 ihr größter internationaler Erfolg gelang. Als zweite deutsche Mannschaft nach Borussia Mönchengladbach trug sie sich in die Siegerliste dieses Wettbewerbs ein, in dem sechsmal das Viertelfinale und zweimal das Achtelfinale erreicht wurde.

Vor 2006 nahm die Eintracht insgesamt 18-mal an einem Europapokal-Wettbewerb teil (1959/60 Europapokal der Landesmeister sowie viermal am Europapokal der Pokalsieger). Von 105 Spielen konnten 55 gewonnen werden, 18 endeten unentschieden und 32 gingen verloren. Das Torverhältnis lautete 206:119. Mit dieser Bilanz belegte die Eintracht vor der Saison 2006/07 Platz 8 der Rangliste aller deutschen Europapokal-Teilnehmer. ■

Zeichen einer neuen Zeit: Flutlicht

Das erste Fußballspiel unter „künstlicher Beleuchtung" wurde 1878 in Sheffield ausgetragen. Anfang der 1930er Jahre ließ Arsenal-Manager Herbert Chapman auf dem Trainingsplatz des Londoner Klubs Flutlicht installieren, doch verbot der englische Fußball-Verband die Benutzung bei offiziellen Spielen. Erst nach dem Zweiten Weltkrieg lockerte sich der Widerstand der FA gegen die Errungenschaften der Technik, und das Flutlicht eroberte die englischen Stadien. Das erste Ligaspiel unter Flutlicht fand am 22. Februar 1956 in Portsmouth (gegen Newcastle United) statt. Der erste Flutlicht-Test in Deutschland ging am 4. Juni 1956 am Riederwald vor 12.000 Zuschauern mit einem Spiel der Eintracht gegen eine britische Armee-Auswahl (2:2) über die Bühne. Wenig später wurde das erste Derby gegen den FSV (4:3) unter Scheinwerferlicht ausgetragen. Für diese beiden Spiele musste sich die Eintracht die notwendigen Lampen noch in einem Wiesbadener Filmstudio ausleihen! Die erste „moderne" Flutlichtanlage Deutschlands wurde im Juli 1956 auf dem Bieberer Berg in Offenbach ihrer Bestimmung übergeben, Rot-Weiß Essen folgte im August. Währenddessen errichtete die Eintracht für rund 100.000 Mark die erste Anlage, die nicht mit Glühlampen, sondern mit Leuchtstoffröhren ausgerüstet war. Am 18. September 1956 erlebte der Riederwald mit dem Spiel gegen den 1. FC Köln (5:1) seine „richtige" Flutlicht-Premiere.

Andere Städte folgten. Binnen einen Jahres gab es in 15 bundesdeutschen Stadien künstliches Licht, darunter auch beim FSV am Bornheimer Hang. Natürlich meldeten sich auch hierzulande Gegner und Befürworter des neuen Trends. Robert Ludwig sah in den „Nachtspielen … eine Gefahr für die Jugend" („Sportmagazin" vom 11. Juni 1956). Bei der Eintracht sah man es weitaus nüchterner: „Die großen Vereine sind das Opfer ihre eigenen Größe geworden; sie müssen einen großen Fußballplatz unterhalten, müssen Angestellte aller Art bezahlen, sind verpflichtet, ihre Vertragsspieler nach den Bestimmungen des Vertragsspielerstatuts zu bezahlen, müssen zahlreiche Abteilungen mit ihren vielen Jugendabteilungen unterhalten, müssen obendrein noch Steuern aller Art aufbringen. Die 1. Fußballmannschaft muss Geld ins Haus bringen. Die Zuschauer sind manchmal überkritisch. Wenn sie enttäuscht werden, bleiben sie kurzerhand vom Fußballplatz; die Zuschauerzahl schwindet ganz erheblich; die Einnahmen stehen in keinem Verhältnis zu den notwendigen Ausgaben …

Die Flutlichtspiele müssen helfen. Gewiss, die Vertragsspieler werden wiederum einmal mehr strapaziert. Aber sie helfen der Kasse und sich selbst, helfen dem geplagten Schatzmeister. So werden Flutlichtspiele mit geschickten Paarungen zum Notanker in der Aufregung einer planmäßigen Geschäftsführung." („Sportmagazin" vom 31. Januar 1957)

Bei der Eintracht schien die Rechnung tatsächlich aufzugehen. Ein Flutlichtspiel gegen den 1. FC Kaiserslautern lockte am 16. Oktober 1956 – einem Dienstagabend – 40.000 Fans an den Riederwald, die einen 5:1-Sieg ihrer Lieblinge bewundern konnten. Wenig später präsentierte die Eintracht bei einem Testspiel gegen die Nationalmannschaft (0:1) 26.000 Interessierten ihre neuen „Flutlicht-Trikots": rot-weiß quergestreifte Hemden und rote Hosen!

1957 stiftete Ludwig Mohler, der Präsident der Offenbacher Kickers, einen Flutlicht-Pokal, um den acht Vereine nach Ende der Oberliga-Meisterschaft spielen sollten. Das Schicksal wollte es, dass neben Borussia Dortmund auch die Offenbacher nicht teilnehmen konnten – weil sie sich für die Endrunde um die Deutsche Meisterschaft qualifiziert hatten. So kamen Preußen Münster und der FSV Frankfurt kampflos ins Halbfinale. Die beiden anderen Halbfinalisten hießen FC Schalke 04, das den TSV 1860 München ausschaltete, und Eintracht Frankfurt (3:1 gegen und 2:3 bei Fortuna Düsseldorf). Während der FSV jedoch gegen Schalke zweimal verlor, setzte sich die Eintracht gegen Preußen Münster durch (2:1 auswärts und 6:3 am Bieberer Berg). Wegen Terminschwierigkeiten fanden die Finalspiele erst zu Beginn der neuen Saison statt und wurden auf recht kuriose Art und Weise entschieden. Nach einem 3:3 in Schalke trennte man sich am 9. Oktober 1957 am Riederwald torlos 0:0, so dass die Eintracht auf Grund des besseren Eckenverhältnisses (8:6) zum Sieger erklärt wurde!

Doch genauso schnell wie der Glanz der Lichter in Mode gekommen war, so schnell legte sich auch der Reiz des Neuen. Im August 1957 wollten gerade einmal 2.000 Zuschauer die Auftritte der Young Fellows aus Zürich (4:1) und des niederländischen Meisters von 1956, Rapid JC Heerlen (4:2), am Riederwald live erleben. Zwar planten die Offenbacher Kickers für 1958 eine „Flutlicht-Bundesliga", doch von den ursprünglich 20 interessierten Teams sprangen am Ende nicht weniger als sieben wieder ab. Der zweite Flutlicht-Pokal wurde parallel zur Fußball-WM 1958 in Schweden ausgetragen und vom Publikum nicht angenommen. Zum Spiel TuS Neuendorf - Viktoria Köln kamen nur 200 Unentwegte ins Stadion Oberwerth. Die Eintracht scheiterte bereits in den Gruppenspielen an Eintracht Braunschweig und Viktoria 89 Berlin. Zweiter und letzter Flutlicht-Pokalsieger wurden schließlich die Offenbacher Kickers durch ein 5:3 gegen Eintracht Braunschweig.

Mag der Flutlicht-Pokal auch nur ein Intermezzo gewesen sein, das Flutlicht war fortan jedoch nicht mehr wegzudenken. Ohne Flutlicht wäre der Europapokal wohl nie so populär geworden, und ohne Flutlicht hätte es wohl auch nie eine deutsche Bundesliga – das zweite große Reizthema der 1950er Jahre – gegeben. Bei der Gründung 1963 war jedenfalls eine Flutlichtanlage (bzw. die Installierung binnen eines Jahres) zwingend vorgeschrieben. ■

Flutlicht-Trikots: Weilbächer (links) und Pfaff beim Testspiel gegen die deutsche Nationalmannschaft.

Eintracht Frankfurt: Flutlicht-Pokalsieger 1957. Stehend von links: Adolf Bechtold, Loy, Schymik, Pfaff, Höfer, Feigenspan, Lindner, Meier, Kreß. Vorn Horvat und Weilbächer.

1955/56 ■ Der Kredit beim Publikum wird verspielt

Im Sommer 1955 kamen Eberhard Schymik (FC Gelnhausen 03) und Eckehard Feigenspan (VfB Friedberg) an den Riederwald. In der Vorbereitung zog sich Torhüter Loy eine schwere Knieverletzung zu, die ihn zu einer halbjährigen Pause zwang. Seinen Platz zwischen den Pfosten übernahm sein bisheriger Stellvertreter Alexander Rothuber. Mit einem 3:0 gegen den TSV 1860 München wurde am 28. August in die neue Oberliga-Saison gestartet. Überraschend traten vier Tage später der 1. Vorsitzend Dr. Anton Keller und der Spielausschussvorsitzende Willi Balles zurück. Auf Beschluss des Restvorstandes und Ältestenrates übernahm Rudi Gramlich zum zweiten Mal nach 1939-42 die Führung des Vereins und sollte sie bis 1970 innehaben. Den Vorsitz im Spielausschuss übernahm Ernst Berger. Auf die Leistungen der Mannschaft hatte der Führungswechsel keine Auswirkungen. Sie gewann auch die nächsten beiden Spiele und schien auf dem besten Wege, bei der Vergabe des Titels erneut ein ernsthaftes Wörtchen mitzureden.

Mit dem Derby beim FSV (0:1) begann am 9. Oktober jedoch eine schwarze Serie, die erst einen Monat später mit einem 0:4 bei den Offenbacher Kickers endete. In fünf Spielen wurde nur ein mageres Pünktchen geholt. Drei erzielten Toren standen 13 Gegentreffer entgegen. In der Tabelle purzelte die Eintracht auf Platz 9, acht Punkte hinter Spitzenreiter Karlsruher SC und nur einen vor dem Vorletzten TSV 1860 München. Begleitet wurde die sportliche Talfahrt mit einem Vertrauensverlust beim Publikum. Selbst zum Gastspiel des 1. FC Nürnberg konnten nur 10.000 Zuschauer begrüßt werden, im Derby gegen den FSV waren es nur 8.500 und gegen die Offenbacher Kickers 18.000. Lag der Zuschauerschnitt in den vergangenen drei Spielzeiten stets über 15.000, rutschte er 1955/56 auf alarmierende 9.000 ab. Im Januar 1956 gaben schließlich der Vorstand und Trainer Windmann bekannt, den am Saisonende auslaufenden Vertrag nicht zu verlängern. Als Nachfolger konnte schon im März der Wiener Adolf Patek präsentiert werden, der den KSC 1956 zur Süddeutschen Meisterschaft führen sollte.

Zu diesem Zeitpunkt standen die Aktien der Eintracht so schlecht wie schon lange nicht mehr. Mit nur 23:25 Punkten war sie nach den Offenbachern Kickers, Viktoria Aschaffenburg und dem FSV die schlechteste hessische Oberliga-Mannschaft. Bis zum Saisonende gab es wenig Besserung. Platz 6 (31:29 Punkte) sah am Ende weitaus besser aus, als es über weite Strecken des Spieljahres gewesen war. Da spektakuläre Neuverpflichtungen ausblieben, wurde die Oberliga-Vergleichsrunde dazu genutzt, verstärkt talentierte Nachwuchsspieler zu testen. Besondere Freude machte Hermann Höfer, der im Mai mit der Hessen-Auswahl den Länderpokal gewann und im Herbst im Olympiakader von Melbourne stand.

1956/57 ■ Ein Neubeginn mit dem Wiener Adolf Patek

Der neue Trainer Patek stand im Sommer vor der schweren Aufgabe, aus dem vorhandenen Spielermaterial eine neue schlagkräftige Elf zu formen. Das Spielerkarussell drehte sich am Riederwald erneut nur recht langsam. Von den Stammspielern der letzten Jahre schied nur Remlein (fast 32), der seine Laufbahn beendete, aus. Dagegen konnte Wloka (32), der ebenfalls aufhören wollte, überredet werden, noch ein Jahr dranzuhängen. Von den Neuzugängen setzte sich auf Dauer lediglich Erich Meier (FV Breidenbach) durch, wenn auch noch nicht in der Saison 1956/57. Im Übrigen vertraute Patek den altbewährten Kräften. Sein erster Erfolg war der Gruppensieg in der Totorunde, in der Kantersiege gegen Alemannia Aachen (8:2) und den FK Pirmasens (8:0) gelangen. Der Auftakt in die neue Oberliga-Spielzeit stürzte den Eintracht-Anhang daher in ein Wellental der Gefühle. Nach sieben Spielen hatte die Mannschaft zwar alle drei Auswärtsspiele gewonnen, in vier Heimspielen jedoch nur jämmerliche zwei Punkte (1:1 gegen Jahn Regensburg und die Offenbacher Kickers) eingefahren. „Die Eintracht-Elf hat zwei Gesichter!", schrieb das „Sportmagazin", nachdem es beim Freiburger FC eine 1:7-Abfuhr und gegen Stuttgarter Kickers die dritte Heimniederlage (0:1) gegeben hatte. Zu diesem Spiel hatten gerade einmal 4.000 Zuschauer den Weg an den Riederwald gefunden, die ihrer Enttäuschung bei der Ankündigung des nächsten Heimspiels gegen Bayern München enttäuscht Luft machten: „Ein gellendes, langanhaltendes Pfeifkonzert bildete die Antwort!" („Sportmagazin" vom 5. November 1956)

Auch Routinier Wloka fand kaum noch Worte: „Schlecht spielten wir früher auch hie und da, aber wenigstens ein Tor brachten wir doch irgendwie zustande!" („Kicker" vom 5. November 1956) Schließlich kam auch noch Verletzungspech hinzu. Nachdem sich bereits Kreß in Freiburg ein Bein gebrochen hatte, traf beim 1:0-Sieg bei Schwaben Augsburg Verteidiger Kudras das gleiche Schicksal. Wenig später fiel Rechtsaußen Bäumler nach einer Knieoperation für den Rest der Saison aus, und Torhüter Loy musste sich einer zweiten Meniskusoperation unterziehen. Im neuen Jahr deutete sich jedoch ein leichter Aufwärtstrend an. Nachdem die erste Pokalhürde beim 1. FC Pforzheim glatt mit 6:0 genommen wurde, blieb die Mannschaft im Januar in der Meisterschaft ungeschlagen. Beim 3:1 in Regensburg gab der erst 17-jährige Dieter Lindner sein Debüt in der Oberliga-Mannschaft und erzielte auch gleich ein Tor. Nach den Derbys gegen den FSV (4:0 – alle Tore durch Feigenspan!) und in Offenbach (2:2) durfte man sich als „Main-Meister" fühlen, denn die Eintracht war gegen die lokale Konkurrenz in den Punktspielen ohne Niederlage geblieben. Dafür zog sie im Pokal gegen den FSV mit 3:4 den Kürzeren. In einem hochdramatischen Spiel gingen die Bornheimer am Riederwald dreimal in Führung, dreimal gelang Weilbächer, Kreß und Geiger der Ausgleich, bevor Buchenaus Elfmeter in der 82. Minute das Spiel entschied.

Zur Freude des Schatzmeisters drückte sich der sportliche Aufwind auch wieder in höheren Zuschauerzahlen aus. Nachdem die beiden Derbys gegen den FSV jeweils

Ein berühmter Gast am Riederwald: Bernd Trautmann (rechts) im Gespräch mit Trainer Patek. In der Mitte Schymik.

18.000 angelockt hatten, ging die Eintracht zum Gastspiel gegen den Spitzenreiter 1. FC Nürnberg wieder einmal ins Stadion. Zwar behielten die Gäste aus Franken mit 2:1 die Oberhand, 40.000 Zuschauer ließen den Saisonschnitt jedoch wieder in den fünfstelligen Bereich klettern. 10.500 war trotzdem die viertschlechteste Besuchermarke seit Kriegsende. Besonders deutlich wurde das Desinteresse der Eintracht-Fans am Wochenende 11./12. Mai 1957. Während sich samstags am Riederwald gegen den VfB Stuttgart (4:0) nur 6.000 Zuschauer verloren, wollten tags darauf 70.000 im Stadion das Spiel Zweiter gegen Erster, Kickers Offenbach - 1. FC Nürnberg (1:0) sehen. Mit einem 3:1 beim BC Augsburg wurde die Saison mit Anstand als Fünfter beendet.

Für das „Sportmagazin" war die Eintracht nach den dort gezeigten Leistungen sogar eine „Mannschaft mit Zukunft": „Was nämlich die junge Eintracht-Elf vorgeführt hatte, war eine Demonstration hoher Fußballkunst. Diese Mannschaft hat Zukunft, jeder Mann ist schnell und ausdauernd, hat Spielwitz und versteht sich traumwandlerisch sicher mit seinen Nebenleuten! Was uns besonders auffiel, war die überaus moderne, rationelle Spielweise. Wir meinen die aus der Tiefe vorgetragenen, steilen Angriffe, die den schnellen Außen Kreß und Meier und dem spritzigen Mittelstürmer Feigenspan wie auf den Leib zugeschnitten waren." („Sportmagazin" vom 20. Mai 1957)

Einen Vorgeschmack auf die Zukunft gab es bereits im Freundschaftsspiel gegen den FC Arsenal (0:2), in dem erstmals die mit einer FIFA-Sperre belegten Ungarn Janos Hanek, Istvan Sztani und Tibor Lörincz mit einer DFB-Ausnahmegenehmigung mitwirken konnten. Erfolgreicher war eine Kombination Eintracht/FSV gegen Manchester City, das trotz eines Bernd Trautmann im Tor mit 0:2 am Riederwald verlor.

1957/58 ■ Wie Ivica Horvat an den Riederwald kam

Eine Vorstandskrise beim FSV ermöglichte der Eintracht im Sommer 1958 die Verpflichtung des jugoslawischen Nationalspielers Ivica Horvat von Dinamo Zagreb, der eigentlich schon fest am Bornheimer Hang als Neuzugang gehandelt worden war, denn dort war mit Bogdan Cuvaj ein weiterer Jugoslawe Trainer. Dieser wurde auf der Generalversammlung am 23. Juni vom neu gewählten FSV-Vorstand jedoch schwer beleidigt, worauf die Versammlung wegen Tumulten abgebrochen werden musste. Als am 3. Juli die gleichen Mitglieder, die ihn zehn Tage vorher noch gefeiert hatten, die Fronten wechselten und „Cuvaj-raus!"-Rufe zu hören waren, warf er das Handtuch. Mit Cuvaj ging auch Horvat, und zwar zur Eintracht.

Für die Bornheimer jedoch waren „diese beiden Versammlungen die trübsten Stunden der Vereinsgeschichte [und] haben letztlich das weitere Schicksal und den abfallenden Weg des FSV bestimmt… So aber hat die Eintracht über Nacht den großen Ivica Horvat bekommen, der mitgeholfen hat, dass der Weg ins Deutsche Endspiel 1959 glatt gemeistert wurde. So haben die Offenbacher Kickers dann 1958 mit Bogdan Cuvaj den Trainer bekommen, der mit ihrer Mannschaft in das gleiche Endspiel mit der Eintracht in Berlin einzog…

Man stelle sich vor. Horvat im Abwehrzentrum, Firm [ein weiterer Jugoslawe, der nach den Querelen beim FSV zur SpVgg Neu-Isenburg wechselte, Anm. d. Verf.] im Angriffszentrum, dazu ein Trainer Cuvaj, und das im Spieljahr 1957/58. Die Bundesliga wurde erst 1963 eingeführt, und 1962 musste der FSV aus der Oberliga Süd absteigen." (Karl Seeger in „90 Jahre FSV")

Mit der überraschenden Verpflichtung von Horvat hatte die Eintracht im

Ivica Horvat.

Sommer 1957 plötzlich mehr als einen Ersatz für den scheidenden Wloka erhalten, der nach 191 Oberligaspielen endgültig seinen Abschied nahm. Zudem standen mit den drei Ungarn weitere Alternativen zur Verfügung. So rechnete der „Kicker" die Eintracht 1957/58 wieder zum Favoritenkreis in der Oberliga Süd. Die ersten Spiele rechtfertigten den Vorschusslorbeer. Nach sechs Spielen stand die Eintracht mit 10:2 Punkten ungeschlagen an der Spitze. Zwar unterlag sie „bei" den Offenbacher Kickers – vor nur 25.000 Zuschauern im Stadion – mit 0:1, doch nach zwölf weiteren Spielen ohne Niederlage schien Anfang Januar Platz zwei das Mindeste zu sein, was herausspringen sollte. In dieser Zeit bestand sie beim Karlsruher SC (2:2), spielte gegen den Tabellenführer 1. FC Nürnberg (2:1) vor 45.000 Zuschauern im Stadion eine Halbzeit lang überragend und brachte dem FC Schweinfurt 05 die erste Heimniederlage (1:0) der Saison bei. Immer wieder im Zentrum der positiven Kritiken: Ivica Horvat.

Nach dem 2:2 bei der SpVgg Fürth – bei dem Loy erst einen Foulelfmeter und anschließend die Wiederholung hielt! – wurde die Mannschaft in höchsten Tönen gelobt: „Eintracht Frankfurt hat nach dem Krieg noch niemals so überzeugend und beständig aufgespielt wie in dieser Saison. Die Elf stützt sich auf die bisher stärkste Südabwehr (Horvat, Höfer), besitzt mit Weilbächer und Schymik offensivkräftige Außenläufer und einen Sturm, der an Zielstrebigkeit kaum zu übertreffen ist." („Sportmagazin" vom 11. November 1957)

Am 4. Januar 1958 konnte sich ganz Deutschland ein Bild davon machen, denn das – auf Samstag vorverlegte – Oberligaspiel der Eintracht gegen den VfB Stuttgart wurde „original" – wie es damals noch hieß – im Fernsehen übertragen. Dazu musste vorher eigens ein Beschluss des Süddeutschen Fußball-Verbandes, keine Übertragungen von Fußballspielen am Wochentagen zuzulassen, gekippt werden. Wie schon beim Flutlicht, stand die Eintracht auch dem Fernsehen sehr aufgeschlossen gegenüber. Rudi Gramlich im „Sportmagazin": „Die Zeit ist ja nicht stehen geblieben. Damals [beim oben erwähnten Beschluss] steckte Fernsehen noch in den Kinderschuhen, soweit es seine Verbreitung anging. Heute ist es wesentlich anders, und man kann nicht aus vereinsegoistischen Gründen der großen Masse etwas vorenthalten, auf das sie Anspruch hat und für das die Inhaber von Fernsehgeräten schließlich auch Gebühren bezahlen. Im Übrigen bin ich nicht der Ansicht, dass Television dem Fußball Abbruch tut. Ganz im Gegenteil! Das Gleiche hat man behauptet, als die ersten Radio-Sendungen von Fußballspielen aufkamen. Wie sah es in Wirklichkeit aus? Radio führte dem Fußball ungezählte neue Anhänger zu, und mit dem Fernsehen ist es nicht anders – auf weite Sicht gesehen." („Sportmagazin" vom 23. Dezember 1957)

Die Eintracht nutzte die Gunst der Stunde und bot „Millionen Fernsehzuschauern eine Fußballwerbung ersten Ranges" („Kicker" vom 6. Januar 1958). Beim 1:0 gegen den VfB wirkte erstmals auch der Exil-Ungar Istvan Sztani mit. Nach einem 2:0 gegen den FSV übernahm die Eintracht schließlich wieder die Tabellenspitze. Durch ein 3:2 gegen die Offenbacher Kickers konnte der Vorsprung auf den Zweiten 1. FC Nürnberg sogar auf drei Punkte ausgedehnt werden. „Ungarisches Spielfeuer, ungarische

Eleganz, gepaart mit Wiener Charme (Trainer Patek!) brachten die Eintracht an die Tabellenspitze", kommentierte das „Sportmagazin" am 27. Januar 1958. Alles schien auf einen Durchmarsch hinzudeuten, doch beim Tabellenletzten Stuttgarter Kickers kam die Eintracht nicht über ein 0:0 hinaus, und gegen den Drittletzten SSV Reutlingen gab es mit 0:1 die erste Heimniederlage. Also wieder einmal gegen die „Kleinen". Beim TSV 1860 München verlor die Eintracht nicht nur die Punkte (1:2), sondern auch Torhüter Loy wegen Schiedsrichter-Beleidigung – er hatte den Unparteiischen geduzt! Gegen die 14-tägige Sperre wurde erfolgreich Protest eingelegt: Am Sonntagmorgen (!), wenige Stunden vor dem nächsten Heimspiel gegen den Karlsruher SC, wurde die Sperre ausgesetzt und später in eine Geldstrafe in Höhe von 20 Mark umgewandelt.

Mit einem 4:1 gegen den KSC eroberte sich die Eintracht die Tabellenführung zurück, und alles wartete nun gebannt auf den „Kampf der Giganten" am 23. März im Nürnberger Stadion. Vor 52.000 Zuschauern, darunter 1.200 mitgereisten Frankfurtern, gab es eine packende erste Halbzeit mit acht Toren: drei für Nürnberg, fünf für die Eintracht. Nach diesem 5:3-Sieg stand die Eintracht für das „Sportmagazin" „fast mit Sicherheit als der eine Vertreter des Südens für die Endrunde fest". Doch im weiteren Saisonverlauf zeigte sich erneut, dass „die Eintracht … für den Endkampf nicht die stählernen Nerven und nicht die innere Sicherheit" hatte („Kicker" vom 8. April 1958). Trotz optischer Überlegenheit unterlag sie mit 1:2. Damit war man die Tabellenführung wieder los, hatte es aber noch in der Hand, sich wenigstens Platz 2 zu sichern. Und wer weiß, wahrscheinlich hätte es auch geklappt, wenn der letzte Gegner VfR Mannheim oder Bayern München geheißen hätte. So aber ging die Reise zu den bereits seit Wochen als Absteiger feststehenden Regensburgern. Zwar begann die Eintracht wie die Feuerwehr, doch als Pletz Lindners Schuss in letzter Sekunde von der Torlinie kratzte, riss bei den Riederwäldern der Faden, und Käufl brachte den Jahn in der 20. Minute in Führung. Wie unkonzentriert die Eintracht-Mannschaft an diesem Tag war, zeigte sich in der 66. Minute, als Pfaff einen Handelfmeter weit am Tor vorbei schoss. Es blieb beim 0:1, und damit war auch Platz zwei verspielt.

Während Fachleute und Anhänger die Welt nicht mehr verstanden, blieben die Verantwortlichen am Riederwald relativ ruhig und machten Nägel mit Köpfen. Bereits eine Woche nach der Blamage von Regensburg wurde für den zu Bayern München wechselnden Adolf Patek mit Paul Oßwald (Kickers Offenbach) ein neuer Trainer vorgestellt. Selbst das Pokal-Aus beim Süd-Zweitligisten ASV Cham (0:1) wurde schnell abgehakt. Ihre Klasse demonstrierte die Mannschaft in den Spielen gegen den Wiener SC und Borussia Dortmund. Der österreichischer Meister wurde im Stadion mit 6:1 und in Wien mit 5:1 vom Platz gefegt. Gegen den BVB, Deutscher Meister der Jahre 1956 und 1957, hieß es in Frankfurt 4:3 und in Dortmund 1:0. Man konnte also doch noch Fußball spielen. Und wollte – und sollte – es 1958/59 endlich allen zeigen.

Die „launische Diva": Tradition verpflichtet?

„Diva" kommt aus dem Italienischen und bedeutet „die Göttliche". Meist werden berühmte Schauspielerinnen oder Sängerinnen mit diesem Attribut bedacht. Dass die großen Stars und Sternchen mit ihren Launen die Nerven ihrer Mitmenschen mitunter stark strapazieren, gehört im Showbusiness anscheinend dazu.

Auf wohl keinen anderen Fußballverein trifft der Begriff „launische Diva" besser zu als auf die Frankfurter Eintracht. Die Mannschaft war schon immer in der Lage, ihre Anhänger an guten Tagen mit Kabinettstückchen der gehobenen Klasse zu verwöhnen oder an schlechten zur Weißglut zu bringen. Schon die Frankfurter Kickers galten vor 1911 als „technisch vollendet und fein spielende" Mannschaft („Frankfurter Nachrichten" vom 7. Oktober 1910). Diese Tradition wurde zunächst im Frankfurter Fußball-Verein und später bei der Eintracht weitergepflegt. Der Ungar Peter Szabo und der Schweizer Walter Dietrich setzten die spielerischen Glanzlichter in den 1920er Jahren, Rudi Gramlich eine Dekade später. Nach dem Krieg verzückten „Don Alfredo" Pfaff und Richard Kreß die Massen, in den 1960ern folgte der „Brasilianer" Wolfgang Solz. Den 1970ern drückten Jürgen Grabowski und Bernd Hölzenbein ihren Stempel auf. Lajos Detari gab der Hausmannskonst der 1980er Jahre mit seinem Tor zum Pokalsieg 1988 die kulinarische Würze. Anfang der 1990er zelebrierten Möller, Bein und Yeboah „Fußball 2000". Selbst als es mit der Herrlichkeit vorbei war, blieb man am Riederwald der großen Tradition treu. Aber auch ein „Jay Jay" Okocha konnte den Abstieg 1996 nicht verhindern, und trotz eines Maurizio Gaudino drohte im Jahr darauf sogar der Absturz in die Drittklassigkeit.

Wie hatte der „Kicker" am 16. Mai 1955 geschrieben? „Die Spielweise der Eintracht [ist] traditionsbedingt. Das Spielerische und Verspielte hat schon den früheren Generationen besonders im Blut gelegen, und wahrscheinlich muss das so sein, dass die Namen wechseln und die Spielart bleibt."

Arbeiter hatten es dagegen immer schwer, sich gegen die hochdotierten Stars durchzusetzen, sowohl als Spieler wie auch als Trainer. „Ein Schuss Fußballsportverein" fehle der Eintracht, meinte der „Kicker" nach der verpassten Endrunden-Qualifikation 1955. „Fußball arbeiten" lag den Ballkünstlern vom Riederwald nicht (immer). Roland Weidle wollte man 1971/72 schon in die Wüste schicken, bevor er sich nach der Verletzung von Jürgen Grabowski als Arbeitsbiene entpuppte und zweimal Pokalsieger wurde. Oder Uwe Bindewald, den die Fans trotz (oder gerade wegen) seiner limitierten technischen Fähigkeiten den Spitznamen „Zico“ verpassten. Erst nach mehr als sieben Jahren und dem Abstieg wurde auch er von den Fans als „Kämpfer“ akzeptiert. Thomas Zampach wurde im Aufstiegsjahr 1997/98 in Sprechchören gar als „Fußball-Gott“ gefeiert. Typisch Frankfurter Understatement – genau wie in den 1970er Jahren, als die Fans zur Melodie „Von den blauen Bergen ...“ sangen: „Von der Frankfurter Eintracht kommen wir, einen schönen Fußball spielen wir, ja wir spielen wie die Götter, ab und zu auch etwas besser, von der Frankfurter Eintracht kommen wir.“

Die Erwartungshaltung war schon immer hoch: Vier Pokalsiege, ein UEFA-Pokalsieg, was zählte das letztendlich. Die Meisterschaft, das war's. Doch weder Dragoslav Stepanovic 1992 noch Klaus Toppmöller 1994 konnten die hohen Erwartungen erfüllen. Noch ein Zitat aus dem „Kicker“, Jahrgang 1955: „Die Eintracht ist launisch und hält keine Saison durch.“ Als die Verantwortlichen der Diva jedoch das Divahafte austreiben wollten und mit Jupp Heynckes 1994 einen auf eiserne Disziplin bauenden Fußball-Lehrer verpflichteten, ging der Schuss nach hinten los.

„Wenn es der Jupp Heynckes nicht schafft, wird die Eintracht das Image von der launischen Diva nie mehr los“, sagte Manager Bernd Hölzenbein noch im Herbst 1994. Ein halbes Jahr später warf Heynckes die Brocken hin. Sein Fehler: Er hatte sich mit den „meuternden“ Stars Yeboah und Gaudino angelegt und diese aussortiert. „Die Erkenntnis, dass der Verein und ich nicht zueinander passen, ist in jüngster Zeit immer stärker geworden. Zu unterschiedlich sind unsere Auffassungen von professioneller Arbeit und dem Aufbau einer neuen Spitzenmannschaft, der in Frankfurt erforderlich ist“, kommentierte er seinen Abgang. Für die Fans ist er seitdem der „Totengräber der Eintracht“. Wir erinnern uns. „Kicker“ 1955: „Wahrscheinlich muss das so sein, dass die Namen wechseln und die Spielart bleibt.“ Der Weg der Eintracht führte bekanntlich in die 2. Bundesliga. Heynckes gewann mit Real Madrid zwar 1997/98 die Champions League, wurde danach jedoch von den „Königlichen“ hinauskomplementiert. Auch in Schalke musste er im September 2004 nach nur etwas über einem Jahr vorzeitig gehen. Im Sommer 2006 kehrte er zu Borussia Mönchengladbach zurück, wo er als Spieler seine größten Erfolge feierte und seine Trainerlaufbahn begann.

Bei der Eintracht wurde unterdessen der Abstieg 1996 zunächst noch „weltmännisch“ als Betriebsunfall deklariert. Wie nach der verspielten Meisterschaft 1992 floskelte Trainer Stepanovic „Lebbe geht weiter.“ Doch „Lebbe in Liga drei“ wollten auch die Fans nicht und gingen nach einem blamablen 2:3 gegen den VfB Oldenburg, das die Eintracht 1996/97 auf einem Abstiegsplatz in der 2. Bundesliga überwintern ließ, auf die Barrikaden. Sein Nachfolger Horst Ehrmantraut wurde zunächst nur müde belächelt. Schließlich hatte er sich ja vorher „nur“ in Meppen einen Namen gemacht. Aber langsam freundete man sich mit seinen Methoden an. Er schaffte den Klassenerhalt und setzte sein Konzept durch: „Der Star ist die Mannschaft“ wurde plötzlich auch von den Zuschauern akzeptiert. Und wie 1953 mit dem Gewinn der Süddeutschen Meisterschaft kehrte auch der Erfolg zurück. Mit einer Mischung aus Kämpfern (Weber, Zampach) und Technikern (Janßen, Sobotzik), Routiniers (Hubtchev, Epp) und „hungrigen“ Spielern (Schur, Gebhardt) wurde die Eintracht 1998 Meister der 2. Bundesliga und kehrte nach zweijähriger Abwesenheit auf die große Bühne der Bundesliga zurück.

Dort aber wurden schnell die gleichen Fehler gemacht. Und mit Gernot Rohr ein Technischer Direktor verpflichtet, der gleich Sitz und Stimme im Vorstand bekam. Doch der gebürtige Mannheimer, der sich in der Nachwuchsarbeit von Girondins Bordeaux einen Namen gemacht hatte, und Ehrmantraut – das passte nicht. Also wurde zuerst der in Ungnade gefallene Trainer gefeuert. Als es mit seinem Nachfolger Reinhold Fanz aber sportlich auch nicht klappte, mussten beide, Technischer Direktor und Fußball-Lehrer, ihren Hut nehmen.

Auch nach dem zweiten Abstieg 2001 wurde mit dem ehemaligen englischen Nationalspieler Tony Woodcock ein großer Name als Sport-Vorstand präsentiert. Dazu mit dem Schweizer Martin Andermatt ein neuer Trainer. Beides ging gehörig schief, und am Ende stand die Eintracht plötzlich ohne Lizenz da. Erst mit der Verpflichtung von Willi Reimann hatte man wieder Glück. Ähnlich wie Ehrmantraut setzte der Westfale auch auf Disziplin und ehrliche Arbeit. Die Parallelen zu 1997/98 waren verblüffend. Angesichts leerer Kassen stellte er aus ein paar verbliebenen Routiniers (Bindewald, Nikolov, Schur), einigen Jungen (Jones, Tsoumou-Madza, Streit) und ein paar Ablösefreien (Keller, Bürger) ein Team zusammen, das möglichst nichts mit dem Abstieg zu tun haben sollte. Das Ende ist bekannt. In einem Herzschlag-Finale köpfte der waschechte „Frankfurter Bub“ Alexander Schur am 25. Mai 2003 die Eintracht in der Nachspielzeit zurück in die Bundesliga und erwarb sich dadurch bei den Fans Kult-Status.

Heribert Bruchhagen (ebenfalls in Westfalen aufgewachsen) und Friedhelm Funkel beschreiten seit dem Abstieg 2004 einen ähnlichen Weg: „Mit jungen, deutschsprachigen Spielern, möglichst aus der Region, den Erfolg suchen. Mit diesem Konzept rannte der Verein in der Stadt offene Türen ein: Die Leute gierten förmlich danach, sich wieder mit einer Elf identifizieren zu können, die Fußball nicht nur arbeitete (wie unter Willi Reimann in der Bundesliga), sondern auch spielte. Das Frankfurter Publikum liebt das Filigrane. Den juvenilen Kickern, die sich mit leidenschaftlichem, nicht immer brillantem, aber stets engagiertem Fußball verlorenen Kredit zurückeroberten, wurde … denn auch mancher Fauxpas verziehen. Weil die Leute auf den Rängen spürten, dass dort unten auf der Wiese Sportler rannten, die den Willen hatten, ihr Bestes zu geben. Und es entwickelte sich eine bemerkenswert enge, neue Beziehung zwischen Spielern und Fans.“ (Thomas Kilchenstein am 23. Mai 2005 in der „Frankfurter Rundschau“)

Nach dem Aufstieg 2003 konnte man sich im Internet das Motto „Wo ein Willi ist, ist auch ein Weg!“ herunterladen. Das hatte mit der Eintracht-Tradition als „göttliche“ Diva zwar wenig gemein und klang eher nach Ruhrgebiet als nach Rio, doch letztlich ist das Ziel entscheidend und nicht der Weg. Aufstieg 2005, Pokal-Finale 2006, UEFA-Pokal 2006/07 – Etappen auf dem beschwerlichen Weg zurück in höhere Tabellenregionen der Fußball-Bundesliga? ■

Der Durchbruch zur Spitze

Bekanntlich sind aller guten Dinge drei. Ob man am Riederwald bei der dritten Verpflichtung von Paul Oßwald diese Weisheit im Hinterkopf hatte, wissen die Götter. Fakt ist, dass sie sich bewahrheiten sollte. 1932 hatte Paul Oßwald die Eintracht zum ersten Mal ins Endspiel um die „Deutsche“ geführt. 1938 war er in den Gruppenspielen am Hamburger SV gescheitert. Dass der große Wurf bereits im Jahr eins der dritten Oßwald-Ära gelingen sollte, war umso schöner, setzte er doch den Feierlichkeiten zum 60-jährigen Bestehen des Vereins die Krone auf.

Doch zunächst sah es gar nicht danach aus, denn die Eintracht hatte im Sommer 1958 mal wieder ein Torhüter-Problem. Egon Loy war seit April mit einer Beinverletzung zum Zuschauen verurteilt. Da der bisherige Reserve-Keeper Karlheinz Lindner zum VfB Friedberg gewechselt war, hatte Paul Oßwald die Wahl zwischen dem 37-jährigen Helmut Henig und dem von der SG Dietzenbach verpflichteten Handball-Torwart (!) Helmut Abraham.

1958/59 ■ Ein Triumphzug zur Deutschen Meisterschaft

Der Zufall wollte es, dass Oßwald mit der Eintracht gleich im ersten Spiel zu seinem Ex-Klub auf den Bieberer Berg musste. Nach einem leistungsgerechten 1:1 waren sich die Fachleute einig, dass beide Mannschaften in dieser Form erneut zu den Meisterschaftsanwärtern zählen würden. Während die Offenbacher jedoch den direkten Weg einschlugen und bereits nach vier Spielen an der Spitze standen, gab es für die Eintracht gleich im ersten Heimspiel einen Rückschlag. Angstgegner SpVgg Fürth entführte nämlich mit einem 1:0 zum vierten Male in Folge beide Punkte vom Riederwald. Eine Serie von vier Siegen in Folge ließ den Heimpatzer jedoch schnell vergessen. Am 19. Oktober kehrte auch Egon Loy ins Eintracht-Tor zurück. Zwar gab es bei Bayern München eine 1:4-Niederlage, aber was zu diesem Zeitpunkt noch keiner ahnen konnte: Es war die letzte Niederlage in der laufenden Saison! Bis Jahresende gab es sechs Siege in Serie. Mit 23:7 Punkten lag die Eintracht am Vorrundenende als Zweiter drei Punkte hinter den Offenbacher Kickers und einen vor Bayern München.

Kein Wunder, dass die Fußballfreunde in Frankfurt und Umgebung dem Knaller zum Rückrundenauftakt gegen die Offenbacher Kickers mit Spannung entgegenfieberten. Mit 55.000 Zuschauern war das Stadion am 11. Januar gut gefüllt. Auf zehn Zentimeter hohem Schneeboden ging die Eintracht schon nach fünf Minuten durch ein Eigentor von Nazarenus I in Führung. Hermann Nuber brachte die Kickers aber bis zur Pause noch in Front. 2:1 hieß es auch noch acht Minuten vor Schluss. Die Offenbacher hatten die Rechnung jedoch ohne den Wirt gemacht – und das im wahrsten

Sinne des Wortes! In der 82. Minute nämlich platzierte Alfred Pfaff, von Beruf Gastwirt, einen Freistoß zum viel umjubelten Ausgleich unhaltbar ins Dreieck. Eine Woche später wurde in Fürth mit 3:0 Revanche für die Heimniederlage vom August genommen. Selbst zwei Unentschieden gegen den VfB Stuttgart (2:2) und beim TSV 1860 München (1:1) konnten den Eintracht-Express nicht mehr stoppen. Punkt für Punkt verringerte sich der Abstand auf den Tabellenführer von der anderen Mainseite. Zweimal wich die Eintracht noch ins Stadion aus, was mit 50.000 Zuschauern gegen den 1. FC Nürnberg (1:0) und 36.000 gegen Bayern München (0:0) honoriert wurde. Ein Sieg über die Münchner hätte bereits eine Vorentscheidung im Kampf um Platz 2 gebracht, so aber konnte der Tabellendritte FC Bayern wenigstens auf drei Punkten Distanz gehalten werden.

Ihre Meisterschaftsreife und Sturmstärke demonstrierte die Eintracht zunächst in der Fremde. In Berlin wurde der amtierende Meister Tennis Borussia mit 6:0 abserviert, und im Pokalspiel beim Süd-Titelverteidiger Karlsruher SC hieß es sogar 8:0. „Eintracht zeigte modernen Erfolgsfußball und deklassierte die Karlsruher", schwärmte das „Sportmagazin" am 13. April 1959. „So stellen wir uns eine Mannschaft vor, die in den Endrundenspielen Erfolg haben wird. Nicht nur, dass die Frankfurter im Einzelkönnen überlegen waren, sie spielten auch viel moderner und schneller und waren überdies die besseren Athleten. Die ausgefeilte Technik wurde ausnahmslos in den Dienst der Mannschaft gestellt."

Am 26. April war das erste Etappenziel erreicht. Nach einem 2:0 beim 1. FC Schweinfurt 05 war der Eintracht Platz 2 nicht mehr zu nehmen. Acht Tage später gelang der Sprung an die Tabellenspitze. Während es am Riederwald ein ungefährdetes 4:0 gegen den BC Augsburg gab, verloren die Offenbacher Kickers auf dem Bieberer Berg mit 2:3 gegen den TSV 1860 München. Nun wollte man sich auch die vierte Süddeutsche Meisterschaft nicht entgehen lassen. Zum letzten Spiel beim VfR Mannheim wurde die Mannschaft von ein paar tausend Anhängern begleitet, für die die Sache von vornherein klar war: „Das letzte Spiel hat es entschieden, wir sind Meister jetzt im Süden", stand auf einem Spruchband. Bereits nach den ersten 45 Minuten war alles klar. Mit dem 3:1 schraubte die Eintracht ihr Punktekonto auf 49:11 und egalisierte den Rekord der Offenbacher – die mit 46:14 Zweiter wurden – aus der Saison 1948/49.

Zum Auftakt der Endrunde um die Deutsche Meisterschaft sorgte die Eintracht in Bremen für einen neuen Zuschauerrekord. 40.000 kamen aus dem Staunen nicht heraus, als die Mannen vom Main den tapferen Werderanern beim 7:2 nicht den Hauch einer Chance ließen. „Schnell, schön, erfolgreich", beschrieb Karl-Heinz Heimann im „Kicker" den Gala-Auftritt der Frankfurter. Kein Wunder, dass zum ersten Heimspiel 81.000 Zuschauer erwartungsvoll ins Stadion pilgerten und auf eine Fortsetzung der Torflut hofften. Der FK Pirmasens leistete jedoch erbitterten Widerstand, ging sogar 1:0 in Führung und konnte das Spiel lange offen halten. Während sich das Fehlen von Alfred Pfaff bemerkbar machte, glänzte der Ungar Istvan Sztani und erzielte zwei Tore zum 3:2-Sieg. Vor dem Spiel gegen den 1. FC Köln hatte Trainer Oßwald erneut Ver-

Kreß erzielte den zweiten Treffer im Endrundenspiel gegen den 1. FC Köln.

letzungspech zu beklagen, denn mit Stinka (Blutvergiftung) und Schymik (Meniskusschaden) fielen beide Außenläufer aus. Dafür war Pfaff wieder an Bord, konnte in einem schwachen Spiel jedoch auch keine Akzente setzen. Beim 2:1-Erfolg gab es ein Wiedersehen mit dem ehemaligen Eintracht-Spieler und Trainer Peter Szabo, der jetzt Coach beim FC war. Allerdings wurde der Erfolg teuer erkauft, denn Stopper Horvat verletzte sich so schwer, dass er nie mehr für die Eintracht spielen konnte. Beim Rückspiel stellte sich eine völlig verwandelte Eintracht-Elf dem Kölner Publikum vor. „Wie englische Profis" („Kicker"-Schlagzeile) traten die Riederwälder auf, die das Spiel zu jeder Zeit kontrollierten und verdient mit 4:2 gewannen. Als nach dem Schlusspfiff die Kunde von der Pirmasenser Niederlage bei Werder Bremen (2:5) die Runde machte, war allen klar: Dank des besseren Torverhältnisses war die Eintracht bereits mit anderthalb Beinen im Endspiel. Während die Frankfurter in den beiden abschließenden Spielen beim FK Pirmasens (6:2) und gegen Werder Bremen (4:2) nichts mehr anbrennen ließen, verlief das Rennen in der anderen Gruppe weitaus spannender.

Hier führten nach vier Spielen die Offenbacher Kickers mit 7:1 Punkten vor dem Hamburger SV. Ein Main-Derby als Endspiel lag also im Bereich des Möglichen. Allerdings sah es am 13. Juni bis zur 87. Minute keineswegs danach aus. Während die Eintracht in Ludwigshafen den FK Pirmasens überrollte, führte Außenseiter Tasmania 1900 Berlin vor 35.000 Zuschauern im Frankfurter Waldstadion drei Minuten vor Schluss mit 2:0 gegen die Offenbacher. Doch dann machten die Kickers das Unmög-

Berlin, Berlin – wir waren in Berlin: Eintracht-Fans klären die Bevölkerung über die Machtverhältnisse am Main auf.

liche möglich: 87. Minute 1:2 Nuber, 88. 2:2 Kraus, 89. 3:2 Preisendörfer. Da der HSV zur gleichen Zeit 1:3 bei Westfalia Herne unterlag, stand die Endspiel-Paarung fest: Eintracht Frankfurt gegen Kickers Offenbach. Für Unverständnis sorgte lediglich der Endspiel-Ort, denn der DFB hatte das Spiel bereits im Januar (!) nach Berlin vergeben. Alles Wenn und Aber half nichts, und so machten sich beide Mannschaften und mehrere tausend Anhänger aus beiden Lagern auf den Weg in die alte Reichshauptstadt.

Unter Leitung von Schiedsrichter Asmussen aus Flensburg standen sich am 28. Juni 1959 folgende 22 Spieler gegenüber:

► Eintracht: Loy; Eigenbrodt, Höfer; Stinka, Lutz, Weilbächer; Kreß, Sztani, Feigenspan, Lindner, Pfaff.

► Offenbach: Zimmermann; Waldmann, Schultheiß; Keim, Lichtl, Wade; Kraus, Nuber, Gast, Kaufhold, Preisendörfer.

Zwar war das Olympiastadion nicht ganz ausverkauft, dafür erlebten die 75.000 Zuschauer einen Fußball-Krimi allerbester Güte. Schon nach 15 Sekunden lag der Ball zum ersten Male im Kickers-Netz. Lindner hatte den Anstoß ausgeführt und zu Kreß gegeben, der überspurtete Schultheis und flankte auf Sztani, der im Strafraum lauerte. Der Eintrachter Führung folgte ein offener Schlagabtausch: 7. Minute 1:1, 14. Minute 2:1 durch Feigenspan, 23. Minute 2:2. Danach hatten sich die Abwehrreihen besser postiert, die Torchancen wurden seltener. Da in den verbleibenden 68 Minuten kein Treffer mehr fiel, ging es in die Verlängerung. Die Vorentscheidung fiel in der 92. Minute durch einen Foulelfmeter (Lichtl an Kreß), den Feigenspan zum 3:2 für die Eintracht verwandelte. (Die Schiedsrichterentscheidung für den Elfmeter sorgte noch jahrzehntelang für Diskussionen zwischen Frankfurtern und Offenbachern.)

In der 107. Minute erhöhte Sztani auf 4:2. Zwar konnte Gast zwei Minuten später noch einmal auf 3:4 verkürzen, doch in der 117. Minute machte Feigenspan den Sack

Endspiel als Lokalderby: Eintracht-Stürmer Feigenspan im Duell mit den Offenbachern Lichtl und Wadl.

zu: Nach einem Kreß-Solo spazierte er mit dem Ball mutterseelenallein ins Tor – 5:3. Die Eintracht war Deutscher Meister!

Der Jubel im Frankfurter Lager kannte keine Grenzen. Begeisterte Eintracht-Anhänger trugen den zweifachen Torschützen Istvan Sztani auf den Schultern über den Platz. Den größten Triumph seiner Karriere genoss indessen Trainer Paul Oßwald, der im Mittelpunkt der Ovationen stand. In seinem dritten Endspiel nach 1932 und 1950 war ihm endlich der große Wurf gelungen.

Am Montag bereitete man sich in Frankfurt auf den Empfang der Endspiel-Helden vor. Für die Nacht zum Dienstag wurde die Polizeistunde aufgehoben, am Römer sollte Freibier ausgeschenkt werden – was vorzeitig eingestellt werden musste, da die ungestüm drängende Menge mit den Schankburschen ins Gehege kam! Kurz nach 17.10 Uhr landete die Mannschaft auf dem Rhein-Main-Flughafen. Von dort ging es zum Bahnhof Sportfeld, wo ein Sonderzug bereit stand. Gezogen von der „Adenauer-Diesellok" rollte der Zug um 18.40 Uhr im Hauptbahnhof ein, wo er von den anderen Lokomotiven mit lautem Pfeifen begrüßt wurde. Nur mit Mühe konnte die Polizei die vieltausendköpfige Menge in Schranken halten. Die Fahrt auf zwei sechsspännigen Brauereiwagen zunächst zum Römer und anschließend zum Zoo-Gesellschaftshaus glich einem Triumphzug. Wohin man blickte: schwarz-weiße Fahnen. Nach Schätzungen der Polizei waren zwischen 200.000 und 300.000 Menschen auf den Beinen.

Die Entscheidung im Berliner Olympiastadion: Sztani (rechts) erzielt das 4:2. Torwart Zimmermann und Waldmann sind machtlos.

Auch in Offenbach gab es einen großen Bahnhof, allerdings war man dort wegen des Elfmeters nicht gut auf Schiedsrichter Asmussen zu sprechen. Das sowieso seit Urzeiten gespannte Verhältnis der beiden Nachbarstädte wurde arg strapaziert und zur „Revanche" am 25. Juli aufgerufen. An diesem Tag stand nämlich das Viertelfinalspiel um den Süddeutschen Pokal zwischen den Kickers und der Eintracht auf dem Programm, das wegen der Endrunden-Teilnahme beider Mannschaft um zwei Monate

verschoben worden war. Wie „heiß" die Offenbacher auf dieses Spiel waren, zeigte die Tatsache, dass die CDU-Stadtverordneten binnen kürzester Zeit 150 Mark für den Kickers-Spieler gesammelt hatten, der das erste Tor gegen die Eintracht erzielen würde. Um die Situation zu entschärfen und angesichts der zu erwartenden Zuschauermenge untersagte Offenbachs Oberbürgermeister Dietrich jedoch die Austragung des brisanten Spiels auf dem Bieberer Berg. Vor 40.000 Zuschauern gewann die Eintracht daher im Stadion auch die „Endspiel-Revanche" verdient mit 3:1. Zweimal Pfaff, einmal Kreß sowie Nuber zum 1:2 waren die Torschützen. Bei diesem Spiel hatte Stürmerstar Istvan Sztani seinen letzten Auftritt im Eintracht-Trikot; der Ungar wechselte für eine Ablöse von 80.000 Mark zu Standard Lüttich.

Die Meistermannschaft mit der „Salatschüssel": Stehend von links ein Betreuer, Höfer, Stinka, Sztani, Kreß, Pfaff, Trainer Oßwald, Weilbächer, Lutz, der verletzte Schymik, Ersatzspieler A. Bechtold. Kniend Lindner, Loy und Feigenspan. Es fehlt Eigenbrodt.

Nun hatte die Eintracht auch der Pokal-Ehrgeiz gepackt. Im süddeutschen Halbfinale wurde der VfB Stuttgart in einem Wiederholungsspiel am Riederwald mit 5:0 vom Platz gefegt. In diesen Spielen glänzte erstmals der neue Mittelstürmer Erwin Stein, der von der SpVgg Griesheim 02 verpflichtet worden war, um die durch den Weggang von Sztani und Feigenspan (zum TSV 1860 München) entstandene Lücke zu schließen. Zwischen den beiden Pokalspielen unternahm die Eintracht eine einwöchige Gastspielreise durch die UdSSR, in deren Verlauf es mit 1:5 beim Erstligisten Moldova Kischinew erstmals wieder eine Niederlage gab. Der Traum vom Double erfüllte sich aber nicht. Am 5. September wurde das süddeutsche Pokal-Endspiel gegen den VfR Mannheim überraschend mit 0:1 verloren. Ein Eigentor von Torhüter Loy bedeutete vor 18.000 Zuschauern in Karlsruhe bereits nach 13 Minuten die Entscheidung.

28. Juni 1959: Eine Stadt im Endspiel-Fieber

Für eine Sonderausgabe des Eintracht-Fanzines „Fan geht vor“ stellte Jörg Heinisch im Herbst 1997 aus Frankfurter Tageszeitungen folgenden Erlebnisbericht eines Daheimgebliebenen über den Nachmittag des 28. Juni 1959 zusammen:

„Schon am Eschenheimer Turm und an der Hauptwache hatte ich gemerkt, dass heute Mittag die Taxis knapp in Frankfurt sind. Die Taxifahrer sitzen am Fernseher. Am Halteplatz Konstablerwache steht eines. Ich beginne zu rennen. Aber es wird mir weggeschnappt. Nach sieben Minuten kommt wieder ein Wagen.

In Bornheim besuche ich das Vereinslokal des FSV, den ‚Dicken Fritz‘. Als der Ball auf das Eintrachttor zuschießt, dann aber hoch darüberfliegt, schreien die braven FSV-Anhänger erleichert ‚Hurra‘! Immer wieder werfen begeisterte Bornheimer die Arme in die Luft oder klatschen sich krachend auf die Schenkel.

Zehn Minuten später sind wir wieder in der Eintracht-Hochburg. Der ‚Solber-Karl‘ hat zwei Fernseher aufgestellt. Mit Frauen, kleinen Kindern und Großmüttern sind die Eintrachtleute ins Lokal gerückt. Immer noch 2:2, das macht manche halb wahnsinnig. Sie schreien schrill, wenn es bedrohlich aussieht. Da knallen die Offenbacher das Leder an die Eintrachtlatte. Es ist, als habe man die Menschen geschlagen, sie stöhnen auf. ‚Wer jetzt ein Tor schießt, gewinnt das Spiel‘, philosophiert ein alter Mann. ‚Das war doch foul!‘, brüllt ein 30-Jähriger kochend vor Wut, und als der Schiedsrichter nicht pfeift, wirft der Tobende das Bierglas auf den Boden. Niemand kümmert sich um die Scherben.

In diesen Minuten (16:40 Uhr) ist man beim ‚Solber-Karl‘ zerknirscht. ‚Die Offebacher gewinne des Ding, ich seh’s komme, dann häng ich mich uff‘ – ‚Die Offebacher mache immer so Dutte – Da braucht mehr nimmer zugucke.‘

Und dann versteigt sich ein wankelmütiger Eintracht-Mann zu der defätistischen Äußerung: ‚Die Offebacher sinn besser!‘ Dass sie ihn nicht verhauen haben, war ein Wunder. ‚Bist de närrisch, ich bitt’ dich doch, die Offebacher sinn net besser!‘ Schimpf-

Triumphzug zum Römer: Frankfurt feiert seinen Meister.

kanonen prasseln auf den Armen, der laut gedacht hatte, Kübel von Wut werden über ihn ausgegossen, wie ein geprügelter Hund zieht er ab, aber die Stimmung ist durch ihn doch gerettet, im ‚Solber-Karl' schwören sie, solcherart geschockt, wieder ohne die Spur eines Zweifels auf ihre Eintracht.

Verlängerung. Ich fahre nach Sachsenhausen zur Stippvisite. Als ich den Ostbahnhof passiere, schießt Feigenspan zum 3:2 ein. Aus dem ‚Grauen Bock' taumelt ein Mann, als sei ihm schlecht. Es ist ein Offenbacher, der nicht verstehen kann, dass der Schiedsrichter eben seiner Mannschaft einen Elfmeter versagt hat. ‚Den hätte mer kriehe müsse, den Elfer', wimmert er immer wieder. Im ‚Schwalbennest' am Neuen Wall mache ich Endstation. Hier ist man neutral: ‚Wer gewinnt, ist egal, beide Mannschaften sind gut', das ist die Meinung der Ebbelwei-Geschworenen. Sztani schießt ein zum 4:2. ‚Des hätte die stärkste Fanatiker net gedacht. Jetz isses entschiede.' Doch dann kommt das 4:3. Da zeigt sich, dass die Sachsenhäuser viel für Offenbach übrig haben. Sie jubeln. ‚Siehste, die Offebacher lasse net locker. Nun kommt Offebach.' Aber als die Offenbacher doch nicht kommen, sondern das 5:3 für die Eintracht fällt, jubeln die Sachsenhäuser nicht minder.

Bereits vor dem Spielende wurde der Spezialwein Frankfurter Sportgemeinde Eintracht – Deutscher Meister 1959 ausgeschenkt, auf dessen Etikett die Mannschaftsaufstellung zu lesen war – ein bisschen voreilig vielleicht, aber goldrichtig!" ■

1959/60 ■ Furore im Europapokal

In der neuen Saison wurde da angeknüpft, wo man in der alten aufgehört hatte. Nach sechs Spielen konnte das Oberliga-Feld wieder von der Spitze aus beobachtet werden. Fünf Siegen stand lediglich eine Niederlage gegenüber: 2:4 beim TSV 1860 München, wobei Ekkehard Feigenspan zwei Tore zum Sieg der „Löwen" beisteuerte. Für die erste Punktspielniederlage seit 23 Spielen musste Bayern Hof eine Woche später mit einer 0:11-Abfuhr büßen. Auch im Ablösespiel für Istvan Sztani gab es unter Flutlicht ein deutliches 5:1 über Standard Lüttich. Gut eingeführt hatte sich der neue Sturmführer Erwin Stein, der in den ersten sechs Spielen 13 Tore erzielte, dabei alle vier im Derby beim FSV (4:2). Doch plötzlich geriet der Eintracht-Motor ins Stottern. Vor allem die Abwehr, die nach sieben Spielen bereits 16 Gegentore hatte hinnehmen müssen, bereitete Kopfzerbrechen. Gegen Bayern München kam es dann knüppeldick: Als sich die Mannschaft aufmachte, den 0:1-Pausenrückstand auszugleichen, brach sich erst Eigenbrodt das Wadenbein, dann unterlief Lutz ein Eigentor, und schließlich wurde Kreß nach einer Tätlichkeit vom Platz gestellt.

Es blieb eine wechselhafte Oberligasaison, bei der die Eintracht zwischen Platz 2 und 7 pendelte. Eine tolle kämpferische Leistung wurde im Derby gegen die Offenbacher Kickers gezeigt. Da sich das Verteidigerpaar Lutz-Bechtold im Rückspiel bei Bayern München (0:3) verletzt hatte, Pfaff wegen einer Verletzung ausfiel und die Stürmer Stein und Solz nach einer mehrwöchigen Pause das Training erst wieder aufgenommen hatten, musste Trainer Oßwald die Mannschaft notgedrungen umbauen. In der Abwehr vertraute er dem Duo Schymik-Höfer, zog Weilbächer aus dem Sturmzentrum auf die linke Läufer-Position zurück und setzte im Angriff wieder Stein und Solz ein. Ein Schachzug, der voll aufging: Die favorisierten Kickers wurden vor 30.000 Zuschauern am Riederwald mit 3:2 niedergekämpft. Trotz der zusätzlichen Belastung durch den Europapokal belegte die Eintracht am Ende mit 37:23 Punkten den 3. Platz, acht Zähler hinter Meister Karlsruher SC und zwei hinter dem Rivalen aus Offenbach. Auch im Pokal wurde erneut das Endspiel erreicht.

Die wahren Höhepunkte dieser Saison sah man allerdings auf europäischer Ebene. Nachdem der finnische Meister Kuopio PS zurückgezogen hatte, gab die Eintracht am 7. November 1959 in Bern bei den Young Boys ihr Debüt im Europapokal der Landesmeister. Nach Toren von Weilbächer (17. Minute) und Meier (YB, 26.) stand es 17. Minuten vor Schluss 1:1, als Stein einen Konter zum 1:2 verwertete. Fünf Minuten später erhöhte Bäumler mit einem Handelfmeter auf 3:1, und wieder fünf Minuten später stellte Eintrachts Meier das Endergebnis her (4:1). Im Rückspiel am 25. November, bei dem die neue Flutlicht-Anlage im Stadion eingeweiht wurde, sahen 40.000 Zuschauer einen einzigen Sturmlauf der Eintracht, doch Berns Torhüter Eich ließ sich nur von einem Bäumler-Elfmeter (68.) überwinden. Dank des hohen Hinspiel-Sieges blieb der Ausgleich eine Minute vor Schluss ohne Konsequenzen.

Vor dem Viertelfinal-Hinspiel gegen den Wiener SC am 3. März 1960 war die Eintracht bei den englischen Buchmachern mit 7:1, der Sportclub mit 10:1 notiert. Außerdem hatte man die Wiener 1958 in zwei Freundschaftsspielen sicher mit 6:1 und 5:1 bezwungen. Auch diesmal legte die Eintracht los wie die Feuerwehr, doch am Ende sprang lediglich ein 2:1 durch Tore von Lindner und Meier heraus. Dabei hatte die Eintracht vor 31.000 Zuschauern im Stadion den Gegner klar beherrscht und hätte höher gewinnen müssen. Während die Gäste die knappe Niederlage feierten, ließ man am Riederwald die Köpfe hängen.

Im Rückspiel am 16. März vertraute Trainer Oßwald der Mannschaft, die drei Tage zuvor die Offenbacher Kickers bezwungen hatte. Nur auf einer Position verändert (Pfaff für Solz), lief die Eintracht vor 46.000 Zuschauern im Praterstadion ein. Wie schon im Hinspiel regnete es in Strömen, aber die Frankfurter Spieler zeigten vom Anpfiff an, dass sie mitspielen wollten. In der starken Anfangsviertelstunde wurde lediglich versäumt, ein Tor vorzulegen. Danach kam der Sportclub besser ins Spiel und ging nach einer halben Stunde durch Hof in Führung. Auch nach dem Wechsel begann die Eintracht stark und drückte vehement auf den Ausgleich. In der 60. Minute war es dann so weit: Eine Abwehr von Weilbächer gelangte über Kreß zu Lindner, der Stein mit einem Steilpass in Szene setzte. WSC-Torhüter Szanwald kam aus seinem Tor heraus, doch Stein behielt die Nerven und schoss zum 1:1 ein. Danach baute der Sportclub konditionell stark ab, und das Remis wurde souverän über die Zeit gerettet. Der Jubel war riesengroß: Als erste deutsche Mannschaft hatte Eintracht Frankfurt das Halbfinale im Europapokal der Landesmeister erreicht.

In der Runde der letzten Vier hatte man es mit den Glasgow Rangers zu tun. Auf Grund der Lehren aus dem Spiel gegen den Wiener SC entschied sich die Eintracht, das Hinspiel am 13. April zuerst im Stadion auszutragen. Strotzend vor Selbstbewusstsein gab sich der schottische Rekordmeister bei der Ankunft in Frankfurt: „Manager Scott Sympson meinte auf dem Flugplatz, von Reportern befragt: ‚Eintracht, wer ist das? Platz besichtigen? Warum? Ein Platz ist wie der andere. Dafür haben wir im Spiel genügend Zeit. Ich kenne so viele Felder, sie sind alle gleich. Wir spielen unser Spiel.‘ Wohlverstanden, das war keine Überheblichkeit. Das war eben der Ausdruck schottischer Auffassung vom Fußball. Der britische Fußball, vor wenigen Jahren noch Lehrmeister, war für sie immer noch zumindest europäische Spitzenklasse. Konservativ wie die Briten nun einmal sind, haben sie, was den Fußball anbelangt, von der Weiterentwicklung auf dem Kontinent zwar Kenntnis genommen, aber keinen Grund gesehen, den eigenen Stil davon etwa beeinflussen zu lassen oder gar zu ändern … Wenn sie also fragten ‚Wer ist die Eintracht‘, so war das keineswegs überheblich gemeint. Der Deutsche Fußballmeister war ihnen dem Namen nach natürlich bekannt. Aber es war halt eine Mannschaft wie jede andere auch. So wollten sie das verstanden wissen. Wie grausam sollten sie an diesem 13. April aufgeklärt werden.“ (Erwin Dittberner, Eintrachts Weg nach Glasgow)

Ganz anders der alte Trainerfuchs Paul Oßwald. Er hatte die Rangers beim Entscheidungsspiel gegen Sparta Rotterdam in London beobachtet und hinterher gesagt, dass sich die Reise gelohnt habe. Das Stadion war mit 77.000 Zuschauern bis auf den letzten Platz gefüllt. Ihnen und Millionen vor dem Fernseher stockte bereits nach acht Minuten der Atem, als Kreß im Strafraum gefoult wurde: Elfmeter! Der Gefoulte selbst lief an und schob knapp am linken Pfosten vorbei. Nach 28 Minuten dann doch die Eintracht-Führung durch Stinka. Doch im Gegenzug bereits der Ausgleich. Weilbächer ließ McMillan im Strafraum über die Klinge springen, den fälligen Strafstoß verwandelte Caldow sicher zum 1:1. Mit diesem Ergebnis wurden die Seiten gewechselt.

Was sich danach abspielte, kann wahrscheinlich nur verstehen, wer selbst dabei war. Zunächst machten die Rangers gehörig Druck, und die Eintracht-Abwehr hatte einige brenzlige Situationen zu meistern. Doch dann sorgte ein Doppelschlag von Pfaff für die Vorentscheidung. In der 53. Minute konnte Torhüter Niven einen Stein-Schuss nur abklatschen, Pfaff schob zum 2:1 ein. Drei Minuten später ein Freistoß, wie ihn nur „Don Alfredo“ treten konnte: mit Effet um die Mauer – 3:1. Das Stadion war aus dem Häuschen. Doch damit nicht genug. Lindner erhöhte in der 74. und 85. Minute auf 5:1. Inmitten des Tollhauses versuchte ein schottischer Reporter, seinen ungläubigen Kollegen den Spielbericht nach Glasgow durchzutelefonieren: „Five-one. Yes – no, not for Rangers: Eintracht 5, Rangers 1 – o, no! Eintracht 6, Rangers 1!“

Stein hatte in der 86. Minute das Endergebnis erzielt – die Eintracht stand mit einem Bein im Endspiel. Die Fachleute waren sich einig. „Nie spielte Eintracht besser!“, schrieb der „Kicker“.

Europapokal: Eintracht - Glasgow Rangers (6:1) am 13. April 1960. Lindner (links) hat soeben zum 4:1 eingeköpft. Torhüter Niven kann dem Ball nur noch traurig nachschauen.

Beim Rückspiel am 5. Mai wurde die Eintracht von den 77.000 Zuschauern im nur zu drei Vierteln gefüllten Ibrox Park mit stehenden Ovationen gefeiert. Wenn sich die Rangers keinen großen Illusionen mehr hingegeben hatten – erneut sechs Tore einstecken wollten sie bestimmt nicht. Mit dem 6:3 hatte die Eintracht nicht nur bewiesen, dass der Hinspielerfolg keine Eintagsfliege gewesen war, sie hatte sich auch in die Herzen der schottischen Zuschauer gespielt [Als ich 1976 zum ersten Mal ein Spiel im Ibrox Park sah und auf die Frage, wo ich her sei, antwortete: „Frankfurt, Germany", nickte man mir anerkennend zu: „Ah, Eintracht!". Anm. d. Verf.]. Die Rangers-Spieler waren faire Verlierer und bildeten nach dem Schlusspfiff ein Spalier für die Sieger.

„Ganz einfach, den Rangers wurde von der Eintracht eine Fußball-Lektion allererster Güte erteilt. Die Spieler waren total unvorbereitet auf den präzisen und dynamischen Fußball, der sie im Hinspiel in Deutschland erwartete, und der 6:1-Sieg der Heimmannschaft war keineswegs schmeichelhaft. Den Rangers wurden in jeder Beziehung ihre Grenzen aufgezeigt, und ihnen blieb lediglich die Ehre, das zweite Spiel in Ibrox noch bestreiten zu dürfen." (ins Deutsche übertragen aus: Stephen Halliday, The Official Illustrated History of Rangers)

Zweieinhalb Wochen später, am 18. Mai 1960, gab es ein Wiedersehen mit Glasgow, diesmal aber nicht im Ibrox Park, sondern im Hampden Park, wo das Europapokal-Finale gegen Real Madrid über die Bühne ging. 127.621 Zuschauer füllten das Oval, als die Halbprofis aus Deutschland den viermaligen Cup-Sieger aus Spanien herausforderten. Die Erfolge über die Rangers waren auch bei Real Madrid nicht unbemerkt geblieben, die „Königlichen" hatten Respekt vor der Eintracht und mussten ihr ganzes Können aufbieten, um den Europapokal zum fünften Mal in Folge zu gewinnen. 7:3 hieß es am Ende, doch so deutlich, wie es das nackte Ergebnis ausdrückte, war es beileibe nicht. Die Eintracht hatte ihre Chance – nutzte sie aber nicht.

In den ersten 20 Minuten hätte mehr als der Führungstreffer durch Kreß herausspringen können. „Aus einem raffinierten Effet-Ball von Meier, der vom Innenpfosten noch dazu um Zentimeter an dem bereitstehenden Stein vorbeisprang, aus zwei Kreß-Flanken nach unwiderstehlichen Spurts …, aus einer Pfaff-Vorlage, die Santamaria im letzten Moment mit dem Kopf ablenkte, aus all diesen Chancen hätten … bei etwas Glück noch zwei weitere Treffer entspringen müssen … wir bezweifeln, ob sich dann dieses gewiss einmalige Real in diesen überwältigenden Fußball-Rausch hätte steigern können." („Sportmagazin" vom 23. Mai 1960)

Aber Real konnte. Binnen zwei Minuten machte Di Stefano aus dem 0:1 ein 2:1 (27. und 29. Minute), und als Puskas Sekunden vor dem Halbzeitpfiff auf 3:1 erhöhte, war die Vorentscheidung gefallen. Ein umstrittener Foulelfmeter, von Puskas in der 53. Minute zum 4:1 verwandelt, machte die Sache endgültig klar. Erst jetzt begann Real Madrid zu zaubern, die Eintracht hielt jedoch so gut es ging dagegen, ließ sich nicht willenlos abschlachten, sondern schlug durch Erwin Stein zweimal zurück. Diesmal standen die Eintracht-Spieler nach dem Schlusspfiff Spalier für die siegreiche Real-Mannschaft.

Europapokal 1960: Die Eintracht vor dem Finale gegen Real Madrid. Stehend von links Lindner, Lutz, Höfer, Stein, Pfaff, Meier. Kniend von links Kreß, Weilbächer, Loy, Stinka, Eigenbrodt.

Da keimte Hoffnung: Kreß (links) bringt die Eintracht nach 18 Minuten 1:0 in Führung. Real-Torhüter Dominguez ist ohne Chance.

„Nur mit Kampf geht nichts"

„Don Alfredo" war in den 1950er und Anfang der 1960er Jahre die Seele des Eintrachtspiels. Gefürchtet waren seine angeschnittenen Freistöße, mit denen er so manches wichtige Tor erzielte. Für das Eintracht-Fanzine „Fan geht vor" besuchten Matthias Thoma und Jörg Heinisch den heute 80-Jährigen in seinem Gasthof in Zittenfelden im Odenwald. Obwohl bereits im Herbst 1997 geführt, hat das Interview nichts von seiner Aktualität eingebüßt. Es wurde noch angereichert mit Aussagen Pfaffs aus dem Film von Holger Avenarius „Eine Diva wird 100. 100 Jahre Fußball Eintracht Frankfurt" (1999), der zuletzt am 2. August 2003 im Hessen-Fernsehen zu sehen war. Anlässlich seines 80. Geburtstags am 16. Juli 2006 wurde Alfred Pfaff mit dem Hessischen Verdienstorden ausgezeichnet.

Alfred Pfaff, können Sie sich noch genau an die Endrunde um die Deutsche Meisterschaft und die Europapokalspiele erinnern?

Sicher, das ist ganz klar, dass wenn man solche Erfolge hat, dass man da nichts vergisst.

Ihr erstes Europapokalspiel war aber nicht mit der Eintracht, sondern an der Seite von FSV- und OFC-Spielern für die Frankfurter Stadtauswahl im Messecup gegen London. Wie bewerten Sie diesen Wettbewerb im Nachhinein?

Das war ein sehr guter und auch hochrangiger Wettbewerb. Da haben lauter ausgesuchte Spieler in den Stadtmannschaften gespielt. Das erste Spiel war ja in London, das war eine große Sache. Erst einmal, dass man mal im Wembley-Stadion gespielt hat, denn dort durfte ja nicht jeder spielen. Das war für uns schon eine große Ehre.

Wie war der Stellenwert damals bei den Zuschauern?

Der Stellenwert war hoch. Überhaupt waren Offenbach, der FSV und die Eintracht ja drei großartige Mannschaften. Die hatten ja alle ihre Fans. Wenn wir dann zusammen gespielt haben, dann hat das ganze Offenbacher und Frankfurter Fußballvolk hinter uns gestanden.

Welche Bedeutung hatten damals die Lokalderbys gegen Offenbach oder den FSV?

Die hatten eine große Bedeutung. Schon Wochen vorher waren da Gespräche in ganz Frankfurt. Da ging es nur noch um die Derbys. Wir hatten einen Fan, der Hermann Heller von der Großmarkthalle, das war ein Gastronom. Der andere Gastronom war der Pulverkopf vom FSV. Die beiden haben immer Wetten abgeschlossen. Das ging da schon um eine ganze Menge Geld. Die Fans der Eintracht konnten, wenn die Eintracht gewonnen hatte, beim Pulverkopf im FSV-Lokal essen und trinken, soviel sie wollten. Umgekehrt war es genauso. Die letzten Jahre war es halt immer so, dass wir beim Pulverkopf zugeschlagen haben.

Konnten da alle Fans hingehen?

Na ja, die engeren Fans.

Gab es private Kontakte zu den Spielern von Offenbach oder dem FSV, oder war da mehr Rivalität?

Nein, ich z.B. hatte gute Kontakte zum Gerd Kaufhold [Spielführer der Kickers, Anm. d. Red.]. Der hatte ein Tabak- und Süßwarengeschäft und hat mich in meinem Lokal beliefert. Wir waren auch so befreundet. Im Spiel ist das natürlich immer was anderes. Aber danach waren wir immer zusammen und haben auch mal ein Bier zusammen getrunken. Unter den Zuschauern gab es eine größere Rivalität, das war klar.

Alfred Pfaffs größter Erfolg: Deutscher Meister 1959.

Wie war damals die An- und Abreise, war das sehr beschwerlich?

Das Weiteste war ja, wenn wir mal nach Regensburg, Augsburg oder München mussten. Da sind wir halt mit Sonderzügen gefahren. Wir hatten einen Fan, der war bei der Bahn, der Herr Wohlleber. Der hat uns die Züge zusammengestellt. Da sind wir dann mit den Fans hingefahren.

Konnten da alle mitfahren?

Das hat ja auch Geld gekostet und so viel hatten die Leute ja auch nicht. Das waren immer nur die – sagen wir mal „Guten“ – die auch Geld hatten, die da mitgefahren sind.

Wieviel Eintracht-Fans haben damals im Durchschnitt ein Auswärtsspiel besucht?

Das ist schwer zu sagen. Wenn es mal viele waren, waren es so 200-300. In Berlin beim Endspiel waren dann natürlich ein paar tausend. Aber bei einem normalen Punktspiel in Regensburg oder Augsburg waren vielleicht 100 mit.

Hat man die wahrgenommen?

Sicher. Es sind ja viele mit dem Auto gefahren, die hat man dort gesehen. Man hat die ja alle persönlich gekannt.

Wie haben die Fans auf sich aufmerksam gemacht?

Die hatten Fahnen dabei.

Sind Sie nach dem Spiel zu den Fans in die Kurve gegangen und haben dort gefeiert?

Nein. Nach dem Spiel ist man z.B. am Riederwald in die Gaststätte gegangen. Dort waren dann auch die Fans gewesen. Wir waren halt damals enger mit den Fans zusammen, was heute nicht mehr so ist. Wenn heute das Spiel aus ist, gehen die ja alle auseinander. Da gibt es keine Kameradschaft mehr.

Gab es damals schon organisierte Fans?

Nein, das hat es damals noch nicht gegeben.

Wie kam es zu dem Namen „Don Alfredo". Hat das mit dem spanischen Spieler Alfredo di Stefano zu tun?

Ja. Wir haben ja 1950 schon bei Atletico Madrid gespielt. Da ist das schon ein bisschen angeklungen. Aber richtig war das dann in Schottland. Deren Präsident hat da immer zu mir „Don Alfredo" gesagt und hat mir den Hartmann verpaßt, den Koks. So ist das dann halt entstanden.

Wie haben Sie die Endrunde zur Deutschen Meisterschaft 1959 erlebt?

Wir sind bis an die Grenzen gegangen. Wir mussten ja tagsüber auch noch arbeiten. Das ist nicht wie heute, die haben ja sonst nichts zu machen. Wir haben den ganzen Tag gearbeitet und sind danach zum Training.

Der Empfang der Frankfurter Bevölkerung nach Berlin damals …

…das war toll. Einmalig. Ich weiß nicht, ob so etwas noch mal kommt. Meine Mutter stand mitten auf der Straße, die konnte nicht mal „Guten Tag" sagen, die ist gar nicht an mich rangekommen. Wir haben auf dem Bierwagen gestanden, sie ist nebenher gelaufen.

Das Endspiel in Glasgow…?

Das war eine große Sache. Bei uns haben da ja schon drei gute Leute gefehlt. Horvat, Feigenspan und Sztani haben ja nicht mehr gespielt. Wenn man drei bei den Madrilenen rausgenommen hätte, weiß ich nicht, wie es ausgegangen wäre. Wir haben ja 1:0 geführt und waren am Drücker. Dann haben die auf die Schnelle zwei, drei Tore gemacht, was leicht zu verhindern gewesen wäre, da haben wir hinten geschlafen. Dadurch sind wir dann unter die Räder gekommen. Die meisten Schotten waren ja auf unserer Seite. Aber das war halt die weltbeste Mannschaft, das muss man zugeben. Die waren schon gut. Obwohl, wenn wir ein bisschen Glück gehabt hätten oder wenigstens der Horvat hinten drin gestanden hätte. Aber vom Fußballerischen waren die schon Weltklasse.

Sie haben zum Endspiel für Freunde ein Flugzeug gechartert. Wie kommt man dazu?

Das war von meinem Lokal aus. Da waren ein paar Freunde, die haben gesagt, wir schnappen uns auch ein Flugzeug. Da hab ich dann gesagt, dann fangt mal an. Das haben sie dann auch gemacht.

Gab es damals keine normalen Resultate? 3:7, 6:2, 5:3, 6:3, 4:6 …

Das war nicht so wie heute, da sind noch Tore gefallen. Das war ein ganz anderes System. Die spielen heute mehr nach hinten. Das ist für mich kein schöner Fußball mehr.

Warum sind Sie in Frankfurt geblieben, oder hatten Sie als Star keine Angebote anderer Vereine?

Doch, ich hatte Angebote, aus Spanien, aus Madrid … Ich hatte viele Angebote. Aber es war ja so: Ins Ausland hätte ich gehen können, aber innerhalb Deutschlands konnte ich nicht wechseln. Da wäre man 18 Monate gesperrt worden. Das war das Sys-

Geadelt auf schottisch: Beim Bankett schenkte Rangers-Direktor John Williams (rechts) Alfred Pfaff seinen „Koks".

tem, das es bei uns halt gab. Aber ins Ausland hätte ich gehen können. Es war aber so gewesen, ich war drei Jahre in Kriegsgefangenschaft, dann hätte ich gleich 1950 nach Spanien gehen können. Ich bin 1947 erst heimgekommen. Da hatte ich dann wirklich keine Lust.

Und später?

Ja, später! Als wir Deutscher Meister geworden sind, war ich fast schon 34. Da will man dann nicht mehr weit weg. Angebote gab es zwar schon, aber man war mehr heimatverbunden.

Bereuen Sie das?

Nein!

Wo waren Sie in Kriegsgefangenschaft?

Ich war drei Jahre in Le Havre, dort war ich bei der Feuerwehr eingesetzt. Wir hatten schon ein bisschen mehr Freiheiten als die anderen Gefangenen. Die letzten anderthalb Jahre sowieso. Es gab Lagermannschaften, mit denen wir durch Frankreich gefahren sind und in den verschiedenen Städten gegen französische Mannschaften gespielt haben. Das war auch ganz gut organisiert. Wir hatten einen Ami gehabt, der das auch unterstützt hat. Der hat mit den anderen telefoniert. Das hat schon ein bisschen gedauert, bis es so weit kam, dass man rumfahren konnte, aber das ist dann ganz gut gegangen.

In der Nationalmannschaft unter Sepp Herberger waren Sie auch einmal Spielführer. Fritz Walter hat ihre Position besetzt. Gab es keine andere Position, die Sie hätten spielen können?

Doch sicher. Auch der Fritz hätte ja eine andere Position spielen können. Das war halt damals so, und was soll man da jetzt im Nachhinein noch viel sagen. Der Fritz war halt da und da ging nichts dran vorbei. Und der Fritz war halt auch dem Herberger sein „Sohn".

Sie gehörten zum Kader, der 1954 Weltmeister wurde, haben aber nur beim 3:8 gegen Ungarn in der Vorrunde gespielt. Wurde damals, wie machmal behauptet, mit Absicht nicht die beste Formation aufgestellt?

Ich sage nein, das gibt es nicht. Das sagt man hinterher, weil wir Weltmeister geworden sind, dass das ein Trick war. Aber das war nicht so.

Hat sich Sepp Herberger damals mit der Aufstellung so vertan?

Ich will nicht sagen vertan. Wir haben nicht schlechter gespielt als im Endspiel. Aber die Ungarn haben unheimlich viel Glück gehabt. Jeder Schuss hat gesessen. Wir waren vielleicht hinten nicht so stark. Aber wir haben ja auch drei Tore geschossen.

Die damalige Zeit mit dem Amateurstatus in Deutschland war eng mit dem Leitsatz „Elf Freunde müsst ihr sein" verbunden. War das in der Nationalelf so und auch in Frankfurt?

Das kann man schon sagen. Bei der Eintracht sowieso, und bei der Nationalmannschaft, das war auch eine gute Truppe. Da hat es keine Querelen gegeben oder Neider.

Hatten Sie keine Ambitionen, sich nach Ihrer Laufbahn bei der Eintracht zu engagieren?

Nein, hatte ich nicht. In der heutigen Zeit sowieso nicht, das ist so schwer.

Haben Sie noch Bezug zur Eintracht?

Ja, ich kriege schon noch meine Ehrenkarte, ich gehe aber in letzter Zeit nicht mehr hin. Am Wochenende ist hier viel Betrieb. Was bei der Eintracht los ist, beobachte ich aber schon. Wir treffen uns auch monatlich mit den Spielern von damals, aber das Interesse hat nachgelassen. Man kennt auch keinen der Spieler mehr persönlich. Heute bei dem Fußball halt, weiß ich nicht, was die Trainer da tun – ich bin bei keinem Training mehr dabei – ich weiß nicht, was die alle trainieren. Die können kaum noch einen Eckball reinschlagen. Die kommen halbhoch oder was weiß ich was. Aber Einwürfe können sie 30 Meter, das konnten wir früher nicht. Früher war's auch nicht so – ich wollte mal sagen, so schlimm, wenn man mal verloren hatte. Heute ist das gleich, na bald Krieg, wenn mal eine Mannschaft verliert. Die jungen Kerle rennen und kämpfen und tun, aber nur mit Kampf geht nichts. Es muss auch das Fußballerische dabei sein, sonst ist schlecht. ■

1960/61 ■ Nach einer Aufholjagd wieder in der Endrunde

Zu Beginn der Saison 1960/61 unterlag die Eintracht erneut im Finale des Süddeutschen Pokals, diesmal in Mannheim gegen den Süddeutschen Meister Karlsruher SC (1:2). Es war doppelt bitter, denn 1960/61 wurde erstmals der Europapokal der Pokalsieger ausgespielt ...

Dennoch galt die Eintracht wieder als einer der Favoriten für die neue Oberliga-Saison. Neben Bäumler (zum 1. FSV Mainz 05) schied auch Ivica Horvat als Sportinvalide aus dem Kader aus. Er blieb dem Verein jedoch als Jugend- und Assistenztrainer erhalten. Von den Neuzugängen konnte sich nur Stürmer Ernst Kreuz zeitweilig einen Stammplatz sichern. Kometenhaft war dagegen der Aufstieg des jungen Amateurs Lothar Schämer, der die Linksaußenposition im Sturm eroberte. Die Leistungen der Eintracht wurden auch von Bundestrainer Sepp Herberger honoriert, der nach sechs Jahren Pause wieder auf Richard Kreß zurückgriff. Außerdem feierte Friedel Lutz beim 5:0 in Island sein Länderspieldebüt.

Der Start in die Meisterschaft war durchwachsen. Nur langsam arbeitete man sich an die Spitzengruppe heran und leistete sich Ende November sogar eine überraschende 0:1-Heimniederlage gegen Bayern Hof. Über Weihnachten und Neujahr standen dann die „Wochen der Wahrheit" gegen zwei vor der Eintracht (Vierter) postierte Mannschaften an. Zwar konnten die Offenbacher Kickers (Dritter) vor 35.000 Zuschauern

Qualifikation zur Deutschen Meisterschaft 1961: Gefeiert von den mitgereisten Fans verlassen Eigenbrodt, Kreß, Weilbächer, Torhüter Loy und Stinka (von links) zufrieden den Platz.

im Stadion mit 2:0 geschlagen werden, doch zog sich Mittelstürmer Stein nach bereits vier Minuten eine Zerrung zu, so dass er für die beiden Spiele gegen den Tabellenführer 1. FC Nürnberg ausfiel. Am zweiten Weihnachtstag erlebten 35.000 im Stadion eine schöne Bescherung. Während die junge „Club"-Mannschaft meisterlich aufspielte und souverän 2:0 gewann, wurden bei der Eintracht die zündenden Ideen von Alfred Pfaff vermisst, der seit dem zweiten Spieltag verletzt zuschauen musste. Zwar war „Don Alfredo" am 8. Januar beim Rückspiel in Nürnberg wieder dabei, es sollte jedoch das letzte Oberliga-Spiel des genialen Spielmachers sein. Da dem Eintracht-Sturm ohne Stein erneut die Durchschlagskraft fehlte, ging auch dieses Spiel mit 0:2 verloren.

Erst nach einer Siegesserie mit 15:1 Punkten rückte die Eintracht dann im März auf den zweiten Platz vor, der bis zum Saisonende gehalten werden konnte. Zum Schluss lag die Eintracht drei Punkte vor den Offenbacher Kickers und hatte sich damit für das Ausscheidungsspiel gegen Borussia Neunkirchen qualifiziert. Mit 5:0 wurde der Südwest-Zweite in Ludwigshafen vom Platz gefegt. Plötzlich war Eintracht Frankfurt ein ganz heißer Anwärter auf die Deutsche Meisterschaft.

Bereits im ersten Gruppenspiel wurden die hohen Erwartungen des Eintracht-Anhangs jedoch arg gedämpft. Gegen den 1. FC Saarbrücken sprang im Stadion trotz drückender Überlegenheit nur ein 1:1 heraus. Umso überraschender kam daher das 1:0 bei Borussia Dortmund, das Meier bereits nach einer Viertelstunde erzielt hatte. Eine Minute vor Schluss fiel fast das 2:0, doch Steins Schuss prallte vom Innenpfosten ins Feld zurück. Auch bei Titelverteidiger Hamburger SV schien die Eintracht zur Pause auf der Siegesstraße. Anstatt jedoch nach dem frühen 1:0 durch Meier (5. Minute) die Entscheidung zu suchen, drosselte man das Tempo, was sich nach dem Seitenwechsel bitter rächte. Als der HSV nämlich aus dem 0:1 ein 2:1 gemacht hatte, fehlte der letzte Wille, das Spiel noch umzubiegen. Dafür lief es im Rückspiel eine Woche später genau umgekehrt. Diesmal lag der HSV zur Pause mit 2:1 vorne, doch Meier, Solz und nochmals Meier schossen zwischen der 63. und 75. Minute ein 4:2 heraus, womit die Eintracht wieder die Führung in der Gruppe 1 übernahm.

Vier Tage später hatte es die Eintracht im Heimspiel gegen Borussia Dortmund in der Hand, für eine Vorentscheidung zu sorgen. Eine halbe Stunde lief auch alles nach Plan. Stein hatte nach 19 Minuten die Führung herausgeschossen, und drei Minuten später schien alles klar. Thiemann foulte Stein im Strafraum – Elfmeter. Doch Friedel Lutz schob den Ball flach am linken Pfosten vorbei. Nach 32 Minuten glichen die Borussen durch Aki Schmidt aus und kamen in der 72. Minute zum Siegtor. Nach einem Doppelpass mit Schütz hatte Peters keine Mühe, Loy zu bezwingen. Im Eintracht-Lager war man entsetzt. Statt mit 7:3 Punkten klar Erster war man plötzlich nur Dritter mit 5:5. Aus eigener Kraft war die Endspiel-Teilnahme nicht mehr möglich.

Die Ausgangslage vor dem letzten Spieltag am 18. Juni war kompliziert: Bei einem Sieg in Dortmund war der HSV im Endspiel, bei einem Unentschieden musste die Eintracht in Saarbrücken gewinnen. Bei einem Dortmunder und Frankfurter Sieg würde das Torverhältnis entscheiden. Hier hatte der BVB (12:10) leichte Vorteile vor der Eintracht (8:7). Es wurde ein Herzschlag-Finale, bei dem die Rechenschieber heiß liefen. Zur Pause führte die Eintracht im Ludwigspark mit 1:0, Dortmund mit 2:1 gegen den HSV. Damit hätte die Eintracht im Endspiel gestanden. In der 47. Minute erhöhte Stein auf 2:0, doch in der 56. Minute verkürzte Thiel auf 1:2: Jetzt lag Dortmund mit 1,27:1,25 in Führung. Vier Minuten später das 3:1 durch Meier, jetzt war die Eintracht wieder im Endspiel. 61. Minute: 3:1 für Dortmund, aber immer noch 1,37:1,36 für die Eintracht. 69. Minute: 2:3 in Saarbrücken durch Vollmar, das Eintracht-Torverhältnis sank auf 1,22. Zwischen der 70. und 83. Minute zogen die Borussen schließlich auf 6:2 davon: 1,5:1,22. In der Schlussphase gelangen Lutz und Lindner zwar noch zwei Treffer zum 5:2, was die Eintracht noch einmal auf 1,44 heranbrachte, doch in der 89. Minute die Entscheidung in Dortmund: 7:2 durch Kelbassa – 1,58:1,44; Borussia Dortmund stand im Endspiel. Verletzungen hin, Pfostenschüsse her – das große Ziel Endspiel war in den Heimspielen gegen Saarbrücken und Dortmund verschenkt worden.

Das Gleiche galt auch für den DFB-Pokal, für den sich 1961 erstmals die vier Süd-Halbfinalisten direkt qualifizierten. Am 28. Juli schien die Eintracht gegen den 1. FC Köln nach Toren von Stein und Neuzugang Horn (von Bayern Hof) einem sicheren Sieg entgegenzusteuern. Ein Doppelschlag von Schäfer (69./70. Minute) riss die Riederwälder jedoch aus allen Träumen. In der Verlängerung machte schließlich Christian Müller den Kölner Sieg perfekt.

1961/62 ■ Duell gegen den „Club"

Wie im Vorjahr erwarteten die Experten auch diesmal wieder einen Zweikampf zwischen dem 1. FC Nürnberg, der sich gegen Borussia Dortmund seine achte Deutsche Meisterschaft gesichert hatte, und der Eintracht. Diese legte einen Bombenstart hin und war nach drei Spielen – 6:1 beim TSV 1860 München, 5:4 gegen Kickers Offenbach und 3:1 beim SV Waldhof – Tabellenführer. Die Tormaschine lief weiter auf Hochtouren: 5:0 beim FSV, 9:0 gegen den VfR Mannheim, 5:1 gegen Schwaben Augsburg. Ihr (Herbst-) Meisterstück machte die Eintracht am 26. November in Nürnberg. Vor 45.000 Zuschauern (darunter 5.000 Eintracht-Fans) schossen zweimal Schämer und Lindner den „Club" mit 3:0 ab. Ungeschlagen stand die Eintracht mit 26:4 Punkten und 51:16 Toren an der Spitze. Der 1. FC Nürnberg lag bereits fünf, der Dritte TSV 1860 München gar acht Punkte zurück. Auch außerhalb Deutschlands sorgte die Eintracht weiter für Furore. Beim belgischen Meister Standard Lüttich wurde mit 2:0, beim Europapokalsieger Benfica Lissabon und bei den Glasgow Rangers jeweils 3:2 gewonnen. Mit 104.679 Zuschauern wurde dabei anlässlich der Flutlicht-Einweihung im Hampden Park ein neuer Weltrekord für Freundschaftsspiele aufgestellt.

Die erste Niederlage gab es am 17. Dezember im Derby bei den Offenbacher Kickers (0:1). Es war das erste Mal, dass kein Treffer glückte. Nun folgte tatsächlich das erwartete Kopf-an-Kopf-Rennen mit dem „Club". Die Chance auf die dritte Süddeutsche Meisterschaft nach dem Krieg wurde einen Spieltag vor Schluss beim Vorletzten 1. FC

Schweinfurt 05 verspielt (0:3). Wieder einmal erwies sich der Sturm nur als laues Lüftchen. Schämer konnte selbst einen Foulelfmeter nicht zum Ehrentor verwerten. Dennoch war das Stadion im letzten Spiel gegen den 1. FC Nürnberg mit 71.000 Zuschauern ausverkauft. Sie sahen ein 2:1 über den alten und neuen Süddeutschen Meister. Am anderen Ende der Tabelle verlor der FSV mit 0:1 bei Bayern Hof und stieg damit in die 2. Liga Süd ab.

Wegen der WM in Chile wurde die Endrunde um die Deutsche Meisterschaft 1962 nur in einer einfachen Runde ausgetragen. Dabei hatte die Eintracht das Glück, den großen Favoriten 1. FC Köln im ersten Spiel im Stadion empfangen zu dürfen. Von Anfang an bestimmten die Frankfurter das Geschehen, erarbeiteten sich Chance um Chance, das Führungstor erzielten jedoch die Kölner durch Habig (32. Minute). Kreß konnte zwar noch vor der Pause ausgleichen (40.), ein Doppelschlag von Thielen unmittelbar nach dem Wechsel brachte jedoch die Entscheidung (46./48.) – 1:3. Im zweiten Spiel überrollte die Eintracht in Stuttgart Südwestmeister FK Pirmasens mit 8:1, durch den gleichzeitigen Sieg des 1. FC Köln über den Hamburger SV (1:0 in Hannover) waren die Chancen auf die Endspiel-Teilnahme dennoch auf den Null-

Endrunde 1962: Eintracht - 1. FC Köln (1:3). Der Ausgleich durch Kreß (links) kurz vor der Pause ließ die Fans noch einmal hoffen.

punkt gesunken, denn wer glaubte schon an einen Kölner Ausrutscher gegen Pirmasens? Mit 10:0 wurden die armen Pfälzer im Müngersdorfer Stadion abgefertigt. Immerhin sicherte sich die Eintracht mit einem 2:1 beim HSV noch den zweiten Platz in ihrer Gruppe.

Für den verpassten Final-Einzug wurde die Mannschaft mit einer einmonatigen Weltreise entschädigt. Im ersten Spiel gab es in Athen ein 0:0 gegen Panathinaikos, den Spitzenreiter der griechischen Liga. Über Kairo, Bombay, Kalkutta und Bangkok ging es weiter nach Kuala Lumpur, wo die Nationalmannschaft von Malaya mit 4:2 besiegt wurde. In Bangkok wurde eine örtliche Auswahlmannschaft 6:1 geschlagen, und auch in Hongkong gab es zwei weitere Siege: 6:1 gegen eine Stadt- und 7:3 gegen eine chinesische Auswahl. Via Tokio und Hawaii ging es weiter nach Amerika. Nach einem 3:2 über eine kalifornische Auswahl in San Francisco gab es im kanadischen Vancouver im sechsten Spiel gegen Sheffield United die erste Niederlage (1:4). Auf dem Weg nach Osten wurden die „Manitoba All-Stars" in Winnipeg mit 6:1 geschlagen, bevor in Toronto das zweite Spiel gegen Sheffield United ausgetragen wurde. Diesmal siegten die Engländer gar mit 4:0. Groß war die Freude, als die Mannschaft im abschließenden Spiel in New York gegen eine Auswahl des DAFB (4:1) von einer stattlichen Zahl Eintracht-Anhänger begrüßt wurde, die eigens den Sprung über den „großen Teich" gemacht hatten, um ihre Lieblinge siegen zu sehen. Nach 33 Tagen kehrte die Eintracht-Expedition am 15. Juni wieder nach Frankfurt zurück.

1962/63 ■ Im Vorfeld der Bundesliga

Die Bundesrepublik war gerade zwei Monate alt, da überraschte das „Sportmagazin" seine Leser am 27. Juli 1949 mit einem Artikel „Deutsche Profi-Liga in Sicht". 1953 fand ein von Dr. Friedebert Becker im „Kicker" vorgestelltes Modell einer zweigeteilten Bundesliga auf dem DFB-Bundestag keine Mehrheit. Vor allem in Süddeutschland stand man solchen Plänen skeptisch bis ablehnend gegenüber: So meinte der Fürther Paul Flierl, immerhin 2. Vorsitzender des SFV, man habe hier „50 Jahre lang in der bisherigen Form gespielt und sich wohl gefühlt" („Kicker" vom 3. August 1953). Dennoch wurden die Stimmen zur Einführung einer Bundesliga von Jahr zu Jahr lauter. Nach der WM 1954 in der Schweiz war selbst DFB-Präsident Dr. Peco Bauwens „davon überzeugt, dass durch eine Bundesliga das fußballerische Niveau verbessert werden könne" („Sportmagazin" vom 26. Juli 1954). Dass sie nicht verwirklicht wurde, lag unter anderem auch an der Uneinigkeit der Vereine und Verbände innerhalb des DFB. Erst auf dem Bundestag 1960 in Frankfurt wurde schließlich dem DFB-Vorstand die Führungsaufgabe in dieser Frage zugestanden. Und ein Jahr später wurden in Dortmund Nägel mit Köpfen gemacht. Mit 103:26 Stimmen wurde die Einführung der Bundesliga ab 1963/64 beschlossen.

16 Klubs sollten die Eliteklasse des deutschen Fußballs bilden, je fünf aus dem Süden und Westen, drei aus dem Norden, zwei aus dem Südwesten und der stärkste

Berliner Klub. Von Anfang an deutete sich an, dass sieben Vereine ihr Bundesliga-Ticket schon so gut wie sicher in der Tasche hatten: Eintracht Frankfurt, 1. FC Nürnberg, Hamburger SV, Werder Bremen, 1. FC Köln, FC Schalke 04 und 1. FC Saarbrücken. Bis zum 1. Dezember 1962 hatten sich 46 Vereine beworben, am 11. Januar 1963 sagte die Bundesliga-Kommission „ja" zu neun (den oben genannten sieben Vereinen sowie Borussia Dortmund und Hertha BSC Berlin) und „nein" zu 15 Klubs. Blieben also noch 20, die sich Hoffnungen machen konnten.

Die endgültige Entscheidung des DFB sorgte für manchen Härtefall und Empörung bei den betroffenen Vereinen. Besonders in Aachen und Offenbach war man entsetzt. In der Bewertungstabelle des Südens nahmen die Offenbacher Kickers nämlich den fünften Platz ein und wären wohl auch beim Start der Bundesliga dabei gewesen, hätte nicht der über 150 Bewertungspunkte hinter ihnen liegende TSV 1860 München 1963 die Süddeutsche Meisterschaft geholt und sich dadurch direkt qualifiziert. Erst fünf Jahre später und nach zwei vergeblichen Anläufen 1966 und 1967 gelang den Kickers der Aufstieg ins deutsche Fußball-Oberhaus.

Die letzte Oberligasaison begann für die Eintracht mit einem Erfolg im DFB-Pokalwettbewerb. Knapp fünf Monate nach seiner schweren Kopfverletzung war im Pokalspiel gegen Tasmania 1900 Berlin (1:0) Friedel Lutz wieder mit von der Partie. Durch ein 2:1 nach Verlängerung beim Deutschen Meister 1. FC Köln zog die Eintracht erstmals in ihrer Vereinsgeschichte ins Halbfinale ein, wo sie allerdings beim 1. FC Nürnberg mit 2:4 den Kürzeren zog.

Im Kampf um die letzte Süddeutsche Meisterschaft gab es beim alten Angstgegner Bayern München einen auch in dieser Höhe verdienten 5:0-Kantersieg, mit dem sich die Eintracht sofort an die Spitze setzte. Torhüter Loy brachte sogar das Kunststück fertig, in drei Spielen hintereinander jeweils einen Elfmeter zu halten, was drei Punkte wert war. Am 22. September gelang ein 5:0-Derbysieg gegen die Offenbacher Kickers, und selbst das überraschende 1:4 bei Bayern Hof änderte zunächst nichts an der Spitzenposition. Obwohl die Eintracht daraufhin neun Spiele ungeschlagen blieb, stand sie zum Jahreswechsel nicht an der Spitze, sondern zwei Punkte hinter dem 1. FC Nürnberg und einen hinter dem TSV 1860 München nur auf Platz 3. Zurückzuführen war dies auf eine Serie von sechs Remis in Folge zwischen dem 14. Oktober und 2. Dezember.

Der weitere Verlauf der Saison ging als unrühmliches Kapitel in die Geschichte der Oberliga Süd ein. Schuld daran waren ein harter Winter und die Statuten des Süddeutschen Fußball-Verbandes. Nachdem bereits das Heimspiel gegen die SpVgg Fürth am 12. Januar 1963 wegen Frost und Eis ausgefallen war, hatte sich die Situation auch 14 Tage später nicht wesentlich entspannt. Diesmal aber bestand der SFV auf der Austragung des Spiels gegen Hessen Kassel. Da jedoch auch der Bornheimer Hang und das Stadion nicht zur Verfügung standen und der Verband wegen des strengen Winters Terminschwierigkeiten befürchtete, sollte die Eintracht auf neutralem Platz antreten. Der Vereinsvorsitzende Rudi Gramlich fiel am Donnerstagnachmittag aus allen Wolken, als ihm Spielleiter Hans Deckert mitteilte, dass dies der Bieberer Berg in Offenbach

Königsgala: Beim 5:2 des FC Santos glänzte Pelé am 11. Mai 1963 im Waldstadion. Hier köpft er zum 2:0 ein. Landerer, Weber und Loy sind ohne Chance.

sei! Zwar entsprach dies durchaus den Statuten („Neutral ist jeder Platz außer dem des Gegners“), wer das Verhältnis Frankfurt/Offenbach jedoch kennt, weiß, dass dies in der Realität nicht der Fall war. Obwohl telegrafisch Protest eingelegt wurde, entschied Deckert: Es wird in Offenbach gespielt – verhandelt wird später!

Wie spät, konnte zu diesem Zeitpunkt kein Mensch ahnen. Und wahrscheinlich wäre die ganze Angelegenheit auch ausgegangen wie das berühmte Hornberger Schießen, hätte sich die Eintracht an diesem 26. Januar 1963 im „Feindesland“ nicht eine blamable 0:1-Niederlage gegen die Kasseler geleistet. Vier Wochen später wurde der Protest der Eintracht vom SFV abgelehnt. Weitere vier Wochen später verwarf auch der Rechtsausschuss des SFV die Berufung der Eintracht. Damit schien die Sache eigentlich entschieden, doch Mitte April wurde das Urteil noch einmal überprüft, da sich Verfahrensmängel ergeben hatten. Am 24. April platzte schließlich die Bombe: Eintracht - Kassel wird wiederholt! Und das einen Spieltag vor Saisonende! Beim TSV 1860 München hatte man schon die Süddeutsche Meisterschaft und die Bundesliga-Qualifikation gefeiert. Und auch in Nürnberg wähnte man den zweiten Platz bereits sicher. Am Riederwald aber witterte man plötzlich wieder die ganz große Chance, denn die Mannschaft hatte sechs Siege in Folge eingefahren und schien gegen die bereits abgestiegenen Augsburger Schwaben und Hessen Kassel ungefährdet. Doch statt des erwarteten Kantersieges trauten 12.000 Zuschauer am 28. April ihren Augen nicht, als die wackeren Schwaben durch Lechner und Metzger bei einem Gegentreffer von Kreß mit 2:1 am Riederwald siegten. Da der 1. FC Nürnberg mit 5:1 gegen den 1. FC Schweinfurt 05 gewann, hätte die Eintracht nun schon ein 10:0 gebraucht, um den „Club“ noch vom 2. Platz zu verdrängen. Dazu kam es aber nicht mehr, denn der SFV-Vorstand entschied am 2. Mai endgültig, dass das Spiel gegen Hessen Kassel nicht wiederholt würde. Damit endete eine dreimonatige Posse, in der sich der Süddeutsche Fußball-Verband nicht gerade mit Ruhm bekleckert hatte. Wenn auch die Eintracht „moralisch“ im Recht gewesen sein mag und vehement für ihre Rechte stritt, so durfte man doch froh sein, dass kein Dritter, in diesem Fall 1860 oder der „Club“, zu Schaden kam. Mit 39:21 Punkten belegte die Eintracht am Ende in Platz 4 hinter dem TSV 1860 München (44:16), dem 1. FC Nürnberg (41:19) und Bayern München (40:20).

Zum Spiel Eintracht - Hessen Kassel kam es dennoch. Allerdings im Pokal, aus dem sich die Eintracht am 11. Mai durch ein 1:2 im Auestadion verabschiedete. Entschädigt wurden die enttäuschten Anhänger durch ein zweites Gastspiel des FC Santos, der vor 30.000 Zuschauern im Stadion ein Feuerwerk abbrannte und mit 5:2 siegte. Dem viermaligen Torschützen Pelé gelang dabei in der ersten Halbzeit ein lupenreiner Hattrick.

1963 bis 1971

Mittelmaß in der Bundesliga

Die Jahre 1958 bis 1963 gehörten zu den erfolgreichsten der Eintracht-Vereinsgeschichte. In der Oberliga nie schlechter als Vierter: einmal Meister, zweimal Zweiter. Mit Ausnahme der Deutschen Meisterschaft 1959 und dem Einzug ins Europapokal-Finale 1960 war aber auch deutlich geworden, dass der Eintracht in entscheidenden Augenblicken oft der letzte Biss oder das letzte Stückchen Konzentration fehlte – eine Schwäche, die in der neuen Bundesliga leicht ins Auge gehen konnte.

Auch personell musste die Mannschaft verstärkt werden. Von der Meister-Mannschaft waren noch sieben Akteure beim Bundesliga-Start dabei. Torhüter Loy (32) und Kreß (38, der älteste Spieler beim Bundesliga-Start) hatten jedoch die 30 überschritten, Eigenbrodt (28) und Höfer (29) gingen stark darauf zu. Kein Wunder, dass der Spielermarkt genau beobachtet wurde. Nach den damaligen Bestimmungen durften aber nur drei neue Spieler verpflichtet werden. Ende Juni waren dies Stürmer Helmut Kraus (1. FC Schweinfurt 05) und Nationalspieler Horst Trimhold (Schwarz-Weiß Essen). Nachdem eine Rückkehr von Istvan Sztani geplatzt war, wurde der Österreicher Willi Huberts von Hungaria New York unter Vertrag genommen.

1963/64 ■ Zu spät auf Touren gekommen

Am Samstag, dem 24. August 1963 fiel schließlich der Startschuss zur Bundesliga.
► Loy; Eigenbrodt, Höfer; Horn, Landerer, Lindner; Kreß, Trimhold, Kraus, Huberts und Schämer
hießen die ersten Bundesliga-Akteure der Eintracht im Duell mit dem alten Rivalen 1. FC Kaiserslautern. Der überwiegende Teil der 30.000 Zuschauer, davon 5.000 aus der Pfalz, verließ das Waldstadion enttäuscht. Zwar hatte die Eintracht recht ordentlich gespielt, dabei aber das Toreschießen vergessen. Durch zwei Foulelfmeter, die von Neumann (38. Minute) zur Lauterer Führung und zwei Minuten später von Schämer zum Ausgleich verwandelt wurden, stand das Endergebnis (1:1) bereits zur Pause fest. Trotz eines Eckballverhältnisses von 11:2 gelang es der Eintracht nicht, die Abwehr der „Roten Teufel" zu knacken. Auch in den nächsten Spielen gab es wenig Erfreuliches zu berichten. Nach drei Niederlagen in Folge fand sich die Eintracht plötzlich auf dem vorletzten Platz wieder. Erst am 21. September gelang mit einem 3:0 gegen Eintracht Braun-

schweig der erste Sieg. Auch Tabellenführer 1. FC Köln konnte im Waldstadion verdient mit 2:1 bezwungen werden. Der Knoten war geplatzt. Nach drei weiteren Spielen ohne Niederlage war das Punktverhältnis ausgeglichen (10:10). Ein Rückschlag musste bei Werder Bremen eingesteckt werden, wo es die dritte Niederlage mit drei Toren Differenz gab (1:4). Daraufhin kehrte Stopper Landerer für den unglücklichen Herbert ins Team zurück. Außerdem wurde im Angriff Trimhold auf Halbrechts durch Kraus ersetzt.

Mit dieser taktischen Änderung konnte ein Platz im Mittelfeld gesichert werden. Mit 16:14 Punkten ging die Eintracht als Siebter in die Weihnachtspause. Insgesamt waren 20 Spieler eingesetzt worden, was Rekord der noch jungen Bundesliga-Geschichte bedeutete. Auch zuschauermäßig war die Rechnung voll aufgegangen: Bei 238.000 Zuschauern lag der Schnitt mit 29.750 mehr als doppelt so hoch wie im letzten Oberliga-Jahr (13.492), weshalb man auch in der Rückrunde weiter im Stadion spielen wollte, da am Riederwald bereits bei 25.000 Zuschauern ein Verkehrschaos drohte.

Recht durchwachsen verlief der Start in die Rückrunde, da aus den ersten drei Spielen lediglich zwei Punkte auf der Habenseite verbucht werden konnten. Das 0:1 beim 1. FC Nürnberg am 25. Januar 1964 war allerdings die letzte Punktspielniederlage der Saison. In den restlichen zwölf Spielen wurden lediglich drei weitere Punkte abgegeben. Einer davon war das 1:1 beim späteren Meister 1. FC Köln, bei dem Kölner Rowdies Schiedsrichter Lutz aus Bremen mit der Fahne des Linienrichters auf den Kopf schlugen, weil dieser FC-Stürmer Müller des Feldes verwiesen hatte! Nach dem 2:1 beim FC Schalke 04 am 21. März war die Eintracht bis auf Platz 3 geklettert, der Rückstand auf Tabellenführer 1. FC Köln war mit sechs (Minus-) Punkten jedoch bereits zu groß. Der höchste Sieg wurde mit 7:0 gegen Werder Bremen registriert. Am Ende wiesen die Eintracht und der Meidericher SV mit je 39:21 das gleiche Punktekonto auf. Dennoch musste sich die Eintracht mit dem 3. Platz zufrieden geben, da die Duisburger das bessere Torverhältnis hatten (MSV 60:36 = 1,66, Eintracht 65:41 = 1,58). Nach dem heute gültigen Subtraktionsverfahren wäre die Eintracht wegen der mehr erzielten Tore Vizemeister gewesen!

Dennoch hätte es noch ein ganz großes Saisonfinale geben können, denn nach Siegen beim VfL Wolfsburg (2:0), gegen Hessen Kassel (6:1), den FC Schalke 04 (2:1) und Hertha BSC Berlin (3:1) war erstmals der Einzug ins Pokal-Endspiel geschafft worden, in dem am 13. Juni der TSV 1860 München der Gegner war. Auf Grund der starken Rückrunde galt die Eintracht als Favorit. Im Glutofen des Stuttgarter Neckarstadions wurden die „Löwen“ jedoch ihrem Ruf als Favoritentöter vollauf gerecht. Zudem hatte die Eintracht einen rabenschwarzen Tag erwischt. Die Abwehr nervös, das Mittelfeld wirkungslos, der Angriff stumpf. So war gegen die beherzt kämpfenden Münchner nichts auszurichten. Als Kohlars kurz vor der Pause das 1:0 für 1860 erzielte, war das Spiel praktisch gelaufen. Brunnenmeier stellte in der 62. Minute das Endresultat her. Bei der Eintracht war man ratlos.

Auf die Hitze angesprochen, zog Dieter Lindner Vergleiche zu 1959: „Wir waren stehend k.o. Keine Kraft. Nichts da. Ausschlaggebend war, dass die Münchner besser

Einen Schritt zu spät: Eintracht-Kapitän Hermann Höfer kann den Münchner Kohlars im Pokal-Endspiel 1964 nicht am Flanken hindern.

vorbereitet waren. Sie trainierten mittags in der Gluthitze und waren an die hohen Temperaturen gewöhnt. Wir trainierten abends um sechs Uhr. Vor dem Endspiel 1959 gegen die Offenbacher Kickers war mittags um drei Uhr Training angesetzt. Da sahen wir im Spiel anders aus."

Ein weiterer Grund für die schlappe Vorstellung waren die Folgen der Impfungen für die anschließende Reise nach Südafrika. Diese Tournee konnte ansonsten als sportlicher Erfolg verbucht werden. Obwohl einige Spieler Probleme mit der Kühle des südafrikanischen Winters hatten, wurden alle sechs Spiele gegen eine Stadtauswahl von Bloemfontein (6:3), eine Auswahl von Kapstadt (4:1), den Meister Durban Addington FC (2:0), Tabellenführer Johannesburg Highland Parks (2:1), Arcadia United Pretoria (2:0) und eine Auswahl von Südwestafrika in Windhuk (8:0) gewonnen.

1964/65 ■ Zu Hause von allen guten Geistern verlassen

Am 7. Juli kehrte die Mannschaft aus Südafrika zurück. Die Reise war gleichzeitig ein Abschiedsgeschenk für Richard Kreß, der mit 39 Jahren endgültig die Schuhe an den berühmten Nagel hängte. Mit ihm hörte auch Eberhard Schymik auf. Neu an den Riederwald kamen Peter Blusch (Sportfreunde Siegen), Georg Lechner (Schwaben Augsburg) und der Österreicher Hans-Georg Tutschek (1. Wiener Neustädter SC). Auch auf der Trainerbank hatte jetzt ein anderer das Sagen. Nachdem er bereits gegen Ende der ersten Bundesliga-Saison mehrfach für den erkrankten Paul Oßwald eingesprungen war, hatte Ivica Horvat nun auch offiziell die Kommandobrücke übernommen.

Wie 1963 gab es auch im Sommer 1964 gewaltige Schwierigkeiten, die Mannschaft zu einer Einheit zu formen. Dennoch wurde die Eintracht von sechs der 16 Bundesliga-Trainer (Horvat inklusive) als Mitfavorit genannt. Der Start war auch nicht schlecht. Nachdem gegen den FC Schalke 04 ein 0:2-Pausenrückstand noch ausgeglichen werden konnte, gelang im zweiten Spiel beim TSV 1860 München die Revanche fürs Pokal-Endspiel (1:0). Nun aber begann die „Heimseuche“: Die nächsten drei Spiele vor eigenem Publikum gingen sämtlich verloren. Negativer Höhepunkt war das 0:7 gegen den Karlsruher SC am 19. September, bis zum heutigen Tag die höchste Schlappe auf eigenem Platz. Dafür konnten drei der vier Auswärtsspiele gewonnen werden, unter anderem beim Vizemeister Meidericher SV und beim Titelaspiranten Borussia Dortmund (3:1). Die Diskrepanz zwischen Heim- und Auswärtsform hielt vorerst an.

Ein zweiter Heimsieg gelang lediglich im Messepokal gegen den FC Kilmarnock, der durch Tore von Stein, Trimhold und Stinka sicher mit 3:0 bezwungen wurde. Auch im Rückspiel schien nach Huberts’ früher Führung (2. Minute) alles nach Plan zu verlaufen – doch diesmal geizten die Schotten nicht mit Toren. Nach einem 2:1 zur Pause stand die Eintracht-Abwehr pausenlos unter Druck, ließ aber bis zur 81. Minute nur einen weiteren Treffer zu. In den letzten neun Minuten brachen jedoch alle Dämme und Kilmarnock erhöhte auf 5:1. Wenn Loy nicht einen Super-Tag erwischt hätte, wäre es vermutlich noch schlimmer gekommen.

Der Start in die Rückrunde ließ die Anhänger noch einmal hoffen. Das neue Jahr begann positiv. Einem 4:1 gegen den TSV 1860 München folgte ein weiterer Heimsieg im DFB-Pokal (2:1 gegen Borussia Neunkirchen) und ein 2:2 beim Überraschungs-Tabellenführer Werder Bremen. Damit schien die Eintracht noch einmal ins Titelrennen eingreifen zu können, denn sie lag jetzt mit 21:15 nur noch zwei Punkte hinter den Bremern. Doch wie gewonnen, so zerronnen. Gegen den Meidericher SV gab es Heimniederlage Nr. 4, der ein 1:3 beim Karlsruher SC und das Pokal-Aus zu Hause gegen den FC Schalke 04 (1:2) folgte. Kein Wunder, dass zum nächsten Heimspiel gegen Hertha BSC nur noch 6.500 Unentwegte den Weg ins Stadion fanden, die immerhin einen 3:0-Sieg der Gastgeber sahen.

Mit vier Niederlagen in Folge wurde die zweite Bundesliga-Saison auf einem enttäuschenden achten Platz beendet. Nach dem 1:2 im letzten Saisonspiel gegen den 1. FC

Kaiserslautern war jedenfalls Feuer unter dem Dach: „Ein Glück, dass die Saison vorbei ist', seufzten die letzten paar tausend Frankfurter Zuschauer, die ihrer Eintracht noch etwas zugetraut hatten ... und ins Stadion gezogen waren, um das Pfälzer Abstiegsdrama mitzuerleben. Das Drama aber inszenierte die Eintracht für sich selber und ihren Ruf, der ohnehin ... schon arg ramponiert worden ist. Von den vielen schwachen Spielen, die die Frankfurter in der zweiten Saison im Waldstadion bisher geliefert haben, war dies das schwächste... So gewannen die Pfälzer nicht, weil sie zu gut waren, sondern weil die Eintracht einfach miserabel spielte." („Sportmagazin" vom 17. Mai 1965)

Stinksauer war der Spielausschussvorsitzende Ernst Berger, der nach dem Abpfiff ein Donnerwetter in der Kabine losließ: „Ich schäme mich für diese Mannschaft und dieses Spiel!" Keiner konnte sich diese Schwankungen erklären, denn nur knapp drei Wochen zuvor hatte sich die Mannschaft bei einem Turnier in New York noch von ihrer besseren Seite präsentiert und den Turniersieg nach Siegen über Aris Saloniki (1:0) und die New York Ukrainians (2:0) erst im abschließenden Spiel gegen den AC Florenz (0:1) verpasst. Allerdings klang zwischen den Zeilen auch Kritik an der Defensivtaktik von Trainer Horvat durch. So musste der Jugoslawe wieder ins zweite Glied rücken. Dafür wurde mit Elek Schwartz ein Verfechter von technisch anspruchsvollem Fußball verpflichtet. Der in Siebenbürgen geborene Ungar/Rumäne mit französischem Pass hatte sieben Jahre die niederländische Nationalmannschaft trainiert und zuletzt mit Benfica Lissabon im Endspiel des Europapokals der Landesmeister gestanden. Mit Schwartz kamen drei neue Spieler an den Riederwald, die in den nächsten Jahren ein fester Bestandteil der Eintracht-Mannschaft werden sollten: Torhüter Peter Kunter (Freiburger FC), Verteidiger Karlheinz Wirth (Spfr. Hamborn 07) sowie ein junger Stürmer namens Jürgen Grabowski (FV Biebrich 02). Außerdem kehrte der „verlorene Sohn" Istvan Sztani nach sechs Jahren bei Standard Lüttich nach Frankfurt zurück.

1965/66 ■ Elek Schwartz und das 4-2-4-System

Mit Elek Schwartz zog mehr Professionalität am Riederwald ein. Er führte das Vormittagstraining ein und stellte die Taktik auf das moderne 4-2-4-System um. Allerdings brauchte die Mannschaft eine gewisse Zeit, um die Schwartz'schen Ideen auch auf dem Platz umzusetzen. Zwar waren 52.000 Zuschauer begeistert, als zum Punktspiel-Start ein hochverdientes 2:0 über den Hamburger SV gelang. Dabei bestritt der 21-jährige Jürgen Grabowski sein erstes von insgesamt 441 Bundesliga-Spielen im Eintracht-Trikot. Während der „Kicker" schon einen neuen „Frankfurter Fußballfrühling in Sicht" sah, wurden die Anhänger schnell auf den Boden der Tatsachen zurückgeholt. Bei Bayern München (0:2) war der Angriff mit Ausnahme von Grabowski ein Ausfall, gegen den 1. FC Nürnberg (1:2) war kein Siegeswille zu erkennen, und bei Hannover 96 (1:4) verhinderte Torhüter Kunter eine höhere Niederlage. Im Mittelpunkt der Kritik standen Trainer Schwartz und seine neue Taktik. „Schwartz zwängt Frankfurt in ein Korsett, das nicht passt!" urteilte das „Sportmagazin", und der „Kicker" legte die Finger in die offenen Wunden: „Die technische Begabung vieler Spieler ist unbestritten, was dieser Elf fehlt, das sind: Spielmacher, Kondition, auch Härte! Man sollte sie im Training in den Boxring schicken, um ihr Bundesligahärte zu geben. Noch ist das 4-2-4 ohne jede Achse!“ („Kicker“ vom 6. September 1965)

Auch der Vorstand sah sich zum Handeln veranlasst und verdonnerte die Spieler „wegen mangelnden Einsatzes im Spiel gegen den 1. FC Nürnberg“ zu je 100 Mark Geldstrafe, die aber nach Protesten der betroffenen Spieler „auf Bewährung“ ausgesetzt wurde. Nach einem 6:0 über den 1. FC Kaiserslautern arbeitete sich die Mannschaft langsam wieder nach oben.

Nachdem zwischen den Jahren in Ägypten zwei Siege herausgesprungen waren, gab es zum Auftakt der Rückrunde ein recht glückliches 1:0 beim Hamburger SV, womit man auf Platz 5 vorstieß. Kein Wunder, dass eine Woche später das Waldstadion mit 66.000 Zuschauern randvoll war, als sich der Aufsteiger und Überraschungs-Zweite Bayern München erstmals in der Bundesliga in Frankfurt vorstellte. In einem hochklassigen Spiel trennten sich die alten Rivalen 0:0, obwohl die Eintracht genug Chancen hatte, das Spiel für sich zu entscheiden.

Fast schon traditionell endeten die Spitzenspiele gegen die Meisterschaftsanwärter TSV 1860 München und Borussia Dortmund sowie gegen den designierten Absteiger Borussia Neunkirchen. Die „Löwen“ wurden am 26. März vor 44.000 Zuschauern mit 5:2, der frisch gebackene Europapokalsieger BVB am letzten Spieltag vor 65.000 Zuschauern mit 4:1 geschlagen. Bei diesem Spiel war Jung-Nationalspieler Jürgen Grabowski – er hatte Anfang Mai in Irland (4:0) und Nordirland (2:0) seine ersten beiden Länderspiele bestritten – der beste Mann auf dem Platz. Dafür gab es am 23. April eine blamable 1:2-Heimniederlage gegen Neunkirchen, bei der enttäuschte Anhänger sogar ihre Fahnen verbrannten! Mit 38:30 Punkten beendete die Eintracht die dritte Bundesliga-Saison als Siebter. Dass der Name Eintracht aber weiterhin einen guten Klang hatte, zeigte sich in sieben Testspielen gegen Nationalmannschaften, in denen es nur zwei Niederlagen (1:4 in den Niederlanden und 2:4 in Argentinien), aber vier Siege gab, darunter auch ein 3:1 in Buenos Aires gegen den deutschen WM-Gruppengegner Argentinien.

Trotz des halbwegs versöhnlichen Endes hatte die Eintracht im Sommer 1966 zwei spektakuläre Abgänge zu verzeichnen: Für die damalige Rekordablöse von 175.000 Mark wechselten Lutz zu Meister TSV 1860 München und Trimhold für 125.000 Mark zu Borussia Dortmund. Mit Stein und Stinka verließen außerdem zwei verdienstvolle Oberliga-Recken den Riederwald in Richtung SV Darmstadt 98. Der Ungar Sztani, der nicht mehr an seine Glanzzeit von 1959 anknüpfen konnte, wurde eingebürgert, um die Verpflichtung von Fahrudin Jusufi von Partizan Belgrad zu ermöglichen.

Ein neuer Star: In der Saison 1965/66 ging der Stern von Jürgen Grabowski auf.

1966/67 ■ Ein spannendes Duell: Eintracht gegen Eintracht

Während Lutz und Grabowski bei der WM in England weilten, begann für den Rest der Truppe am 20. Juli wieder der Ernst des Lebens. Nach dem Gruppensieg in der Intertoto-Runde rechnete sich Elek Schwartz durchaus Chancen für die kommende Bundesliga-Saison aus, vorausgesetzt, dass „meine Mannschaft nicht mehr so launisch ist". Der Trainer kannte seine Pappenheimer inzwischen. Doch zunächst spielte die Eintracht alles andere als launisch. Nach einem 4:0 gegen den 1. FC Köln war die Eintracht nach zwei Spieltagen mit 4:0 Punkten erstmals Tabellenführer der Bundesliga! Bei Fortuna Düsseldorf gelang sogar ein weiterer Sieg (4:2), wegen des besseren Torquotienten musste man allerdings dem VfB Stuttgart (5:1 gegenüber 10:3) den Vortritt an der Spitze lassen.

Bereits vier Tage später hatte es die Eintracht in der Hand, ihre imponierende Startserie weiter auszubauen. Wegen des WM-Boxkampfes Karl Mildenberger gegen Cassius Clay im Waldstadion war das Heimspiel gegen Eintracht Braunschweig auf Mittwochabend vorgezogen worden. Vor 35.000 Zuschauern begann die Eintracht stürmisch, verstand es aber nicht, gegen die in der Defensive gut eingestellten Niedersachsen entscheidend zu punkten. Grabowski lag bei Schmidt an der Kette, Huberts fehlte das Durchsetzungsvermögen. Braunschweig war bei Kontern stets gefährlich und kam in der 68. Minute nach einer Maas-Flanke durch Gerwien zum goldenen Tor.

Die Saison 1966/67 wurde nicht nur in diesem Spiel ein Duell Eintracht gegen Eintracht. Da sowohl die Frankfurter als auch die Braunschweiger Eintracht die notwendige Konstanz vermissen ließen, begann ein munteres Bäumchen-wechsle-dich-Spiel. Nach einem 1:0 beim 1. FC Nürnberg – dem ersten Bundesliga-Sieg gegen den „Club" – war man noch einmal Erster. Eine bessere Ausgangsposition wurde jedoch bis zum Ende der Vorrunde zu Hause verspielt: 1:3 gegen den Hamburger SV und 3:3 gegen den TSV 1860 München (nach einem 0:3-Rückstand konnte mit einem Kraftakt in den letzten 17 Minuten noch ein Punkt gerettet werden). Damit war die Eintracht sogar auf Platz 4 zurückgefallen.

Dafür verlief der Rückrundenstart genauso erfolgreich wie der Saisonstart. Mit drei Siegen in Folge übernahm die Eintracht am 28. Januar wieder die Spitze. Es sollte das letzte Mal in dieser Saison sein. Innerhalb von einer Woche gab es im Nachholspiel bei Borussia Dortmund ein 1:3 und im Gipfeltreffen bei Eintracht Braunschweig sogar ein glattes 0:3. Den Unterschied zwischen den beiden Eintracht-Teams brachte der spätere Frankfurter Trainer Dettmar Cramer auf den Punkt: „Die Frankfurter Eintracht besitzt zwar die besseren Einzelspieler, Braunschweig aber die viel besser eingespielte Mannschaft. Kampfkraft war schon immer eine Stärke der Braunschweiger. Jetzt kommen ganz hervorragend aufeinander abgestimmte Mannschaftsteile, ein erheblich verbessertes Spielvermögen und ein unbändiger Siegeswille hinzu … Frankfurts bessere Techniker sind dagegen ein Hemmschuh, wenn es gilt, Tore zu schießen." („Kicker" vom 13. Februar 1967)

Uwe Seeler (rechts) zog sich 1965 im Spiel gegen die Eintracht einen Achillessehnenriss zu, der beinahe das vorzeitige Ende seiner Karriere bedeutet hätte.

13 Spiele vor Saisonende war damit bereits eine Vorentscheidung gefallen, zumal es in den folgenden Wochen nicht gelang, die Patzer der Niedersachsen auszunutzen. Fast „einträchtig“ gaben Frankfurter und Braunschweiger zusammen Punkte ab. Besonders bitter verlief der 29. April. Während die Niedersachsen zu Hause das Derby gegen Hannover 96 verloren (0:1), unterlag die Eintracht dem 1. FC Nürnberg in einem denkwürdigen Spiel gar mit 1:4. Trotz 20:1 Ecken gelang es nicht, diese Überlegenheit in Tore umzusetzen. Im Gegenteil: Der „Club“ konterte die Eintracht klassisch aus. Dazu kam eine desolate Leistung von Schiedsrichter Seiler aus Schmiden, der den Frankfurtern zwei Elfmeter verweigerte und beim vorentscheidenden 0:3 ein Nürnberger Handspiel übersah, was einen Eklat auslöste: Von den Rängen flogen Flaschen und andere Wurfgeschosse, Zuschauer drangen ins Spielfeld ein, ein dichter Polizeikordon musste das

Spielfeld absperren. Nach dem Spiel belagerte die Menge den Schiedsrichterausgang und warf in der Innenstadt die Scheiben der Nürnberger Bank ein. Sieben Personen wurden festgenommen, die Eintracht später wegen „Vernachlässigung der Platzdisziplin“ vom DFB zu 1.000 Mark Geldstrafe verurteilt. Außerdem musste ein Zaun um das Spielfeld errichtet werden.

Die Mannschaft steckte aber nicht auf und konnte vier Spieltage vor Schluss noch einmal mit den Braunschweigern gleichziehen. Jetzt aber wurde die Eintracht Opfer ihrer eigenen Terminplanungen, denn in der entscheidenden Phase der Meisterschaft mussten auch noch Spiele im Messe-, Intertoto- und Alpenpokal bestritten werden. Außerdem leistete man sich den Luxus, am 8. Mai zu einem Freundschaftsspiel gegen Cruzeiro Belo Horizonte (4:3) nach Washington zu fliegen! Bei insgesamt 70 Spielen stellte sich daher die Frage, ob die Kräfte ausreichen würden.

Es sollte denn auch nicht sein. Durch ein 0:3 in Bremen, 3:3 gegen Dortmund und 1:2 beim TSV 1860 München wurde am Ende sogar noch der zweite Platz, den man in dieser Spielzeit 22-mal belegt hatte, verspielt. Nur Platz vier, das war nach dem Verlauf der Saison schon enttäuschend. Da half es wenig, dass der Abstand zum Meister Eintracht Braunschweig „nur“ vier Punkte betrug. Unter dem Strich war die Punktausbeute mit 39:29 nämlich nur einen Zähler besser als im Vorjahr.

Eine weitere Enttäuschung gab es im Messe-Pokal. Nach Erfolgen über Drumcondra Dublin, Hvidovre Kopenhagen, Ferencvaros Budapest und den FC Burnley war das Halbfinale gegen Dinamo Zagreb erreicht worden. Vor nur 10.000 Zuschauern wurden die Jugoslawen vier Tage nach Bundesliga-Ende sicher mit 3:0 geschlagen. Das Endspiel war greifbar nahe. Doch beim Rückspiel war die Mannschaft nicht wiederzuerkennen. Ein Doppelschlag (14./15. Minute) brachte Dinamo schnell in Führung, wovon sich die Eintracht lange nicht erholte. Dennoch schien man den Zwei-Tore-Rückstand über die Zeit retten zu können, da gelang dem völlig frei stehenden Gucmirtl drei Minuten vor Schluss das 3:0. In der Verlängerung erzielte Zagreb durch einen umstrittenen Foulelfmeter sogar das 4:0. Der Traum vom Finale war ausgeträumt. Trainer Schwartz ging mit der Mannschaft hart ins Gericht: „Es ist immer dasselbe. Unseren Spielern fehlen in den entscheidenden Auseinandersetzungen die Nerven, weil keiner da ist, an dem sie sich aufrichten können. Diesmal haben nur wenige in unserer Elf eine ausreichende Leistung geboten ..., der Sturm war eine einzige Enttäuschung.“ („Sportmagazin“ vom 19. Juni 1967)

Schon nach der Vorrunde hatte der „Kicker“ der Eintracht ein Torhüter-Problem – im Verlauf der Saison wurden mit Kunter, Loy und Feghelm drei Keeper eingesetzt! – attestiert, außerdem konnte der Weggang von Lutz nicht richtig kompensiert werden. Jusufi war zwar ein Klassespieler und beim Publikum beliebt, jedoch zu offensiv ausgerichtet. Zudem fehlte im Sturm ein Vollstrecker, denn Bronnert ließ nach starkem Beginn (elf Tore in zwölf Spielen) genauso stark nach.

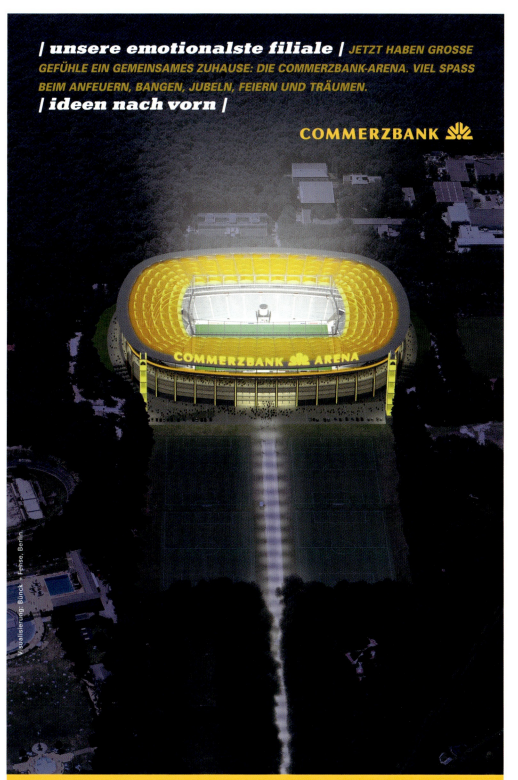

Eintracht
FRANKFURT
18
AMANATIDIS

Sommerfußball: Intertoto-Runde und Alpenpokal

Bereits in den 1950er Jahren hatte es in Deutschland eine so genannte „Oberliga-Vergleichsrunde“ gegeben, damit auch nach Ende der Meisterschaft attraktive Spiele auf dem Totozettel standen. Nach zwei Jahren wurden die Gruppenspiele aber durch „Pflicht-Freundschaftsspiele“ abgelöst. Im Januar 1961 beschloss das Mitropacup-Komitee, im Sommer eine Totorunde mit internationaler Beteiligung auszutragen, die nach dem Schweizer Nationaltrainer Karl Rappan benannt wurde. Die Eintracht nahm erstmals 1965 daran teil und wurde hinter dem PSV Eindhoven und IFK Norrköping und vor dem FC La-Chaux-de-Fonds Gruppendritter.

1966/67 war die Mannschaft erfolgreicher. Zunächst konnte gegen Lanerossi Vicenza, FC La-Chaux-de-Fonds und Feyenoord Rotterdam der Gruppensieg unter Dach und Fach gebracht werden. Anschließend wurde durch Erfolge über den IFK Norrköping und Zaglebie Sosnowitz das Endspiel erreicht. Nachdem am 20. Mai 1967 das erste Spiel bei Inter Bratislava 3:2 gewonnen wurde, fand am 14. Juni das Rückspiel im Waldstadion statt. Vor 10.500 Zuschauern stand es nach 90 Minuten 1:0 für die Slowaken. In der Verlängerung gelang Solz der Ausgleich, womit der letztmals ausgespielte „Rappan-Cup“ am Riederwald landete.

Noch einmal (1977) nahm die Eintracht an der Intertoto-Runde teil, wurde aber hinter Inter Bratislava und vor Wacker Innsbruck und dem FC Zürich nur Gruppenzweiter. 1995 wurde der Wettbewerb reformiert und firmiert seither als UEFA-Intertoto-Cup (UI-Cup), über den sich seit 2006 elf Teams für die 2. Qualifikationsrundes des UEFA-Pokals qualifizieren können. 1995 belegte die Eintracht in den Gruppenspielen hinter Vorwärts Steyr und vor Spartak Plovdiv, Iraklis Saloniki und Panerys Vilnius einen zweiten Platz, schied im Achtelfinale bei Girondins Bordeaux aber aus (0:3).

Neben dem „Rappan-Cup“ gewann die Eintracht 1967 auch den Alpenpokal. Ursprünglich ein Wettbewerb zwischen Schweizer und italienischen Mannschaften, nahmen in diesem Jahr mit der Eintracht und dem TSV 1860 München erstmals auch zwei deutsche Mannschaften teil. Gleich zu Beginn kam es in Wiesbaden zu einem handfesten Skandal, als das Spiel gegen Turin Calcio wegen Zuschauertumulten abgebrochen werden musste (Wertung 0:0). Siege beim FC Zürich (5:2), gegen den AC Mailand (1:0) und AS Rom (4:2) sowie beim FC Basel (2:1) bedeuteten schließlich den Gesamtsieg. 1968 sprang in den Gruppenspielen ein dritter, 1969 ein vierter Platz heraus. ■

Die angesprochene Torwart-Krise versuchte man im Sommer mit der überraschenden Verpflichtung von Ex-Nationaltorhüter Hans Tilkowski (Borussia Dortmund) zu lösen. Außerdem kehrte Friedel Lutz, der beim TSV 1860 München nicht glücklich wurde, zur Verstärkung der Abwehr zurück. Ebenfalls zum Bundesliga-Kader stieß ein junger Amateur namens Bernd Hölzenbein. Allerdings standen Lutz wegen einer Achillessehnen-Operation und Blusch wegen eines Platzverweises am Ende der letzten Saison (!) für den Bundesliga-Start beim VfB Stuttgart nicht zur Verfügung. Da auch „Til" im Eintracht-Tor keine gute Figur machte, kehrte man mit einer deftigen 0:4-Packung aus dem Schwabenland zurück.

Es folgte eine Vorrunde mit mehr Tiefen als Höhen, die an das verkorkste zweite Bundesliga-Jahr erinnerte. Zu Hause wurde mit 9:9 (drei Niederlagen!) gerade einmal ein ausgeglichenes Punktekonto erreicht, auswärts gelang lediglich beim MSV Duisburg ein doppelter Punktgewinn. Mit 14:20 Punkten und 24:31 Toren (fünftschlechteste Abwehr) ging man als 14. in die Weihnachtsferien. Auch im Messe-Pokal war das Engagement kurz. Das Ausscheiden gegen Nottingham Forest in der 1. Runde (0:1 in Frankfurt, 0:4 in England) kostete sogar Tilkowski seinen Platz im Eintracht-Tor. Doch auch ein Peter Kunter konnte die bis dato höchste Bundesliga-Auswärtsniederlage beim TSV 1860 München (0:5) nicht verhindern. Beim ersten Rückrundenspiel stand jedenfalls wieder „Til" zwischen den Pfosten.

Zudem häufte sich die Kritik an Trainer Elek Schwartz und seiner Mannschaftsführung. Bereits Anfang November hatte der „Kicker" die Krise bei der Eintracht beleuchtet und war zu der Erkenntnis gekommen: „Die Spieler machen, was sie wol-

Meisterlich beim Meister: Am 3. Februar 1968 brachte die Eintracht dem 1. FC Nürnberg die erste Heimniederlage bei. Willi Huberts (rechts) vollendete zum 2:0-Endstand. Torhüter Wabra und Strehl waren ohne Chance.

len!“ So wurde Schwartz vorgeworfen, kein Einzeltraining durchzuführen (Schwartz: „Für Einzeltraining fehlt mir ein zweiter Mann…“), am 4-2-4 ohne Libero festzuhalten („Wir haben keinen, der diese Rolle spielen könnte.“), Jusufis Offensivdrang, der Löcher in die Viererkette reißt, nicht zu zügeln („Das ist eben sein Temperament. Aber er bringt den Druck aus der hinteren Reihe.“) und zu lasch und zu einfallslos zu trainieren: „Während die Torhüter in die Ecken hechten, ballern sich die Spieler untereinander zu. Rums – bums, hin – her. Immer die gleichen Paare, immer die gleichen Schüsse. Wenn die Torhüter beschäftigt sind, können die Feldspieler machen, was sie wollen.“ („Kicker“ vom 6. November 1967)

Doch zur allgemeinen Überraschung erstarkte die Eintracht und präsentierte sich im Apil mit 18:6 Punkten als die erfolgreichste Mannschaft der Rückrunde! Als Spielverderber erwies sich lediglich der 1. FC Köln. Zuerst machte er allen Pokal-Hoffnungen der Eintracht ein Ende. Nach einem 1:1 nach Verlängerung in Müngersdorf schockte Jendrossek vier Minuten vor dem Ende die 25.000 Zuschauer im Frankfurter Wiederholungsspiel. Auch in der Bundesliga gingen die Kölner nicht gerade zimperlich mit der Eintracht um. Durch das 1:5 wurde schließlich ein besserer Tabellenplatz als der sechste verspielt, denn am Ende standen Köln, Bayern München und die Eintracht punktgleich mit 38:30 Zählern auf den Rängen 4 bis 6.

1968/69 ■ Erich Ribbeck, der jüngste Trainer der Bundesliga

Trotz des Aufschwungs in der Rückrunde waren die Tage von Erek Schwartz in Frankfurt gezählt. Angesichts der leeren Kassen sollte verstärkt auf den eigenen Nachwuchs gebaut werden. Mit dieser Aufgabe wurde mit Erich Ribbeck (31, Rot-Weiß Essen) der jüngste Bundesliga-Coach aller Zeiten beauftragt. Er musste in der kommenden Saison allerdings ohne Blusch (für rund 140.000 Mark zum 1. FC Köln), Friedrich (1. FC Kaiserslautern) und Solz (SV Darmstadt 98) auskommen. Aufgefüllt wurde der Kader mit den eigenen Amateuren Keifler, Nickel und Kalb, die jedoch im Hinblick auf das Olympiaturnier 1972 keine Lizenzspieler wurden.

Kritik aus den eigenen Reihen, „finanzielle Erwägungen hätten diesen Beschluss ausgelöst“, wurde entgegengehalten, dass diese „nur in zweiter Linie die Überlegungen des Präsidiums“ bestimmt habe. „Vorrangig war dabei die Überzeugung, dass der Zeitpunkt gekommen sei, an dem sich die intensive Nachwuchsarbeit bezahlt machen solle. Seit drei Jahren war die Schulung geeigneter Nachwuchsspieler wichtigster Punkt unserer Mannschaftspolitik. In den vergangenen Jahren waren die jungen Leute noch nicht so weit, entstehende Lücken aufzufüllen… In diesem Jahre aber konnten wir unbedenklich unserem eigenen Nachwuchs den Vorzug geben.“ (Rudi Gramlich in der neuen Vereinszeitung „Eintracht Frankfurt“ vom 17. August 1968)

Da Ribbeck die Eintracht in der abgelaufenen Saison nur zweimal gesehen hatte, gegen Stuttgart und in Köln, also in einem guten und in einem schlechten Spiel, bezog er mit der Mannschaft ein einwöchiges Trainingslager in der Sportschule Grünberg, um den Kader zu sondieren. Im Tor setzte er weiter auf Tilkowski, für den abgewanderten Blusch griff er auf den wiedergenesenen Lutz zurück, Friedrich und Solz wurden durch Bellut und Keifler ersetzt, und im Angriff waren Hölzenbein, Grabowski, Huberts und Nickel zunächst erste Wahl. In den Vorbereitungsspielen zeigte sich vor allem die Deckung gut abgestimmt und ließ nur gegen Partizan Belgrad (3:2) mehr als ein Gegentor zu. Auch das Prestigeduell gegen Bundesliga-Aufsteiger Kickers Offenbach konnte mit 1:0 gewonnen werden.

Zum Saisonauftakt gab es ein 2:0 über den anderen Aufsteiger, Hertha BSC Berlin, womit die Eintracht zusammen mit Bayern München an der Spitze stand. Doch während die Münchner den Platz an der Sonne über 34 Spieltage verteidigen konnten, nahm die Entwicklung am Riederwald eine ganz andere Richtung. Vier sieglose Spiele in Folge brachten den Absturz auf Platz 16. Besonders ärgerlich das 0:1 zu Hause gegen Eintracht Braunschweig, wobei Torhüter Wolter beim Stande von 0:0 einen Foulelfmeter von Schämer parierte. Bis zum Vorrundenende verbesserte sich die Lage nur unwesentlich. Vor allem zu Hause wurden zu viele Punkte abgegeben, so dass am Ende wie im Vorjahr 14:20 Punkte zu Buche standen, die Platz 15 bedeuteten.

In der Rückrunde blieb das Abstiegsgespenst Dauergast. Nach drei Niederlagen in Folge gegen die direkte Konkurrenz (0:2 bei Hertha BSC, 1:2 gegen den 1. FC Köln und 0:1 beim Meister 1. FC Nürnberg) hatte die Eintracht sieben Spiele vor Schluss als 16. mit 22:32 Punkten die meisten Minuszähler der Liga auf dem Konto! Und das eine Woche vor dem Derby gegen die Offenbacher Kickers, die als Elfter zwei Punkte besser dastanden. Vor 60.000 Zuschauern ging die Eintracht am 29. März jedoch hoch motiviert in dieses „Schicksalsspiel" und gewann mit 3:2. Es war der Tag des Jürgen Grabowski, der nur versäumte, nach seinem Tor zum 3:1 (67. Minute) mit einem Elfmeter alles klar zu machen (78.).

Das Zittern ging dennoch weiter, denn durch zahlreiche Nachholspiele spitzte sich die Situation wieder dramatisch zu. Sechs Spieltage vor Schluss und eine Woche vor dem Auswärtsspiel bei Borussia Mönchengladbach stand man wieder auf Platz 16, punktgleich mit dem Vorletzten Kickers Offenbach. Gleiche Ausgangsposition, gleiches Ergebnis – wie gegen die Kickers gab es auch am Bökelberg ein 3:2. In den nächsten beiden Spielen hätte man sich bereits ins Mittelfeld absetzen können, doch sprang gegen Hannover 96 nur ein mageres 0:0 heraus, und in Kaiserslautern wurde ein 2:0-Vorsprung noch leichtfertig vergeben (der Ex-Frankfurter Friedrich traf zweimal zum 2:2-Ausgleich!). Selbst nach dem 3:0 gegen den TSV 1860 München war man mit 30:34 Punkten noch nicht aus dem Schneider. Erst das 4:1 beim Hamburger SV sicherte den Klassenerhalt endgültig. Zum Saisonabschluss gab es dann ein 1:0 über die beste Rückrundenmannschaft FC Schalke 04, womit sogar noch der Sprung auf den 8. Platz geschafft wurde. In den sauren Apfel des Abstiegs mussten der Deutsche Meister (!) 1. FC Nürnberg und der Nachbar aus Offenbach beißen.

War sportlich also noch einmal alles gut gegangen, so hatte sich die wirtschaftliche Situation weiter verschärft. Das Geschäftsjahr 1968 war mit einem Verlust in Höhe von

84.473,76 Mark abgeschlossen worden, die Schulden betrugen weiterhin rund eine Million Mark. Allerdings wollte man nicht noch einmal die gleichen Fehler wie im Vorjahr machen, als man mit Blusch, Friedrich und Solz erfahrene Spieler ziehen ließ. So wurde Grabowski (an dem Bayern München interessiert war) und Jusufi (der mit dem AS St. Etienne liebäugelte) die Freigabe verweigert. Walter Bechtold ließ man allerdings zu den Offenbacher Kickers ziehen. Aus finanziellen Gründen wurde der Kader auf nur noch 19 Spieler (15 Lizenzspieler und vier Amateure) verkleinert.

1969/70 ■ In der Mittelmäßigkeit gefangen

Dass der kleine Kader ein großes Manko werden sollte, zeigte sich bereits in den Vorbereitungsspielen. Bei Bundesliga-Rückkehrer Rot-Weiß Essen (1:2) machte ausgerechnet Amateur Lindemann die beste Figur. Zu allem Überfluss fielen Torhüter Kunter mit einer Lungenentzündung und Huberts mit einer Fußverletzung aus. Weitere kleine Blessuren führten dazu, dass Erich Ribbeck vermehrt auf Akteure der soeben in die Hessenliga aufgestiegenen eigenen Amateure zurückgreifen musste. Problemkind Nr. 1 blieb weiterhin der Angriff, wo Grabowski quasi als „Ein-Mann-Sturm“ agierte. Von den vier in den ersten drei Ligaspielen erzielten Toren waren zwei gegnerische Eigentore! Nach vier Spielen und einer 1:2-Heimniederlage gegen Borussia Mönchengladbach stand die Eintracht jedenfalls wieder da, wo sie nicht stehen wollte: auf dem drittletzten Platz.

Von Verletzungen erzwungen, präsentierte Trainer Ribbeck „die jüngste Bundesligamannschaft, die Eintracht Frankfurt besaß. Aber er hat es längst erkennen müssen: Der jüngsten Truppe steht die schwerste Saison bevor, die Eintracht je erlebte. Es ist eine Frage der Zeit, wann diese Mannschaft, die zu viel rennt und zu wenig spielt und zu viele Kämpfer hat, am Ende der Kräfte ist, die diese Kraftakte erfordern. Wer aus diesem Geschäft etwas herausholen will, muss auch etwas hineinstecken. Frankfurt versucht es seit Jahren auf die billige Tour. Es ließ seit Jahren die wenigen Männer ziehen, die noch Tore schießen konnten… Erfolg im Fußball ist auch eine Frage geschickter Personalpolitik. Wo nichts ist, kann der beste Trainer nichts holen.“ („kicker-sportmagazin“ vom 8. September 1969)

So weit sollte es aber in dieser Saison noch nicht kommen. In den nächsten vier Heimspielen sorgte Horst Heese – der vom Wuppertaler SV gekommene Stürmer war der einzige Neuzugang, der das Prädikat „Verstärkung“ verdiente – mit vier Treffern dafür, dass alle acht Punkte am Main blieben. In den restlichen Vorrundenspielen wurde dann allerdings das Mittelmaß zementiert; für Furore sorgte lediglich noch ein 2:1 beim bis dahin zu Hause noch ungeschlagenen Tabellenführer Mönchengladbach. Damit stieß man erstmals auf einen einstelligen Tabellenplatz (8.) vor.

Wegen der WM in Mexiko und des harten Winters mussten die letzten Spiele im wahrsten Sinne des Wortes durchgepeitscht werden. Das Pokal-Achtelfinale wurde sogar auf die Zeit nach der WM verlegt. Bei der Eintracht machte sich der Substanzverlust bemerkbar, und in den letzten beiden Spielen lief nicht mehr viel zusammen:

Mit einem 3:3 gegen Hannover 96 und 1:5 beim Hamburger SV wurde das siebte Bundesliga-Jahr erneut mit ausgeglichenem Punktekonto auf Platz 8 beendet. Während sich Jürgen Grabowski in Richtung Nationalmannschaft und WM-Vorbereitung verabschiedete, absolvierte der Rest der Mannschaft neun Spiele in den USA.

1970/71 ■ Zittern bis zum Ende

Mit Huberts (Austria Wien) und Jusufi (Germania Wiesbaden) gingen zwei langjährige Stammspieler von Bord. Tilkowski und Lindner beendeten ihre aktive Laufbahn. Von den Neuzugängen konnten sich lediglich Reichel (VfB Gießen) und Rohrbach (1. SC Göttingen 05) in die Stammformation spielen. Zunächst schien jedoch alles eine positive Entwicklung zu nehmen. Durch ein 2:0 über den Hamburger SV wurde das Viertelfinale des DFB-Pokals erreicht, in dem das Derby gegen die Offenbacher Kickers eine große Kasse versprach. Da Trinklein gegen den HSV verletzt wurde, betraute Erich Ribbeck Hölzenbein gegen die Kickers mit dem Libero-Posten – ein Schuss, der nach hinten losging. Nicht nur, dass Hölzenbein dabei eine schlechte Figur machte, er fehlte auch in der Offensive. Vor 50.000 Zuschauern war das Spiel bereits nach 21 Minuten entschieden: Schäfer (8.), H. Schmidt (19.) und Winkler (21.) sorgten für ein deprimierendes 0:3. So sehr sich die Eintracht auch mühte – an diesem Abend lief nichts zusammen. Zu allem Unglück wurde Bernd Nickel nach einer Attacke von H. Kremers auch noch so schwer verletzt, dass er für den Bundesliga-Auftakt ausfiel.

Als erster Gast kam der Hamburger SV ins Waldstadion. Anders aber als im Pokalspiel blieben die Frankfurter Spitzen diesmal stumpf, und der HSV entführte mit einem 0:0 einen Punkt. Nach einem 2:1 bei Hannover 96 wurde gegen Neuling Arminia Bielefeld (1:1) die Chance vergeben, an die Spitze vorzustoßen. Trainer Ribbeck war sichtlich enttäuscht und meinte sarkastisch: „Was soll's. Wir haben ja noch drei Punkte Vorsprung vor dem Schlusslicht …" („kicker-sportmagazin" vom 31. August 1970)

Immerhin war man ja noch Sechster. Wenn der gute Erich aber geahnt hätte, was auf ihn zukommen würde, hätte er wohl geschwiegen. Beim 1. FC Kaiserslautern (0:2) und gegen Bayern München (0:1) wurde erneut deutlich, dass der Eintracht-Sturm nur ein Lüftchen war. Zwar brachte die Mannschaft das Kunststück fertig, mit einem Tor aus drei Spielen vier Punkte zu holen, damit war das Pulver allerdings bereits verschossen. In den nächsten (torlosen) Spielen wurde nur ein Punkt erreicht, und beim VfB Stuttgart konnte eine 1:0-Führung nicht über die letzten fünf Minuten gerettet werden (1:2). Nach einem 1:3 zu Hause gegen Hertha BSC Berlin war die Eintracht Vorletzter. Da auch in den letzten vier Vorrundenspielen dreimal kein Treffer gelang, ging die Eintracht mit der roten Laterne ins neue Jahr. Unterbrochen wurde die Tristesse lediglich durch das 3:0 im Derby gegen die wiederaufgestiegenen Offenbacher Kickers. Mit lediglich neun erzielten Toren waren elf Punkte gesammelt worden. „Jetzt rächen sich die Sünden der Vergangenheit", schrieb das „kicker-sportmagazin". „Die Radikalkur totaler Verjüngung war ein Schnitt ins eigene Fleisch."

Zu allem Überfluss hatte Torhüter Dr. Kunter im November auf der Heimfahrt vom Training einen schweren Autounfall und fiel bis Mitte März aus. Wie also sollte der Patient Eintracht noch zu retten sein? Als erstes wurde Dieter Lindner reaktiviert, der sein Comeback im Freundschaftsderby beim FSV gab, wo endlich einmal Tore geschossen wurden: Das 8:2 machte Mut vor dem Spiel beim Hamburger SV. Als Weiteres wurde ein „Krisenrat" gebildet, dem auch der ehemalige Spielausschussvorsitzende Ernst Berger angehörte. Berger formulierte auch ganz klar, wie man sich noch retten wollte: „Beim HSV müssen wir nicht gewinnen, aber gegen Hannover unbedingt!" Also: Heimspiele gewinnen und auswärts hilft der liebe Gott.

In Hamburg half er noch nicht. Obwohl die Eintracht durchaus gefallen konnte, verlor sie mit 0:3. Erich Ribbeck drückte es so aus: „Vielleicht sind wir nicht primitiv genug, um uns konsequent mauernd auswärts aus der Affäre zu ziehen." Gegen Hannover 96 begannen am 30. Januar im Waldstadion die „Überlebenskämpfe". Und endlich hatte die Eintracht auch das Glück des Tüchtigen. Sieben Minuten vor Schluss erzielte Nickel das umjubelte Siegtor zum 2:1. In Bielefeld ließ Ribbeck dann erstmals „primitiv" spielen. Doch sein Rezept, ein 0:0 zu ermauern, ging nur 84 Minuten auf. Dann traf Roggensack zum Tor des Tages. Dafür hatte die Eintracht ihre Heimstärke wiedergefunden. Nur gegen den 1. FC Köln gab es keinen Sieg (1:4 im Pokal, 1:1 in der

Abstiegskampf pur: Bernd Hölzenbein und Torhüter Dr. Peter Kunter stemmen sich den Offenbachern Egon Schmitt (links) und Walter Bechtold entgegen. Die Eintracht gewann auf dem Bieberer Berg mit 2:0.

Bundesliga). Auch fürs Torverhältnis wurde jetzt einiges getan: 5:0 gegen Rot-Weiß Oberhausen, 5:2 gegen Eintracht Braunschweig. Doch die Auswärtsschwäche brachte die Mannschaft nicht entscheidend weiter. Außerdem häuften sich jetzt auch die überraschenden Ergebnisse der Mitgefährdeten: Schalke - Bielefeld 0:1, Bielefeld - Köln 1:0, Oberhausen - Schalke 4:1, Köln - Oberhausen 2:4. Was viele schon dachten, sollte wenig später Gewissheit werden: Einige Spiele waren manipuliert worden. Der Bundesliga-Skandal nahm seinen Lauf.

Für die Eintracht wurde es also noch einmal eng. Zwei Spiele vor Saisonende hatte sie als 15. zwei Punkte Vorsprung vor dem Vorletzten Rot-Weiß Oberhausen, der nächste Gegner Kickers Offenbach sogar drei. Ein Unentschieden auf dem Bieberer hätte nach Meinung der Experten den Klassenerhalt für beide hessischen Bundesligisten bedeutet. Die Kickers hätten 80.000 Karten an den Mann bringen können, so groß war das Interesse. Doch der Bieberer Berg fasste nur 31.500. Schon die ganze Woche über gab es verbale Scharmützel. Ordnungsdienst und Polizei waren auf alles vorbereitet. Es ging aber alles gut – zumindest aus Frankfurter Sicht: Durch Nickels Fallrückzieher (17. Minute) und Hölzenbeins Kopfballtorpedo (62.) schien die Eintracht gerettet. Doch Erich Ribbeck hob warnend den Zeigefinger: „Warum soll nicht am Samstag Offenbach in Köln, Oberhausen in Braunschweig und gar Bielefeld in Berlin gewinnen?“ Er sollte nicht ganz Unrecht haben.

Der Nachmittag des 5. Juni 1971 war nichts für Herzkranke. Noch wurden der Meister und der zweite Absteiger gesucht. Bis zur Pause konnte die Eintracht gegen Borussia Mönchengladbach noch mithalten (1:1). Braunschweig führte gegen Oberhausen, bei Hertha stand's 0:0, die Kickers aber führten 2:1 in Köln. Mitte der zweiten Halbzeit stieg die Spannung. In der 70. Minute schoss Köppel Gladbach in Führung. Dann machte die Nachricht vom Oberhausener Ausgleich und der Bielefelder Führung in Berlin die Runde. Wie stand's in Köln? 2:2. Als die Gladbacher binnen elf Minuten auf 4:1 davonzogen, stand der Eintracht das Wasser plötzlich wieder bis zum Hals. Die wildesten Gerüchte kursierten – doch keiner wusste Genaues. Während die Borussen-Fans nach dem Schlusspfiff den Platz stürmten, herrschte beim Eintracht-Anhang weiterhin Ungewissheit. Wie ist das Spiel in Köln ausgegangen? Schließlich erlöste der Stadionsprecher die gequälte Menge: „Liebe Gladbacher Fans! Wir können Ihre Freude über die zweite Deutsche Meisterschaft verstehen. Aber bitte verlassen Sie den Rasen – die Eintracht braucht ihn für die nächste Bundesliga-Saison!“

Ein Aufschrei ging durchs Rund, das die 65.000 in ein schwarz-weißes Fahnenmeer verwandelten. Endlich sickerte auch das Ergebnis aus Köln durch: Die Kickers hatten 2:4 verloren und mussten absteigen! Und so langsam wurde auch dem letzten Eintracht-Fan klar: Bei einem Unentschieden vor Wochenfrist in Offenbach hätte es die Eintracht erwischt. Während es Erich Ribbeck immer noch nicht fassen konnte („Wenn ich an einige Ergebnisse denke, wird's mir unheimlich“), meinte sein alter Lehrmeister Hennes Weisweiler: „In diesem Spiel gab es zwei Sieger und nur ergebnismäßig einen Verlierer. Wir sind Meister – und die Eintracht bleibt oben!“

Deutschlands Stolz: der „Grabi" und der „Holz"

Nach Sicherung des Klassenerhaltes stand man am Riederwald am Scheideweg: Sollte der 1968 begonnene Sparkurs fortgesetzt werden, oder sollte wieder in Spieler, die den Verein weiterbringen konnten, investiert werden? Obwohl auch 1970 eine Unterdeckung von rund 185.000 Mark entstanden war, entschied man sich für den zweiten Weg, da die Lizenzspielerabteilung – nicht zuletzt auf Grund des durch den Abstiegskampf von 18.151 auf 23.075 gestiegenen Zuschauerschnitts – rund 290.000 Mark Gewinn eingespielt hatte. Investiert wurde vornehmlich in neue Stürmer. Vom 1. FC Köln kam der Österreicher Thomas Parits und von Eskisehirspor Ender Konca. Ihn hatte Kapitän Grabowski, der zum mannschaftsdienlichsten Spieler der Saison 1970/71 gewählt worden war, nach den EM-Qualifikationsspielen gegen die Türkei in höchsten Tönen empfohlen.

1971/72 ■ Ein unerwarteter Höhenflug

Doch Konca fiel die Umstellung auf die Bundesliga schwer. Das wurde auch zum Auftakt beim Hamburger SV deutlich, wo er ein Totalausfall war und die Eintracht an einem „Tag des offenen Tores" mit 1:5 den Kürzeren zog. Damit stand man auf Anhieb wieder dort, wo man unbedingt nicht mehr stehen wollte: auf einem Abstiegsplatz. Zum Glück konnte die Heimstärke aus der letzten Saison in die neue hinübergerettet werden: In den 17 Heimspielen blieb die Eintracht 1971/72 im Waldstadion ungeschlagen und gab nur drei Punkte ab. Aber auswärts war es weiterhin wie verhext. Nur ein Beispiel für die Berg- und Talfahrt der Vorrunde: 4:0 über Geheimfavorit Werder Bremen („Millionenelf"), 1:3 beim späteren Absteiger Borussia Dortmund, 2:0 über den verlustpunktfreien Tabellenführer FC Schalke 04, 0:1 bei Aufsteiger Fortuna Düsseldorf (in der 85. Minute!). Der Anhang war in zwei Lager gespalten. Die einen forderten, an alte Eintracht-Traditionen anzuknüpfen und auch auswärts das Spiel zu machen. Mit der Defensiv-Taktik hätte man ja bereits in der letzten Saison wenig Erfolg gehabt und in den Schlussminuten noch manchen Punkt verloren. Auf der anderen Seite standen die Mahner, die auf die Niederlagen in Hamburg oder Dortmund verwiesen. Zu ihnen gehörte auch Trainer Ribbeck, der auswärts weiter auf „kontrollierte Offensive" setzte, wie es Otto Rehhagel 20 Jahre später ausdrücken sollte.

Immerhin konnte die Vorrunde zum ersten Mal seit 1966/67 mit einem positiven Punktekonto (19:15) abgeschlossen werden. Ein herber Schlag war allerdings die schwere Verletzung von Jürgen Grabowski, der mit einem Gelenkkapselriss und einer schweren Bänderdehnung am linken Fuß mehrere Wochen ausfallen sollte. Spätestens seit der WM 1970 („bester Einwechselspieler der Welt") und dem Abstiegskampf war der „Grabi" nämlich der Kopf der Eintracht. An seiner Seite entwickelten sich aber auch Hölzenbein und Nickel zu weiteren Korsettstangen.

Seinen Platz auf dem rechten Flügel nahm zum Rückrundenauftakt Roland Weidle ein, den man in der Vorrunde schon als Fehleinkauf wieder abschieben wollte. Bald aber war der im Sommer 1971 vom VfB Stuttgart gekommene Dauerläufer ein weiterer unverzichtbarer Bestandteil der Mannschaft, der bis 1978 in 198 Bundesligaspielen das Eintracht-Trikot tragen sollte. Mit einem 4:0 über den Hamburger SV gelang nicht nur die Revanche für die Hinspielniederlage, sondern erstmals auch der Sprung auf den 5. Platz. Die Eintracht auf UEFA-Pokal-Kurs? Zunächst schien die weiterhin schwache Auswärtsform das größte Handicap. Da aber zu Hause weiter gesiegt wurde, pendelte man stets zwischen den Plätzen 5 und 8. Mitte Februar feierte schließlich auch Jürgen Grabowski sein Comeback im Pokalspiel gegen Borussia Mönchengladbach (3:2). Da das Hinspiel – 1971/72 und 1972/73 wurde der DFB-Pokal mit Hin- und Rückspielen ausgetragen – jedoch mit 1:3 verloren gegangen war, schied man erneut in der 2. Runde aus.

Dem „Grabi" klebte in dieser Saison jedoch das Pech sprichwörtlich an den Füßen. Keine 14 Tage nach dem Spiel gegen Gladbach knickte er im Heimspiel gegen Fortuna Düsseldorf (4:2) nach 54 Minuten um und zog sich die gleiche Verletzung wie im Dezember zu – diesmal allerdings am rechten Fuß. Aber auch ohne ihren Kapitän holte die Mannschaft in den nächsten Spielen zwei wichtige Auswärtspunkte. Da auch beim 1. FC Kaiserslautern eine weiterer Punktgewinn gelang, setzte man sich auf Platz 5 fest. Dieser geriet nur noch einmal, nach einem 3:6 beim späteren Meister Bayern München drei Spieltage vor Schluss, in Gefahr. Nach der EM-Endrunde in Belgien, bei der Jürgen Grabowski dabei war und Dr. Kunter als dritter Torhüter zu Hause auf Abruf bereitstand, wurde gegen Hannover 96 (3:1) zunächst Abschied von der alten Haupttribüne genommen, die für die WM 1974 einem Neubau weichen musste. Ein Fernschuss von Bernd Nickel machte vier Tage später beim MSV Duisburg in der 76. Minute alles klar: Eintracht Frankfurt war im UEFA-Pokal 1972/73 dabei, wo mit dem FC Liverpool ein attraktiver Gegner zugelost wurde.

Die zusätzlichen Einnahmen konnte man sehr gut gebrauchen, denn die Saison 1972/73 drohte finanziell recht heikel zu werden. Zwar konnte auf der Hauptversammlung erstmals seit Jahren wieder ein Gewinn (4.144 Mark!) vermeldet werden, durch die Umbauarbeiten für die WM 1974 passten jetzt aber nur noch 40.000 Zuschauer in die „Baustelle Waldstadion". Außerdem begann die neue Bundesliga-Saison wegen der Olympischen Spiele in München erst am 16. September. Bei den Neuverpflichtungen wurde, nachdem das Sturmproblem mit 71 erzielten Toren (viertbester Angriff) gelöst schien, Wert darauf gelegt, die Abwehr zu stabilisieren (nur vier Vereine hatten mehr als 61 Gegentore kassiert). Von Rot-Weiß Oberhausen kam Uwe Kliemann, vom FC Singen 04 Amateur-Nationaltorhüter Günter Wienhold und vom FC Dossenheim ein 17-jähriger DFB-Auswahlspieler namens Karl-Heinz Körbel.

1972/73 ■ Der Absturz des Geheimfavoriten

Der lang ersehnte Auftritt der Eintracht im UEFA-Pokal währte nur kurz. Beim FC Liverpool nahm das Unheil in der 13. Minute seinen Lauf, als Kevin Keegan die Engländer aus klarer Abseitsposition in Führung brachte. Zehn Minuten vor Schluss stellte Hughes das Endergebnis her. Ohne die angeschlagenen Grabowski, Parits, Rohrbach und Lutz bot die Eintracht im Rückspiel vor 18.000 Zuschauern zwar eine große kämpferische Leistung, schied aber durch ein 0:0 aus dem Wettbewerb aus.

Zu diesem Zeitpunkt waren die ersten Spiele in der Bundesliga absolviert, in die die Eintracht als „Geheimfavorit“ gestartet war. Anfangs lief auch fast alles nach Wunsch, und nach fünf Spielen war man mit 7:3 Punkten Dritter. Die Erfolgsserie schien auch das Derby bei den Offenbacher Kickers zu überleben, denn fünf Minuten vor Schluss führte die Eintracht mit 2:1. In einem furiosen Endspurt raubte Erwin Kostedde jedoch den Frankfurtern mit zwei Toren noch den sicher geglaubten Sieg. Und das eine Woche vor dem Gastspiel des Deutschen Meisters Bayern München. Da Thomas Parits zu einem Länderspiel Österreichs abgestellt werden musste (andernfalls wären 20.000 Mark Konventionalstrafe fällig gewesen!), entschied sich Trainer Ribbeck zu einem „Spiel mit dem Feuer“: Er beorderte Heese, der in Offenbach in der Abwehr gespielt hatte, wieder in die Sturmmitte und übertrug die Bewachung von Gerd Müller dem 17-jährigen Debütanten Karl-Heinz Körbel. Ribbecks Schachzug ging zur Überraschung aller voll auf. Müller machte nur einen Stich gegen Körbel, aber da stand es schon 2:0 für die Eintracht. Mit diesem 2:1-Sieg war der Abstand zum Tabellenführer FC Bayern wieder auf zwei Punkte geschrumpft – und nun ging es zum Schlusslicht Rot-Weiß Oberhausen. Was sollte da schon passieren?

Dieses Spiel wurde aber wegweisend für den Rest der Saison. Die Eintracht konnte nur 20 Minuten überzeugen. Nachdem Parits vier „Hundertprozentige“ versiebt hatte, bat er in der Halbzeitpause entnervt um seine Auswechslung. Danach kam es, wie es kommen musste: RWO wurde stärker und stärker und ging am Ende sogar als verdienter 1:0-Sieger vom Platz. Die Niederlage wirkte sich katastrophal auf die Besuchszahlen der nächsten Heimspiele aus: Gegen Bremen und Hertha verloren sich nur noch jeweils 7.000 Unentwegte im Stadion, gegen Schalke gar nur 6.000. Damit war klar, dass der angestrebte Zuschauerschnitt von 22.000 nie und nimmer erreicht werden konnte. Da dringend Geld benötigt wurde, wurde Horst Heese Mitte Dezember für 170.000 Mark an den abstiegsbedrohten Hamburger SV verkauft. Dagegen war im Pokal keine große Kasse zu machen. Im DFB-Pokal schied man bereits in der 2. Runde gegen Eintracht Braunschweig aus. Im Ligapokal wurde zwar über den Regionalligisten Fortuna Köln das Halbfinale erreicht, doch war dort Borussia Mönchengladbach Endstation. Immerhin gab es beim Rückspiel in Frankfurt mit 12.000 Zuschauern endlich mal wieder eine fünfstellige Zuschauerzahl, nachdem gegen Fortuna Köln mit 1.500 der absolute Tiefpunkt erreicht worden war.

Nachdem es zum Rückrundenauftakt beim Hamburger SV mit 1:3 die siebte Auswärtsniederlage in Folge gab – der Ex-Eintrachtler Heese sorgte vier Minuten vor Schluss für die endgültige Entscheidung –, beschloss Gert Trinklein, sich bis zum ersten Auswärtssieg nicht mehr zu rasieren. Während bei den Fans bereits die ersten Witze die Runde machten („An was erkennt man im Sommer Gert Trinklein?" – „An seinem bis zum Boden reichenden Vollbart."), gelang gleich im nächsten Spiel beim 1. FC Kaiserslautern ein Sieg (1:0). Sofort kamen zum Gastspiel des Überraschungszweiten Fortuna Düsseldorf 20.0000 Zuschauer ins Waldstadion, die ein 2:1 der Eintracht feiern konnten. Zumindest der UEFA-Pokal schien jetzt wieder möglich. Doch drei Niederlagen in Folge ließen auch diese Träume schnell wieder platzen. Besonders die 0:3-Heimschlappe gegen die Offenbacher Kickers lag den Fans schwer im Magen. Zum ersten Mal seit 1949/50 (!) war den Kickers wieder das „Double" im Derby gelungen. 38.000 Zuschauer sorgten gleichzeitig für den letzten Zahltag, denn zu den letzten sechs Heimspielen sollten zusammen nur noch rund 50.000 kommen. Sie erlebten reichlich Magerkost. Und da man auswärts weiterhin ein gern gesehener Gast war (nach dem Sieg in Lautern gab es erneut fünf Niederlagen in Folge), dümpelte das einst stolze Flaggschiff Eintracht vor sich hin. Am Ende landete man mit 34:34 Punkten einen Zähler hinter den Offenbachern auf dem 8. Platz.

1973/74 ■ Mit neuem Trainer zum Pokalsieg

Bereits im Februar hatte sich ein Trainertausch mit dem 1. FC Kaiserslautern angedeutet. Nach fünf Jahren verließ Erich Ribbeck den Riederwald Richtung Betzenberg, dafür kam Dietrich Weise aus der Pfalz an den Main. Auch an der Vereinsspitze gab es Veränderungen. Dem Turner Zellekens folgte Achaz von Thümen, Kanzler der Frankfurter Universität, im Präsidentenamt. Neuer Vizepräsident wurde der ehemalige Spielausschussvorsitzende Ernst Berger. Wenig Veränderungen gab es im Spielerkader. Mit Lutz, Schämer und Wirth schieden drei ältere Semester aus. Außerdem zog es Ender Konca, der in Frankfurt nie den Durchbruch geschafft hatte, zurück in die Türkei. Einziger neuer Mann an Bord war Abwehrspieler Hans-Joachim Andree (Borussia Dortmund). Das Attribut „Geheimfavorit" war die Eintracht jedenfalls los. Stattdessen war sie bald ein ganz heißer Titelanwärter.

Dabei hatte Weise nur eine taktische Veränderung vorgenommen: Rohrbach spielte wieder auf dem linken Flügel. Aber, so Weise, „die spielerisch schon immer starke Eintracht hat jetzt auch das Kämpfen gelernt". Neun Spiele blieb sie vom Start weg ungeschlagen und ließ sich auch durch Rückstände nicht vom Weg abbringen. Sechsmal geriet die Mannschaft in den diesen neun Spielen in Rückstand – blieb aber bei 15:3

Punkten ungeschlagen! Unvergessen bleibt der Krimi am 25. August 1973 gegen den VfB Stuttgart. Zwischen der 60. und 65. Minute gingen die Schwaben mit 3:0 in Führung. Während die ersten Zuschauer bereits enttäuscht von dannen zogen, krempelte die Eintracht die Ärmel hoch: 67. 1:3 durch Nickel, 73. 2:3 durch Weidle, 83. Ausgleich durch Hölzenbein. Und als „Holz" zwei Minuten später zum 4:3 einschoss, waren die Stimmbänder der 32.000 endgültig ramponiert. Als auch beim Meister Bayern München nach einem 0:2-Rückstand noch ein 2:2 gelang, waren auch die letzten Zweifler überzeugt. „So kann Frankfurt Meister werden", schrieb das „kicker-sportmagazin". Während der vieltausendköpfige Anhang auf dem Oktoberfest bereits das Lied von der „Frankfurter Eintracht, die ewig Deutscher Meister sein soll" anstimmte, trat Dietrich Weise auf die Euphoriebremse. Zu Recht, denn es sollten noch empfindliche Rückschläge kommen. Bei Rot-Weiß Essen wurde der Nimbus der Ungeschlagenheit eingebüßt (3:6), und bei den Offenbacher Kickers gab es die dritte Derby-Niederlage in Folge (2:5). Dennoch ging das spannende Kopf-an-Kopf-Rennen mit Bayern München und Borussia Mönchengladbach weiter.

Der Aufschwung schlug sich auch in der Kasse nieder. Zum Heimspiel gegen Borussia Mönchengladbach standen am 22. September erstmals wieder über 50.000 Plätze zur Verfügung. Und da die Schlager gegen Bayern München und Kickers Offenbach

Zwei Eintrachtspieler als Weltmeister: der „Grabi" (hinten, 2. von links) und der „Holz" (vorn, 3. von rechts).

erst in der Rückrunde stattfanden, konnte der Zuschauerschnitt gegenüber der Saison 1972/73 fast verdoppelt werden. Im Schnitt pilgerten 25.237 Fans ins renovierte Waldstadion, das jetzt zwei überdachte Tribünen hatte, auf denen rund 30.000 Zuschauer Platz fanden. Auch beim DFB war man auf die „neue" Eintracht aufmerksam geworden. Am 10. Oktober 1973 gab Bernd Hölzenbein beim 4:0 über Österreich in Hannover sein Länderspieldebüt. Neun Monate später wurde Deutschland mit der Frankfurter „Flügelzange" Grabowski-Hölzenbein Weltmeister.

Doch in der Rückrunde kam der Eintracht-Motor ins Stottern. Während man zu Hause bei 30:4 Punkten erneut ungeschlagen blieb, gelang in der gesamten Rückrunde kein Auswärtssieg mehr. Nach den Heimunentschieden gegen Kickers Offenbach (2:2) und Bayern München (1:1) verabschiedete man sich im März aus dem Rennen um die Deutsche Meisterschaft. Dafür lief es im DFB-Pokal umso besser. Mit einem 4:3 nach Verlängerung über den 1. FC Köln wurde das Halbfinale gegen Bayern München erreicht. Da auch die Offenbacher Kickers in der Runde der letzten Vier standen, lag wie 1959 ein Main-Finale im Bereich des Möglichen. Zwei Elfmeter sorgten schließlich dafür, dass es nicht dazu kam. Während die Kickers am Gründonnerstag beim HSV durch einen Elfmeter verloren, der keiner war (Krobbach war vor dem Strafraum gefoult worden), behielt drei Tage später Jürgen Kalb in der 90. Minute beim Stand von 2:2 die Nerven und bezwang Sepp Maier. Damit stand die Eintracht nach zehn Jahren wieder im DFB-Pokal-Endspiel.

Auch in der Bundesliga gab es ein versöhnliches Ende. Ein Sieg mit zwei Toren Differenz hätte am letzten Spieltag sogar noch den dritten Platz bedeutet. So aber wurde eine überaus erfolgreiche Saison mit 41:27 Punkten als Vierter beendet. Es war nicht nur die beste Platzierung seit 1967, sondern auch die höchste Punktausbeute seit Bundesliga-Bestehen. Wehmut löste nur der Weggang von Uwe Kliemann aus, der als gebürtiger Berliner bei einem Angebot von Hertha BSC nicht „Nein" sagen konnte. Dafür brachte der Transfer 700.000 Mark in die Kassen. Da das Pokalendspiel wegen der WM erst im August ausgetragen wurde, stand der „Funkturm" genau wie Thomas Parits (zum FC Granada) dafür nicht mehr zur Verfügung.

Zum Pokalfinale gegen den HSV – zugleich Saisonauftakt – wurde die Mannschaft umgebaut. Das Abwehrzentrum wurde mit Trinklein und Körbel neu besetzt, Beverungen (vom FC Schalke 04) rückte neben Grabowski und Nickel ins Mittelfeld, und im Angriff war Lorenz (von Rapid Wien) mehr als eine Alternative. Auch die Fans hatten lange auf so ein Ereignis gewartet. Das Kontingent von 20.000 Eintrittskarten war im Handumdrehen vergriffen. Über alle möglichen Kanäle wurden weitere Tickets organisiert, so dass das Düsseldorfer Rheinstadion am 17. August fest in Frankfurter Hand war. Unter Leitung von Schiedsrichter Weyland aus Oberhausen begann die Eintracht mit

► Dr. Kunter; Reichel, Trinklein, Körbel, Kalb; Beverungen, Nickel, Weidle; Grabowski, Hölzenbein, Rohrbach.

„Grabi" also doch im Sturm. Das erste Tor erzielte jedoch ein Abwehrspieler. In der 40. Minute startete Trinklein von der Mittellinie einen Alleingang, wurde nicht

Der erste Pokalsieg 1974: Eintracht-Kapitän Jürgen Grabowski (links im HSV-Trikot) präsentiert unter dem Beifall der Mannschaft (von links Kraus, H. Müller, Kalb, Trinklein, Weidle und Nickel) den „Pott".

angegriffen, marschierte weiter und weiter und zog schließlich aus zwölf Metern ab – die Eintracht führte 1:0. Nach der Pause war das Spiel verteilt, bis Björnmose eine Viertelstunde vor Schluss der Ausgleich glückte. Jetzt schien die Eintracht Opfer ihres eigenen Tempos zu werden. Dr. Kunter hatte Schwerstarbeit zu verrichten. Die Abwehr wankte, aber sie fiel nicht. Als spielentscheidend erwies sich schließlich, dass die Frankfurter auch in der Verlängerung meist einen Tick schneller schalteten als die Hamburger. In der 96. Minute führte Nickel einen Freistoß blitzschnell aus, und Hölzenbein spitzelte das Leder über den herausstürzenden Torhüter Kargus zum 2:1 ins Netz. Die endgültige Entscheidung fiel schließlich in der 115. Minute durch einen Konter. Hölzenbein zog rechts auf und davon, und seine Flanke verwandelte der in der Mitte mitgeeilte Kraus mit einem Kopfball-Torpedo zum 3:1. Der Jubel kannte keine Grenzen – auch auf der Tribüne, wo Uwe Kliemann, den die Eintracht extra eingeladen hatte, mitfeierte.

1974/75 ■ Eine Saison der Superlative

Der Pokalsieg bildete den Auftakt der Feierlichkeiten zum 75. Geburtstag der Eintracht. In Frankfurt war natürlich die Hölle los, und die Fans badeten wonnetrunken im Gerechtigkeitsbrunnen vor dem Römer. Einzig Dietrich Weise blieb besonnen. Zwar wollte auch er, „den Bayern das Leben schwer machen", warnte aber gleichzeitig vor zu großer Euphorie: „Ohne Bereitschaft zum Kampf ist unser Können nicht ausreichend, um vorne mitspielen zu können!" Seine mahnenden Worte sollten sich sehr schnell bestätigen, denn nach einem Startsieg in Bremen (3:0) wurde in den folgenden zwei Heimspielen gegen Borussia Mönchengladbach (1:1) und den Hamburger SV (1:3) nur ein Punkt geholt. Diesmal konterte der HSV die Eintracht aus und schaffte somit die „Revanche" für das Pokalendspiel.

Dann aber platzte im Angriff endlich der Knoten: Mit vier Siegen in Folge bei 21:4 Toren (darunter ein 9:1 gegen Rot-Weiß Essen) stürmte die Eintracht an die Tabellenspitze. Die offensive Spielweise kam zwar bei den Zuschauern gut an, übertünchte aber auch manche Schwäche in der Defensive. Schon in der ersten Europapokalrunde wurde beim AS Monaco ein 2:0-Vorsprung verspielt (2:2). Gegen Dynamo Kiew kam es noch schlimmer. Bis acht Minuten vor Schluss stand es 2:1, dann schlugen die Ukrainer zweimal zu. Mit einem 1:2 im Rückspiel schied die Eintracht aus dem Europapokal aus. Auch in der Bundesliga lief längst nicht mehr alles rund. Eine Serie von vier Spielen ohne Sieg kulminierte in einem 5:5 gegen den VfB Stuttgart, bei dem sich die Abwehr erneut schwer blamierte, denn bis zur 84. Minute hatte die Eintracht noch 5:3 geführt! Während in diesem Spiel der vom Wuppertaler SV geholte Willi Neuberger sein Debüt im Eintracht-Trikot gab, war es der Anfang vom Ende für Dr. Kunter, der von sich aus um eine schöpferische Pause bat und das Tor für Günter Wienhold räumte.

Dennoch blieben die Chancen auf die Meisterschaft bis Anfang April intakt. Nach dem 2:0 über Bayern München am 5. April betrug der Rückstand auf die Gladbacher vier Punkte. Einen Monat später war der Traum jedoch ausgeträumt. Im Derby bei den Offenbacher Kickers und zu Hause gegen Hertha BSC wurde jeweils eine 1:0-Pausenführung verspielt. Zweimal 1:2, Meisterschaft ade! Da sah es im Pokal umso besser aus. Vier Tage vor der Niederlage gegen die Berliner wurde durch ein 3:1 nach Verlängerung gegen Rot-Weiß Essen der erneute Einzug ins DFB-Pokalendspiel geschafft. Damit war die Qualifikation für einen europäischen Wettbewerb bereits gesichert, denn nach der damals gültigen Regelung wurde der unterlegene Pokalfinalist als vierter DFB-Vertreter für den UEFA-Pokal gemeldet. Danach spielte die Mannschaft wie befreit auf und hätte sich fast noch die Vizemeisterschaft gesichert, wenn Neuberger im letzten Spiel in Braunschweig (0:2) nicht nach 26 Minuten die Chance eines Handelfmeters vergeben hätte. Trotz des dritten Platzes konnte man am Riederwald mit dem Erreichten dennoch sehr zufrieden sein: Platz 3 – die beste Platzierung seit 1964; 43:25 Punkte – neuer Rekord; 89:49 Tore – bester Angriff der Bundesliga. Dazu erneut im Pokalendspiel – was wollte man mehr?

DFB-Pokalfinale 21. Juni 1975 in Hannover. Die Mannschaftsführer Detlef Pirsig und Jürgen Grabowski tauschen die Wimpel.

Die Entscheidung: Karl-Heinz Körbel (links) knallt den Ball an Michael Bella und dem Torhüter Dietmar Linders vorbei zum goldenen Tor ins Duisburger Netz.

Ausgerechnet vor dem Pokalfinale hatte Jürgen Grabowski große Probleme im Oberschenkel. Doch schaffte es die medizinische Abteilung am Riederwald, dass der 21. Juni 1975 zum „großen Tag des Jürgen Grabowski" (Schlagzeile im „kicker-sportmagazin") wurde. Nur auf drei Positionen gegenüber dem Vorjahresfinale verändert (Wienhold für Dr. Kunter im Tor, Neuberger für Kalb in der Abwehr und Lorenz für den verletzten Rohrbach im Sturm), bestimmte die Eintracht vor 43.000 Zuschauern im Niedersachsenstadion von Hannover von Anfang an das Geschehen. Doch der MSV Duisburg wehrte sich tapfer. Dann entpuppte sich Petrus als Eintracht-Fan und ließ kurz nach Beginn der zweiten Halbzeit einen heftigen Gewitterregen niederprasseln, der den Akteuren neue Kraft geben zu schien. Besonders einem: Karl-Heinz Körbel, der in der 57. Minute nach einem Abpraller am schnellsten schaltete und das 1:0 erzielte. Zwar ließ der MSV nichts unversucht, doch noch zum Ausgleich zu kommen, am Ende waren sich jedoch alle Beteiligten einig, dass mit der Eintracht die moderner spielende Mannschaft gewonnen hatte. Zweimal Pokalsieger in Folge, das hatten vorher nur der Dresdner SC (1940/41), der Karlsruher SC (1955/56) und Bayern München (1966/67) geschafft.

„Wir wollten mit dem Sieg über Duisburg vor allem uns selbst beweisen, dass der Pokalgewinn über Hamburg im vergangenen Jahr keine Eintagsfliege war", meinte Jürgen Grabowski nach dem Sieg. Und Vizepräsident Ernst Berger sprach sogleich die Ziele für 1975/76 an: „Die Eintracht will um die Meisterschaft mitspielen und zumindest eine ähnliche Tabellenposition behaupten wie in der abgelaufenen Saison. Sie will den gerade gewonnenen Pokal ein drittes Mal verteidigen. Und sie will im Europacup eine wesentlich bessere Rolle spielen als im vergangenen Jahr." („kicker-sportmagazin" vom 26. Juni 1975)

1975/76 ■ Beim Tanz auf drei Hochzeiten ausgerutscht

Zur Realisierung der hoch gesteckten Ziele wurde der Kader im Sommer 1975 mit Mittelfeldspieler Krobbach (Hamburger SV) und Torjäger Rüdiger Wenzel (FC St. Pauli) verstärkt. Doch wie schon nach dem ersten Pokalgewinn tat sich die Eintracht erneut schwer, den Erwartungen gerecht zu werden. Besonders in den Heimspielen gegen die Aufsteiger Karlsruher SC (0:2) und Bayer Uerdingen (3:1 nach 0:1-Pausenrückstand) war wenig Meisterliches zu sehen. Doch langsam fing sich die Mannschaft und stand nach fünf Spielen mit 7:3 Punkten auf Platz 4 – einen Zähler hinter Meister Borussia Mönchengladbach. Richtungsweisend sollte erneut das Derby auf dem Bieberer Berg sein. Die Offenbacher Kickers waren nach drei Niederlagen mit vier Toren Differenz innerhalb von acht Tagen auf den letzten Platz abgerutscht. Während bei den Eintracht-Fans der Witz von der „neuen" Telefonnummer der Kickers-Geschäftsstelle (26 04 15, entsprechend den Ergebnissen) die Runde machte, stand in Offenbach Trainer Otto Rehhagel im Zentrum der Kritik. Bei einer weiteren Niederlage schien seine Ablösung beschlossene Sache. Doch trotz mahnender Worte von Trainer Weise und Kapitän Grabowski („Am Samstag spielt nicht der Tabellenletzte gegen den Vierten, sondern Kickers gegen Eintracht") kam es wie in der Vorsaison: Die Eintracht unterlag mit 1:2!

Die Emotionen kochten wie immer hoch. Schon nach sechs Minuten sah Ritschel nach einem Foul an Grabowski Rot. Kurz darauf fiel Skala verletzt aus. Die Eintracht erspielte sich zwar eine optische Überlegenheit, verstand es aber nicht, sie in Tore umzusetzen. Zum Matchwinner wurde Sigi Held. Sekunden vor dem Halbzeitpfiff wurde er elfmeterreif gelegt: Hickersberger verwandelte vom Punkt zum 1:0. Und als sich Krobbach zwei Minuten vor Schluss vom Ex-Nationalspieler verladen ließ, stand es 2:0. Dazwischen immer das gleiche Bild: Eintracht überlegen, aber mangelhaft im Abschluss. Hölzenbeins Tor in der Schlussminute war nur noch Ergebniskosmetik. Die Eintracht hatte wieder einmal ein Spiel verloren, das sie nicht verlieren durfte. Otto Rehhagel brachte der Erfolg allerdings wenig Glück. Wegen eines Vorfalls aus dem Spiel im April – er soll Theiss aufgefordert haben „Hau dem Hölzenbein in die Knochen" – wurde er vom DFB für zwei Monate gesperrt und Anfang Dezember entlassen.

Bei der Eintracht, die zwischenzeitlich auf Platz 15 abgerutscht war, vollzog sich die Wende zum Besseren schließlich im Europapokal. Nach zwei leichten Siegen (5:1, 6:2) gegen den nordirischen Vertreter FC Coleraine gelang dem in dieser Phase arg gescholtenen Bernd Hölzenbein der große Coup: Er erzielte beide Tore zum 2:1-Sieg bei Atletico Madrid. Das Rückspiel am 5. November fand unter großen Sicherheitsvorkehrungen statt. Da sich der im Sterben liegende Diktator Franco hartnäckig weigerte, zum Tode verurteilte ETA-Mitglieder zu begnadigen, durften aus Angst vor antifranquistischen Demonstrationen keine Fahnen und Transparente mit ins Stadion genommen werden. Ein Tor von Reichel in der 88. Minute bedeutete den Einzug ins Viertelfinale.

Mit dem Sieg über Atletico Madrid schien der Knoten geplatzt, und die nächsten beiden Heimspiele wurden überzeugend mit 6:0 gewonnen – gegen den VfL Bochum und Europapokalsieger Bayern München! Besonders gegen die Bayern spielte die Mannschaft wie im Rausch. In der ersten Halbzeit fielen die Tore im Zehn-Minuten-Takt. 5:0 stand es beim Seitenwechsel. Kein Wunder, dass Jürgen Grabowski Sepp Maier aufzog: „Sag' mal, was geht denn so in dir vor? Du hast ja in der ersten Halbzeit noch keinen Ball in der Hand gehabt … vor der Linie?" – „Oh mei. Das hab' ich auch noch nicht erlebt. Das hat ja nur so geknallt." Im zweiten Abschnitt besserte sich der Maier-Sepp und musste nur noch einmal hinter sich greifen, allerdings wieder nach einem „Knaller": Nach einer Stunde verwandelte Bernd Nickel einen Eckball direkt!

Der Höhenflug der Eintracht, die endlich wieder einen 1:0-Derbysieg gegen die Offenbacher Kickers schaffte und nun einen UEFA-Platz ansteuerte, wurde am 13. März jedoch nach 14 Spielminuten empfindlich gestört. Bei einem Luftkampf mit dem Gladbacher Jensen brach sich Torhüter Wienhold den Knöchel. Zwar blieben die Chancen auf Platz 5 trotz des 2:4 auf dem Bökelberg intakt, der Schock im Frankfurter Lager saß jedoch tief, denn Dr. Kunter hatte seit November 1974 nur ein Pflichtspiel (im Europapokal in Coleraine) bestritten. Nachdem im Europapokal gegen Sturm Graz zweimal gewonnen werden konnte, konzentrierte sich alles auf die Halbfinalspiele gegen West

Ham United. Das Hinspiel im Waldstadion gewann die Eintracht vor 50.000 Zuschauern mit 2:1. Bereits nach neun Minuten hatte Paddon eine Unsicherheit der Frankfurter Abwehr zur Führung genutzt. Neuberger (29.) und Kraus (47.) konnten den Spieß jedoch umdrehen. Die größte Chance zu einem dritten Eintracht-Treffer vereitelte Paddon in der 69. Minute, als er einen Nickel-Schuss von der Torlinie kratzte.

So blieb die bange Frage, ob der knappe Vorsprung für das Rückspiel reichen würde. Im regenüberfluteten Upton Park wartete Dietrich Weise mit einer taktischen Überraschung auf: Er ließ den kopfballstarken Stürmer Bernd Lorenz Vorstopper spielen. 49 Minuten lang ging sein Konzept auf. Zwar rollte Angriff auf Angriff auf das von Dr. Kunter gehütete Eintracht-Tor, doch die Abwehr stand sicher. Erst nach Brookings Führungstor wurde die Eintracht offensiver, hatte aber in der 56. Minute Pech, als der Schweizer Schiedsrichter Hungerbühler ein Handspiel im englischen Strafraum übersah. Da die Eintracht unbedingt ein Tor erzielen musste, lief sie West Ham ins offene Messer. In der 68. und 77. Minute erhöhten Robson und Brooking auf 3:0. Zu spät (87.) gelang Beverungen der Ehrentreffer.

Am Ende der Saison stand die Eintracht mit leeren Händen da. Im DFB-Pokal war man schon im Januar bei Hertha BSC ausgeschieden, und nach der Niederlage im Europapokal lief auch in der Bundesliga nur noch wenig zusammen. Nach 2:6 Punkten

Schla(m)massel im Upton Park: Mit vereinten Kräften können McDowell und Lampard (am Boden) vor Eintracht-Mittelstürmer Rüdiger Wenzel klären. Die Eintracht schied mit 1:3 bei West Ham United aus dem Europapokal der Pokalsieger aus.

aus den nächsten vier Spielen zog auch Dietrich Weise die Konsequenz und bat darum, zum Saisonende aus seinem Vertrag entlassen zu werden.

Während Weise jedoch bei Fortuna Düsseldorf schnell ein neues Betätigungsfeld fand, tat man sich am Riederwald schwer, einen geeigneten Nachfolger zu finden. Große Namen wurden an der Gerüchteküche gehandelt: Istvan Sztani und Ivica Horvat. Wunschkandidat von Präsident von Thümen war Dettmar Cramer, der Bayern München gerade zum dritten Europapokal-Triumph in Folge geführt hatte. Umso überraschender wurde eine 1b-Lösung präsentiert: Neuer Cheftrainer wurde der bisherige Weise-Assistent Hans-Dieter Roos. Hinter vorgehaltener Hand wurde allerdings bereits gemunkelt, dass dies nur eine Zwischenlösung sei und Roos lediglich als Platzhalter für einen „großen Namen“ in der Saison 1977/78 fungiere.

1976/77 ■ Gyula Lorant und die Super-Serie

Unter diesen Voraussetzungen standen die Planungen für die neue Saison unter keinem guten Stern. Nachdem es schon Weise nicht gelungen war, Stars wie Beer (Hertha BSC), Franke (Eintracht Braunschweig) oder Dietz (MSV Duisburg) an den Main zu lotsen, biss auch Roos bei den Bochumern Tenhagen, Kaczor und Eggeling auf Granit. Die Eintracht konnte und wollte bei den steigenden Transfersummen – im Sommer wechselte der Belgier Van Gool als erster Spieler für eine siebenstellige Ablösesumme in die Bundesliga – nicht mitpokern. Durch rückläufige Zuschauerzahlen (1975/76 lag der Schnitt nur noch bei 20.619), die entgangene Europopokal-Teilnahme und das Fehlen eines Trikotsponsors fehlte eine runde Million in der Kasse. So gab es mit Stürmer Egon Bihn (Kickers Offenbach) nur einen Neuzugang. Bei Bedarf wollte man jedoch bis Jahresende noch auf dem Transfermarkt tätig werden.

Der Bedarf stellte sich früher ein als erwartet: Neuberger (Oberschenkelzerrung), Hölzenbein (Muskelanriss im Oberschenkel), Nickel (Fersenprellung und Oberschenkelzerrung), Trinklein (zwei verstauchte Finger) und Beverungen (Leistenzerrung) waren Dauergäste auf der Krankenstation. Auch auf dem Rasen lief es mehr schlecht als recht. Nach sechs Spielen standen 6:0 Heimpunkten 0:6 Auswärtszähler gegenüber. Im Oktober verschlechterte sich die Situation zusehends. Das 1:3 zu Hause gegen Meister Borussia Mönchengladbach war der Auftakt einer Serie von 1:11 Punkten. Zu allem Unglück zog sich Egon Bihn ausgerechnet im Freundschaftsderby bei den Offenbacher Kickers (3:1) einen Muskelfaserriss zu und fiel wochenlang aus. Da half auch die Verpflichtung des jugoslawischen Nationalspielers Dragoslav Stepanovic zunächst wenig. Nach dem 1:4 gegen Wiederaufsteiger Borussia Dortmund am 6. November wurde schließlich die Notbremse gezogen. Angesichts von 7:17 Punkten und Tabellenplatz 16 waren die Tage von Trainer Roos gezählt. Sein Nachfolger wurde der als „Schleifer“ gefürchtete Gyula Lorant, der sich aber zur Überraschung der Kiebitze am Riederwald lammfromm gab. „Ich weiß, dass ich als harter Trainer verschrien bin. Doch ich bin ein Kamerad, wenn die Mannschaft mitzieht“, erklärte der Ungar bei seinem Amtsan-

Gegensätzliche Charaktere: Der ungarische Trainer Gyula Lorant, als harter Hund und Polterer verschrien, und Präsident Achaz von Thümen, der ehemalige Kanzler der Frankfurter Universität.

tritt ganz diplomatisch. Und die Mannschaft sollte mitziehen …

Bis zum ersten Spiel in Bremen (1:2) konnte aber selbst Lorant noch keine Wunder vollbringen. Angesichts von zwei Punkten Rückstand auf einen Nichtabstiegsplatz waren erst einmal vier Punkte aus den aufeinander folgenden Heimspielen gegen den 1. FC Kaiserslautern und Rot-Weiß Essen Pflicht. Nachdem diese zur Erleichterung aller eingefahren wurden, skandierten die Fans bereits „Bayern, wir kommen!“ Und sie sollten Recht haben. Die Eintracht trumpfte beim Tabellenzweiten groß auf und gewann mit 3:0. Während sich Lorant recht zugeknöpft zeigte, verriet Jubilar Hölzenbein – er erzielte per Elfmeter sein 100. Bundesligator – das Geheimnis des unerwarteten Erfolgs: „Der Trainer hat's eben geschafft, uns von der Mann- auf die Raumdeckung umzustellen.“

Damit war die Eintracht zwar noch nicht aus dem Schneider, setzte sich aber bis zum Vorrundenende vier Punkte vom Drittletzten Tennis Borussia Berlin ab. Inzwischen hatte sich Lorant auch ein Bild von den Stärken und Schwächen der Mannschaft gemacht und die Marschroute ausgegeben, „dass ab jetzt im Training mit neuen Übungsformen die von mir erkannten individuellen Fehler ausgebügelt und neue Fertigkeiten entwickelt werden müssen“ („kicker-sportmagazin“ vom 6. Januar 1977). Einer muss besonders gut zugehört haben: Rüdiger Wenzel. In der gesamten Vorrunde waren dem Stürmer lediglich vier Tore gelungen. Am 29. Januar 1977 brauchte er dafür gerade einmal 76 Minuten. Damit war ein 4:0 gegen den 1. FC Köln perfekt. Von diesem Moment an schaute am Riederwald niemand mehr zurück.

Mit einem 3:1 beim Meister Mönchengladbach wurde die Erfolgsserie unter Gyula Lorant auf 19:3 Punkte ausgebaut, und der Abstand auf die Borussen war auf fünf Punkte zusammengeschrumpft. Zwar erklärte Gladbachs Keeper Kleff: „Eintracht Frankfurt ist die zur Zeit beste Bundesliga-Mannschaft!“ („kicker-sportmagazin“ vom 14. März 1977), am Riederwald konzentrierte man sich jedoch zunächst nur auf die UEFA-Pokal-Plätze. Drei Tage später stieß man durch ein 1:1 im Nachholspiel bei Tennis Borussia zum ersten Mal auf den fünften, Anfang April sogar auf den vierten Platz vor. Und dabei sollte es bleiben. Mit 42:26 Punkten und zwei Zählern Rückstand auf Titelverteidiger Borussia Mönchengladbach ging die Eintracht als Vierter durchs Ziel. Das war die zweitbeste Punktausbeute in 14 Jahren Bundesliga. Zudem war man mit 86 Toren zum dritten Mal in Folge die angriffstärkste Mannschaft und in 21 Spielen hintereinander ungeschlagen geblieben (35:7 Punkte): ein neuer Bundesliga-Rekord!

1977/78 ■ Der Trainertausch Lorant/Cramer

Schon unmittelbar nach dem letzten Saisonspiel in Düsseldorf (2:1) zeigte sich, dass Lorant doch nicht so lammfromm war, wie er sich bei seinem Einstand präsentiert hatte. Er wollte den totalen Erfolg, und dem hatten sich alle unterzuordnen, auch die Stars. Da die Eintracht im Sommer an der Intertoto-Runde teilnahm, war bereits am 23. Juni Trainingsauftakt am Riederwald. Daran sollten auch die mit der A- (Hölzenbein) und B-Nationalmannschaft (Körbel, Koitka, Kraus, Reichel und Wenzel) in Amerika weilenden Spieler teilnehmen, wenn sie nicht mindestens in drei Spielen eingesetzt würden. Als Erster ging Bernd Hölzenbein auf Konfrontationskurs: „Das sehe ich nicht ein. Nach unserer Rückkehr mit der Nationalmannschaft [am 18. Juni, Anm. d. Verf.] mache ich auf jeden Fall mindestens eine Woche Urlaub. Ursprünglich waren mir von Herrn Lorant sogar fast zwei Wochen zugesichert worden." („kicker-sportmagazin" vom 26. Mai 1977) Nicht nur in diesem Punkt musste Lorant nachgeben.

Auch bei der Verlängerung seines Kontraktes gab es Nebengeräusche. Es war ein offenes Geheimnis, dass Präsident Achaz von Thümen und Gyula Lorant nicht auf einer Wellenlänge lagen, denn der Ungar war ein „Berger-Mann". Vizepräsident Berger aber hatte auf der Jahreshauptversammlung im Juni gegen Achaz von Thümen kandidiert und war mit Pauken und Trompeten durchgefallen. Zum neuen „Vize" wurde der ehemalige Torhüter Dr. Peter Kunter gewählt. Eine der ersten Amtshandlungen des neuen Präsidiums war die Anstellung eines Managers. „Hauptgeschäftsführer" lautete die offizielle Bezeichnung für Dr. Joseph Wolf. „Vorschlag- und Mitspracherecht in der Investitionspolitik, Entwicklung von Richtlinien zur Talentsuche sowie Anlaufstelle für die Lizenzspieler", umschrieb der neue Mann selbst sein Tätigkeitsfeld. Reibereien mit dem Trainer waren damit vorgezeichnet: „Die Spieler müssen mit allen ihren Problemen und Wünschen zu mir kommen. Ich muss immer wissen, was mit jedem Einzelnen los ist", war Lorants Devise.

Ohne die Nationalspieler erfolgte am 25. Juni der Auftakt in die Intertoto-Runde gegen den CSSR-Vizemeister Inter Bratislava (2:2). Erst im zweiten Spiel bei Wacker Innsbruck (1:1) waren Hölzenbein & Co. wieder mit von der Partie. Nicht beim Rückspiel gegen die Österreicher dabei war Neuzugang Lothar Skala, denn die Eintracht-Verantwortlichen hatten vergessen, für ihn eine Spielgenehmigung für die Intertoto-Runde zu beantragen! Auch in Sachen Öffentlichkeitsarbeit trat der Hauptgeschäftsführer in ein Fettnäpfchen nach dem anderen. Das Waldstadion habe zu wenig Sitzplätze, der Bahnhof Sportfeld müsse näher ans Stadion verlegt werden. Außerdem forderte er neue Brücken über den Main, damit die Fans schneller ins Stadion kämen. Und überhaupt: „Die Hälfte des Stadions muss wieder abgerissen werden!" Damit war er seiner Zeit sicher voraus, doch drei Jahre nach der WM 1974 stand so etwas natürlich nicht zur Diskussion. Bei den Kommunalpolitikern hatte Dr. Wolf jedenfalls mächtig Kredit verspielt. Verspielt hatte die Mannschaft auch bald den Gruppensieg in der Intertoto-Runde. Da half selbst ein beachtliches 5:2 beim Gruppensieger Inter Bratislava zum Abschluss nicht.

Gyula Lorant war es aber egal, denn für ihn zählte nur die Bundesliga: „Wir haben nur ein Ziel – Meister zu werden. Dafür arbeiten wir, trainieren wir, wenn es sein muss auch nachts; dafür schwitzen wir, wenn es sein muss, sogar Blut. Das kann klappen oder nicht, auf jeden Fall wollen wir alles versuchen. Es kommt darauf an, wie wir in den ersten fünf Spielen abschneiden. Alles kann im August schon in die Hose gehen." („kicker-sportmagazin" vom 4. August 1977)

Genau so sollte es kommen. Bereits im zweiten Saisonspiel beendete der Schalker Helmut Kremers in der 87. Minute den erhofften Siegeszug, nachdem zuvor ein 0:2-Rückstand aufgeholt worden war. Fünf Tage später setzte der Hamburger SV noch einen drauf und konterte die Eintracht in der Schlussphase aus – 0:2. Statt Tabellenführer war man nur 13. Zwar gelang eine Aufholjagd, die die Mannschaft nach acht Spieltagen bis auf den zweiten Platz klettern ließ, doch irgendwie lief der Eintracht-Motor nicht rund. Nur mit Mühe war die 2. Runde des DFB-Pokals bei TuS Schloß Neuhaus überstanden worden. Mit 2:0 hatten die wackeren Amateure aus Westfalen bereits geführt, bevor Wenzel und Neuberger die Verlängerung erzwangen. Erst im Wiederholungsspiel setzte sich der Favorit deutlich durch (4:0). Auch Lorant wurde immer dünnhäutiger. Nach der Niederlage bei Hertha BSC (0:2) bezichtigte er Schiedsrichter Hennig aus Duisburg, der Eintracht nicht nur das Unentschieden, sondern sogar den Sieg geraubt zu haben. „Sogar Einwürfe und Eckbälle hat er uns weggenommen." („kicker-sportmagazin" vom 5. September 1977)

Genauso schnell, wie man sich an die Tabellenspitze herangearbeitet hatte, war man auch wieder abgestürzt. Nach einem 0:3 in Bremen stand die Eintracht am 12. November mit 15:15 Punkten auf Platz 11, sechs Punkte hinter Tabellenführer 1. FC Köln und vier Punkte vor einem Abstiegsplatz. Da Gyula Lorant nach der Niederlage offiziell das „Aus" in Sachen Meisterschaft erklärt hatte, stand er vor den beiden Heimspielen gegen Bayern München schwer unter Druck. Das Los wollte es nämlich, dass die ebenfalls angeschlagenen Münchner vier Tage vor dem Bundesligaspiel auch in der 3. Runde des UEFA-Pokals im Waldstadion antreten mussten. Die Eintracht kannte kein Pardon und fertigte die Bayern zweimal mit 4:0 ab. Damit schien der Kopf des Trainers eigentlich gerettet, und Bernd Hölzenbein blickte wieder optimistisch in die Zukunft: „Es läuft wieder. Wenn wir am nächsten Samstag in Braunschweig nicht verlieren, haben wir vieles wieder gut gemacht." („kicker-sportmagazin" vom 28. November 1977)

Die beiden 0:4-Klatschen hatten aber auch Auswirkungen beim FC Bayern. Nach dem zweiten Spiel in Frankfurt wurde Trainer Cramer gefeuert. Sein Nachfolger wurde – Gyula Lorant! Im Gegenzug verpflichtete die Eintracht Dettmar Cramer. Die Mannschaft war ob des merkwürdigen Trainertausches wie vor den Kopf geschlagen, und Kapitän Jürgen Grabowski kündigte harte Worte an. Beim Spiel in Braunschweig (1:1) stand die Eintracht noch ohne Trainer da. Während Lorant die Bayern beim 4:2 gegen den 1. FC Kaiserslautern bereits coachte, fungierte Jürgen Grabowski in Braunschweig und im Rückspiel bei den Bayern (2:1) als „Interimstrainer". Ein hohes Lob bekam er von Vizepräsident Dr. Kunter ausgesprochen: „Ich weiß, dass er zur Zeit sauer auf mich ist. Doch ich ziehe den Hut vor ihm, wie großartig er sich in dieser Angelegenheit verhalten hat. Er war gerade in diesen Tagen ein echter Mannschaftsführer." („kicker-sportmagazin" vom 8. Dezember 1977)

Beim 0:0 in Saarbrücken saß Dettmar Cramer erstmals auf der Eintracht-Trainerbank. Zur allgemeinen Überraschung schien die Mannschaft den ganzen Trubel recht gut verdaut zu haben und blieb in der „Nach-Lorant-Ära" fünf Spiele ungeschlagen, womit sie sich auf den vierten Platz vorschob. Doch ausgerechnet als der Anschluss nach oben wiederhergestellt war, leistete man sich drei Niederlagen in Folge. Besonders bitter das 0:5 zu Hause gegen Hertha BSC, bei dem erstmals „Cramer raus"-Rufe zu hören waren. Die Verunsicherung bei der Mannschaft kam deutlich zum Vorschein: „Bei Herrn Cramer sitzen wir eine halbe Stunde lang vor der Tafel und staunen, was er uns alles in Wir-Form über den Fußball im Besonderen erzählen kann. Der Ich-Mensch Lorant machte uns mit fünf Worten, mal sanft, mal brutal, klar, dass wir auf dem Spielfeld kämpfen und zusammenhalten müssen", beschrieb ein unbekannt bleibender Spieler die Stimmung im Team („kicker-sportmagazin" vom 2. Februar 1978).

Das Wechselbad der Gefühle ging weiter. Plötzlich gab es wieder drei (Heim-) Siege in Folge, denen eine Niederlage beim Tabellenletzten FC St. Pauli (3:5) und das Aus im Viertelfinale des UEFA-Pokals bei Grasshoppers Zürich (0:1 nach 3:2 im Hinspiel) folgte. Am Ende fiel die Eintracht hinter den MSV Duisburg auf den undankbaren 7. Platz zurück, womit eine UEFA-Pokalteilnahme knapp verfehlt wurde.

Das Scheitern im Kampf um einen internationalen Wettbewerb brachte auch die Personalplanungen für 1978/79 mächtig durcheinander. Bereits im Februar hatte Dettmar Cramer Verstärkungen gefordert, „um die Leistungsträger Grabowski, Nickel, Neuberger und Hölzenbein zu entlasten und im mit fortschreitendem Alter immer bedrohlicher werdenden Verletzungsfall zu ersetzen" („kicker-sportmagazin" vom 13. April 1978). Von dem angesprochenen Trio war nur Nickel noch unter 30. Erneut wurde mit großen Namen spekuliert: Tenhagen (VfL Bochum), Worm (MSV Duisburg), Hrubesch (Rot-Weiß Essen), Pezzey (Wacker Innsbruck). Nach dem Verpassen des UEFA-Pokal-Platzes stand schließlich auch Trainer Cramer zur Diskussion, der beim verwöhnten Frankfurter Publikum nicht ankam. Während sich Bernd Hölzenbein Richtung WM in Argentinien verabschiedete, versuchte man am Riederwald zu retten, was zu retten war.

Als Erstes konnte der Vertrag mit Werner Lorant (1. FC Saarbrücken) unter Dach und Fach gebracht werden. Im letzten Moment vom Haken sprang Horst Hrubesch. Plötzlich zeigte auch der Hamburger SV starkes Interesse an dem Essener Stürmer. Da aber in der Eintracht-Kasse angesichts von im Raum stehenden 750-900.000 Mark Ablöse für Pezzey Ebbe herrschte, entließ ihn die Eintracht für eine Garantiesumme von 250.000 Mark aus einem Ablösespiel aus dem Vorvertrag. Auch der Pezzey-Transfer ging nicht reibungslos über die Bühne, denn durch die WM war der Marktwert des Österreichers gestiegen.

Hinter den Kulissen hatten inzwischen Jürgen Grabowski und Dr. Peter Kunter große Geschütze aufgefahren. Nachdem sich der „Vize" Einmischungen des Kapitäns in die Vereinspolitik verbeten hatte, drohte „Grabi“ mit dem Ende seiner Karriere! Der Machtkampf war kurz, aber heftig und endete mit einer Niederlage von Dr. Kunter. Grabowski unterschrieb einen neuen Zweijahresvertrag, dem „Doc“ dagegen wurde sein ehemaliger Mitspieler Dieter Lindner „zur Entlastung bei der Betreuung der Lizenzspielermannschaft“ zur Seite gestellt. Nach dem gescheiterten Experiment mit dem „Hauptgeschäftsführer“ Dr. Wolf wurde mit Udo Klug, dem ehemaligen Trainer der Eintracht-Amateure, ein „richtiger“ Manager verpflichtet. Seine erste Tat war die überraschende Verpflichtung des Schweizer Nationalspielers Rudolf „Ruedi“ Elsener, der in Frankfurt seit den UEFA-Pokal-Spielen gegen die Grasshoppers kein Unbekannter war. Als nächstes wurde die Trainerfrage gelöst. Nach langem Überlegen entschloss sich Dettmar Cramer, die Option für eine Vertragsverlängerung nicht wahrzunehmen und zum 30. Juni 1978 zu gehen. Umgehend präsentierte Manager Klug mit dem bisherigen Duisburger Coach Otto Knefler einen Nachfolger. Damit war der vereinsinternen Opposition vorerst der Wind aus den Segeln genommen. Nachdem diese sich auf der Jahreshauptversammlung Ende Juni noch bedeckt gehalten hatte, scheiterte sie auf einer außerordentlichen Mitgliederversammlung am 7. September mit dem Versuch, Präsident von Thümen und „Vize“ Dr. Kunter zu stürzen, mit 226:370 Stimmen.

1978/79 ■ Trotz großer Namen nur das Minimalziel erreicht

Die Arbeit des neuen Managers trug schnell weitere Früchte. So wurden Krobbach (für 250.000 Mark an Arminia Bielefeld) und Trinklein (für zwei Ablösespiele und 50 Prozent Beteiligung bei einem Weiterverkauf an Kickers Offenbach) transferiert, der Ausrüstervertrag mit adidas zu verbesserten Konditionen (135.000 statt bisher 20.000 Mark jährlich) um fünf Jahre verlängert und mit dem Kamerahersteller Minolta ein neuer Trikotsponsor gefunden, der künftig eine halbe Million pro Saison zahlte. Drei Tage vor dem ersten Saisonspiel beim FC Schalke 04 unterschrieb Pezzey endlich einen Zweijahresvertrag. Für ihn musste Dragoslav Stepanovic den zweiten Nicht-EG-Ausländer-Platz räumen. Versüßt wurde dem Serben der Abschied in Richtung Wormatia Worms angeblich mit 100.000 Mark.

Die langfristige Planung geriet in Gefahr, als Otto Knefler am 23. September auf der Rückfahrt vom Pokalspiel in Bremen (3:2) mit dem Auto schwer verunglückte und im Dezember aus gesundheitlichen Gründen das Handtuch werfen musste. Acht Jahre später, im Oktober 1986, starb er an den Spätfolgen dieses Unfalls. Übergangsweise wurde die Mannschaft von Manager Klug trainiert, der nach langem Suchen am 8. Januar 1979 einen neuen Coach präsentierte: Nachdem eine Verpflichtung Ernst Happels aus finanziellen Gründen scheiterte, hieß der neue Mann Friedel Rausch. Die Vorgaben an ihn waren klar: „Wir müssen uns für den UEFA-Pokal qualifizieren. Ansonsten würden wir nicht erreichen, was wir uns vorgenommen haben,“ verkündete Udo Klug.

Rauschs Startbilanz konnte sich sehen lassen. In den ersten sieben Rückrundenspielen blieb die Eintracht unbesiegt und hatte sich auf dem vierten Platz festgesetzt.

Mit einem 1:2 zu Hause gegen den VfB Stuttgart verlor man allerdings nicht nur zwei Punkte, sondern auch noch Bernd Hölzenbein durch Platzverweis. Dann ging es Schlag auf Schlag: 1:4 bei Hertha BSC, 1:4 gegen den 1. FC Köln und 0:2 im Derby beim abgeschlagenen Tabellenletzten SV Darmstadt 98 – innerhalb von nur 14 Tagen hatte man nicht nur den Anschluss nach oben verspielt, auch die so dringend benötigte UEFA-Pokal-Teilnahme war jetzt höchst gefährdet. Allerdings fing sich die Mannschaft wieder, schied im DFB-Pokal erst im Halbfinale aus (1:2 gegen Hertha BSC) und erreichte durch ein 2:0 am letzten Spieltag beim MSV Duisburg wenigstens das Minimalziel, die Qualifikation für den UEFA-Pokal.

Die Freude über den doch noch versöhnlichen Saisonausgang war nicht nur beim nach Duisburg mitgereisten Anhang groß. Auch innerhalb des Vereins war Ruhe eingekehrt und die noch vor Jahresfrist lautstarke Opposition verstummt. Dennoch gab es zwei Änderungen. Für Dr. Peter Kunter und Gerhard Jakobi, der acht Jahre Schatzmeister gewesen war, wurden der ehemalige Oberligaspieler Kurt Krömmelbein und Joachim Erbs ins Präsidium gewählt. Auch Manager Klug konnte aufatmen und „den kontinuierlichen Übergang in die achtziger Jahre personell einleiten". Im Klartext bedeutete dies, dass man stärker auf den Nachwuchs setzte. Mit Klaus Funk (VfB Stuttgart) wurde ein neuer Torhüter verpflichtet. Außerdem kamen Stefan Lottermann (Kickers Offenbach), Horst Ehrmantraut (FC Homburg) und Harald Karger (FC Burgsolms) an den Riederwald. Ein „fertiger" Spieler sollte nur für den Sturm verpflichtet werden. Als der Transfer des Engländers Ray Clarke (Ajax Amsterdam) aber scheiterte, wurde der Südkoreaner Bum-kun Cha, der Ende 1978 ein Kurzgastspiel beim SV Darmstadt 98 gegeben hatte, an den Riederwald geholt.

1979/80 ■ „Goldener Schuss" im UEFA-Pokal

In der neuen Saison sollte bei zwei 3:2-Heimsiegen gegen das Spitzenduo Hamburger SV und Bayern München der Stern von Harald Karger aufgehen. Gegen den HSV erzielte er zwei Tore, gegen die Bayern gelang ihm der Siegtreffer, nachdem die Münchner schon mit 2:0 geführt hatten. Da neben „Schädel-Harry" auch der Koreaner Cha ein Volltreffer war, der einige wichtige Siege sicherte, lag die Eintracht am Ende der Vorrunde mit 20:14 Punkten als Fünfter mit vier Punkten Abstand auf Tabellenführer Bayern München recht gut im Rennen. Manager Udo Klug jedenfalls war zum Jahreswechsel optimistisch: „Wir wollen in dieser Saison etwas machen, was noch keinem anderen gelungen ist. Wir wollen nicht nur das Double gewinnen, sondern dreifach triumphieren: in der Meisterschaft, im DFB-Pokal und im UEFA-Cup." („kicker-sportmagazin" vom 3. Januar 1980)

Doch nun begann das Elend des Bruno Pezzey. Kaum war seine zehnwöchige Sperre aufgrund eines „Fernseh-Urteils" – er hatte Anfang September den Leverkuser Jürgen Gelsdorf mit einem Faustschlag in den Unterleib getroffen – abgelaufen, zog er sich auf einer Reise an die Elfenbeinküste eine schwere Darmerkrankung zu und fiel für drei Spiele aus. Auch sein Comeback dauerte nicht lange. Bereits in seinem zweiten

Fanprotest im Stadion: „So weit führt Eure Personalpolitik", steht auf dem Transparent, das die leeren Ränge zierte.

Spiel in Leverkusen (!) sah er die Rote Karte und wurde erneut für sechs Spiele gesperrt. Eine Woche nach dem Pokal-Aus in Stuttgart (2:3 nach einer 2:0-Pausenführung!) verabschiedete man sich so aus dem Titelrennen. Immerhin konnte der Anschluss an die UEFA-Pokal-Plätze gehalten werden – bis zum 15. März 1980.

Vier Tage vor dem Viertelfinal-Rückspiel im UEFA-Pokal bei Zbrojovka Brünn zog sich Kapitän Jürgen Grabowski im Bundesliga-Spiel gegen Borussia Mönchengladbach (5:2) nach einem Foul des jungen Lothar Matthäus eine schwere Verletzung des linken Mittelfußknochens zu, die das vorzeitige Ende seiner glanzvollen Karriere bedeutete. Ohne „Grabi" gab es 0:10 Punkte in Folge, womit man sich den Abstiegsrängen bis auf drei Punkte näherte. Überraschend gab das Präsidium wenig später die Trennung von Trainer Friedel Rausch zum Saisonende und die Verpflichtung von Lothar Buchmann bekannt. Das brachte das Fass zum Überlaufen, so dass es gegen den VfL Bochum (0:1) zu massiven Fan-Protesten kam. Im völlig verwaisten „Block G", in dem sonst die Treuesten der Treuen standen, hing lediglich ein Transparent mit der Aufschrift „So weit führt Eure Personalpolitik". Immerhin riss sich die Mannschaft noch einmal zusammen und beendete die Saison mit 32:36 Punkten als Neunter. Aber wen interessierte das am Ende noch? Seit dem 21. Mai lag die Eintracht-Fangemeinde nämlich im UEFA-Pokal-Rausch – und das im wahrsten Sinne des Wortes.

Nach hart umkämpften Runden gegen den FC Aberdeen und Dinamo Bukarest wartete in der dritten Runde des europäischen Wettbewerbs mit dem früheren Europa- und Weltpokal-Sieger Feyenoord Rotterdam ein ganz dicker Brocken, der seit 36 Meisterschaftsspielen ungeschlagen war! Ältere Zuschauer müssen sich am Abend jenes 28. November 1979 knapp 20 Jahre zurückversetzt gefühlt haben, denn die Eintracht – in ungewohnten grünen Trikots! – brannte wie seinerzeit gegen die Glasgow Rangers ein Feuerwerk allererster Klasse ab. Cha eröffnete den Torreigen (20. Minute), dem Nickel zehn Minuten später das 2:0 folgen ließ. Allerdings verletzte sich „Dr. Hammer" kurz darauf und musste durch Lottermann ersetzt werden. Dieser sorgte schließlich für die

Entscheidung. Erst spielte er Verteidiger Helmut Müller mustergültig frei – 3:0 (50.), dann stoppte er eine Flanke von Cha mit der Brust und knallte den abtropfenden Ball volley ins Tor (58.). Stafleu gelang zwei Minuten vor dem Ende lediglich der (vermeidbare) Ehrentreffer. Trotz des 1:4-Rückstands war das Stadion „De Kuip" beim Rückspiel mit 65.000 Zuschauern bis auf den letzten Platz gefüllt. Torhüter Funk war der Turm in der (Abwehr-)Schlacht. Er musste nicht nur bei den Angriffen der Feyenoord-Stürmer auf der Hut sein, sondern auch vor den fanatischen niederländischen Fans, die seinen Strafraum zusätzlich mit zahllosen Wurfgeschossen bombardierten. Mehr als ein Tor von Peters in der Nachspielzeit gelang Feyenoord aber nicht. Die Eintracht stand im Viertelfinale.

Da insgesamt fünf Bundesligisten die Runde der letzten Acht erreicht hatten, war man zufrieden, mit Zbrojovka Brünn einen der drei nicht-deutschen Klubs zugelost bekommen zu haben. Das Hinspiel am 5. März war wie erwähnt Jürgen Grabowskis letzter Auftritt in einem internationalen Spiel. Ohne die angeschlagenen Hölzenbein und Cha legte die Eintracht erneut ein 4:1 vor, mit dem man gelassen in die mährische Hauptstadt fahren konnte. Zwar gelang Horny, der schon im Waldstadion den zwischenzeitlichen Ausgleich markiert hatte, eine frühe Führung (10. Minute), die Karger jedoch schon kurz darauf egalisierte (17.). Angefeuert von über 500 Fans aus der DDR, zeigte die Eintracht eine geschlossene Mannschaftsleistung und kam 13 Minuten vor Schluss zum 2:1. Zwei Patzer in den Schlussminuten (88. und 90.) nutzte der CSSR-Meister von 1978 aber noch zum glücklichen Sieg.

Im Halbfinale war die Bundesliga schließlich unter sich. Das Los führte die Eintracht mit dem schwersten Brocken, Tabellenführer Bayern München, zusammen. Einen Vorgeschmack bekam die Mannschaft bereits einen Tag nach der Auslosung, als ein Eigentor von Lorant die 0:2-Niederlage im Olympiastadion einleitete. Genauso unglücklich verlief zweieinhalb Wochen später auch das Hinspiel im UEFA-Pokal-Halbfinale. 50 Minuten hatte die von Pezzey glänzend organisierte Eintracht-Abwehr den stumpfen Bayern-Sturm im Griff. Erst der zur Pause für Oblak eingewechselte Janzon entwickelte mehr Druck. Folgerichtig verwandelte Dieter Hoeneß eine Janzon-Flanke zur Münchner Führung. Ein von Breitner verwandelter Foulelfmeter brachte in der 76. Minute den 2:0-Endstand. Angesichts der katastrophalen Form in der Bundesliga schien das bereits das Aus zu bedeuten. Drei Tage nach dem 3:5 gegen Kaiserslautern präsentierte sich jedoch eine völlig verwandelte Eintracht-Mannschaft den 50.000 Zuschauern im Waldstadion. Eine halbe Stunde lang war das Spiel von der Taktik geprägt. Während sich die Bayern damit begnügten, ihren Hinspiel-Vorsprung zu verteidigen, fürchtete Friedel Rausch ein schnelles Gegentor. Nachdem Pezzey die Eintracht jedoch in Führung geschossen hatte (31.), entwickelte sich ein lebhafteres Spiel. In den letzten zehn Minuten wurden schließlich alle taktischen Anweisungen über Bord geworfen, die Eintracht drückte auf das zweite Tor und wurde drei Minuten vor Schluss belohnt: Pezzey köpfte eine Nickel-Ecke am zaudernden Junghans vorbei zum 2:0 ein – Verlängerung! In dieser gab es einen offenen Schlagabtausch. 103. Minute: 3:0 durch Karger. Damit wäre die Eintracht im Endspiel gewesen. Zwei Minuten später: 3:1 durch Dremmler, jetzt hatten die Bayern die Nase vorn. Wiederum zwei Minuten später: 4:1 durch Karger, Eintracht wieder im Finale. Die letzten Zweifel beseitigte Lorant in der 118. Minute, als er einen Foulelfmeter zum viel umjubelten 5:1 verwandelte. Nach 20 Jahren stand Eintracht Frankfurt wieder in einem Europapokal-Finale.

Endspielgegner war Titelverteidiger Borussia Mönchengladbach. Bis auf Grabowski und Helmut Müller hatte Trainer Rausch beim Hinspiel auf dem Bökelberg alle Akteure an Bord. Mit dabei war auch der 19-jährige Fred Schaub. „Vielleicht bringe ich ihn als Joker“, meinte Rausch. „Man weiß ja nie, wie das Spiel läuft.“ Nun, es lief zunächst hervorragend, und Schaub wurde – noch – nicht gebraucht. „Schädel-Harry“ Karger brachte die Eintracht in der 37. Minute per Kopf in Führung, doch Kulik konnte unmittelbar vor dem Pausenpfiff ausgleichen. Auch in der zweiten Halbzeit präsentierte sich die Eintracht als bessere Mannschaft und ging nach 71 Minuten durch Hölzenbein erneut in Führung. Aber wie schon in Brünn konnte das 2:1 nicht über die Runden gerettet werden. Als Lothar Matthäus in der 77. Minute ausglich, rissen sich die Borussen noch einmal zusammen und kamen zwei Minuten vor Schluss noch zum schmeichelhaften 3:2 durch Kulik.

Im Rückspiel musste die Eintracht auf Karger verzichten, der sich in Gladbach einen Innenbandschaden zugezogen hatte. Für ihn beorderte Friedel Rausch Norbert Nachtweih in den Angriff, Fred Schaub nahm auf der Bank Platz. Von Anfang an bestimmte die Eintracht das Spiel, doch wurden die meisten Angriffe eine leichte Beute der dicht gestaffelten Gladbacher Abwehr. Andererseits blieben die Borussen mit ihren Kontern stets gefährlich. Die Entscheidung fiel schließlich durch die Wechseltaktik der beiden Trainer. Während Jupp Heynckes Stürmer Calle Del'Haye 68 Minuten auf der Bank schmoren ließ, hatte Friedel Rausch das richtige Näschen und wechselte 13 Minuten vor Schluss Schaub für Nachtweih ein. Während Del'Haye aber zu spät eingriff, kam Schaub genau zum richtigen Zeitpunkt. Kaum vier Minuten auf dem Platz, erzielte er in der 81. Minute das goldene Tor. Fast auf den Tag 20 Jahre nach dem Endspiel von Glasgow (3:7 gegen Real Madrid) war die Eintracht endlich Europapokalsieger!

Im Mittelpunkt der Ovationen standen Torschütze Fred Schaub und der scheidende Kapitän Jürgen Grabowski, der nach dem Schlusspfiff spontan von den Spielern auf die Schultern gehoben wurde. Es war „Grabis“ letzter großer Auftritt (sein Abschiedsspiel ein halbes Jahr später einmal ausgenommen) an dem Ort, an dem er die Fans 15 Jahre mit seinen Tricks begeistert hatte. Der damalige Frankfurter Oberbürgermeister Walter Wallmann sprach auf der anschließenden Siegesfeier das aus, was die 60.000 im Stadion und Millionen an den Bildschirmen empfanden: „Als Ihre Kameraden Sie auf die Schultern hoben, als sie Ihnen den Pokal überreichten, war das ein Augenblick von Freude und Trauer zugleich. Sie sind das Symbol dieser Eintracht.“ („kicker-sportmagazin“ vom 27. Mai 1980)

In der Tat – der „Mr. Eintracht“ war von Bord gegangen. Er selbst nahm es mit gemischten Gefühlen hin: „Das eine Auge lacht, das andere weint.“

Auftakt zum deutsch-deutschen UEFA-Pokalfinale: Die Spielführer Christian Kulik und Bernd Hölzenbein tauschen die Wimpel.

Harter Finalkampf: Karl-Heinz Körbel wirft sich in einen Schuss des Gladbachers Christian Kulik.

Das Ende einer großen Karriere: Nach dem UEFA-Pokal-Sieg 1980 trugen Torschütze Fred Schaub (links) und Ersatz-Torhüter Klaus Funk Jürgen Grabowski auf den Schultern durchs Waldstadion.

1980/81 ■ Noch ein Pokaltriumph

Trotz des UEFA-Pokal-Siegs gab es im Sommer 1980 eine Menge ungelöster Probleme. Da war zum einen die Frage, wer im „Jahr 1 nach Grabi" die Position des abgetretenen Kapitäns übernehmen sollte. Auch im Sturm gab es Probleme. Die Zukunft von Harald Karger war wegen der im Finale gegen Gladbach zugezogenen Verletzung ungewiss. Neueinkauf Norbert Hönnscheidt war nach einem Platzverweis in seinem letzten Spiel für die FVgg Kastel (einem Pokalspiel auf Kreisebene!) gesperrt. Einen Ringtausch gab es in der Abwehr. Für Horst Ehrmantraut kam Michael Sziedat vom Bundesliga-Absteiger Hertha BSC Berlin an den Riederwald. Ein großes Fragezeichen gab es auch um den neuen Trainer Lothar Buchmann, denn der Schatten des bei den Fans sehr beliebten Friedel Rausch hing als schwere Hypothek in der Luft. Sogar auf der Jahreshauptversammlung hatte das Präsidium schwere Kritik wegen des Trainerwechsels einstecken müssen.

Viel Wirbel gab es im dritten Spiel bei Bayer Leverkusen (1:2), wo der Koreaner Cha nach einem Foul von Jürgen Gelsdorf einen Bruch des Querfortsatzes am zweiten Lendenwirbel sowie eine Nieren- und Wirbelsäulenprellung erlitt. Eintracht-Arzt Dr.

Josef Runzheimer nannte die Attacke von Gelsdorf „schwere Körperverletzung", und Manager Klug wollte gar eine „Methode" erkannt haben, „wie dieser Mann ausgeschaltet werden soll". Von Seiten des Vereins wurde sogar eine Zivilklage erwogen, doch für den gläubigen Christen Bum-kun Cha war Rache kein Thema. Schließlich hatten die Eintracht und Cha Glück im Unglück. Nur fünf Wochen nach dem tragischen Zwischenfall stand der Koreaner wieder erfolgreich im Eintracht-Sturm. In der Bundesliga gab es drei Siege in Folge, und im UEFA-Pokal steuerte der Koreaner beim 3:0 gegen Schachtjor Donezk zwei Tore zum Einzug in die 2. Runde bei.

Dennoch sollte der europäische Wettbewerb für den UEFA-Pokalverteidiger zur großen Enttäuschung werden. Nachdem in der 2. Runde der FC Utrecht ausgeschaltet worden war, brannte die Eintracht am 26. November 1980 gegen den FC Sochaux eine Stunde lang ein Feuerwerk ab. Als Nachtweih nach 62 Minuten das 4:0 erzielte, schien die Sache gelaufen. Selbst das 4:1 durch Genghini konnte man noch gelassen hinnehmen. Als Pezzey jedoch zwei Minuten vor Schluss ein unglückliches Eigentor unterlief, sah plötzlich alles anders aus. Da auch in der Liga nur noch wenig zusammenlief, brach vor dem Rückspiel das große Zittern aus. Auf dem schneebedeckten Platz neben den Peugeot-Werken wurde die Eintracht schließlich „gejagt wie die Schneehasen" („kicker-sportmagazin" vom 11. Dezember 1980). Zu keinem Zeitpunkt fand die Mannschaft ein probates Mittel gegen die beherzt kämpfenden Franzosen. Genghini (16.) und Revelli (44.) sorgten schon in der ersten Halbzeit für die Entscheidung. Im ganzen Spiel hatte die Eintracht nur eine Chance, als Pezzey nach 20 Minuten an die Latte köpfte. Während das Präsidium, Trainer Buchmann und die Spieler die Welt nicht mehr verstanden, bewies Manager Klug Galgenhumor und überraschte die Frankfurter Journalisten nach dem Spiel mit dem Satz: „Dann müssen wir eben den DFB-Pokal holen!"

Weiterer Ärger braute sich Anfang Januar zusammen, als Bernd Hölzenbein ankündigte, den Verein nach der Saison Richtung Amerika zu verlassen. Damit drohte der Eintracht nach dem Abgang von Jürgen Grabowski der Verlust des zweiten Weltmeisters. Mit den übrigen Spitzenkräften (Neuberger, Nickel, Cha, Körbel) konnte dagegen frühzeitig Einigung über Vertragsverlängerungen erzielt werden, wobei man allerdings bis an die Grenze der finanziellen Machbarkeit gehen musste. Aus diesem Grund sollte der Bundesliga-Kader für 1981/82 auch von 22 auf nur noch 17 oder 18 Lizenzspieler verkleinert werden.

Auch auf dem Spielfeld stellten sich wieder Erfolge ein, obwohl eine gewisse spielerische Stagnation nicht zu übersehen war. Den Grund hierfür nannte der Ex-Frankfurter Wolfgang Kraus, der beim 5:0 gegen den FC Schalke 04 auf der Tribüne saß: „Die meisten Spieler bei der Eintracht zeigen zu wenig Risikobereitschaft. Nur Nickel versucht etwas Überraschendes und Außergewöhnliches. Zum Glück … ist auch noch ein Bruno Pezzey da. Doch die meisten der anderen Spieler spielen inzwischen zu schablonenhaft. Die Eintracht ist eine Mannschaft geworden, die als höchstes Ziel noch die UEFA-Pokal-Qualifikation erreichen kann. Mehr ist nicht drin." („kicker-sportmagazin" vom 29. Januar 1981)

Als Tabellenfünfter schaffte die Mannschaft tatsächlich dieses Ziel – und sie machte sich daran, des Managers Vorgabe im DFB-Pokal zu erfüllen. Mit zwei Heimsiegen über den VfB Stuttgart (2:1) und Hertha BSC Berlin (1:0) wurde der Einzug ins Pokalendspiel geschafft. Ein Mann ragte dabei besonders heraus: Kapitän Bernd Hölzenbein, der sich am 11. April beim 4:0 über den 1. FC Köln mit zwei Toren vom Frankfurter Publikum verabschiedete. Seit er Anfang Februar einen Vertrag bei den Ft. Lauderdale Strikers in der amerikanischen Profiliga unterschrieben hatte, spielte er wie befreit auf. Belohnt werden sollte „Holz" schließlich am 2. Mai 1981 im Stuttgarter Neckarstadion.

Anders als 1974 und 1975 ging die Eintracht 1981 nicht unbedingt als Favorit ins DFB-Pokalendspiel, denn bei der „Generalprobe" hatte es zweieinhalb Wochen zuvor beim 1. FC Kaiserslautern eine 0:2-Niederlage gegeben. Vor allem vor dem Kraftpaket Hans-Peter Briegel hatte man im Eintracht-Lager viel Respekt. Nur Bernd Hölzenbein war überzeugt, dass die Eintracht das Finale gegen Lautern gewinnen würde: „Auf einem neutralen Platz werden wir uns nicht so ängstlich verstecken, dynamischer sein als heute." („kicker-sportmagazin" vom 16. April 1981).

In der Tat waren beide Mannschaften nicht wiederzuerkennen. Die Eintracht in der Besetzung

► Pahl; Sziedat, Pezzey, Körbel, Neuberger; Lorant, Nachtweih, Borchers, Nickel; Hölzenbein, Cha

zeigte spielerisch mehr, und so konnte der 1. FC Kaiserslautern das Spiel nur 39 Minuten offen gestalten. Dann sorgte ein Doppelschlag für die Vorentscheidung. Zuerst erzielte Neuberger mit einem sehenswerten Volleyschuss unhaltbar für Hellström das 1:0. Der Jubel im Eintracht-Lager war noch nicht abgeebbt, da gelang Nachtweih ein Traumpass auf Ronald Borchers, der überlegt zum 2:0 vollendete. Von diesem Schlag erholte sich Kaiserslautern nicht mehr. Lediglich Briegel erreichte Normalform, konnte aber das 3:0 durch seinen Gegenspieler Cha nach 64 Minuten auch nicht verhindern. Geyes Tor in der 90. Minute war lediglich Ergebniskosmetik – die Eintracht war zum dritten Mal DFB-Pokalsieger.

Einen „Triumph der Spielkunst" nannte das „kicker-sportmagazin" den Finalsieg der Frankfurter. Für Bernd Hölzenbein war das Endspiel zugleich das letzte Spiel im Eintracht-Dress. Sechsmal hatte er in 14 Jahren ein Finale erreicht und davon fünf gewonnen: das WM-Finale 1974, die DFB-Pokal-Endspiele 1974, 1975 und 1981 sowie die UEFA-Pokal-Endspiele 1980. „Und wenn statt Hoeneß Sie den Elfmeter gegen die CSSR getreten hätten, hätten Sie auch das Europameisterschaftsfinale 1976 gewonnen", sagte ihm der ebenfalls scheidende Präsident Achaz von Thümen. Hölzenbein blieb auch in der Stunde seines letztes Triumphes bescheiden wie immer: „Ich danke meinen Kameraden. Sie hatten mir versprochen, zu meinem Abschied alles zu geben. Und sie haben Wort gehalten."

48 Stunden später saß er mit seiner Familie im Flieger nach Florida. „Deutschlands Stolz, der Grabi und der Holz" war Vergangenheit.

Zum Abschied den dritten Pokalsieg: Stolz präsentiert Kapitän Bernd Hölzenbein nach dem Finalsieg 1981 den „Pott". Mit ihm freuen sich Neuberger, Nickel, Pezzey, Lorant und Cha (von links). Es war nach 15 Jahren das letzte Spiel von „Holz" im Eintracht-Trikot.

Der erste Streich: Neuberger schießt volley ein, der Kaiserslauterer Torhüter Hellström ist geschlagen.

Eintracht-Trikots: Tradition und Marketing

Schwarz, weiß und rot waren bereits die Farben der Victoria und der Frankfurter Kickers. Im Gründungsprotokoll der Victoria wurde die Spielkleidung mit „roten Blusen, weißem Gürtel und schwarzer Hose“ festgelegt. Am 27. September 1903 wurden beim Kölner FC 1899 erstmals schwarz-rot längsgestreifte Trikots getragen. Für die Frankfurter Kickers sind für die Frühzeit „weiße Blusen mit rotem Adler und schwarze Hosen“ überliefert. Nach der Vereinigung zum Frankfurter Fußball-Verein wurden auch die Farben übernommen. Bis zum Zusammenschluss mit der Turngemeinde 1861 spielte der FFV hauptsächlich in weißen Hemden mit Adler und schwarzen Hosen. Seit Anfang der 1920er Jahre trug die Eintracht schließlich rote Hemden, die Ende der 1920er Jahre wieder von schwarz-rot längsgestreiften Trikots abgelöst wurden. In diesen wurde auch das Endspiel um die Deutsche Meisterschaft 1932 bestritten.

Wie alles begann: Der FFC Victoria (links) präsentierte sich 1903 beim Kölner FC 1899 erstmals in schwarz-rot längsgestreiften Trikots.

Bis zum heutigen Tage sind die gestreiften Trikots das Markenzeichen der Eintracht. Geändert hat sich im Verlauf der Jahre lediglich die Breite der Streifen. Bis 1960 waren sie nur rund anderthalb, dann ca. fünf und seit 1965 etwa zehn Zentimeter breit. Von 1987 bis Anfang der 1990er Jahre waren die Streifen sogar diagonal angeordnet, damit der Schriftzug des Trikotsponsors „Hoechst“ besser zur Geltung kam. Von 1971 bis 1973 gab es die wohl „revolutionärste“ Version: schwarze Hemden mit dünnen weinroten (!) Streifen und weinrote Hosen. Nach dem Aufstieg 2003 erlebte diese Kluft sogar ihre Renaissance (allerdings ohne Weinrot).

Als Ausrüster JAKO im Frühjahr 2005 das neue Trikot für die Saison 2005/06 vorstellte (Brust und Rücken schwarz, Ärmel und Seiten weiß), gab es einen Schrei der Entrüstung bei den Fans. Stangenware würde hier präsentiert, die in der letzten Saison schon bis in die untersten Amateurklassen zu sehen gewesen sei. Bei JAKO zeigte man sich einsichtig und ließ die Fans abstimmen. Zur Auswahl standen neben dem gerade vorgestellten Dress eine Variante mit diagonalem Streifen sowie eine auf dem Auswärtstrikot der laufenden Saison basierende Version in Rot mit einem schwarz-weißen Streifen auf der linken Brustseite, für die 40,1 % der Fans votierten. Nach 1972/73, 1993 bis 1996, 1998/99 und 2000/01 also wieder einmal rote Hemden. Zur Saison 2006/07 kehrte man dann aber wieder zu einer traditionelleren Version mit schwarz-roten Längsstreifen zurück.

Eine hervorragende Dokumentation der Eintracht-Trikots von 1899 bis zur Gegenwart wurde in der Nr. 126 von „Fan geht vor“ (August 2004) veröffentlicht, die man online auch unter www.eintracht-archiv.de (dann dem Thread „Trikots“ folgen) bewundern kann. Außerdem produzierte die Firma „Am Ball Com“ 2005 drei Kollektionen mit Eintracht-Trikots der 1970er, 1980er und 1990er Jahre.

Schwarz-weiß war über all die Jahre allerdings mehr als nur ein Auswechseltrikot. In den 1950er Jahren gab es Variationen mit roten Ärmeln oder einem roten Knopfsaum. Mit diesen Trikots wurde 1959 das Endspiel um die Deutsche Meisterschaft gewonnen. Mit dem Aufkommen von Flutlichtspielen gab es auch spezielle „Flutlicht-Trikots“: rot-weiß quergestreift oder rot mit weißen Ärmeln. Letztere erlangten im Europapokal 1959/60 Berühmtheit und sind auch heute wieder als Traditionstrikot erhältlich. Unter Dietrich Weise feierten die schwarz-weißen Trikots 1973 ein Revival in der Bundesliga: mit einem Schriftzug „EINTRACHT FRANKFURT“ auf dem Rücken. 1976/77 spielte man in englischen „Admiral“-Trikots: ganz in Weiß mit dünnen schwarzen Streifen, die bogenförmig über Brust und Hosen liefen.

Beim DFB-Pokalendspiel 1974 trat die Eintracht erstmals mit Trikotwerbung auf, die ein Jahr zuvor vom DFB erlaubt worden war. Seitdem warben elf Unternehmen auf der Brust der Eintracht-Fußballer. Vereinzelt versuchten die Sponsoren sogar Einfluss auf die Trikotfarbe zu nehmen. Das Hoechst-Tochterunternehmen „Infotec“ hätte am liebsten orange-farbene Trikots gesehen. Mehr als weiße Auswärtstrikots mit orangenen Bündchen und adidas-Streifen ließ man jedoch nicht zu. Wesentlich mehr Einfluss nahm die Firma „Tetra Pak“. Nicht nur, dass das Firmenlogo ins Trikot integriert wurde,

Der Werbung ein Schnippchen geschlagen: Nach dem Pokalsieg 1974 machte Jürgen Grabowski (rechts mit dem Pokal) Reklame für den „falschen" Trikotsponsor.

auf offiziellen Mannschaftsfotos war die Mannschaft nun auch in gelben Hemden und blauen Hosen zu sehen!

Am erfolgreichsten schnitt die Eintracht in Schwarz-Weiß ab. Nicht nur die Meisterschaft 1959, sondern auch alle vier Pokalsiege wurden in weißen Hemden und schwarzen Hosen errungen. Aus diesem Grund trat man auch zum Pokalfinale am 28. April 2006 wieder mit weißen Hemden an, doch diesmal wurde zum ersten Mal ein

DFB-Pokalfinale 2006: Eintracht Frankfurt tritt im schwarz-weißen Traditionstrikot an – diesmal leider erfolglos. Hinten von links: Stefan Lexa, Alexandar Vasoski, Marko Rehmer, Benjamin Huggel, Alexander Meier, Ioannis Amanatidis. Vorn von links: Marco Russ, Benjamin Köhler, Oka Nikolov, Patrick Ochs, Christoph Spycher.

Finale mit schwarz-weißem Dress verloren. Wenig Glück brachten bisher auch die traditionellen schwarz-roten Streifen: Nach 1932 ging auch das DFB-Pokal-Endspiel 1964 und das Meisterschaftsfinale 1992 in Rostock verloren.

Änderungen musste im Laufe der Jahre auch der Adler über sich ergehen lassen. Beim Frankfurter FV hatte er seinen Platz noch groß auf der Brustmitte. Bei der Eintracht wurde er nicht nur kleiner, sondern 1980 auch noch modernisiert. Unter den Fans gab es jedoch im Vorfeld des 100-jährigen Jubiläums Bestrebungen, sowohl den „Traditions-Adler" als auch die schwarz-roten Trikots wiederzubeleben. Schließlich spielte auch Ausrüster Puma mit: Zum 100. Geburtstag trat die Eintracht am 14. März 1999 gegen Hertha BSC Berlin wieder in schwarz-rot gestreiften Trikots mit Schnürung am Hals und altem Adler auf der Brust an. In diesem Dress wurde schließlich in einem fulminanten Endspurt auch der kaum noch für möglich gehaltene Klassenerhalt geschafft. Der schönste und größte Adler ist seit der Saison 2005/06 jedoch bei den Heimspielen im Stadion zu bewundern: Attila, ein junger Steinadler aus dem Hanauer Wildpark „Alte Fasanerie Klein-Auheim", ist das neue Maskottchen der Eintracht. ■

Die Trikotsponsoren von Eintracht Frankfurt

Saison	Trikotsponsor	Branche	Betrag in Euro*	Ausrüster
1974/75	Remington	Elektrogeräte	ca. 100 000[1]	adidas
1975/76	Remington	Elektrogeräte	ca. 100 000[1]	adidas/Admiral
1976/77	—	—	—	Admiral/adidas
1977/78	Samson[2]	Tabak	125 000	Admiral/adidas
1978/79	Minolta	Kameras/Kopierer	250 000	adidas/erima
1979/80	Minolta	Kameras/Kopierer	275 000	adidas/erima
1980/81	Minolta	Kameras/Kopierer	300 000	adidas/erima
1981/82	Infotec	Kopierer/Telekopierer	375 000	adidas/erima
1982/83	Infotec	Kopierer/Telekopierer	375 000	adidas
1983/84	Infotec	Kopierer/Telekopierer	250 000	adidas
1984/85	Portas	Türen & Küchen	300 000	adidas
1985/86	Portas	Türen & Küchen	300 000	adidas
1986/87	Hoechst	Chemie	325 000	adidas
1987/88	Hoechst	Chemie	325 000	Puma
1988/89	Hoechst	Chemie	350 000	Puma
1989/90	Hoechst	Chemie	350 000	Puma
1990/91	Hoechst	Chemie	0,35 - 0,5 Mio.[3]	Puma
1991/92	Samsung	Elektrogeräte	1 000 000	Puma
1992/93	Samsung	Elektrogeräte	1 000 000	Puma
1993/94	Tetra Pak	Verpackungen	1 000 000	Puma
1994/95	Tetra Pak	Verpackungen	1 000 000	Puma
1995/96	Tetra Pak	Verpackungen	1 250 000	Puma
1996/97	Mitsubishi Motors	Autos	650 000	Puma
1997/98	Mitsubishi Motors	Autos	650 000	Puma
1998/99	VIAG-Interkom	Telekommunikation	3 000 000	Puma
1999/00	VIAG-Interkom	Telekommunikation	3 000 000	Puma
2000/01	Genion[4]	Telekommuniaktion	3 000 000	Puma/Fila[5]
2001/02	Fraport	Flughafen	1 500 000	Fila
2002/03	Fraport	Flughafen	1 500 000	Fila
2003/04	Fraport	Flughafen	2 500 000	Jako
2004/05	Fraport	Flughafen	2 000 000	Jako
2005/06	Fraport	Flughafen	2 500 000	Jako
2006/07	Fraport	Flughafen	4 000 000	Jako

*) = Umrechnung DM/Euro 2:1, offizieller Wechselkurs: 1,95583
1) = geschätzt, da keine genauen Angaben vorhanden
2) = ab 9. September 1977
3) = abhängig vom Abschneiden im UEFA-Pokal
4) = von VIAG-Interkom
5) = ab 9. Februar 2001

Der Kampf ums Überleben

Nicht nur bei der Mannschaft gab es eine Zäsur, denn in der Führungsetage des Vereins tobte ein schmutziger Wahlkampf um die Nachfolge von Präsident Achaz von Thümen und Vizepräsident Dieter Lindner. Schlecht war es auch um die Finanzen gestellt. Trotz des UEFA-Pokal-Sieges hatte es 1980 einen Verlust von 724.369 Mark gegeben. Da sich die Kosten der Lizenzspielerabteilung im gleichen Zeitraum um eine Million auf 5,778 Millionen Mark erhöht hatten, bedeutete dies unter dem Strich Schulden in Höhe von vier bis fünf Millionen Mark. Als Präsidentschaftskandidat wurde von den Vereinsgremien Axel Schander, Kaufmann, Tennis-Funktionär und ehemaliger Karnevalsprinz, ins Rennen geschickt. Seine größten Widersacher waren der Tischtennis-Abteilungsleiter Jupp Schlaf und Wirtschaftsberater Wolfgang Zenker, die als Wahlgeschenk die Verpflichtung des Schalker Nationalstürmers Klaus Fischer in Aussicht stellten. Viereinhalb Stunden wurde auf der Jahreshauptversammlung schmutzige Wäsche gewaschen. Höhepunkt war der Auftritt des Mitgliedes Stein, der die Versammelten beschwor: „Liebe Frankfurter, denkt an die Zukunft und wählt keine Idioten!" Mit 338:307 machte schließlich Schander das Rennen. Neuer Vizepräsident wurde Hermann Höfer, neuer Schatzmeister Dieter Bartl, der aber Ende Juli die Brocken wieder hinschmiss und durch Peter Heinz ersetzt wurde.

Die neuen Chefs setzten Akzente. Am 9. Juni wurde Manager Klug ohne irgendwelche Vorwarnungen fristlos gekündigt. Als offzielle Erklärung des Vereins wurden „unterschiedliche Auffassungen über die Führung der Geschäfte" genannt, die wahren Gründe wurden bis heute nicht genannt. Es zeichnete sich aber schnell ab, dass einige peinliche Fehler zur Demission Klugs führten. So soll ein falsches Wort in den Spielerverträgen den Verein eine sechsstellige Summe gekostet zu haben. Statt einer Erfolgsprämie „für einen Titel *oder* das Erreichen eines UEFA-Pokal-Platzes" stand dort *und*. So war neben der Pokalprämie auch eine Prämie für den fünften Platz fällig. Weiteren Anlass zur Spekulation gab die Tatsache, dass Klug, dessen Vertrag noch bis 1983 lief, eine Abfindung in sechsstelliger Höhe erhielt. Wenn die Gründe für eine fristlose Kündigung so schwerwiegend waren, warum dann eine Abfindung? Manches deutet darauf hin, dass Klugs Schweigen „erkauft" werden sollte.

1981/82 ■ Die finanzielle Lage spitzt sich zu

Mit dem heutigen Bundestrainer Joachim Löw (VfB Stuttgart) wurde ein neuer Mann für die Offensivabteilung verpflichtet. Weitere spektakuläre Transfers ließ die angespannte finanzielle Situation nicht zu. Mit den beiden U18-Europameistern Ralf Falkenmayer (eigener Nachwuchs) und Holger Anthes (FSV Frankfurt) wurden allerdings zwei Investitionen für die Zukunft getätigt. An die Zukunft glaubten auch die Fans, deren Erwartungen durch den Pokalsieg gesteigert wurden, was sich auch in einer 15%-igen Steigerung im Dauerkartenverkauf niederschlug.

Die Hoffnungen richteten sich vor allem auf den Europapokal-Wettbewerb. Doch dort wäre beinahe schon die 1. Runde die letzte gewesen. Nach einem 2:0 in Frankfurt benötigte man bei PAOK Saloniki sogar ein Elfmeterschießen zum Einzug in die nächste Runde. Zum „Helden von Toumba" wurde dabei Torhüter Jürgen Pahl. Nachdem Lorant, Körbel, Trapp, Nachtweih und Pezzey ihre Elfmeter verwandelt hatten, meisterte Pahl den Schuss von Dimopoulos. Damit bewahrte er die Eintracht vor „schlimmen Folgen", wie Präsident Schander hinterher erklärte. „Wir benötigen aus dem Europapokal mindestens eine Million Mark an Einnahmen."

Wie schlecht es inzwischen um den Verein stand, kam in der Woche vor dem Pokalspiel bei Fortuna Düsseldorf ans Tageslicht. „Eintracht Frankfurt droht die Pleite", stand in großen Lettern auf der Titelseite des „kicker-sportmagazin" (8. Oktober 1981). Unter der Woche flog man sogar nach Israel, weil es dort 35.000 Mark Gage für ein Freundschaftsspiel gegen die Nationalmannschaft gab. Ohne den verletzten Borchers und den gesperrten Nachtweih kam im Rheinstadion jedoch mit 1:3 das Aus für den Pokalverteidiger. Auch im Europapokal folgte bei SKA Rostow eine 0:1-Niederlage. Das Rückspiel entwickelte sich zu einem richtigen Schicksalsspiel, denn angesichts der immer prekärer werdenden finanziellen Situation – inzwischen wurde von sechs Millionen Mark Schulden gesprochen – gab es wilde Gerüchte um einen möglichen Transfer von Bruno Pezzey zu Bayern München. Am Montag vor dem Rückspiel gegen Rostow erklärte Präsident Schander den Österreicher jedoch für unverkäuflich. Beim Spiel selbst waren die Ränge voll mit Pezzey-Sympathie-Plakaten. Trotz des 2:0-Sieges war man im Eintracht-Lager stinksauer – auf Holger Obermann vom Hessischen Rundfunk. In seinem TV-Kommentar war nämlich öfter von den sechs Millionen Mark Schulden und „Pezzeys letztem Spiel im Eintracht-Dress" die Rede als vom Geschehen auf dem grünen Rasen.

Anfang April 1982 machte sich in Frankfurt Ratlosigkeit breit. In der Bundesliga lag die Eintracht mit 26:28 Punkten als Elfter acht Minuspunkte hinter einem UEFA-Pokal-Platz. Da man auch im Europapokal der Pokalsieger im Viertelfinale knapp an Tottenham Hotspur scheiterte (0:2 in London, 2:1 in Frankfurt), war man von einer Teilnahme an einem internationalen Wettbewerb meilenweit entfernt. Nur über den Europapokal aber war das Geld aufzutreiben, um die Mannschaft auch in der nächsten Saison attraktiv zu gestalten. Zwar wollte Willi Neuberger (35) noch ein Jahr dranhängen, bei Pezzey und Borchers dagegen sah es nicht so gut aus. Der AC Florenz hatte 3,5 Millionen Mark für den Österreicher geboten, doch die Eintracht pokerte hoch. „Ronnie" dagegen wollte den Klub verlassen, wenn Pezzey verkauft würde. Auch nach einem neuen Trainer hielt man Ausschau, und intern stand das Präsidium unter schwerem Beschuss. Der eigene Verwaltungsrat, der Schander und Höfer erst vor zehn Monaten ins Amt gedrängt hatte, forderte nun den Rücktritt!

„Nicht das Präsidium, sondern die durch die Satzung festgeschriebene Machtposition des Verwaltungsrates ist das eigentliche Grundübel", schrieb das „kicker-sportmagazin" am 19. April 1982. Da alle Ausgaben über 100.000 Mark von diesem Gremium abgesegnet werden mussten, konnte die Arbeit des Präsidiums jederzeit blockiert werden. Dass der Schuldenstand der Eintracht trotz seiner „Kontrollfunktion" Schwindel erregende Höhen erreicht hatte, hatten die Herren des Verwaltungsrates aber trotzdem nicht verhindert. So stand der Eintracht einmal mehr eine Zerreißprobe bevor. Auch in der Trainerfrage gab es wenig Bewegung. Dietrich Weise wurde vom DFB nicht freigegeben, Hennes Weisweiler zog das finanziell lukrativere Angebot der Grasshoppers Zürich vor, Branko Zebec wurde vom Verwaltungsrat wegen seines Alkoholproblems abgelehnt, und der Tscheche Vaclav Jacek besaß keine DFB-Lizenz. So wurde schließlich Anfang Mai mit dem Österreicher Helmut Senekowitsch lediglich eine 1b-Lösung präsentiert. Auch aus den „Pezzey-Millionen" wurde nichts. Mitte April zogen die Italiener ihre Offerte zurück. Wie der Verbleib des Österreichers ohne eine Teilnahme am Europapapokal aber ein weiteres Jahr finanziert werden sollte, wusste am Riederwald niemand.

Nun tobte die Schlammschlacht hinter den Kulissen umso heftiger. Die Stimmung vor der Jahreshauptversammlung am 18. Mai war explosiv. Am 13. Mai ging das Präsidium in die Offensive und warf dem Verwaltungsrat vor, jahrelang Bilanzmanipulationen geduldet oder stillschweigend übersehen zu haben. In dieser Schmierenkomödie bezogen die Fans eindeutig Partei für Axel Schander, der aber auf der Jahreshauptversammlung einen klassischen Pyrrhus-Sieg errang. Nachdem der Antrag des Verwaltungsrates auf Abwahl des Präsidiums mit 298:155 Stimmen abgeschmettert worden war, traten der komplette Verwaltungsrat, Vizepräsident Höfer und Schatzmeister Heinz zurück. Der Präsident hatte die Schlacht gewonnen, aber keine Soldaten mehr. Zudem war die Lizenz in höchster Gefahr, denn bis Ende Juni mussten 1,5 Millionen Mark Kaution beim DFB hinterlegt werden. Das Ein-Mann-Präsidium Schander war aber handlungsunfähig. Bis zur Fortsetzung der Jahreshauptversammlung am 27. Mai präsentierte Schander mit Wolfgang Zenker und Wolfgang Knispel jedoch zwei Kandidaten für die Komplettierung der Führungsriege. Außerdem gelang ihm ein spektakulärer Coup: Für 100.000 Mark Gage flog die Eintracht zu einem Testspiel gegen WM-Teilnehmer Kuwait nach Casablanca und siegte mit 2:1.

Dennoch malte der neue „Vize" Zenker ein düsteres Bild an die Wand: In den nächsten zwei Monaten mussten drei Millionen Mark aufgetrieben werden, um den Spielbetrieb für die kommende Saison zu sichern. Während in Spanien die Weltmeisterschaft begann, lief am Riederwald die Rettungsaktion für die Eintracht auf Hochtouren. Der Transfer von Nachtweih zu Bayern München brachte 1,7 Millionen Mark in die leeren Kassen. Durch eine 20%-ige Steigerung im Dauerkartenverkauf konnte eine weitere Million verbucht werden. Einige Spieler verzichteten auf einen Teil ihrer Prämien, dazu kamen zahlreiche Spenden und Bürgschaften. Am 29. Juni kam „grünes Licht" aus der DFB-Zentrale hinter dem Waldstadion: Die Lizenz für 1982/83 war erteilt!

1982/83 ■ Finanzskandal und Ausverkauf

Angesichts der angespannten finanziellen Situation waren auf dem Transfermarkt keine großen Sprünge möglich. Mit Ralf Sievers (Lüneburger SK) und Martin Trieb (FC Augsburg) wurden zwei Talente verpflichtet, die im Herbst 1981 in Australien U19-Weltmeister geworden waren. Dazu kam aus der „Konkursmasse" des TSV 1860 München Uwe Schreml. Obwohl von den Stammspielern nur Nachtweih den Verein verlassen hatte, war der neue Coach Helmut Senekowitsch davon überzeugt, in dieser Saison kleinere Brötchen backen zu müssen.

Die „1b-Lösung" entpuppte sich als die erwartete Fehlbesetzung. Schon nach dem fünften Saisonspiel (0:1 gegen den VfL Bochum) war die Eintracht auf den 17. Platz zurückgefallen – und die Tage von Helmut Senekowitsch gezählt. Am Freitag vor dem Spiel bei Bayern München (0:4) wurde er entlassen, in München saß Assistent Uli Meyer auf der Bank, und tags darauf wurde – der Monate zuvor vom alten Verwaltungsrat geschmähte – Branko Zebec als Nachfolger vorgestellt. Mit ihm kam wenigstens die Heimstärke zurück: Von den 14 Heimspielen unter seiner Regie wurden zehn gewonnen, drei endeten unentschieden und nur eines – das letzte gegen Werder Bremen (0:1) – wurde verloren. Auswärts sah es allerdings so schlimm wie noch nie aus: Lediglich vier magere Punkte (ein Sieg, zwei Unentschieden) sprangen in der gesamten Saison heraus. Damit war man natürlich im Rennen um einen UEFA-Pokal-Platz vollkommen chancenlos.

Ein Grund für die Inkonstanz mag der von Branko Zebec in Angriff genommene Umbau der Mannschaft gewesen sein. Neben dem Ex-Bochumer Jupp Kaczor (Feyenoord Rotterdam) wurde im November mit Thomas Kroth (vom 1. FC Köln) auch eine Verstärkung fürs Mittelfeld geholt. Dafür wurde Routinier Werner Lorant an den FC Schalke 04 abgegeben. Außerdem führte Zebec mit Uwe Müller, Mike Kahlhofen und Thomas Berthold drei Spieler, die im Sommer 1982 mit der Eintracht Deutscher A-Jugend-Meister geworden waren, an den Bundesliga-Kader heran. Dies war auch dringend notwendig. Zwar hatte sich die finanzielle Situation bis zum Jahresende ein wenig entspannt, doch waren weitere Einsparungen nicht zu umgehen. Im Klartext bedeutete dies die Reduzierung der Gehälter oder den Verkauf der Leistungsträger wie Cha, Körbel, Nickel oder Pezzey. Der Tanz auf dem Drahtseil begann und trug auch nicht gerade zur Stärkung der Moral bei. Immerhin konnten bereits im Februar 1983 die Weichen endgültig Richtung Klassenerhalt gestellt werden: Der einzige Auswärtssieg (2:1 beim VfL Bochum) und das anschließende 1:0 gegen Bayern München brachten sieben Punkte zwischen die Eintracht und die Abstiegsplätze. Während sich die Mannschaft also anschickte, die Saison mit Anstand zu beenden, wurde der Verein von einem riesigen Finanzskandal bis auf die Grundfeste erschüttert.

Ausgelöst wurde er von einem Pfändungsbeschluss in Höhe von 200.000 Mark gegen Eintracht-Stürmer Bum-kun Cha. Wie viele seiner Mitspieler hatte der Koreaner 1980 von Wolfgang Zenker zwei Häuser nach dem so genannten „Bauherrenmodell" erworben und sich damit finanziell übernommen. Zenker, Repräsentant einer großen Immobilien-Gruppe und seit Sommer 1982 Vizepräsident der Eintracht, wurde eine Interessenkollision vorgeworfen. Umgehend traten Präsident Schander, „Vize" Zenker und Schatzmeister Knispel zurück und erklärten, auf der drei Tage später stattfindenden Jahreshauptversammlung nicht mehr zu kandidieren. Damit war Eintracht Frankfurt führungslos. Als „Notvorstand" übernahmen die Beiratsmitglieder Günter Herold (Leiter der Eissport-Abteilung), der ehemalige Schatzmeister Karl Hohmann, das ehemalige Vorstandsmitglied Heinrich Stocke und die Leichtathletin und spätere Sportdozentin der Stadt Frankfurt, Sylvia Schenk, kommissarisch die Geschäfte. Bis zum 30. Mai begab man sich wieder einmal auf Kandidatensuche.

Mit Dr. Klaus Gramlich wurde der Sohn des ehemaligen Nationalspielers und langjährigen Vorsitzenden an die Spitze gewählt. In einer Kampfabstimmung unterlag Wolfgang Zenker dem „Nobody" Dr. Harald Böhm mit 216:263 Stimmen. Wiedergewählt wurde dagegen Schatzmeister Knispel, ein Vertreter eines rigorosen Sparkurses. Während noch mit möglichen Interessenten um die Ablösesummen für Cha (schließlich für eine Million Mark zu Bayer Leverkusen) und Pezzey (für 1,25 Millionen Mark zu Werder Bremen) gepokert wurde, konnten die notwendigen Bürgschaften in Höhe von 2,9 Millionen für die neue Lizenz aufgetrieben werden. Nach dem Abgang von insgesamt zehn Spielern war allerdings klar, dass es 1983/84 nicht nur gewaltige finanzielle, sondern auch sportliche Probleme geben würde.

1983/84 ■ Mit den „jungen Wilden" im Abstiegskampf

In dieser Situation hatte der Verein allerdings das große Glück, Deutschlands beste Jugend zu haben. Die B-Jugend war 1980, die A-Jugend 1982 und 1983 Deutscher Meister geworden. Aus diesen drei Mannschaften sollten in naher Zukunft immerhin 14 Spieler auch in der Bundesliga das Trikot der Eintracht tragen. Die Transfererlöse in Höhe von rund 2,4 Millionen Mark wurden fast komplett in neue Spieler investiert, von denen allerdings nur der Schwede Jan Svensson (IFK Norrköping) voll einschlug. Fruck (MSV Duisburg) war immerhin Stammspieler, Eymold (Hessen Kassel) und Mattern (SV Darmstadt 98) konnten nicht überzeugen, und der hoch gelobte Jürgen Mohr (Hertha BSC) sollte erst in der Endphase der Saison zur erhofften Verstärkung werden. Mit dieser Mischung aus wenigen Routiniers, einigen Hungrigen und vielen

Youngsters ging die Eintracht in ihre 21. Bundesliga-Saison, die die bislang schwerste der Vereinsgeschichte werden sollte.

War der Start in die Saison 1982/83 schon katastrophal gewesen, so stellte der in die Saison 1983/84 (fast) alles bisher Dagewesene in den Schatten. Erst am fünften Spieltag gelang der erste Sieg (3:0 gegen Fortuna Düsseldorf). Da stand man mit 4:6 Punkten noch auf Platz 11. Auch im Pokal hatte man sich bei den Amateuren des 1. SC Göttingen 05 (2:4) bis auf die Knochen blamiert. Zum Knackpunkt wurde das Derby auf dem Bieberer Berg, wo die Eintracht teilweise mit zehn gegen zwölf spielte. Uwe Bein hatte die Offenbacher in der 27. Minute mit einem Handelfmeter in Führung gebracht. Danach drängte die Eintracht mit aller Macht auf den Ausgleich, scheiterte aber entweder an der vielbeinigen Kickers-Abwehr oder an Schiedsrichter Hontheim aus Trier, der die Stimmung mit zahlreichen unerklärlichen Entscheidungen weiter anheizte, ein herrliches Freistoßtor von Falkenmayer nicht gab (Ball noch nicht freigegeben!) und zudem in der 71. Minute Sziedat vom Platz stellte. Dennoch ließ die Mannschaft nicht locker und kam zwei Minuten vor dem Ende durch Sievers zum längst verdienten Ausgleich. Doch während der Anhang auf den Tribünen noch jubelte, versetzte Kutzop der Eintracht den „Todesstoß“: 1:2 – wieder wurde ein Derby verloren, das man eigentlich nicht verlieren durfte.

Was folgte, war kurz, aber schmerzhaft: Ein Eigentor von Youngster Kraaz bei Eintracht Braunschweig (3:4) besiegelte den Absturz ans Tabellenende. Nach zwei weiteren Niederlagen musste der glücklose Branko Zebec seinen Stuhl räumen. Aber auch A-Jugend-Erfolgscoach Klaus Mank und das Eintracht-Idol Jürgen Grabowski konnten den weiteren Niedergang nicht stoppen. Nach einem 0:7 in Köln – der höchsten Bundesliga-Auswärtsniederlage aller Zeiten – wurden Nägel mit Köpfen gemacht: Vom 1. FC Kaiserslautern kehrte Dietrich Weise an den Riederwald zurück. Sein Einstand konnte sich mit einem 0:0 gegen Bayern München durchaus sehen lassen, ein Sieg gelang jedoch bis zum Ende der Vorrunde nicht mehr. Nur 9:25 Punkte – sogar 1970/71 waren es zwei mehr gewesen – waren verbucht worden. Immerhin war die rote Laterne aber an den 1. FC Nürnberg abgegeben worden.

Mit Dietrich Weise kehrte das Kämpferische zurück. Es wurde wieder um jeden Ball gefightet. So auch in Leverkusen, wo man schnell mit 0:2 zurücklag, nach Svenssons Anschlusstor (57.) aber vehement auf den Ausgleich drängte und sprichwörtlich in letzter Sekunde durch Uwe Müller belohnt wurde. Im folgenden Derby gegen Kickers Offenbach wurde wie schon im Hinspiel Michael Kutzop zum „Spieler des Spiels“. Allerdings nicht als strahlender, sondern als tragischer Held, denn Sekunden vor dem Halbzeitpfiff brachte er die Eintracht mit einem Eigentor in Führung. „Kutzop, wir danken dir“, sang der G-Block die ganze Pause durch. Auch Sziedat sorgte für Parallelen zum Vorspiel und flog in der 70. Minute wegen wiederholten Foulspiels vom Platz. Der Schwede Svensson und Mattern sorgten schließlich für ein klares 3:0, mit dem die Eintracht an den Kickers vorbei auf Platz 16 zog. Mit einem überraschenden 3:2 in Bremen (dem ersten Auswärtssieg seit einem Jahr) konnte der

Der Meistermacher: Ralf Falkenmayer verwandelt am 19. Mai 1984 einen Foulelfmeter zum 2:0 beim Hamburger SV. Uli Stein (Nr. 1) ist machtlos. Damit machte der Abstiegskandidat Eintracht eine Woche nach dem 2:2 in Stuttgart den VfB zum Deutschen Meister.

drittletzte Platz stabilisiert werden. Alle Versuche, auch noch den sicheren 15. Platz zu erreichen, wurden durch Heimniederlagen gegen Eintracht Braunschweig (1:2) und den 1. FC Köln (0:2) leichtfertig vertan. Nach drei Niederlagen in Folge geriet sogar der Relegationsplatz 16 noch einmal in Gefahr, denn vor dem „Schicksalsspiel" gegen den 1. FC Nürnberg waren die Offenbacher Kickers wieder bis auf einen Punkt an die Eintracht herangekommen.

17.000 Zuschauer sahen ein Drama, wie es auch der beste Regisseur nicht hätte inszenieren können. Zum tragischen Helden wurde diesmal Karl-Heinz Körbel, der die Eintracht schon nach fünf Minuten mit 1:0 in Führung gebracht hatte. Als Abramczik in der 69. Minute ausglich, machte sich Ernüchterung im weiten Rund breit. Sollte der „Club" ausgerechnet im Waldstadion seinen ersten (!) Auswärtspunkt holen? Er sollte nicht, denn der „treue Charly" brachte die Eintracht in der 81. Minute wieder in Führung. Doch schon 60 Sekunden später blankes Entsetzen: Nach einem Zweikampf zwischen Sievers und Abramczik fiel der Nürnberger so unglücklich auf Körbels Standbein, dass dieser sich das Schien- und Wadenbein brach! Aber auch zu zehnt nahm die Mannschaft das Herz in die Hand. In der 86. Minute hätte Falkenmayer mit einem Foulelfmeter bereits alles klar machen können, doch in der Schlussminute sorgte Thomas Berthold mit dem viel umjubelten 3:1 für die Erlösung.

Überlegener Sieg im Relegationsspiel beim MSV Duisburg: Fünfmal musste MSV-Keeper Macherey hinter sich greifen.

Damit waren die Weichen gestellt für das Erreichen der Relegationsrunde, in der als Zweitliga-Dritter der MSV Duisburg auf die Eintracht wartete. Das erste Spiel an der Wedau wurde zu einem „halben" Heimspiel, denn tausende Eintracht-Fans hatten sich auf den Weg in den Westen gemacht. Auch der verletzte Karl-Heinz Körbel fieberte auf der Bank mit. Während des gesamten Spiel hatte die Eintracht aber nur zwei brenzlige Situationen zu überstehen. Einmal nach Svenssons Führungstor (23.), als der Schiedsrichter ein MSV-Tor von Wohlfarth wegen Foulspiels nicht gab (51.), und das zweite Mal in der 72. Minute, als Pahl einen Foulelfmeter von Steininger parierte. Da aber stand es bereits 3:0 für die Eintracht – U. Müller (53.), Falkenmayer (68.) – , die danach nicht mehr zu halten war und durch Tobollik (78.) und Krämer (80.) sogar auf 5:0 erhöhte. Trotz des hohen Sieges kamen 45.000 Zuschauer zum Rückspiel ins Stadion, die trotz eines wenig erbaulichen Spiels (1:1) hochzufrieden nach Hause gingen. Es machte wieder Spaß, sich mit der Mannschaft zu identifizieren. Zehn Jahre nach dem ersten DFB-Pokalsieg hatte Dietrich Weise dem Frankfurter Fußball erneut einen Adrenalinstoß verpasst.

1984/85 ■ Auch die „Mannschaft der Zukunft" nur Durchschnitt

Während die Fans euphorisch auf Wolke 7 schwebten und dies ihren Mitmenschen lautstark mitteilten – zu dieser Zeit anvancierte der Rodgau-Monotones-Tiel „Erbarme, zu spät! Die Hesse komme!" zum Lieblings-Song der Eintracht-Fangemeinde –, blieb Dietrich Weise auf dem Teppich. Den Klassenerhalt gesichert zu haben, war eine Sache; darauf aufzubauen und die Mannschaft wieder in höhere Gefilde zu führen, eine andere. Zumal wegen der nach wie vor gespannten finanziellen Situation auf spektakuläre Neueinkäufe verzichtet werden musste. Mit Torhüter Hans-Jürgen Gundelach wurde lediglich ein Spieler aus dem eigenen Nachwuchs in den Profikader aufgenommen. Dagegen verließen mit Borchers (im Oktober 1984 zu Arminia Bielefeld) und Sziedat (zurück zu Hertha BSC) zwei weitere Spieler der Pokalsieger-Mannschaft von 1981 den Verein. Die Zukunft sollte der Jugend gehören.

Die „jungen Wilden" schlugen sich am Anfang auch gar nicht schlecht und erreichten im Verlauf der Hinrunde einmal sogar Platz 4. Zudem konnten sich gleich mehrere Eintracht-Spieler für DFB-Auswahlteams empfehlen: Falkenmayer, Berthold, Kroth in der A-Nationalmannschaft, Kraaz, U. Müller, Berthold, Kroth, Gundelach und Krämer in der U21.

Um sich in der Bundesliga zu behaupten, fehlte jedoch eine ordnende Hand, wie es sie früher in Gestalt von Grabowski, Hölzenbein und Nickel gegeben hatte. Auf Dauer vermochten weder Kroth, Mohr und Trieb dem Eintracht-Spiel entscheidende Impulse zu geben. So dümpelte die Eintracht bald im Mittelfeld vor sich hin, nie in ernster Abstiegsgefahr, aber auch nie ernsthaft in den Kampf um einen UEFA-Pokal-Platz verwickelt. Besonders auswärts war sie wieder ein gern gesehener Gast: Lediglich in Schalke gelang ein Sieg (3:1), ansonsten sprangen lediglich sechs Unentschieden heraus. Fern der Heimat endeten auch alle Pokal-Träume. Allerdings benötigte Borussia Mönchengladbach eine Verlängerung, um am Ende mit 4:2 die Nase vorn zu haben.

1985/86 ■ Nur zwei Tore vor der Relegation

Im Sommer verließ neben Kroth (zum Hamburger SV) und Mohr (zum Aufsteiger 1. FC Saarbrücken) auch Cezary Tobollik den Verein. Der schlitzohrige Pole hatte nach einigen spektakulären Auftritten zu hoch gepokert und wechselte schließlich zum Zweitliga-Aufsteiger Viktoria Aschaffenburg. Für ihn wurde Uwe Bühler vom Karlsruher SC verpflichtet, der allerdings nur 15 Bundesligaspiele mitmachen sollte und 1987 Sportinvalide wurde. Sowohl als Verstärkung für die Defensive als auch die Offensive erwies sich sein KSC-Kollege Klaus Theiss, der mit sieben Toren bester Eintracht-Torschütze 1985/86 wurde.

Damit ist bereits angedeutet, wo es am meisten mangelte: im Sturm. Mit nur 35 Toren unterbot die Eintracht ihren bisherigen Minus-Rekord aus der Saison 1970/71 (39). Bester Angreifer war Holger Friz (fünf Tore), der 1983 mit der A-Jugend Deutscher Meister war. Selbst Nachbesserungen während der Saison, Dieter Kitzmann (1. FC Kaiserslautern) und David Mitchell, der erste Australier in der Bundesliga, änderten daran wenig. Nur zweimal gelangen mehr als zwei Tore (je 3:0 gegen den Hamburger SV und FC Schalke 04), dafür gab es mit 14 Unentschieden (davon acht 1:1) einen neuen Vereinsrekord seit Bundesliga-Bestehen. Der erste Saisonsieg gelang zwar in der Fremde, doch sollte es nach dem 1:0 bei Fortuna Düsseldorf am 20. August 1985 zwei Jahre und fünf Tage – oder 34 Spiele (!) – dauern, bis auswärts wieder ein doppelter Punktgewinn gelang. Auch im Waldstadion waren Siege Mangelware. Erst am neunten Spieltag gelang der erste (1:0 gegen Bayer Leverkusen). Dafür leistete man sich den Luxus, gegen die beiden Absteiger Hannover 96 und 1. FC Saarbrücken jeweils mit 1:3 zu verlieren. Vor allem die Niederlage gegen die Saarländer stieß bitter auf, denn der beste Akteur auf dem Platz war mit Jürgen Mohr der Mann, der seine Fähigkeiten im Eintracht-Trikot selten unter Beweis stellen konnte.

Am Ende wurde es ganz knapp. Bei Punktgleichheit mit Borussia Dortmund rettete die Eintracht nur eine um zwei Treffer bessere Tordifferenz vor der Relegation. Längst vergangen geglaubte Zeiten waren zurückgekehrt. Die „Mannschaft der Zukunft" war nach nur zwei Jahren bereits wieder Vergangenheit, der Kredit beim Publikum verspielt: Nur 15.744 Zuschauer im Schnitt hatten die Heimspiele besucht, die schlechteste Bilanz seit 1972/73 (damals wegen des Stadionumbaus nur 13.714).

1986/87 ■ Die sportliche Talfahrt geht weiter

Hoffnung auf eine bessere Zukunft versprach erneut die A-Jugend, die zum dritten Mal Deutscher Meister wurde. Ihr Bester, Andreas Möller, rückte sofort in den Bundesliga-Kader auf. Da man aber inzwischen zu der Überzeugung gekommen war, dass Jugend allein den Verein nicht weiterbrachte, wurden der polnische WM-Stürmer Wlodzimierz Smolarek (Widzew Lodz) und der Ex-Eintrachtler Wolfgang Kraus (FC Zürich) verpflichtet. Im Gegenzug verließen Svensson (zurück zum IFK Norrköping) und Trieb (SV Waldhof Mannheim) den Riederwald.

Der Start in die neue Saison war grandios. Nach einem 5:0 gegen Fortuna Düsseldorf war die Eintracht Tabellenführer. Nachdem auch die nächsten beiden Spiele ohne Gegentor überstanden wurden, schien die Fußballwelt am Main wieder in Ordnung. Acht Spiele ohne Sieg ließen die Mannschaft jedoch wieder in die Anonymität des Tabellen-Mittelfeldes abrutschen. Dazu gab es Ärger mit dem DFB um die Abstellung von Andreas Möller für die U18-EM in Jugoslawien. Ausgerechnet der frühere DFB-Trainer Dietrich Weise vertrat nun die Ansicht, dass das Wohl des Verbandes dem des Vereins unterzuordnen sei. Der DFB sah dies natürlich anders und sperrte Möller für das Bundesligaspiel am 11. Oktober 1986, womit am Ende alle Beteiligten als Verlierer dastanden: die Eintracht, die beim 0:0 gegen Bayern München auf ihren Jungstar verzichten musste, der DFB, der ohne Möller im Halbfinale gegen die DDR ausschied, und schließlich der Spieler selbst, der auf ein großes sportliches Ereignis verzichten musste.

Ein Bild in Eintracht: Trainer Dietrich Weise und die Neuen für 1986/87. Andreas Möller, Wolfgang Kraus, Reinhold Jessl und Volker Münn (von links). Anfang Dezember spielte zuerst „Scheppe" Kraus keine Rolle mehr in Weises Überlegungen, kurz darauf war Weise nicht mehr Trainer am Riederwald.

Bald stand weiterer Ärger ins Haus, diesmal zwischen dem Trainer und Wolfgang Kraus. Der „Scheppe" war nämlich mit der Intention zurückgeholt worden, ab 1987/88 als Manager zu arbeiten. Darüber war Weise, der schon bei seinem ersten Engagement in den 70er Jahren nichts von einem Manager hatte wissen wollen, verärgert. Gaben ihm damals allerdings die Erfolge recht, so war die Eintracht jetzt nur noch Mittelmaß. Zur Eskalation kam es nach der 0:1-Heimniederlage gegen den FC Schalke 04, der ersten in 23 Jahren Bundesliga überhaupt. Er wolle zukünftig auf den Spieler Kraus verzichten; da er wegen der vierten Gelben Karte ohnehin für das nächste Spiel gesperrt sei, „habe man den Schnitt gezogen", erklärte Weise im „kicker-sportmagazin" vom 1. Dezember 1986.

Zwei Tage später der nächste Schnitt: Weise war nicht mehr Trainer am Riederwald. Die Erklärung des Präsidiums war dürftig: „Das ist wie ein Mosaik, wie ein Puzzle. Irgendwann fällt der letzte Stein." Schon eine Woche später wurde mit Karl-Heinz Feldkamp (Bayer Uerdingen) der neue Trainer für 1987/88 präsentiert. Bis dahin sollte Co-Trainer Timo Zahnleiter das leckgeschlagene Schiff wieder auf Vordermann bringen, was aber nicht gelang. Dass die Eintracht nicht erneut in ernste Schwierigkeiten kam, hatte sie lediglich der Tatsache zu verdanken, dass es in dieser Saison mit dem FC Homburg, Fortuna Düsseldorf und Blau-Weiß 90 drei noch schlechtere Mannschaften gab. Mit nur 25:43 Punkten – der schlechtesten Ausbeute in 24 Jahren Bundesliga – wurde die Saison 1986/87, die so glanzvoll begonnen hatte, erneut als Viertletzter beendet. Wie tief man wieder gesunken war, zeigte sich vor dem letzten Heimspiel gegen Borussia Dortmund (0:4): Als Pahl, Berthold, Falkenmayer und Theiss ofiziell verabschiedet werden sollten, verweigerten sie den Blumenstrauß und Händedruck von Präsident Dr. Gramlich. „Blumen sollen Herzlichkeit zeigen", so Torhüter Pahl, „aber Herzlichkeit gibt es in diesem Verein nicht mehr." („kicker-sportmagazin" vom 18. Juni 1987)

1987/88 ■ Zum vierten Mal Pokalsieger

Im Sommer 1987 wurde bei der Eintracht der große Schnitt gemacht. Nach Jahren des Kleckerns wurde wieder geklotzt. Für rund 4,5 Millionen Mark wurden neun Spieler abgegeben, dafür zehn neue für knapp 6,3 Millionen geholt. Der Hauptteil davon, nämlich 3,6 Millionen, wurde in den ungarischen Mittelfeld-Akrobaten Lajos Detari von Honved Budapest investiert, der dem Team zu einem neuen Höhenflug verhelfen sollte. Die zusammengewürfelte Mannschaft tat sich jedoch mit dem von Karl-Heinz Feldkamp verordneten Offensivfußball schwer. Zudem kam Lajos Detari, zu dessen Bundesliga-Debüt beim 1. FC Kaiserslautern (2:2) sogar der berühmte Ferenc Puskas angereist war, nur langsam auf Touren. Doch nicht nur dem Ungarn wehte ein rauer Wind ins Gesicht: drei Spiele und drei Niederlagen (ohne eigenen Torerfolg!) später hatte die Eintracht die rote Laterne in der Hand. Zwar fing sich die Mannschaft langsam wieder, aber nicht ohne Rückschläge wie dem 2:5 beim FC Homburg, nach dem Torhüter Gundelach ins Kreuzfeuer der Kritik geriet. Aber erst sechs Wochen später reagierte „Kalli" Feldkamp und holte den beim Hamburger SV beurlaubten Uli Stein.

Etwas über drei Monate nach seinem Faustschlag im Supercup gegen Jürgen Wegmann (Bayern München) feierte der Ex-Nationalspieler ein viel umjubeltes Comeback im Waldstadion. Auf Anhieb wurden drei Spiele in Folge gewonnen, womit die Eintracht auf Platz 7 kletterte. Doch kaum war das Torhüterproblem gelöst, da braute sich ein neues zusammen. Beim Pokalsieg in Düsseldorf (1:0) hatte Trainer Feldkamp Andreas Möller ausgewechselt und vor laufenden Fernsehkameras kritisiert. Für Möller und seinen Freund und Berater – und Eintracht-Jugendtrainer! – Klaus Gerster ein Grund für einen sofortigen Wechsel zu Borussia Dortmund, der der Eintracht 2,4 Millionen Mark Ablöse einbrachte.

Die Ligasaison war gelaufen – immerhin Neunter war die Eintracht am Ende –, doch dafür war man im DFB-Pokal erfolgreicher. Auf dem Weg ins Endspiel hatte es am 13. April im Halbfinale bei Werder Bremen einen wahren „Pokal-Krimi" gegeben, denn der Deutsche Meister in spe zog ein Powerplay auf, dass einem angst und bange werden konnte. Ein Uli Stein in Superform und ein Klasse-Konter, der von Frank Schulz verwertet wurde, ließen die Eintracht das Weserstadion als 1:0-Sieger verlassen.

Im Finale von Berlin war die Eintracht in der Aufstellung

► Stein; Binz; Schlindwein, Körbel; Kostner, Sievers, Schulz, Detari, Roth; Friz, Smolarek leicht favorisiert, tat sich gegen die kompakte Deckung des VfL Bochum allerdings schwer. In der zweiten Halbzeit hatte die vorher viel zu passiv agierende Mannschaft in der Schwüle des Olympiastadions jedoch mehr zuzusetzen, so dass VfL-Keeper Zumdick immer mehr in den Blickpunkt des Geschehens rückte. Auf Seiten der Eintracht setzte Lajos Detari nun die Akzente und sorgte in der 81. Minute auch für die Entscheidung. Nach einem Foul des späteren Eintrachtlers Epp zirkelte der Ungar den fälligen Freistoß über die Bochumer Mauer und unhaltbar für Zumdick ins Dreieck. 1:0 – damit war die Eintracht zum vierten Mal in ihrer Geschichte DFB-Pokalsieger. Für

Der vierte Pokalsieg 1988: Trainer Karl-Heinz Feldkamp (rechts) und Torschütze Lajos Detari mit dem Pokal. Sechs Wochen später war der Ungar nicht mehr in Frankfurt, weitere zwei Monate später auch Feldkamp nicht mehr. Die Eintracht stand vor einem Scherbenhaufen.

zwei Spieler war es ein besonderer Tag: Eintracht-Kapitän Karl-Heinz Körbel war bei allen vier Erfolgen seit 1974 dabei, und für Uli Stein war es nach dem Erfolg mit dem HSV der zweite Pokal-Sieg binnen Jahresfrist.

Das Pokal-Finale war der Höhepunkt der Saison, aber auch der Schlusspunkt der Siegermannschaft. Während man bei der Eintracht noch das Ende der sieben mageren Jahre feierte und von neuen Taten im Europapokal träumte, nahmen die Spekulationen um die Zukunft ihres ungarischen Spielmachers Lajos Detari zu. Mitte Juli platzte die Bombe: Detari wechselte zu Olympiakos Piräus, das sich den Transfer 1,4 Milliarden Drachmen (16 Millionen Mark) kosten ließ. Zehn Tage vor dem Start in die neue Saison hatte die Eintracht ihren wichtigsten Spieler verloren.

1988/89 ■ Der „treue Charlie" rettet Zwietracht Zankfurt

Da auch Smolarek den Verein verlassen hatte (zu Feyenoord Rotterdam), war guter Rat teuer. Die Neuzugänge Gründel (Hamburger SV), Heidenreich (TSV 1860 München) und Studer (FC St. Pauli) waren als Ergänzung zu Detari verpflichtet worden, sollten nun aber Regie im Mittelfeld führen. Für die Eintracht war plötzlich wieder die „Stunde Null" angebrochen. Das zeigte sich bereits im Supercup-Spiel gegen Werder Bremen, das mit 0:2 verloren wurde. Versuche, Wolfram Wuttke vom 1. FC Kaiserslautern zu verpflichten, scheiterten an der Ablöse-Forderung der Pfälzer. Statt um einen UEFA-Pokal-Platz spielte die Eintracht von Anfang an gegen den Abstieg. Noch nie zuvor war die Eintracht mit drei Niederlagen in Folge gestartet. Nach der 1:2-Heimpleite gegen Aufsteiger Stuttgarter Kickers tobte das Publikum und forderte „Vorstand raus".

Derweil bemühte man sich, schnellstmöglich einen Detari-Ersatz zu besorgen. Unzählige Namen kursierten in der Gerüchteküche: Thomas von Heesen (Hamburger SV), der Nigerianer Okwaraji, der Australier Magetic und der Pole Dziekanowski. Geholt wurde schließlich der Engländer Peter Hobday (Hannover 96, 1,5 Millionen Mark). Ihm folgte Dirk Bakalorz (Borussia Mönchengladbach, 780.000 Mark) und im Oktober Dieter Eckstein (1. FC Nürnberg 3,5 Millionen Mark). Zu diesem Zeitpunkt steckte der Karren allerdings schon tief im Dreck. Nachdem sich Karl-Heinz Feldkamp wegen eines Kompetenzgerangels zwischen Präsidium, Manager und Trainer beim geplanten Dziekanowski-Transfer düpiert fühlte und sich wegen eines Bandscheibenschadens krank gemeldet hatte, gelang unter Assistent Zahnleiter der erste Sieg (1:0 gegen den 1. FC Köln). Doch auch er konnte die sportliche Talfahrt nicht stoppen. Nach einer 0:1-Niederlage beim VfL Bochum zogen die Verantwortlichen die Notbremse: Tagsdrauf wurde Pal Csernai als neuer Trainer verpflichtet, am Montag Manager Kraus entlassen, am Dienstag Einigung mit Feldkamp über eine Vertragsauflösung erzielt. Zwei Wochen später kehrte der ehemalige Spieler Jürgen Friedrich als neuer Manager nach Frankfurt zurück.

Wie „beliebt" der alte Manager war, belegt eine Postkarte, die Armin Kraaz, im Sommer 1988 mit 23 Jahren frustriert zum Oberligisten Rot-Weiss Frankfurt gewechselt, „Scheppe" Kraus nach dessen Entlassung schickte: „Servus Wolfgang, viel Glück, dumme Sprüche und eine Boulevard-Zeitung sind nicht die einzigen Voraussetzungen für eine Manager-Karriere. Dazu gehören auch Format, Ehrlichkeit und Anstand. Endlich hat es einmal nicht die Falschen getroffen. Mit einer gewissen Genugtuung grüßt Dich Armin Kraaz." („kicker-sportmagazin" vom 29. September 1988)

Mit Format, Ehrlichkeit und Anstand war es allerdings auch bei der Eintracht nicht mehr weit her. So wurde Kraus die Kündigung durch ein offenes Toilettenfenster seines Hauses zugestellt, dann gab es – nach drei Niederlagen in Folge – wüste Beschimpfungen gegen Trainer Csernai. Besonders beim Europapokalspiel bei Sakaryaspor in der Türkei (3:1) wurde er von einem Teil der mitgereisten Fans während des gesamten Spiels mit Sprechchören wie „Wir sind Frankfurter und du nicht!" bedacht. Hoch her ging es auch bei der anstehenden Jahreshauptversammlung am 14. November 1988, die zur bislang schwärzesten Stunde der Vereinsgeschichte ausartete. Bevor mit Dr. Joseph Wolf, dem ehemaligen Hauptgeschäftsführer, und Weltmeister Bernd Hölzenbein ein neuer Präsident und Vizepräsident gewählt wurden, hatte ein erzürntes Mitglied einen Ordner, der ihm nach Ablauf der Redezeit vom Mikrofon wegziehen wollte, mit einem Faustschlag in die Blumendekoration befördert.

„Befördern" wollte man auch gleich wieder den neuen Präsidenten. Unmittelbar nach seiner Wahl regte sich die Opposition, die ihn bei der Fortsetzung der Versammlung am 29. November gleich wieder abwählen wollte. Doch dazu kam es gar nicht mehr. Nach nur neun Tagen gab Dr. Wolf „zum Wohle und im Interesse von Eintracht Frankfurt" auf. Sein Nachfolger wurde der Devisenmakler Matthias Ohms, der der Eintracht 1983 mit einer Millionen-Bürgschaft schon einmal die Lizenz gerettet hatte. Schatzmeister blieb Wolfgang Knispel. Mit Jürgen Grabowski und Dieter Lindner kehrten zudem zwei ehemalige Spieler in den Verwaltungsrat zurück. Spätestens nach dem Spiel gegen Hannover (1:0) war jedem klar, dass Csernai als Trainer nicht mehr tragbar war. Während der gesamten 90 Minuten wurde er vom Publikum mit Schmäh- und Hohnrufen bedacht. Am 12. Dezember waren die Tage des Ungarn gezählt, am 18. hielt sein Nachfolger Jörg Berger Einzug, der vom SC Freiburg losgeeist wurde. Nur wenn alle an einem Strang ziehen würden, Mannschaft, Management und Vorstand, sei die schwere Aufgabe, die ihn erwarte lösbar: „Wir müssen ein Gemeinschaftswerk vollbringen. Ich bin überzeugt, wir schaffen es."

Doch die Wende ließ auf sich warten. Im März verabschiedete man sich gegen den belgischen Titelverteidiger KV Mechelen aus dem Europapokal. Nach einem 0:1 beim SV Waldhof Mannheim fiel die Eintracht am 8. April wieder auf den drittletzten Platz zurück und sollte diesen bis zum Saisonende nicht mehr abgeben.

Allerdings wurde es am letzten Spieltag noch einmal äußerst knapp. Die Rechnung war einfach. Da sich Bayern München die Meisterfeier gegen Bochum (26:40 Punkte) nicht verderben lassen wollte, die Stuttgarter Kickers (24:42) und der 1. FC Nürnberg (26:40) direkt aufeinandertrafen, wäre die Eintracht (25:43) mit einem Sieg bei den bereits abgestiegenen Hannoveranern gerettet gewesen. Vor 12.000 Zuschauern – davon mindestens zwei Drittel Eintracht-Fans – präsentierte sich die Mannschaft am

Das Zittern geht weiter: Nach einem 1:1 beim Absteiger Hannover 96 verpasst die Eintracht am 17. Juni 1989 den direkten Klassenerhalt und muss in die Relegation. Carsten Surmann tröstet den niedergeschlagenen Dieter Eckstein (Nr. 11).

17. Juni in der ersten Halbzeit aber saft- und kraftlos und lag durch ein Tor von Siggi Reich mit 0:1 zurück. Um 16.49 Uhr wurde es dann auf einmal ganz eng: Die Stuttgarter Kickers waren gegen den „Club" in Führung gegangen. Damit war die Eintracht Vorletzter. Zwölf Minuten später sorgte Karl-Heinz Körbel jedoch für die Erlösung. Er traf im Übrigen ins gleiche Tor wie fast auf den Tag genau 13 Jahre zuvor beim zweiten Frankfurter Pokalsieg. Damit löste der „treue Charly" sein Versprechen ein: „Solange ich spiele, steigt die Eintracht nicht ab."

Und so kam es auch. Im ersten Relegationsspiel gegen den 1. FC Saarbrücken präsentierte sich eine kämpferische Eintracht, die durch Tore von Andersen und Binz verdient mit 2:0 gewann. Die bange Frage war jedoch, ob der Zwei-Tore-Vorsprung für das Rückspiel reichen würde. Er sollte, aber wie! Bereits nach zehn Minuten hatte Anthony Yeboah zum 1:0 für die Saarländer getroffen, denen sich danach gute Chancen zum zweiten Tor boten. Es war einmal mehr Frank Schulz, der die Eintracht nach 51 Minuten mit einem Freistoßtor zurück ins Spiel brachte. Der 1. FCS resignierte aber nicht, und als Yeboah nach 76 Minuten die erneute Führung gelang, hatte die Eintracht noch manch brenzlige Situation zu überstehen. Sie wankte zwar, fiel aber nicht. Den 5.000 Eintracht-Fans war's letztendlich egal. Trotz der 1:2-Niederlage war Eintracht Frankfurt auch 1989/90 Bundesligist.

Schlachtenbummler, Fans, Hooligans

„Der Frankfurter ist ein gar komisch Subjectum. Er lässt sich nur schwer aus seiner geruhsamen Ruh' bringen, wenn's sich nicht um seinen Äppelwoi, seinen Skat, sein Börsenpapier oder nolens volens seinen Verein handelt. Begeisterung ist eine Ware, die im Krieg zu haufenweise gehandelt wurde. Es war schlechte, gedopte Qualität. Ihre Marktgängigkeit ist so ziemlich dahin. Dazu war die Inflation zu stark. Zudem sind die Zeiten so, dass jedermann an die Stelle von Hoffen und Harren eine mehr oder weniger berechtigte Skepsis setzt…"

Diese Worte schrieb G. Rosenberger am 27. Februar 1923 im „Kicker" anlässlich des Bundespokalspiels Süddeutschland - Westdeutschland, das mit 30.000 Besuchern für einen neuen Zuschauerrekord auf dem Eintracht-Sportplatz am Riederwald sorgte. Dass bei der „Begeisterung" aber bisweilen über das Ziel hinausgeschossen wurde, gab es schon vor dem Ersten Weltkrieg. Am 3. Dezember 1911 kam es beim Spiel Amicitia Bockenheim - FC Hanau 93 zu schweren Tumulten unter Spielern und Zuschauern, die eine zweijährige Disqualifikation der Amicitia nach sich zogen. Bei der Eintracht gab es erstmals richtig „Rabbatz" beim Gastspiel von Viktoria 94 Hanau am 22. Oktober 1922, als der Ordnungsdienst große Mühe hatte, „die mit Stöcken bewaffneten Hanauer Zivilisten in Schach zu halten" („Kicker" vom 23. Oktober 1922). Mit dem Anwachsen der Zuschauerzahlen und der Rivalität zwischen Eintracht und FSV ab Mitte der 1920er Jahre kam es besonders bei den Frankfurter Derbys des Öfteren zu Scharmützeln zwischen den Anhängern aus beiden Lagern. Besonders hoch ging es am 4. Oktober 1931 am Riederwald her, als „20.000 teilweise zügellose Menschen … das Spielfeld [umsäumten] … Mancher Groll lag aufgespeichert in der Menge…" Als in der 88. Minute die Eintracht in Führung ging und der FSV postwendend ausglich, „setzte es Streit unter den jubelnden und schimpfenden Zuschauern und es gab blutige Köpfe. Die Sanitäter mussten eingreifen. … Nach einiger Zeit kam das bekannte weiße Krankenauto herangefahren, um einen oder mehrere Schwerverletzte ins Krankenhaus zu überführen." („Fußball" vom 6. Oktober 1931) Gottlob blieben Ausschreitungen solcher Schärfe die Ausnahme.

Kurz vor einer Katastrophe stand auch das Endrundenspiel zwischen der Eintracht und dem 1. FC Kaiserslautern am 17. Mai 1953. Tausende, die keine Karten mehr erhalten hatten, rissen Zäune ein und bahnten sich den Weg ins Stadion, wo sie die Laufbahn stürmten und sogar das Stadiondach erklommen. Mehrmals musste die Polizei einschreiten, zum Teil sogar mit gezogenem Gummiknüppel, da das Publikum an mehreren Stellen eine drohende Haltung gegen die Ordnungshüter einnahm. Der schwerste Zwischenfall am Riederwald ereignete sich am 5. Dezember 1959 im Anschluss an das Spiel gegen den SSV Reutlingen (2:2). Nachdem Schiedsrichter Riegg (Augsburg) kurz vor Schluss ein Foul an Erwin Stein im Strafraum nicht geahndet hatte, wurde er nach dem Abpfiff von aufgebrachten Zuschauern tätlich angegriffen. Die Eintracht wurde daraufhin zu 500 Mark Geldstrafe verurteilt, der Übeltäter erhielt drei Jahre Stadionverbot.

Eine vollkommen neue Spezies von „Schlachtenbummlern" brachte die Einführung der Bundesliga mit sich. Die Reisen waren weiter, der Alkohol floss reichlicher, und immer öfter gab es Sachschäden in den Sonderzügen der Bahn, bis diese Fahrten schließlich eingestellt wurden. Dass auch die Eintracht-Fans keine „Waisenknaben" waren, belegen die Vorfälle beim Spiel gegen den 1. FC Nürnberg 1967 oder beim Pokalspiel in Schweinfurt Ende 1971. „Die Eintracht täte gut daran, sich einmal in aller Form von solchen Freunden zu distanzieren", schrieb die „Frankfurter Neue Presse" am 6. Dezember 1971. Die Gewalt zu bekämpfen oder zumindest gewaltbereite Fans besser zu kontrollieren, hatten sich schließlich die Anfang der 1970er Jahre wie Pilze aus dem Boden schießenden Fanklubs auf die Fahnen geschrieben. Bei der Eintracht waren „Die Adler" die Vorreiter. Natürlich organisierten sich bald auch Gruppen, die auf „Randale" aus waren. Die „Adlerfront" und das „Presswerk" aus Rüsselsheim waren bald die „Hauer" in der Frankfurter Fan-Szene. Ihren medienwirksamsten Auftritt hatte die „Front" am 1. Mai 1982, als sie die Mai-Kundgebung des DGB auf dem Römerberg störte und Schlägereien mit türkischen Arbeitern anzettelte. Gleichzeitig tauchten die ersten Skins und Neonazis auf.

Vermutungen, dass rechte Gruppierungen die Fan-Szene gezielt zu unterwandern versuchten, bewahrheiteten sich zumindest in Frankfurt nicht. Zwar fanden ausländerfeindliche Sprüche und rechtes Gedankengut auch hier ihre Abnehmer, die verstärkte polizeiliche Präsenz wurde aber hauptsächlich als störend empfunden. Während die friedlichen Fans gegen Videoüberwachung und mehr Zäune im „Block G" demonstrierten, zogen sich die gewaltbereiten Fans in andere Blöcke zurück oder wurden durch Stadionverbote ganz am Besuch der (Heim-)Spiele gehindert. Gleichzeitig setzte die Frankfurter Polizei „Kontakt-Beamte" ein, die sozusagen als Sozialarbeiter vor Ort tätig sein sollten. Ihre Arbeit war nicht einfach. Von den meisten Fans (friedlich oder gewaltbereit) als „Spitzel" gemieden, musste einer sogar am eigenen Leib erfahren, wie rau die Fan-Welt manchmal war. Bei seiner ersten Auswärtsfahrt musste der in Zivil mitreisende Frankfurter Polizist den Schlagstockhieb eines uniformierten Bochumer Kollegen einstecken.

Dennoch gehörte das Waldstadion lange Zeit zu den friedlicheren Stadien der Bundesliga. Direkte „Feindberührung" mit den Gästefans war schon aus räumlichen Gründen kaum möglich, seitdem diesen der damalige Block A („A" für auswärts?) als Standort zugewiesen wurde. Nach dem Abstieg 1996 entpuppte sich das Abbrennen von Feuerwerkskörpern und Rauchbomben zunehmend als ernstes Problem. Besonders die

In der großen Mehrheit friedlich: Fans der Eintracht.

Spiele gegen Mainz hatten es in sich. Schon 1997 hatte sich die Eintracht dabei Ärger mit dem DFB eingehandelt. Von April 2002 bis November 2004 musste die Eintracht wegen des Fehlverhaltens eines Teil ihrer Anhänger rund 240.000 Euro Strafe bezahlen. Allein 25.000 Euro kosteten die Vorfälle im Heimspiel gegen Rot-Weiß Oberhausen am 8. Dezember 2002, als nach Skelas Siegtor in der 88. Minute Rauchbomben und bengalische Feuer entzündet wurden und das Spiel kurz vor dem Abbruch stand. In seiner Urteilsbegründung wies der DFB die Eintracht eindrücklich darauf hin, „dass im Wiederholungsfall mit einer Platzsperre oder einer Spielansetzung unter Ausschluss der Öffentlichkeit zu rechnen ist“ (DFB-Online, News vom 12. Dezember 2002). 10.000 Euro brachten eine im März 2003 in den Trierer Strafraum geworfene Glasflasche und 6.000 Euro, als während des Spiels in Mainz „Pappbecher, Feuerzeuge und ein Taschenmesser aus dem Frankfurter Fan-Block in Richtung Schiedsrichter-Assistent geworfen“ wurden. „Bei der Strafzumessung fiel zu Lasten der Eintracht Frankfurt Fußball AG ins Gewicht, dass die Frankfurter wegen ähnlicher Vergehen in vorangegangenen Meisterschaftsspielen gegen den 1. FSV Mainz 05 bereits zweimal mit einer Geldstrafe belegt worden waren“ (DFB-Online, News vom 15. August 2003).

Rund 1.000 Polizisten waren am 1. September 2003 im Einsatz, um beim Pokalspiel in Offenbach Ausschreitungen zwischen den Frankfurter und Offenbacher Fans zu verhindern. Zu Randale kam es dann Anfang Oktober 2004 an der Essener Hafen-

Abschieds-Choreografie der Fans für Wilmar Gawrisch (2003).

straße, als nach Spielschluss RWE-Fans am Eintracht-Block vorbeizogen und die Polizei Schlagstöcke und Pfefferspray einsetzen musste, um die Fangruppen zu trennen. Traurige Bilanz des Abends: 45 Verletzte, sieben Festnahmen und 20.000 Euro Sachschaden an der Gäste-Tribüne. Keine gute Figur machte dabei auch die Essener Polizei, der zwar aufgefallen war, dass überraschend viele Hooligans aus Offenbach im Stadion waren, die daraus aber den Schluss zog, dass es eine Fan-Freundschaft zwischen der Eintracht und dem OFC gebe…

Als wenig später Linienrichter Werthmann beim Spiel gegen den TSV 1860 München von einem Feuerzeug getroffen wurde, musste die Eintracht ein überdimensionales Fangnetz installieren. Durch die Verlegung des Spielertunnels in den Bereich der Haupttribüne ist seit Fertigstellung des Stadions aber inzwischen wieder Ruhe eingekehrt. Einen „leicht bitteren Beigeschmack“, so Polizeipräsident Harald Weiss-Bollandt, gab es schließlich beim Aufstiegsspiel gegen Wacker Burghausen am 22. Mai 2005. Nachdem bereits kurz vor Schluss des Spiels rund 200 Polizisten in Kampfanzügen im Innenraum aufmarschiert waren, kam es abends im Sachsenhäuser Apfelweinviertel zu regelrechten Treibjagden der Uniformierten auf Eintracht-Fans. Einsatzleiter Jürgen Moog verteidigte das scharfe Durchgreifen: „Die Polizei dürfe den Fans keine rechtsfreien Räume überlassen. Das gelte sowohl für Alt-Sachsenhausen als auch für die Fan-Kurve im Stadion.“ („FAZ.NET“ vom 24. Mai 2005) Unbeteiligte Zuschauer und ein zufällig vor Ort anwesendes TV-Team versicherten aber übereinstimmend, dass die Gewalt von der Polizei ausgegangen sei. Auch der zuständige Ortsbeirat forderte eine „umfassende und sachorientierte Aufklärung der Polizei-Aktion“ („Frankfurter Neue Presse“ vom 6. Juni 2005). Am Tag des Eröffnungsspiels zum Confederations Cup 2005 demonstrierten schließlich rund 1.000 Fußball-Fans aus ganz Deutschland in Frankfurt friedlich gegen Polizeiwillkür, Hooligan-Hysterie und Repressionen.

Dabei hat die Frankfurter Fan-Szene schon mehrfach ihre Kreativität mit gigantischen Choreographien unter Beweis gestellt. Die wohl eindruckvollste organisierte sie am letzten Spieltag der Saison 2002/03 zu Ehren des kurz zuvor verstorbenen Fan-Urgesteins Wilmar Gawrisch, mit dem die Eintracht-Fanszene wohl eines ihrer treuesten und beliebtesten Mitglieder verloren hat. Im Sommer 2006 konnten einige dieser Aktionen noch einmal im Frankfurter Ikonenmuseum im Rahmen der Ausstellung „Helden – Heilige – Himmelsstürmer“ bewundert werden, die in Zusammenarbeit mit der Eintracht zustande kam und kirchlichen Ritualen Rituale im Stadion gegenüberstellte.

Bemerkenswerte Aktionen werden auch von der am 11. Dezember 2000 gegründeten Fan- und Förderabteilung organisiert, die inzwischen mit über 5.000 Mitgliedern die größte Abteilung des Vereins ist. Höhepunkte waren dabei die Sammelaktionen zum Erwerb von Duplikaten der Meisterschale (26. September 2004), des UEFA-Pokals (21. Mai 2005) und des DFB-Pokals (23. April 2006), die den Helden von einst noch einmal von den Fans überreicht wurden. Diese Trophäen werden ihren Platz im Eintracht-Museum erhalten, das 2007 im Stadion eröffnet werden soll. ■

Choreographie der Eintracht-Fans beim Pokal-Halbfinale gegen Arminia Bielefeld am 11. April 2006. Das Motiv schmückt in der Saison 2006/07 auch zahlreiche „pay/clever“-Karten, die im neuen Stadion für den Kauf von Getränken und Snacks notwendig sind.

KAYH

Der Adler als Eintracht-Wappentier steht im Mittelpunkt vieler Fan-Inszenierungen (Foto unten). Beim DFB-Pokalfinale 2006 trat „Attila" als leibhaftiges Maskottchen auf (linke Seite), während die Fankurve die Rückkehr „im glorreichen Schein" in einer eindrucksvollen Choreographie sichtbar machte (oben).

„Frankfurter Waldstadion – die Legende": Fans demonstrieren Traditionsbewusstsein.

FRANKFURTER
WALDSTADION
Eintracht
DIE LEGENDE
FRANKFURT
ULTRAS
FANA TICS

Fan-Inszenierung anno 1990: Die Eintracht-Fans zeigen im Münchner Olympiastadion Flagge.

Erfolg macht blind

1989/90 ■ Mit Hessen zurück an die Spitze

Nachdem „Atze" Friedrich am 18. Mai gekündigt hatte, wurde die Manager-Position bei der Eintracht nicht neu besetzt. Dafür kümmerte sich Vizepräsident Bernd Hölzenbein jetzt verstärkt um die sportlichen Belange.

Als Erstes gab es einen erneuten Schnitt, bereits den dritten nach 1983 und 1987. Das neue Konzept hieß „Mit Hessen zurück an die Spitze". Vor allem die neue Mittelfeld-Achse mit Uwe Bein (Hamburger SV, offensiv) und Ralf Falkenmayer (von Bayer Leverkusen zurück, defensiv) machte den Unterschied zur Zittersaison 1988/89 aus. Da auch der schon als Fehleinkauf abgestempelte Norweger Jörn Andersen seine Ladehemmung ablegte und auf einmal am Fließband traf, kletterte die Eintracht zur Überraschung aller Experten und zur großen Freude der wieder zahlreich ins Stadion strömenden Fans am 3. Spieltag an die Tabellenspitze. Nur einmal stand man in der Vorrunde nicht auf einem UEFA-Pokal-Platz. Die Torausbeute hatte sich mit 34 im Vergleich zu acht in der Vorrunde 1988/89 mehr als vervierfacht! Punktemäßig hatte man mit 28:14 nach 21 Spielen bereits zwei Zähler mehr auf der Habenseite als in der ganzen vorangegangenen Saison. Tabellenführer Bayern München lag nur einen Zähler vor der Eintracht.

Mit einem 5:1 gegen den VfB Stuttgart blieb man den Bayern auch im Frühjahr 1990 dicht auf den Fersen, so dass das Spiel am 17. März bereits als vorweggenommenes Finale galt. Vor 70.000 Zuschauern im Olympiastadion (darunter über 20.000 Eintracht-Fans!) brannte die Eintracht in der ersten Halbzeit ein wahres Feuerwerk ab und hätte durchaus 3:0 führen können. Mit Glück und Cleverness hielten die Bayern jedoch ihr Tor sauber und kamen schließlich sogar zu einem schmeichelhaften Sieg. Nach 58 Minuten nutzte Strunz ein Missverständnis zwischen Stein und Andersen zum einzigen Treffer des Spiels. Damit setzten sich die Münchner vier Punkte ab, was bei der Eintracht einen Knacks hinterließ. Mit einem 0:3 gegen Bayer Leverkusen verabschiedete man sich aus dem Meisterschaftsrennen. Nachdem die UEFA-Pokal-Qualifikation bereits drei Spieltage vor Schluss gesichert worden war, gelang am Ende durch ein 3:1 gegen Vizemeister 1. FC Köln sogar noch der Sprung auf den dritten Platz. Außerdem wurde mit Jörn Andersen (18 Tore) erstmals ein Eintracht-Spieler und erstmals ein ausländischer Profi überhaupt Bundesliga-Torschützenkönig.

1990/91 ■ Ein Jahr der verpassten Möglichkeiten

Bereits nach der unglücklichen Niederlage von München hatte Vizepräsident Bernd Hölzenbein trotzig verkündet: „Nächste Saison jagen wir die Bayern erst richtig!“ Schon vorher hatte der Weltmeister von 1974 Zeichen gesetzt: Seit Februar war die Rückkehr von Andreas Möller aus Dortmund an den Main perfekt, im März wurden die Verträge mit Binz, Körbel und Stein verlängert. Lediglich Andersen ging von Bord. Er hatte auf Italien spekuliert, doch als sich ein Wechsel zum FC Genua 93 zerschlug, hatte die Eintracht bereits den Ghanaer Anthony Yeboah vom 1. FC Saarbrücken verpflichtet.

Mit dem Anspruch der neuen „Macht am Main“ waren aber auch gewaltige finanzielle Anstrengungen notwendig. Allein für Möller mussten 4,35 Millionen, für Yeboah 1,2 Millionen Mark auf den Tisch geblättert werden. Außerdem wurde das Gehaltsgefüge gewaltig erhöht, denn anders waren die Stars nicht zu halten. Allein war diese Aufgabe nicht zu bewältigen – die Detari-Millionen waren im Abstiegskampf 1988/89 aufgezehrt worden. Da auch Trikot-Sponsor Hoechst AG nicht bereit war, entscheidend über sein bisheriges Engagement (700.000 Mark jährlich) hinauszugehen, musste der Möller-Transfer mit Hilfe privater Sponsoren finanziert werden. So steuerten Präsident Ohms und Börsenmakler Wolfgang Steubing, Präsident des Oberligisten Rot-Weiss Frankfurt, jeweils eine halbe Million hinzu. Während die Mannschaft sportlich aufgerüstet wurde, begann finanziell freilich der berühmte „Tanz auf der Rasierklinge“, denn im Vergleich zur Vorsaison war der Etat von 8,2 auf 12,9 Millionen Mark gesteigert worden – und sollte sich bis zum Abstiegsjahr 1995/96 noch einmal verdoppeln. Auf Dauer war diese teure Mannschaft nur zu halten, wenn sich umgehend sportliche Erfolge einstellen würden, auf nationaler wie auf internationaler Ebene.

Doch gerade auf internationalem Parkett blamierte sich die Millionen-Truppe gleich bei ihrem ersten Auftritt bis auf die Knochen. In Kopenhagen präsentierte sich die Eintracht wie ein Zweitligist und unterlag Bröndby IF sang- und klanglos mit 0:5. Zwar rehabilitierte sich die Mannschaft im Rückspiel (4:1), in der Bundesliga dagegen wurde entscheidend an Boden verloren. Statt mit einem Sieg bei Aufsteiger SG Wattenscheid 09 an die Spitze vorzustoßen, fiel man hinter das Duo 1. FC Kaiserslautern und Bayern München auf den dritten Platz zurück. Als im Oktober lediglich ein Sieg gelang, kam es zur Zerreißprobe. Nach der 1:4-Heimniederlage gegen Bayern München ging Uli Stein in der Kabine zuerst auf Andreas Möller, dann auf Anthony Yeboah und schließlich auf Trainer Berger los: „Soll ich den Möller auf die Tribüne setzen, oder machen Sie das? Aber Sie machen ja hier überhaupt nichts mehr, was spielen Sie eigentlich für eine Rolle?“ („kicker-sportmagazin“ vom 1. November 1990)

Während die Sache für Stein mit einer Abmahnung endete, standen Andreas Möller und sein Berater Klaus Gerster weiterhin im Kreuzfeuer der Kritik. Gerster war nämlich im Sommer mit Möller aus Dortmund an den Riederwald zurückgekehrt und hatte dort einen Vierjahresvertrag als Manager erhalten. Dies empfand nicht nur Trainer Berger als unglückliche Konstellation, auch Teile der Mannschaft monierten,

Trainer Jörg Berger mit den Neuzugängen 1989/90. Stehend von links Heide, Falkenmayer, Bein und Sippel, vorne Klein und Conrad. Alle erlernten ihr Fußball-Abc im Hessenland.

dass der „schwarze Abt" zusammen mit Möller und Binz die Vereinspolitik aushecke. Stärker noch als beim Wechsel Möllers nach Dortmund im Winter 1987/88 war ein Interessenkonflikt deutlich. Einige behaupteten gar, „Gerster wolle Stein, Bein und Gründel aus der Mannschaft drücken, um freies Feld für Möller, die eigenen Interessen und die eigene Position zu schaffen" („kicker-sportmagazin" vom 1. November 1990). Zwischen diesen Gruppen stand Trainer Berger und sollte schließlich daran aufgerieben werden.

Trotz der internen Probleme konnte der Anschluss an die Spitze bis zum Ende der Vorrunde gehalten werden. Beim 4:3 gegen den 1. FC Kaiserslautern Anfang März schoss sich Andi Möller mit drei Toren endlich den Frust von der Seele. Doch ein wirklicher Befreiungsschlag für die Eintracht war das nicht. Zwar wurde durch ein 3:1 über die SG Wattenscheid 09 das Halbfinale des DFB-Pokals erreicht, in der Bundesliga geriet dagegen der fünfte Platz in ernste Gefahr. Ohne die Qualifikation für einen internationalen Wettbewerb aber drohte das vorschnelle Ende der „Macht am Main". Schon im Dezember nämlich hatte Bernd Hölzenbein angekündigt, notfalls Spieler zu verkaufen, um den Verein nicht ins finanzielle Verderben zu führen. Den großen Knall gab es schließlich am 13. April 1991: Nach einer 0:6-Heimniederlage gegen den Hamburger SV kam es zur Trennung von Trainer Jörg Berger. Was auf den ersten Blick die logische Folge des sportlichen Desasters zu sein schien, hatte in Wirklichkeit jedoch tiefere Gründe. Nach einer Präsidiumssitzung soll Manager Gerster der Mannschaft mitgeteilt haben, dass die Position des Trainers nicht mehr sicher sei. „Wenn so etwas in der Mannschaft bekannt wird, dann gibt man ihr ein Alibi. So haben einige Spieler denn auch gespielt. Für mich kommt daher diese Niederlage nicht überraschend." („kicker-sportmagazin" vom 15. April 1991) Mit diesen Worten redete sich Berger auf der Pressekonferenz um den eigenen Kopf. Die Mannschaft ging auf Distanz zum Coach, das Präsidium (Präsident Ohms: „Es kann nicht sein, dass ein Angestellter des Vereins öffentlich über alle anderen Angestellten herfällt.") sogar noch einen Schritt weiter.

Keine 24 Stunden später präsentierte Bernd Hölzenbein mit dem ehemaligen Eintracht-Spieler Dragoslav Stepanovic den neuen Trainer. Mit drei Siegen zum Einstand brachte „Stepi" die Eintracht wieder auf UEFA-Pokal-Kurs. Dabei hatte der Jugoslawe gar nicht so viel verändert. Bein und Möller bekamen alle Freiheiten in der Offensive. Binz kehrte wieder auf die Libero-Position zurück und Körbel spielte wieder Mannde-

Der letzte Akt des „treuen Charly": Schiedsrichter Prengel aus Düsseldorf zeigt Karl-Heinz Körbel beim FC St. Pauli die vierte Gelbe Karte der Saison. Damit war die Karriere des Bundesliga-Rekordspielers nach 602 Einsätzen beendet.

cker. Zwar wurde der Einzug ins Pokal-Endspiel gegen Werder Bremen verpasst – nach einem 2:2 nach Verlängerung unterlag man an der Weser mit 3:6 –, dafür wurde das UEFA-Pokal-„Endspiel“ gegen den VfB Stuttgart gewonnen. Nach einem glatten 4:0 gegen die Schwaben wurde die Saison immerhin noch als Vierter abgeschlossen. Ein langes Gesicht machte lediglich Kapitän „Charly“ Körbel, der beim FC St. Pauli (1:1) die vierte Gelbe Karte gesehen hatte und so seine Karriere als Bundesliga-Rekordspieler (602 Einsätze) nicht im heimischen Waldstadion beenden konnte.

1991/92 ■ „Fußball 2000" – bis zum Finale in Rostock

Obwohl wegen der Integration zweier Ost-Mannschaften die Bundesliga für ein Jahr auf 20 Vereine aufgestockt wurde, vertraute man im Wesentlichen der Vorjahresmannschaft. Eine Alternative für den Angriff sollte Edgar Schmitt sein, der für „Stepis“ Ex-Klub Eintracht Trier 36 Tore in der Oberliga Südwest erzielt hatte. Außerdem wurde Mitte September Jörn Andersen von Fortuna Düsseldorf zurückgeholt, so dass die Eintracht über die wohl hochkarätigste Offensivabteilung der Liga verfügte. Dies musste als Erster (Wieder-) Aufsteiger FC Schalke 04 erfahren, der mit einer 5:0-Packung zurück nach Gelsenkirchen geschickt wurde. Doch nur mit berauschendem Fußball allein war noch niemand Deutscher Meister geworden. Erst als der „Fußball 2000“ auch die notwendigen Punkte einbrachte, konnte sich die Eintracht an der Spitze festsetzen. Nach einem 6:3 beim MSV Duisburg am 16. Spieltag standen bereits 40 Tore zu Buche, je 20 zu Hause und auswärts. Zwar schied man erneut im UEFA-Pokal gegen den Außenseiter KAA Gent aus (0:0 in Belgien, 0:1 zu Hause), dafür wurde die Eintracht erstmals Bundesliga-Herbstmeister. Überwintert wurde jedoch nur auf Platz 2, nachdem man in Schalke eine Minute vor Schluss einen Foulelfmeter zum Ausgleich hinnehmen musste (1:1).

Auch nach der Winterpause kam die Mannschaft nur langsam aus den Startlöchern. Im Umfeld gab es Spekulationen um einen Transfer von Andi Möller nach Italien (Atalanta Bergamo, Juventus Turin), intern Spannungen zwischen Trainer Stepanovic und den „Rebellen“ Kruse, Studer und Gründel. Als aus den ersten drei Begegnungen des neuen Jahres nur zwei Punkte heraussprangen und man drei Punkte hinter Borussia Dortmund auf Platz 4 zurückfiel, schien das Thema Meisterschaft wieder einmal vorzeitig abgehakt. Mit dem Frühling kam aber auch die Form wieder. Im März gab es vier Siege in Folge und ein 2:2 in Dortmund. Mit einem 1:1 gegen den VfB Stuttgart eroberte sich die Eintracht schließlich wieder die Tabellenführung.

Allerdings lief das Eintracht-Spiel längst nicht mehr so rund, was sich auch in der Trefferquote niederschlug: 43 Toren in der Vorrunde folgten nur 33 in der Rückrunde. Und je länger es dauerte, bis der Angriff das entscheidende zweite oder dritte Tor nachlegte, desto anfälliger wurde die Abwehr. Beispiel Wattenscheid: 1:0 nach 15 Minuten, Ausgleich in der 83. Noch schlimmer das letzte Heimspiel gegen Werder Bremen. Wieder ein frühes 1:0 (20.), doch mit einem Doppelschlag in der 77. und 79. Minute drehten die nach ihrem Europapokalsieg geschwächten Bremer den Spieß um. Lähmendes

Entsetzen machte sich unter den 46.000 Zuschauern breit. Zwar gelang Yeboah umgehend der Ausgleich, zum Sieg langte es aber nicht mehr – auch weil Schiedsrichter Löwer aus Unna der Eintracht in der Schlussphase einen Foulelfmeter (Eilts an Bein) verweigerte. So ging das Spitzentrio Eintracht, VfB und BVB punktgleich (50:24) in die letzte und alles entscheidende Runde.

Von der Papierform hatte die Eintracht beim designierten Absteiger Hansa Rostock die leichteste Aufgabe. Dank der besten Tordifferenz hätte ein Sieg den Titel bedeutet. Für die Fans, die zu Tausenden ins Ostseestadion gepilgert waren, gab es da keinen Zweifel. Sie wunderten sich allerdings, warum Trainer Stepanovic die Mannschaft, die zuletzt 7:1 Punkte geholt hatte, veränderte. Für Routinier Gründel kam Frank Möller ins Team, und im Sturm erhielt der Ex-Rostocker Kruse, der in der Rückrunde nur zu drei Kurzeinsätzen gekommen war, den Vorzug. Während Kruse diesen Schachzug mit seinem Tor zum 1:1 noch rechtfertigte, bleibt bis heute unerklärlich, warum die Mannschaft fast eine Stunde mehr reagierte als selbst agierte. Im Mittelfeld ging Andreas Möller völlig unter, und im Sturm mangelte es Yeboah an Durchsetzungskraft. Erst nach dem Rostocker Führungstreffer (65.) und Kruses Ausleich zwei Minuten später wachte die Eintracht auf und zog ein Powerplay auf – der erlösende Führungstreffer wollte aber nicht fallen. In der 77. Minute verweigerte Schiedsrichter Berg aus Konz der Eintracht einen klaren Elfmeter, als Ralf Weber allein vor Torhüter Hoffmann

Die Entscheidung von Rostock: Stefan Böger zieht Ralf Weber von hinten die Beine weg, doch der Elfmeterpfiff bleibt aus.

Andreas Möller – hier im Zweikampf mit einem Abwehrspieler von Hansa Rostock – geriet nach dem verpatzten Meisterschaftsfinale in die Kritik.

zum Torschuss ausholte und ihm Böger von hinten die Beine wegzog. Und als kurz vor Schluss der eingewechselte Edgar Schmitt nur den Innenpfosten traf, kam es, wie es kommen musste: Nach einem Befreiungsschlag überlief Böger die aufgerückte Eintracht-Deckung und erzielte das 2:1 für Hansa. Wieder einmal stand die Eintracht mit leeren Händen da, doch so nah dran war sie dem Titel in 29 Jahren Bundesliga noch nie gewesen. Was ihr im Gegensatz zur Meistermannschaft von 1959 aber fehlte, waren mannschaftliche Geschlossenheit und Teamgeist.

Im Mittelpunkt der Kritik stand einmal mehr Andreas Möller, der in den entscheidenden Wochen mehr mit sich selbst beschäftigt schien als mit der Eintracht und der Meisterschaft. So war kurz vor dem Finale in Rostock durchgesickert, dass er im Falle des Titelgewinns 200.000 Mark Prämie erhalten sollte (die Mannschaft nur 50.000 je Spieler). Außerdem hatte er am Sonntag nach dem Spiel gegen Bremen Einigung über seinen Wechsel zu Juventus Turin erzielt. Mit Möller verließ auch sein Freund Klaus Gerster den Riederwald: Ihm wurde zwei Tage nach der Pleite von Rostock fristlos gekündigt.

1992/93 ■ Auch „Stepi" mit seinem Latein am Ende

Viel bewegt, aber Vertrauen verloren: Trainer Stepanovic.

Obwohl die Eintracht durch den Möller-Transfer 3,8 Millionen Mark Ablöse erhielt, waren ihr in punkto Neueinkäufen die Hände gebunden, da die Hausbank, die Bank für Gemeinwirtschaft, den Kreditrahmen von bisher 8,5 auf fünf Millionen Mark senkte. Zwar forderte die Eintracht von Möller wegen der vorzeitigen Auflösung des Vertrages weitere fünf Millionen Mark, doch sollte dieser Fall die Gerichte noch zweieinhalb Jahre beschäftigen. Erst im Dezember 1994 einigten sich beide Parteien auf einen Kompromiss, der Möller zur Zahlung von knapp 2,6 Millionen Mark verpflichtete. Außerdem durfte die Eintracht rund 600.000 Mark behalten, die nach Möllers Transfer zu Juventus auf einem Sperrkonto eingefroren waren.

Da sich der als Möller-Nachfolger geholte Ex-Gladbacher Uwe Rahn in der Vorbereitung verletzte, grub Trainer Stepanovic den fast 35-jährigen Rudi Bommer aus, der seine Profikarriere eigentlich schon 1988 beendet und vier Jahre bei Viktoria Aschaffenburg in der Oberliga gespielt hatte. Wie schon in den letzten Jahren gelang der Eintracht auch 19992/93 ein Super-Start mit elf Spielen ohne Niederlage. Dass es dennoch nicht zum Platz ganz oben reichte, war auf eine Reihe teilweise unnötiger Unentschieden zurückzuführen (3:3 in Gladbach und 1:1 gegen Saarbrücken in letzter Sekunde). Dafür entdeckte Stepanovic in der eigenen Amateurmannschaft einen jungen Nigerianer namens Augustine Okocha, der auf Anhieb den Sprung zum Stammspieler schaffte. Selbst ein deutliches 1:4 beim Karlsruher SC ließ die Eintracht weiter auf Tuchfühlung zum Spitzenreiter Bayern München bleiben. Mit nur einem Punkt Rückstand wurde die Vorrunde als Zweiter beendet. Außerdem wurde beim KSC nach Verlängerung (1:1) und Elfmeterschießen der Sprung ins Halbfinale des DFB-Pokals geschafft. Dafür gab es wieder ein frühes Aus im UEFA-Pokal, wo nach einem Rekord-Sieg gegen Widzew Lodz (9:0) in der 2. Runde das Aus gegen Galatasaray Istanbul kam (0:0 und 0:1).

Bereits Anfang Januar erklärte Trainer Stepanovic, dass für ihn am Saisonende Schluss in Frankfurt sei. Auch die Zukunft von Bein, Stein und Yeboah, die um besser dotierte Verträge pokerten, war lange ungewiss. Der Form der Mannschaft schien dies nichts anhaben zu können, so dass es am 6. März im Münchner Olympiastadion zum großen Showdown kam: FC Bayern (29:9 Punkte) gegen Eintracht (28:10). Mit Michael Anicic (für den verletzten Yeboah) und dem Brasilianer Alessandro da Silva (nach 61 Minuten für Okocha eingewechselt) gaben dabei zwei Amateure ihr Bundesliga-Debüt. An ihnen lag es aber am wenigsten, dass das Spiel mit 0:1 verloren wurde.

Ihm lagen nicht wenige Fans als „Zeugen Yeboahs" zu Füßen: Der ghanaische Stürmer Anthony Yeboah wurde 1993 und 1994 Bundesliga-Torschützenkönig.

Wie schon 1990 war das Spiel in München der Wendepunkt. Nach zwei weiteren Niederlagen war die Eintracht aus dem Titelrennen ausgeschieden. Dafür stand der Trainer im Kreuzfeuer der Kritik – und das drei Tage vor dem Pokal-Halbfinale gegen Bayer Leverkusen, „Stepis" neuem Klub!

Was sich schon bei den Niederlagen in Dortmund (0:3) und gegen Mönchengladbach (1:3) angedeutet hatte, setzte sich auch gegen Leverkusen fort. Nach der schnellen Bayer-Führung durch Thom (6.) erspielte sich die Eintracht zwar eine optische Überlegenheit, ein Doppelschlag von Kirsten und Thom (72./75.) beendete jedoch alle Frankfurter Pokalträume – und „Stepis" Engagement nach fast genau zwei Jahren am Riederwald. Er hatte viel bewegt in Frankfurt, sich dabei aber auch abgenutzt. Spätestens seit den geplatzten Vertragsgesprächen kurz vor Weihnachten wusste er, dass er nicht mehr das volle Vertrauen des Präsidiums – Ausnahme Bernd Hölzenbein – genoss.

Doch auch mit seinem Nachfolger, Ex-Eintracht-Idol Horst Heese, geriet die UEFA-Pokal-Qualifikation noch einmal in Gefahr. Zwar hatte die Eintracht beim Tabellenletzten Uerdingen in Krefeld mit 5:2 gewonnen, doch war Trainer Heese dabei ein folgenschwerer Lapsus unterlaufen: Nach einer Verletzung des als „Fußball-Deutscher" geltenden Jugoslawen Komljenovic hatte er den Slowaken Penksa eingewechselt – und damit neben Zchadadse (Georgien), Okocha (Nigeria) und Yeboah (Ghana) einen Ausländer zu viel auf dem Platz. Zwar wurde der Irrtum sofort bemerkt und Penksa nach drei Minuten durch Anicic („fußballdeutscher" Jugoslawe) ersetzt, doch kannten die Statuten des DFB keine Gnade: Das Spiel wurde mit 2:0 Toren und Punkten für Uerdingen gewertet. Die endgültige Qualifikation für den UEFA-Pokal wurde aber im folgenden Heimspiel gegen den 1. FC Kaiserslautern (3:0) unter Dach und Fach gebracht. Durch ein abschließendes 1:0 beim Hamburger SV wurde die Saison schließlich als Dritter beendet.

1993/94 ■ Hochmut kommt vor dem Fall

Nachdem es auch im dritten Anlauf nicht mit der Meisterschaft geklappt hatte, wurde für 1993/94 noch einmal kräftig investiert. Bereits Ende April war man sich mit dem Polen Jan Furtok (für 2,1 Millionen Mark vom Hamburger SV) einig. Mitte Juni wurde mit Klaus Toppmöller der neue Trainer präsentiert und kurz darauf mit Maurizio Gaudino (VfB Stuttgart/drei Millionen) ein weiterer hochkarätiger Name. Finanziell möglich wurden diese Transfers durch die Verkäufe von Edgar Schmitt (Karlsruher SC), Axel Kruse (VfB Stuttgart) und Stefan Studer (SG Wattenscheid 09) für zusammen rund 3,1 Millionen Mark sowie die Abgabe einiger Spieler aus dem zweiten Glied. Da sich auch der vom Oberligisten Hessen Kassel geholte Mittelfeldspieler Mirko Dickhaut in der Vorbereitung als brauchbare Alternative entpuppte, ging man selbstbewusst wie noch nie in eine neue Punktspielsaison: „Die Eintracht war zuletzt zweimal Dritter. Daher kann der Anspruch, Meister werden wollen, nicht zu hoch sein. Auch als Trainer strebe ich nach hohen Zielen. Und das kann in Frankfurt nur heißen: Her mit dem Titel!" (Trainer Toppmöller im „kicker-sportmagazin" vom 5. August 1993)

Beim Start in Mönchengladbach jedenfalls zeigte die Mannschaft Fußball vom Feinsten und gewann auch in der Höhe verdient mit 4:0. Mit einem 5:1 beim 1. FC Nürnberg übernahm sie am 4. Spieltag die Tabellenführung und eilte von Sieg zu Sieg. Nach elf Spielen standen 20:2 Punkte auf dem Konto, und die Eintracht war drauf und dran, den Startrekord der Münchner Bayern aus der Saison 1980/81 (22:2) zu egalisieren. Allerdings waren dabei beim auf Hochtouren laufenden Eintracht-Motor doch einige Fehlzündungen aufgetreten, die das Tempo gehörig bremsten. Es begann mit der schweren Knieverletzung von Anthony Yeboah im Spiel gegen Dynamo Dresden (3:2), nach der der Ghanaer, der zuvor in sieben Spielen neun Tore erzielt hatte, für den Rest der Vorrunde ausfiel, und fand seine Fortsetzung beim blamablen 1:2 im UEFA-Pokal gegen Dynamo Moskau, nachdem es in Russland noch einen 6:0-Triumph gegeben hatte.

Jubel-Vierer: Mit einem 2:2 bei Bayer Leverkusen verteidigte die Eintracht ihre Tabellenführung. Von links: Gaudino, Komljenovic, Furtok, Yeboah.

So schien die erste Niederlage (0:1 beim MSV Duisburg) auch wie eine Erlösung zu wirken. „Irgendwann musste es kommen. Es war nicht zu erwarten, dass wir ohne Niederlage durch die Saison kommen", meinte Torhüter Uli Stein. Zunächst schien es auch, als ob die Mannschaft die Niederlage wegstecken könnte. Bereits nach 15 Spielen war die Herbstmeisterschaft unter Dach und Fach. Durch das eigene 2:0 gegen Borussia Dortmund und das 0:2 der Bayern beim 1. FC Nürnberg betrug der Vorsprung auf die zweitplatzierten Münchner bereits fünf Punkte. Da die Eintracht auch im UEFA-Pokal gegen Dnjepr Dnejpropetrowsk weitergekommen war, die Bayern dagegen gegen Norwich City ausgeschieden waren, ließ sich Trainer Toppmöller zu der Aussage „Bye, bye – Bayern" hinreißen.

Doch Hochmut kommt bekanntlich vor dem Fall. Nachdem der Eintracht bis dahin das Spielglück, das man braucht, um Meister zu werden, hold war, schien sie nun von allen guten Geistern verlassen: 0:3 in Hamburg (und Bänderriss von Weber), 0:3 gegen Köln, 0:3 gegen Gladbach, 0:1 in Bremen – die fünf Punkte Vorsprung waren verspielt und die Tabellenführung futsch. Hoffnung machte allerdings der Einzug ins UEFA-Pokal-Viertelfinale durch zwei 1:0-Siege über Deportivo La Coruña. Zudem glaubte Trainer Klaus Toppmöller, dass mit der Genesung von Yeboah auch die Sturmmisere beendet sei. Doch die Gründe für die Krise lagen tiefer. Solange die Mannschaft auf der Erfolgswelle schwamm, hatte sie sich als Einheit präsentiert. Jetzt aber zeigte sich, dass die Chemie innerhalb des Teams nicht stimmte. Bein spielte seit seinem Rücktritt aus der Nationalmannschaft Ende September sehr schwankend, Furtok hatte nach starkem Beginn ebenso stark nachgelassen und Gaudino und Okocha ließen Mängel in der Defensivarbeit erkennen.

Zwar hatte Toppmöller bei seinem Amtsantritt angekündigt, bei Querelen rigoros durchzugreifen. Doch nur Kapitän Uli Stein monierte immer wieder, dass einige Spieler selbstkritischer mit ihren Leistungen und Fehlern umgehen sollten, was für zusätzlichen Zündstoff sorgte. „In erster Linie muss der Trainer nach den Ursachen gefragt werden", sagte Vizepräsident Bernd Hölzenbein nach der Niederlage in Bremen. Viereinhalb Jahre später wurde „Holz" deutlicher. Angesprochen auf den Teamgeist der Aufstiegsmannschaft 1998 meinte er: „Hätten die Spieler zu meiner Zeit als Vizepräsident und Manager nur zehn Prozent dieses Zusammenhaltes bewiesen, wären wir zweimal Deutscher Meister geworden. Damals herrschten Neid und Missgunst." („kicker-sportmagazin" vom 12. Juni 1998)

Der Start ins Jahr 1994 war genauso miserabel wie der Ausklang 1993. Nach nur 1:5 Punkten aus den ersten drei Spielen stand die Eintracht nicht einmal mehr auf einem UEFA-Pokal-Platz. Selbst die Verpflichtung von Thomas Doll (Lazio Rom) für das Mittelfeld hatte wenig neue Impulse gebracht. „Bye, bye, Eintracht", hallte es nun von der Konkurrenz zurück. Im März schied die Eintracht im Viertelfinale des UEFA-Pokals im Elfmeterschießen gegen Austria Salzburg aus, und in der Bundesliga wurde aus dem Traum von der Meisterschaft ein einziger Albtraum. Es begann am 2. April mit einer 0:1-Niederlage beim Tabellenletzten (wo auch sonst!) VfB Leipzig, setzte sich mit einer 1:2-Heimniederlage gegen den MSV Duisburg fort (Siegtor in der 89. Minute!) und kulminierte nach der 1:2-Niederlage bei Bayern München mit dem Abgang von Uli Stein und Trainer Toppmöller. Schon nach der Blamage von Leipzig hatte Uli Stein die Kapitänsbinde abgegeben und einen radikalen Schnitt gefordert. Toppmöller reagierte und setzte gegen Duisburg Binz und Furtok auf die Tribüne. Doch auch das konnte seinen Kopf nicht mehr retten. Nachdem sich die Mannschaft durch die Niederlage in München endgültig aus dem Kreis der Titelanwärter gespielt hatte, wurde Uli Stein fristlos entlassen. „Es ging nicht allein um die Worte der letzten Wochen", erklärte Präsident Ohms. „Die Strömungen aus der Mannschaft haben uns erschrocken.

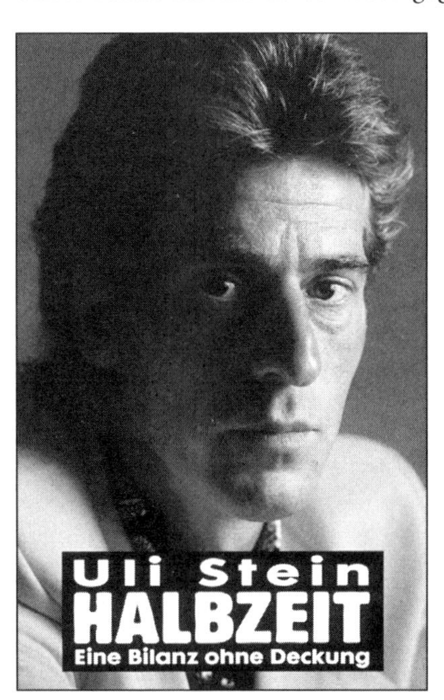

Uli Steins Abrechnung, 1993 erschienen, wurde als Buch ein Bestseller – und brachte dem Autor einigen Ärger.

Der Schmelztiegel ist übergelaufen.“ Mit dem Torhüter, der sechseinhalb Jahre bei der Eintracht zwischen den Pfosten gestanden hatte, musste auch Klaus Toppmöller gehen. „Der Trainer hat die Negativ-Tendenz in der Mannschaft nicht erkannt und aufgefangen. Und er hat seine Position mit der Uli Steins verknüpft“, begründete Präsident Ohms diesen Schritt.

Jetzt galt es, wenigstens die UEFA-Pokal-Qualifikation zu retten. Richten sollte es der bisherige Co-Trainer Karl-Heinz Körbel. Der „treue Charly“ tat, wie ihm geheißen, holte aus den letzten vier Spielen 5:3 Punkte und damit das begehrte UEFA-Pokal-Ticket. Unmittelbar nach dem letzten Spiel wurde bereits an der Zukunft gebastelt. Von Werder Bremen wurde Thorsten Legat verpflichtet (für 2,5 Millionen Mark), vom 1. FC Nürnberg kam Torhüter Andreas Köpke (für eine Million) und vom 1. FC Köln Stephan Paßlack (für 600.000 Mark). Dafür wechselte Uwe Bein ablösefrei zu den Urawa Red Diamonds in die japanische J-League. Keine Freigabe erhielt dagegen Maurizio Gaudino, an dem der 1. FC Kaiserslautern starkes Interesse gezeigt hatte. Nicht allein die geforderten acht Millionen Mark Ablöse, sondern auch das Veto des neuen Trainers Jupp Heynckes ließen den Deal schließlich platzen. In dessen Plänen spielte „Mauri“ nämlich eine entscheidende Rolle.

1994/95 ■ Das große Missverständnis mit Jupp Heynckes

Mit Jupp Heynckes glaubten die Verantwortlichen endlich jenen Mann gefunden zu haben, der der Eintracht den Schlendrian austreibt. Zwar gehörte die Mannschaft nicht mehr zu den unbedingten Titelanwärtern, doch wurde zumindest mit einem UEFA-Pokal-Platz geliebäugelt. „Dass wir uns als Einheit präsentieren, attraktiven Fußball spielen und unter den ersten drei bis vier Mannschaften mitspielen“, nannte Heynckes als Saisonziele. Genau in umgekehrter Reihenfolge mussten sie jedoch zu den Akten gelegt werden. Dem Anspruch, oben mitspielen zu wollen, konnte man von Anfang nicht gerecht werden. Erst am letzten Spieltag wurde erstmalig ein einstelliger Tabellenplatz (der 9.) erreicht. Attraktiven Fußball bot die Mannschaft nur beim 4:1 über den späteren Deutschen Meister Borussia Dortmund Anfang September. Von seiner Einschätzung, die Eintracht sei eine „sehr disziplinierte und arbeitswillige“ Mannschaft, musste Heynckes schließlich Anfang Dezember Abschied nehmen.

Besonders vermisst wurde der Mann, der mit seinen „tödlichen Pässen“ die Eintracht in die Spitze der Liga geführt hatte: Uwe Bein. Er saß bei der deprimierenden 0:3-Niederlage gegen Uerdingen auf der Tribüne und „hatte nie den Eindruck, dass da etwas passiert“. Hohn und Spott musste dafür der Mann über sich ergehen lassen, der seine Nachfolge im Trikot mit der Nr. 10 übernommen hatte: Thorsten Legat. Dabei musste es allen schon von vornherein klar gewesen sein, dass er kein Spielmacher war. Da auch Okocha lediglich mit seinen Tricks begeisterte und Gaudino seit dem geplatzten Wechsel zu Kaiserslautern nur noch mit halbem Herzen bei der Sache zu sein schien, klaffte im Mittelfeld ein großes Loch, so dass Torjäger Anthony Yeboah

Dezember-Revolutionäre: Maurizio Gaudino, Jay-Jay Okocha und Anthony Yeboah (von links) wurden Anfang Dezember 1994 von Trainer Jupp Heynckes aus dem Kader geworfen.

in der Spitze alleine gelassen war. Als zudem Jupp Heynckes dem Ghanaer „Schwierigkeiten, sich zu artikulieren" vorhielt, war eine weitere Lunte gelegt.

Die Explosion erfolgte schließlich am 2. Dezember. Im Abschlusstraining vor dem Spiel gegen den Hamburger SV legten Yebaoh, Gaudino und Okocha eine derart lasche Berufsauffassung an den Tag, dass sie Heynckes zu einem Straftraining verdonnerte. Dies nahmen die drei zum Anlass, am nächsten Tag nicht gegen den HSV anzutreten: Gaudino, weil er sich „körperlich und mental kaputt", Okocha, weil er sich „von den eigenen Mitspielern kritisiert" fühlte. Doch damit bissen die „Rebellen" bei Heynckes auf Granit. „Wer von sieben bis 17 Uhr an der Drehbank steht oder auf dem Bau arbeitet und dafür nur ein Prozent der Spielergehälter verdient, hat für diese Situation kein Verständnis", erklärte der Coach. Das kam beim Publikum (zunächst) an. Und als mit einer beispiellosen kämpferischen Leistung der HSV 2:0 geschlagen wurde, gab es sogar „Heynckes, Heynckes"-Rufe von den Tribünen. Während Okocha „begnadigt" und wieder in den Kader aufgenommen wurde, wurde Gaudino noch vor Weihnachten an Manchester City ausgeliehen und Yeboah im Januar an Leeds United verkauft.

Zwar hatte sich Heynckes mit seiner kompromisslosen Haltung gegen die drei „Meuterer" durchgesetzt, das schlingernde Schiff Eintracht konnte er jedoch nicht in ruhigere Gewässer steuern. Nach einer deutlichen 0:3-Niederlage zum Rückrundenauftakt in Köln stand selbst er unter Druck. Trotz vier Spielen ohne Niederlage und zwei respektablen Auftritten im UEFA-Pokal gegen Juventus Turin (1:1, 0:3) trat die Mannschaft spielerisch auf der Stelle. Nach einer 0:3-Demontage zu Hause gegen den FC Schalke 04 warf Heynckes am 2. April schließlich die Brocken hin.

„Die Trennung zum jetzigen Zeitpunkt habe ich vollzogen, um dem Verein die Möglichkeit zu geben, die dringend notwendigen personellen Verstärkungen der Bundesligamannschaft allein nach seinen Vorstellungen zu realisieren. Ich bedaure, dass aus meiner Sicht die Trennung von der Eintracht unvermeidbar war. Doch die Erkenntnis, dass der Verein und ich nicht zueinander passen, ist in jüngster Zeit immer stärker geworden. Zu unterschiedlich sind unsere Auffassungen von professioneller Arbeit und dem Aufbau einer Spitzenmannschaft, der in Frankfurt erforderlich ist." (Heynckes im „kicker-sportmagazin" vom 3. April 1995)

Obwohl Heynckes auf eine Abfindung verzichtete, war er für die Fans fortan der Buhmann. „Fehlende Durchschlagskraft im Sturm", hatte er zuletzt bemängelt. Da verziehen ihm die Fans nicht, dass er Publikumsliebling Anthony Yeboah aussortiert hatte. Eine Strafe zur Abschreckung ja, aber gleich ganz weg, das mochten die Fans, die ihm vier Monate vorher noch Beifall gezollt hatten, jetzt nicht mehr mittragen. Doch man tut Jupp Heynckes sicherlich Unrecht, ihn zum „Totengräber der Eintracht" zu stempeln. Im Gegenteil: Vielleicht war er der Erste – und Einzige? –, der erkannt hatte, dass sich die Eintracht im Sinkflug befand und eine düstere Zukunft vor sich hatte. Wenn man sich die Wortwahl seiner Erklärung einmal genauer anschaut, erhärtet sich diese Vermutung.

Wie im Vorjahr übernahm Karl-Heinz Körbel das Training und schaffte am Ende mit einem einstelligen Tabellenplatz die Qualifikation für den UI-Cup. Mit 33:35 wies die Eintracht aber erstmals seit 1988/89 wieder ein negatives Punktekonto auf. Dass es überhaupt so viele wurden, war einem Lapsus der Münchner Bayern zu verdanken, die bei ihrem 5:2-Sieg im Waldstadion in der Schlussphase einen Vertragsamateur zu viel einsetzten und das Spiel nachträglich mit 0:2 verloren.

Das „Mädchen für alles": 1954 kam Toni Hübler (hier zwischen Präsident Matthias Ohms und Manager Bernd Hölzenbein) als Gärtner an den Riederwald und erlebte dort 24 Trainer. Ende 1994 ging der Zeugwart nach über 40 Dienstjahren in den verdienten Ruhestand.

1995/96 ■ Ende mit Schrecken oder Schrecken ohne Ende?

Nach dem gescheiterten Versuch mit einem international renommierten Trainer setzte man im Sommer 1995 auf die hausinterne Lösung. „Charly" Körbel blieb Chef am Riederwald, Rudi Bommer wurde zum Assistenten befördert, war aber weiterhin aktiver Spieler. Auch auf dem Transfermarkt gab es hektische Betriebsamkeit: Rainer Rauffmann (SV Meppen) und der Schwede Johnny Ekström (Dynamo Dresden) sollten das Sturmproblem lösen, Markus Schupp (Bayern München) und Domenico Sbordone (FC Augsburg) dem Mittelfeld zu neuem Glanz verhelfen, Dirk Böhme (1. FC Nürnberg) und René Beuchel (Dynamo Dresden) die Abwehr verstärken. Zudem kehrte Maurizio Gaudino aus England zurück, verabschiedete sich jedoch nach nur 68 Minuten im Eintracht-Trikot im September wieder in Richtung Mexiko.

Zu diesem Zeitpunkt war die Eintracht Fünfter, und die Fans träumten vom UEFA-Pokal. Doch hinter den Kulissen brodelte es. Körbel drohte gar mit Rücktritt, als Gerüchte über Geheimverhandlungen mit 1860-Coach Werner Lorant aufkamen. Diese wurden zwar von beiden Seiten dementiert, doch der „treue Charly" war sensibilisiert: „Ich werde noch mehr die Augen und Ohren aufhalten. Für mich erhebt sich die Frage, was erst passiert, wenn wir zwei Spiele verlieren sollten?" Sie sollte schneller gestellt werden, als es allen – Präsidium, Trainer, Mannschaft und Fans – lieb sein konnte. Nach nur einem Punktgewinn aus fünf Spielen stand die Eintracht in der Bundesliga auf dem drittletzten Platz und war beim TSV 1860 München mit Pauken und Trompeten aus dem Pokal geflogen (1:5).

Spätestens jetzt stellte sich heraus, dass im Sommer für fast fünf Millionen Mark mehr Masse als Klasse eingekauft worden war. Rauffmann und Ekström trafen in der gesamten Saison zusammen nur siebenmal, Schupp konnte im Mittelfeld wenig Akzente setzen. Also wurde nachgebessert. Der Kroate Ivica Mornar wurde für 500.000 Mark von Hajduk Split ausgeliehen, doch bester Torschütze der Saison wurde der von den eigenen Amateuren geholte Matthias Hagner (zehn Tore). Torhüter Köpke forderte angesichts von 23 Gegentoren zwei neue Abwehrspieler, was Manager Hölzenbein auf die Palme brachte („nicht zu finanzieren"). Derweil stand Körbel im Regen. Vier Spiele ohne Niederlage retteten jedoch (vorerst) seinen Kopf. Ihre beste Saisonleistung lieferte die Mannschaft beim 4:1 gegen Tabellenführer Bayern München. Eine 1:5-Abfuhr beim Hamburger SV zum Vorrundenende ließ das gerade erst wieder erlangte Selbstvertrauen jedoch wie ein Kartenhaus einstürzen.

Zur Stabilisierung der mit 33 Gegentoren schwächsten Abwehr der Liga wurde der Australier Ned Zelic von den Queens Park Rangers geholt. Im Präsidium wurde unterdessen laut über einen Trainerwechsel nachgedacht. Spekulationen über eine Rückkehr von Dragoslav Stepanovic dementierte Manager Hölzenbein jedoch: „Solange ich bei der Eintracht bin, kommt Stepi nicht zurück." Zehn Wochen später war er doch da.

Der freie Fall begann im März. Als gegen den SC Freiburg ein Heimspiel verloren ging (0:1), das zu gewinnen keiner verdient hatte, richtete sich der Fan-Protest gegen

Himmelhoch jauchzend…: Beuchel, Hagner, Komljenovic, Rauffmann, Dickhaut, Binz, Köpke, Schupp und Okocha (von links) nach dem 4:1 gegen Tabellenführer Bayern München am 4. November 1995.

die Führung. „Vorstand raus" und „Hölzenbein raus", schallte es von den Rängen. „Körbel büßt für die Sünden der Vergangenheit", schrieb das „kicker-sportmagazin" und verwies auf die schon zwei Jahre zuvor aufgedeckten Mängel: „Selbstüberschätzung, schlechte Einkaufspolitik, falsche ‚Ausländer-Politik', zu hohe Gehalts-Struktur, schwache Führungs-Struktur, Sündenbock-Strategie, Blauäugigkeit, Nervenschwäche, Hinterhältigkeit und Intriganten-Spiele." So nahm das Elend seinen Lauf. Gegen Bayer Leverkusen konnte eine in der 89. Minute durch einen Doll-Elfmeter erzielte Führung nicht über die Zeit gerettet werden, in Dortmund folgte eine 0:6-Abfuhr, und nach einem 0:2 gegen Borussia Mönchengladbach war man mit dem Latein am Ende. Die Eintracht stand neun Spieltage vor Saisonende auf einem Abstiegsplatz.

Unmittelbar nach dem Schlusspfiff war Körbel seinen Job los, keine halbe Stunde später der neue Mann bekannt: Dragoslav Stepanovic. Doch auch der zigarillorauchende Serbe konnte das Steuer nicht mehr rumreißen. Unter seiner Regie gab es nur noch fünf mickrige Punkte. Angezählt wurde die Mannschaft am 1. Mai in Köln: 0:3. Der K.o. folgte drei Tage später im Waldstadion: Nach einem weiteren 0:3 gegen den FC Schalke 04 war Eintracht Frankfurt zum ersten Mal in seiner 97-jährigen Vereinsgeschichte zweitklassig. Es war gleichzeitig das Ende der Ära Ohms. Als der Präsident

... zu Tode betrübt: Dickhaut (Nr. 14), Flick (18), Dworschak und Zelic (30) nach dem 1:4 gegen den Hamburger SV am 18. Mai 1996. Eintracht Frankfurt war nach 97 Jahren nur noch zweitklassig.

nach dem Abstieg die Vertrauensfrage stellte, nahm der – all die Jahre tatenlos zusehende – Verwaltungsrat den Ball auf und entzog Ohms das Vertrauen. Mit Ohms ging auch Schatzmeister Joachim Erbs. Lediglich „Vize" Peter Röder blieb einstweilen noch im Amt, ebenso Manager Hölzenbein und Trainer Stepanovic. Zwei Wochen später war das Kapitel Bundesliga in Frankfurt nach 33 Jahren beendet. Wie es am Riederwald in Zukunft weitergehen sollte, wussten zu diesem Zeitpunkt nicht einmal die Fußballgötter.

Vom Vorzeige-Klub zur Geldvernichtungsmaschine

Keinen Pfennig Schulden

H. HOFFMANN: Dabei baut die Eintracht seit Jahren ständig neue Anlagen!

Kein Aprilscherz: Bei Einführung der Bundesliga 1963 war die Eintracht schuldenfrei! (Schlagzeige im „Sportmagazin" vom 20. Mai 1963)

Bei Gründung der Bundesliga 1963 war die Eintracht – man höre und staune! – schuldenfrei. Die Deutsche Meisterschaft 1959, die Erfolge im Europapokal sowie zwei weitere Teilnahmen an der Endrunde um die Deutsche Meisterschaft hatten viel Geld in die Vereinskasse gebracht. Doch schon im zweiten Bundesliga-Jahr 1964/65 hatte es durch den Zuschauereinbruch (von 26.561 auf 22.561) Mindereinnahmen von rund 700.000 Mark gegeben, die sich in den Büchern in roten Zahlen ausdrückten. Auch für das Geschäftsjahr 1966 konnte „nur durch außergewöhnliche Einnahmen im Zusammenhang mit einigen Spielerwechseln [175.000 Mark für Lutz zum TSV 1860 München, 125.000 Mark für Trimhold zu Borussia Dortmund, Anm. d. Verf.]" ein Überschuss von 56.972,30 Mark ausgewiesen werden (Eintracht-Hefte von Oktober-Dezember 1967). 1967 standen schließlich Ausgaben in Höhe von 3,8 Millionen Mark nur 3,5 Millionen Mark Einnahmen gegenüber, womit sich das Defizit um 273.499 Mark auf rund eine Million Mark erhöhte („Sportmagazin" vom 11. und 15. Juli 1968). Beschleunigt wurde der wirtschaftliche Niedergang durch den rapiden Rückgang der Zuschauerzahlen: Bis 1970 sank der Schnitt auf gerade einmal 18.151 ab.

Im Sommer 1970 spitzte sich die finanzielle Situation bei der Eintracht dramatisch zu. Nachdem auch das Geschäftsjahr 1968 mit einem Verlust von 84.473,76 Mark abgeschlossen worden war, kam im Vorfeld der Jahreshauptversammlung heraus, dass sich der Schuldenstand 1969 auf rund 1,8 Millionen Mark erhöht hatte. Besonders die Unterhaltung des Riederwald-Sportplatzes war mit jährlich 250.000 Mark ein Riesenklotz am Bein. Daher wurde erwogen, ihn wieder an die Stadt Frankfurt zurückzugeben. Präsident Gramlich malte gar ganz düstere Bilder: „Wenn die Stadt uns nicht hilft, müssen wir unter Umständen die Lizenz an den DFB zurückgeben – dann hat Frankfurt eben keinen Bundesligaverein mehr!"

Es waren Rudi Gramlichs letzte Worte als Eintracht-Präsident. Da die Stadt eine finanzielle Unterstützung von „personellen Änderungen" abhängig machte, wurde Gramlich auf der am gleichen Abend stattfindenden Jahreshauptversammlung zum Ehrenpräsidenten „befördert" und die Leitung des Hauptvereins vom bisherigen Vizepräsidenten Albert Zellekens aus der Turnabteilung übernommen, die 1969 wieder in den Verein eingegliedert worden war. Obwohl auch 1970 eine Unterdeckung von rund 185.000 Mark entstanden war, sah man jedoch optimistisch in die Zukunft, da die Lizenzspielerabteilung 1970/71 – nicht zuletzt auf Grund des durch den Abstiegskampf auf 23.075 gestiegenen Zuschauerschnitts – rund 290.000 Mark Gewinn eingespielt hatte. 1972 konnte dann auf der Hauptversammlung erstmals seit Jahren wieder ein Gewinn (4.144 Mark!) vermeldet werden. Das war natürlich ein Tropfen auf den heißen Stein.

Die Weise-Ära gehörte zwar zu den erfolgreichsten der Vereinsgeschichte, doch kostete die Mannschaft um Grabowski, Hölzenbein und Nickel auch Geld. 1976 betrug das Loch in der Kasse wegen erneut rückläufiger Zuschauerzahlen (1975/76 nur noch 20.619), der entgangenen Europapokal-Teilnahme und dem Fehlen eines Trikotsponsors rund eine Million Mark. Selbst der Gewinn des UEFA-Pokals 1980 brachte keine Besserung. Die Kosten für die Lizenzspieler-Abteilung war bis dahin auf 5,778 Millionen Mark gestiegen, was unter dem Strich Schulden in Höhe von vier bis fünf Millionen Mark bedeutete. 1981/82 nahm die Finanzkrise beängstigende Formen an. „Eintracht Frankfurt droht die Pleite", stand in großen Lettern auf der Titelseite des „kicker-sportmagazin" (8. Oktober 1981). Nur noch ein Verkauf von Stars wie Bruno Pezzey schien den finanziellen Kollaps noch verhindern zu können. Inzwischen wurde der Schuldenstand auf rund sechs Millionen geschätzt und ein Eingreifen des DFB gefordert. Für den Liga-Ausschuss bestand aber „kein Anlass, in dieser Saison einzugreifen. Es handelt sich um rein interne Dinge der Eintracht", erklärte der Vorsitzende Wilhelm Neudecker.

Geklärt wurden diese „rein internen Dinge der Eintracht" in einer Schlammschlacht hinter den Kulissen. Die Stimmung vor der Jahreshauptversammlung am 18. Mai 1982 war explosiv. Am 13. Mai ging das Präsidium in die Offensive und warf dem Verwaltungsrat vor, jahrelang Bilanzmanipulationen geduldet oder stillschweigend übersehen zu haben. Ein Antrag des Verwaltungsrates auf Abwahl des Präsidiums wurde zwar mit 298:155 abgeschmettert, doch für Präsident Schander war es ein klassischer Pyrrhus-Sieg, denn nach der Abstimmung traten der komplette Verwaltungsrat, Vizepräsident Höfer und Schatzmeister Heinz zurück. Jetzt war die Lizenz in höchster Gefahr, denn bis Ende Juni mussten 1,5 Millionen Mark Kaution beim DFB hinterlegt werden. Mit Ach und Krach wurde das Ziel erreicht. Am 29. Juni kam „grünes Licht" aus der DFB-Zentrale hinter dem Waldstadion: Die Lizenz für 1982/83 war erteilt!

Doch nur ein Jahr später erschütterte ein weiterer Finanzskandal den Verein bis auf die Grundfesten. Ausgelöst wurde er von einem Pfändungsbeschluss in Höhe von 200.000 Mark gegen Eintracht-Stürmer Bum-kun Cha. Wie viele seiner Mitspieler hatte der Koreaner 1980 von Wolfgang Zenker zwei Häuser nach dem sogenannten „Bauherrenmodell" erworben und sich damit finanziell übernommen. Zenker, Repräsentant einer großen Immobiliengruppe und seit Sommer 1982 Vizepräsident der Eintracht, wurde Interessenkollision vorgeworfen. Drei Tage vor der Jahreshauptversammlung erklärte das gesamte Präsidium seinen Rücktritt.

Unter Schanders Nachfolgern Dr. Klaus Gramlich und Matthias Ohms gelang schließlich eine finanzielle Konsolidierung, zumal es Anfang der 90er Jahre auch wieder sportlich sehr gut lief. Als aber der ganz große Wurf – sprich: die Meisterschaft – nicht gelang und im UEFA-Pokal drei Jahre hintereinander spätestens in Runde 2 Endstation war (Bröndby, Gent, Galatasaray), ging es ans Eingemachte. Um zum Beispiel Anthony Yeboah in Frankfurt halten zu können, wurden Handgelder am Fiskus vorbeigemogelt, die das Landgericht Frankfurt im Februar 2001 als Steuerhinterziehung wertete. Ex-Vizepräsident Bernd Hölzenbein wurde dabei zu sieben Monaten auf Bewährung, der ehemalige Schatzmeister Wolfgang Knispel zu 15 Monaten auf Bewährung und einer Geldbuße in Höhe von 100.000 Mark verurteilt.

Nach dem Abstieg 1996 erreichte es dann der neue Schatzmeister Gaetano Patella, dass sich die finanzielle Situation langsam, aber sicher entspannte. Als jedoch 1999 nach der Rettung in letzter Sekunde nicht mehr gekleckert, sondern geklotzt wurde, ging der Schuss nach hinten los. Nach einem vom neuen Schatzmeister Rainer Leben im Januar 2000 durchgeführten Kassensturz stand die Eintracht vor dem finanziellen Kollaps. Nachdem die Umstrukturierung des Vereins auf der Jahreshauptversammlung Ende Januar von den Mitgliedern abgesegnet worden war, machte sich Schatzmeister Leben auf die Suche nach Geldgebern.

Da die Stadt Frankfurt kurz zuvor mit der International Management Group (IMG) Einigung über die Vermarktung des neuen Waldstadions erzielt hatte, bot sich diese auch als möglicher Investor bei der Eintracht an. Einen unterschriftsreifen Vertrag ließ Leben jedoch am 10. März in letzter Sekunde platzen, womit das Tischtuch zwischen der Eintracht und der Stadt zerschnitten schien. Während der Sportausschuss-Vorsitzende Hans Busch (SPD) gegenüber der „Frankfurter Rundschau" sagte, er „werde in [s]einer Fraktion voll dagegen halten, dass … die Eintracht noch einmal in irgendeiner Art und Weise mit Steuergeldern subventioniert [wird]" (11. März 2000), sprach Rainer Leben von einem Knebel-Vertrag, bei dem sich die IMG „die Filetstücke hätte herausschneiden wollen" (13. März 2000). Während im Römer also parteiübergreifend Unmut über die Eintracht herrschte, nahm Leben Kontakt zu AIG/Octagon auf, die in Deutschland durch die Frankfurter Agentur Birkholz [ehem. Eintracht-Pressesprecher, Anm. d. Verf.] & Jedlicki vertreten war. Anfang April brachte sich auch die Kino-/Sportwelt des Münchner Filmrechtehändlers Michael Kölmel ins Gespräch, was aber für erheblichen Widerstand im Verwaltungsrat sorgte.

Während es am Riederwald also an allen Ecken und Enden brannte, schien Rainer Leben seine Rolle als Ober-Feuerwehrmann zu genießen. In der Stadionzeitung vom 12. April verkündete er jedenfalls, die „Grundlage für ein erfolgreiches zweites Jahrhundert [zu] legen". Das Präsidium habe seit der Jahreshauptversammlung „wichtige

Meilensteine zur Modernisierung unseres Vereins erreicht. Am 15. März 2000 wurde unser mit größter Sorgfalt und Gewissenhaftigkeit erarbeitete Lizenzantrag beim DFB vorgelegt. Auch wenn es noch zu früh ist, Details über Inhalte zu nennen, so können wir doch versichern, dass die Wirtschaftszahlen unseres Vereins nicht mehr mit denen vom 31. Januar 2000 zu vergleichen sind. ... In der Zwischenzeit ist es uns gelungen, viele Zusagen, mit der unsere Mitglieder und Fans große Hoffnungen verbunden haben, wirklich zu realisieren. In den nächsten Tagen werden wir die für die langfristige wirtschaftliche Sanierung unseres Vereins unabdingbar notwendigen Kapitalgesellschaften gründen und damit eine wesentliche Voraussetzung für eine Beteiligung eines geeigneten Investors geschaffen haben."

Tatsächlich war es Leben gelungen, durch Umwandlung eines Darlehens des Sportvermarkters ISPR in Höhe von 13 Millionen Mark in einen „einmaligen, nicht rückzahlbaren Zuschuss" das Eigenkapital der Eintracht rückwirkend zum 31. Dezember 1999 von 5,1 Millionen Mark Minus auf 7,9 Millionen Plus zu steigern. Und obwohl noch immer kein strategischer Partner in Sicht war, der die für die neue Lizenz benötigten Millionen zur Verfügung stellte, sah der Schatzmeister die Sanierung der Eintracht bereits als erfolgreich abgeschlossen an. Die Mitglieder stünden nun vor der Wahl: „Wollen sie arm bleiben oder reich werden?"

Doch bevor die Mitglieder am 28. Mai das letzte Wort haben sollten, meldete sich der Verwaltungsrat und forderte Leben am 30. April ultimativ auf, ihn detailliert über Verhandlungen mit möglichen Investoren zu unterrichten. Kritiker warfen Leben nämlich vor, schon vor der Jahreshauptversammlung bewusst Informationen zurückgehalten und so zum Rücktritt von Präsident Heller beigetragen zu haben. Ob er nun, wie ihm von anderer Seite vorgeworfen wurde, Steigbügelhalter für einen möglichen Investor gewesen sei, war bald nebensächlich: Am 9. Mai trat Leben als Schatzmeister zurück. Neuer „starker Mann" wurde der Vorsitzende des Verwaltungsrats, Bernd Ehinger, der nun offiziell als „Präsidiumssprecher" auftrat. Da bis zum 31. Mai beim DFB ein Nachweis vorliegen musste, wie eine im Etat für 2000/01 ausgewiesene Deckungslücke in Höhe von 19,191 Millionen Mark geschlossen werde konnte, blieb den Mitgliedern am 28. Mai praktisch keine andere Wahl, als der Ausgliederung der Lizenzspielerabteilung als „Eintracht Frankfurt Fußball AG" und dem Einstieg von Octagon zuzustimmen. Mit 50 Millionen Mark erwarben die Amerikaner 49,9 Prozent der AG-Anteile. Die Eintracht schien plötzlich im Geld zu schwimmen.

Doch fast so schnell, wie die Eintracht zu den Millionen gekommen war, so schnell waren sie auch wieder ausgegeben. Das erste Jahr der neuen Fußball AG endete mit dem zweiten Abstieg der Vereinsgeschichte. Dabei waren 37 Millionen Mark für neue Spieler, den Umzug in teure Büroräume im Westend und einen aufgeblähten Verwaltungsapparat aus dem Fenster geblasen worden. Das Wort von der „Geldvernichtungsmaschine" machte die Runde. Schon im Sommer 2001 hatte die Eintracht kein Geld mehr für neue Spieler, da das wenige noch vorhandene für Abfindungen an die aussortierten Spieler Thomas Sobotzik, Erol Bulut und Markus Lösch draufging.

Schockiert: Trainer Willi Reimann (links) und der Aufsichtsratsvorsitzende Volker Sparmann nach dem vorübergehenden Lizenzentzug im Juni 2002.

Das Ende des Liedes ist bekannt: Nachdem die Träume von einem sofortigen Wiederaufstieg spätestens im März 2002 geplatzt waren, stand am 22. April auch definitiv fest, dass es ohne frisches Geld keine Lizenz für 2002/03 geben würde. Im Raum stand eine Bankgarantie in Höhe von fünf Millionen Euro. Nachdem Octagon bereits im November seinen Rückzug als Betreiber des neuen Waldstadions erklärt hatte, gab das Unternehmen im Februar 15 Prozent seiner Anteile an der Fußball AG kostenlos zurück, die man nun für 7,5 Millionen Euro weiterverkaufen wollte. Erster Kandidat schien die ungarische Holding Fotex zu sein, dessen Vorstandsvorsitzender Gabor Varszegi am 5. Mai auch schon mal vorsorglich zum neuen Vorstandsvorsitzenden gekürt wurde. Doch eine mehrfach angekündigte Vertragsunterschrift mit den Ungarn kam letztlich nicht zu Stande. Am 31. Mai war Varszegis Engagement wieder beendet. „Er habe das Risiko nicht gescheut, aber … nicht wie Octagon enden" wollen („Frankfurter Neue Presse" vom 1. Juni 2002).

Der seit dem 20. Dezember 2001 amtierende Aufsichtsratsvorsitzende Volker Sparmann war dennoch optimistisch, dass die Eintracht bis zum 17. Juni alle Unterlagen für die Lizenz zusammen haben würde. Doch am 12. Juni kam die Ernüchterung: Die Landesbank Schleswig-Holstein sprang in letzter Minute als Investor ab. Damit fehlten der Eintracht rund acht Millionen Euro. Doch Sparmann & Co arbeiteten unermüdlich weiter. Während am 17. Juni mittags um zwölf die Bagger mit dem Abriss des alten Waldstadions begannen, machten sich die Eintracht-Verantwortlichen auf den Weg in die DFL-Zentrale hinter dem Stadion, um die Lizenzunterlagen abzugeben. Anschließend erklärte Sparmann, „man habe bei der DFL 12,3 anstelle der nur geforderten 11,5 Millionen Euro vorgezeigt". Möglich wurde dies hauptsächlich durch das Engagement der städtischen Beteiligungsgesellschaften Fraport, RMV, Messe und Mainova, weshalb FSV-Manager Bernd Reisig von einem „volkseigenen Betrieb Eintracht" sprach.

Doch zwei Tage später fielen die Eintracht-Verantwortlichen aus allen Wolken. Da „eine der zu erbringenden Bankgarantien nicht den Anforderungen der Liga für die Erteilung der Lizenz" entspräche und „die Finanzierung des Spielbetriebs in Frage stelle", verweigerte die DFL der Eintracht die Zweitliga-Lizenz für die Saison 2002/03. Knackpunkt war ein Fax der HELABA, in der diese die DFL „davon in Kenntnis setzte, nur dann den Spielbetrieb mit einer Bürgschaft in Höhe von vier Millionen Euro abzusichern, wenn bestimmte Bedingungen erfüllt würden. So sollten unter anderem Erlöse aus Spielerverkäufen und Gehaltseinsparungen die Bürgschaftssumme automatisch reduzieren". („Frankfurter Rundschau" vom 20. Juni 2002)

Die Eintracht kündigte umgehend den Gang vor das Ständige Neutrale Schiedsgericht des DFB an, da „mit der Abgabe der … Lizenzunterlagen am Montag alle Bedingungen erfüllt [worden seien]. Nach der Abgabe am Montag äußerte die Hessische Landesbank (HELABA) im Zusammenhang mit einer bereits gestellten Bankgarantie zusätzliche Wünsche, die bei der DFL zu Irritationen führten. Diese dürfen jedoch auf die formale und materielle Erfüllung der Bedingungen keinen Einfluss haben."

Am 3. Juli 2002 schloss sich das Schiedsgericht der Argumentation der Eintracht an. Damit war die Lizenz für den Verein gerettet. Der überraschende Aufstieg 2003 setzte dann weitere Energien frei. Gewissermaßen herrschte eine Parallelität zwischen dem Umbau des Stadions und der Wandlung der Eintracht zum Besseren. Selbst der Abstieg 2004 konnte diesen Trend nicht bremsen. Dazu gehörte auch die Verpflichtung von Heribert Bruchhagen. Dem neuen Vorstandsvorsitzenden – von Haus aus Lehrer – gelang es mit seinen Kollegen Dr. Thomas Pröckl und Heiko Beeck, das einstige Sorgenkind zu einem Musterschüler zu verwandeln. Anders als in früheren Jahren erhielt die Eintracht die Lizenz 2005 und 2006 ohne jegliche Auflagen. Der Etat wuchs seit 2003 von 25 Millionen auf 45 Millionen Euro für die Saison 2006/07. Für die Vermarktung des neuen Stadions wurde zudem im Juni 2004 ein langfristiger Kontrakt mit der Hamburger Rechteagentur Sportfive abgeschlossen.

Und auch beim Publikum konnte verspielter Kredit zurückgewonnen werden: 2005/06 wurden die Heimspiele erstmals in der Geschichte der Eintracht von über 40.000 Zuschauern im Schnitt verfolgt. Für die Saison 2006/07 wurden im Vorverkauf 24.000 Dauerkarten abgesetzt. Das Erreichen des Pokal-Endspiels und der Einzug in den UEFA-Pokal weckten bei den Fans neue Träume. Wenn der Vorstand es schafft, bei aller Euphorie weiterhin einen klaren Kopf zu behalten, sollte nach der finanziellen auch die sportliche Konsolidierung der Eintracht möglich sein. ■

Der lange Weg zurück

Anders als bei Mitabsteiger 1. FC Kaiserslautern, wo der Sturz in die Zweitklassigkeit sportlich und administrativ neue Energien freisetzte, fehlte es in Frankfurt an Konzepten und Perspektiven. Allein mit dem Abtritt von Ohms war wenig gewonnen. Zum Interimspräsidenten wurde mit Dieter Lindner ausgerechnet der Vorsitzende jenes Gremiums berufen, der das finanzielle Chaos eigentlich hätte verhindern müssen: der Verwaltungsrat.

Ex-Verwaltungsrat und Mäzen Wolfgang Steubing fuhr daher schweres Geschütz gegen den Meisterspieler von 1959 auf: „Um den Verein überhaupt noch zu retten und ihn bei den bevorstehenden Spielerverkäufen nicht erpressbar zu machen, benötigt er kurzfristig Risiko-Kapital. Dies allerdings kann kein Unternehmen zur Verfügung stellen, solange in den Gremien der Eintracht Personen entscheiden, die schon mit einst vorhandenem Kapital nicht umgehen konnten." („kicker-sportmagazin" vom 9. Mai 1996)

1996/97 ■ Ein langsames Erwachen

Doch Alternativen zu finden, war leichter gesagt als getan. Jürgen Grabowski, den Umfragen zufolge 90 Prozent der Eintracht-Fans als die ideale Integrationsfigur ansahen, lehnte dankend ab. Kein Wunder, denn die Aufgaben, die auf die neue Führung zukamen, waren gewaltig. Obwohl der Verein noch vor Jahresfrist als finanziell gesund galt, hatte sich ein Schuldenberg von über zehn Millionen Mark aufgetürmt. Um wenigstens die Voraussetzungen für die Erteilung der Zweitliga-Lizenz zu erfüllen, mussten Spieler verkauft werden. 13 Akteure gingen von Bord und erbrachten den vom DFB geforderten Transferüberschuss von 7,5 Millionen Mark. Dem standen – mit Ausnahme von Rückkehrer Gaudino – nur „Billig-Einkäufe" entgegen. Außerdem wurde der fast 39-jährige „Oldie" Bommer wieder reaktiviert. Die Frage war, wie sich diese kurzfristig zusammengemischte Truppe in der neuen Umgebung zurechtfinden würde.

Wider Erwarten löste der Abstieg bei den Fans eine Trotzreaktion aus. Zu den ersten beiden Heimspielen gegen den FSV Zwickau (2:1) und Fortuna Köln (3:1) kamen über 40.000 Zuschauer, die einen ungeahnten Höhenflug ihrer Lieblinge erlebten: Nach vier Spielen war die Eintracht Tabellenführer. Doch Trainer Stepanovic warnte vor zu großen Erwartungen und verwies stets darauf, dass man erst nach zehn Spielen wisse, wo die Mannschaft wirklich stehe. Er sollte Recht behalten. Der Absturz begann mit einer

Die neue Führung: Präsident Rolf Heller, Vizepräsident Peter Lämmerhirdt und Schatzmeister Gaetano Patella (von links). Nicht auf dem Foto Hans-Joachim Schroeder.

1:6-Pokal-Pleite beim SV Meppen. Nur drei Punkte aus den nächsten sieben Spielen (darunter drei 0:1-Heimniederlagen in Folge!) ließen die Eintracht auf Platz 13 abrutschen. Der Rückstand auf einen Aufstiegsrang betrug bereits sieben, der Vorsprung auf einen Abstiegsrang nur noch drei Punkte.

Dagegen schien sich die Situation an der Vereinsspitze zu entkrampfen. Nach langem Suchen wurden am 2. Oktober mit Hans-Joachim Otto und dem Duo Rolf Heller/Hans-Joachim Schroeder ein neuer Präsident und zwei „Vize" präsentiert. Am 20. Oktober folgte mit Bernd Thate auch ein neuer Schatzmeister. Und als die Mannschaft am 28. Oktober mit einem 2:1 bei Hertha BSC Berlin endlich die Negativ-Serie stoppen konnte, schien alles wieder im Lot. Doch innerhalb von drei Tagen war das Vertrauen wieder verspielt. Erst wurde gegen den VfB Leipzig trotz einer 2:1-Führung drei Minuten vor Schluss noch verloren. Am Montag darauf durchsuchte die Steuerfahndung im Zusammenhang mit einem Verfahren gegen Anthony Yeboah aus dem Jahre 1993 die Büroräume am Riederwald. 24 Stunden später, am 5. November 1996, gaben Präsident Otto und Schatzmeister Thate auf. Die Eintracht war wieder führungslos.

Schneller als erwartet wurde jedoch ein neuer Mann gefunden. Am 11. November, allerdings erst um 17.38 Uhr, wurde Rolf Heller zum neuen Präsidenten gekürt. Anschließend wurde mit Dr. Peter Lämmerhirdt und Gaetano Patella auch ein neuer Vizepräsident und Schatzmeister gefunden. Dagegen wurde der Ende November auslaufende Vertrag mit Bernd Hölzenbein nicht verlängert, so dass der Weltmeister von 1974 nach acht Jahren als Vizepräsident und Manager von Bord ging. Auch „Stepis" Tage als Trainer waren gezählt. Obwohl vor dem letzten Vorrundenspiel der Kader mit Petr Hubtchev (Hamburger SV) und Olaf Janßen (1. FC Köln) noch einmal aufgerüstet wurde, gab es eine blamable 2:3-Heimniederlage gegen den Tabellenletzten VfB Oldenburg. Sieben Monate nach dem Bundesliga-Abstieg stand die Eintracht erneut auf einem Abstiegsplatz. Noch in der Kabine wurde Stepanovic entlassen, und die Spieler mussten unter Polizeischutz aus dem Stadion gebracht werden. „Nehmen, nehmen und nichts geben", schallte es ihnen von den aufgebrachten Fans hinterher.

Noch vor Weihnachten wurde mit dem ehemaligen Eintracht-Spieler Horst Ehrmantraut (zuletzt SV Meppen) der Nachfolger präsentiert. Von den Fans anfänglich argwöhnisch beäugelt, wollte der akribische Arbeiter zunächst „ganz ruhig bleiben" und sich „schnell ein Bild von der Mannschaft und ihren Möglichkeiten verschaffen". Dass er dabei keine faulen Kompromisse einging, musste als Erster Rudi Bommer erfahren, der selbst Hoffnungen gehegt hatte, neuer Cheftrainer zu werden. Nachdem er die Verpflichtung Ehrmantrauts erst aus der Zeitung erfuhr, warf er dem Präsidium schlechten Stil vor und lehnte es ab, weiter als Co-Trainer zu arbeiten. Als er schließlich gegen Jena nicht eingewechselt wurde und Ehrmantraut als „Möchtegern-Trainer" bezeichnete, endete das Kapitel Bommer im April 1997 nach fast fünf Jahren mit einem faden Beigeschmack.

Horst Ehrmantraut ging unbeirrt seinen Weg. Den Klassenerhalt schaffen mit einer Mannschaft, die er nicht zusammengestellt hatte, war seine Aufgabe. Um dies zu erreichen, mussten alle am gleichen Strang ziehen. Wer dies nicht wollte oder konnte, hatte bei ihm nichts mehr zu suchen. So wurden auch die eigentlich für die Winterpause anstehenden Vertragsverhandlungen vorerst verschoben. Erst wenn die Mannschaft „geistig und körperlich auf Vordermann gebracht" worden sei, sollten Gespräche stattfinden. Denn: „Talentierte Spieler gibt es überall, nicht nur bei der Eintracht." Der Weg dahin war lang und dornenreich. Punkt für Punkt wurde gesammelt, und langsam aber sicher entfernte man sich von der Abstiegszone. Zwar gab es in Uerdingen (0:3) und Wolfsburg (1:4) Rückschläge, doch nach drei Siegen in Serie kamen kurzfristig sogar noch einmal Aufstiegshoffnungen auf. Mehr als der 7. Platz war am Ende aber nicht drin.

Langfristig wichtig war jedoch, dass im letzten Heimspiel gegen den 1. FC Kaiserslautern (0:0) Ralf Weber nach fast zwei Jahren sein Comeback feierte. Es war gleichzeitig das letzte Spiel von Maurizio Gaudino, der mit Tränen in den Augen Richtung FC Basel verabschiedet wurde. Mit „Mauri" verließen auch Dickhaut (VfL Bochum), Komljenovic (MSV Duisburg), Ekström (IFK Göteborg), Becker (VfB Stuttgart), Roth (FSV Frankfurt) und Bommer (Trainer beim VfR Mannheim) den Verein. Von der Mannschaft, die einst um die Deutsche Meisterschaft gespielt hatte, waren mit Weber und Bindewald gerade noch zwei Akteure übrig geblieben. Gefüllt wurden die Lücken mit zwölf Neuen, die zusammen nicht mehr als 625.000 Mark Ablöse kosteten. Mit Thomas Sobotzik (FC St. Pauli) und Dirk Wolf (Borussia Mönchengladbach) waren zwei Spieler dabei, die schon einmal das Adler-Trikot getragen hatten.

Dank der Arbeit von Schatzmeister Gaetano Patella war der Schuldenstand von 17 auf 6,8 Millionen Mark gesunken. Ihren Teil dazu beigetragen hatten auch die Fans, die, wie Präsident Heller bemerkte, „den Verein eigentlich gerettet haben. Im Herbst vergangenen Jahres hat jeder gesagt, der Verein ist tot. Die Fans haben mit ihrem Rückhalt nach draußen dokumentiert: Da ist noch was da. Es lohnt sich auch, in den Verein zu investieren. Die ganzen Sponsoren und auch die Banken und all das, was sich im Umfeld des Vereins bewegt, es orientiert sich natürlich daran, wie so ein Verein nach innen und nach außen lebt. Und da haben die Fans einen ganz wichtigen Beitrag geleistet."

1997/98 ■ Ein Mann setzt sich durch

Die Konsolidierung unter Ehrmantraut war für das Präsidium der erste Teil eines Drei-Stufen-Plans zur Rückkehr ins Fußball-Oberhaus. „In der jetzt vor uns liegenden zweiten Phase wollen wir mindestens im ersten Tabellendrittel mitspielen und die Mannschaft so stabilisieren, dass wir spätestens im Jubiläumsjahr 1999 die Rückkehr in die Bundesliga erreichen", schrieb Heller im Stadionprogramm für das erste Punktspiel gegen Fortuna Düsseldorf am 25. Juli 1997. Mit fünf Siegen in Folge gelang der beste Saisonstart einer Eintracht-Mannschaft seit dem Kriegsjahr 1941/42! Und anders als im Vorjahr steckte die Mannschaft auch Rückschläge weg. Den ersten gleich im sechsten Spiel beim SC Freiburg (0:0), bei dem sich Stürmer Urs Güntensperger einen Kreuzbandriss im linken Knie zuzog. Insbesondere beim glanzvollen Pokalsieg gegen den Bundesligisten Werder Bremen (3:0) war die Wandlung in der Mannschaft zu erkennen. Trainer Ehrmantraut hatte aus „einem Team von Verkannten und Verbannten eine verschworene Einheit" geformt („kicker-sportmagazin" vom 25. September 1997). Zwar kam auch diesmal wieder die seit Jahren gefürchtete Herbstkrise mit sechs Spielen ohne Sieg, schlechter als auf Platz 5 rutschte die Eintracht aber nie ab. Nach der 1:2-Niederlage bei der SpVgg Greuther Fürth setzte der früher (zu Recht) gescholtene Verwaltungsrat ein Signal: Um die von Trainer Ehrmantraut geforderten Verstärkungen zu realisieren, sollte man sich von einigen Ersatzspielern trennen. Abgegeben wurde aber nur Stürmer Hakan Cengiz, für den im Januar im Tausch der Liberianer Jonathan Sawieh vom SV Waldhof Mannheim kam.

Das Spiel in Fürth war Tief- und Wendepunkt zugleich. Es sollte für lange Zeit die letzte Niederlage sein. Doch zunächst ging es nur mühsam aufwärts. Bestrebungen, Maurizio Gaudino aus der Schweiz zurückzuholen, scheiterten am Veto der Mannschaft. Obwohl selbst ein Befürworter der Gaudino-Rückkehr, verteidigte Präsident Heller den gemeinsamen Entschluss von Präsidium, Verwaltungsrat und Trainer, „Mauri" abzusagen: „Wir wollten einen Effenberg-Effekt vermeiden." Statt Gaudino kam Ansgar Brinkmann vom niedersächsischen Oberligisten BV Cloppenburg. Mit ihm gelang zum Vorrundenende ein 2:1-Erfolg bei Fortuna Köln, mit dem die Eintracht auf einen Aufstiegsplatz zurückkehrte. Psychologisch ein großer Vorteil, denn ähnlich wie vor Jahresfrist, als nach der Pleite gegen Oldenburg jedem die Augen aufgingen, zeigte sich nun, dass der Aufstieg machbar war, wenn alle nur daran glaubten und darauf hinarbeiteten.

Nachdem auf der Jahreshauptversammlung am 26. Januar 1998 auch ein Schlussstrich unter die Vergangenheit gezogen wurde – das ehemalige Präsidium Ohms/Röder/Erbs wurde nach 19 Monaten entlastet, obwohl die eingesetzte Untersuchungskommission bei Ohms 27.500 Mark an zweifelhaften Rechnungen ausgemacht hatte –, galt alle Konzentration der Vorbereitung auf die Rückrunde. Dabei gelang mit einem Unentschieden und fünf Siegen eine Kopie des Saisonstarts. Besonders wertvoll waren die Siege bei Tabellenführer 1. FC Nürnberg (1:0) und gegen den Dritten SC Freiburg (2:0), mit dem die Eintracht wieder selbst die Spitzenposition übernahm und nur noch zweimal abgeben sollte.

Nach einem kleinen Durchhänger im Frühjahr war es dann so weit: Am Montag, 25. Mai, langte vor 33.000 Zuschauern im Waldstadion ein 2:2 gegen den FSV Mainz 05. Mit einem 4:2 gegen Fortuna Köln wurde im letzten Saisonspiel auch noch die Zweitliga-Meisterschaft unter Dach und Fach gebracht. Vor, während und nach dem Spiel wurden die Mannschaft und Trainer Horst Ehrmantraut von den 41.300 Zuschauern begeistert gefeiert.

Ohne Zweifel war Horst Ehrmantraut der Vater des Erfolgs. Anfangs von vielen belächelt, hatte er es geschafft, der Eintracht ein neues Gesicht zu geben. „Ich wollte weg von diesem Image der Eintracht, nur Fußball zu zelebrieren, nur schönspielen und relativ bescheiden ausgerichtet auf Erfolg", sagte er am Abend nach dem Spiel gegen Fortuna Köln im „Sportkalender" von HR3. Gleichzeitig blieb er aber auch in der Stunde seines größten Erfolgs als Trainer bescheiden und lobte den Zusammenhalt der Mannschaft: „Die Jungs haben einen derartigen Teamgeist, ich glaube, das gibt es in Deutschland in der Bundesliga und der 2. Liga nicht nochmal. Was diese Mannschaft verkörpert, auf dem Platz leistet, ist gigantisch."

Der Wiederaufstieg 1998: Ausgelassen feiern die Eintracht-Fans nach dem Spiel gegen Mainz auf den Tribünen und dem Rasen des Waldstadions.

1998/99 ■ Das Herzschlag-Finale

Die Rückkehr in die Erstklassigkeit löste in Frankfurt eine wahre Euphorie aus. Bereits am 19. Februar 1998 war der Vertrag mit Trainer Ehrmantraut um ein Jahr verlängert worden. Auch die Leistungsträger konnten langfristig an den Klub gebunden werden. Zudem entpuppten sich Mittelfeldspieler Bernd Schneider (Carl Zeiss Jena) und der chinesische Stürmer Yang Chen (Guoan Peking) als gute Verstärkungen. Für finanzielle Entlastung sorgte die Zusammenarbeit mit dem neuen Trikotsponsor VIAG Interkom, die jährlich rund sechs Millionen Mark in die Kassen brachte.

Doch zunächst musste in der neuen alten Umgebung kräftig Lehrgeld gezahlt werden, was nach fünf Spielen den letzten Tabellenplatz bedeutete. Im sechsten Versuch gelang am Abend des 27. September dann aber der erste Sieg. Am Abend der Bundestagswahl, die nach 16 Jahren das Ende der „Ära Kohl" bedeutete und erstmals in der Geschichte der Bundesrepublik eine rot-grüne Regierung an die Macht brachte (mit Eintracht-Fan Joschka Fischer als Außenminister!), besiegte die Eintracht vor 24.000 Zuschauern im Waldstadion Mitaufsteiger 1. FC Nürnberg mit 3:2. Auch die Verpflichtung von Gernot Rohr, der 21 Jahre als Spieler, Jugendkoordinator und Trainer bei Girondins Bordeaux tätig war, als Technischer Direktor wurde als Investition in die Zukunft gesehen, die sich Horst Ehrmantraut wie folgt vorstellte:

„Wir sind dabei, eine neue Eintracht aufzubauen. Wir wollen eine neue Eintracht strukturieren, dazu gehört, dass ich zwei, drei Jahre Zeit bekomme. Der Aufstieg kam sehr früh, wir haben letztes Jahr 15 Spieler integriert, müssen dieses Jahr wieder sechs, sieben, acht Spieler integrieren, in die Mannschaft einbinden, das braucht seine Zeit." (Ehrmantraut im HR3-Sportkalender vom 7. Juni 1998)

Doch diese Zeit bekam er nicht. Nach zwei Niederlagen in Folge gegen Bayer Leverkusen (2:3 nach 2:0-Pausenführung) und in Wolfsburg (0:2) schienen des Trainers Tage gezählt, zumal der nächste Gegner im Waldstadion Bayern München hieß. Noch einmal, wie schon zu Zeiten eines „Charly" Körbel, raufte sich die Mannschaft gegen den schier übermächtigen Gegner zusammen und brachte dem Rekordmeister dank eines Sobotzik-Treffers mit 1:0 die erste Saisonniederlage bei. Als die Mannschaft drei weitere Spiele ungeschlagen blieb und auf Platz 11 kletterte, schien Horst Ehrmantrauts Position gesichert. Doch sicher ist bei der Eintracht wohl nur, dass eben nichts sicher ist. Drei Niederlagen in Folge lösten in der Führungsetage Panik aus. Auch die zwischenzeitliche Verpflichtung der Norweger Tore Pedersen (Blackburn Rovers) und Jan-Åge Fjørtoft (FC Barnsley) konnte den Stuhl von Ehrmantraut nicht retten. Obwohl die Mannschaft auf Platz 14 stand, musste der Trainer gehen. „Sportlicher Misserfolg in den letzten Spielen" und „öffentliche Kritik an allen Mitgliedern des Präsidiums" wurde ihm vorgeworfen. Bis zur Verpflichtung eines neuen Trainers übernahm Co-Trainer Bernhard Lippert die Leitung der Mannschaft. Er konnte zumindest den Nichtabstiegsplatz halten. Als er nach zwei Spielen das Kommando an Reinhold Fanz (von Hannover 96) abgab, stand die Eintracht einen Punkt vor Hansa Rostock auf Platz 15.

Nach dem Wiederaufstieg wurde er noch auf den Thron gehoben, sechs Monate später davongejagt: Horst Ehrmantraut.

In der Öffentlichkeit stieß die Demission Ehrmantrauts auf Unverständnis. Im Mittelpunkt der Kritik stand Gernot Rohr, den man als Drahtzieher bei der Ablösung des beliebten Trainers sah. So hatte ihn „Sport-Bild“ bereits am 2. Dezember einen „eiskalten Killer“ mit dem „Auftrag, Ehrmantraut wegzumobben“ genannt: „Statt den Trainer zu unterstützen, begann Rohr schon [am 1. Oktober – seinem ersten Arbeitstag bei der Eintracht, Anm. d. Verf.] die Demontage.“ Rohr selbst verstand seinen Job dahingehend, „im Interesse des Vereins eine delikate, diplomatische Aufgabe zu erfüllen“. Auch der ehemalige Eintracht-Trainer Dietrich Weise sah den neuen Manager „in einer unglücklichen Rolle“, denn innerhalb kürzester Zeit hatte der eloquente Deutsch-Franzose eine enorme Machtposition im Verein eingenommen, die ihm sogar Sitz und Stimme im Präsidium einbrachte. Auslöser für das nun von Rohr ausgefüllte Machtvakuum in der Vereinsführung war der Teil-Rückzug von Präsident Heller aus der sportlichen Führung. Während sich Heller wieder verstärkt seinem Job bei der AOK Thüringen widmete, wurde Rohr zum starken Mann bei der Eintracht – und zwar auf Kosten des Trainers.

Aber auch mit neuem Trainer kam die Eintracht nicht vom Fleck. Zudem lösten die personellen und taktischen Überlegungen von Reinhold Fanz meist nur Kopfschütteln aus. So setzte er im ersten Spiel nach der Winterpause beim TSV 1860 München (1:4) mit dem neu verpflichteten Marokkaner Bounoua (Stuttgarter Kickers), Amstätter und Gerster auf drei Debütanten. Gegen den abgeschlagenen Tabellenletzten Borussia Mönchengladbach (0:0) erspielte sich die Mannschaft vor eigenem Publikum keine einzige Torchance! In Leverkusen (1:3) verzichtete Fanz praktisch auf einen Sturm, und selbst beim ersten Sieg am Ostersonntag gegen den VfL Bochum (1:0) verstand niemand seine Wechseltaktik: Als Yang nach nur neun Minuten verletzt ausschied, brachte er den

A-Junioren Zinnow, der völlig überfordert war und nach weniger als einer Stunde Platz für Joker Fjørtoft machen musste – der prompt den Siegtreffer erzielte.

Als nach drei weiteren Niederlagen in Folge aber der Absturz auf den vorletzten Platz perfekt war (mit vier Punkten Rückstand auf den rettenden 15. Platz), zog das Präsidium abermals die Reißleine und setzte Trainer und Manager vor die Tür. Das Unmögliche möglich zu machen – sprich: Klassenerhalt – sollte ein in Frankfurt nicht ganz Unbekannter: Jörg Berger, der die Eintracht 1989 schon einmal vor dem Absturz in die Zweitklassigkeit bewahrt hatte.

Als aber zu Bergers Comeback im Waldstadion gegen den Abstiegskonkurrenten Hansa Rostock nur ein schmeichelhaftes 2:2 heraussprang (Westerthaler hatte Sekunden vor Schluss für den Ausgleich gesorgt), schien der Abstieg besiegelt, zumal auch im nächsten Heimspiel gegen den Hamburger SV eine 2:0-Führung in den Schluss-Sekunden verspielt wurde. Mit Tränen in den Augen verabschiedeten sich Kapitän Ralf Weber und die Mannschaft danach von der Fankurve. Morituri te salutant – die Todgeweihten grüßen.

Denn wie sollte man in nur noch vier Spielen vier Punkte aufholen? Dazu musste man selbst alle vier Spiele gewinnen und auf Patzer der Mitgefährdeten hoffen. Das mit den eigenen Siegen klappte: 2:1 in Bremen, 2:0 gegen Dortmund und 3:2 in Schalke (nach 0:2-Rückstand), doch die Konkurrenz schlief nicht: Rostock punktete weiterhin, der 1. FC Nürnberg schlug sogar die bereits als Meister feststehenden Münchner Bayern, und Werder Bremen verabschiedete sich nach dem Trainertausch Magath/Schaaf mit drei Siegen binnen elf Tagen aus der Abstiegszone, in die plötzlich aber der VfB Stuttgart und der SC Freiburg geschliddert waren. Vor dem 34. und letzten Spieltag gab es somit folgende Konstellation: 12. Nürnberg (37 Punkte), 13. Stuttgart (36), 14. Freiburg (36), 15. Rostock (35), 16. Eintracht (34). Doch die Hoffnung stirbt bekanntlich zuletzt.

Der Nachmittag des 29. Mai 1999 wird als einer der außergewöhnlichsten in die Bundesliga-Geschichte eingehen. Bei Halbzeit sah es schlecht für die Eintracht aus, denn es stand nur 0:0 gegen Kaiserslautern. Dagegen war der VfB Stuttgart aus dem Schneider: 1:0 gegen Bremen. Auch die weiteren Resultate verursachten Kopfschmerzen: Rostock führte 1:0 in Bochum, und das 0:2 der Nürnberger gegen Freiburg passte auch nicht ins Konzept, da der „Club" (noch) eine um drei Tore bessere Tordifferenz hatte. Als Yang in der 46. Minute aber das 1:0 gegen Lautern erzielte, keimte neue Hoffnung im mit 60.000 Zuschauern bis auf den letzten Platz gefüllten Stadion.

Dann überschlugen sich die Ereignisse. 16.56 Uhr: Schjönberg gleicht in Frankfurt per Handelfmeter aus. 16.58: Sobotzik bringt die Eintracht wieder in Führung. 16.59: Ausgleich in Bochum, jetzt war Rostock weg vom Fenster. 17.02: 2:1 für Bochum, Jubelstürme im Waldstadion. 17.05: Ausgleich in Bochum, aber noch reicht es nicht für Rostock. 17.07: Gebhardt erzielt das 3:1 für die Eintracht. 17.10: Schneider erhöht auf 4:1 – die Eintracht damit vor Rostock und Nürnberg. Die Stimmung nähert sich dem Siedepunkt. 17.11: 3:2 für Rostock, Nürnberg plötzlich auf einem Abstiegsrang.

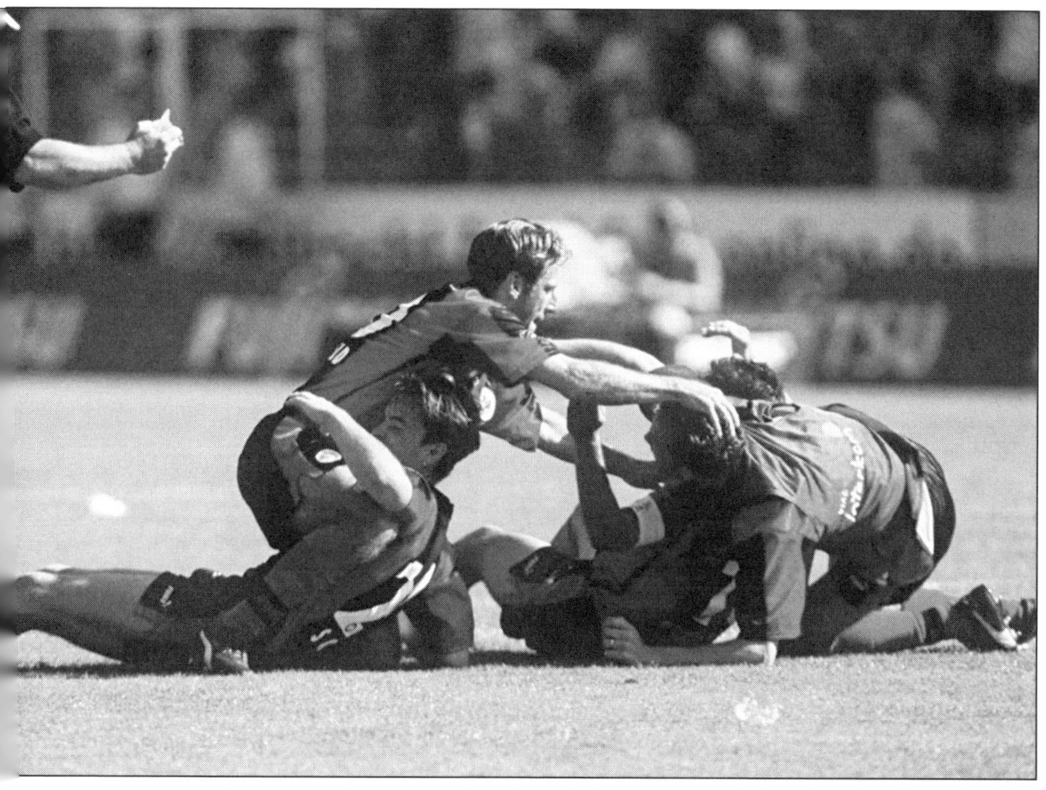

Das Wunder wurde wahr: Soeben hat Fjørtoft das 5:1 gegen Kaiserslautern erzielt.

17.12: Der „Club“ verkürzt auf 1:2, jetzt die Eintracht wieder Drittletzter. 17.16: Fjørtoft erzielt das 5:1, das Stadion tobt. 17.17: Der Nürnberger Baumann trifft das leere Tor nicht. Wenig später Schlusspfiff im Frankenstadion, kurz darauf in Frankfurt, dann in Bochum. Das Unmöglichliche war geschafft: Die Eintracht blieb in Liga eins, weil sie bei gleicher Punktzahl (37) und gleicher Tordifferenz (minus 10) vier Tore mehr erzielt hatte (44:54 zu 40:50). Das Herzschlagfinale war vorbei – Jubel in Frankfurt, Trauer in Franken.

Im Mittelpunkt der Ovationen stand Jörg Berger, der „Feuerwehrmann der Liga“, der neben zweimal Frankfurt auch schon den 1. FC Köln und den FC Schalke 04 gerettet hatte. „Was aber ist das Geheimnis dieses graumelierten Mannes mit der tiefen, sonoren Stimme, stets braun gebrannt und immer chic gewandet?“, fragte Thomas Kilchenstein in der „Frankfurter Rundschau“ am Montag nach dem Spiel. Der unter Reinhold Fanz arg gescholtene Jan-Åge Fjørtoft formulierte es, nachdem er mit Oberbürgermeisterin Petra Roth eine flotte Sohle auf den grünen Rasen gelegt hatte, auf seine ihm eigene Weise: „Jörg Berger hätte sogar die Titanic gerettet.“

Der gefeierte Trainer blieb jedoch auch in der Stunde des Triumphes nüchtern, denn er wusste: „Die größten Fehler werden in der Stunde des größten Erfolgs gemacht." Und so schien, kaum dass sich die Wogen der Emotion etwas geglättet hatten, erneut Tristesse am Riederwald einzuziehen. Bernd Schneider hatte schon im März angekündigt, den Klub im Sommer Richtung Bayer Leverkusen zu verlassen (zwei Millionen Mark Ablöse). Kaum eine Woche nach Saisonende verabschiedete sich mit Thomas Sobotzik der zweite offensive Mittelfeldspieler ablösefrei Richtung Kaiserslautern, und auch Ansgar Brinkmann ging für eine Million Mark zum Zweitligisten Tennis Borussia Berlin. Bei den Neuverpflichtungen war allerdings diesmal nicht Kleckern, sondern Klotzen angesagt: Für 2,5 Millionen Mark wurde Horst Heldt vom TSV 1860 München losgeeist, vom Karlsruher SC der Kongolese Rolf-Christel Guié-Mien (vier Millionen plus eine weitere an seinen früheren Klub Inter Brazzaville), aus dem ungarischen Debrecen Tibor Dombi für 150.000 Mark ausgeliehen – alles Nationalspieler. Getoppt wurde alles noch durch die Verpflichtung des Togolesen Bachirou Salou (Borussia Dortmund) für die Vereins-Rekordablöse von sieben Millionen Mark! Abgeschlossen wurden die Personalplanungen mit dem Transfer von Torsten Kracht vom Bundesliga-Absteiger VfL Bochum (1,2 Millionen Mark).

Zunächst schien der finanzielle Kraftakt auch aufzugehen. Nach zwei Siegen gegen Unterhaching (3:0) und in Freiburg (3:2 nach 0:2-Rückstand) war die Eintracht Tabellenführer. Doch wie gewonnen, so zerronnen. Zum Knackpunkt wurde das Spiel gegen Meister Bayern München. Nach Salous 1:0 (20.) hätte Fjørtoft in der 52. Minute alles klar machen können, doch Kahn hielt den Elfmeter des Norwegers. Als dann der Bayern-Keeper verletzt ausscheiden musste (56.), Ersatzmann Dreher nach nur acht Minuten das gleiche Schicksal traf und mit Tarnat ein Feldspieler ins Bayern-Tor musste, schien alles gelaufen. Doch plötzlich ging ein Ruck durch die Bayern-Mannschaft, und am Ende hatte die Eintracht ein Spiel verloren (1:2), das eigentlich nicht verloren werden durfte. Danach lief nichts mehr zusammen. Nach sieben Punkten aus den ersten drei Spielen, aber nur vier Punkten aus den folgenden 14 war auch Berger mit seinem Latein Ende und musste gehen.

Mit acht Punkten Rückstand auf den 15., SSV Ulm 1846, ging es in die Weihnachtsferien. Selbst die größten Optimisten gaben keinen Pfifferling mehr für die Mannschaft, zu saft- und kraftlos hatte sie sich in der Vorrunde gezeigt. Doch bereits am zweiten Weihnachtstag präsentierte Präsident Heller einen neuen Trainer, dem neben dem Prädikat „Retter" auch der des „Schleifers" anhaftete: Felix Magath. „Quälix", wie er bald am Main genannt wurde, verkündete sogleich, wie er seinen bisher „härtesten Job" meistern wollte: „Für den Klassenerhalt müssen alle arbeiten – Tag und Nacht!" Gyula Lorant ließ grüßen!

Als erstes baute Magath die Abwehr um. Im Tor musste Nikolov dem von Leverkusen geholten Dirk Heinen weichen. Außerdem reaktivierte er den fast 36-jährigen

Gegen den FC Bayern riss der Faden. Bachirou Salou im Zweikampf mit Bayerns Osei Kuffour.

Hubtchev, der zuletzt nur noch bei den Amateuren in der Oberliga gespielt hatte. Statt des Technikers Janßen sollte fortan ein klassischer Ausputzer der arg gebeutelten Abwehr neue Sicherheit verschaffen. Da mit Thomas Reichenberger (Bayer Leverkusen) auch ein Stürmer geholt worden war und Thomas Sobotzik bereits Mitte Dezember aus Kaiserslautern an den Riederwald zurückgekehrt war, schien personell alles geregelt.

Überschattet wurde die Vorbereitung jedoch von Vorstandsquerelen. Bereits Ende September war Schatzmeister Gaetano Patella ausgebootet worden. Ein von seinem Nachfolger Rainer Leben durchgeführter Kassensturz bescherte der Eintracht im Januar neben der sportlichen auch noch eine finanzielle Krise ersten Grades. Der 43-jährige Unternehmensberater rechnete nämlich bis zum 30. Juni mit einem Anwachsen des Schuldenberges auf 13 Millionen Mark. Außerdem hatte der Verein mit seiner Transferpolitik gegen DFB-Lizenzauflagen verstoßen! Statt genehmigter 20,15 Millionen Mark für Personalkosten ergab die Hochrechnung bis Saisonende einen Betrag von 28,88 Millionen. Und im Bereich „Kapital ohne Spielerwerte“ drohte statt 5,35 Millionen eine Unterdeckung von 23,61 Millionen Mark! Die Eintracht stand vor dem Konkurs. Wenn überhaupt, war eine Rettung nur durch Fremdkapital möglich, wofür die Auslagerung der Lizenzspieler-Abteilung aus dem Verein „Eintracht Frankfurt e.V.“ in eine zu gründende Kapitalgesellschaft – der späteren „Eintracht Frankfurt Fußball AG“ – notwendig wurde.

Im Mittelpunkt der Kritik stand Präsident Rolf Heller, der auf der Jahreshauptversammlung am 31. Januar zurücktrat, nachdem sich der Verwaltungsrat unter Führung von Bernd Ehinger tags zuvor gegen ihn ausgesprochen hatte. „Nach dreieinhalb Jahren Dauerstress fehlt mir die Kraft, die Eintracht aus der sportlichen und wirtschaftlichen Krise zu führen", erklärte er den 861 anwesenden Mitgliedern, die ihn anschließend mit großem Applaus verabschiedeten. Da eine unter dem Banner „Eintracht 2000" angetretene Oppositionsgruppe kein schlüssiges Konzept präsentieren konnte, waren Rainer Leben und Bernd Ehinger die Sieger des Abends.

Mit der Offenlegung der Finanzen machte sich die Eintracht in der Liga und der Öffentlichkeit wenig neue Freunde. Empört wurden vom DFB sofortige Konsequenzen bis hin zum Lizenzentzug gefordert. Während etwaige Sanktionen wie ein Damokles-Schwert über dem Riederwald hingen – erst Mitte April wurde der Verein mit dem Anzug von zwei Punkten und 500.000 Mark Geldstrafe belegt –, begann für Felix Magath die „mission impossible". Nach einer Auftaktniederlage in Unterhaching (0:1) folgten drei Siege in Serie, und bis Mitte März war der Rückstand auf Platz 15 auf einen Punkt (vor dem Punktabzug) verkürzt worden. Profitieren konnte die Eintracht schließlich vom Einbruch des Aufsteigers SSV Ulm 1846, der nach einem 1:9-Heimdebakel am 18. März gegen Bayer Leverkusen aus den nächsten sieben Spielen lediglich zwei Punkte holte. Am 29. Spieltag stand die Eintracht erstmals seit Anfang Dezember nicht mehr auf einem Abstiegsplatz. Fundament des Aufschwungs war die wieder gewonnene Heimstärke. Unter Magath wurden von 27 möglichen Heimpunkten 23 eingefahren. Nach drei Auswärtsniederlagen in Folge war der Vorsprung auf den 16. Platz jedoch auf einen Punkt (nach Punktabzug) zusammengeschmolzen, so dass es am letzten Spieltag erneut zu einem Schicksalsspiel im Waldstadion kam – diesmal gegen den direkten Konkurrenten SSV Ulm 1846.

Anders als im Vorjahr, als man nur gewinnen konnte, gab es diesmal kein Feuerwerk. Die Angst, doch noch alles zu verlieren, lähmte die Akteure im schwarz-roten Trikot. So stand das Spiel lange auf des Messers Schneide, ehe ein von Horst Heldt in der Schlussminute verwandelter Elfmeter für Klarheit sorgte. Jan-Åge Fjørtoft war's egal. Unter Anspielung auf seinen Kommentar vom Vorjahr meinte er: „Ich weiß nicht, ob Magath wie Berger die Titanic gerettet hätte. Auf jeden Fall wären alle Überlebenden sehr fit gewesen."

Felix Magath und die Mannschaft hatten also ihre Hausaufgaben gemacht. Nach langem Hin und Her konnte schließlich mit Octagon auch der lang gesuchte „strategische Partner" präsentiert werden, der mit 50 Millionen Mark die Lizenz für die Bundesliga-Saison 2000/01 finanziell absicherte.

2000/01 ■ Es fährt ein Zug nach Nirgendwo...

Wie im Vorjahr startete die Eintracht mit einem 3:0 über die SpVgg Unterhaching in die neue Saison. Zu Hause war man weiterhin eine Macht und gab in den ersten sechs Heimspielen nur gegen Borussia Dortmund (1:1) einen Punkt ab. Auswärts hatte sich dagegen nur wenig verändert: Einem Unentschieden bei Werder Bremen standen fünf zum Teil recht deftige Niederlagen gegenüber (u. a. 1:4 in Köln, 0:4 in Schalke). Dazu flog man mit 1:6 bei den Amateuren des VfB Stuttgart bereits in der 1. Runde aus dem DFB-Pokal, so dass das „kicker-sportmagazin" seine Leser bereits am 28. August fragte: „Stürzt Frankfurt jetzt ab?", was 55,8 Prozent bejahten. Immerhin war man jedoch Mitte November mit 17 Punkten aus zwölf Spielen Neunter. Wendepunkt zum Schlechten wurde dann ausgerechnet der größte Erfolg der letzten Jahre: ein Sieg bei Meister Bayern München, dem ersten in einem Bundesligaspiel seit Dezember 1976! Damit stand man plötzlich auf Platz 5. Doch die Höhenluft bekam den Adlern nicht. Gegen Hertha BSC gab es nach 15 Spielen die erste Niederlage im Waldstadion, die mit 0:4 zudem noch recht happig ausfiel. Doch es sollte noch schlimmer kommen: Bis zur Winterpause kamen vier weitere Niederlagen in Folge dazu, was den Absturz auf Platz 15 zur Folge hatte und auch Fragen über die Zukunft von Felix Magath aufwarf.

Im neuen Jahr ging's munter weiter. In den Testspielen gab es alarmierende Ergebnisse: 1:4 gegen die Stuttgarter Kickers, 1:3 gegen den FSV Mainz 05 und 1:2 gegen den SSV Reutlingen. Und als die Eintracht im ersten Meisterschaftsspiel zu Hause vom 1. FC Köln mit 1:5 das Fell über die Ohren gezogen bekam, waren die Tage von Magath gezählt. Vorläufig übernahm Sportdirektor Rolf Dohmen das Training, der aus den nächsten drei Spielen auch sieben Punkte holte und damit vier Punkte Abstand auf einen Abstiegsplatz erarbeitete. Doch statt in Ruhe weiterzuarbeiten, sorgte man wieder einmal selbst für Unruhe. Als nämlich durchsickerte, dass man Lothar Matthäus als Trainer verpflichten wollte, gingen die Fans auf die Barrikaden. Doch bald war auch Dohmen mit seinem Latein am Ende. Nach nur zwei Punkten aus den folgenden fünf Spielen musste er Platz für Friedel Rausch machen. Zu diesem Zeitpunkt war die Eintracht 15. Aber auch der Vater des UEFA-Pokal-Sieges von 1980 schaffte die Wende zum Besseren nicht. Stattdessen gab es vier weitere Niederlagen in Folge und den Absturz auf Platz 17. Derweil hatte Felix Magath den VfB Stuttgart aus der Gefahrenzone geführt...

Am 12. Mai war es dann so weit: Mit einem 0:3 beim VfL Wolfsburg verabschiedete sich die Eintracht zum zweiten Mal nach 1996 aus dem Fußball-Oberhaus. Die Höchststrafe bekamen die Spieler dabei von den Fans: Als die Spieler nach Schlusspfiff ihre Trikots in den Fanblock warfen, kamen sie postwendend wieder zurück!

Bei der Suche nach den Ursachen für den Abstieg kam Klaus Veit von der „Frankfurter Neuen Presse" zu dem Schluss, dass „seit rund 30 Monaten fast kontinuierlich auf dieses ‚Ziel' hingearbeitet" wurde. „Sieben Trainer in gerade einmal zweieinhalb Jahren, da wundert es nicht, dass ... auf dem Spielfeld meist nur Chaos herrschte. ...

Nur selten gab es in der Saison 2000/01 Grund zum Jubeln (unten: Fjørtoft nach dem 1:1 gegen den HSV). Auch Friedel Rausch wusste bald, was die Stunde geschlagen hatte: Abstieg.

Ehrmantrauts Fehler: eine schwache Vereinsführung. – Lipperts Fehler: Er hatte keine Zeit, welche zu machen. – Fanz' Fehler: absolute Ahnungslosigkeit. – Bergers Fehler: Selbstüberschätzung und Bequemlichkeit. – Magaths Fehler: selbstüberschätzende Menschenverachtung. – Dohmens Fehler: fehlende Trainererfahrung und damit fehlende Akzeptanz. – Rauschs Fehler: Naiv glaubte er an das Unmögliche. – Geht das Chaos also weiter?" („Frankfurter Neue Presse" vom 14. Mai 2002)

Es sollte.

2001/02 ■ Das Team der Ahnungslosen

Von einer „Saisonplanung" zu sprechen, wäre zu viel des Lobs. Noch vor dem letzten Saisonspiel gegen den VfB Stuttgart (2:1) wurde der unglückliche Sportdirektor Rolf Dohmen entlassen. Seine Position sollte künftig der gerade als Trainer gescheiterte Friedel Rausch übernehmen. Als neuer Coach wurde der Schweizer Martin Andermatt präsentiert. Doch schon Anfang Juli trat Rausch zurück und verabschiedete sich wieder Richtung Schweiz. Der Grund: die Verpflichtung des ehemaligen englischen Nationalspielers Tony Woodcock als Sportvorstand der Fußball AG. „Wenn man stets in der ersten Reihe gestanden hat, will man mit 61 Jahren nicht plötzlich die zweite Geige spielen. Die zweite Reihe ist nichts für mich", begründete Rausch seinen Entschluss. Auch aus dem angekündigten personellen Schnitt wurde nichts. Mit Fjørtoft (bereits im März nach Norwegen), Heldt, Kracht, Kutschera und Sobotzik verließen fünf Stammspieler der Abstiegsmannschaft den Verein. Aufgefüllt wurden die Lücken mit dem Albaner Ervin Skela (von Waldhof Mannheim) und eigenen Nachwuchskräften wie Preuß, Gemiti, Jones und Streit.

Dennoch gelang ein passabler Saisonstart, der die Eintracht nach fünf Spielen an der Tabellenspitze sah. Selbst Rückschläge wie die Heimniederlagen gegen Arminia Bielefeld (0:2), die SpVgg Greuther Fürth (1:4) und LR Ahlen (1:2) ließen den Kontakt zur Spitzengruppe bis zum Ende der Vorrunde nicht abreißen. Und als der Pole Pawel Kryszalowicz (13 Tore bis Weihnachten) das Tor nicht mehr traf, gelang dem Mazedonier Sasa Ciric ein bemerkenswertes Comeback (zehn Tore in der Rückrunde). Doch es wurde auch immer deutlicher, dass der „zweite Anzug" nicht passte. Und da klar war, dass am Saisonende weitere Stammkräfte wie Rada, Wimmer, Preuß und Yang aus finanziellen Gründen nicht zu halten waren, färbte dies auf die Moral der Mannschaft ab, die nach der Winterpause nur noch ein Schatten ihrer selbst war. So wurde der Abstand zu den Aufstiegsrängen immer größer. Anfang März, neun Spieltage vor Saisonende, musste Andermatt gehen und wurde durch den bisherigen Co-Trainer Armin Kraaz ersetzt. Doch auch der ehemalige Eintracht-Profi konnte nichts mehr ausrichten. Erwähnenswert war lediglich der überraschende Sieg beim souveränen Tabellenführer Hannover 96 (2:1), der aber durch Randale eines Teils der mitgereisten Fans überschattet wurde. So waren am 5. Mai wohl alle froh, als eine völlig verkorkste Saison mit einem 1:1 gegen den SV Babelsberg 03 zu Ende ging.

2002/03 ■ Wo ein Willi ist, ist auch ein Weg

Bereits knapp zwei Wochen nach Saisonschluss wurde Willi Reimann, ehemaliger Profi von Hannover 96 und des Hamburger SV, als neuer Eintracht-Trainer gehandelt. Doch erst nach dem Rückzug des seinerzeitigen Vorstandschefs Varszegi wurde am 2. Juni eine Einigung mit dem 52-jährigen Fußball-Lehrer erzielt. Gleichzeitig wurde der Vertrag mit dem Sportvorstand der AG, Tony Woodcock, aufgelöst. Wegen der ungeklärten Lizenz-Situation waren dem neuen Coach in Sachen Spielerverpflichtungen allerdings die Hände gebunden, da man nicht wusste, welcher Spielklasse man 2002/03 angehören würde. Dennoch konnten noch vor Abgabe der Lizenzunterlagen mit Sven Günther (FC Schweinfurt 05), Henning Bürger (FC St. Pauli) und David Montero (Waldhof Mannheim) drei Neuzugänge präsentiert werden. Dazu kamen die beiden brasilianischen Nachwuchsspieler Franciel Hengemühle und Matheus Vivian (von Gremio Porto Alegre). Die zwischenzeitliche Lizenzverweigerung brachte aber erst mal alle weiteren Planungen zum Stillstand, da Reimann klargemacht hatte, für die Regionalliga nicht zur Verfügung zu stehen. Da das DFB-Schiedsgericht erst am 3. Juli über die Lizenz der Eintracht beriet, wurde der für den 1. Juli vorgesehene Trainingsbeginn kurzer Hand verschoben. Zu diesem Zeitpunkt hatte die Eintracht 14 Profis unter Vertrag! Selbst nach dem positiven Schiedsspruch dauerte es aber noch fast zwei Wochen, bis die Eintracht die Lizenz auch wirklich in Händen hatte.

Doch nicht nur in Sachen Lizenz bewiesen die Verantwortlichen, dass sie solide Arbeit leisteten. Wie ein Puzzle nahm das neue Eintracht-Team Gestalt an: Dino Toppmöller (VfL Bochum), der gebürtige Frankfurter Bakary Diakité (vom niederländischen Ehrendivisionär De Graafschap), der Kongolose Jean-Clotaire Tsoumou-Madza (vom Ost-Oberligisten OFC Neugersdorf) und Jens Keller (1. FC Köln). Auch die Fans demonstrierten Vertrauen in Willi Reimann und seine Mannschaft. Bei einer Umfrage des Eintracht-Internet-Teams gingen drei Viertel der Eintracht-Fans von einem positiven Saisonverlauf aus. Lediglich 5,9 Prozent befürchteten den Abstieg und 18,0 Prozent einen Abstiegskampf. 23,2 Prozent trauten der Mannschaft zu, „gut mitzuspielen“, 23,7 Prozent erwarteten einen Platz im gesicherten Mittelfeld, und immerhin 29,2 Prozent träumten vom Aufstieg.

Der Start konnte sich sehen lassen: Mit drei Siegen setzte sich die Eintracht von Beginn an in der Spitze fest. Selbst Rückschläge wie die Heimniederlage gegen Aufsteiger Wacker Burghausen (0:2) und eine desolate Vorstellung bei Alemannia Aachen (0:1) ließen den Kontakt nach oben nie abreißen. Bei der „Baustelle Eintracht“ herrschte nach langer Zeit wieder „große Aufbruchstimmung“ („kicker-sportmagazin“ vom 9. September 2002). So ging die Eintracht schließlich als Tabellenzweiter in die Winterpause. Trotz aller Widrigkeiten kam das Ganze für Willi Reimann nicht ganz überraschend: „Wir haben ganz hart und fleißig gearbeitet. Das Ganze ist kein Zufall. ... Wir hatten anfangs große Schwierigkeiten, das fing damit an, dass wegen der Lizenzierungsgeschichte niemand wusste, wann das Training beginnt, wir hatten Verletzungen. Wir wussten nicht,

Beim Aufstiegskonkurrenten Mainz 05 kassierte die Eintracht eine Niederlage – Liga 1 schien in weite Ferne gerückt. Hier Jermaine Jones im Zweikampf mit dem Mainzer Abel.

wer kommt, wer bleibt. Es gab Änderungskündigungen. Die Vorbereitungszeit lief nicht optimal. Trotzdem haben sich die Neuverpflichtungen gleich wohl gefühlt. Ich kann der Mannschaft nur ein Kompliment machen. Die Schwierigkeiten haben uns zusammengeschweißt." („Frankfurter Rundschau" vom 18. Dezember 2002)

Das klang wie Ehrmantraut anno '98. Und in der Tat waren manche Parallelen nicht von der Hand zu weisen. Wie Ehrmantraut legte auch Reimann viel Wert auf harte Arbeit und Disziplin. Und wie beim ersten Wiederaufstieg stimmte auch die Mischung: Reimann hatte aus Alteingesessenen wie Nikolov, Bindewald und Schur, ein paar Erfahrenen wie Keller und Bürger sowie einer Hand voll „hungriger" Spieler wie Tsoumou-Madza, Montero und Streit eine Einheit geformt, die durch dick und dünn ging. Besonders die Defensivabteilung entwickelte sich zu einem Bollwerk, im Mittelfeld lebten Ervin Skela und Rolf-Cristel Guié-Mien auf. Lediglich der Angriff bereitete

Sorgen. Kryszalowicz war seit der verkorksten WM mit Polen nur noch ein Schatten seiner selbst, und Jermaine Jones warfen zwei Verletzungen zurück. Dennoch waren Zweifel angebracht, ob die Eintracht angesichts der dünnen Spielerdecke in der Lage war, auf dem hohen Niveau weiterzuspielen, zumal Anfang Januar der bis dato beste Torschütze, Guié-Mien, den Klub Richtung Aufstiegskonkurrent SC Freiburg verließ. Doch auch hier hatte Reimann ein goldenes Händchen, denn mit Markus Beierle (von Hansa Rostock) wurde ein Stürmer verpflichtet, der zwar nur sechs Tore erzielte, aber durch seine Spielweise Platz für die Leute in der zweiten Reihe schuf. Insbesondere Ervin Skela wusste diese Chance zu nutzen.

Schwierigkeiten gab es zudem in den Heimspielen, wo in sieben Begegnungen nur zwei Siege gelangen und man den 1. FC Köln und den SC Freiburg enteilen sah. So entwickelte sich ein spannender Zweikampf mit dem FSV Mainz 05 um den dritten Aufstiegsplatz. Während das Umfeld schon wieder von der Bundesliga träumte, blieb Reimann auf dem Teppich und vermied, so gut es ging, das Wort „Aufstieg". Den verdutzten Journalisten präsentierte er vor dem Heimspiel gegen den VfB Lübeck im April – das mit dem zweiten Rückrunden-Heimsieg endete (3:1) – einen Stapel Pressemitteilungen vom Juli 2002. „Genüsslich las der Coach … einige Passagen daraus vor, hatte doch kaum einer der Medienvertreter den Hessen zugetraut, dass sie nach dem Lizenztheater ein ernsthaftes Wörtchen um den Erstligaaufstieg mitspielen würden." („Frankfurter Rundschau" vom 12. Juni 2003)

Vor dem Schlager beim FSV Mainz 05 lag die Eintracht mit 53 Punkten dank der um einen Treffer besseren Tordifferenz auf Platz 3. Ein Punktgewinn bei den Rheinhessen hätte die Ausgangsposition also gefestigt. Lange Zeit sah es auch so auch, als könnte die Eintracht zum vierten Mal einen Punkt vom Bruchweg entführen. Beierle hatte in der 30. Minute zuerst die Eintracht und in der 67. Minute dann per Eigentor die Mainzer in Führung gebracht. Nach Schurs Ausgleich in der 74. Minute schienen sich beide Teams bereits mit einem Unentschieden abgefunden zu haben, als das Unglück seinen Lauf nahm. Einen 20-Meter-Schuss von Babatz konnte Nikolov nur abklatschen – genau vor die Füße von Auer: 3:2! Bei nun drei Punkten Rückstand und nur noch drei Spielen schien das Thema Aufstieg durch zu sein. Die Eintracht gab aber nicht auf und konzentrierte sich, wie von Willi Reimann gefordert, auf ihre eigenen Spiele. Nach einem 4:1 über Waldhof Mannheim hatte die Eintracht wieder die Nase vorn, denn die Mainzer mussten erst am Montagabend in Ahlen antreten. Dort lagen sie kurz vor Schluss mit 3:2 in Führung. Doch dann überschlugen sich die Ereignisse: 90. Minute Ausgleich und in der Nachspielzeit das 4:3 für Ahlen.

Die Eintracht stand wieder vor den „Null-Fünfern" – allerdings nur als Vierter, denn auf den 3. Platz hatte sich heimlich, still und leise die SpVgg Greuther Fürth geschlichen. Während sich die Fürther aber am vorletzten Spieltag beim 2:2 gegen die vom Ex-Eintrachtler Rudi Bommer betreuten Burghausener patzten, gewann die Eintracht vor 10.398 Zuschauern (davon bestimmt drei Viertel Eintracht-Fans!) in Oberhausen mit 2:0, und Mainz besiegte den VfB Lübeck mit 5:1. Die Ausgangsposition vor

Ein eindeutiger Auftrag der Fans…

dem letzten Spieltag war damit folgende: 3. Eintracht, 59 Punkte, Tordifferenz +23; 4. Mainz, 59 Punkte, Tordifferenz +22; 5. Fürth, 57 Punkte. Köln und Freiburg standen bereits als Aufsteiger fest.

Der 25. Mai 2003 hatte Parallelen mit dem legendären 29. Mai 1999, als Fjørtofts Übersteiger gegen den 1. FC Kaiserslautern den kaum noch für möglich gehaltenen Klassenerhalt sicherte. Und ähnlich wie damals gab es auch diesmal „eine Chronologie des nackten Irrsinns" („Frankfurter Rundschau" vom 26. Mai 2003). Zur Halbzeit führte die Eintracht mit 3:1 gegen den designierten Absteiger SSV Reutlingen, Mainz durch zwei Auer-Tore mit 2:0 bei Eintracht Braunschweig – die Eintracht hatte also die Nase vorn. Zwei Minuten nach dem Wiederanpfiff erhöhte Auer auf 3:0 – Eintracht und Mainz punkt- und torgleich, Mainz aber dank der mehr erzielten Tore im Vorteil! Doch es sollte noch schlimmer kommen: Innerhalb von drei Minuten kassierte die Eintracht den Ausgleich, und als kurz darauf Auer in Braunschweig auf 4:0 erhöhte, hatten die 25.000 im Frankfurter Waldstadion den Aufstieg abgehakt: Wer glaubte schon ernsthaft daran, dass die Eintracht noch vier Tore schießen würde?

Und so plätscherte das Spiel vor sich hin, bis zehn Minuten vor Schluss auf einmal die Kunde aus Braunschweig kam: nur noch 1:4 und die dortige Eintracht am Drücker! Plötzlich ging ein Ruck durch die Mannen in Schwarz-Rot, und als Diakité sieben Minuten vor Schluss das 4:3 gelang, wachten auch die Fans wieder auf. Als Diakité in der 90. Minute gar auf 5:3 erhöhte, fehlte nur noch ein Tor. Da in Braunschweig bereits Schluss war, mussten die Mainzer auf dem Bildschirm live miterleben, was sich in Frankfurt in der dritten Minute der Nachspielzeit ereignete: Bürger schlug einen Eckball von links in den Strafraum, und im allgemeinen Getümmel erwischte Alexander Schur die Kugel. Reutlingens Keeper Hollerieth hatte zwar noch die Fingerspitzen dazwischen, aber irgendwie fand der Ball den Weg ins Netz – 6:3, die Eintracht war wieder in der Bundesliga. Der Bockenheimer „Bub" schilderte die Situation wie folgt: „Ich hatte Schiedsrichter Strampe gefragt, wie lange noch zu spielen ist, nachdem uns von der Bank angezeigt wurde, dass wir noch ein Tor brauchen. ‚Drei Minuten', hat er gesagt. Dann bin ich zum langen Pfosten gelaufen, und irgendwie ist der Ball dorthin gelangt und ich habe ihn halt gut erwischt." („Frankfurter Rundschau" vom 26. Mai 2003)

Ein Aufstieg also, mit dem wenige Minuten zuvor niemand mehr rechnen konnte – Fußball verrückt! Während die Mainzer ihr Schicksal kaum fassen konnten, glich das Stadion einem Tollhaus. Trainer Reimann musste eine Bierdusche über sich ergehen lassen und schwärmte: „Das war ein unglaublich packendes Finale, wie es wohl nur alle hundert Jahre vorkommt. Das werde ich mein Lebtag nicht vergessen. Einfach grandios. Dieser Aufstieg bedeutet mir sehr, sehr viel, weil er aus einer sehr schwierigen Situation zu Saisonbeginn heraus gekommen ist. Jetzt werden wir uns zusammensetzen und über die Zukunft reden. Ich will das vollenden, was ich angefangen habe." („Frankfurter Allgemeine Zeitung" vom 26. Mai 2003)

Der Aufstieg ist geschafft! Jones, Toppmöller und Tsoumou-Madza jubeln auf dem Platz, Alexander Schur und Trainer Willi Reimann an der Seitenauslinie.

▶ EINWURF

Alexander Schur: Ein Star zum Anfassen

Stars hat es bei der Eintracht schon zuhauf gegeben. Und meist waren sie sogar Nationalspieler. So wie Fritz Becker, der als erster Frankfurter 1908 das Trikot der deutschen Nationalmannschaft trug. Oder in den 1920er Jahren der Schweizer Olympia-Teilnehmer Walter Dietrich. Den 1930ern drückte Rudi Gramlich den Stempel auf. Nach dem Krieg folgten Alfred Pfaff und Richard Kress. Und als die Bundesliga laufen lernte, verzückte der Jugoslawe Fahrudin Jusufi mit heruntergerollten Stutzen die Fans. Weltmeisterlich wurde es in den 1970ern mit Jürgen Grabowski und Bernd Hölzenbein. Danach begann die Zeit des Karl-Heinz Körbel. Mit 602 Einsätzen ist der „treue Charly" immer noch Rekordspieler der Bundesliga. Anfang der 1990er zelebrierten Uwe Bein, Andreas Möller, Uli Stein und Anthony Yeboah „Fußball 2000".

All diese Akteure prägten das Bild der Eintracht als Mannschaft, die technisch versierten Fußball spielte. Doch dann kam 1996. Der Abstieg. Aus war es mit der Schönspielerei. In Liga 2 war Kämpfen angesagt. Und andere Typen. Einer war „Zico" Bindewald, der letzte Mohikaner aus dem Team, das 1992 fast Meister geworden wäre. Ein anderer war Alexander Schur, der 1995 vom FSV Frankfurt an den Riederwald gekommen und 1996 mit den Amateuren aus der Regionalliga Süd abgestiegen war. Für den gebürtigen Frankfurter, der sein Fußball-Einmaleins beim VfR Bockenheim und bei Rot-Weiss Frankfurt erlernt hat, war die Stunde null die große Chance. Er kam, sah und nutzte sie. Zehn Jahre stand er seinen Mann, und wenn es etwas zu feiern gab, wusste man nie so recht, auf welcher Seite des Zauns sich eigentlich die Fankurve befand. Ein Kreuzbandriss, den er sich 2005 im Spiel bei Erzgebirge Aue zugezogen hatte, leitete das Ende seiner Profi-Karriere ein. Nach 113 Bundesliga- (11 Tore) und 124 Zweitliga-Spielen (12 Tore) verabschiedete er sich im Mai 2006 vom großen Fußball. Zunächst wird er in Köln seinen Trainerschein machen, danach soll er bei der Eintracht ins Jugendleistungszentrum eingebunden werden. Damit er bis dahin nichts verlernt, hält er sich beim Bezirks-Oberligisten Sportfreunde Seligenstadt fit. In der Sommerpause 2006 hat „kicker"-Mitarbeiter Christian Doublier den Star zum Anfassen über seine Zeit bei der Eintracht befragt.

Alexander Schur, als Kind waren Sie bereits Eintracht-Fan. Ist mit dem Wechsel zu Ihrem Lieblingsklub ein Traum in Erfüllung gegangen?

Auf jeden Fall. Schon bei den Amateuren wurde mein Kindheitstraum wahr, einmal selbst das Eintracht-Trikot zu tragen. Der Sprung zu den Profis war dann das Nonplusultra. Allein schon die Tatsache, wie er zustande gekommen ist. Rein zufällig traf ich damals Stepanovic am Riederwald. Er kannte mich noch von Rot-Weiss Frankfurt und erzählte mir in seiner typischen Art, dass ich beim nächsten Trainingslager der Profis dabei wäre. Danach hatte ich nichts mehr von ihm gehört. Als das Trainingslager anstand, nahm ich ihn dennoch beim Wort und reiste auf eigene Faust an. Ohne ernsthafte Einladung stand ich so vor versammelter Mannschaft und einem verdutzten Stepanovic. Als Nobody war es die Chance meines Lebens. Ich kämpfte für meinen Traum und habe es tatsächlich geschafft, den Trainer zu überzeugen.

Als Sie im November 1996 Ihr Profidebüt feierten, befand sich der Verein in einer schwierigen Situation. Wie hat sich das auf die Mannschaft ausgewirkt?

Die ganze Ausgangslage war problematisch. Kaum war der erste Abstieg der Vereinsgeschichte verdaut, steckten wir schon wieder im Tabellenkeller. Der Druck auf die Mannschaft war immens, im Training ging es ungeheuer hart zur Sache. Trauriger Höhepunkt war unsere Weihnachtsfeier beim Brasilianer. Durch den Alkohol sind einige Spieler in Feierstimmung verfallen, Zeitungsreporter und ein Fotograf zogen durch die Reihen. Prompt stand in der Zeitung, wir seien alles hochbezahlte Profis, die sich nicht mit dem Verein identifizieren. Das bedeutete das Ende für Stepanovic.

Mit welchen Methoden gelang Ehrmantraut der Umschwung?

Der Mannschaft fehlte es an Disziplin. Ehrmantraut hat das Team mit großer Strenge geführt, alles minutiös geplant. In seiner zweijährigen Amtszeit war er ein einziges Mal krank. Da hat er dem Physiotherapeuten einen Zettel mit so vielen Zahlen geschrieben, dass man kaum noch etwas erkennen konnte. Das spiegelte genau seine Persönlichkeit wider. Er hat mit großer Akribie gearbeitet, sich regelrecht aufgeopfert für den Verein. Sein großes Ziel war die Bundesliga, und er hat schnell gesehen, dass das nötige Potenzial vorhanden war.

Was hat die Aufstiegsmannschaft von 1998 ausgezeichnet?

Das Team lebte von seiner Geschlossenheit. Wir waren vom Trainer bis zum Masseur, von der Nummer eins bis zu den Ersatzspielern eine Einheit, die nur ganz schwer auseinanderzubrechen war. Das hat uns nach außen hin stark gemacht. Mit Typen wie Bindewald, Zampach oder Weber hatten wir eine charakterlich unglaublich gefestigte Mannschaft. Wenn wir nach dem Spiel zusammensaßen, dann waren nicht zwei oder drei Spieler anwesend, sondern zwölf oder dreizehn. Das hat den Unterschied gemacht.

Kaum war der Aufstieg geschafft, musste Ehrmantraut schon wieder gehen. Wie wurde seine Entlassung innerhalb der Mannschaft aufgenommen?

Fast alle Spieler waren traurig. Traurig mit dem Menschen, der in dieser Situation unglaublich gelitten hat. Für Ehrmantraut war die Eintracht mehr als bloß ein Verein.

Da ist etwas kaputtgegangen, und ich weiß, dass es ihm heute noch wehtut. Es war eine menschliche Tragödie. Zumal man sich als Aufsteiger in einer komfortablen Situation befand. Wir waren auf einem Nicht-Abstiegsplatz platziert und man hätte den Trainer nicht entlassen müssen. Das war ein Gesicht der Eintracht, das mir nicht gefallen hat.

Die Verpflichtung von Reinhold Fanz gilt bis heute als großes Missverständnis.

Ehrmantraut und die Mannschaft standen in einem engen Vertrauensverhältnis. Da ist es für den Nachfolger immer schwer. Fanz besaß nie die Akzeptanz eines Ehrmantraut. Er hatte kaum eine Chance, das Team zusammenzuhalten. Die Punktverluste dieser Wochen wären uns später beinahe zum Verhängnis geworden.

Wie hat es Berger geschafft, eine derart am Boden liegende Mannschaft zu retten?

Es waren zum Großteil noch die Spieler beisammen, die im vorherigen Jahr den Aufstieg geschafft hatten. Daher wussten wir, dass das Team funktioniert. Wir brauchten nur wieder Werkzeuge, diese verschütteten Tugenden auszugraben. Berger hat uns zu der Einheit gemacht, die wir vorher waren. Wir realisierten, dass wir mit Zusammenhalt jede Mannschaft schlagen können. So hatten wir in der Vorrunde Bayern München besiegt, und erst das machte den Endspurt mit vier Siegen in den letzten vier Spielen möglich. Dazu hat uns die aufkommende Euphorie getragen. Wir sind zur vorletzten Partie nach Schalke gefahren und kamen durch die Massen von mitgereisten Eintracht-Fans gar nicht mehr durch. Diese Energie hat zusätzliche Kräfte freigesetzt und das „Wunder vom Main" ermöglicht.

Der Siedepunkt wurde mit dem 5:1 gegen Kaiserslautern erreicht. War euch auf dem Spielfeld klar, dass nur ein Tor weniger den Abstieg bedeutet hätte?

So viele Radios waren wohl noch nie im Waldstadion. Die Stimmung war völlig ungewöhnlich. Mal haben wir ein Tor erzielt und niemand hat gejubelt, dann ist bei uns das Spiel dahingeplätschert und es gab einen riesigen Torschrei. Von der Bank kamen ständig irgendwelche Gesten, daher wussten wir schon so ungefähr, wie es gelaufen ist. Aber die einzelnen Spielstände oder wann sich welche Mannschaft auf dem Abstiegsplatz befand, das haben wir nicht realisiert.

Zur Halbzeit stand es 0:0. Ist mit rationalen Argumenten überhaupt erklärbar, was in den folgenden 45 Minuten passierte?

Der Charakter spielte die entscheidende Rolle. Wir haben uns für die Eintracht zerrissen, bis zum Umfallen gekämpft. Ein Aspekt, der für Ehrmantraut schon bei der Kaderzusammenstellung eine sehr wichtige Rolle spielte. Es war ein Spiel des Willens, das wir unbedingt gewinnen wollten. Kaiserslautern hatte ohne Frage die besseren Fußballer. Aber unserer Leidenschaft konnten sie nicht standhalten. Wir mobilisierten die letzten Kraftreserven, denn es ging um die Zukunft der Eintracht. An diesem Nachmittag wurde deutlich, dass du mit bloßem Willen Berge versetzen kannst.

Wie haben Sie das legendäre 5:1 von Fjörtoft erlebt?

Was ich in diesem Moment gedacht oder gefühlt habe, ist untergegangen in einem riesigen Jubelschrei. Da bekomme ich heute noch Gänsehaut. Die komplette Anspannung ist in einem Schlag von uns abgefallen. Gerade einem Fjörtoft habe ich das ent-

Sonntag, 25. Mai 2003, 16.48 Uhr: Alexander Schur erzielt das 6:3, Eintracht Frankfurt ist wieder erstklassig!

scheidende Tor gegönnt. Mit seiner ganzen Art und Menschlichkeit hatte er sich dieses Karriere-Highlight verdient.

Nach der Rettung herrschte große Euphorie. Die Mannschaft wurde für viel Geld verstärkt, doch sportlich lief es erneut nicht rund.

Uns war bereits in der Vorbereitung klar, dass wir besser aufgestellt waren als im Vorjahr. Horst Heldt war Nationalspieler, Salou ein Spitzenstürmer der Bundesliga und Guié-Mien galt als aufstrebendes Talent. Das waren Top-Neuzugänge. Dazu kam der gute Saisonstart, als wir nach zwei Spielen Tabellenführer waren. Doch genau diese Ausgangslage hat einiges schleifen lassen. Wir waren nicht mehr zu hundert Prozent konzentriert, dachten, es läuft jetzt einfach so weiter. Eine Einstellung, die in der Bundesliga sofort bestraft wird. Das hat den Abwärtstrend eingeleitet. Zudem gab es Spannungen innerhalb der Mannschaft. Es war bekannt, dass die Neuzugänge viel Geld verdienten. Dabei hatten sie zu den Erfolgen der beiden vergangenen Spielzeiten nichts beigetragen. Mit jedem verlorenen Spiel wurde die Unruhe größer und wir kamen aus diesem Loch nicht mehr heraus.

Dass fußballerisches Potenzial vorhanden war, zeigte die überragende Rückrunde unter Magath. Warum hat es schon wieder einen Trainerwechsel gebraucht, ehe die Mannschaft aufgewacht ist?

Wir alle haben die Situation zu locker gesehen. Magath fuhr dann eine andere Schiene als Ehrmantraut oder Berger. Er hat nicht über den Zusammenhalt versucht, die Mannschaft zu pushen, sondern durch Angst. Angst vor seiner Person, Angst vor dem harten Training. Das hat Kräfte freigesetzt, die als Grundlage für den enormen Leistungsanstieg dienten. Er hat uns körperlich alles abverlangt, du konntest jedem Spieler bis auf die Seele schauen. Es war eine extrem harte Zeit, die aber notwendig war. Im Endeffekt zählte doch nur, dass der Verein die Liga gehalten hat. Egal mit welchen Mitteln. Das Ergebnis ist mit dem Wunder der Vorsaison vergleichbar. Aus einer aussichtslosen Situation diesen enormen Punkterückstand aufzuholen, das hat vor uns noch niemand geschafft.

2000/01 lief es dann ähnlich wie im Vorjahr. Nach starkem Saisonstart folgte gegen Ende der Vorrunde der Einbruch. Habt ihr zum Schluss gegen den Trainer gespielt?

Die Bereitschaft, mit dem Trainer durchs Feuer zu gehen, war nicht da. Anfangs mussten wir mit den Methoden Magaths leben. Da war es wegen der Tabellensituation auch angebracht, bis zur völligen Erschöpfung zu trainieren. Doch nach unserer überragenden Rückrunde hat der Trainer einfach weitergemacht, als wäre nichts passiert. Die Mannschaft hat nicht verstanden, warum weiterhin diese Bedingungen herrschten. Mit Angst und Beklommenheit zum Training zu gehen, ständig platt und kaputt zu sein, das haben wir nicht länger akzeptiert. Es ging nur noch darum, stumpfsinnig seine Einheiten abzuspulen, der Spaßfaktor war gleich null. Irgendwann kommt der Punkt, da machst du das als Spieler nicht mehr mit.

In der Führungsetage herrschte zu dieser Zeit das Chaos. Wurde die Mannschaft in ihrer täglichen Arbeit davon stark beeinflusst?

Natürlich. Die Rahmenbedingungen eines Vereins prägen den sportlichen Bereich ganz nachhaltig. Daher ist es extrem wichtig, dass im Umfeld Ruhe herrscht. Nur so ist professionelles Arbeiten möglich. Bei der Eintracht war diese Grundvoraussetzung überhaupt nicht gegeben. Bei uns hat der Fisch vom Kopf gestunken. Jedes Jahr gab es neue Probleme, ständig musstest du dich auf andere Bedingungen einstellen. Plötzlich tauchte ein Rainer Leben auf und warf Präsentationen an die Wand, dass er in vier Jahren Champions League spielen möchte. Solche Überlegungen waren Lichtjahre von der Realität entfernt. Und er war nicht der Einzige, der den Mitarbeitern Flausen in den Kopf gesetzt hat.

Eine Negativentwicklung, die 2002 im vorübergehenden Lizenzentzug gipfelte. Wie haben Sie diese Wochen miterlebt?

Das war ein riesiger Krimi. Am meisten belastet hat mich die Tatsache, dass ich nicht eingreifen konnte. Als Spieler ist man es gewohnt, das Geschehen aktiv zu beeinflussen. Nun musste ich macht- und tatenlos zusehen, wie über das Schicksal der Eintracht entschieden wurde. Die Nachricht von der Lizenzverweigerung war ein Schock. Trotzdem habe ich die Hoffnung nicht aufgegeben. Denn in Volker Sparmann habe ich nach langer Zeit wieder einen Menschen gesehen, der alles Persönliche der Eintracht untergeordnet hat. Ich hatte großes Vertrauen in seine Arbeit. Zwischen uns hat sich damals ein Loyalitätsempfinden aufgebaut, das bis heute angehalten hat.

Das Saisonfinale 2002/03 steht für das zweite „Wunder vom Main". Als gegen Reutlingen zwischenzeitlich vier Tore fehlten, habt ihr da noch an den Aufstieg geglaubt?

Nein. Irgendwann macht sich der Realitätssinn breit, und du winkst die Sache ab. Wir wollten das Spiel einfach noch gewinnen, das waren wir den Fans schuldig. Auslöser für unser wahnsinniges Finish war das Mainzer Gegentor. Damit kam die Hoffnung zurück. Irgendwann hast du der Kulisse angemerkt, dass nur noch ein Tor fehlte. Ich weiß noch, dass ich vor der entscheidenden Szene komplett am Ende war, mich nur noch in den Strafraum geschleppt habe. Dann kam der Ball direkt auf mich zu und ich habe mich einfach reingeworfen. In dem Moment wussten wir sofort, dass wir es geschafft hatten. Es war der krönende Abschluss einer überragenden Saison.

Kann man die Eintracht von vor zehn Jahren noch mit der Eintracht von 2006 vergleichen?

Es hat sich extrem viel entwickelt. Mit dem neuen Stadion bestehen ganz andere Möglichkeiten als damals. Gleichzeitig ist der Verein moderner und seriöser geworden. Das Konzept, auf junge Spieler aus der Region zu setzen, kommt an bei den Leuten. Unser Zuschauerschnitt ist höher als je zuvor, und wir spielen unbekümmerten Fußball. Wenn diese Entwicklung anhält, kann sich die Eintracht wieder unter den ganz großen Vereinen in Deutschland etablieren.

Warum sind Sie dem Verein immer treu geblieben?

In den ersten Jahren war ich einfach begeistert, für die Eintracht zu spielen. Es wurde immer mehr zu einer Herzensangelegenheit, und ich habe nie an einen Wechsel gedacht. Nur einmal gab es konkrete Abwanderungsgedanken: Nach dem Abstieg 2004 verliefen die Vertragsverhandlungen mit der Eintracht sehr schleppend. Ich vermisste die Unterstützung aus dem Vorstand und hatte gleichzeitig ein gutes Angebot von Alemannia Aachen vorliegen. Letzten Endes bin ich wegen meiner Verbundenheit zur Region geblieben. In all den Jahren hat sich zwischen der Eintracht und mir eine Freundschaft aufgebaut, die es selten gibt im Profifußball. Da darf man nicht so einfach gehen. Von meinem Lieblingsverein wollte ich mich auf positivere Art und Weise verabschieden.

Elf Jahre Eintracht sind im Sommer zu Ende gegangen. Was bleibt aus dieser langen Zeit?

Heute lächelt man über all die Negativphasen und Gedanken, die man sich damals gemacht hat. Für mich war es ein sehr, sehr schöner Lebensabschnitt, der aber auch schwierig war. Denn als waschechter Frankfurter hast du bei der Eintracht viel größeren Druck, als wenn du von außen dazukommst. Ich wollte immer in der Region bleiben und wusste, dass mir negative Dinge über Jahre hinweg anhaften würden. Insgesamt war meine Zeit bei der Eintracht nicht die erfolgreichste Ära des Vereins, dafür aber sehr lebendig und bewegend. Für mein Leben habe ich aus diesen Jahren viel mitgenommen. Im Endeffekt bin ich einfach froh, dass ich damals den Mut hatte und hingefahren bin zu Stepanovics Trainingslager. Das zeigt, was durch Mut alles entstehen kann. ▪

2003/04 ■ Auf der Suche nach sich selbst

Wer geglaubt hatte, nach dem Aufstieg herrsche allgemein Friede, Freude, Eierkuchen, sah sich schnell getäuscht. Viele offene Fragen warteten auf eine Antwort. So galt es, für den zum 30. Juni ausscheidenden Vorstandsvorsitzenden Volker Sparmann einen geeigneten Nachfolger zu finden. Weitere Problempunkte: die Manager-Frage und die Suche nach einem Stadionbetreiber und Investor. In Sachen Vorstandschef versuchte man zunächst die große Lösung: Wolfgang Holzhäuser, der Geschäftsführer von Bayer Leverkusen, sollte Sparmann-Nachfolger werden. Obwohl der ehemalige DFB-Funktionär der Eintracht Interesse signalisierte, platzte der Deal in der Nacht zum 12. Juni, da Bayer Holzhäuser nicht vorzeitig aus dem Vertrag entlassen wollte. Zu eskalieren drohte auch ein Kompetenz-Streit zwischen Trainer Reimann und dem Aufsichtsratsvorsitzenden Jürgen Neppe, bei dem es um die Bewertung der Neuverpflichtungen ging: „Herr Neppe hat in Personalfragen nicht reinzureden, ... denn er hat ein anderes Aufgabengebiet“ („Frankfurter Rundschau“ vom 11. Juni 2003). Für diese Äußerung sollte Reimann mit einer Abmahnung belegt werden, doch da zog Sparmann nicht mit, der selbst ins Kreuzfeuer der Kritik geriet. Nicht einmal vier Wochen nach dem Aufstieg übte man sich wieder in längst vergessenen Grabenkämpfen. Am 7. August trat Neppe schließlich zurück. Kurz zuvor war bereits der langjährige Leiter der Fußball-Amateurabteilung, Jürgen Tschauder, zurückgetreten, da sich der „Verein nicht nach vorne bewege“ („Frankfurter Neue Presse“ vom 4. August 2003).

Kaum hatte Neppe seinen Sessel geräumt, da wurde Heribert Bruchhagen hoch gehandelt. Doch während der DFL-Geschäftsführer noch über das Angebot nachdachte, präsentierte die Eintracht am 8. August mit dem 60-jährigen Wirtschaftsexperten Dr. Peter Schuster einen neuen Vorstandsvorsitzenden. Gleichzeitig rückte der bisherige Aufsichtsratsvorsitzende Heiko Beeck in den Vorstand auf. Dessen vakanten Posten übernahm Herbert Becker, ein Vertreter des Hauptsponsors Fraport. Ihr Hauptauftrag sollte die Suche nach einem Manager sein. Doch genau darüber stolperte Schuster. Er wollte nämlich Bernd Hölzenbein als „Projektleiter Nichtabstieg“ verpflichten. Dabei traten jedoch unüberbrückbare Differenzen zwischen dem Weltmeister von 1974 und dem neuen „starken Mann“ zu Tage.

Zudem stellte der Vereinsboss sich mit merkwürdigen Kommentaren gegenüber der Frankfurter Sportpresse selbst in Abseits. Über den Fußball im Allgemeinen philosophierte er: „Der Job, den ich zur Zeit mache, ist ein Kinderspiel gegen das, was ich früher getan habe“ („Frankfurter Rundschau“ vom 25. August 2003). Und über Fußballspieler im Speziellen wusste er: „In so ein Fußballerhirn kriegen Sie so etwas nicht hinein“ („Frankfurter Neue Presse“ vom 23. August 2003). Das kam nicht gut an. „Schuster, bleib bei deinen Leisten. Aber bleib nicht Eintracht-Chef!“, kommentierte die „Frankfurter Neue Presse“ (23. August). Die „Frankfurter Rundschau“ berief sich am gleichen Tag auf Stimmen aus dem Aufsichtsrat, dass „das Binnenklima ... durch die unerträgliche Arroganz und Selbstüberschätzung von Schuster erheblich vergiftet“ sei. Und die

Keiner hörte auf sein Kommando: Auch Kapitän und Routinier Uwe Bindewald war im Abstiegskampf 2003/04 oft mit seinem Latein am Ende.

„Frankfurter Allgemeine Zeitung“ setzte noch einen drauf: „Er sagt jedem, als ehemaliger Hoechst-Manager sei er ein Mann der Wirtschaft. Dabei hat man manchmal das Gefühl, er käme gerade aus der Wirtschaft, wenn man ihm so zuhört“ (24. August).

Vier Tage später war die „Ära Schuster“ wieder beendet. Und schließlich gelang es den Verantwortlichen doch noch, Heribert Bruchhagen von der DFL hinüber ins Waldstadion zu lotsen. Am 11. November 2003 unterschrieb der Westfale einen bis Sommer 2007 datierten Vertrag und nahm am 1. Dezember seine Arbeit auf.

Zu diesem Zeitpunkt steckte die Eintracht bereits tief im Abstiegsstrudel. Dass man es schwer haben würde, war von Anfang an bekannt. Der Aufstieg war letztlich zu unverhofft gekommen und hatte die ursprünglichen Planungen überholt. Die bereits verpflichteten Neuzugänge Nico Frommer (SSV Reutlingen), Jurica Puljiz (Hajduk

Die Hoffnung schwindet: Nach einem 0:1 in Wolfsburg am viertletzten Spieltag lassen Markus Kreuz, Stefan Lexa und Ingo Hertzsch die Köpfe hängen. VfL-Keeper Simon Jentzsch (Nr. 29) hilft Markus Beierle auf die Beine.

Split), Markus Kreuz (1. FC Köln) und Mehmet Dragusha (Eintracht Trier) waren wohl eher im Hinblick auf eine weitere Zweitliga-Saison geholt worden. Zu diesem Quartett gesellten sich schließlich noch Torhüter Markus Pröll (1. FC Köln), Geri Cipi (KAA Gent), Du-Ri Cha (Arminia Bielefeld) und Stefan Lexa (zuletzt CD Teneriffa). Lediglich für Cipi mussten 125.000 Euro nach Belgien überwiesen werden. Alle anderen kamen ablösefrei oder wie im Fall Cha auf Leihbasis an den Main. Den Verein verlassen hatten Streit (VfL Wolfsburg), Diakité (OGC Nizza), Vivian (Gremio Porto Alegre), Wenczel (FC Augsburg), Branco (VfB Stuttgart), Kryszalowicz (Amica Wronki) und Toppmöller (Erzgebirge Aue).

Nach der Aufstiegssensation fehlten die Zeit und vor allem die nötigen Gelder für größere personelle Verstärkungen. Dennoch konnten vor Schließung der Transferliste am 31. August noch drei neue Spieler an Land gezogen werden. Zunächst kehrte Christoph Preuß auf Leihbasis von Bayer Leverkusen nach Frankfurt zurück. Ablösefrei konnte auch der Brasilianer Christian Maicon Hening, genannt Chris, vom FC St. Pauli verpflichtet werden. Die Sensation schlechthin war jedoch die Rückkehr des inzwischen 36 Jahre alten Andreas Möller, der seine Karriere beim FC Schalke 04 im Sommer eigentlich schon beendet hatte. Besonders sein Engagement löste in Fan-Kreisen kontroverse Reaktionen aus. Immerhin gelang bei seinem Debüt im fünften Saisonspiel der erste Sieg (2:0 bei Borussia Mönchengladbach). Zu den wenigen Höhepunkten der Startphase gehörte noch das Pokal-Derby bei den Offenbacher Kickers, wo man im Elfmeterschießen eine Runde weiterkam.

Nach einer 2:3-Heimniederlage gegen den Hamburger SV ging die Eintracht als Tabellenletzter in die Winterpause. Da der Rückstand aufs rettende Ufer aber nur drei Punkte betrug, war noch nicht alles verloren. Kurz vor dem Rückrundenstart gegen Bayern München wurde man dann noch einmal auf dem Transfermarkt aktiv und verpflichtete mit Ioannis Amanatidis (für 200.000 Euro vom VfB Stuttgart) und Ingo Hertzsch (von Bayer Leverkusen ausgeliehen) einen Stürmer und einen Abwehrspieler, die beide hervorragend einschlugen. Aus den ersten sieben Rückrundenspielen holte die Eintracht 14 Punkte. Nur beim 1.FC Kaiserslautern gab es eine unglückliche Niederlage, die umso ärgerlicher war, da das 0:1 erst in der zweiten Minute der Nachspielzeit fiel. Nach einem 3:0 über den FC Schalke 04 stand die Eintracht am 13. März auf Platz 13. Da hatte Andreas Möller gerade sein Engagement in Frankfurt wieder beendet. Nach zwei Muskelfaserrissen wurde er nach der Winterpause von Trainer Reimann nur noch zweimal in den Schlussminuten eingewechselt. Dafür wurde dem Coach die Demontage eines großen Spielers vorgeworfen, was dieser aber energisch bestritt. Zwar wurde die Verpflichtung Möllers im Nachhinein als großes Missverständnis eingestuft, Reimanns Ansehen hatte dabei jedoch Kratzer abbekommen.

Den totalen Crash erlebte er dann im nächsten Auswärtsspiel am 20. März bei Borussia Dortmund (0:2). Nach einer Ampelkarte gegen Henning Bürger (39. Minute) war Reimann so aufgebracht, dass er gegen Thorsten Schriever handgreiflich wurde und den vierten Unparteiischen zweimal derbe wegschubste. Dafür drohte dem Fußball-Lehrer nun im Höchstfall eine zweijährige Sperre. Für die Eintracht reichten jedoch auch die fünf Spiele Innenraumverbot, die Reimann vom DFB aufgebrummt bekam. Vier weitere Niederlagen in Folge bedeuteten den Absturz auf den vorletzten Platz. Bei vier Punkten Rückstand und nur noch fünf Spielen war das eigentlich schon der K.o. Doch die Hoffnung stirbt bekanntlich zuletzt. Vor dem letzten Spieltag keimte wieder ein Funken Hoffnung, und tausende Eintracht-Fans pilgerten nach Hamburg, um nach 1999 und 2000 ein drittes Wunder im Abstiegskampf zu erleben. Doch als nach nur sechs Minuten die Nachricht von der Lauterer Führung gegen Dortmund die Anzeigetafel erhellte, war alles nur noch graue Theorie. Zwar gelang Amanatidis in der 26. Minute das Führungstor, doch alles Hoffen und Bangen sollte nicht helfen. Kaiserslautern rettete ein 1:1 über die Zeit, und nach einer 1:2-Niederlage war die Eintracht zum dritten Mal nach 1996 und 2001 abgestiegen.

Während die Mannschaft nach Frankfurt zurückkehrte, fuhr Trainer Reimann direkt von Hamburg aus in den Urlaub, was von vielen Seiten als „Flucht“ gewertet wurde. Selbst Vorstandschef Heribert Bruchhagen sprach von „keiner klugen Entscheidung von Herrn Reimann“ („Frankfurter Rundschau“ vom 25. Mai 2004). Drei Tage später wurde die Trennung vollzogen, wofür Bruchhagen eigens in Reimanns Feriendomizil auf Sylt flog. „Nach allen Vorkommnissen war das die einzige Lösung“, sagte Bruchhagen, attestierte dem Ex-Trainer jedoch auch „große Verdienste“ für den Klub („Frankfurter Rundschau“ vom 28. Mai 2005).

2004/05 ■ Geduld zahlt sich aus

Kaum war Reimann weg, da brodelte bereits die Gerüchteküche: Rolf Rangnick, zuletzt bei Hannover 96 in Ungnade gefallen, und Michael Hanke, langjähriger Assistent von Ottmar Hitzfeld bei Borussia Dortmund und Bayern München, wurden schnell als mögliche Nachfolger gehandelt. Während sich das Trainerkarussell noch drehte, sprang ein Spieler nach dem anderen vom sinkenden Schiff. Amanatidis und Hertzsch zogen ablösefrei zum 1.FC Kaiserslautern, und auch Ervin Skela verspürte wenig Lust, in der 2. Bundesliga für die Eintracht die Schuhe zu schnüren; er heuerte schließlich bei Arminia Bielefeld an. Der von Leverkusen ausgeliehene Preuß verabschiedete sich Richtung VfL Bochum. Keine Verträge mehr bekamen „Zico" Bindewald (zum 1.FC Eschborn), Bürger (Rot-Weiß Erfurt) und Günther (Erzgebirge Aue). Dem standen mit Arie van Lent von Borussia Mönchengladbach und den eigenen Nachwuchsleuten Christopher Reinhard und Marco Russ erst drei Neuzugänge gegenüber. Kein Wunder also, dass Trainer-Kandidat Rangnick der Eintracht Anfang Juni einen Korb gab. Als Grund nannte er die fehlende Aufstiegsperspektive: „Mit dem Geld, das mir für Neuzugänge zur Verfügung gestanden hätte, wäre es kaum möglich gewesen, den direkten Wiederaufstieg zu realisieren." („Frankfurter Neue Presse" vom 8. Juni 2004) Nachdem auch Ex-Hertha-Trainer Jürgen Röber eine Anfrage abschlägig beschieden hatte, wurden mit Eugen Hach, Hansi Flick, Frank Pagelsdorf und Friedhelm Funkel schnell neue Namen gehandelt.

Heribert Bruchhagen hatte zu dieser Zeit drei Baustellen offen, denn neben der Trainerfrage galt es auch noch, weitere Verstärkungen an Land zu ziehen und das Thema Stadion-Betreiber zu einem guten Ende zu führen. Alle drei Probleme löste er binnen weniger Tage. Nur drei Tage nach Rangnicks Absage wurde mit Friedhelm Funkel der neue Trainer präsentiert und tags drauf ein langfristiger Vertrag mit der Neu-Isenburger HSG-Gruppe (Holzmann Service Gesellschaft) und dem Hamburger Rechtevermarkter Sportfive (ehemals UFA) über Betrieb und Vermarktung des neuen Waldstadions abgesegnet. Und auch auf dem Transfermarkt konnten Erfolge verbucht werden: Markus Weißenberger und Torben Hoffmann kamen ablösefrei vom Mitabsteiger TSV 1860 München, Benjamin Köhler für 150.000 Euro vom Zweitliga-Aufsteiger Rot-Weiss Essen, Christian Lenze für 50.000 Euro vom VfL Osnabrück, Markus Husterer für 150.000 Euro vom VfB Stuttgart. Vom HSV wurde Alexander Meier ausgeliehen, und von den Bayern-Amateuren kehrte Patrick Ochs zurück nach Frankfurt.

Die Entscheidung für Funkel mag letztendlich auch den neuen Geist widerspiegeln, der seit einiger Zeit bei der Eintracht eingezogen war. Man gehörte halt nicht mehr zur Belletage des deutschen Fußballs, und mit großen Namen allein war kein Blumentopf mehr zu gewinnen. Ehrliche Arbeit war gefragt, und in dieser Beziehung eilte Friedhelm Funkel ein guter Ruf voraus: Bereits viermal hatte der 51-Jährige, der von 1975 bis 1983 für Bayer Uerdingen und den 1.FC Kaiserslautern 320 Bundesligaspiele bestritten hatte, eine Mannschaft als Trainer in die Bundesliga geführt: 1992 und 1994

Vom Problemfall zum Leistungsträger: Der Brasilianer Chris fand nach den Querelen in der Sommerpause rasch zu alter Form zurück.

Bayer Uerdingen, 1996 den MSV Duisburg und 2003 den 1.FC Köln. Aus diesem letzten Engagement im Oberhaus ergab sich allerdings sogleich ein Problem, denn Markus Pröll, Jens Keller und Markus Kreuz waren beim FC von Funkel einst aussortiert worden. Während Pröll und Keller die Herausforderung annahmen, beteiligte sich Kreuz mit 25.000 Euro an der Ablösesumme und ging für 150.000 Euro zum Zweitliga-Aufsteiger Rot-Weiß Erfurt.

Zum weitaus größeren Problem wurde der „Fall Chris", der sich plötzlich weigerte, auch in der 2. Bundesliga für die Eintracht zu spielen. Er hatte nämlich in Brasilien einen weiteren Vertrag beim unterklassigen Klub Prudentopolis EC unterschrieben, worauf sein Berater Joao Ituarte (gleichzeitig auch Präsident von Prudentopolis!) Forderungen an die Eintracht stellte. Es entwickelte sich eine Räuberpistole, die letztlich

Kapitän und Publikumsliebling Arie van Lent sorgte mit 16 Saisontreffern für den Grundstein zum Aufstieg. Hier mit Vasoski (links) nach dem 3:0 in Erfurt.

nur einen Verlierer hatte: Chris. Anfang Dezember 2004 wurde der Brasilianer nämlich von der FIFA für vier Monate gesperrt. Bei Zahlung von 300.000 Dollar (225.000 Euro) würde die Sperre aufgehoben. Zwar legte die Eintracht Einspruch beim Internationalen Sportgerichtshof CAS ein, doch dieser bestätigte im Sommer 2005 weitgehend das FIFA-Urteil. Immerhin konnten sich Spieler und Verein auf ein Finanzierungsmodell einigen, das es Chris ermöglichte, auch 2005/06 für die Eintracht zu spielen.

Doch zunächst galt es, aus der Zweitliga-Saison 2004/05 das Beste zu machen. Zum Auftakt gelang am Aachener Tivoli zwar ein 1:1, der erste Punktgewinn der Eintracht überhaupt bei Alemannia Aachen, doch so richtig rund lief es nicht. Dieser Trend setzte sich auch im Oktober fort. Nach vier Niederlagen in Folge (1:2 gegen den TSV 1860 München, 1:2 bei der SpVgg Greuther Fürth, 2:3 gegen LR Ahlen und 0:2 bei der SpVgg Unterhaching) war die Eintracht auf Platz 14 abgerutscht, elf Punkte von einem Aufstiegsplatz entfernt und nur drei Punkte vor dem Schlusslicht Rot-Weiß Oberhausen. Zum Glück blieben in dieser Situation alle Verantwortlichen ruhig und besonnen. „Ich bin nicht ratlos, ich bin enttäuscht", meinte Heribert Bruchhagen und fügte an: „Wir haben genug Qualität, um da unten rauszukommen." („Frankfurter Rundschau" vom

1. November 2004) Was zu diesem Zeitpunkt wie eine Durchhalteparole klang, sollte sich letztendlich als das richtige Rezept erweisen. Und da bei Arie van Lent jetzt auch der Knoten platzte, blieb die Mannschaft bis zur Winterpause in sechs Spielen ungeschlagen. Nach einem 3:0 bei Wacker Burghausen, dem ersten Auswärtssieg der Saison, wurde auf Platz 5 überwintert, acht Punkte hinter dem Dritten aus Fürth.

Allerdings hatte die Eintracht den Vorteil, in der Rückrunde alle vier vor ihr platzierten Teams noch in dieser Reihenfolge im Waldstadion empfangen zu dürfen: Alemannia Aachen, 1.FC Köln, SpVgg Greuther Fürth und MSV Duisburg. Um dafür gerüstet zu sein, wurde in der Winterpause mit Aleksandar Vasoski (für 200.000 Euro von Vardar Skopje) ein Abwehrspieler verpflichtet, der glänzend einschlug. Dennoch kam man zunächst nicht vom Fleck, da nach verdienten 1:0-Erfolgen gegen Aachen und Köln in Karlsruhe (0:3) und Dresden (1:2) gepatzt wurde. So kehrte auch noch Jermaine Jones auf Leihbasis aus Leverkusen zurück, der zunächst auf der linken Außenbahn für Dampf sorgen sollte und später als Abräumer vor der Abwehr eingesetzt wurde. Punkt für Punkt verringerte sich der Abstand auf die Spitze, und im März wurde nach Aachen auch die SpVgg Greuther Fürth (1:0) überholt. Zum schärfsten Konkurrenten hatte sich inzwischen der TSV 1860 München entwickelt, wo man unglücklich mit 1:2 verlor.

Fast wäre alles umsonst gewesen. Nach einem 2:3 beim Vorletzten LR Ahlen schien der Aufstieg jedenfalls endgültig in weite Ferne gerückt. Jetzt lag man wieder vier Punkte hinter den Fürthern, und erstmals war eine gewisse Nervosität zu spüren. Auf die Diskrepanz zwischen Heim- und Auswärtsspielen angesprochen, meinte Friedhelm Funkel: „Im Fußball ist nicht alles erklärbar; wenn es erklärbar wäre, dann könnten wir es auf Knopfdruck abstellen.“ („Frankfurter Rundschau“ vom 6. April 2005)

Doch auch bei den anderen Mannschaften hatte die Saison Spuren hinterlassen, und nach einem 5:0 bei Erzgebirge Aue kletterte die Eintracht am 17. April erstmals auf einen Aufstiegsplatz. Allerdings erlitt Alexander Schur dabei ohne Einwirkung des Gegners einen Kreuzbandriss, der praktisch das vorzeitige Ende seiner Karriere bedeutete. Aber auch ohne ihren Kapitän ließ die Mannschaft jetzt nichts mehr anbrennen. Eng wurde es nur noch einmal nach der 0:1-Heimniederlage gegen den MSV Duisburg, wodurch der Vorsprung auf die Münchner „Löwen“ wieder auf einen Punkt zusammenschmolz. Nach einem 3:0 bei Energie Cottbus war die Ausgangslage vor dem letzten Spiel gegen Wacker Burghausen klar: Mit einem Sieg war man durch. Köhler eröffnete nach 17 Minuten den Torreigen vor 42.772 Zuschauern. Meier (66.) und Beierle in der Schlussminute machten den dritten Wiederaufstieg nach 1998 und 2003 perfekt. Doch während zuvor jeweils zwei Jahre zur Rückkehr in die Bundesliga gebraucht wurden, war dies der erste direkte Wiederaufstieg. Friedhelm Funkel war seinem Ruf als Aufstiegstrainer einmal mehr gerecht geblieben. Während die Mannschaft kräftig feierte, behielt Heribert Bruchhagen einen kühlen Kopf. Andere Ziele als den Klassenerhalt zu formulieren, sei vermessen. „Und das tun wir auch nicht.“ („Frankfurter Rundschau“ vom 24. Mai 2005)

2005/06 ■ Der Pokal überstrahlt alles

Unmittelbar nach der Aufstiegsfeier wurde mit den Planungen für die nächste Saison begonnen. Allen Beteiligten war klar, dass Verstärkungen her mussten, um nicht gleich wieder nach unten durchgereicht zu werden. Mit dem neuen Stadion im Rücken war die Eintracht allerdings finanziell weit besser gewappnet als beim letzten Aufstieg 2003. Zum Vergleich: Hatte der Bundesliga-Etat 2003/04 noch bei 24 Millionen Euro gelegen, wurde nun mit 37 Millionen kalkuliert. Auch der Zuspruch seitens der Fans war ungebrochen. Waren für das Zweitliga-Jahr schon über 9.000 Dauerkarten an den Fan gebracht worden, wurde diese Zahl jetzt noch einmal verdoppelt (18.461).

Auch in Sachen Spielerverpflichtungen lief alles reibungsloser ab als in den Jahren zuvor. Bereits Mitte Juni hatten Francisco Copado (ablösefrei von der SpVgg Unterhaching), der Schweizer Christoph Spycher (für 300.000 Euro von Grasshoppers Zürich), Christoph Preuß (für 500.000 Euro vom VfL Bochum) und Marko Rehmer (ablösefrei von Hertha BSC) unterschrieben. Die Leihverträge mit Jermaine Jones (ablösefrei von Bayer Leverkusen) und Alexander Meier (650.000 an den Hamburger SV) wurden in feste Kontrakte umgewandelt. Mit Benjamin Huggel (für 550.000 Euro vom FC Basel) wurde schließlich ein weiterer Wunschspieler verpflichtet. Verstärkung wurde außerdem noch für den Angriff gesucht, doch weder der Australier John Aloisi (CA Osasuna) noch der Mexikaner Jorge Borgetti (Atletico Pachuca), die beide beim Confederations Cup auf sich aufmerksam gemacht hatten, waren finanzierbar. Dafür konnte mit Ioannis Amanatidis Einigung über einen Vertrag ab 2006 erzielt werden. Dann wäre er ablösefrei gewesen. Doch Funkel und Bruchhagen wollten den Griechen sofort. Schließlich ließ ihn der 1.FC Kaiserslautern für rund zwei Millionen Euro Ablöse sofort gehen. „Heribert Bruchhagen hat vielleicht zu viel bezahlt, aber er ist zufrieden. Ich bin auf höchstem Niveau unzufrieden“, sagte FCK-Vorstandschef René C. Jäggi, denn eigentlich hatte die Schmerzgrenze der Eintracht bei 1,5 Millionen Euro gelegen.

Den vielen Neuzugängen standen mit Beierle (SV Darmstadt 98), Hoffmann (zurück zum TSV 1860 München), Dragusha (SC Paderborn 07) sowie Keller und Menger, die ihre Karriere beendeten, allerdings nur fünf Abgänge entgegen, so dass der Kader ziemlich aufgebläht war. Bei Betrachtung der Neuen fiel auf, dass Funkel viel Wert auf die Stärkung der Defensive gelegt hatte. Als Philosophie wollte er das allerdings nicht verstanden wissen: „Erfolg ist das Wichtigste. Klar, wir wollen auch attraktiven Fußball spielen. Ich erwarte, dass meine Mannschaft in jedem Spiel ihr Letztes gibt. Das müssen die Spieler den Zuschauern vermitteln. (...) So will ich meine Mannschaft sehen: Leidenschaftlich kämpfen, defensiv gut stehen, beherzt nach vorne spielen. Wenn man dann trotzdem verliert und die Mannschaft alles gegeben hat, muss man das akzeptieren.“ („Frankfurter Rundschau“ vom 2. August 2005)

Mit dieser Einstellung ging die Mannschaft auch ins erste Saisonspiel gegen Bayer Leverkusen und wurde sogleich auf den Boden der Tatsachen zurückgeholt. Dabei hatte die Eintracht losgelegt wie die Feuerwehr. Schon nach sieben Minuten gelang

Kein Durchkommen: Christopher Reinhard (links) und Aleksandar Vasoski blocken erfolgreich den Stuttgarter Danijel Ljuboja ab. Die Eintracht gewann beim VfB mit 2:0.

Vasoski die Führung, und nach 20 Minuten hätte man klar führen können. Doch weil „das zweite Tor nicht fiel“ (Jermaine Jones), traf der Ausgleich „aus dem Nichts“ (Funkel) ins Mark. Nach dem Wechsel nutzte Bayer individuelle Fehler konsequent aus und zog zwischen der 48. und 59. Minute unaufholbar auf 4:1 davon. Die Eintracht steckte bereits mitten drin im Abstiegskampf.

In den nächsten Spielen zeigte sich oft das gleiche Bild. Aufwand und Ergebnis standen in krassem Missverhältnis. Spielerisch konnte man durchaus mithalten, doch wenn man vorne nicht trifft und hinten einen kassiert, ist das Resultat gleich null. In den ersten acht Saisonspielen blieb die Eintracht fünfmal ohne Tor und nur einmal (beim 1:0 gegen Nürnberg) ohne Gegentor. Das Resultat: vier Punkte und Platz 18. Doch von einer Krise wollte Heribert Bruchhagen nichts wissen: „Natürlich sind wir … überhaupt nicht zufrieden. (…) Wir werden die Ruhe bewahren und nicht in Hektik verfallen. (…) Diese Vorwürfe gab es vor genau einem Jahr in der zweiten Liga auch: Mannschaft falsch zusammengestellt, der Trainer findet keine erste Elf und so weiter. Wir aber haben Geduld bewiesen – und am Ende sind wir aufgestiegen. Wir haben die Situation also schon mal durchlebt. (…) Wir sind angespannt und müssen in den nächsten Spielen Farbe bekennen. Das ist unbestritten." („Frankfurter Rundschau" vom 4. Oktober 2005)

Beim nächsten Spiel in Duisburg wartete Friedhelm Funkel daher mit einer taktischen Variante auf. Mit Copado brachte er eine zweite Spitze. Und was acht Spiele so schwergefallen war, klappte nun wie am Schnürchen: In den restlichen neun Vorrundenspielen traf die Eintracht 21-mal ins Schwarze und holte damit 17 Punkte. Allein gegen den 1. FC Köln gelangen sechs Treffer (bei allerdings drei Gegentoren). Mit neun Punkten Vorsprung auf einen Abstiegsplatz ging die Eintracht mit 21 Punkten als Zehnter in die Winterpause.

Hinzu kamen bemerkenswerte Erfolge im DFB-Pokal. Sensationell war das 6:0 gegen den letztjährigen Finalisten und Champions-League-Teilnehmer FC Schalke 04. In der folgenden Runde setzte sich die Mannschaft im Elfmeterschießen gegen den 1.FC Nürnberg durch und stand erstmals seit 1992/93 wieder im Viertelfinale. Somit war das Jahr 2005 ein „Jahr der Eintracht" gewesen. Erst die sagenhafte Serie mit zehn Heimsiegen in Folge (davon die letzten sieben sogar „zu null") – neuer Vereinrekord. Dann der kaum noch für möglich gehaltene Aufstieg. Schließlich der Zwischenspurt in der ersten Liga und als Sahnehäubchen die Siege im DFB-Pokalwettbewerb.

Ärgerlich war nur, dass in Mainz (2:2) und Mönchengladbach (3:4) zweimal ein 2:0-Vorsprung und eine noch bessere Ausgangsposition leichtfertig verspielt wurde. Wie wertvoll diese Punkte gewesen wären, sollte sich schnell zeigen. Nach einem 1:0-Sieg im dritten Rückrundenspiel beim 1. FC Nürnberg schien man bereits aus dem Gröbsten heraus, zumal man in den nächsten vier Spielen dreimal Heimrecht hatte. Doch der Schwung der Vorrunde war plötzlich wie weggeblasen. In den ersten acht Rückrundenspielen erzielte die Eintracht nur einmal mehr als ein Tor: beim 2:5 bei Bayern München. Und da aus den drei Heimspielen gegen Hannover 96 (0:1), den Hamburger SV (1:2) und den VfL Wolfsburg (1:1) nur ein Punkt eingefahren wurde, war der Acht-Punkte-Vorsprung nach einem 0:2 beim FC Schalke 04 am 12. März 2006 auf zwei Zähler zusammengeschrumpft. Erinnerungen an 1996, 2001 und 2004 wurden wach, denn auch damals wurden im März die entscheidenden Punkte verspielt.

Zudem häuften sich jetzt auch die Personalprobleme. Nachdem man in der Winterpause Huber (zur TSG Hoffenheim), Frommer (zur SpVgg Unterhaching), van Lent (zu Rot-Weiss Essen), Lenze (zu Erzgebirge Aue) und Husterer (zu Bayern München II) hatte gehen lassen, wurde es nach den Verletzungen von Jones (erst Bänderriss, dann Ermüdungsbruch im linken Schienbein), Preuß (Bandscheibenvorfall) und Chris (erst Knöchelprellung, dann Bandscheibenvorfall) eng. Selbst ein 5:2 gegen den MSV Duisburg brachte nur vorübergehend Entlastung. Es sollte der erste und einzige Heimsieg in der Rückrunde bleiben!

Grund zur Freude gab es dagegen weiterhin im DFB-Pokal, wo man nach Siegen beim TSV 1860 München (3:1) und gegen Arminia Bielefeld (1:0) das Endspiel erreicht

DFB-Pokalfinale 2006 in Berlin.

Einen Tick schneller: Philipp Lahm klärt vor Ioannis Amanatidis.

Trost von der Kanzlerin: Angela Merkel und Friedhelm Funkel nach dem Spiel.

hatte. Weil das Finale in diesem Jahr wegen der WM schon am 30. April ausgetragen wurde, also vor dem Ende der Bundesligasaison, sah man diesem Ereignis mit gemischten Gefühlen entgegen. Da der Gegner Bayern München hieß, war man auf jeden Fall für den UEFA-Pokal qualifiziert. Andererseits hatte der Klassenerhalt oberste Priorität, und der war noch keineswegs gesichert. Ein „big point" wurde am Ostersamstag zu Hause gegen den 1.FSV Mainz 05 vergeben (0:0). Da hätte man den Abstand auf Platz 16 wieder auf sechs Punkte ausbauen können. Selbst das 2:0 beim VfB Stuttgart brachte wenig Erleichterung, da die Konkurrenz aus Wolfsburg, Mainz und Kaiserslautern ebenfalls punktete. So fuhr man am 30. April mit der Hypothek nach Berlin, vier Tage später gegen die Pfälzer ein weitaus wichtigeres Spiel bestreiten zu müssen.

In keines der bisherigen fünf Pokal-Endspiele war die Eintracht als Außenseiter gegangen. Diesmal waren die Rollen dagegen ganz klar verteilt: Tabellenführer und Titelverteidiger FC Bayern gegen den Aufsteiger und Abstiegskandidaten Eintracht. Doch die Frankfurter konnten das Spiel in der ersten Halbzeit recht offen gestalten und sich auch Chancen erspielen. Erst nach der Halbzeit legten die Bayern einen Gang zu und kamen in der 59. Minute zum Tor des Tages. Nach einem Eckball von Zé Roberto flog der Ball durch den Frankfurter Strafraum, Pizarro sprang höher als Ochs und köpfte aus drei Metern ein. Nur fünf Minuten später der Aufreger des Tages: Köhler nahm Sagnol den Ball ab und lief allein auf Kahn zu, wurde an der Strafraumgrenze jedoch von dem Franzosen eingeholt und zu Fall gebracht. Während die Frankfurter Seite stürmisch Elfmeter und Rot für Sagnol forderte, ließ Schiedsrichter Fandel weiterspielen. Eine harte, aber vertretbare Entscheidung, die Friedhelm Funkel allerdings so in Rage brachte, dass er auf die Tribüne musste. Die letzte große Chance zum Ausgleich vereitelte drei Minuten vor Schluss Olli Kahn, der bei einem Gewaltschuss von Amanatidis aus 15 Metern mit einem tollen Reflex die Hände hochriss und zur Ecke klärte.

„15 starke Minuten reichen den Bayern zum Sieg“, schrieb der „kicker“ nach dem Finale. Der Eintracht und ihrem stimmgewaltigen Anhang war's egal. Ein Klassenunterschied, wie ihn viele befürchtet hatten, war nicht zu erkennen, und so durfte sich die Eintracht als „Pokalsieger des Herzens“ fühlen. Der Wettstreit auf den Rängen ging sowieso klar an die Adler-Fans, die vor, während und nach dem Spiel für „Gänsehautatmosphäre im Oval“ sorgten („Frankfurter Rundschau“ vom 2. Mai 2006).

Die Qualifikation für den UEFA-Pokal war somit gesichert, doch das wichtigste Ziel blieb der Klassenerhalt. Mit einem Sieg gegen Kaiserslautern hätte man vier Tage nach dem Berliner Finale für klare Verhältnisse sorgen können. Doch in der ersten Halbzeit war von den Helden von Berlin so gut wie nichts zu sehen. Nach der Lauterer Führung durch Reinert (16. Minute) konnte sich die Eintracht bei Halil Altintop bedanken, der drei Hochkaräter versiebte und so die Hoffnungen der Eintracht aufrechthielt. Funkels Mannen kamen wie verwandelt aus der Kabine. Nach Köhlers Ausgleich in der 50. Minute glückte Amanatidis 19 Minuten später die Führung. Das Stadion bebte. Doch acht Minuten vor dem Ende nutzte Ziemer eine Unachtsamkeit der Eintracht-Abwehr zum Ausgleich – das Zittern ging weiter. Allerdings war die Ausgangslage bei vier Punkten Vorsprung und nur noch zwei Spielen unverändert. Ein 1:1 in Dortmund bedeutete am vorletzten Spieltag schließlich die endgültige Rettung. Die Heimschwäche hielt auch im letzten Saisonspiel an. Nach einem 0:2 gegen Borussia Mönchengladbach wurde die Saison auf Platz 14 beendet. Damit ging zwar rund eine Million Euro Fernsehgeld flöten, doch selbst Heribert Bruchhagen trug's mit Fassung. Denn nicht zuletzt durch die Pokal-Erfolge konnte ein Gewinn zwischen zwei und drei Millionen Euro erwirtschaftet werden.

2006/07 ■ Die Weichen sind gestellt

Ein Transfer mit Nebengeräuschen: Michael Thurk kam vom 1. FSV Mainz 05.

Obwohl der Eintracht seit dem Amtsantritt von Heribert Bruchhagen die finanzielle Konsolidierung gelang, musste man auf der Suche nach Verstärkungen bald feststellen, dass der Abstand zu den Etablierten der Liga noch riesig war. Bis Ende Mai hatte man sich die Dienste von Michael Fink (ablösefrei von Arminia Bielefeld), Albert Streit (ablösefrei vom 1.FC Köln) und des Japaners Naohiro Takahara (für 750.000 Euro vom Hamburger SV) gesichert. Versuche, Nelson Valdez (Werder Bremen), Paolo Guerrero (Bayern München) oder Boubacar Sanogo (1.FC Kaiserslautern) an den Main zu holen, scheiterten an den Ablöseforderungen der abgebenden Vereine oder den Gehaltsvorstellungen der betreffenden Spieler. So wurde der Wunsch des Trainers nach einem Abwehrspieler und Stürmer der höheren Kategorie vorerst auf Eis gelegt. Keine Zukunft mehr bei der Eintracht hatten Du-Ri Cha (ablösefrei zum 1.FSV Mainz 05) und Stefan Lexa (ablösefrei zum 1.FC Kaiserslautern).

Während Fußball-Deutschland im WM-Fieber lag, kam nochmal Bewegung in die Transfer-Aktivitäten. Ende Juni wurde die Verpflichtung des griechischen Nationalspielers Sotirios Kyrgiakos gemeldet, der ablösefrei von den Glasgow Rangers wechselte. Und auch seinen Stürmer bekam Friedhelm Funkel noch. Ende Juli tauchte plötzlich der Name Michael Thurk in den Gazetten auf, was für viel Wirbel sorgte, da der gebürtige Frankfurter noch einen bis 2008 gültigen Vertrag beim 1.FSV Mainz 05 hatte. Klar, dass die „Null-Fünfer" der Eintracht schlechten Stil vorwarfen, denn die FIFA-Vorschriften erlauben keine Kontaktaufnahme mit Spielern, die noch einen länger als ein halbes Jahr laufenden Vertrag besitzen. Aber Thurk wollte unbedingt aus Mainz weg, und ein Wechsel zur Eintracht wäre für ihn die Erfüllung eines Kindheitstraums gewesen. Nach einigem Hin und Her erhielt Thurk die Freigabe und wechselte für rund 1,5 Millionen Euro nach Frankfurt. Da mit Amanatidis, Takahara und Thurk nun nominell drei Stürmer zur Verfügung standen, ließ man kurz vor Transferschluss Ende August Francisco Copado für 300.000 Euro zur TSG Hoffenheim ziehen.

Hurra, hurra, die Eintracht, die ist da: Jubelnde Fans beim UEFA-Pokalspiel in Bröndby.

Bleibt die Frage, ob damit Funkels Zielsetzung „Vorne mehr Tore schießen als zuletzt und hinten weniger rein bekommen" („Frankfurter Neue Presse" vom 25. Juli 2006) bereits aufgeht. Durch die Qualifikation für den UEFA-Pokal sind auch die Erwartungen des Frankfurter Publikums gestiegen. Mit Platz 14 wäre im Mai 2007 wohl niemand mehr zufrieden. Langfristig wird sogar das obere Tabellendrittel angepeilt (siehe Interview mit Heribert Bruchhagen). Der finanziellen muss jetzt also die sportliche Konsolidierung folgen. Die Rahmenbedingen dafür haben sich seit 2003 ständig verbessert. Das neue Stadion wurde von den Fans angenommen, der Dauerkartenverkauf konnte im Sommer 2006 noch einmal auf fast 25.000 Tickets gesteigert werden. Auch sportlich läuft es ganz gut. In der Bundesliga gelang gegen Angstgegner Bayer Leverkusen endlich wieder ein Heimsieg (3:1), im DFB-Pokal wurde die erste Hürde bei den Sportfreunden Siegen genommen (2:0), und im UEFA-Pokal feierte man mit einem 4:0 über Bröndby IF nach elfeinhalb Jahren Abstinenz ein glanzvolles Comeback auf der internationalen Bühne. Durch ein 2:2 im Rückspiel gelang auch der wichtige und lukrative Sprung in die Gruppenphase des Wettbewerbs, wo mit US Citta di Palermo, Celta Vigo, Newcastle United und Fenerbahce Istanbul attraktive Gegner warteten.

Die Eintracht scheint wieder auf einem guten Weg zu sein.

„Langfristig wollen wir ins obere Tabellendrittel"

Heribert Bruchhagen wurde am 4. September 1948 in Düsseldorf geboren, wuchs aber im ostwestfälischen Harsewinkel auf. Obwohl ihm schon sein Sportlehrer auf dem Gymnasium Laurentianum in Warendorf, wo er 1969 sein Abitur ablegte, eine Karriere im Fußball prophezeit hatte, holte er sich seine ersten Meriten in der Leichtathletik, als er Anfang der 1960er Jahre B-Jugend-Westfalenmeister im Hochsprung wurde. Dem runden Leder jagte Bruchhagen von 1956 bis 1968 bei der TSG Harsewinkel nach, bevor er zur DJK Gütersloh wechselte, für die er zwischen 1974 und 1976 insgesamt 48 Meisterschaftsspiele (6 Tore) in der 2. Liga Nord bestritt. Nach seinem Studium in Münster von 1969 bis 1973 war er von 1975 bis 1989 als Gymnasiallehrer (Oberstudienrat für Geografie) in Halle i. W. und Brackwede (stellvertretender Schulleiter) tätig.

Nach Beendigung seiner aktiven Laufbahn war Bruchhagen von 1982 bis 1989 Trainer beim FC Gütersloh, den er 1984 als Westfalenmeister in die Aufstiegsrunde zur 2. Bundesliga führte. Nachdem er in Gütersloh erste Erfahrungen als Manager gesammelt hatte, wechselte er 1989 als Marketing-Chef zum FC Schalke 04 und 1992 als Manager zum Hamburger SV, wo er jedoch am 21. Dezember 1994 nach Querelen mit Präsident Wulff entlassen wurde. Danach arbeitete er als Medienberater wieder für den FC Gütersloh und war schließlich vom 1. Oktober 1998 bis 30. Juni 2001 Manager bei Arminia Bielefeld.

Seit dem 1. Juli 2001 ist Heribert Bruchhagen in Frankfurt tätig, zunächst bis Ende November 2003 als Geschäftsführer der Deutschen Fußball-Liga (DFL) und seit dem 1. Dezember 2003 als Vorstandsvorsitzender der Eintracht Frankfurt Fußball AG. Seiner westfälischen Heimat ist er allerdings bis auf den Tag treu geblieben und hat den Kontakt zu seiner alten Schule in Warendorf, die bereits 1329 als Lateinschule begründet wurde und seit 1675 Gymnasium ist, nie abreißen lassen. Als „Alter Laurentianer" weiß Heribert Bruchhagen, was Tradition bedeutet. Mit ihm sprach „kicker"-Mitarbeiter Christian Doublier.

Heribert Bruchhagen, aus welcher Motivation heraus sind Sie im Dezember 2003 Vorstandsvorsitzender bei Eintracht Frankfurt geworden?

Schon bei der DFL habe ich das Geschehen rund um die Eintracht verfolgt. Mein Büro befand sich gerade 200 Meter vom Waldstadion entfernt, mit Kollegen war ich oft vor Ort und habe mir die Spiele angesehen. Meine berufliche Tätigkeit ist geprägt von einer großen Nähe zum Fußballgeschäft. Ob als Spieler, Trainer oder Manager, ich war immer hautnah dabei. Als DFL-Geschäftsführer bekleidete ich einen Funktionärsposten. Mit der Zeit vermisste ich hier die tägliche Arbeit bei einem Verein. Deshalb reizte mich das Angebot, Vorstandsvorsitzender zu werden. Sehr interessant fand ich dabei den Ansatz, Management-Ebene und sportliche Verantwortung in die Hände einer Person zu legen. Bei der Vielschichtigkeit der Eintracht halte ich dies bis heute für eine sinnvolle Maßnahme.

Dem Verein eilte ein zweifelhafter Ruf voraus. Das Lizenztheater lag kaum mehr als ein Jahr zurück, und der Vorgänger auf Ihrem Posten, Dr. Peter Schuster, hielt sich ganze 21 Tage im Amt. Hatten diese Negativschlagzeilen keine abschreckende Wirkung?

Von meinen Tätigkeiten bei Schalke 04 und dem Hamburger SV kannte ich die Gegebenheiten bei Traditionsvereinen. All diese Klubs weisen gewisse Parallelen auf. Charakteristisch ist die Unruhe im Umfeld. Dazu kommt eine Vielzahl von Menschen, die in der Vereinspolitik mitbestimmen möchten. Ehemalige Spieler sitzen in den entscheidenden Gremien, es entsteht ein Spannungsfeld zwischen Traditionalisten und Neueinsteigern. Auf den Stationen meiner beruflichen Tätigkeiten habe ich gelernt, mit diesen Voraussetzungen umzugehen. Deshalb haben mich die Negativschlagzeilen auch nicht abgeschreckt.

Wie haben Sie die Strukturen zu Beginn Ihrer Amtszeit wahrgenommen?

Die Arbeitsbedingungen waren gewöhnungsbedürftig. Mein Büro befand sich in der „Licher-Lounge", einem Provisorium direkt neben der Stadionbaustelle. Dazu kamen die Probleme im sportlichen Bereich. Unsere Mannschaft war mit kleinstem Budget zusammengestellt, für Bundesligaverhältnisse reichte die Qualität nicht aus. Trotzdem hatten wir bis zum letzten Spieltag Chancen auf den Klassenerhalt. Dafür bringe ich Willi Reimann größte Hochachtung entgegen. Mit dem niedrigen Etat, einem Stadion im Umbau und den Problemen aus der Vergangenheit war nicht mehr möglich. Nach dem Abstieg haben wir Bilanz gezogen und dann einen Weg eingeschlagen, den wir bis heute gehen.

Was waren die ersten Maßnahmen?

Der Aufsichtsrat hatte mit dem Vorstand und mir klare Leitsätze vorgegeben. Erstens nicht mehr Geld auszugeben, als wir einnehmen. Zweitens die Verpflichtung deutschsprachiger Akteure. Drittens sollten unsere jungen Spieler bevorzugt aus der Region stammen. Dem sind wir mit System gefolgt. Natürlich gab es auch Ausnahmen wie van Lent, der diesem Grundmuster nicht entsprochen hat. Aber die Tendenz unserer Personalpolitik war eindeutig. Bis heute sind wir bemüht, diese Linie beizubehalten. Das zeigt sich in den Transfers von Fink, Streit oder Thurk.

Wie haben Sie es in der Kürze der Zeit geschafft, die Eintracht zu einem solide geführten Klub zu machen?

Zuerst habe ich mich ausführlich mit dem Mutterverein Eintracht Frankfurt beschäftigt. Ich interessiere mich für das gesamte Spektrum, informiere mich auch über die Leichtathletik- oder Tennisabteilung. Im Vereinsleben ist es wichtig, dass man

Im Zeichen des Adlers: Heribert Bruchhagen ist seit Dezember 2003 Vorstandsvorsitzender der Eintracht Frankfurt Fußball AG.

die einzelnen Vorgänge kennt. Im ersten Jahr habe ich mir jede Rechnung angeschaut, und wenn es 20 Euro waren für Kreidegeld. Man kann sich nicht aufs hohe Ross setzen und sagen: Ich bin hier der Vorstand und der Rest geht mich nichts an. Außerdem ist es wichtig, an den entscheidenden Stellen kompetente Mitarbeiter zu haben. Kompetenz steht über allem. Gerade meine Vorstandskollegen Dr. Thomas Pröckl und Heiko Beeck agieren oft im Hintergrund. Dabei profitiert unser gesamtes Team von ihrer professionellen Arbeit. Aus einem derart fruchtbaren Umfeld entwickelt sich automatisch Teamfähigkeit. Das schließt mit ein, dass wir intensiv diskutieren. Aber nur intern. Nach außen hin treten wir geschlossen auf.

Im Sommer 2004 bestimmte der Vertragsabschluss mit Sportfive die Schlagzeilen. Wie beurteilen Sie mit dem heutigen Abstand die Zusammenarbeit?

Sportfive galt bereits vor meinem Amtsantritt als potenzieller Stadionbetreiber. Die Politik führte Gespräche, in die ich nachträglich eingestiegen bin. Mit den Menschen von Sportfive klappt die Zusammenarbeit ausgezeichnet. Allerdings spüren wir die Gesamtproblematik eines Vermarkters: Man muss den Kunden das Gefühl geben, dass nach wie vor der Verein für sie da ist. Das gelingt mal mehr, mal weniger. Ohne Vermarkter hätten wir damals keine Chance gehabt. Aus der „Licher-Lounge" heraus den Verkauf von 2.000 Business-Seats und 72 Logen in Angriff zu nehmen, war ein schier aussichtsloses Unterfangen. Deshalb sind wir froh, Sportfive zu haben. Fakt ist aber auch: Wenn wir zum damaligen Zeitpunkt fünf Jahre weiter gewesen wären, hätten wir uns durchaus zugetraut, die Vermarktung selbst in die Hand zu nehmen.

Wo sehen Sie die Eintracht in der Bundesliga positioniert?

Wir gehören in die dritte Kategorie. Aber durch unseren Etat und das Stadion bestehen bessere Voraussetzungen als in Aachen, Bielefeld oder Mainz. Überhaupt sind wir mit der Entwicklung hochzufrieden. Nach dem Abstieg 2004 hatte ich einen längeren Aufenthalt in der 2. Bundesliga einkalkuliert. Wir sind deutlich schneller vorangekommen als erwartet. Das zeigt sich schon im Vergleich unserer heutigen Mannschaft mit dem Team von 2003. Der Qualitätszuwachs ist enorm. Damals hätte ich nie gedacht, dass dieser Sprung ohne Kreditaufnahme möglich ist.

Was sind die nächsten Ziele?

In den kommenden zwei bis drei Jahren gilt unverändert das Ziel, sich in der Bundesliga zu etablieren. Langfristig wollen wir ins obere Tabellendrittel zurück. Durch die Verteilung der internationalen Gelder sind wir weit zurückgeworfen worden, daher wird es ein langer und steiniger Weg. Die Tatsache, dass ambitionierte Vereine wie Wolfsburg, Leverkusen oder Hertha BSC in den Abstiegsstrudel geraten sind, verdeutlicht das Rückschlagspotenzial. Wir müssen also auf der Hut sein. Ich glaube aber, dass wir uns in der Tabelle Schritt für Schritt nach vorne schieben werden.

Auffällig in Ihrer Amtszeit ist die Konstanz auf dem Trainerposten.

Es beginnt schon damit, dass ich Trainern grundsätzlich nur Ein-Jahresverträge anbiete. Das wirkt nicht besonders vertrauensbildend, hat aber mehr mit Respekt vor dem Menschen zu tun, als man glaubt. Die Situation ist nicht einfach. Auf der einen Seite benötigt ein Trainer Rückendeckung, andererseits müssen klare Ziele formuliert werden. Auch ich bin nicht nibelungentreu. Es gab Situationen in meiner Zeit, da habe ich den Trainer aus Überzeugung entlassen. Wichtig ist eine klare Einschätzung der sportlichen Situation. Wenn sich Tabellenplatz und sportliches Vermögen der Mannschaft decken, sehe ich keine Veranlassung, den Trainer zu wechseln.

Anfang 2005 forderten Sie vehement die Aufstockung der Bundesliga auf 20 Vereine. Sind Sie nach wie vor überzeugt, dass in diesem Konzept die Zukunft liegt?

Ich weiß nicht, ob es kommen wird. Schließlich arbeitet FIFA-Präsident Joseph Blatter in die entgegengesetzte Richtung. Mit der Einführung von 16er Ligen möchte er im internationalen Wettbewerb neue Geldquellen erschließen. Für uns ist diese Entwicklung katastrophal. Ich bin nach wie vor der Meinung, dass unsere Fußballer viel zu wenig Partien bestreiten. Deutschland hat über 80 Millionen Einwohner, überall gibt es moderne Stadien. Ob Italien, Frankreich, Spanien oder England, all diese Nationen spielen mit 20 Vereinen. Hier zeigt sich der große Einfluss des FC Bayern München auf die Meinungsbildung. Als international aktiver Verein hat er wegen der Mehrbelastung natürlich kein Interesse an zusätzlichen Bundesligaspieltagen. Ich hoffe, dass die von mir angeregte Diskussion nochmals aufgegriffen wird.

Wie kann sich ein kleinerer Verein gegen die Dominanz der Großen wehren?

Bayern München ist medial so gut vernetzt, dass du kaum eine Chance hast. Ein Karl-Heinz Rummenigge sagt sich doch: „Was will diese kleine Fliege aus Frankfurt überhaupt?" Dagegen kämpfe ich an. Über die Wirkung meiner Aussage zum Ligavorstand, den ich als „Kommission Rummenigge" bezeichnet habe, war ich mir von Anfang an im Klaren. Es war eine geplante Aktion. Denn ohne diesen Wirbel hätte niemand zur Kenntnis genommen, dass mir die Verteilung der Fernsehgelder widerstrebt.

Immer mehr Vereine nehmen für den sportlichen Erfolg große finanzielle Risiken in Kauf. Wird dies langfristige Auswirkungen auf die Kräfteverhältnisse der Liga haben?

Borussia Dortumund hat sich 87 Millionen Euro geliehen, auf einen Zeitraum von 33 Jahren. 33 Jahre! Das ist eine halbe Ewigkeit. Über Generationen wird der Verein noch mit Rechnungen konfrontiert werden, die jetzt entstanden sind. Auf die Eintracht übertragen hieße das, ich müsste heute noch Kredite zurückzahlen aus der Zeit von Rudolf Gramlich. Ein derartiges Vorgehen werde ich nie verstehen. Zumal es den Wettbewerb verzerrt für Vereine, die ihre Ausgaben aus dem laufenden Geschäft begleichen. Angesichts dieser Fakten ist es für uns ganz wichtig, ruhig zu bleiben. Die Eintracht hat keine langfristigen Verbindlichkeiten und kann gelassen in die Zukunft blicken. Wer sich heute verschuldet, wird morgen ernsthafte Probleme bekommen. Im Endeffekt ist es ein Mäuserennen um den sportlichen Erfolg. Eine Handvoll Vereine geht durch das Nadelöhr, der Rest bleibt auf der Strecke.

Ist es vor diesem Hintergrund überhaupt denkbar, mit der Eintracht wieder den Leistungsstand der frühen 1990er Jahre zu erreichen, als man regelmäßig im Europapokal vertreten war?

Im Augenblick ist es unrealistisch zu glauben, die international aufgestellten Vereine zu erreichen. Aber der Fußball lässt es zu. Nur ist es der falsche Weg, sportliche Klasse über Kredite einzukaufen. Unsere einzige Chance besteht in der konsequenten Weiterentwicklung der Mannschaft. Als Individualisten wie im Team müssten wir einen Sprung nach vorne machen. So könnte uns aus dem Nichts heraus ein Vorstoß in diese Tabellenregionen gelingen. Wenn wir das nur einmal schaffen würden, dann hätten wir entsprechende Einnahmen, um kontinuierlich oben mitzuspielen.

Große Wellen hat ihre Kritik an der Verteilung der Fernsehgelder geschlagen: Die Schere zwischen Arm und Reich gehe durch die überproportionale Geldausschüttung an die großen Vereine immer weiter auseinander. Die Folge: ein festzementiertes Tabellenbild. Lässt sich diese für die Attraktivität der Bundesliga verheerende Entwicklung wirklich nicht aufhalten?

Nicht unter den derzeitigen Voraussetzungen. Ich sage das seit über 15 Jahren und werde von den Bayern regelmäßig abgestraft. Seit 1992 ist es mit der Gleichbehandlung vorbei. Damals wurden Live-Übertragungen eingeführt, die ausschließlich an die großen Klubs gingen. Damit begann sich die Schere zu öffnen. Mit der Zeit nahm die Ausschüttung immer weiter zu. Zwar bekamen dadurch alle Vereine mehr Geld, gleichzeitig aber vergrößerten sich die Unterschiede innerhalb der Liga in exorbitantem Maße. Mit dramatischen Folgen für das Tabellenbild. Der Etatunterschied zwischen Bayern München und Eintracht Frankfurt beträgt 400 Prozent. Es kann nicht sein, dass ein Traditionsverein wie Eintracht Frankfurt mit optimal vermarktetem Stadion 400 Prozent hinter der Bundesligaspitze herhinkt. Das spricht gegen den sportlichen Wettbewerb. Ohne die Veränderung grundlegender Dinge wird es unweigerlich zu einer Zementierung des Tabellenbildes kommen.

Welche Träume und Visionen hat Heribert Bruchhagen für seine persönliche Zukunft?

Ich möchte noch so lange wie möglich am Fußballgeschehen teilhaben. Fußball war immer mein Lebensinhalt, in all den Jahren hat er mir viel gegeben. Die Tätigkeit bei der Eintracht bereitet mir große Freude. Daher kann ich ausschließen, in der Bundesliga noch einmal zu einem anderen Verein zu wechseln. Selbstverständlich hoffe ich, gesund zu bleiben und selbst noch lange gegen den Ball treten zu können. Wenn ich im Profibereich nicht mehr gebraucht werde, möchte ich zu den Wurzeln zurückkehren. So habe ich die klare Vorstellung, als Trainer noch einmal im C-Jugendbereich zu arbeiten. Körperliche Fitness vorausgesetzt, wäre das ein schöner Abschluss im Fußball. ■

▶ EINWURF

Über Lokalderbys und Rivalen

Die Einführung der Bundesliga bedeutete das Aus für viele Lokalderbys auf der deutschen Fußball-Landkarte. Lediglich in München konnte sich nach dem Aufstieg des FC Bayern 1965 ein dauerhaftes innerstädtisches Derby etablieren; ansonsten blieben Bundesliga-Duelle in Städten wie Köln, Berlin, Hamburg, Stuttgart und Bochum nur von kurzer Dauer. Im Ruhrgebiet entstanden nun Derbys über die Stadtgrenzen hinaus.

In Frankfurt hatte der Abstieg des FSV bereits 1962 das Ende des traditionellen Stadt-Derbys (um Punkte) bedeutet, ein Jahr später folgte durch die Nicht-Berücksichtigung der Offenbacher Kickers zur Bundesliga auch das Aus des zweiten Lokalschlagers. Zwar gab es zwischen 1968 und 1984 noch einmal 14 Derbys um Bundesliga-Punkte, doch seitdem gingen sich die beiden Klubs zumeist aus dem Weg. 1985 rutschte der OFC erstmals in die Dritt-, 1995 sogar in die Viertklassigkeit ab. Kickers Offenbach - Eintracht (Amateure) gab es 1996/97 nur in der viertklassigen Oberliga Hessen sowie 2002/03 in der Regionalliga Süd. Die Polarisierung der Fans trug ein Weiteres dazu bei, dass das Derby aus dem Terminkalender verschwand. Versuche Anfang der 1990er Jahre, den finanziell nicht gerade auf Rosen gebetteten Kickers durch ein Benefiz-Derby zu helfen, stießen auf den offenen Widerstand des OFC-

Dieses Buch über das Endspiel von 1959 (erschienen im Agon-Sportverlag) trägt der Stimmungslage im Frankfurter und Offenbacher Lager Rechnung. Die einen können's von vorn lesen, die anderen umdrehen und „von hinten" beginnen. Es sind zwei Bücher – und zwei Blickwinkel – in einem.

Anhangs. Dieser hätte lieber in den sauren Apfel des Konkurses gebissen, als sich ausgerechnet von der ungeliebten Eintracht helfen zu lassen. Freundschaftsspiele im Rahmen der Saisonvorbereitung verboten sich da von selbst. Zu groß waren die Bedenken der Polizei. So pflegten beide Fanlager eine selbst gewählte Isolation. Man freute sich über Niederlagen der „anderen" Seite, ansonsten ignorierte man sich aber noch nicht einmal.

Nach dem Wiederaufstieg der Eintracht 2003 kam der Radio-Sender FFH auf die wahnwitzige Idee, beide Klubs zu einem Freundschaftsspiel zu bewegen. Da es das Spiel seit fast 20 Jahren nicht mehr gegeben habe, so FFH-Pressesprecher Dominik Kuhn, sei die „Zeit reif. ... Wir wollen ein friedliches Derby, die Mauer in den Köpfen soll eingerissen werden." Bei den Fans stießen solcherlei Überlegungen auf wenig Gegenliebe: „Wir haben in mühevoller Kleinarbeit unsere Fans wieder unter Kontrolle bekommen", meinte der Eintracht-Fanbeauftragte Andreas Hornung, „mit einem solchen Spiel würden wir uns den Ärger wieder zurückholen." Da herrschte Einigkeit mit dem OFC. „Ohne Not sollte man so etwas lassen", sagte Antje Hagel, Mitarbeiterin des Offenbacher Fan-Projekts, und sprach von einer „absurden Idee". („Frankfurter Neue Presse" vom 4. Juni 2003)

Doch kaum hatte sich die Aufregung gelegt, da wurde aus der absurden Idee Realität. Das Pokal-Los bescherte den Kickers am 1. September 2003 ein Heimspiel gegen die Eintracht. Innerhalb weniger Stunden wurde die OFC-Geschäftsstelle mit Bestellungen geradezu überflutet, obwohl aus Sicherheitsgründen nur 20.500 Plätze zur Verfügung standen. Nach langen Verhandlungen kam es aber schließlich zu einer Live-Übertragung im 3. Programm des Hessischen Rundfunks. Die Region war im Derby-Fieber. Zur Einstimmung auf das Pokal-Derby wurde noch einmal das 59er Endspiel in voller Länge gezeigt. Bis zu 1,36 Millionen Zuschauer sollen dann die Live-Übertragung des Spiels verfolgt haben. In der Spitze erreichte die Übertragung einen Marktanteil von 42,6 Prozent in Hessen und war damit eine der erfolgreichsten hr-Produktionen der letzten Jahre. Und auch für die Eintracht und ihre Fans war der Abend erfolgreich. Zwar geht das Spiel (1:1 nach Verlägerung) nur als Unentschieden in die Derby-Statistik ein, da es aber ein Pokalspiel war und es einen Sieger geben musste, konnten sich die Eintracht-Fans zu Recht als Derby-Sieger fühlen – ihre Mannschaft hatte das Elfmeterschießen 4:3 gewonnen. Also stand fest: „Die Nummer 1 am Main sind wir!"

Womit im Prinzip auch schon alles über das Verhältnis zum 1. FSV Mainz 05 gesagt ist. Mainz liegt halt am Rhein. Und Meisterschaftsspiele gegeneinander hatte es in der Vergangenheit nur Anfang der 1930er Jahre gegeben. Nach 1945, in der Zeit der Oberligen, gehörte Mainz zum Südwesten, Frankfurt zum Süden. Und ab 1963 war die Bundesliga für die Mainzer erst einmal kein Thema.

Das hat sich inzwischen geändert. 1996 traf die Eintracht erstmals in der 2. Bundesliga auf die Mainzer, ohne dass dies bislang zu einer Rivalität geführt hätte, die vergleichbar wäre mit der gegenüber Offenbach. Etwas Brisanz kam lediglich 2003 durch

Emotionen pur: Frankfurter und Offenbacher Fans beim Derby im DFB-Pokal, 1.9.2003.

den dramatischen Ausgang des Aufstiegskampfes auf. 2005/06 stand man sich dann erstmals auch in der Bundesliga gegenüber und trennte sich – wie zuvor schon meist in der 2. Bundesliga – zweimal unentschieden.

Derby-Statistik

(Stand: 31.7.2006, ohne Hallenspiele und Begegnungen bei „Blitzturnieren")

Das „Ur-Derby" FFC Victoria - Frankfurter Kickers: 28 Spiele, 16 Victoria-Siege, 3 Unentschieden, 9 Kickers-Siege, 89:53 Tore – Das erste Derby: 30.7. 1899 5:0 für Victoria (gegen die „Spielgesellschaft"); der höchste Victoria-Sieg: 7:0 (20.8. 1899 gegen die „Spielgesellschaft"); die höchsten Kickers-Siege: 6:2 (6.3. 1904) und 5:1 (21.10. 1906); das letzte Derby: 11.12. 1910 (2:2).

Eintracht - FSV Frankfurt: 172 Spiele, 82 Eintracht-Siege, 46 Unentschieden, 44 Niederlagen, 364:252 Tore. – Dazu kommen 25 Spiele des FFC Victoria gegen den FSV (7 Victoria-Siege, 5 Unentschieden, 13 FSV-Siege, 49:73 Tore) und 22 der Frankfurter Kickers (9 Kickers-Siege, 3 Unentschieden, 10 FSV-Siege, 54:51) – Das erste Derby: 29.6. 1902 Victoria - FSV 5:2; der höchste Eintracht-Sieg: 16:0 (23.7. 1991); die höchsten FSV-Siege: 6:0 (24.3. 1918 und 9.12. 1945); das letzte Derby: 23.2. 2000 Eintracht - FSV 1:5 (auf einem Nebenplatz des Stadions).

Eintracht - Kickers Offenbach: 144 Spiele, 53 Eintracht-Siege, 35 Unentschieden, 55 OFC-Siege, 1 Ergebnis unbekannt, 253:270 Tore – Dazu kommen 12 Spiele des FFC Victoria gegen den OFC (6 Victoria-Siege, 1 Unentschieden, 5 OFC-Siege, 28:24 Tore) und 8 der Frankfurter Kickers (2 Kickers-Siege, 6 OFC-Siege, 18:18 Tore) – Das erste Derby: 12.10. 1902 OFC Kickers - Victoria 0:3; der höchste Eintracht-Sieg: 6:0 (22.11. 1925; die Frankfurter Kickers gewannen am 14.2. 1904 mit 8:0); der höchste OFC-Sieg: 10:0 (21.5. 1944); das letzte Derby: 1. September 2003 OFC Kickers – Eintracht n.V. 1:1 (3:4 im Elfmeterschießen).

Namen & Daten

Lexikon der Eintracht-Spieler

Stand: 30.6.2006; 1. Spalte: Einsätze, 2. Spalte: Tore. Ein Pluszeichen (z.B. +5) bedeutet, dass in der betreffenden Saison nur so viele Spiele und/oder Tore nachweisbar sind. Es ist also wahrscheinlich, dass der betreffende Spieler mehr Spiele absolviert und/oder mehr Tore erzielt hat. Dies betrifft vor allem die frühen 1920er Jahre, die Spätphase des 2. Weltkriegs, die erste Oberliga-Saison 1945/46 sowie die durch Druckerstreiks beeinträchtigten Hessenliga-Spielzeiten 1975/76 und 1977/78.

■ **Abbé, Ernst** (* 4. 6. 1948)
Bis 1966 FFV Sportfreunde 04, 1966 bis 1969 Eintracht, 1969 bis 1971 Karlsruher SC, 1971 bis 1974 Rot-Weiss Frankfurt, 1974/75 SpVgg Bad Homburg, 1975 bis 1977 Hessen Kassel, 1978 bis 1982 SG Hoechst

	Bundesliga		DFB-Pokal		Europapokal	
1966/67	2	2	–	–	3	–
1967/68	6	–	–	–	1	2
1968/69	5	1	–	–	4	1
Gesamt:	13	3	–	–	8	3

Weitere Einsätze: Intertoto-Runde 1966/67 3/1, Alpenpokal 1967 4/1, 1968 2/3 (insgesamt: 6/4)

■ **Abraham, Helmut** (* 20. 10. 1936)
Bis 1958 SG Dietzenbach (Handball), 1958/59 Eintracht, 1959 bis 1961 Borussia Neunkirchen, 1961 bis 1963 SC Friedrichsthal, 1963 bis (1966) TSC Zweibrücken

	Oberliga		DM-Endrunde		SFV-Pokal	
1958/59	–	–	–	–	1	–

■ **Ackermann**
1916/17 Frankfurter FV

■ **Ackermann** (* 17. 1. 1926)
Kam aus Bergen-Enkheim, April 1942 bis Februar 1943 Gastspieler bei der Eintracht

	Gauliga		DM-Endrunde		Tschammer-Pokal	
1941/42	–	–	–	–	4	1
1942/43	5	–	–	–	2	1
Gesamt:	5	–	–	–	6	2

■ **Adamczuk, Dariusz** (* 21. 10. 1969)
Bis Dezember 1992 Pogon Stettin, Dezember 1992 bis 1993 Eintracht Frankfurt, August bis November 1993 FC Dundee, November 1993 bis 1994 Udinese Calcio, 1994/95 Belenenses Lissabon, August bis Dezember 1995 Pogon Stettin, Januar 1996 bis 1999 FC Dundee, 1999 bis 2002 Glasgow Rangers (August 2001 an Wigan Athletic ausgeliehen)

	Bundesliga		DFB-Pokal		Europapokal	
1992/93	5	–	–	–	–	–

■ **Adamkiewicz, Edmund**
(* 21. 4. 1920, † 4. 4. 1991)
Der Mittelstürmer begann 1932 bei Viktoria Wilhelmsburg und kam im Mai 1939 zur Eintracht, kehrte aber nach Kriegsausbruch nach Hamburg zurück, wo er sich dem Hamburger SV anschloss. 1943/44 war er Gastspieler beim FC Altona 93, 1944/45 beim HSV Groß-Born. Nach einem erneuten Gastspiel 1946/47 bei der Eintracht spielte er von 1947 bis 1951 beim Hamburger SV, 1951/52 beim VfB Mühlburg, 1952/53 beim Karlsruher SC und von 1953 bis 1955 beim Harburger TB. Adamkiewicz bestritt 1942 2 Länderspiele und erzielte dabei 1 Tor.

	Gau-/Oberliga		DM-Endrunde		Tschammer-Pokal	
1938/39	–	–	–	–	4	5
1939/40	–	–	–	–	1	3
1946/47	20	15	–	–	–	–
Gesamt:	20	15	–	–	5	8

Weitere Einsätze: Frankfurter Stadtrunde 1939 2/8

■ **Altenheim**
Kam vom Karlsruher FV, 1902 und 1903 FFC Victoria

■ **Amanatidis, Ioannis** (* 3. 12. 1981)
Der in Kozani in Griechenland geborene Stürmer begann in der Jugend des Stuttgarter SC, von wo aus er 2000 zum VfB wechselte. Am 26. August 2000 erzielte er im Pokalspiel der VfB-Amateure gegen die Eintracht zwei Tore. Dennoch wurde er von Januar 2001 bis 2002 an die SpVgg Greuther Fürth ausgeliehen. Im Herbst 2003 bestritt er drei Champions-League-Spiele für den VfB, wechselte im Januar 2004 aber zur Eintracht, die er nach dem Abstieg wieder Richtung 1. FC Kaiserslautern verließ. Beim griechischen EM-Triumph in Portugal war er allerdings nicht dabei und das Olympia-Turnier in Athen verpasste er wegen eines Wadenbeinbruchs. Nach nur einem Jahr in der Pfalz kehrte der 9-malige Nationalspieler im Sommer 2005 für eine Ablöse von zwei Millionen Euro zur Eintracht zurück.

	Bundesliga		DFB-Pokal		Europapokal	
2003/04	15	6	–	–	–	–
2005/06	32	12	5	3	–	–
Gesamt:	47	18	5	3	–	–

Weitere BL-Einsätze: 35/6 für den VfB Stuttgart, 23/6 für den 1. FC Kaiserslautern

■ **Ambrosius**
1906 Frankfurter Kickers

■ Amstätter, Sascha (* 8. 11. 1977)

Bis 1997 TSG 51 Frankfurt, Germania Ginnheim, Viktoria/Preußen Frankfurt, Kickers Offenbach, FSV Frankfurt, 1997 bis 1999 Eintracht, August bis Dezember 1999 KFC Uerdingen 05, Dezember 1999 bis 2001 SV Wehen, Juli bis Dezember 2001 SV Darmstadt 98, seit Januar 2002 SV Wehen

	BL/2. BL *		DFB-Pokal		Europapokal	
1997/98 *	3	–	–	–	–	–
1998/99	2	–	–	–	–	–
Gesamt:	5	–	–	–	–	–

Einsätze bei den Amateuren: Oberliga Hessen 1997/98 9/3, 1998/99 3/– (insgesamt: 12/3)

■ Andersen, Jörn (* 3. 2. 1963)

Der gebürtige Norweger (27 A-Länderspiele) spielte in seiner Heimat von 1975 bis 1982 bei Östsiden IL, von 1982 bis 1985 Fredrikstad FK, 1985 bei Valerengen Oslo. 1985 wechselte er zum 1. FC Nürnberg und 1988 zur Eintracht, wo er 1990 mit 18 Treffern als erster Ausländer Bundesliga-Torschützenkönig wurde. 1990 ging er zu Fortuna Düsseldorf, kehrte aber im September 1991 zur Eintracht zurück. Seit 1992 deutscher Staatsbürger, wechselte er im Januar 1994 zum Hamburger SV. Weitere Stationen: Januar bis Juni 1995 Dynamo Dresden, September 1995 bis April 1997 FC Zürich, April 1997 bis 2000 FC Lugano, 2000/01 Spielertrainer FC Locarno. Nach zwei Jahren als Junioren-Trainer beim FC Luzern, kehrte er 2003 als Trainer von Rot-Weiß Oberhausen nach Deutschland zurück. 2005/06 war er Co-Trainer bei Borussia Mönchengladbach.

	Bundesliga		DFB-Pokal		Europapokal	
1988/89	20	2	3	4	6	–
1989/90	34	18	1	–	–	–
1991/92	26	9	–	–	–	–
1992/93	6	2	1	–	1	–
1993/94	12	2	1	–	1	–
Gesamt:	98	33	6	4	8	–

Weitere Einsätze: Supercup 1988 1/–; Relegation 1989 2/1
Weitere BL-Einsätze: 78/28 für den 1. FC Nürnberg, 42/5 für Fortuna Düsseldorf, 18/1 für den Hamburger SV, 7/– für Dynamo Dresden

■ Andree, Hans-Joachim (* 6. 7. 1950)

Bis 1973 Borussia Dortmund, 1973 bis 1975 Eintracht, 1975/76 Eintracht Bad Kreuznach, 1978 Hellweg Lütgendortmund

	Bundesliga		DFB-Pokal		Europapokal	
1973/74	17	1	1	–	–	–
1974/75	1	–	1	–	–	–
Gesamt:	18	1	2	–	–	–

Weitere BL-Einsätze: 45/1 für Borussia Dortmund

■ Anicic, Michael (* 18. 10. 1974)

1980 bis 1982 SG Westend Frankfurt, 1982 bis 1996 Eintracht, 1996 bis 1998 Grazer AK, 1998 bis 2000 SV Ried, 2000 bis 2002 Hapoel Haifa, 2002/03 SC Freiburg, 2003/04 SV Darmstadt 98, Juli bis Dezember 2004 1. FC Eschborn, Januar bis April 2005 FSV Frankfurt, 2006 bis Dezember 2005 SV Darmstadt 98, Januar 2006 1. FC Eschborn, Februar bis Juni 2006 Carl Zeiss Jena, seit 2006 SV Waldhof Mannheim

	Bundesliga		DFB-Pokal		UI-Cup	
1992/93	9	1	–	–	–	–
1993/94	4	–	–	–	–	–
1994/95	10	4	–	–	–	–
1995/96	12	–	1	–	4	1
Gesamt:	35	5	1	–	4	1

Einsätze bei den Amateuren: Oberliga Hessen 1992/93 3/2, 1994/95 2/– (insgesamt 5/2); Regionalliga Süd 1995/96 1/–

■ Anthes, Holger (* 9. 8. 1962)

1969 bis 1981 SpVgg Neu-Isenburg, FSV Frankfurt, 1981 bis 1983 Eintracht, 1983/84 VfL Osnabrück, 1984/85 SG Höchst, 1986/87 TV Dreieichenhain, 1987 Spielertrainer TV Wallau

	Bundesliga		DFB-Pokal		Europapokal	
1981/82	15	4	1	1	1	–

■ Appel, P.

1911 bis 1920 FFV, 1920 Eintracht

	Meisterschaft		Süddt. Meist.		DM-Endrunde	
1913/14	–	–	1	?	–	–
1918/19	?	?	–	–	–	–
1919/20	?	?	+1	?	–	–
Gesamt:	?	?	+2	?	–	–

■ April, Wolfgang (* 3. 9. 1959)

(Bis 9. 1. 1986 Bogdan Kwiecin), bis 1978 Metal Kluczbork, 1978/79 Stal Mielec, 1979 bis 1983 Gwardia Koszalin, 1983/84 Stal Mielec, 1984 bis Dezember 1985 Eintracht (1984/85 gesperrt), Dezember 1985 bis 1986 SpVgg Bayreuth, 1986/87 Eintracht Amateure und FC Sabadell, 1987 bis 1989 SpVgg Bad Homburg, 1989 bis 1991 FC Glarus

	Bundesliga		DFB-Pokal		Europapokal	
1985/86	6	–	1	–	–	–

Einsätze bei den Amateuren: Oberliga Hessen 1986/87 5/2

■ Arheilger, Emil (* 1915)

Der Laborarbeiter gab im Dezember 1937 sein Debüt in der Eintracht-Ligamannschaft, mit der er 1938 Gaumeister wurde. Entweder als Mittelstürmer oder Läufer eingesetzt, war er in der ersten Oberliga-Saison 1945/46 mit 15 Toren bester Eintracht-Torschütze. Während des Krieges war er zeitweise Gastspieler bei Eintracht Braunschweig.

	Gau-/Oberliga		DM-Endrunde		Tschammer-Pokal	
1937/38	11	10	6	3	–	–
1938/39	18	6	–	–	1	–
1939/40	3	4	–	–	2	1
1940/41	–	–	–	–	1	–
1942/43	1	–	–	–	–	–
1945/46	+17	+15	–	–	–	–
Gesamt:	+50	+35	6	3	4	1

Weitere Einsätze: Frankfurter Stadtrunde 1939 1/2

■ Assendeft

1903 FFC Victoria

■ **Augustinus**
Kam aus Haarlem, November 1942 bis Februar 1943 Gastspieler bei der Eintracht

	Gauliga		DM-Endrunde		Tschammer-Pokal	
1942/43	3	–	–	–	–	–

■ **Aust, Friedhelm** (* 9. 5. 1951)
Bis 1970 Dülker SC, Rheydter SV, 1970 bis 1972 Eintracht, 1972 bis 1974 1. FSV Mainz 05, 1974 bis 1978 Hassia Bingen

	Bundesliga		DFB-Pokal		Europapokal	
1971/72	10	–	–	–	–	–

■ **Baas, Heinz** (* 13. 4. 1922, † 6. 12. 1994)
Der Halblinke spielte bis 1946 beim SV Solingen-Gräfrath und Duisburger SV. Nach drei Jahren bei der Eintracht stand er von 1949 bis 1953 bei Kickers Offenbach und 1953/54 beim SV Darmstadt 98 unter Vertrag. Später arbeitete er als Trainer u. a. beim 1. FSV Mainz 05, FSV Frankfurt, SV Wiesbaden, Hessen Kassel und dem Karlsruher SC.

	Oberliga		DM-Endrunde		DFB-Pokal	
1946/47	7	4	–	–	–	–
1947/48	38	14	–	–	–	–
1948/49	29	9	–	–	–	–
Gesamt:	74	27	–	–	–	–

■ **Bachmann**
Kam aus Mannheim, Oktober 1922 bis 1923 Eintracht

	Meisterschaft		Süddt. Meist.		Süddt. Pokal	
1922/23	+2	–	–	–	–	–

■ **Bäuerle**
Bis 1925 FFC Olympia 07, 1925/26 Eintracht

	Meisterschaft		Süddt. Meist.		Süddt. Pokal	
1925/26	11	–	–	–	2	–

■ **Bäumler, Erich** (* 6. 1. 1930, † 18. 9. 2003)
Der Allroundstürmer begann 1945 bei der SpVgg Weiden und kam 1954 zur Eintracht, mit der er 1957 Flutlicht-Pokalsieger und 1959 Süddeutscher Meister wurde. 1956 bestritt er gegen Norwegen 1 A- (1 Tor) und 2 B-Länderspiele. 1960 wechselte er zum 1. FSV Mainz 05 und war von 1962 bis 1965 Spielertrainer Opel Rüsselsheim.

	Oberliga		DM-Endrunde		SFV-/DFB-Pokal	
1954/55	28	12	–	–	2	–
1955/56	26	11	–	–	–	–
1956/57	13	–	–	–	–	–
1957/58	15	5	–	–	2	2
1958/59	9	3	1	–	2	2
1959/60	19	10	–	–	4	4
Gesamt:	110	41	1	–	10	8

Weitere Einsätze: Oberliga-Vergleichsrunde 1955 3/1, 1956 7/5 (insgesamt: 10/6); Flutlicht-Pokal 1957 2/–, 1958 2/1 (insgesamt: 4/1); Europapokal 1955-58 (Messe-Pokal mit der Stadtauswahl) 1/–, 1959/60 2/2 (insgesamt: 3/2)

■ **Bakalorz, Dirk** (* 22. 8. 1963)
Bis 1978 SV Bottrop-Vonderort, 1978 bis 1984 Rot-Weiss Essen, 1984 bis 1986 Hessen Kassel, 1986 bis 1988 Borussia Mönchengladbach, 1988 bis 1990 Eintracht, 1990 bis 1993 SV Darmstadt 98, August bis Dezember 1993 1. FC Schweinfurt 05, bis 1996 Spielertrainer TGS Jügesheim, 1996/97 Hessen Kassel

	Bundesliga		DFB-Pokal		Europapokal	
1988/89	21	3	2	2	5	1
1989/90	5	–	–	–	–	–
Gesamt:	26	3	2	2	5	1

Weitere BL-Einsäze: 39/5 für Borussia Mönchengladbach

■ **Ballerstedt**

	Gauliga		DM-Endrunde		Tschammer-Pokal	
1942/43	–	–	–	–	2	–

■ **Balles**
1900 FFC Victoria

■ **Balzer, Karlheinz** (* 5. 2. 1929)
Kam vom FC Schalke 04, 1946/47 Eintracht

	Oberliga		DM-Endrunde		DFB-Pokal	
1946/47	2	–	–	–	–	–

■ **Balzis, Ralf** (* 31. 7. 1965)
Bis 1983 Germania Weilbach, SG Hoechst, 1983 bis 1985 Kickers Offenbach, 1985 bis 1987 Hamburger SV, 1987 bis 1989 Eintracht, 1989 bis Januar 1991 First Vienna FC, Januar bis Juni 1991 Austria Salzburg, 1991 bis 1996 VfL Osnabrück, 1996/97 SG Wattenscheid 09, 1997 bis 1999 SV Wilhelmshaven, 1999 bis 2001 Sportfreunde Lotte, 2001/02 Spielertrainer BS Vörden, 2002/03 TuS Bersenbrück

	Bundesliga		DFB-Pokal		Europapokal	
1987/88	21	4	4	1	–	–
1988/89	14	1	–	–	4	1
Gesamt:	35	5	4	1	4	1

Weitere Einsätze: Supercup 1988 1/–; Relegation 1989 1/–
Weitere BL-Einsätze: 30/9 für den Hamburger SV

■ **Band, Kuno**
Kam vom Karlsruher FV, 1910/11 Frankfurter Kickers

	Meisterschaft		Süddt. Meist.		DM-Endrunde	
1910/11	14	+11	–	–	–	–

■ **Barabas, Curt**
1904 und 1905 Frankfurter Kickers

■ **Bardorf, Otto** †
Bis November 1946 Wormatia Worms, November 1946 bis 1947 VfR Mannheim, 1947/48 Wormatia Worms, 1948 bis März 1949 Eintracht, März 1949 Alemannia Worms, bis 1951 Wormatia Worms, November 1951 VfR Nierstein

	Oberliga		DM-Endrunde		DFB-Pokal	
1947/48	1	1	–	–	–	–
1948/49	11	1	–	–	–	–
Gesamt:	12	2	–	–	–	–

■ **Baumgärtner, Max**
1906 bis 1911 FFC Victoria, 1911/12 FFV

	Meisterschaft		S ddt. Meist.		DM-Endrunde	
1911/12	1	–	–	–	–	–

■ **Bayer, Horst** (* 5. 5. 1934)
Aus der eigenen Jugend, bis 1956 Eintracht, 1956 bis 1959 SpVgg Neu-Isenburg, 1959 reamateurisiert

	Oberliga		DM-Endrunde		SFV-/DFB-Pokal	
1952/53	–	–	–	–	1	–
1954/55	6	–	–	–	1	–
1955/56	1	–	–	–	–	–
Gesamt:	7	–	–	–	2	–

■ **Bechtold, Adolf** (* 20. 2. 1926)
Der Verteidiger und Läufer begann 1938 bei der Eintracht und debütierte am 27. Dezember 1942 in der 1. Mannschaft, für die er 711 Spiele bestritt und mit 389 Meisterschaftseinsätzen der Oberliga-Rekordspieler der Eintracht ist. 1953 und 1959 wurde der Ehrenspielführer Süddeutscher Meister und betreute nach Beendigung seiner aktiven Laufbahn zehn Jahre lang die A- und

B-Jugend. Auch sein 1943 in Russland gefallener Bruder Albrecht spielte in der 1. Mannschaft.

	Gau-/Oberliga		DM-Endrunde		Pokal	
1942/43	3	1	–	–	6	–
1943/44	5	–	–	–	–	–
1945/46	10	–	–	–	–	–
1946/47	25	–	–	–	–	–
1947/48	35	–	–	–	–	–
1948/49	30	–	–	–	–	–
1949/50	29	–	–	–	–	–
1950/51	34	–	–	–	–	–
1951/52	29	2	–	–	10	–
1952/53	30	–	6	–	1	–
1953/54	29	–	2	–	–	–
1954/55	30	–	–	–	2	–
1955/56	29	–	–	–	–	–
1956/57	25	–	–	–	3	–
1957/58	29	–	–	–	1	–
1958/59	6	–	–	–	2	–
1959/60	11	–	–	–	2	–
Gesamt:	389	3	8	–	27	–

Weitere Einsätze: Oberliga-Vergleichsrunde 1955 1/–, 1956 7/– (insgesamt: 8/–); Flutlicht-Pokal 1957 6/–, 1958 2/– (insgesamt: 8/–); Europapokal 1959/60 1/–

■ **Bechtold, Albrecht** (* 4. 9. 1924, † 14. 7. 1943)
Aus der eigenen Jugend

	Gau-/Oberliga		DM-Endrunde		Pokal	
1941/42	7	–	–	–	+2	–
1942/43	3	–	–	–	2	–
Gesamt:	10	–	–	–	+4	–

■ **Bechtold, Hans** (* 4. 10. 1902, † 1967)
Aus der eigenen Jugend, 1924 bis 1929 Eintracht, später lange Zeit im Spielausschuss

	Meisterschaft		Süddt. Meist.		Süddt. Pokal	
1924/25	–	–	–	–	2	–
1925/26	3	–	–	–	–	–
1926/27	–	–	4	–	1	–
1927/28	–	–	1	–	–	–
1928/29	8	–	2	–	–	–
Gesamt:	11	–	7	–	1	–

■ **Bechtold, Horst** (* 19. 1. 1934, † 5. 6. 1997)
Bis 1955 SV Nieder-Wöllstadt, 1955 bis 1957 Eintracht, 1957/58 1. FSV Mainz 05

	Oberliga		DM-Endrunde		SFV-Pokal	
1955/56	7	–	–	–	–	–
1956/57	15	–	–	–	3	–
Gesamt:	22	–	–	–	3	–

Weitere Einsätze: Oberliga-Vergleichsrunde 1956 4/–

■ **Bechtold, Walter** (* 25. 7. 1947)
Bis 1962 SV Nieder-Wöllstadt, 1962 bis 1969 Eintracht, 1969 bis 1972 Kickers Offenbach, 1972 bis 1980 SV Darmstadt 98, 1980/81 TSG Usingen, 1981 bis Dezember 1982 FVgg Kastel, später FC Rhein-Main

	Bundesliga		DFB-Pokal		Europapokal	
1965/66	17	6	–	–	–	–
1966/67	14	10	–	–	7	1
1967/68	21	12	2	1	–	–
1968/69	22	5	2	–	2	1
Gesamt:	74	33	4	1	9	2

Weitere Einsätze: Intertoto-Runde 1966/67 3/1; Alpenpokal 1967 3/1
Weitere BL-Einsätze: 28/8 für Kickers Offenbach, 29/5 für den SV Darmstadt 98

■ **Becker, Fritz** (* 13. 1. 1888, † 19. 2. 1963)
Frankfurts erster Nationalspieler war bereits 1904 in der 1. Mannschaft der Frankfurter Kickers aktiv und spielte später auch für den Frankfurter FV und die Eintracht. 1908 erzielte er beim 3:5 in der Schweiz das erste Tor der deutschen Länderspielgeschichte. Später war der Ehrenspielführer lange Jahre im Spielausschuss tätig, zuletzt 1946/47.

	Meisterschaft		Süddt. Meist.		DM-Endrunde	
1910/11	23	+5	–	–	–	–
1911/12	15	3	5	?	–	–
1912/13	12	?	6	?	–	–
1913/14	13	?	6	?	–	–
1918/19	?	?	–	–	–	–
1919/20	+3	?	+3	?	–	–
1920/21	+5	?	–	–	–	–
Gesamt:	+71	+7	+20	?	–	–

■ **Becker, Karl** (* 12. 8. 1915, † 1974)
August 1928 bis 1945 Eintracht

	Gauliga		DM-Endrunde		Tschammer-Pokal	
1937/38	–	–	1	–	–	–
1943/44	1	–	–	–	–	–
Gesamt:	1	–	1	–	–	–

■ **Becker, Matthias** (* 19. 4. 1974)
Bis 1987 DJK Zeilsheim, 1987 bis 1997 Eintracht, 1997/98 VfB Stuttgart, 1998/99 Hannover 96, 1999 bis 2002 Kickers Offenbach, 2002 Sportinvalide

	BL/2. BL *		DFB-Pokal		Europapokal	
1993/94	3	1	–	–	1	–
1994/95	11	2	–	–	3	–
1995/96	23	1	1	–	–	–
1996/97 *	28	5	2	–	–	–
Gesamt:	65	9	3	–	4	–

Weitere Einsätze: UEFA-Intertoto-Cup 1995 3/–
Einsätze bei den Amateuren: Oberliga Hessen 1991/92 1/–, 1992/93 19/5, 1993/94 25/10, 1994/95 4/1 (insgesamt: 49/16)
Weitere BL-Einsätze: 8/– für den VfB Stuttgart

■ **Beckmann, Walter** (* 12. 9. 1925)
Kam im August 1945 als Gastspieler aus Neu-Isenburg, 1945/46 Eintracht

	Oberliga		DM-Endrunde		DFB-Pokal	
1945/46	+4	–	–	–	–	–

■ **Behning** (* 2. 11. 1909)
Bis November 1932 Preußen Münster, November 1932 bis 1934 Eintracht, 1934 bis 1936 Hamburger SV

	Meisterschaft		Süddt. Meist.		DM-Endrunde	
1932/33	3	2	10	4	–	–
1933/34	8	–	–	–	–	–
Gesamt:	11	2	10	4	–	–

■ **Beierle, Markus** (* 2. 6. 1972)
1978 bis 1986 TSV Cleebronn, 1986/87 [?] Union Böckingen, 1987 bis 1993 VfB Stuttgart, 1993 bis 1995 SSV Ulm 1846, 1995 bis 1998 Stuttgarter Kickers, 1998 bis 2000 MSV Duisburg, 2000/01 TSV München 1860, 2001 bis Januar 2003 Hansa Rostock, Januar 2003 bis 2005 Eintracht, seit 2005 SV Darmstadt 98

	BL/2. BL *		DFB-Pokal		Europapokal	
2002/03 *	15	6	–	–	–	–
2003/04	20	4	2	–	–	–
2004/05 *	15	3	–	–	–	–
Gesamt:	50	13	2	–	–	–

Einsätze bei den Amateuren: Oberliga Hessen 2004/05 1/1

Weitere BL-Einsätze: 59/21 für den MSV Duisburg, 18/2 für den TSV München 1860, 26/5 für Hansa Rostock

■ Bein, Uwe (* 26. 9. 1960)
Der aus Osthessen stammende Mittelfeldspieler spielte bis 1978 für den TSV Lengers und VfB Heringen. Es folgten sechs Jahre bei Kickers Offenbach, wo er 1983/84 sein Bundesliga-Debüt gab. Über den 1. FC Köln (1984 bis 1987) und den Hamburger SV (1987 bis 1989) kam er 1989 zur Eintracht, wo er bis 1994 maßgeblich an der erfolgreichsten Ära der Eintracht in der Bundesliga beteiligt war. Nachdem der Mann mit dem „tödlichen Pass" bereits für die Kickers zwei Spiele in der deutschen Olympia-Auswahl bestritten hatte, trug er während seiner Frankfurter Zeit 17 Mal das Trikot der A-Nationalmannschaft und gehörte 1990 zum deutschen Aufgebot, das in Italien Weltmeister wurde. Von 1994 bis Dezember 1996 spielte er für die Urawa Red Diamonds in der J-League. Nach seiner Rückkehr nach Deutschland schnürte er von Januar 1997 bis 1998 seine Schuhe für den VfB Gießen. Im November 2002 feierte er beim hessischen Landesligisten SVA Bad Hersfeld ein Comeback.

	Bundesliga		DFB-Pokal		Europapokal	
1989/90	33	9	1	–	–	–
1990/91	31	8	8	–	1	1
1991/92	34	8	2	3	4	2
1992/93	25	7	5	–	2	1
1993/94	27	6	2	1	7	1
Gesamt:	150	37	18	4	14	5

Weitere BL-Einsätze: 34/14 für Kickers Offenbach, 64/17 für den 1. FC Köln, 52/22 für den Hamburger SV

■ Bellut, Hermann-Dieter (* 4. 5. 1943)
Bis 1966 SV Biene-Holthausen, SV Meppen, 1966/67 VfL Wolfsburg, 1967 bis 1970 Eintracht, 1970 Opel Rüsselsheim

	Bundesliga		DFB-Pokal		Europapokal	
1967/68	6	–	1	–	1	–
1968/69	27	3	2	3	5	–
1969/70	14	–	–	–	–	–
Gesamt:	47	3	2	3	6	–

Weitere Einsätze: Alpenpokal 1967 1/–, 1969 2/– (insgesamt: 3/–)

■ Bender
1902 bis 1908 FFC Victoria

■ Bensemann, Walther (* 13. 1. 1873, † 10. 10. 1934)
1899 Initiator und Mitbegründer der Frankfurter Kickers

■ Berger II, Ernst (* 15. 8. 1915, † 20. 1. 1978)
„Berger II", wie er zur Unterscheidung von seinem Bruder Heinz genannt wurde, entstammt einer alten Eintracht-Familie. Vater Heinrich war ein hervorragender Turner und später im Vorstand tätig. Nach einem einjährigen Gastspiel bei Union Niederrad kehrte er 1935 an den Riederwald zurück und half zuletzt 1943/44 in der Ligamannschaft aus. Von 1955 bis 1965 war das Ehrenmitglied Spielausschussvorsitzender und von 1973 bis 1977 Vizepräsident.

	Meisterschaft		Südd. Meist.		DM-Endrunde	
1932/33	3	2	5	–	–	–
1933/34	10	1	–	–	–	–
1935/36	4	1	–	–	–	–
1943/44	1	–	–	–	–	–
Gesamt:	18	4	5	–	–	–

■ Berger I, Heinz (* 23. 11. 1912, † 1952)
1931 bis 1934 Eintracht, 1934 Union Niederrad

	Meisterschaft		Südd. Meist.		DM-Endrunde	
1931/32	1	–	–	–	–	–
1932/33	6	1	2	–	–	–
1933/34	5	3	–	–	–	–
Gesamt:	12	4	2	–	–	–

■ Bergner, Heinrich († 1955)
1905 bis 1911 Frankfurter Kickers, 1911 FFV

	Meisterschaft		Südd. Meist.		DM-Endrunde	
1910/11	+17	–	–	–	–	–

■ Berk, Fritz
1905 bis 1908 FFC Victoria

■ Berntsen, Thomas (* 18. 12. 1973)
(1991) bis 1994 Valerenga IF Oslo, 1995 Lörenskog IF, 1996 und 1997 Skjetten SK, 1998 bis 2000 Lilleström SK (November 1999 an FC Portsmouth ausgeliehern), Januar bis Dezember 2001 Eintracht, seit Dezember 2001 Lyn Oslo.

	Bundesliga		DFB-Pokal		Europapokal	
2000/01	3	–	–	–	–	–

■ Berthold, Thomas (* 12. 11. 1964)
Begann 1974 bei Kewa Wachenbuchen (bis 1976) und wechselte 1978 von der SG Wachenbuchen zur Eintracht, mit der er 1980 Deutscher B- und 1982 Deutscher A-Junioren-Meister wurde. 1985 bestritt er das erste von 62 A-Länderspielen (1 Tor). 1986 stand er in der deutschen Vize-, 1990 in der deutschen Weltmeister-Mannschaft. Außerdem nahm er noch an der WM 1994 und der EM 1988 teil. Von 1987 bis 1989 spielte er bei Hellas Verona, von 1989 bis 1991 beim AS Rom, von 1991 bis 1993 bei Bayern München und von 1993 bis 2000 beim VfB Stuttgart. Seine aktive Laufbahn beendete er mit einem Gastspiel von Januar bis Juni 2001 beim türkischen Erstligisten Adanaspor. Von Sommer 2003 bis März 2005 war er Sportmanager bei Fortuna Düsseldorf.

	Bundesliga		DFB-Pokal		Europapokal	
1982/83	7	1	–	–	–	–
1983/84	28	3	1	–	–	–
1984/85	30	7	2	–	–	–
1985/86	25	2	1	1	–	–
1986/87	21	4	4	–	–	–
Gesamt:	111	17	8	1	–	–

Weitere Einsätze: Relegation 1984 2/–
Einsätze bei den Amateuren: Oberliga Hessen 1982/83 15/1; Deutsche Amateurmeisterschaft 1983 2/1
Weitere BL-Einsätze: 30/1 für Bayern München, 191/4 für den VfB Stuttgart

■ **Bertrand, Alfred** († 1916)
Kam vom FFC Germania 94, 1905 bis 1911 Frankfurter Kickers, 1911 FFV

	Meisterschaft		Süddt. Meist.		DM-Endrunde	
1910/11	+17	+2	–	–	–	–
1911/12	5	–	–	–	–	–
Gesamt:	+22	+2	–	–	–	–

■ **Beuchel, René** (* 31. 7. 1973)
1980 bis 1986 Empor Tabak Dresden, 1986 bis 1995 Dynamo Dresden, 1995 bis 1997 Eintracht, 1997 bis Januar 2000 FSV Zwickau, Januar 2000 bis 2002 Dresdner SC, seit 2002 Dynamo Dresden

	BL/2. BL *		DFB-Pokal		Europapokal	
1995/96	7	–	1	–	–	–
1996/97 *	19	–	1	–	–	–
Gesamt:	26	–	2	–	–	–

Weitere Einsätze: UEFA-Intertoto-Cup 1995 2/–
Weitere BL-Einsätze: 49/1 für Dynamo Dresden.

■ **Beuttler, Kurt** (* 20. 2. 1904)

	Meisterschaft		Süddt. Meist.		Süddt. Pokal	
1922/23	–	–	–	–	1	–
1923/24	+6	–	–	–	3	2
1924/25	3	–	–	–	–	–
Gesamt:	+9	–	–	–	4	2

■ **Beverungen, Klaus** (* 24. 9. 1951)
Der Jugend-Nationalspieler wurde beim SV Heßler 06 groß. 1970 wechselte er zum FC Schalke 04 und 1974 zur Eintracht, mit der er 1974 und 1975 DFB-Pokalsieger wurde. Nachdem sein Vertrag 1977 nicht mehr verlängert wurde, kam er über den FC St. Pauli (bis Dezember 1978) und Westfalia Herne (Rückrunde 1978/79) zum südbadischen Amateurligisten SV Kuppenheim, bei dem er bis Ende 1984 aktiv war. Anschließend war er Spielertrainer bei Phönix Durmersheim.

	Bundesliga		DFB-Pokal		Europapokal	
1973/74	–	–	1	–	–	–
1974/75	30	9	7	4	4	1
1975/76	28	5	3	1	8	2
1976/77	3	2	1	–	–	–
Gesamt:	61	16	12	5	12	3

Weitere Einsätze: Intertoto-Runde 1977 2/1
Weitere BL-Einsätze: 49/6 für den FC Schalke 04, 19/3 für den FC St. Pauli

■ **Beyhl, Friedrich** (* 2. 10. 1910)
1922 bis 1936 Eintracht

	Meisterschaft		Süddt. Meist.		Süddt. Pokal	
1934/35	3	–	–	–	–	–

■ **Bianchi, Martin** (* 11. 12. 1934)
1955 bis 1958 Eintracht, 1958/59 Borussia Fulda

	Oberliga		DM-Endrunde		DFB-Pokal	
1956/57	2	–	–	–	–	–

■ **Biehler, Karl** (* 1905, † 8. 12. 1950)

	Meisterschaft		Süddt. Meist.		Süddt. Pokal	
1926/27	–	–	+1	–	–	–
1927/28	1	–	–	–	–	–
Gesamt:	1	–	+1	–	–	–

■ **Bierbrauer**
1902 FFC Victoria

■ **Bierling, Willy** (* 27. 1. 1906, †)
Seit 1922 Eintracht

	Meisterschaft		Süddt. Meist.		Süddt. Pokal	
1925/26	2	–	–	–	–	–
1926/27	1	–	–	–	–	–
Gesamt:	3	–	–	–	–	–

■ **Biernat, Jaroslaw** (* 6. 9. 1960)
Bis 1977 Pionier Stettin, 1977 bis 1983 Pogon Stettin, 1983 bis 1985 Legia Warschau, 1985/86 Pogon Stettin, 1986/87 Eintracht, 1987/88 Union Solingen, 1988/89 Eintracht, 1989/90 SpVgg Bayreuth, 1990/91 Preußen Krefeld, 1991/92 SG Düren 99

	Bundesliga		DFB-Pokal		Europapokal	
1986/87	9	1	–	–	–	–
1988/89	3	–	1	–	2	–
Gesamt:	12	1	1	–	2	–

■ **Bihn, Egon** (* 16. 11. 1954)
Bis 1976 Kickers Offenbach, 1976 bis 1978 Eintracht, 1978 bis 1982 Wormatia Worms

	Bundesliga		DFB-Pokal		Europapokal	
1976/77	9	2	4	4	–	–
1977/78	3	–	–	–	2	–
Gesamt:	12	2	4	4	2	–

Weitere BL-Einsätze: 49/3 für Kickers Offenbach

■ **Billeter, Karl**
Kam von Cantonal Neuchâtel, 1900/01 FFC Germania 94, 1901 FFC Victoria, später wieder Cantonal Neuchâtel

■ **Bindewald, Uwe** (* 13. 8. 1968)
Der gebürtige Friedberger spielte von 1975 bis 1982 beim FSV Dorheim, 1982/83 bei der SG Melbach-Södel und von 1983 bis 1987 bei Kickers Offenbach. 1987 kam „Zico" zur Eintracht und erlebte dort alle Höhen und Tiefen. Nach dem Abstieg 2004 spielte er noch ein Jahr beim 1. FC Eschborn und beendete dann seine aktive Laufbahn. Heute betreibt er in seinem Heimatort Dornbach eine Fußballschule.

	BL/2. BL *		DFB-Pokal		Europapokal	
1988/89	3	–	–	–	–	–
1989/90	20	–	–	–	–	–
1990/91	13	–	1	–	1	–
1991/92	36	–	2	–	4	–
1992/93	33	1	6	–	4	–
1993/94	13	–	1	–	6	–
1994/95	29	–	1	–	8	–
1995/96	29	1	2	–	–	–

1996/97 *	30	1	2	–	–	–
1997/98 *	34	1	3	–	–	–
1998/99	32	–	2	–	–	–
1999/2000	20	–	2	–	–	–
2000/01	14	–	–	–	–	–
2001/02 *	27	1	3	–	–	–
2002/03 *	32	1	2	–	–	–
2003/04	21	–	1	–	–	–
Gesamt:	386	6	28	–	23	–

Weitere Einsätze: UEFA-Intertoto-Cup 1995 5/2
Einsätze bei den Amateuren: Oberliga Hessen 1986/87 1/–, 1987/88 34/2, 1988/89 28/–, 1989/90 11/–, 1990/91 19/1 (insgesamt: 93/3)

■ **Binz, Manfred** (* 22. 9. 1965)
„Manni der Libero" kam 1979 vom VfR Bockenheim zur Eintracht, mit der er 1983 Deutscher A-Junioren-Meister und 1988 DFB-Pokalsieger wurde. Nach der WM 1990 war er der erste Neuling, den Neu-Bundestrainer Berti Vogts in die Nationalmannschaft berief. Er bestritt 14 Länderspiele und nahm an der EM 1992 teil. Nach dem Abstieg 1996 wechselte er zum italienischen Zweitligisten Brescia Calcio, mit dem er den sofortigen Wiederaufstieg in die Serie A schaffte. Doch bereits im Dezember 1997 kehrte er nach Deutschland zurück und spielte bis 1999 für Borussia Dortmund. Es folgten drei Jahre bei Kickers Offenbach und in der Rückrunde 2002/03 spielte er nochmal für die Eintracht-Amateure, konnte den Regionalliga-Abstieg aber auch nicht verhindern. Anschließend wurde er Jugendtrainer beim FSV Frankfurt und wechselte im Januar 2004 als Co-Trainer zu den Offenbacher Kickers.

	Bundesliga		DFB-Pokal		Europapokal	
1984/85	3	–	–	–	–	–
1985/86	2	–	–	–	–	–
1986/87	32	1	4	–	–	–
1987/88	34	2	6	1	–	–
1988/89	34	2	3	–	6	1
1989/90	34	4	1	–	–	–
1990/91	34	4	8	3	2	–
1991/92	38	1	2	–	4	–
1992/93	34	2	6	2	4	–
1993/94	32	3	2	1	8	–
1994/95	34	4	2	–	7	–
1995/96	25	3	2	1	–	–
Gesamt:	336	26	36	8	31	1

Weitere Einsätze: Supercup 1988 1/–; Relegation 1989 2/1; UEFA-Intertoto-Cup 1995 5/2
Einsätze bei den Amateuren: Oberliga Hessen 1983/84 3/–, 1984/85 31/5, 1985/86 30/8, 1986/87 1/– (insgesamt: 65/13); Regionalliga Süd 2002/03 8/–
Weitere BL-Einsätze: 13/– für Borussia Dortmund

■ **Bißwurm**

	Gauliga		DM-Endrunde		Tschammer-Pokal	
1936/37	1	–	–	–	1	–

■ **Blättel, Michael** (* 29. 9. 1960)
Bis 1977 SV Elz, 1977 bis 1981 Eintracht, 1981 bis 1986 1. FC Saarbrücken, 1986/87 Fortuna Düsseldorf, 1987/88 FC Homburg, 1988 bis 1991 SV Darmstadt 98, 1991 bis August 1996 VfR 1919 Limburg (ab 1992 Spielertrainer)

	Bundesliga		DFB-Pokal		Europapokal	
1979/80	1	–	–	–	–	–
1980/81	2	–	2	1	2	–
Gesamt:	13	–	2	1	2	–

Einsätze bei den Amateuren: Oberliga Hessen 1979/80 29/14
Weitere BL-Einsätze: 32/8 für den 1. FC Saarbrücken, 28/2 für Fortuna Düsseldorf, 29/3 für den FC Homburg

■ **Block, Adolf**

	Meisterschaft		Süddt. Meist.		Süddt. Pokal	
1925/26	8	1	–	–	–	–

■ **Blusch, Peter** (* 11. 6. 1942)
Bis 1964 Sportfreunde Siegen, 1964 bis 1968 Eintracht, 1968 bis 1970 1. FC Köln, 1970/71 1. FC Kaiserslautern, 1971 Neuchâtel Xamax, 1975/76 Spielertrainer FC Biel

	Bundesliga		DFB-Pokal		Europapokal	
1964/65	23	1	2	–	1	–
1965/66	29	2	2	–	–	–
1966/67	29	1	1	–	6	–
1967/68	29	1	3	–	2	–
Gesamt:	110	5	8	–	9	–

Weitere Einsätze: Intertoto-Runde 1965 2/–, 1966/67 10/1 (insgesamt: 12/1); Alpenpokal 1968 5/2
Weitere BL-Einsätze: 44/3 für den 1. FC Köln, 20/2 für den 1. FC Kaiserslautern

■ **Böhme, Jörg** (* 22. 1. 1974)
Bis 1987 Chemie Zeitz, 1987 bis 1994 Carl Zeiss Jena, 1994/95 1. FC Nürnberg, 1995/96 Eintracht, 1996 bis 1998 TSV München 1860, 1998 bis 2000 Arminia Bielefeld, 2000 bis Dezember 2004 FC Schalke 04, Dezember 2004 bis 2006 Borussia Mönchengladbach, seit 2006 Arminia Bielefeld

	Bundesliga		DFB-Pokal		UI-Cup	
1995/96	18	1	2	–	3	–

Einsätze bei den Amateuren: Regionalliga Süd 1995/96 4/2
Weitere BL-Einsätze: 23/1 für den TSV München 1860, 25/1 für Arminia Bielefeld, 101/23 für den FC Schalke 04, 14/1 für Borussia Mönchengladbach

■ **Böhringer, Johann Friedrich** (* 12. 6. 1926)
Kam von der SG Büdingen, 1948/49 Eintracht

	Oberliga		DM-Endrunde		DFB-Pokal	
1948/49	7	–	–	–	–	–

■ **Bölp**

	Meisterschaft		Süddt. Meist.		Süddt. Pokal	
1932/33	1	–	–	–	–	–

■ **Böttcher, John** (*26. 6. 1890)

	Meisterschaft		Süddt. Meist.		Süddt. Pokal	
1920/21	+15	+1	6	1	–	–
1921/22	+4	+4	2	–	–	–
1922/23	+5	1	–	–	–	–
Gesamt:	+24	+6	8	1	–	–

■ **Bolten**

	Gauliga		DM-Endrunde		Tschammer-Pokal	
1943/44	+3	–	–	–	–	–

■ **Bommer, Rudi** (* 19. 8. 1957)
Als „Ruuudi" 1992 zur Eintracht kam, lag seine „große" Zeit schon hinter ihm. Schließlich hatte der gebürtige Aschaffenburger, der von 1964 bis 1971 beim TV 1860 (wie Felix Magath!), von 1971 bis 1973 bei Viktoria Aschaffenburg, von 1973 bis 1976 bei Kickers Offenbach, von 1976 bis 1985 bei Fortuna Düsseldorf und von 1985 bis 1988 bei Bayer Uerdingen spielte, seine Profi-Karriere 1988 mit der Rückkehr nach Aschaffenburg eigentlich beendet. In dieser Zeit bestritt er 6 A-Länderspiele, nahm an den Olympia-Turnieren 1984 und 1988 (Bronzemedaille) teil und gewann 1979 und 1980 den DFB-Pokal. 1992 holte ihn Dragoslav Stepanovic zur Eintracht, wo er schnell zum Publikumsliebling wurde. Von 1994 bis August 1995 sowie von November 1995 bis 1996 betreute er auch die Ama-

teure. Nach einem Zerwürfnis mit Trainer Ehrmantraut verließ er 1997 die Eintracht und begann im April 1998 seine Trainerlaufbahn beim VfR Mannheim. Zu Beginn der Saison 1998/99 schnürte er nochmal kurz die Fußball-Schuhe für Viktoria Aschaffenburg und war danach bis 2000 Trainer am Schönbusch. Seine weiteren Stationen: Oktober 2000 bis 2004 Wacker Burghausen (Aufstieg in die 2. Bundesliga 2002), Juli bis Dezember 2004 TSV München 1860, August 2005 bis Mai 2006 1. FC Saarbrücken und seit Sommer 2006 MSV Duisburg.

	BL/2. BL *		DFB-Pokal		Europapokal	
1992/93	24	2	5	–	4	–
1993/94	21	1	2	–	5	–
1994/95	14	–	–	–	5	1
1995/96	11	–	1	–	–	–
1996/97 *	14	1	–	–	–	–
Gesamt	84	4	8	–	14	1

Weitere BL-Einsätze: 264/38 für Fortuna Düsseldorf, 83/13 für Bayer Uerdingen

■ **Borchers, Ronald** (* 10. 8. 1957)

„Ronnie" begann 1966 beim SV Niederursel, und kam über Germania Ginnheim (ab 1968) 1970 zur Eintracht. Zwar schnupperte er bereits 1975/76 Bundesliga-Luft, der Durchbruch zum Stammspieler gelang dem Jugend-National-spieler aber erst 1978/79, als er auch in die A- (insgesamt 5 Einsätze), B- (4) und Amateur-Nationalmannschaft (4) berufen wurde. 1980 gewann er mit der Eintracht den UEFA-, 1981 den DFB-Pokal. Nachdem er 1984 bei der Eintracht ausgemustert worden war, spielte er von Oktober 1984 bis 1985 bei Arminia Bielefeld, von 1985 bis Oktober 1986 bei Grasshoppers Zürich, von Oktober 1986 bis 1987 beim SV Waldhof Mannheim, von 1987 bis 1989 beim FSV Frankfurt, von 1989 bis 1991 bei Kickers Offenbach, 1991/92 bei den Eintracht-Amateuren und 1992/93 beim SV Bernbach, der auch seine erste Trainerstation im Rhein-Main-Gebiet war. Außerdem betreute er Kickers Offenbach (Januar 1996 bis April 1997), den FSV Frankfurt (Februar bis September 1998), und erneut den SV Bernbach (April bis November 2004). Hauptberuflich betreibt er eine Werbeagentur und stieg im November 2005 noch einmal als Sportlicher Berater bei Germania Ober-Roden ein. Außerdem ist er Gast-Trainer der Eintracht Frankfurt Fußballschule.

	Bundesliga		DFB-Pokal		Europapokal	
1975/76	1	–	–	–	–	–
1976/77	5	–	–	–	–	–
1977/78	6	1	–	–	1	–
1978/79	27	5	6	1	–	–
1979/80	28	4	4	2	9	–
1980/81	34	3	5	2	6	2
1981/82	22	9	1	1	4	1
1982/83	15	1	–	–	–	–
1983/84	31	1	1	–	–	–
Gesamt:	169	24	17	6	20	3

Weitere Einsätze: Intertoto-Runde 1977 1/–; Relegation 1984 2/–
Einsätze bei den Amateuren: Hessenliga 1974/75 1/–, 1975/76 +9/2, 1976/77 31/14, 1977/78 +27/12, Oberliga Hessen 1991/92 23/1 (insgesamt: +91/29); Deutsche Amateurmeisterschaft 1978 6/2
Weitere BL-Einsätze: 26/4 für Arminia Bielefeld, 18/– für den SV Waldhof Mannheim

■ **Borkenhagen, Dirk** (* 16. 1. 1965)

Geb. 16. 1. 1965, bis 1981 SKG Frankfurt, 1981 bis 1986 Eintracht, 1986 bis 1991 Rot-Weiss Frankfurt, 1991/92 SpVgg Bad Homburg, 1992/93 Viktoria Aschaffenburg, 1993 bis 1995 Rot-Weiss Frankfurt, 1995 bis 1997 Germania 94 Frankfurt

	Bundesliga		DFB-Pokal		Europapokal	
1983/84	1	–	–	–	–	–

Einsätze bei den Amateuren: Oberliga Hessen 1983/84 25/9, 1984/85 29/3, 1985/86 34/3 (insgesamt: 88/14)

■ **Boßling**

Bis Oktober 1934 Polizei SV Frankfurt, November 1934 bis 1935 Eintracht

	Gauliga		DM-Endrunde		Tschammer-Pokal	
1934/35	8	–	–	–	–	–

■ **Bounoua, Mourad** (* 30. 7. 1972)

Bis 1992 FC Mülhausen, FC Basel, 1992 bis 1994 TuS Celle FC, 1994/95 TuS Hoisdorf, 1995 bis 1997 TuS Celle FC, 1997 bis Januar 1999 Stuttgarter Kickers, Januar bis Juni 1999 Eintracht, 1999 bis 2002 Hannover 96, 2002/03 ohne Verein, 2003 bis 2005 FC St. Pauli, 2005/06 Brinkumer SV, seit 2006 FC Oberneuland

	Bundesliga		DFB-Pokal		Europapokal	
1998/99	7	–	–	–	–	–

■ **Boy, Hans-Peter** (* 10. 2. 1964)

Bis 1977 FFV Sportfreunde 04, 1977 bis Dezember 1982 Eintracht, Dezember 1982 bis 1983 FSV Frankfurt, 1983 bis 1987 Eintracht, 1987 bis 1990 SpVgg Bad Homburg, 1990 bis 1992 Rot-Weiss Frankfurt, 1992/93 FSV Frankfurt

	Bundesliga		DFB-Pokal		Europapokal	
1984/85	16	–	–	–	–	–
1985/86	1	–	–	–	–	–
Gesamt:	17	–	–	–	–	–

Einsätze bei den Amateuren: Oberliga Hessen 1981/82 1/–, 1982/83 17/1, 1983/84 9/–, 1984/85 1/– (insgesamt: 28/1)

■ **Branco, Serge** (* 11. 10. 1980)

1991 bis 1995 Ecole de Football Brasseries, 1995 bis 1998 Unisport de Bafang/Kamerun, 1998 bis Oktober 2000 Eintracht Braunschweig, Oktober 2000 bis 2003 Eintracht, August 2003 bis 2004 VfB Stuttgart, August 2004 Leeds United, September 2004 bis Januar 2005 Queens Park Rangers, 2005 Schinnik Jaroslawl, seit 2006 Krylia Sowjetow Samara

	BL/2. BL *		DFB-Pokal		Europapokal	
2000/01	18	2	–	–	–	–
2001/02 *	7	–	1	–	–	–
2002/03 *	17	1	–	–	–	–
Gesamt:	42	3	1	–	–	–

Einsätze bei den Amateuren: Oberliga Hessen 2001/02 1/–

■ **Brandt, Paul**

Bis 1919 Berlin, 1919/20 FFV, 1920/21 Eintracht, 1921 zurück nach Berlin

	Meisterschaft		Süddt. Meist.		DM-Endrunde	
1919/20	?	?	+3	?	–	–
1920/21	+16	?	5	–	–	–
Gesamt:	+16	?	+8	?	–	–

■ **Braun, Fritz** (* 25. 12. 1897)

	Meisterschaft		Süddt. Meist.		Süddt. Pokal	
1924/25	1	–	–	–	–	–

■ **Braun, Alois** († 1914)

1910/11 Frankfurter Kickers, 1911 bis 1914 FFV

	Meisterschaft		Süddt. Meist.		DM-Endrunde	
1910/11	+4	–	–	–	–	–
1911/12	–	–	1	–	–	–
1912/13	1	?	5	?	–	–
1913/14	+13	?	6	?	–	–
Gesamt:	+18	?	12	?	–	–

■ **Brinkmann, Ansgar** (* 5. 7. 1969)

Bis 1987 FC Bakum, Blau-Weiß Lohne, Bayer Uerdingen, 1987 bis Januar 1990 VfL Osnabrück, Februar 1990 bis 1993 Preußen Münster, 1993 bis 1995 1. FSV Mainz 05, Juli bis Oktober 1995 Preußen Münster, Oktober 1995 bis 1996 FC Gütersloh, Juli bis September 1996 SC Verl, November 1996 bis 1997 FC Gütersloh, Juli bis Dezember 1997 BV Cloppenburg, Dezember 1997 bis 1999 Eintracht, 1999/2000 Tennis Borussia Berlin, September 2000 bis 2001 VfL Osnabrück, 2001 bis 2003 Arminia Bielefeld, 2003 bis Oktober 2003 LR Ahlen, Januar bis Juni 2004 FC Kärnten, Juli 2004 bis Januar 2005 LR Ahlen, Januar 2005 bis Januar 2006 Dynamo Dresden, seit Januar 2006 Preußen Münster

	BL/2. BL *		DFB-Pokal		Europapokal	
1997/98 *	17	3	–	–	–	–
1998/99	29	1	2	–	–	–
Gesamt:	46	4	2	–	–	–

Weitere BL-Einsätze: 30/2 für Arminia Bielefeld

■ **Bronnert, Siegfried** (* 6. 9. 1944)

1954/55 TSV Wettmar, 1955 bis 1964 TuS Altwarmbüchen, 1964/65 TuS Celle, 1965/66 FC St. Pauli, 1966 bis 1968 Eintracht, 1968 bis 1973 VfB Lübeck, Rückrunde 1972/73 bis 1974 FC St. Pauli, 1973/74 1. SC Göttingen 05, 1974 bis 1978 KSV Baunatal, 1978 VfR Osterode

	Bundesliga		DFB-Pokal		Europapokal	
1966/67	16	11	1	–	3	2
1967/68	8	1	1	–	–	–
Gesamt:	24	12	2	–	3	2

Weitere Einsätze: Intertoto-Runde 1966/67 4/3; Alpenpokal 1967 3/–

■ **Buchenau**

1904 FFC Victoria

■ **Bühler, Uwe** (* 3. 2. 1960)

Bis 1981 VfB Bretten, 1981 bis 1985 Karlsruher SC, 1985 bis 1987 Eintracht, 1987 Sportinvalide

	Bundesliga		DFB-Pokal		Europapokal	
1985/86	15	1	1	–	–	–

Weitere BL-Einsätze: 25/3 für den Karlsruher SC

■ **Bürckner**

1899 beim ersten Victoria-Spiel dabei, bis 1907 FFC Victoria

■ **Bürger, Henning** (* 16. 12. 1969)

Bis 1984 Motor Zeulenroda, 1984 bis 1988 Carl Zeiss Jena, Vorrunde 1988/89 Wismut Gera, Rückrunde 1988/89 bis 1991 Carl Zeiss Jena, 1991/92 FC Schalke 04, 1992 bis 1996 1. FC Saarbrücken, 1996 bis 1999 1. FC Nürnberg, 1999 bis 2002 FC St. Pauli, 2002 bis 2004 Eintracht, 2004/05 Rot-Weiß Erfurt

	BL/2. BL		DFB-Pokal		Europapokal	
2002/03 *	32	–	–	–	–	–
2003/04	21	1	–	–	–	–
Gesamt:	53	1	–	–	–	–

Weitere BL-Einsätze: 5/- für den FC Schalke 04, 32/1 für den 1. FC Saarbrücken, 16/– für den 1. FC Nürnberg, 25/– für den FC St. Pauli

■ **Büscher**

Kam aus Gelsenkirchen-Buer, März 1943 bis 1944 Gastspieler bei der Eintracht

	Gauliga		DM-Endrunde		Tschammer-Pokal	
1942/43	1	–	–	–	–	–
1943/44	+11	–	–	–	1	–
Gesamt:	+12	–	–	–	1	–

■ **Büttner, Peter** (* 13. 5. 1939)

Bis 1960 FC Arheilgen, 1960 bis 1963 Eintracht, 1963/64 Borussia Fulda, 1964 bis 1967 SV Darmstadt 98, 1967 bis 1969 Holstein Kiel, 1969 reamateurisiert

	Oberliga		DM-Endrunde		SFV-Pokal	
1961/62	–	–	–	–	2	–

■ **Bulut, Erol** (* 30. 1. 1975)

1980 bis 1985 TuS Hahn, 1985 bis 1988 SpVgg Eltville, 1988 bis 1992 SG Hoechst, 1992 bis 1995 Eintracht, 1995 bis 1999 Fenerbahce Istanbul, Juli bis Dezember 1999 Eintracht, Dezember 1999 bis 2000 Trabzonspor, 2000 bis Januar 2001 Eintracht, Januar bis Juni 2001 Adanaspor, 2001 bis Dezember 2001 Eintracht, Dezember 2001 bis 2003 Panionios Athen, September 2003 bis 2004 Bursaspor, 2004/05 TSV München 1860, seit 2005 Olympiakos Piräus

	Bundesliga		DFB-Pokal		Europapokal	
1999/2000	5	–	1	–	–	–
2000/01	2	–	1	–	–	–
Gesamt:	7	–	2	–	–	–

Einsätze bei den Amateuren: Oberliga Hessen 1993/94 22/2, 1994/95 27/7 (insgesamt 59/9); Entscheidungs- und Aufstiegsspiele 1995 2/–

■ **Bunzenthal, Oliver** (* 15. 11. 1972)

Bis 1990 Germania Fulda, Borussia Fulda, 1990 bis 1998 Eintracht, 1998 bis 2004 SV Wehen, seit 2004 Hünfelder SV

	BL/2. BL *		DFB-Pokal		Europapokal	
1995/96	12	–	–	–	–	–
1996/97 *	5	–	–	–	–	–
Gesamt:	17	–	–	–	–	–

Einsätze bei den Amateuren: Oberliga Hessen 1990/91 3/–, 1991/92 23/–, 1992/93 19/2, 1993/94 14/1, 1994/95 29/3 (insgesamt: 88/6); Entscheidungs- und Aufstiegsspiele 1995 2/–; Regionalliga Süd 1995/96 19/3

■ **Burkhardt, K.**

Bis 1912 FV Kaiserslautern, Offenbach, 1912 bis 1914 FFV

	Meisterschaft		Süddt. Meist.		DM-Endrunde	
1912/13	11	+2	6	?	–	–
1913/14	+11	+4	5	1	–	–
Gesamt:	+22	+6	11	+1	–	–

■ **Caesar, Willi („Schulze")** (* 10. 8. 1893, † 1980)

Vor 1911 Frankfurter Kickers, 1911 bis 1914 FFV

	Meisterschaft		Süddt. Meist.		DM-Endrunde	
1910/11	1	–	–	–	–	–
1911/12	21	3	2	?	–	–
1912/13	1	?	–	–	–	–
1913/14	1	–	1	–	–	–
Gesamt:	24	+3	3	?	–	–

■ **Cahn, Arthur** († 1951)

1902 FFC Victoria, 1908 Vorsitzender der Frankfurter Kickers, Ehrenmitglied

■ **Carmal**

1916/17 Frankfurter FV

■ **Carmouche**

1905 Frankfurter Kickers

■ **Caspary, Alex** (* 25. 12. 1961)

Bis 1986 Eintracht, 1986 bis 1993 Rot-Weiss Frankfurt

	Bundesliga		DFB-Pokal		Europapokal	
1985/86	12	–	–	–	–	–

Einsätze bei den Amateuren: Oberliga Hessen 1980/81 19/7, 1981/82 23/5, 1982/83 18/5, 1983/84 16/3, 1984/85 24/6, 1985/86 22/8 (insgesamt: 122/34)

■ **Caster, Walter**
1905 Frankfurter Kickers

■ **Cengiz, Hakan** (* 3. 10. 1967)
1980 bis 1989 VfB Lehe/SFL Bremerhaven, 1989 bis 1993 FC Bremerhaven, 1993 bis 1996 Atlas Delmenhorst, 1996/97 VfL Herzlake, 1997 bis Januar 1998 Eintracht, Januar bis Juni 1998 SV Waldhof Mannheim, 1998/99 Kickers Emden, 1999 bis 2002 SV Wilhelmshaven, 2002 bis 2004 VfB Oldenburg, 2004 bis 2006 Spielertrainer Rot-Weiß Damme, seit 2006 Spielertrainer Rot-Weiß Hürriyet Delmenhorst

	2. Bundesliga		DFB-Pokal		Europapokal	
1997/98	11	–	1	–	–	–

■ **Cha, Bum-kun** (* 22. 5. 1953)
Nach nur einem Bundesliga-Einsatz Ende 1978 für den SV Darmstadt 98 wurde der koreanische Nationalspieler vom Air Force Club Seoul in seiner Heimat zurückbeordert. Nach dem Abstieg der „Lilien" sicherte sich die Eintracht im Sommer 1979 die Dienste des wendigen Stürmers, der mit seinen Toren maßgeblich zum UEFA-Pokal-Sieg 1980 und DFB-Pokal-Sieg 1981 beitrug. 1983 wurde er aus finanziellen Gründen zu Bayer Leverkusen transferiert, wo er 1988 noch einmal den UEFA-Pokal gewann. Nach Beendigung seiner aktiven Laufbahn 1989 trainierte er zunächst vier Jahre den koreanischen Klub Hyundai Ulsan Horang-i und war dort anschließend Generalmanager. Nachdem er 1986 als Spieler an der WM in Mexiko teilgenommen hatte, führte er Südkorea 1998 als Trainer zur vierten, allerdings glücklosen WM-Teilnahme in Folge, die ihm die Entlassung einbrachte. Nach einem Abstecher nach China zu Shenzhen Pingan übernahm er Anfang 2004 den K-League-Klub Suwon Samsung Bluewings und wurde mit diesem 2004 koreanischer Meister.

	Bundesliga		DFB-Pokal		Europapokal	
1979/80	31	12	4	–	11	3
1980/81	27	8	6	6	5	2
1981/82	31	11	1	–	6	1
1982/83	33	15	1	–	–	–
Gesamt:	122	46	12	6	22	6

Weitere BL-Einsätze: 1/– für den SV Darmstadt 98, 155/49 für Bayer Leverkusen

■ **Cha, Du-Ri** (* 25. 7. 1980)
Bis 2002 Korea University, 2002/03 Arminia Bielefeld, 2003 bis 2006 Eintracht, seit 2006 1. FSV Mainz 05

	BL/2. BL *		DFB-Pokal		Europapokal	
2003/04	31	1	2	–	–	–
2004/05 *	29	8	3	1	–	–
2005/06	27	3	3	–	–	–
Gesamt:	87	12	8	1	–	–

Weitere BL-Einsätze: 22/1 für Arminia Bielefeld

■ **Chaftar, Mounir** (* 29. 1. 1986)
1995 bis 2000 Eintracht, 2000 bis 2002 Kickers Offenbach, seit 2002 Eintracht

	Bundesliga		DFB-Pokal		Europapokal	
2005/06	1	–	–	–	–	–

Einsätze bei den Amateuren: Oberliga Hessen 2003/04 1/–, 2004/05 3/–, 2005/06 13/1 (insgesamt: 17/1)

■ **Charbout-Mollard, Charles** (*1889/90)
Vor 1911 Frankfurter Kickers, 1911/12 FFV, Juni 1912 zum französischen Militärdienst einberufen

	Meisterschaft		Südd. Meist.		DM-Endrunde	
1910/11	16	–	–	–	–	–
1911/12	20	–	5	–	–	–
Gesamt:	36	–	5	–	–	–

■ **„Chris" Christian Maicon Hening** (* 25. 8. 1978)
Der brasilianische Defensivspezialist spielte in seiner Heimat für Democrata EC Governador Valadares, Botafogo Sao Paulo, Coritiba FC und Internacional Porto Alegre und war zuletzt bei Prudentopolis EC „geparkt". Im Januar 2003 kam er nach Deutschland, wo er bis Saisonende beim FC St. Pauli aktiv war. Ende August 2003 wurde er von der Eintracht verpflichtet. Nach dem Abstieg 2004 wollte er zuerst nicht mehr für die Eintracht spielen, kehrte dann aber doch zurück und war eine der Stützen beim Wiederaufstieg 2005. Da er in Brasilien aber einen zweiten Vertrag unterschrieben hatte, wurde er im Sommer 2005 für drei Monate gesperrt. Gegen Zahlung von 300 000 Dollar wurde diese aber ausgesetzt. In der Rückrunde 2005/06 fiel er dann erst wegen einer Knöchelprellung, dann wegen eines Bandscheibenvorfalls aus und verpasste so das Pokal-Finale und den Saisonstart 2006/07.

	BL/2. BL *		DFB-Pokal		Europapokal	
2003/04	25	3	1	–	–	–
2004/05 *	20	2	2	–	–	–
2005/06	22	2	4	–	–	–
Gesamt:	67	7	7	–	–	–

■ **Cimen, Daniyel** (* 19. 1. 1985)
Der vielseitig verwendbare Mittelfeldspieler kam 1994 von der SG Nieder-Roden zur Eintracht und durchlief alle DFB-Nachwuchs-Auswahlmannschaften: 10 U-16- (1 Tor), 20 U-17- (2 Tore), 18 U-18/19- (2 Tore), 15 U-20- und 1 „Team 2006"-Länderspiel stehen auf seinem Konto. Höhepunkt war die Teilnahme an der U-20-WM 2005 in den Niederlanden.

	BL/2. BL *		DFB-Pokal		Europapokal	
2002/03 *	4	–	–	–	–	–
2004/05 *	9	1	–	–	–	–
2005/06	12	–	3	–	–	–
Gesamt:	25	1	3	–	–	–

Einsätze bei den Amateuren: Regionalliga Süd 2002/03 18/–; Oberliga Hessen 2003/04 27/3, 2004/05 8/–, 2005/06 11/– (insgesamt: 46/4); Hessenpokal 2004 1/–

■ **Cipi, Geri** (* 28. 2. 1976)
1984 bis 1992 Flamurtari Vlora, 1992/93 Vllaznia Shkoder, 1993 bis 1998 Flamurtari Shkoder, Anfang 1999 bis 2000 NK Maribor, 2000 bis 2003 KAA Gent, 2003 bis Januar 2004 Eintracht, Januar bis Juni

2004 Rot-Weiß Oberhausen, Oktober 2004 bis 2005 SK Tirana, seit 2005 Flamurtari Vlora

	Bundesliga		DFB-Pokal		Europapokal	
2003/04	13	–	2	–	–	–

■ **Ciric, Sasa** (* 11. 1. 1968)
Bis 1987 Sloga Skopje, 1987 bis 1989 Metalurg Skopje, 1989 bis 1991 Pelister Bitola, 1991 bis 1993 Vardar Skopje, Juli bis Dezember 1993 ZSKA Sofia, Januar 1994 bis 1995 Vardar Skopje, 1995 bis Dezember 1997 FC Aarau, Januar 1998 bis 1999 1. FC Nürnberg, 1999/2000 Tennis Borussia Berlin, 2000 bis 2002 Eintracht, 2002 bis 2004 1. FC Nürnberg, 2004 bis 2006 Kickers Offenbach, seit 2006 Victoria Erlangen

	BL/2. BL *		DFB-Pokal		Europapokal	
2000/01	9	1	–	–	–	–
2001/02 *	16	10	2	3	–	–
Gesamt:	25	11	2	3	–	–

Weitere BL-Einsätze: 28/13 für den 1. FC Nürnberg

■ **Claus, Dr. Friedrich** (* 1890, † 16. 5. 1962)
Eine der großen Spielerpersönlichkeiten aus der Zeit vor dem 1. Weltkrieg. Der Verteidiger spielte schon 1906 in der 1. Mannschaft der Frankfurter Kickers und nach der Fusion für den FFV, mit dem er von 1912 bis 1914 drei Nordkreismeisterschaften in Folge gewann. Der Ehrenspielführer bekleidete außerdem mehrere Vorstandsämter, ging 1914 aber aus beruflichen Gründen nach Hamburg.

	Meisterschaft		Süddt. Meist.		DM-Endrunde	
1910/11	23	–	–	–	–	–
1911/12	9	–	6	–	–	–
1912/13	14	?	6	?	–	–
1913/14	14	?	5	?	–	–
Gesamt:	60	?	17	?	–	–

■ **Clesle**
Kam vom FFC Germania 94, 1900 FFC 1899-Kickers

■ **Conrad, Alexander** (* 15. 11. 1966)
Bis 1981 BSC Schwarz-Weiß 19, FSV Frankfurt, SG Riederwald, FSV Frankfurt, 1981 bis Dezember 1987 Eintracht, Dezember 1987 bis 1989 Borussia Dortmund, 1989/90 Hessen Kassel, 1990 bis Oktober 1991 Eintracht, Oktober bis Dezember 1991 Rot-Weiß Erfurt, Dezember 1991 bis 1992 Eintracht-Amateure, 1992 bis 1997 FSV Frankfurt, 1997/98 SV Raunheim, 1998 bis 2001 Spielertrainer TSG Usingen

	Bundesliga		DFB-Pokal		Europapokal	
1984/85	2	–	–	–	–	–
1985/86	8	–	–	–	–	–
1986/87	4	–	–	–	–	–
1989/90	1	–	–	–	–	–
1990/91	1	–	–	–	–	–
Gesamt:	16	–	–	–	–	–

Einsätze bei den Amateuren: Oberliga Hessen 1984/85 5/–, 1985/86 6/–, 1990/91 22/2, 1991/92 23/2 (insgesamt: 56/4)
Weitere BL-Einsätze: 8/– für Borussia Dortmund

■ **Conrad, Albert** (* 13. 10. 1910, † 27. 12. 1985)
Bis Mai 1935 1. FC Kaiserslautern, Mai 1935 bis April 1936 Eintracht, 1936 bis 1946 VfR Mannheim, 1946 bis Januar 1948 SV Waldhof Mannheim, Juni 1948 bis 1953 VfL Neckarau.

	Gauliga		DM-Endrunde		Tschammer-Pokal	
1935/36	18	–	–	–	–	–

■ **Copado, Francisco** (* 19. 7. 1974)
1980 bis 1989 Eintracht Kiel, 1989 bis 1991 Holstein Kiel, 1991 bis Januar 1996 Hamburger SV, Januar 1996 bis September 1997 RCD Mallorca, September 1997 bis 2000 Tennis Borussia Berlin, 2000 bis 2005 SpVgg Unterhaching, 2005 bis August 2006 Eintracht, seit August 2006 TSG Hoffenheim

	Bundesliga		DFB-Pokal		Europapokal	
2005/06	24	6	5	3	–	–

Weitere BL-Einsätze: 13/– für den Hamburger SV, 5/– für die SpVgg Unterhaching

■ **Corrochano, Oskar** (* 6. 9. 1976)
Aus der eigenen Jugend, bis 1999 Eintracht, 1999 bis 2001 SV Darmstadt 98, August 2001 bis 2003 Kickers Offenbach, 2003 bis Januar 2004 Eintracht Amateure, Januar bis Juni 2004 SV Waldhof Mannheim, 2004 bis Januar 2006 1. FC Eschborn, Februar bis Juni 2006 SG Bruchköbel
Seit 2006 Trainer Eintracht-U16

	2. Bundesliga		DFB-Pokal		Europapokal	
1996/97	1	–	–	–	–	–

Einsätze bei den Amateuren: Regionalliga Süd 1995/96 17/1; Oberliga Hessen 1966/97 31/9, 1997/98 26/2, 1998/99 26/2, 2003/04 20/1 (insgesamt: 103/14); Hessenpokal 1997 1/–

■ **Csakany, Eugen** (* 12. 3. 1923)
Aus Klausenburg (Cluj)/Rumänien, bis Januar 1946 SV Wiesbaden, Januar 1946 Eintracht, Februar bis Juni 1946 SV Wiesbaden, Juni 1946 bis 1947 Eintracht, 1948/49 1. FSV Mainz 05, 1950 bis 1960 SV Wiesbaden

	Oberliga		DM-Endrunde		DFB-Pokal	
1945/46	+6	2	–	–	–	–
1946/47	23	4	–	–	–	–
Gesamt:	+29	6	–	–	–	–

■ **Daßbach, Werner** (* 9. 6. 1924)
Bis 1947 FC Hanau 93, 1947 Rot-Weiss Frankfurt, November 1947 bis Januar 1948 Eintracht, 1948 FC Hanau 93

	Oberliga		DM-Endrunde		DFB-Pokal	
1947/48	3	2	–	–	–	–

■ **Debus**
Schon während des 1. Weltkriegs in der 1. Mannschaft des FFV, 1920 Eintracht

	Meisterschaft		Süddt. Meist.		DM-Endrunde	
1919/20	?	?	+2	?	–	–

■ **Deißenberger, Peter** (* 1. 12. 1976)
Bis 1997 DJK Würzburg, Würzburger Kickers, 1. FC Nürnberg, Würzburger Kickers, 1997 bis 1999 SC Weismain, 1999/2000 Würzburger FV, 2000 bis 2003 Eintracht, 2003 bis Dezember 2006 SV Elversberg, Januar bis Juni 2006 Würzburger FV, seit 2006 TSV Unterpleichfeld

	Bundesliga		DFB-Pokal		Europapokal	
2000/01	1	–	–	–	–	–

Einsätze bei den Amateuren: Oberliga Hessen 2000/01 15/2, 2001/02 31/4 (insgesamt: 46/6); Hessenpokal 2002 3/–; Regionalliga Süd 36/2

■ **De Jonge**
Kam aus Haarlem, November 1942 bis Dezember 1943 Gastspieler bei der Eintracht

	Gauliga		DM-Endrunde		Tschammer-Pokal	
1942/43	8	1	–	–	+5	–
1943/44	+4	–	–	–	–	–
Gesamt:	+12	1	–	–	+5	–

■ Detari, Lajos (* 24. 4. 1963)

Ein Ballzauberer, der sein Talent jedoch nie voll zur Geltung brachte. Der Mittelfeldspieler begann 1972/73 beim FC Aszfaltutepitoe und spielte anschließend von 1973 bis 1987 bei Honved Budapest. 1987 sicherte sich die Eintracht für 3,6 Millionen Mark die Dienste des WM-Teilnehmers von 1986, der insgesamt 61 Länderspiele für Ungarn bestritt. Doch nur wenige Wochen nach dem DFB-Pokalsieg 1988, den er mit einem herrlichen Freistoßtor sicherte, wechselte er für über zehn Millionen Mark zu Olympiakos Piräus. Doch schon 1990 zog es in weiter nach Italien, wo er bis 1992 beim FC Bologna und 1992/93 für Ancona Calcio spielte. Weitere Stationen: Juli bis November 1993 Ferencvaros Budapest, November 1993 bis 1994 FC Genua 1893, 1994 Neuchâtel Xamax, Nach einer FIFA-Sperre wegen Nichterfüllung seiner Vertragspflichten war er dann von 1996 bis Ende 1998 bei VSE (ab 1998 FCN) St. Pölten, von Februar bis Juni 1999 bei BVSC Budapest, 1999/2000 bei Dunakeszi VSE, von 2000 bis Februar 2001 beim SC Ostbahn XI Wien und anschließend bei TJ Druzstevnik Horna Poton in der 3. slowakischen Liga aktiv. Seine Trainerlaufbahn begann der 61-malige ungarische Nationalspieler (13 Tore) im Herbst 2000 beim rumänischen Klub Bihor Oradea. Es folgten Engagements beim SC Csepel Budapest (2001), seinem Stammklub Kispest-Honved Budapest (Januar bis Juni 2002), ACB Hanoi in Vietnam (2002 bis März 2003, Lombard Papa FC (April 2003), Nyireyhaza Spartacus (2004), Panserraikos in Griechenland (2005) und beim ungarischen Studentenklub Goliat-McDonald's FC (2005). Seit dem 16. März 2006 ist er Assistenztrainer der ungarischen Nationalmannschaft.

	Bundesliga		DFB-Pokal		Europapokal	
1987/88	33	11	6	3	–	–

■ Diakité Bakary (* 9. 11. 1980)

1985 bis 1987 SV Bonames, 1987 bis 1998 Eintracht, 1998 bis 2000 VfL Bochum, 2000 bis 2002 De Graafschap Doetinchem, 2002/03 Eintracht, 2003 bis Dezember 2004 OGC Nizza, Januar 2004 bis 2006 SV Wehen, seit 2006 1. FSV Mainz 05

	2. Bundesliga		DFB-Pokal		Europapokal	
2002/03	16	3	–	–	–	–

Einsätze bei den Amateuren: Regionalliga Süd 2002/03 12/5

■ Dickhaut, Mirko (* 11. 1. 1971)

1977 bis 1992 KSV Baunatal, 1992/93 Hessen Kassel, 1993 bis 1997 Eintracht, 1997 bis Januar 2003 VfL Bochum, Januar 2003 bis 2005 Schwarz-Weiß Bregenz, seit 2005 Hessen Kassel

	BL/2. BL *		DFB-Pokal		Europapokal	
1993/94	32	3	–	–	6	1
1994/95	29	3	2	1	7	1
1995/96	28	1	1	–	–	–
1996/97 *	31	2	2	–	–	–
Gesamt:	120	9	5	1	13	2

Weitere Einsätze: UEFA-Intertoto-Cup 1995 3/1
Weitere BL-Einsätze: 54/3 für den VfL Bochum

■ Diefenbach, Alfred

	Gauliga		DM-Endrunde		Tschammer-Pokal	
1933/34	1	–	–	–	–	–
1934/35	11	1	–	–	1	–
1935/36	2	–	–	–	–	–
Gesamt:	14	1	–	–	1	–

■ Diehl, Manfred (* 26. 3. 1950)

Bis 1970 SSV Raunheim, 1970/71 SV Darmstadt 98, 1971/72 Eintracht, 1972 SpVgg Bad Homburg

	Bundesliga		DFB-Pokal		Europapokal	
1971/72	–	–	2	–	–	–

■ Dietrich, J.

Kam vom 1. Bockenheimer FC 99, 1904 bis 1908 Frankfurter Kickers, im 1. Weltkrieg FFV

■ Dietrich, Walter (* 24. 12. 1902, † 27. 11. 1979)

Der 14-malige Schweizer Nationalspieler löste 1925 die erste „Hysterie" im Frankfurter Fußball aus. Die Ballkünste des Allround-Fußballers, der jedoch am besten als linker Halbstürmer zur Geltung kam, versetzten nicht nur die Eintracht-Anhänger in Verzücken. Hätte es damals schon Rückennummern gegeben, wäre er einer der ersten Großen mit der „Nr. 10" gewesen. Bevor er zur Eintracht wechselte, hatte er von 1919 bis 1922 beim FC Basel, 1922/23 bei Forward Morges und von 1923 bis 1925 bei Servette Genf gespielt. 1930 und 1932 wurde er mit der Eintracht Süddeutscher Meister und stand 1932 auch in der Mannschaft, die im Endspiel um die Deutsche Meisterschaft dem FC Bayern München unterlag. 1924 und 1928 nahm er am Olympischen Fußballturnier teil. Nach Beendigung seiner aktiven Laufbahn kehrte er 1938 in seine Heimat zurück. In Frankfurt hatte er ein Architekturbüro geleitet, das 1937 maßgeblich am Wiederaufbau der abgebrannten Tribüne am Riederwald beteiligt war.

	Meisterschaft		Süddt. Meist.		DM-Endrunde	
1925/26	9	2	–	–	–	–
1926/27	13	5	7	3	–	–
1927/28	21	14	14	5	1	–
1928/29	14	3	12	4	–	–
1929/30	13	3	14	8	2	–
1930/31	14	6	3	1	–	–
1931/32	19	2	13	4	4	2
1932/33	16	1	11	1	3	–
1933/34	4	1	–	–	–	–
1934/35	1	–	–	–	–	–
Gesamt:	124	37	74	26	10	2

Weitere Einsätze: Süddeutscher Pokal 1925/26 2/2, 1926/27 1/– (insgesamt: 3/2)

■ Dill

	Meisterschaft		Süddt. Meist.		Süddt. Pokal	
1920/21	+2	?	1	–	–	–

■ Dirsch

Aus der eigenen Jugend, bis 1924 Eintracht

	Meisterschaft		Süddt. Meist.		Süddt. Pokal	
1923/24	–	–	–	–	+2	–

■ Dönges

Kam vom 1. Bockenheimer FC 99, 1900 bis 1904 FFC Victoria

■ Döpfer, Karl († März 1959)

Bis 1925 FFC Olympia 07, 1925 bis 1930 Eintracht

	Meisterschaft		Süddt. Meist.		Süddt. Pokal	
1925/26	11	8	–	–	2	2
1926/27	17	9	7	2	1	–
1927/28	19	15	14	7	–	–
1928/29	15	12	4	–	–	–
1929/30	6	2	–	–	–	–
Gesamt:	68	46	25	9	3	2

■ Dörr

1902 bis 1905 FFC Victoria, 1906 bis 1911 Frankfurter Kickers, 1911 bis 1913 FFV

	Meisterschaft		Süddt. Meist.		DM-Endrunde	
1910/11	3	2	–	–	–	–
1912/13	–	–	1	–	–	–
Gesamt:	3	2	1	–	–	–

■ Dörr, Rainer (* 4. 6. 1955)
Bis 1977 Eintracht, 1977 bis 1979 FC Augsburg, 1979/80 FV Würzburg 04, 1980 bis 1982 SpVgg Bayreuth, 1982/83 FC Homburg, 1983 bis 1990 SG Hoechst

	Bundesliga		DFB-Pokal		Europapokal	
1976/77	1	–	–	–	–	–

Einsätze bei den Amateuren: Hessenliga 1972/73 5/–, 1973/74 34/2, 1974/75 32/1, 1975/76 31/1, 1976/77 29/5 (insgesamt: 131/9)

■ Dohmen, Wilhelm (* 31. 12. 1940)
1963 bis 1965 Eintracht-Reserve

	Bundesliga		DFB-Pokal		Intertoto-Runde	
1964/65	–	–	–	–	1	–

■ Dokter, Heinz (* 16. 3. 1921)
Bis 1948 TuS Helene (VfR 28) Essen, Rot-Weiss Essen, 1948 bis 1952 Rheydter SV, 1952/53 Eintracht, 1953 bis 1956 SpVgg Herten, Januar 1957 Borussia Velbert

	Oberliga		DM-Endrunde		SFV-Pokal	
1952/53	22	5	–	–	–	–

■ Doll, Thomas (* 9. 4. 1966)
Der Mecklenburger spielte in der DDR, für die er 29 Länderspiele bestritt, von 1972 bis 1979 bei Lokomotive Malchin, von 1979 bis 1986 bei Hansa Rostock und von 1986 bis 1990 beim BFC Dynamo/ FC Berlin. Nach einem Jahr beim Hamburger SV wechselte er 1991 für 17 Millionen Mark zu Lazio Rom, von wo ihn die Eintracht zwei Mal (Februar bis Juni 1994 und Oktober 1994 bis 1996) an den Main holte. Seine Karriere wurde jedoch immer wieder durch schwere Verletzungen unterbrochen, so dass er nur zu 18 Länderspielen für den DFB kam. Nach dem Abstieg wechselte er 1996 zum AS Bari, kehrte aber 1998 noch einmal zum Hamburger SV zurück, wo er nach Beendigung der aktiven Laufbahn 2001 als Trainer Karriere machte: von 2000 bis 2002 bei den Junioren, dann bei den Amateuren und seit dem 18. Oktober 2004 als Bundesliga-Coach.

	Bundesliga		DFB-Pokal		Europapokal	
1993/94	6	1	–	–	–	–
1994/95	10	1	–	–	–	–
1995/96	12	1	–	–	–	–
Gesamt:	28	3	–	–	–	–

Weitere BL-Einsätze: 74/4 für den Hamburger SV

■ Dombi, Tibor (* 11. 11. 1973)
Bis 1991 Sarretudvari SE, Debreceni SI, 1991 bis 1999 Debreceni VSC, 1999 bis März 2000 Eintracht, April bis Juni 2000 Debreceni VSC, 2000 bis 2002 FC Utrecht, seit 2002 Debreceni VSC

	Bundesliga		DFB-Pokal		Europapokal	
1999/2000	15	–	2	–	–	–

■ Dorn, Richard
1905 Frankfurter Kickers

■ Dornbusch, „Friedl" (Jakob) (*5. 12. 1887, † Dezember 1978)
1910/11 Frankfurter Kickers, 1911 bis 1920 FFV, 1920/21 Ei[illegible]t

	Meisterschaft		Südd. Meist.		DM-Endrunde	
1910/11	4	–	–	–	–	–
1911/12	22	11	1	–	–	–
1912/13	9	+6	6	+2	–	–
1913/14	9	+4	3	–	–	–
1918/19	?	?	–	–	–	–
1919/20	+2	?	+1	?	–	–
1920/21	+7	+1	4	2	–	–
Gesamt:	+53	+22	+15	+4	–	–

■ Dosedzal, Franz
Bis 1945 Germania 94 Frankfurt, Oktober 1945 Heddernheim, 1945 bis 1947 FSV Frankfurt, 1947/48 Germania 94 Frankfurt, 1948/49 Eintracht, 1949 Union Niederrad

	Oberliga		DM-Endrunde		DFB-Pokal	
1948/49	11	4	–	–	–	–.

■ Dragusha, Mehmet (* 9. 10. 1977)
Bis 1997 Beselidhja Pristina, FK Pristina, 1997 bis 2000 NK Maribor, 2000/01 Sachsen Leipzig, 2001 bis 2003 Eintracht Trier, 2003 2005 Eintracht, seit 2005 SC Paderborn 07

	BL/2. BL *		DFB-Pokal		Europapokal	
2003/04	14	1	1	–	–	–
2004/05 *	5	–	1	–	–	–
Gesamt:	14	1	1	–	–	–

Einsätze bei den Amateuren: Hessenpokal 2004 1/–; Oberliga Hessen 2004/05 6/1

■ During, Ludwig (* 11. 8. 1907)
Aus der Rugby-Abteilung, 1925/26, 1941 bis 1943 Eintracht, süddeutscher Rugby-Auswahlspieler, Träger der Ehrennadel

	Meisterschaft		Südd. Pokal		Tschammer- Pokal	
1925/26	4	–	2	–	–	–
1941/42	–	–	–	–	2	–
1942/43	+5	–	–	–	1	–
Gesamt:	+9	–	2	–	3	–

■ Dworschak, Matthias (* 8. 4. 1974)
Bis 1988 FC Eddersheim, 1988 bis Januar 1997 Eintracht, Januar 1997 bis 1999 Hannover 96, 1999 bis 2004 Kickers Offenbach, 2004 bis Januar 2006 1. FC Eschborn, Februar bis Juni 2006 SV Lippstadt 08, seit 2006 Eintracht Trier

	BL/2. BL *		DFB-Pokal		Europapokal	
1994/95	1	–	–	–	–	–
1995/96	7	1	–	–	–	–
1996/97 *	11	–	2	–	–	–
Gesamt:	19	1	2	–	–	–

Weitere Einsätze: UEFA-Intertoto-Cup 1995 1/–
Einsätze bei den Amateuren: Oberliga Hessen 1991/92 1/–, 1992/93 7/–, 1993/94 33/–, 1994/95 26/4 (insgesamt: 67/4); Entscheidungs- und Aufstiegsspiele 1995 2/–; Regionalliga Süd 1995/96 20/2

■ Dziwoki, Erich (* 11. 8. 1925, † 31. 12. 1984)
Bis 1945 Sportfreunde Klausberg/Oberschlesien, 1947 bis 1949 Union Niederrad, 1949 bis 1951 FSV Frankfurt, 1951/52 Alemannia Aachen, 1952 bis 1955 Eintracht, 1955 bis 1958 Meidericher SV, 1958/59 Phönix Lübeck, 1959 FC Lengnau/ Schweiz

	Oberliga		DM-Endrunde		SFV-Pokal	
1952/53	21	12	6	1	–	–
1953/54	30	16	2	–	–	–
1954/55	1	–	–	–	–	–
Gesamt:	52	28	8	1	–	–

■ Ebeling, Erich (* 31. 1. 1922)
Aus Oberröblingen/Sachsen-Anhalt, 1943/44 SpVgg Wilhelmshaven 05, 1944 bis Dezember 1947 Hamburger SV, Dezember 1947 bis 1948 SG Oberröblingen, 1948 bis 1952 Hamburger SV, 1952 bis 1954 Eintracht, 1954 reamateurisiert, 1955 (bis 1961) Spielertrainer SV Groß-Umstadt

	Oberliga		DM-Endrunde		SFV-Pokal	
1952/53	24	10	6	–	1	–
1953/54	10	2	–	–	–	–
Gesamt:	34	12	6	–	1	–

■ **Eberlein**

1922 bis 1925 Eintracht

	Meisterschaft		Süddt. Meist.		Süddt. Pokal	
1922/23	+2	–	–	–	1	–
1923/24	+9	–	–	–	+2	–
1924/25	14	–	–	–	2	–
Gesamt:	+25	–	–	–	+5	–

■ **Eckstein, Dieter** (* 12. 3. 1964)

Bis 1982 Kehler FV, 1982 bis Oktober 1988 1. FC Nürnberg, Oktober 1988 bis Februar 1991 Eintracht, Februar 1991 bis September 1993 1. FC Nürnberg, September 1993 bis März 1995 FC Schalke 04, März/April 1995 West Ham United, 1995/96 SV Waldhof Mannheim, Juli bis Dezember 1996 FC Winterthur, Dezember 1996 bis 1998 FC Augsburg, 1998/99 Post/Süd Regensburg, Juli bis Oktober 1999 Spielertrainer SV Heidingsfeld, 2000/01 TSV Neusäß, 2001 bis 2004 Spielertrainer FC Erzberg-Wörnitz, 2004/05 Spielertrainer FSV Weißenbrunn und TSV Burkersdorf, 2005/06 Spielertrainer FC Dornbühl und TSV Hainsfarth

	Bundesliga		DFB-Pokal		Europapokal	
1988/89	25	6	–	–	–	–
1989/90	28	7	–	–	–	–
1990/91	17	1	4	1	2	1
Gesamt:	70	14	4	1	2	1

Weitere Einsätze: Relegation 1989 2/–

Weitere BL-Einsätze: 189/66 für den 1. FC Nürnberg, 39/4 für den FC Schalke 04

■ **Edinger**

	Meisterschaft		Süddt. Meist.		Süddt. Pokal	
1921/22	+1	?	1	–	–	–

■ **Egly, Friedel**

	Meisterschaft		Süddt. Meist.		Süddt. Pokal	
1921/22	+2	+1	1	–	–	–
1922/23	+6	1	–	–	1	1
1923/24	+1	–	–	–	+3	1
1924/25	1	–	–	–	–	–
1925/26	6	1	–	–	2	–
1926/27	16	4	7	2	1	–
1927/28	22	–	1	–	–	–
Gesamt:	+54	+7	9	2	+7	+2

■ **Ehmer, Karl** (* 25. 11. 1906, † 12. 11. 1978)

Der 1927 aus Kronberg zur Eintracht gestoßene Stürmer war einer der ganz großen Torjäger seiner Zeit. Mit 54 Pflichtspieltoren in der Saison 1931/32 hält er immer noch den Saison-Rekord der Eintracht. Obwohl von Reichstrainer Prof. Nerz mehrmals zu Lehrgängen eingeladen, schaffte er den Sprung in die Nationalmannschaft nicht, so dass die Süddeutschen Meisterschaften 1930 und 1932 und der Einzug ins Endspiel um die Deutsche Meisterschaft 1932 seine größten sportlichen Erfolge sind. Nach einer Blinddarmoperation 1933 verlor er seinen Stammplatz und beendete 1938 seine Karriere, tauchte aber 1939/40 noch einmal als Gastspieler beim VfL Benrath auf.

	Meisterschaft		Süddt. Meist.		DM-Endrunde	
1927/28	22	34	6	5	1	1
1928/29	18	20	14	9	–	–
1929/30	14	16	14	20	2	1
1930/31	12	15	14	10	2	2
1931/32	19	33	15	14	4	7
1932/33	12	8	11	10	3	6
1933/34	2	2	–	–	–	–
1934/35	16	9	–	–	–	–
1936/37	1	–	–	–	–	–
1937/38	7	–	–	–	1	1
Gesamt:	130	137	74	68	13	18

Weitere Einsätze: Tschammer-Pokal 1935 1/–, 1936 1/1, 1937 2/–, 1938 1/– (insgesamt: 5/1)

■ **Ehrmantraut, Horst** (* 11. 12. 1955)

Der Saarländer wurde bei der SpVgg Einöd groß und kam über den FC Homburg (ab 1975) 1979 zur Eintracht, mit der er 1980 UEFA-Pokalsieger wurde. Von 1980 bis 1985 bis spielte „Ehre" bei Hertha BSC Berlin und von 1985 bis 1988 beim FC Homburg. Seine Trainer-Karriere begann 1989 bei Blau-Weiß 90 Berlin (bis Mai 1991). Anschließend machte er sich von 1991 bis April 1996 beim SV Meppen ein Namen. Vom 18. Dezember 1996 bis 8. Dezember 1988 war er Chef am Riederwald und führte die Eintracht 1998 zurück in die Bundesliga. Trainerstationen danach: Februar 2000 bis April 2001 Hannover 96 und von 2002 bis März 2003 sowie von April 2004 bis August 2005 beim 1. FC Saarbrücken.

	Bundesliga		DFB-Pokal		Europapokal	
1979/80	13	–	1	–	4	–

Weitere BL-Einsätze: 30/1 für Hertha BSC Berlin, 38/– für den FC Homburg

■ **Eigenbrodt, Hans-Walter** (* 4. 8. 1935, † 29. 3. 1997)

Der Verteidiger spielte seit 1948 bei der Eintracht, mit der er 1959 Deutscher Meister wurde und im Jahr darauf das Endspiel des Europapokals der Landesmeister (3:7 gegen Real Madrid) erreichte. 1965 musste er seine aktive Laufbahn als Sportinvalide beenden, blieb der Eintracht jedoch als Jugendtrainer erhalten. Die von ihm betreute Mannschaft wurde 1977 erster Deutscher B-Junioren-Meister.

	OL/BL		DM-Endrunde		SFV-/DFB-Pokal	
1955/56	1	–	–	–	–	–
1956/57	4	–	–	–	–	–
1957/58	2	–	–	–	1	–
1958/59	5	–	5	–	2	–
1959/60	15	–	–	–	6	–
1960/61	16	–	3	–	4	–
1961/62	26	–	3	–	4	–
1962/63	10	1	–	–	3	–
1963/64	15	–	–	–	2	1
Gesamt:	94	1	11	–	21	1

Weitere Einsätze: Oberliga-Vergleichsrunde 1956 1/2; Flutlicht-Pokal 1957 2/–; Europapokal 1959/60 4/–

■ **Eisenhofer, Karl** (* 4. 9. 1934, † Januar 2000)

Bis 1959 Germania Bieber, 1959 bis 1962 FSV Frankfurt, 1962 bis 1965 Eintracht, 1965 Germania Bieber

	Bundesliga		DFB-Pokal		Europapokal	
1963/64	2	–	1	–	–	–

■ **Ekström, Johnny** (* 5. 3. 1965)

1972 bis 1986 IFK Göteborg, 1986 bis 1988 FC Empoli, 1988/89 Bayern München, 1989 bis 1991 AS Cannes, 1991 bis 1993 IFK Göteborg, 1993 bis November 1993 AC Reggiana, November 1993 bis 1994 Betis Sevilla, 1994/95 Dynamo Dresden, 1995 bis 1997 Eintracht, Sommer 1997 bis 1998 IFK Göteborg

	BL/2. BL *		DFB-Pokal		Europapokal	
1995/96	16	2	1	–	–	–
1996/97 *	18	5	2	2	–	–
Gesamt:	34	7	3	2	–	–

Weitere Einsätze: UEFA-Intertoto-Cup 1995 4/–

Weitere BL-Einsätze: 23/7 für Bayern München, 30/7 für Dynamo Dresden

■ Elsener, Rudolf (* 18. 2. 1953)
Bis 1978 FC Industrie Zürich, Grasshoppers Zürich, 1978/79 Eintracht, 1979 bis 1984 FC Zürich, 1984 bis 1986 Neuchâtel Xamax, 1986/87 Vevey Sports, 1987 Yverdon Sports

	Bundesliga		DFB-Pokal		Europapokal	
1978/79	33	6	6	3	–	–

■ Emmerich, Heinrich
1905 bis 1907 Frankfurter Kickers, 1911 FFV

■ Engelhardt, Toni

	Gauliga		DM-Endrunde		Tschammer-Pokal	
1942/43	2	–	–	–	–	–

■ Epp, Thomas (* 7. 4. 1968)
1974 bis 1985 Germania Bietigheim, 1985 bis 1987 VfB Stuttgart, 1987 bis November 1989 VfL Bochum, November 1989 bis 1990 1. FC Saarbrücken, 1990 bis 1992 VfL Bochum, 1992/93 Stuttgarter Kickers, 1993 bis 1997 SV Waldhof Mannheim, 1997 bis Oktober 1999 Eintracht, November 1999 bis 2000 VfB Admira-Wacker Mödling, Juli bis Dezember 2000 AEL Limassol, Januar bis März 2001 Spielertrainer TV Haßloch/Rüsselsheim, April 2002 VfR Kesselstadt

	BL/2. BL *		DFB-Pokal		Europapokal	
1997/98 *	32	4	3	–	–	–
1998/99	9	1	1	–	–	–
Gesamt:	41	5	4	–	–	–

Weitere BL-Einsätze: 68/7 für den VfL Bochum

■ Ernst, Thomas (* 23. 12. 1967)
Bis 1981 FV Biebrich 02, 1981 bis 1994 Eintracht, 1994/95 FSV Frankfurt, 1995 bis Januar 2001 VfL Bochum, Januar 2001 bis 2003 VfB Stuttgart, 2003 bis 2006 1. FC Kaiserslautern

	Bundesliga		DFB-Pokal		Europapokal	
1987/88	1	–	–	–	–	–
1990/91	–	–	1	–	–	–
1993/94	4	–	–	–	–	–
Gesamt:	5	–	1	–	–	–

Einsätze bei den Amateuren: Oberliga Hessen 1986/87 5/–, 1988/89 30/–, 1989/90 33/–, 1990/9130/–, 1991/92 28/– (insgesamt: 126/–)
Weitere BL-Einsätze: 52/– für den VfL Bochum, 19/– für den VfB Stuttgart, 30/– für den 1. FC Kaiserslautern

■ Eufinger, Bernd (* 11. 10. 1961)
1977 bis 1981 RSV Würges, Juli bis November 1981 Eintracht, November 1981 bis 1982 VfL Osnabrück, 1982 bis 1987 RSV Würges, 1987 bis 1989 SV Wiesbaden, 1989 bis 1992 RSV Würges, 1992 bis 2000 Spielertrainer TSV Beuerbach

	Bundesliga		DFB-Pokal		Europapokal	
1981/82	1	–	–	–	–	–

■ Eymold, Günter (* 17. 4. 1959)
Bis 1974 FC Schnaittach, 1974 bis 1982 1. FC Nürnberg, 1982/83 Hessen Kassel, 1983/84 Eintracht, 1984 bis 1987 VfL Osnabrück, 1987 bis 1990 Hessen Kassel, 1990 Sportinvalide

	Bundesliga		DFB-Pokal		Europapokal	
1983/84	2	–	1	–	–	–

■ Fahrenkamp, Adolf († im 1. Weltkrieg)
1901 bis 1907 FFC Victoria, anschließend Frankfurter Kickers

■ Falk, Patrick (* 8. 2. 1980)
Bis 1997 Viktoria Lieblos, Eintracht, 1997 bis 1999 Bayer Leverkusen, 1999 bis Oktober 2000 Eintracht, Oktober 2000 bis 2001 Eintracht Braunschweig, 2001/02 Rot-Weiß Oberhausen, 2002 bis Januar 2004 Kickers Offenbach, Januar bis Juni 2004 Sachsen Leipzig, August 2004 bis 2005 Buchonia Flieden, seit 2005 Spielertrainer KG Wittgenborn

	Bundesliga		DFB-Pokal		Europapokal	
1999/2000	13	–	1	–	–	–

Einsätze bei den Amateuren: Oberliga Hessen 1999/2000 8/1, 2000/01 6/1 (insgesamt: 14/2)

■ Falkenmayer, Ralf (* 11. 2. 1963)
„Falke" begann 1968 beim SV Niederursel und kam 1979 zur Eintracht, wo er 1981 U-18-Europameister wurde. 1984 stand er im Aufgebot für die EM in Frankreich, zu Länderspielehren (4 Einsätze) kam er aber erst in der Ära Franz Beckenbauer. Von 1987 bis 1989 spielte er bei Bayer Leverkusen, wo er 1988 den UEFA-Pokal gewann. Nach der Rückkehr nach Frankfurt gehörte der defensive Mittelfeldspieler zu den Stützen der Mannschaft, doch wurde sein Vertrag nach dem Abstieg 1996 nicht verlängert. So wechselte er im Oktober 1996 zu Eintracht Trier, musste seine Karriere aber nach einem Beinbruch im Winter 1997/98 beenden. 1998/99 trainierte er seinen Stammverein SV Niederursel, zu dem er im April 2003 als Spielertrainer zurückkehrte.

	Bundesliga		DFB-Pokal		Europapokal	
1980/81	2	–	–	–	–	–
1981/82	32	3	2	–	6	–
1982/83	32	–	1	–	–	–
1983/84	34	8	1	–	–	–
1984/85	23	–	2	1	–	–
1985/86	28	2	–	–	–	–
1986/87	22	5	2	–	–	–
1989/90	33	6	1	–	–	–
1990/91	21	1	4	1	2	1
1991/92	33	4	2	–	3	–
1992/93	17	–	3	–	1	–
1993/94	24	1	1	–	6	–
1994/95	24	–	2	–	5	1
1995/96	12	–	1	–	–	–
Gesamt:	337	30	22	2	23	2

Weitere Einsätze: Relegation 1984 2/1, UEFA-Intertoto-Cup 1995 1/–.
Weitere BL-Einsätze: 48/7 für Bayer Leverkusen.

■ Falow
Aus der eigenen Jugend, Januar bis März 1944 Eintracht

	Gauliga		DM-Endrunde		Tschammer-Pokal	
1943/44	+3	+1	–	–	–	–

■ **Famewo, Stephen** (* 30. 12. 1983)
Bis 1999 Lagos Dynamos, 1999 bis 2001 CS Louhans-Cuiseaux, 2001 bis 2003 Eintracht, August 2003 bis 2006 VfB Stuttgart, seit 2006 SV Wehen

	2. Bundesliga		DFB-Pokal		Europapokal	
2001/02	3	1	–	–	–	–

Einsätze bei den Amateuren: Oberliga Hessen 2001/02 6/2; Regionalliga Süd 13/1

■ **Fanzet**
1907 Frankfurter Kickers

■ **Farschon, Rudolf** (* 21. 4. 1921)
Bis 1945 SpVgg Oberrad, 1945 bis 1956 Eintracht, danach wieder SpVgg Oberrad

	Oberliga		DFB-Pokal		DM-Endrunde	
1945/46	+22	+1	–	–	–	–
1946/47	9	–	–	–	–	–
1947/48	6	–	–	–	–	–
Gesamt:	+37	+1	–	–	–	–

■ **Fay, Ernst** († 1914)
1900 bis 1911 Frankfurter Kickers, 1911 FFV

	Meisterschaft		Süddt. Meist.		DM-Endrunde	
1910/11	23	+2	–	–	–	–

■ **Fecht**
1900 FFC Victoria

■ **Feghelm, Siegbert** (* 22. 8. 1942, † Sept. 1995)
1962 bis 1964 Germania Ober-Roden, 1964 bis 1972 Eintracht, 1972 SpVgg Neu-Isenburg

	Bundesliga		DFB-Pokal		Europapokal	
1966/67	8	–	–	–	2	–
1969/70	5	–	1	–	–	–
1970/71	8	–	1	–	–	–
1971/72	3	–	1	–	–	–
Gesamt:	24	–	3	–	2	–

Weitere Einsätze: Intertoto-Runde 1966/67 2/-; Alpenpokal 1967 4/–, 1969 1/– (insgesamt: 5/–)

■ **Feick, Ernst** (* 6. 6. 1921, † 21. 1. 1982)
Aus der eigenen Jugend, bis 1941 Eintracht, später Rot-Weiss Frankfurt, Borussia Fulda, Slitisa Schlitz, Spielertrainer TSG 51 Frankfurt

	Gauliga		DM-Endrunde		Tschammer-Pokal	
1939/40	2	–	–	–	2	–
1940/41	–	–	–	–	4	3
Gesamt:	2	–	–	–	6	3

Weitere Einsätze: Frankfurter Stadtrunde 1939 3/2

■ **Feigenspan, Ekkehard** (* 13. 5. 1935)
Der Mittelstürmer, der 1955 vom VfB Friedberg kam, war mit drei Toren der Held des Endspiels um die Deutsche Meisterschaft 1959 gegen Kickers Offenbach (n. V. 5:3). Nach diesem Triumph zog es ihn jedoch zum TSV 1860 München und 1962 zu Rot-Weiss Essen, wo er 1966/67 sogar noch zu Bundesliga-Ehren kam. Nach dem Abstieg von RWE beendete er seine Karriere bei der SSVg Velbert.

	Oberliga		DM-Endrunde		SFV-Pokal	
1955/56	13	5	–	–	–	–
1956/57	29	22	–	–	3	3
1957/58	10	4	–	–	–	–
1958/59	27	21	7	13	2	3
Gesamt:	79	52	7	13	5	6

Weitere Einsätze: Oberliga-Vergleichsrunde 1956 2/–; Flutlicht-Pokal 1957 6/7
BL-Einsätze: 1/– für Rot-Weiss Essen

■ **Fels**
Kam aus Pforzheim, 1901 FFC Victoria

■ **Feth, Werner** (* 20. 10. 1910)
Aus Mannheim, kam von TuS Neuendorf, März 1943 bis 1944 Gastspieler bei der Eintracht, 1945/46 VfR Mannheim, 1947/48 VfL Neckarau

	Gauliga		DM-Endrunde		Tschammer-Pokal	
1942/43	2	–	–	–	5	–
1943/44	+10	–	–	–	–	–
Gesamt:	+12	–	–	–	5	–

■ **Fink, Michael** (* 1. 2. 1982)
Der defensive Mittelfeldspieler spielte bis 1992 beim VfR Waiblingen und SV Fellbach und wechselte dann zum VfB Stuttgart, mit dem er 1999 Deutscher B-Junioren-Meister und 2001 Deutscher Junioren-Pokalsieger wurde. Mit der deutschen U-17-Auswahl nahm er 1999 an der U-17-WM in Australien teil. Für die U 20 bestritt er vier Länderspiele. Da er beim VfB den Sprung zu den Profis aber nicht schaffte, wechselte er 2004 zu Arminia Bielefeld. Bereits im Januar 2006 unterzeichnete er einen ab 2006/07 gültigen Dreijahresvertrag bei der Eintracht.
BL-Einsätze: 44/4 für Arminia Bielefeld

■ **Firnrohr**
Kam von Phönix Karlsruhe, 1901 und 1902 FFC Victoria

■ **Fischer, Hans** (* 8. 2. 1914)
Der 2. Weltkrieg verhinderte eine größere Karriere des Torhüters, der 1938 von Reichsbahn-Rot-Weiss Frankfurt zur Eintracht kam und dort bis 1948 spielte. 1945/46 stand er im ersten Oberligaspiel im Tor und wurde im Verlauf der Saison sogar einmal als Rechtsaußen eingesetzt, wobei er sich prompt in die Torschützenliste eintrug.

	Gau-/Oberliga		DM-Endrunde		Tschammer-Pokal	
1938/39	18	–	–	–	5	–
1939/40	11	–	–	–	6	–
1940/41	4	–	–	–	3	–
1941/42	9	–	–	–	–	–
1942/43	–	–	–	–	1	–
1945/46	6	1	–	–	–	–
1946/47	8	–	–	–	–	–
Gesamt:	56	1	–	–	15	–

Weitere Einsätze: Frankfurter Stadtrunde 1939 6/–

■ **Fischer, Walfried** (* 7. 9. 1928)
Bis 1948 Bayern Alzenau, 1948 bis 1951 Eintracht, 1951 bis 1958 FC Hanau 93, 1958 Bayern Alzenau

	Oberliga		DM-Endrunde		DFB-Pokal	
1948/49	11	–	–	–	–	–
1949/50	2	–	–	–	–	–
Gesamt:	13	–	–	–	–	–

■ **Fjørtoft, Jan-Åge** (* 10. 1. 1967)
Der Norweger erlangte wegen zweier Tore Kult-Status bei den Eintracht-Fans. Das eine war sein „Übersteiger" im Mai 1999 gegen den 1. FC Kaiserslautern, der den Klassenerhalt in letzter Sekunde sicherte, das andere das Siegtor im Herbst 2000 bei den Münchner Bayern. Bevor der 71-malige Nationalspieler, der 1994 bei der WM in den USA dabei war, im November 1998 zur Eintracht kam, war er ein richtiger Wandervogel: Bis 1984 spielte er bei Gurksen SK, 1985 bei IL Hodd, 1986 und 1987 bei Hamarkameratene, von 1988 bis Juni

1989 bei Lilleström SK, von Juli 1989 bis 1993 bei Rapid Wien, von 1993 bis März 1995 bei Swindon Town, von März 1995 bis Januar 1997 beim FC Middlesbrough, von Januar 1997 bis Januar 1998 bei Sheffield United und von Januar bis November 1998 beim FC Barnsley. Im März 2001 kehrte er in seine Heimat zurück und spielte 2001 für Stabaek IF sowie 2002 für Lilleström SK. Seitdem arbeitet er als Fußball-Kommentator fürs norwegische Fernsehen.

	Bundesliga		DFB-Pokal		Europapokal	
1998/99	17	6	–	–	–	–
1999/2000	21	5	1	2	–	–
2000/01	14	3	1	1	–	–
Gesamt:	52	14	2	3	–	–

■ **Flick, Thorsten** (* 22. 8. 1976)

Bis 1991 SV Groß-Bieberau, 1991 bis 1993 SV Darmstadt 98, 1993 bis Oktober 1998 Eintracht, Oktober 1998 bis 1999 SSC Neapel, Juli 1999 bis September 1999 1. FC Saarbrücken, Oktober 1999 bis Februar 2000 VfB Oldenburg, April bis Juni 2000 Viktoria Aschaffenburg, 2000/01 Debreceni VSC, September 2001 bis 2002 KSV Klein-Karben, 2002 bis 2005 Germania Ober-Roden, 2005/06 SV Erzhausen, seit 2006 Germania Ober-Roden

	BL/2. BL *		DFB-Pokal		Europapokal	
1994/95	9	–	–	–	2	–
1995/96	2	–	–	–	–	–
1996/97 *	16	–	–	–	–	–
1997/98 *	8	1	–	–	–	–
1998/99	1	–	–	–	–	–
Gesamt:	36	1	–	–	2	–

Weitere Einsätze: UEFA-Intertoto-Cup 1995 1/–

Einsätze bei den Amateuren: Oberliga Hessen 1994/95 3/–, 1996/97 3/–, 1997/98 10/– (insgesamt: 16/–); Regionalliga Süd 1995/96 11/1

■ **Flohr**

Kam aus Kaiserslautern, Mai bis August 1943 Gastspieler bei der Eintracht

	Gauliga		DM-Endrunde		Tschammer-Pokal	
1942/43	–	–	–	–	5	3

■ **Foerster, Eugen**

1904 bis 1906 Frankfurter Kickers, 1911 FFV

■ **Fortura, Sebastian** (* 5. 8. 1894, † 1947)

1911 bis 1913 FFV

	Meisterschaft		Süddt. Meist.		DM-Endrunde	
1911/12	7	+1	4	?	–	–
1912/13	1	–	1	?	–	–
Gesamt:	8	+1	4	?	–	–

■ **Franke**

Bis Februar 1944 VfB Leipzig, März 1944 Gast-spieler bei der Eintracht

	Gauliga		DM-Endrunde		Tschammer-Pokal	
1943/44	+2	–	–	–	–	–

■ **Frese**

	Gauliga		DM-Endrunde		Tschammer-Pokal	
1941/42	3	–	–	–	2	–

■ **Freund, Willy** (* 28. 10. 1892)

1905 FFC Victoria, 1906 FG Union 06 und Frankfurter Kickers, 1908 Victoria, im 1. Weltkrieg FFV

■ **Friedl, Jürgen** (* 23. 2. 1959)

Bis 1979 Eintracht, 1979 bis 1982 SSV Heilsberg, 1982/83 VfR Bockenheim, 1983 bis 1994 FV Bad Vilbel, 1994/95 nicht aktiv, 1995 bis 1999 FC Schwalbach

	Bundesliga		DFB-Pokal		Europapokal	
1975/76	1	–	–	–	–	–
1978/79	2	–	2	–	–	–
Gesamt:	3	–	2	–	–	–

Einsätze bei den Amateuren: Hessenliga 1976/77 17/–, 1977/78 +25/–, Oberliga Hessen 28/– (insgesamt: +70/–); Deutsche Amateurmeisterschaft 1978 1/–

■ **Friedmann**

1906 FFC Victoria

■ **Friedrich, Jürgen** (* 11. 11. 1943)

„Atze" Friedrich kam aus der Eintracht-Jugend, wechselte aber 1968 nach Meinungsverschiedenheiten mit dem Vorstand zum 1. FC Kaiserslautern. Nachdem er seine Karriere 1974 wegen Sportinvalidität beenden musste, war er zwei Mal (1977 bis 1981 und 1985 bis 1988) Präsident der Pfälzer. Vom 27. September 1988 bis 17. Juni 1989 war er Manager bei der Eintracht. Seit 1996 saß er im Lauterer Aufsichtsrat und war zuletzt bis zum 25. August 2002 Aufsichtsratschef beim 1. FCK.

	OL/BL		Pokal		Europapokal	
1962/63	7	3	1	1	–	–
1963/64	2	–	–	–	–	–
1964/65	1	–	–	–	–	–
1965/66	9	2	–	–	–	–
1966/67	32	2	1	–	10	1
1967/68	34	8	3	1	2	–
Gesamt:	85	15	5	2	12	1

Weitere Einsätze: Intertoto-Runde 1965 6/2, 1966/67 11/1 (insgesamt: 17/3); Alpenpokal 1967 1/–, 1968 4/– (insgesamt: 5/–)

Weitere BL-Einsätze: 158/26 für den 1. FC Kaiserslautern

■ **Friz, Holger** (* 26. 4. 1965)

Bis 1978 SG Praunheim, 1978 bis Dezember 1986 Eintracht, Dezember 1986 bis Juni 1987 Viktoria Aschaffenburg, 1987/88 Eintracht, 1988/89 Viktoria Aschaffenburg, 1989 bis Januar 1992 Fortuna Köln, Januar 1992 bis Januar 1993 Tennis Borussia Berlin, 1993 (bis 1997) KSV Klein-Karben

	Bundesliga		DFB-Pokal		Europapokal	
1984/85	6	2	–	–	–	–
1985/86	25	5	–	–	–	–
1986/87	5	–	2	–	–	–
1987/88	6	1	1	–	–	–
Gesamt:	42	8	3	–	–	–

Einsätze bei den Amateuren: Oberliga Hessen 1983/84 27/6, 1984/85 26/17, 1985/86 11/5 (insgesamt: 64/28)

■ Frommer, Nico (* 8. 4. 1978)
Bis 1988 TSV 1880 Neu-Ulm, 1988 bis 1997 SSV Ulm 1846, 1997 bis 1999 VfB Stuttgart, 1999/2000 Borussia Mönchengladbach, 2000 bis 2003 SSV Reutlingen, 2003 bis Januar 2005 Eintracht, Januar bis Juni 2005 Rot-Weiß Oberhausen, 2005 bis Januar 2006 Eintracht, seit Januar 2006 SpVgg Unterhaching

	BL/2. BL *		DFB-Pokal		Europapokal	
2003/04	20	2	2	1	–	–
2004/05 *	6	–	1	–	–	–
Gesamt:	26	2	3	1	–	–

Einsätze bei den Amateuren: Oberliga Hessen 2004/05 1/–, 2005/06 3/– (insgesamt: 4/–)
Weitere BL-Einsätze: 8/– für den VfB Stuttgart

■ Froneck, Karl
Kam 1939 aus Österreich, 1939 bis 1941 FSV Frankfurt, 1945 Union Niederrad, Dezember 1945 Eintracht

	Oberliga		DM-Endrunde		Pokal	
1945/46	1	–	–	–	–	–

■ Fruck, Norbert (* 28. 12. 1957)
Bis 1973 Sportfreunde Hamborn 07, 1973 bis 1983 MSV Duisburg, 1983 bis 1986 Eintracht, 1986/87 SG Wattenscheid 09, bis 1990 TuS Hornau, SV Bernbach, 1990/91 SpVgg Bad Homburg, 1991/92 Germania 94 Frankfurt, 1992 bis 1994 Germania Dörnigheim, 1994 bis 1996 Kewa Wachenbuchen, 1996 bis 1998 Spielertrainer Germania Dörnigheim

	Bundesliga		DFB-Pokal		Europapokal	
1983/84	21	1	–	–	–	–
1984/85	16	1	1	–	–	–
1985/86	7	–	–	–	–	–
Gesamt:	44	2	1	–	–	–

Weitere Einsätze: Relegation 1984 1/–
Weitere BL-Einsätze: 129/12 für den MSV Duisburg

■ Fürbeth, Gottfried (* 17. 10. 1913, † 2004)
Seit 1925 Eintracht, 1946/47 Germania 94 Frankfurt, Ehrenmitglied

	Gauliga		DM-Endrunde		Tschammer-Pokal	
1934/35	1	–	–	–	1	–
1935/36	11	–	–	–	2	–
1936/37	18	–	–	–	3	–
1937/38	18	–	2	–	1	–
1938/39	1	–	–	–	–	–
Gesamt:	49	–	2	–	7	–

■ Fuge

	Gauliga		DM-Endrunde		Tschammer-Pokal	
1940/41	2	1	–	–	–	–

■ Funk, Klaus (* 21. 2. 1954)
Bis 1973 TSV Ittlingen, VfR Heilbronn, 1973 bis 1979 VfB Stuttgart, 1979 bis 1981 Eintracht, 1981 bis 1986 Werder Bremen, 1986/87 Hertha BSC Berlin, 1987/88 Amicitia Viernheim, VfB Eppingen, 1988 bis 1993 FC Walldorf

	Bundesliga		DFB-Pokal		Europapokal	
1979/80	25	–	3	–	8	–
1980/81	9	–	1	–	4	–
Gesamt:	34	–	4	–	12	–

Weitere BL-Einsätze: 3/– für Werder Bremen

■ Furtok, Jan (* 9. 3. 1962)
Bis 1977 Gornik MK Kattowitz, 1977 bis 1988 GKS Kattowitz, 1988 bis 1993 Hamburger SV, 1993 bis 1995 Eintracht, November 1995 bis 1998 GKS Kattowitz

	Bundesliga		DFB-Pokal		Europapokal	
1993/94	27	6	2	2	7	3
1994/95	26	3	1	2	7	4
Gesamt:	53	9	3	4	14	7

Weitere Einsätze: UEFA-Intertoto-Cup 1995 1/1
Weitere BL-Einsätze: 135/51 für den Hamburger SV

■ Gärtner, Heinrich (* 23. 9. 1918)
1929 bis 1945 Germania 94 Frankfurt, 1943 TSG Rostock, 1944 LSV Hamburg, 1946/47 FSV Frankfurt, 1946 bis Oktober 1948 Eintracht, Oktober 1948 bis 1951 VfB Mühlburg, 1951 bis 1953 Alemannia Aachen, 1953 bis 1956 Hassia Bingen

	Oberliga		DM-Endrunde		DFB-Pokal	
1946/47	36	–	–	–	–	–
1947/48	32	2	–	–	–	–
1948/49	3	1	–	–	–	–
Gesamt:	71	3	–	–	–	–

■ Ganzmann, Walter (*25. 2. 1918)
Kam vom 1. FC Pforzheim, November 1941 bis März 1943 Gastspieler bei der Eintracht, 1945 FC Launsbach

	Gauliga		DM-Endrunde		Tschammer-Pokal	
1941/42	7	3	–	–	+1	–
1942/43	+6	2	–	–	–	–
Gesamt:	+13	5	–	–	+1	–

■ Gatzert, Ludwig †
Mitbegründer des FFC 1899, 1900 FFC 1899-Kickers, 1901 bis 1903 und 1905 bis 1907 Vorsitzender der Frankfurter Kickers

■ Gaudino, Maurizio (* 12. 12. 1966)
Drei Mal kam der Sohn italienischer Eltern zur Eintracht, und drei Mal verließ er den Klub mit zum Teil recht merkwürdigen Nebengeräuschen. „Mauri" begann 1972 bei der TSG Rheinau und wechselte 1981 zum SV Waldhof Mannheim. Von 1987 bis 1993 spielte er beim VfB Stuttgart und wurde mit den Schwaben 1992 Deutscher Meister. Nach seinem Wechsel zur Eintracht bildete er mit Uwe Bein ein geniales Mittelfeld-Duo, feierte sein Debüt in der Nationalmannschaft (insgesamt fünf Einsätze/ein Tor) und fuhr 1994 zur WM in die USA. Nachdem er sich im Dezember 1994 mit dem neuen Trainer Jupp Heynckes überworfen hatte, wurde er an Manchester City ausgeliehen. Im Sommer 1995 kehrte er kurzzeitig nach Frankfurt zurück, verabschiedete sich jedoch bereits im September Richtung CF America de Mexico. Nach dem Abstieg 1996 folgte sein drittes Gastspiel in Frankfurt, doch im Sommer 1997 zog es ihn zum FC Basel. 1998/99 spielte er beim VfL Bochum und von 1999 bis 2002 bei Antalyaspor in der Türkei. 2003 kehrte er zum SV Waldhof Mannheim zurück, zunächst als Marketing-Berater und ab 2004 als Sportdirektor. 2003/04 und 2005/06 feierte er sogar als Spieler ein Comeback und bestritt 20 Oberliga-Spiele für den SVW. Außerdem sprang er von November 2004 bis Januar 2005 als Trainer ein. Im Sommer 2006 legte er das Amt des Sportdirektors nieder und ist seitdem nur noch in beratender Funktion tätig.

	BL/2. BL *		DFB-Pokal		Europapokal	
1993/94	32	7	2	–	8	3
1994/95	10	–	2	–	3	–
1995/96	1	–	–	–	–	–
1996/97 *	32	9	2	1	–	–
Gesamt:	75	16	6	1	11	3

Weitere Einsätze: UEFA-Intertoto-Cup 1995 1/–
Weitere BL-Einsätze: 60/9 für den SV Waldhof Mannheim, 171/30 für den VfB Stuttgart, 20/2 für den VfL Bochum

■ Gebhardt (1942)

	Gauliga		DM-Endrunde		Tschammer-Pokal	
1941/42	1	–	–	–	–	–

■ Gebhardt (1943/44)
Kam aus Kaiserslautern, 1943/44 Gastspieler bei der Eintracht

	Gauliga		DM-Endrunde		Tschammer-Pokal	
1943/44	+8	–	–	–	–	–

■ Gebhardt, Marco (* 7. 10. 1972)
1980 bis 1992 Einheit Ballenstedt, 1982 bis 1985 Motor Quedlinburg, 1985/86 Stahl Thale, 1986 bis 1992 Hallescher FC (Chemie), 1992 bis 1994 Anhalt Dessau, 1994/95 Lok Altmark Stendal, 1995 bis 1997 SC Verl, 1997 bis 2002 Eintracht, 2002 bis 2004 Energie Cottbus, 2004 bis 2006 TSV München 1860, seit 2006 1. FC Saarbrücken

	BL/2. BL *		DFB-Pokal		Europapokal	
1997/98 *	31	2	3	–	–	–
1998/99	17	2	2	1	–	–
1999/2000	30	3	2	1	–	–
2000/01	17	3	1	–	–	–
2001/02 *	15	–	1	–	–	–
Gesamt:	110	10	9	2	–	–

Weitere BL-Einsätze: 18/3 für Energie Cottbus

■ Geier, Erich (* 23. 10. 1929)
Bis 1951 SV Reichelsheim, VfB Friedberg, 1951 bis 1954 Eintracht, 1954/55 TSG Ulm 1846, 1955 bis 1960 FC Hanau 93

	Oberliga		DM-Endrunde		SFV-Pokal	
1951/52	24	5	–	–	9	1
1952/53	3	–	–	–	–	–
1953/54	12	2	–	–	–	–
Gesamt:	39	7	–	–	9	1

■ Geiger, Helmut (* 22. 10. 1934)
Aus der eigenen Jugend, bis 1958 Eintracht, 1958 bis 1963 FSV Frankfurt, 1963 Sportinvalide

	Oberliga		DM-Endrunde		SFV-/DFB-Pokal	
1954/55	11	4	–	–	1	–
1955/56	24	8	–	–	–	–
1956/57	22	13	–	–	3	–
1957/58	22	7	–	–	–	–
Gesamt:	79	32	–	–	4	–

Weitere Einsätze: Oberliga-Vergleichsrunde 1955 6/3, 1956 10/3 (insgesamt: 16/6); Flutlicht-Pokal 1957 3/1, 1958 2/1 (insgesamt: 5/2)

■ Gemiti, Giuseppe (* 3. 5. 1981)
Bis 1994 Eintracht, 1994 bis 1997 Rot-Weiss Frankfurt, 1997 bis 2002 Eintracht, 2002 bis Januar 2004 Udinese Calcio, Januar 2004 bis 2005 Genua CFC 1893, 2005 bis Januar 2006 FC Modena, Januar bis Juni 2006 AC Chievo Verona, seit 2006 FC Piacenza

	BL/2. BL *		DFB-Pokal		Europapokal	
2000/01	3	–	–	–	–	–
2001/02 *	12	–	1	–	–	–
Gesamt:	15	–	1	–	–	–

Einsätze bei den Amateuren: Oberliga Hessen 1999/2000 1/–, 2000/01 14/1, 2001/02 7/1 (insgesamt: 22/2)

■ Gerhardt, Albert (* 4. 12. 1872, † August 1953)
Kam vom FFC Germania 94, 1899 Mitbegründer des FFC Victoria, beim ersten Spiel dabei, 1911 FFV

■ Gerster, Frank (* 15. 4. 1976)
1980 bis 1992 FC Kempten, 1992 bis 1994 FC Augsburg, 1994 bis 1998 Bayern München, 1998 bis 2001 Eintracht, 2001 bis 2003 SSV Reutlingen, 2003/04 Borussia Fulda, 2004 bis Dezember 2005 Sachsen Leipzig, Januar bis Juni 2006 Kickers Emden, seit 2006 1. FC Magdeburg.

	Bundesliga		DFB-Pokal		Europapokal	
1998/99	1	–	–	–	–	–

Weitere BL-Einsätze: 8/– für Bayern München

■ Gerth

	Gauliga		DM-Endrunde		Tschammer-Pokal	
1935/36	4	–	–	–	3	–

■ Giller, Walther (* 20. 8. 1922)
Bis 1947 VfB Riederwald, während des Krieges Holland Soldatenelf (1941) und FC Bologna, 1947 bis 1951 Eintracht, 1951 bis 1957 Viktoria Aschaffenburg

	Oberliga		DM-Endrunde		DFB-Pokal	
1947/48	9	–	–	–	–	–
1948/49	14	–	–	–	–	–
1949/50	15	–	–	–	–	–
1950/51	12	–	–	–	–	–
Gesamt:	50	–	–	–	–	–

■ Glöckner, Patrick (* 18. 11. 1976)
Bis 1997 FSV Bischofsheim, Eintracht, 1997/98 Stuttgarter Kickers, 1998/99 Eintracht, 1999/ 2000 ohne Verein, 2000/01 Kickers Offenbach, 2001 bis Januar 2003 ohne Verein, Januar bis Juni 2003 FSV Frankfurt

	2. Bundesliga		DFB-Pokal		Europapokal	
1996/97	9	–	–	–	–	–

Einsätze bei den Amateuren: Regionalliga Süd 1995/96 15/–; Oberliga Hessen 1996/97 20/2, 1998/99 4/– (insgesamt: 24/2); Hessenpokal 1997 1/–

■ Gmelin, Wilhelm (* 14. 4. 1891, † Dez. 1978)
Der Torhüter-Veteran spielte von 1907 bis 1922 in der 1. Mannschaft von Victoria, FFV und Eintracht und wurde je zweimal Nordkreis- und Nordmainmeister. Er war einer der ersten Ehrenspielführer der Eintracht.

	Meisterschaft		Südd. Meist.		DM-Endrunde	
1911/12	2	–	–	–	–	–
1912/13	1	–	3	–	–	–
1913/14	13	–	6	–	–	–
1918/19	?	–	–	–	–	–
1919/20	+3	–	–	–	–	–
1920/21	+5	–	6	–	–	–
1921/22	+1	–	–	–	–	–
Gesamt:	+25	–	15	–	–	–

■ Görtz, Armin (* 30. 8. 1959)
1973 bis 1981 SC Kirchhörde, Borussia Dortmund, SV Welver, 1981 bis Dezember 1982 Eintracht, Dezember 1982 bis 1983 FSV Frankfurt, 1983/84 SK Beveren, 1984 bis 1986 SV Waregem, 1986 bis 1990 1. FC Köln, 1990 bis Dezember 1992 Hertha BSC Berlin

	Bundesliga		DFB-Pokal		Europapokal	
1981/82	4	–	1	–	–	–
1982/83	1	–	–	–	–	–
Gesamt:	5	–	1	–	–	–

Weitere BL-Einsätze: 112/8 für den 1. FC Köln, 27/1 für Hertha BSC Berlin

■ Götze
Kam vom FFC Germania 94, 1899 FFC Victoria

■ Goldammer, Bruno (* 12. 11. 1904, † 1968/69)
Bis 1926 Helvetia Frankfurt, 1926 bis 1933 Eintracht

	Meisterschaft		Südd. Meist.		DM-Endrunde	
1926/27	14	2	+2	–	–	–
1927/28	20	2	13	1	1	–
1928/29	12	2	12	–	–	–
1929/30	14	–	14	2	2	–
1930/31	9	–	4	–	1	–
1932/33	1	–	–	–	–	–
Gesamt:	70	6	+45	3	4	–

■ Gonschorek, Erich (* 24. 5. 1924)

Aus der Jugend von Blau-Weiß 90 Berlin, während des Krieges bei Sportfreunde Klausberg/Oberschlesien, 1947 Stade Laval/Frankreich, danach SG Mariendorf, bis 1950 Sportfreunde Saarbrücken, 1950 bis 1953 FSV Frankfurt, 1953/54 Eintracht, 1954 bis 1956 Viktoria Aschaffenburg, 1957/58 Spielertrainer SpVgg Dietesheim

	Oberliga		DM-Endrunde		SFV-Pokal	
1953/54	4	3	–	–	–	–

■ Gorka

	Gauliga		DM-Endrunde		Tschammer-Pokal	
1936/37	8	–	–	–	1	–
1937/38	7	–	–	–	–	–
Gesamt:	15	–	–	–	1	–

■ Gorths, „Bubi" (* 20. 11. 1910)

	Meisterschaft		Süddt. Meist.		DM-Endrunde	
1931/32	–	–	1	–	–	–

■ Grabowski, Jürgen (* 7. 7. 1944)

„Grabi" begann 1952 beim SV Biebrich 19. Entdeckt wurde er jedoch beim FV Biebrich 02, zu dem er 1960 gewechselt war. 1965 sicherte sich die Eintracht die Dienste des quirligen Außenstürmers, der bereits 1966 zum WM-Aufgebot in England gehörte. 1970 erwarb er sich in Mexiko den Ruf als „bester Einwechselspieler der Welt" und 1974 wurde er an seinem 30. Geburtstag Weltmeister. Es war gleichzeitig das letzte seiner 44 Länderspiele (5 Tore). Danach übernahm er bei der Eintracht das Kommando im Mittelfeld und führte den Klub 1974 und 1975 zu zwei DFB-Pokal-Siegen. Eine schwere Verletzung des linken Mittelfußknochens verhinderte 1980 sein Mitwirken in den UEFA-Pokal-Endspielen gegen Borussia Mönchengladbach. Mit einem Spiel gegen die deutsche Nationalmannschaft nahm er im November 1980 Abschied vom Profi-Fußball. Bis zu einem Zerwürfnis mit seinem Ex-Kollegen Bernd Hölzenbein 1992 war er jedoch Mitglied im Verwaltungsrat. Ein Amt bei der Eintracht bekleidet er zwar nicht mehr, dafür wurde der „Streit" mit Hölzenbein im März 2003 von Franz Beckenbauer geschlichtet. Im Vorfeld der WM 2006 waren „der Grabi und der Holz" WM-Botschafter für Frankfurt.

	Bundesliga		DFB-Pokal		Europapokal	
1965/66	27	10	1	–	–	–
1966/67	29	7	–	–	7	1
1967/68	17	3	–	–	1	–
1968/69	30	8	2	2	4	1
1969/70	32	8	3	1	–	–
1979/71	34	3	2	–	–	–
1971/72	26	8	1	1	–	–
1972/73	27	11	2	–	1	–
1973/74	32	9	5	2	–	–
1974/75	33	13	7	3	4	–
1975/76	34	10	4	2	8	3
1976/77	34	6	6	4	–	–
1977/78	34	9	4	2	8	4
1978/79	27	4	4	1	–	–
1979/80	25	–	4	1	7	–
Gesamt	441	109	45	19	40	9

Weitere Einsätze: Intertoto-Runde 1966/67 6/3, 1977 4/– (insgesamt: 10/3); Alpenpokal 1967 3/2, 1968 2/1, 1969 4/1 (insgesamt: 9/4); Ligapokal 1972/73 10/7

■ Gramlich, Rudolf (* 6. 6. 1908, † 14. 3. 1988)

Der gebürtige Offenbacher spielte von 1923 bis 1926 bei Borussia Frankfurt und anschließend drei Jahre für die Sportfreunde Freiberg in Sachsen. 1929 kehrte er nach Frankfurt zurück und blieb der Eintracht bis zu seinem Tod in mehreren Funktionen treu. Als Spieler war er bis 1939 maßgeblich am Aufschwung und dem Gewinn zweier Süddeutscher Meisterschaften (1930 und 1932), dem Einzug ins Finale um die Deutsche Meisterschaft 1932 und der Gaumeisterschaft 1938 verantwortlich. Von 1931 bis 1936 bestritt er 22 Länderspiele und nahm an der WM 1934 in Italien teil. Vereinsvorsitzender von 1939 bis 1942, stellte er sich 1943/44 noch einmal als Spieler zur Verfügung. Nach dem Krieg war er Spielausschuss-Vorsitzender (1949/50), dann Stellvertretender Vorsitzender (1955) und schließlich vom 1. September 1955 bis 1970 1. Vorsitzender (zuletzt Präsident) der Eintracht. In seine Amtsperiode fielen die Deutsche Meisterschaft 1959, das Europapokal-Finale 1960, die Qualifikation für die Bundesliga 1963 und die „Wiedervereinigung" von Sportgemeinde und Turn- und Fechtgemeinde zu „Eintracht Frankfurt e. V." 1968/69. Rudi Gramlich war Ehrenspielführer und Ehrenpräsident der Eintracht, Träger des Bundesverdienstkreuzes und der Goldenen Ehrennadel des DFB. 1975 wurde er Ehrenmitglied des DFB. Sein Sohn Klaus war von 1983 bis 1988 Präsident der Eintracht

	Meisterschaft		Süddt. Meist.		DM-Endrunde	
1929/30	6	4	13	–	2	–
1930/31	13	–	8	1	2	–
1931/32	17	2	12	1	4	–
1932/33	15	1	15	–	2	–
1933/34	20	5	–	–	–	–
1934/35	20	1	–	–	–	–
1935/36	18	–	–	–	–	–
1936/37	6	–	–	–	–	–
1937/38	17	1	–	–	4	–
1938/39	6	–	–	–	–	–
1943/44	+2	–	–	–	–	–
Gesamt:	+140	14	48	2	14	–

Weitere Einsätze: Tschammer-Pokal 1936 2/–, 1937 2/–, 1938 1/– (insgesamt: 5/–); Frankfurter Stadtrunde 1939 1/–

■ **Grein, Willi** (* 14. 4. 1917)

	Gauliga		DM-Endrunde		Tschammer-Pokal	
1936/37	–	–	–	–	1	–
1937/38	5	–	–	–	1	–
Gesamt:	5	–	–	–	2	–

■ **Greiner, Karlheinz** (* 26. 1. 1929)
Januar 1953 bis 1954 Eintracht, 1954 TSG Ulm 1846

	Oberliga		DM-Endrunde		SFV-Pokal	
1953/54	1	–	–	–	–	–

■ **Grigutsch, Franz**
Bis 1939 Alemannia Aachen, 1939 SV Wiesbaden, 1944 LSV Mölders Krakau, 1945/46 Eintracht, später SuS 1913 Recklinghausen, 1948/49 SpVgg (FV) Offenburg

	Oberliga		DM-Endrunde		DFB-Pokal	
1945/46	+4	+2	–	–	–	–

■ **Grimm, R.**
1903 bis 1908 FFC Victoria

■ **Grosch, Richard** (* 25. 1. 1922, † 11. 2. 1943)
Aus der eigenen Jugend

	Gauliga		DM-Endrunde		Tschammer-Pokal	
1940/41	1	–	–	–	1	–

■ **Groß, August**
Kam aus Friedrichshafen, 1938 bis 1940 Eintracht, während des Krieges Gastspieler bei Rot-Weiß Oberhausen

	Gauliga		DM-Endrunde		Tschammer-Pokal	
1938/39	8	1	–	–	–	–
1939/40	3	–	–	–	2	–
Gesamt:	11	1	–	–	2	–

■ **Groß, Friedrich** (* 30. 12. 1913, † 19. 9. 1982)
Bis 1935 FG 02 Seckbach, 1935 bis 1943 Eintracht, später Gastspieler beim SC 1903 Weimar

	Gauliga		DM-Endrunde		Tschammer-Pokal	
1935/36	11	2	–	–	3	–
1936/37	16	–	–	–	1	–
1937/38	14	–	6	1	1	–
1938/39	16	1	–	–	5	–
1939/40	4	–	–	–	2	–
1940/41	4	–	–	–	–	–
1942/43	+1	–	–	–	+1	–
Gesamt:	+66	3	6	1	+13	–

Weitere Einsätze: Frankfurter Stadtrunde 1939 3/–

■ **Groß III, Walter**
Ein Bruder von Friedrich Groß, März 1943 Eintracht

	Gauliga		DM-Endrunde		Tschammer-Pokal	
1942/43	+1	–	–	–	+2	–

■ **Großmann, Willy**
1899 bis 1908 FFC Victoria

■ **Gruber, Rigobert** (* 14. 5. 1961)
Bis 1978 Blau-Weiß Worms, 1978 bis 1981 Eintracht, 1981 bis Februar 1987 Werder Bremen, 1987/88 TSV Verden

	Bundesliga		DFB-Pokal		Europapokal	
1979/80	12	–	1	–	1	–
1980/81	9	1	2	–	1	–
Gesamt:	21	1	3	–	2	–

Einsätze bei den Amateuren: Oberliga Hessen 1978/79 9/2, 1979/80 1/– (insgesamt: 10/2)
Weitere BL-Einsätze: 89/12 für Werder Bremen

■ **Gründel, Heinz** (* 13. 2. 1957)
Bis 1976 Rapide Wedding, 1976 bis 1978 Hertha BSC Berlin, 1978 bis 1982 Thor Waterschei, 1982 bis 1985 Standard Lüttich, 1985 bis 1988 Hamburger SV, 1988 bis 1993 Eintracht

	Bundesliga		DFB-Pokal		Europapokal	
1988/89	25	1	1	1	3	–
1989/90	23	3	1	–	–	–
1990/91	29	4	7	–	1	–
1991/92	14	1	1	–	2	1
Gesamt:	91	9	10	1	6	1

Weitere Einsätze: Supercup 1988 1/–; Relegation 1989 2/–
Weitere BL-Einsätze: 8/1 für Hertha BSC Berlin, 62/14 für den Hamburger SV

■ **Grünerwald, Michael**
Etwa 1915 bis März 1924 1. FC Nürnberg (Deutscher Meister 1921), März 1924 bis 1926 Eintracht

	Meisterschaft		Süddt. Meist.		Süddt. Pokal	
1923/24	–	–	–	–	3	1
1924/25	13	3	–	–	–	–
1925/26	6	1	–	–	–	–
Gesamt:	19	4	–	–	3	1

■ **Güntensberger, Urs** (* 24. 11. 1967)
Bis 1988 FC Albisrieden, 1988 bis 1990 FC Winterthur, 1990/91 FC Lugano, 1991/92 ohne Verein, 1992 bis 1995 FC Luzern, 1995/96 FC Zürich, 1996 bis 1998 Eintracht, September 1998 bis 1999 Lausanne Sports, 1999/2000 FC Basel, Juli bis Dezember 2000 FC Horgen, Januar bis Juni 2001 Red Star Zürich, 2001 BSC Zürich (nach Fusion: BC Albisrieden)

	2. Bundesliga		DFB-Pokal		Europapokal	
1996/97	29	7	2	1	–	–
1997/98	15	4	1	1	–	–
Gesamt:	44	11	3	2	–	–

■ **Günther, Sven** (* 22. 2. 1974)
Bis 1985 TSG Kirchberg, 1985 bis 1998 FSV Zwickau, 1998 bis Oktober 2001 1. FC Nürnberg, November 2001 bis 2002 1. FC Schweinfurt 05, 2002 bis 2004 Eintracht, 2004 bis 2006 Erzgebirge Aue, seit 2006 Carl Zeiss Jena

	BL/2. BL *		DFB-Pokal		Europapokal	
2002/03 *	14	–	–	–	–	–
2003/04	25	–	1	–	–	–
Gesamt:	39	–	1	–	–	–

Weitere BL-Einsätze: 19/– für den 1. FC Nürnberg

■ **Guht, Michael** (* 16. 6. 1973)
Bis 1988 FC Burgsolms, 1988 bis 1991 Eintracht, 1991 bis 1993 SpVgg Bad Homburg, 1993/94 FSV Steinbach, 1994/95 VfB Gießen, 1995/96 VfR 1919 Limburg, 1996/97 Eintracht, 1997 bis August 1998 FSV Frankfurt, August 1998 bis 2001 SV Wehen, August 2001 bis 2002 TSG Wörsdorf, 2002/03 1. FC Eschborn, 2003 bis 2005 FSV Steinbach

	2. Bundesliga		DFB-Pokal		Europapokal	
1996/97	21	1	–	–	–	–

Einsätze bei den Amateuren: Oberliga Hessen 1990/91 3/–, 1996/97 14/14 (insgesamt: 17/14); Hessenpokal 1/–

■ **Guié-Mien, Rolf-Christel** (* 28. 10. 1977)
Bis 1997 AS Inter Brazzaville, 1997 bis 1999 Karlsruher SC, 1999 bis Januar 2003 Eintracht, Januar 2003 bis 2004 SC Freiburg, 2004 bis 2006 1. FC Köln, seit September 2006 Sachsen Leipzig.

	BL/2. BL		DFB-Pokal		Europapokal	
1999/2000	29	6	2	–	–	–
2000/01	25	2	1	–	–	–

2001/02 *	26	3	3	–	–	–
2002/03 *	16	9	2	1	–	–
Gesamt:	96	20	8	1	–	–

Weitere BL-Einsätze: 10/1 für den Karlsruher SC, 10/– für den SC Freiburg, 7/– für den 1. FC Köln

■ **Gulich, Helmut** (* 16. 1. 1961)
Bis 1979 FC Kleinwallstadt, 1979 bis 1983 Eintracht, 1983 bis 1985 Bayer Uerdingen, 1985/86 Hannover 96, 1986 Sportinvalide, 1987 FC Kleinwallstadt

	Bundesliga		DFB-Pokal		Europapokal	
1981/82	–	–	–	–	1	–
1982/83	15	–	1	–	–	–
Gesamt:	15	–	1	–	1	–

Einsätze bei den Amateuren: Oberliga Hessen 1979/80 14/5, 1980/81 23/9, 1981/82 28/14, 1982/83 17/6 (insgesamt: 82/34; Deutsche Amateurmeisterschaft 1983 2/1
Weitere BL-Einsätze: 29/10 für Bayer Uerdingen

■ **Gundelach, Hans-Jürgen** (* 29. 11. 1963)
Bis 1977 FSV Großenhausen, 1977 bis 1989 Eintracht, 1989 bis 1992 FC Homburg, 1992 bis 1997 Werder Bremen

	Bundesliga		DFB-Pokal		Europapokal	
1984/85	10	–	–	–	–	–
1985/86	31	–	1	–	–	–
1986/87	31	–	4	–	–	–
1987/88	14	–	2	–	–	–
1988/89	1	–	–	–	–	–
Gesamt:	87	–	7	–	–	–

Einsätze bei den Amateuren: Oberliga Hessen 1982/83 32/–, 1983/84 28/– (insgesamt: 60/–), Deutsche Amateurmeisterschaft 1983 2/–
Weitere BL-Einsätze: 34/– für den FC Homburg, 9/– für Werder Bremen

■ **Gwinner, Max** †
1905 und 1906 Frankfurter Kickers

■ **Häffner**
1906 FFC Victoria

■ **Hagner, Matthias** (* 15. 8. 1974)
1979 bis 1990 FC Burgsolms, 1990/91 Eintracht, 1991/92 FC Burgsolms, 1992 bis 1996 Eintracht, 1996 bis 1998 VfB Stuttgart, 1998 bis 2001 Borussia Mönchengladbach, 2001 bis Dezember 2002 SpVgg Greuther Fürth, Dezember 2002 bis 2003 FSV Frankfurt, 2003 bis 2006 1. FC Saarbrücken, seit 2006 FSV Frankfurt

	Bundesliga		DFB-Pokal		Europapokal	
1993/94	4	–	–	–	2	–
1994/95	1	–	–	–	–	–
1995/96	26	10	2	–	–	–
Gesamt:	31	10	2	–	2	–

Einsätze bei den Amateuren: Oberliga Hessen 1992/93 3/–, 1993/94 22/9, 1994/95 23/8 (insgesamt: 48/17); Entscheidungs- und Aufstiegsspiele 1995 2/3; Regionalliga Süd 1995/96 4/5
Weitere BL-Einsätze: 53/10 für den VfB Stuttgart, 18/2 für Borussia Mönchengladbach

■ **Hahn, Erich** (* 27. 5. 1937)
Bis 1959 Bayern München, 1959/60 FC Luzern, 1960/61 Salzburger AK 1914, 1961/62 Hessen Kassel, 1962/63 Eintracht, 1963/64 Alemannia Aachen, 1964/65 AC Bellinzona, 1967 St. Louis Stars

	Oberliga		DM-Endrunde		DFB-Pokal	
1962/63	6	3	–	–	3	1

■ **Halle, Paul**
1910/11 Frankfurter Kickers

	Meisterschaft		Süddt. Meist.		DM-Endrunde	
1910/11	6	+1	–	–	–	–

■ **Hamilton**
1905 Frankfurter Kickers

■ **Hammer, Herbert** (* 10. 2. 1924, † 30. 5. 1999)
1936 bis 1946 Eintracht, November 1944 bis Januar 1945 KSG FSV/Eintracht, 1946/47 Rot-Weiss Frankfurt

	Gau-/Oberliga		DM-Endrunde		Tschammer-Pokal	
1941/42	1	1	–	–	–	–
1942/43	8	3	–	–	–	–
1944/45	+1	–	–	–	–	–
1945/46	+3	–	–	–	–	–
Gesamt:	+13	4	–	–	–	–

■ **Hanek, Janos** (* 29. 5. 1937)
Bis 1957 Ferencvaros Budapest, 1957/58 Eintracht, 1958 bis 1960 Stuttgarter Kickers, 1960 bis 1962 DOS Utrecht, 1962 bis 1966 VV Alkmaar '54, 1966 DTS Oudkarspel, 1968 Vancouver Royals, Sommer 1968 bis 1970 Kansas City Spurs

	Oberliga		SFV-Pokal		Flutlicht-Pokal	
1957/58	2	–	2	–	2	–

■ **Hannah**
1905 Frankfurter Kickers

■ **Hartmann, August**
1905 und 1906 Frankfurter Kickers, 1911 FFV

■ **Hartung**
1900 FFC Victoria

■ **Haub, Ralf** (* 26. 7. 1964)
Bis 1987 FC Oberstedten, 1. FC Oberursel, Kickers Offenbach, SpVgg Bad Homburg, 1987/88 Eintracht, 1988 bis Dezember 1989 Viktoria Aschaffenburg, Februar 1990 bis 1990 Kickers Offenbach, 1990/91 Preußen Münster, 1991/92 Inter Oberursel, 1992/93 SpVgg Bad Homburg, 1993/94 FSV Frankfurt, 1994/95 SG Egelsbach, 1995/96 SpVgg Bad Homburg, 1996 bis 1999 Spielertrainer SKG Bad Homburg, 1999/2000 TSG Usingen, seit 2000 Spielertrainer SC 99 Bad Homburg

	Bundesliga		DFB-Pokal		Europapokal	
1987/88	5	–	1	–	–	–

■ **Hausmann**

	Meisterschaft		Süddt. Meist.		DM-Endrunde	
1929/30	–	–	1	–	–	–

■ **Heese, Horst** (* 31. 12. 1943)
Der Sohn eines Boxers wechselte 1964 vom VfB Hilden zu den Sportfreunden Hamborn 07 und 1967 zum Wuppertaler SV, von wo ihn die Eintracht 1969 verpflichtete. Er wurde in Frankfurt schnell zum Publikumsliebling, da er als Mittelstürmer ein Kämpfer war und selbst da noch mit dem Kopf hinging, wo andere schon den Fuß zurückzogen. Im Dezember 1972 ging er zum Hamburger SV und 1974 zum belgischen Klub AS Eupen, wo er seine aktive Laufbahn beendete. Als Trainer arbeitete er u. a. bei Kickers Offenbach, dem 1. FC Nürnberg, FSV Frankfurt und Viktoria Aschaffenburg und sprang Ende März 1993 nach dem Rücktritt von Dragoslav Stepanovic sogar als Cheftrainer bei der Eintracht ein, wo er trotz des Wechselfehlers von Uerdingen noch die Qualifikation für den UEFA-Pokal schaffte. Nachdem er bereits zwischen 1988 und 1991

maltesischer Nationaltrainer war, kehrte er 2003 als Technischer Direktor auf die Mittelmeerinsel zurück und war bis Ende 2005 noch einmal Nationaltrainer.

	Bundesliga		DFB-Pokal		Europapokal	
1969/70	32	12	3	–	–	–
1970/71	31	7	2	2	–	–
1971/72	32	6	4	1	–	–
1972/73	13	2	1	–	2	–
Gesamt:	108	27	10	3	2	–

Weitere Einsätze: Ligapokal 1972/73 6/–
Weitere BL-Einsätze: 41/11 für den Hamburger SV

■ Heidenreich, Maximilian (* 9. 5. 1967)
Bis 1982 Arminia Hannover, 1982 bis 1987 Hannover 96, 1987/88 TSV München 1860, 1988/89 Eintracht, 1989/90 Hannover 96, 1990 bis 1992 FC Basel, 1992 bis 1997 SC Freiburg, 1997/98 VfL Wolfsburg, 1998/99 SG Wattenscheid 09, 1999 Sportinvalide, Januar 2001 bis 2004 Spielertrainer Freiburger FC, seitdem Trainer

	Bundesliga		DFB-Pokal		Europapokal	
1988/89	13	–	2	–	1	–

Weitere Einsätze: Supercup 1988 1/–
Weitere BL-Einsätze: 29/1 für Hannover 96,114/5 für den SC Freiburg, 10/5 für den VfL Wolfsburg

■ Heider, Otto (* 22. 5. 1920, † 14. 8. 2003)
Seit 1929 Eintracht, 1941 Sportinvalide

	Gauliga		DM-Endrunde		Tschammer-Pokal	
1938/39	3	–	–	–	1	–
1939/40	5	–	–	–	5	–
1940/41	13	–	–	–	7	–
Gesamt:	21	–	–	–	13	–

Weitere Einsätze: Frankfurter Stadtrunde 1939 5/–

■ Heil, Ludwig
1899 Mitbegründer des FFC Victoria, beim ersten Spiel dabei, bis 1908 FFC Victoria

■ Heilig, Werner (* 20. 10. 1921, † 29. 1. 1987)
24 Jahre lang, von 1933 bis 1957, trug examinierte Chemiker das Trikot der Eintracht, mit der er 1953 Süddeutscher Meister wurde. Seine Stammposition war linker Läufer, doch wurde er bisweilen auch als Stürmer eingesetzt. Für seine Verdienste wurde er zum Ehrenspielführer ernannt. Sein Bruder Günter leitete lange Zeit die Tennis-Abteilung.

	Gauliga		DM-Endrunde		Pokal	
1939/40	–	–	–	–	3	–
1940/41	14	10	–	–	7	–
1941/42	8	–	–	–	+3	–
1942/43	14	9	–	–	+7	3
1943/44	+11	+5	–	–	?	?
1944/45	?	?	–	–	–	–
1945/46	30	8	–	–	–	–
1946/47	35	6	–	–	–	–
1947/48	34	1	–	–	–	–
1948/49	30	1	–	–	–	–
1949/50	28	3	–	–	–	–
1950/51	21	1	–	–	–	–
1951/52	30	–	–	–	10	–
1952/53	30	4	6	–	–	–
1953/54	29	5	2	1	–	–
1954/55	24	–	–	–	1	–
1955/56	16	–	–	–	–	–
1956/57	1	–	–	–	–	–
Gesamt:	+355	+53	8	1	+31	3

Weitere Einsätze: Oberliga-Vergleichsrunde 1955 3/1

■ Heine
1916/17 Frankfurter FV

■ Heinemann, R.

	Meisterschaft		Süddt. Meist.		DM-Endrunde	
1911/12	+1	1	4	+1	–	–

■ Heinen, Dirk (* 3. 12. 1970)
Bis 1981 Rot-Weiß Zollstock, 1981 bis Januar 2000 Bayer Leverkusen, Januar 2000 bis 2002 Eintracht, 2002/03 Denizlispor, seit 2003 VfB Stuttgart

	BL/2. BL *		DFB-Pokal		Europapokal	
1999/2000	17	–	–	–	–	–
2000/01	30	–	–	–	–	–
2001/02 *	15	–	3	–	–	–
Gesamt:	62	–	3	–	–	–

Weitere BL-Einsätze: 107/– für Bayer Leverkusen

■ Heinlein
1902 bis 1904 FFC Victoria

■ Heitkamp, Dirk (* 14. 2. 1963)
Bis 1983 VfL Bochum, 1983 bis 1985 1. FC Bocholt, 1985 bis 1987 Rot-Weiss Essen, 1987 bis 1989 Eintracht, 1989 Sportinvalide, 1989 bis 1991 VfB Hüls

	Bundesliga		DFB-Pokal		Europapokal	
1987/88	15	–	1	–	–	–
1988/89	2	–	2	1	1	–
Gesamt:	17	–	3	1	1	–

■ Heitkamp, Werner (* 3. 8. 1930)
1948 bis 1951 Concordia Hamburg, 1951 bis 1955 FC St. Pauli, 1955/56 Eintracht, 1956 reamateurisiert für die eigenen Amateure

	Oberliga		DM-Endrunde		DFB-Pokal	
1955/56	9	1	–	–	–	–

Weitere Einsätze: Oberliga-Vergleichsrunde 1956 5/5

■ Heldt, Horst (* 9. 12. 1969)
1975 bis 1986 SG Königswinter, 1986/87 FV Bad Honnef, 1987 bis 1995 1. FC Köln, 1995 bis 1999 TSV München 1860, 1999 bis 2001 Eintracht, 2001 bis Januar 2003 Sturm Graz, Januar 2003 bis 2005 VfB Stuttgart

	Bundesliga		DFB-Pokal		Europapokal	
1999/2000	30	4	2	–	–	–
2000/01	34	5	1	–	–	–
Gesamt:	64	9	3	–	–	–

Weitere BL-Einsätze: 130/13 für den 1. FC Köln,111/11 für den TSV München 1860, 54/3 für den VfB Stuttgart

■ **Helfenbein, Franz** (* 2. 1. 1917, † 20. 8. 1989)
1932 bis 1937 SV Zeilsheim, 1937 bis 1939 Eintracht, 1949 SV Zeilsheim

	Gauliga		DM-Endrunde		Tschammer-Pokal	
1938/39	1	–	–	–	–	–

■ **Helfert**
Kam aus Dörnigheim, Januar bis März 1943 Gastspieler bei der Eintracht

	Gauliga		DM-Endrunde		Tschammer-Pokal	
1942/43	2	–	–	–	–	–

■ **Hellbach**
Kam von Viktoria 89 Berlin, 1905 FFC Victoria

■ **Hemmerich, Anton** (* 21. 9. 1919)
1934 BSC 19 Frankfurt, 1936 bis August 1937 Eintracht

	Gauliga		DM-Endrunde		Tschammer-Pokal	
1936/37	8	3	–	–	–	–
1937/38	–	–	–	–	1	–
Gesamt:	8	3	–	–	1	–

■ **Hemmerich, Stefan** († Januar 1944)
1932 bis Oktober 1933 Eintracht, Oktober 1933 bis 1936 Arminia Bielefeld, 1936 bis 1938 Eintracht, 1938 bis 1940 BSG IG Farben Frankfurt, 1940 bis 1943 Gastspieler bei der Eintracht

	Meisterschaft		DM-Endrunde		Tschammer-Pokal	
1932/33	6	3	1	–	–	–
1933/34	4	–	–	–	–	–
1936/37	9	5	–	–	4	–
1937/38	5	1	–	–	–	–
1940/41	1	1	–	–	–	–
1941/42	9	–	–	–	+3	–
1942/43	3	–	–	–	–	–
Gesamt:	37	10	1	–	+7	–

Weitere Einsätze: Süddeutsche Meisterschaft 1932 2/1

■ **Hendricks, Rowan** (* 15. 11. 1979)
Bis 1998 School of Excellence Johannisburg, Kapstadt Spurs, 1998 bis 2001 Eintracht, 2001 bis Februar 2003 Ajax Kapstadt, Februar 2003 bis Ende 2005 FK Rostow, seit 2006 SuperSport United

	Bundesliga		DFB-Pokal		Europapokal	
1999/2000	1	–	–	–	–	–

Einsätze bei den Amateuren: Oberliga Hessen 1998/99 15/3, 1999/2000 31/9, 2000/01 28/5 (insgesamt: 74/17)

■ **Hengemühle, Franciel Rodrigo** (* 17. 2. 1982)
Bis 2002 Gremio Porto Alegre, 2002 bis Januar 2004 Eintracht, Januar bis Juni 2004 1. FC Eschborn, 2004/05 FC Schaffhausen, Juli bis Januar 2006 Debreceni VSC, seit Januar 2006 Gremio Esportivo Brasil Pelotas/RS

	2. Bundesliga		DFB-Pokal		Europapokal	
2002/03	1	–	–	–	–	–

Einsätze bei den Amateuren: Regionalliga Süd 2002/03 10/3; Oberliga Hessen 2003/04 18/10

■ **Henig, Helmut** (* 12. 8. 1921, †)
Obwohl zwischen seinem ersten und letzten Spiel im Eintracht-Trikot fast 19 Jahre liegen, war der Torhüter zeitweise ein richtiger Wandervogel. 1937 kam er vom VfB Riederwald, wohin er nach Kriegsende kurz zurückkehrte, zur Eintracht. In der Saison 1945/46 war er gleich für drei Frankfurter Vereine aktiv: Im November/Dezember 1945 in der Oberliga für die Eintracht, von Januar bis März 1946 beim Landesligisten Rot-Weiss und ab April 1946 für den FSV. Sein erstes Gastspiel bei der TSG Ulm 1846 dauerte von März bis Juni 1947. Danach kehrte er im Tausch mit Toni Turek an den Riederwald zurück. 1953 wurde er mit der Eintracht Süddeutscher Meister und bestritt ein B-Länderspiel. Ab 1954 stand er ein zweites Mal bei der TSG Ulm 1846 unter Vertrag und als er sich 1956 der SG Dietzenbach anschloss, schien seine Karriere beendet. Doch zur Überraschung aller wechselte er 1957 als fast 36-Jähriger noch einmal zur Eintracht und stand im Meisterjahr 1958/59 in den ersten acht Oberligaspielen im Eintracht-Tor.

	Gau-/Oberliga		DM-Endrunde		Pokal	
1939/40	1	–	–	–	–	–
1940/41	10	–	–	–	4	–
1942/43	4	–	–	–	–	–
1943/44	1	–	–	–	–	–
1944/45	?	?	–	–	–	–
1945/46	5	–	–	–	–	–
1947/48	36	–	–	–	–	–
1948/49	30	–	–	–	–	–
1949/50	30	–	–	–	–	–
1950/51	33	–	–	–	–	–
1951/52	27	–	–	–	9	–
1952/53	30	–	6	–	–	–
1953/54	29	–	2	–	–	–
1958/59	8	–	–	–	–	–
Gesamt:	244	–	8	–	13	–

■ **Henkel, Karl**
Kam im November 1942 als Gastspieler vom BSC 19 Frankfurt, bis 1946 Eintracht

	Gauliga		DM-Endrunde		Tschammer-Pokal	
1942/43	3	2	–	–	–	–
1943/44	+2	3	–	–	–	–
1945/46	+3	–	–	–	–	–
Gesamt:	+8	5	–	–	–	–

■ **Henkel, Otto** (* 7. 8. 1891, † 1970/71)
1904 bis 1911 Frankfurter Kickers, 1911 bis 1913 FFV

	Meisterschaft		Süddt. Meist.		DM-Endrunde	
1910/11	1	–	–	–	–	–
1911/12	5	?	5	?	–	–
1912/13	+8	?	1	?	–	–
Gesamt:	+14	?	6	?	–	–

■ **Hennig, Carsten** (* 6. 11. 1976)
1993 bis 1995 1. FSV Mainz 05, 1995 bis 1997 Eintracht, 1997 bis 2001 FSV Frankfurt, 2001/02 VfR Mannheim, seit 2002 FSV Frankfurt

	2. Bundesliga		DFB-Pokal		Europapokal	
1996/97	3	–	–	–	–	–

Einsätze bei den Amateuren: Regionalliga Süd 1995/96 22/2; Oberliga Hessen 1996/97 27/3

■ **Herber, Karl**
1919/20 FFV, 1920 bis 1924 Eintracht

	Meisterschaft		S ddt. Meist.		DM-Endrunde	
1919/20	?	?	+1	+1	–	–
1921/22	+2	+1	?	?	–	–
1923/24	+1	–	–	–	–	–
Gesamt:	+3	+1	+1	+1	–	–

■ **Herberger, Johannes** (* 9. 11. 1919)
Bis Dezember 1939 FV Wiesental, Dezember 1939/Januar 1940 Gastspieler bei der Eintracht, 1940 CSC 03 Kassel, 1942 Blau-Weiß 90 Berlin, Oktober 1942 Phönix Karlsruhe, 1943 FV Saarbrücken, 1944 1. FC Nürnberg, 1945 bis Januar 1946 Bayern München, Februar bis Sommer 1946 Phönix Karlsruhe, 1946/47 Karlsruher FV, 1947 bis 1949 VfB Stuttgart, 1949 bis 1953 Stuttgarter Kickers

	Gauliga		DM-Endrunde		Tschammer-Pokal	
1939/40	4	1	–	–	–	–

■ Herbert, Willi (* 10. 6. 1938)
Bis 1958 SpVgg Bad Homburg, SV Bommersheim, 1958 bis 1965 Eintracht, 1965 bis 1967 SV Alsenborn, 1967 FV Bad Vilbel

	OL/BL		DM-Endrunde		SFV-Pokal	
1959/60	–	–	–	–	1	–
1960/61	1	–	–	–	–	–
1963/64	6	–	–	–	–	–
1964/65	1	–	–	–	–	–
Gesamt:	8	–	–	–	1	–

Weitere Einsätze: Europapokal 1964/65 1/–

■ Herbold
1904 und 1905 Frankfurter Kickers

■ Herrmann, Dr. Paul
Kam aus Feuerbach, November 1936 bis April 1937 Eintracht, danach zurück nach Schwaben

	Gauliga		DM-Endrunde		Tschammer-Pokal	
1936/37	9	–	–	–	–	–.

■ Hertzsch, Ingo (* 22. 7. 1977)
1982 bis 1988 Stahl Callenberg, 1988 bis 1990 Motor Hohenstein-Ernstthal, 1990 bis 1997 Chemnitzer FC, 1997 bis 2003 Hamburger SV, 2003 bis Januar 2004 Bayer Leverkusen, Januar bis Juni 2004 Eintracht, 2004 bis 2006 1. FC Kaiserslautern, seit 2006 FC Augsburg

	Bundesliga		DFB-Pokal		Europapokal	
2003/04	15	1	–	–	–	–

Weitere BL-Einsätze: 151/1 für den Hamburger SV, 3/– für Bayer Leverkusen, 58/– für den 1. FC Kaiserslautern

■ Hesse, Hermann (* 26. 4. 1930, † Mai 1979)
Bis 1951 SpVgg Oberrad, 1951 bis 1958 Eintracht, 1958 Spielertrainer VfR Groß-Gerau

	Oberliga		DM-Endrunde		SFV-/DFB-Pokal	
1951/52	2	–	–	–	–	–
1952/53	10	3	6	3	1	–
1953/54	1	–	–	–	–	–
1954/55	9	–	–	–	1	–
1955/56	6	–	–	–	–	–
1956/57	6	1	–	–	–	–
1957/58	8	–	–	–	–	–
Gesamt:	42	4	6	3	2	–

Weitere Einsätze: Oberliga-Vergleichsrunde 1955 6/1; Flutlicht-Pokal 1957 2/–

■ Heyl, Georg (* 14. 5. 1915, †)
Seit 1928 Eintracht

	Gauliga		DM-Endrunde		Tschammer-Pokal	
1934/35	1	–	–	–	–	–
1936/37	–	–	–	–	2	–
1937/38	4	1	–	–	1	–
1938/39	13	–	–	–	3	–
1939/40	10	2	–	–	2	–
1941/42	1	–	–	–	–	–
Gesamt:	29	3	–	–	8	–

Weitere Einsätze: Frankfurter Stadtrunde 1939 3/–

■ Hobday, Peter (* 9. 4. 1961)
1978 bis 1980 FC Gillingham, 1980 bis 1983 TuS Schloß Neuhaus, 1983 bis 1986 Stuttgarter K-ckers, 1986 bis 1988 Hannover 96, 1988 bis 1990 Eintracht, 1990 Sportinvalide, Oktober 1992 bis 1994 TuS Paderborn-Neuhaus, 1994 bis Januar 1997 Arminia Bielefeld, Januar bis Juni 1997 Rot-Weiss Essen, 1997/98 LR Ahlen

	Bundesliga		DFB-Pokal		Europapokal	
1988/89	15	–	3	2	4	–
1989/90	2	1	–	–	–	–
Gesamt:	17	1	3	2	4	–

Weitere Einsätze: Supercup 1988 1/–
Weitere BL-Einsätze: 33/4 für Hannover 96, 11/– für Arminia Bielefeld

■ Höfer, Hermann (* 19. 7. 1934, † 22. 10. 1996)
Ein weiteres langjähriges Mitglied der Eintracht-Familie, das bis zu seinem unerwarteten Tod dem Verein die Treue hielt. Seit 1949 bei der Eintracht, wurde der „Stift" von Trainer Windmann bei den Amateuren entdeckt, mit denen er 1954 in die A-Klasse aufgestiegen war. Zur allgemeinen Überraschung stand der 19-Jährige dann als Linksaußen bereits in der Endrunde um die Deutsche Meisterschaft seinen Mann. 1956 nahm er am Olympia-Fußball-turnier in Melbourne teil, mehr als 6 Amateur- und 1 U-23-Länderspiel konnte er jedoch nicht verbuchen. Dafür stand er in der Meistermannschaft 1959 und im Europapokal-Finale 1960. Nachdem er 1966 wegen Verletzung seine aktive Laufbahn beenden musste, war er lange Jahre Jugend- und Amateur-Trainer und 1981/82 sogar Vizepräsident.

	OL/BL		DM-Endrunde		SFV-/DFB-Pokal	
1953/54	1	1	2	–	–	–
1954/55	24	7	–	–	–	–
1955/56	7	1	–	–	–	–
1956/57	27	–	–	–	2	–
1957/58	28	3	–	–	2	–
1958/59	30	2	7	–	2	–
1959/60	22	–	–	–	7	–
1960/61	30	–	7	–	5	–
1961/62	29	3	3	–	5	–
1962/63	26	–	–	–	7	–
1963/64	29	–	–	–	5	–
1964/65	18	1	–	–	2	–
1965/66	21	1	–	–	1	–
Gesamt:	292	19	19	–	38	–

Weitere Einsätze: Oberliga-Vergleichsrunde 1955 4/–, 1956 8/– (insgesamt: 12/–); Flutlicht-Pokal 1957 6/–, 1958 4/1 (insgesamt: 10/1); Europapokal 1955-58 (Messe-Pokal mit der Stadtauswahl) 2/–, 1959/60 7/–, 1964/65 1/– (insgesamt: 10/–); Intertoto-Runde 1965 2/1

■ Höfer, Karl

	Gauliga		DM-Endrunde		Tschammer-Pokal	
1939/40	2	–	–	–	–	–

Weitere Einsätze: Frankfurter Stadtrunde 1939 3/–

■ Höhl, Albert (* 14. 8. 1909)
Seit 1920 Eintracht.

	Meisterschaft		Süddt. Meist.		Tschammer-Pokal	
1928/29	3	–	1	–	–	–
1933/34	1	–	–	–	–	–
1934/35	1	–	–	–	1	–
Gesamt:	5	–	1	–	1	–

■ Hölzenbein, Bernd (* 9. 3. 1946)
„Deutschlands Stolz, der Grabi und der Holz!" sangen die Eintracht-Fans, nachdem Deutschland 1974 mit der Frankfurter „Flügelzange" Weltmeister geworden war. Dabei hatte Bernd Hölzenbein erst im Oktober 1973 das erste von 40 Länderspielen (5 Tore) bestritten. Nachdem er im EM-Finale 1976 mit der deutschen Mannschaft im Elfmeterschießen an der Tschechoslowakei gescheitert war, trat er nach der WM 1978 aus der Nationalmannschaft zurück. Der Ein-

tracht, zu der er 1966 nach zehn Jahren bei TuS Dehrn gekommen war, sagte er 1981 nach dem dritten Pokalsieg tschüß. Neben drei Pokalsiegen 1974, 1975 und 1981 führte er die Eintracht 1980 als Kapitän zum UEFA-Pokal-Sieg. Er ist immer noch der Bundesliga-Rekord-Torschütze des Vereins. 1981 und 1982 spielte er für die Ft. Lauderdale Strikers, 1983 und 1984 für die Memphis Americans und später für die Baltimore Blasts in der US-Hallenrunde. 1985 beendete er sine aktive Laufbahn beim FSV Salmrohr. Als Vizepräsident – seit November 1988 – wurde der Ehrenspielführer Baumeister der „neuen" Eintracht um Stein, Bein, Möller und Yeboah, doch blieb ihm wie schon als Spieler der ganz große Wurf, die Deutsche Meisterschaft, versagt. Mit der Verpflichtung von Trainer Jupp Heynckes 1994 und der Beförderung zum hauptamtlichen Sportlichen Leiter ab 1. Dezember 1994 verließ ihn jedoch das Glück. So blieb sein Name letztlich auch mit dem bitteren Abstieg 1996 und die Verwicklung in die „Yeboah-Affäre" (2001 Verurteilung zu sieben Monaten auf Bewährung) verbunden. Am 4. November 1996 räumte er sein Büro am Riederwald. Im Mai 2006 kehrte er als sportliche Berater in den Bereichen Spielbeobachtung und Spielersichtung zur Eintracht zurück.

	Bundesliga		DFB-Pokal		Europapokal	
1967/68	11	2	–	–	–	–
1968/69	32	3	2	–	3	–
1969/70	34	10	3	1	–	–
1970/71	33	5	2	–	–	–
1971/72	34	12	4	1	–	–
1972/73	30	13	2	2	1	–
1973/74	33	12	5	6	–	–
1974/75	33	16	6	1	3	2
1975/76	34	16	4	2	8	6
1976/77	30	26	5	2	–	–
1977/78	34	15	4	1	8	5
1978/79	26	8	5	–	–	–
1979/80	29	11	4	5	9	3
1980/81	27	11	7	2	6	2
Gesamt:	420	160	53	23	38	18

Weitere Einsätze: Alpenpokal 1968 4/2, 1969 4/3 (insgesamt: 8/5); Ligapokal 1972/73 8/3; Intertoto-Runde 1977 5/6

■ **Hönnscheidt, Norbert** (* 3. 11. 1960)
Bis 1980 SV Erbenheim, FVgg Kastel, 1980/81 Eintracht, 1981/82 Wormatia Worms, 1982 bis 1987 1. FC Saarbrücken, 1987 bis 1992 1. FSV Mainz 05, August bis September 1992 Rot-Weiss Frankfurt, Februar bis Juni 1993 SG Hünstetten, 1993/94 TSG Pfeddersheim, 1994/95 VfR 1919 Limburg, 1995 bis 1997 1. FSV Mainz 05 Amateure, 1997/98 Hassia Bingen

	Bundesliga		DFB-Pokal		Europapokal	
1980/81	5	–	1	1	1	–

Weitere BL-Einsätze: 25/6 für den 1. FC Saarbrücken

■ **Hößbacher, Hermann**
Kam vom FFC Germania 94, 1900 Gründungs-mitglied der Frankfurter Kickers, 1900/01 Vorsitzender

■ **Hoffmann, Torben** (* 27. 10. 1974)
Bis 1993 Schwarz-Weiß Elmschenhagen, 1993 bis 1995 Holstein Kiel, 1995 bis 1997 VfB Lübeck, 1997 bis 1999 SC Freiburg, 1999 bis Dezember 2000 Bayer Leverkusen, Januar 2001 bis 2004 TSV München 1860, 2004/05 Eintracht, seit 2005 TSV München 1860

	2. Bundesliga		DFB-Pokal		Europapokal	
2004/05	29	4	3	–	–	–
				–	–	

BL-Einsätze: 20/2 für den SC Freiburg, 19/– für Bayer Leverkusen, 92/1 für den TSV München 1860

■ **Hofmeister, Josef** (* 8. 5. 1946)
Bis 1967 SV Stockstadt, 1967 bis 1969 Borussia Dortmund, 1969/70 SV Darmstadt 98, 1970 bis 1972 Freiburger FC, 1972/73 Eintracht, 1973/74 VfR Mannheim, 1974 SV Stockstadt

	Bundesliga		DFB-Pokal		Europapokal	
1972/73	10	1	2	–	1	–

Weitere Einsätze: Ligapokal 1972/73 4/2
Weitere BL-Einsätze: 6/1 für Borussia Dortmund

■ **Hohmann, A.**
1910/11 Frankfurter Kickers

	Meisterschaft		Süddt. Meist.		DM-Endrunde	
1910/11	8	+7	–	–	–	–

■ **Hohmann, Philipp**
Bis 1910 FSV Frankfurt, 1910/11 Frankfurter Kickers, 1911 bis 1920 FFV, 1920 Eintracht

	Meisterschaft		Süddt. Meist.		DM-Endrunde	
1910/11	+13	+6	–	–	–	–
1913/14	–	–	4	1	–	–
1918/19	?	?	–	–	–	–
1919/20	+2	+2	+1	?	–	–
Gesamt:	+15	+6	+5	+1	–	–

■ **Holtz, Willi** († 7. 3. 1975)

	Gauliga		DM-Endrunde		Tschammer-Pokal	
1942/43	16	1	–	–	–	–
1943/44	+2	–	–	–	–	–
Gesamt:	+18	1	–	–	–	–

■ **Hommrich, Klaus** (* 17. 10. 1950)
Bis 1969 Eisbachtaler Sportfreunde, 1969/70 Eintracht, 1970 bis 1979 Röchling Völklingen, 1979 bis 1982 Spielertrainer TSV München 1860 Am., 1982/83 Spielertrainer ASV Dachau

	Bundesliga		DFB-Pokal		Europapokal	
1969/70	8	–	–	–	–	–

■ **Horn**
Juli 1944 Eintracht (Gastspieler von der SpVgg Oberrad?)

	Gauliga		DM-Endrunde		Tschammer-Pokal	
1943/44	1	–	–	–	–	–

■ **Horn, Alfred** (* 7. 9. 1936)
Bis 1954 TSV Donndorf, VfB Bayreuth, 1954 bis 1961 Bayern Hof, 1961 bis 1965 Eintracht, 1965 Sportinvalide

	OL/BL		DM-Endrunde		SFV-/DFB-Pokal	
1961/62	18	3	2	–	3	2
1962/63	28	8	–	–	3	–
1963/64	20	3	–	–	1	–
Gesamt:	66	14	2	–	7	2

■ **Horvat, Ivan** (* 16. 7. 1926)
Der 60-malige jugoslawische Nationalspieler (WM-Teilnehmer 1950 und 1954) begann 1940 bei Ferrari Zagreb und spielte dann zwölf Jahre bei Dinamo Zagreb. Als Mittelläufer gab er ab 1957 der Eintracht-Hintermannschaft jene Stabilität, die im Gewinn der Deutschen Meisterschaft 1959 gipfelte. Wegen einer schweren Verletzung war er im Endspiel jedoch nicht dabei und musste 1961 zum Sportinvaliden erklärt werden. Anschließend war er Jugend- und Co-Trainer und vom 18. April 1964 bis 1965 Nachfolger des erkrankten Paul Oßwald als Cheftrainer. Nach einer zwischenzeitlichen Rückkehr nach Jugoslawien betreute er in den 70er Jahren die Bundesligisten FC Schalke 04 und Rot-Weiss Essen.

	Oberliga		DM-Endrunde		SFV-Pokal	
1957/58	30	–	–	–	–	–
1958/59	26	–	3	–	2	–
Gesamt:	56	–	3	–	2	–

Weitere Einsätze: Flutlicht-Pokal 1957 2/–, 1958 4/– (insgesamt: 6/-)

■ Huber

1910/11 FFC Victoria

	Meisterschaft		Süddt. Meist.		DM-Endrunde	
1910/11	?	+1	–	–	–	–

■ Huber, Alexander (* 25. 2. 1985)

Der Abwehrspieler wurde in Leninabad (heute Chudschand) in Tadschikistan geboren, das damals noch zur UdSSR gehörte. 1989 kam er nach Deutschland und schloss sich dem VfL Neustadt in der Nähe von Marburg an, von wo er 1999 zur Eintracht wechselte. Er durchlief alle DFB-Auswahlmannschaften von der U 16 (11 Einsätze), U 17 (11), U 18/19 (14) bis zur U 20 (10/1 Tor), mit der er 2005 an der U-20-WM in den Niederlanden teilnahm. Dazu kommt ein Einsatz im „Team 2006". Von Januar bis Juni 2006 an den Regionalligisten TSG Hoffenheim ausgeliehen, kehrte er zur Saison 2006/07 zur Eintracht zurück.

	2. Bundesliga		DFB-Pokal		Europapokal	
2004/05	7	–	–	–	–	–

Einsätze bei den Amateuren: Oberliga Hessen 2003/04 21/1, 2004/05 19/–, 2005/06 18/– (insgesamt: 59/1)

■ Huberts, Willi (* 22. 1. 1938)

Der viermalige österreichische Nationalspieler spielte von 1955 bis 1961 beim Grazer AK und kam zum Bundesligastart 1963 nach zwei Jahren bei Hungaria New York zur Eintracht, wo er dem Eintracht-Spiel bis zu seinem Abschied 1970 den Stempel aufdrückte. Unter Trainer Ribbeck war er sogar einer der ersten Liberos der Bundesliga.. Nach der Rückkehr nach Österreich spielte er 1970/71 bei Austria Wien und von 1971 bis 1973 beim Grazer AK.

	Bundesliga		DFB-Pokal		Europapokal	
1963/64	29	19	5	4	–	–
1964/65	27	9	2	1	2	1
1965/66	32	17	2	1	–	–
1966/67	33	8	1	1	10	5
1967/68	29	6	3	–	1	–
1968/69	33	6	2	–	5	–
1969/70	30	2	1	–	–	–
Gesamt:	213	67	16	7	18	6

Weitere Einsätze: Intertoto-Runde 1965 6/4, 1966/67 9/5 (insgesamt: 15/9); Alpenpokal 1967 5/3, 1968 5/3 (insgesamt: 10/6)

■ Hubtchev, Petr (* 26. 2. 1964)

Bis 1989 Lex Lovetch, 1989 bis 1994 Levski Sofia, 1994 bis November 1996 Hamburger SV, Dezember 1996 bis 2002 Eintracht, 2003/04 Spielertrainer Italia Enkheim
Seit 1. 1. 2006 Trainer Eintracht II

	BL/2. BL *		DFB-Pokal		Europapokal	
1996/97 *	12	–	–	–	–	–
1997/98 *	32	2	2	–	–	–
1998/99	27	–	1	–	–	–
1999/2000	18	–	–	–	–	–
2000/01	18	–	1	–	–	–
Gesamt:	107	2	4	–	–	–

Einsätze bei den Amateuren: Oberliga Hessen 1999/2000 2/–, 2000/01 12/–, 2001/02 33/– (insgesamt: 47/–); Hessenpokal 2002 2/–
Weitere BL-Einsätze: 65/2 für den Hamburger SV

■ Hütter, Ernst (* 1921, †)

	Gauliga		DM-Endrunde		Tschammer-Pokal	
1939/40	1	–	–	–	2	1
1940/41	11	1	–	–	2	–
1942/43	3	1	–	–	–	–
Gesamt:	15	2	–	–	4	1

■ Huggel, Benjamin (* 7. 7. 1977)

Der 16-malige Schweizer Nationalspieler spielte von 1989 bis 1994 beim FC Münchenstein, von 1994 bis Dezember 1994 beim SC Münchenstein und von Dezember 1994 bis 1996 erneut für den FC Münchenstein. Über den FC Arlesheim kam er 1998 zum FC Basel, mit dem er drei Mal Schweizer Meister und zwei Mal Pokalsieger wurde. Nachdem er bei der EM 2004 bei allen drei Schweizer Gruppenspielen dabei war, verpasste er die WM 2006, weil er wegen einer Tätlichkeit bei den skandalösen Vorfällen im Anschluss an das WM-Qualifikationsspiel in der Türkei gesperrt war. Im Sommer 2005 unterschrieb er einen Dreijahresvertrag bei der Eintracht.

	Bundesliga		DFB-Pokal		Europapokal	
2005/06	28	–	6	2	–	–

■ Husterer, Markus (* 16. 6. 1983)

1989 bis 1993 FC Böhmfeld, 1993 bis 1997 MTV Ingolstadt, 1997 bis August 2003 Bayern München, August 2003 bis 2004 VfB Stuttgart, 2004 bis Januar 2006 Eintracht, Januar bis Juni 2006 Bayern München, seit 2006 Eintracht Braunschweig

	2. Bundesliga		DFB-Pokal		Europapokal	
2004/05	17	–	3	–	–	–

Einsätze bei den Amateuren: Oberliga Hessen 2004/05 8/1, 2005/06 14/3 (insgesamt: 22/4)
BL-Einsätze: 2/– für den VfB Stuttgart

■ Imke, Paul (* 8. 3. 1892, † 3. 4. 1964)

„Annocen-Imke" kam 1919 von Hannover 96 zum FFV, nachdem er zuvor für SC und Preußen Weißenfels sowie den Leipziger BC gespielt. 1913 siedelte er nach Hannover über, wo er sich dem BV Hannovera anschloss, der noch im gleichen Jahr in den „96ern" aufging. Nach Beendigung seiner aktiven Laufbahn 1922 wurde er 1925 noch einmal reaktiviert und rettete die Eintracht vor dem drohenden Abstieg. Als Ehrenmitglied und Ehrenspielführer sowie langjähriger Herausgeber der Vereinszeitung blieb er der Eintracht bis zu seinem Tode eng verbunden.

	Meisterschaft		Süddt. Meist.		Süddt. Pokal	
1919/20	+3	+2	+2	+1	–	–
1920/21	+11	+7	6	2	–	–
1921/22	+4	+5	2	–	–	–
1924/25	3	2	–	–	2	–
Gesamt:	+21	+16	+10	+3	2	–

■ Isenburger, Alfred

Bis 1899 FFC Germania 94, 1900 FFC Victoria

■ Jäckel

Aus der eigenen Jugend, 1954 mit den Amateuren Meister der A-Klasse

	Oberliga		DM-Endrunde		SFV-Pokal	
1952/53	–	–	–	–	1	–

■ Jänisch, Joachim (* 1. 5. 1929, † 2001)

Kam aus Driedorf/Westerwald, bis 1951 SpVgg Griesheim, 1951 bis 1953 Eintracht, 1953 bis 1957 Rot-Weiss Essen, 1957 Sportinvalide

	Oberliga		DM-Endrunde		SFV-Pokal	
1951/52	26	12	–	–	8	5
1952/53	12	5	–	–	1	–
Gesamt:	38	17	–	–	9	5

■ Jakob, Ernst

	Oberliga		DM-Endrunde		DFB-Pokal	
1945/46	+3	–	–	–	–	–

■ Jakobi, Willi (* 10. 9. 1929)

Bis Februar 1955 SV Kriftel, SG Höchst, Februar 1955 bis 1956 Eintracht, 1956/57 SpVgg Neu-Isenburg, 1957 bis 1963 1. FSV Mainz 05

	Oberliga		DM-Endrunde		DFB-Pokal	
1955/56	1	–	–	–	–	–

■ Janes, Paul (* 11. 3. 1912, † 12. 6. 1987)

Viele mögen sich wundern, den 71-maligen Nationalverteidiger, der bis 1970 deutscher Rekord-Internationaler war, in der Liste der Eintracht-Spieler zu finden, denn eigentlich ist sein Name eng mit Fortuna Düsseldorf verbunden. Nach sieben Jahren bei Jahn Küppersteg schloss er sich 1930 der Fortuna an und wurde mit ihr 1933 Deutscher Meister. Im Krieg war er 1940/41 Gastspieler bei der SpVgg Wilhelmshaven 05 und von Mai 1942 bis 1944 beim Hamburger SV. Im Februar/März 1946 kam es dann zu seinem Kurzgastspiel bei der Eintracht, bevor er nach Düsseldorf zurückkehrte, wo er 1951 seine aktive Laufbahn beendete.

	Oberliga		DM-Endrunde		DFB-Pokal	
1945/46	2	–	–	–	–	–

■ Janßen, Olaf (* 8. 10. 1966)

Bis 1985 Hülser FC, Bayer Uerdingen, 1985 bis November 1996 1. FC Köln, Dezember 1996 bis März 2000 Eintracht, April bis Juni 2000 AC Bellinzona

6. 8. 2000 bis 25. 1. 2001 Spiel- und Spieler-beobachter

	BL/2. BL *		DFB-Pokal		Europapokal	
1996/97 *	7	1	–	–	–	–
1997/98 *	11	1	2	2	–	–
1998/99	16	1	–	–	–	–
1999/2000	16	–	2	–	–	–
Gesamt:	50	3	4	2	–	–

Weitere BL-Einsätze: 209/16 für den 1. FC Köln

■ Jessl, Reinhold (* 2. 1. 1962)

Bis 1986 SV Lettgenbrunn, FSV Bad Orb, 1986/87 Eintracht, 1987 bis 1989 SpVgg Bad Homburg, 1989 bis Dezember 1990 FSV Frankfurt, Dezember 1990 bis 1991 Bayern Alzenau, 1991/92 FSV Bad Orb, 1992 bis 2000 Spielertrainer TSV Höchst, 2000 Spielertrainer SV Bernbach

	Bundesliga		DFB-Pokal		Europapokal	
1986/87	4	1	1	1	–	–

■ Jockel, Karl (* 15. 6. 1889, † März 1967)

1907 FFC Victoria, 1911 bis 1920 FFV, 1920/21 Eintracht, Ehrenmitglied und Ehrenspielführer

	Meisterschaft		Südd. Meist.		DM-Endrunde	
1911/12	20	–	5	–	–	–
1912/13	14	+3	6	?	–	–
1913/14	14	+5	6	1	–	–
1918/19	?	?	–	–	–	–
1919/20	+3	?	+2	?	–	–
1920/21	+16	+2	6	–	–	–
Gesamt:	+67	+10	+25	+1	–	–

■ John

1899 FFC Victoria

■ Jones, Jermaine (* 3. 11. 1981)

Der sechsmalige U-21-Nationalspieler begann 1988 beim SV Bonames und kam nach einem Jahr beim FV Bad Vilbel 1995 zur Eintracht, wo er eine Karriere wie auf der Achterbahn erlebte. Nachdem er 2002/03 wegen einiger Eskapaden fast suspendiert worden wäre, steuerte er doch so manches entscheidende Tor zum Bundesliga-Aufstieg bei. Im Januar 2004 wechselte er zu Bayer Leverkusen, wo er Champions-League-Luft schnuppern durfte und einmal ins „Team 2006" berufen wurde. Im Januar 2005 kehrte er für alle überraschend zur Eintracht zurück und wurde von Friedhelm Funkel nicht nur mit defensiven Aufgaben betraut sondern auch zum Kapitän berufen. Wegen eines Bänderrisses und eines Ermüdungsbruchs im linken Schienbein fiel er im Abstiegskampf 2005/06 lange aus und war auch zum Saisonbeginn 2006/07 noch nicht wieder fit.

	BL/2. BL *		DFB-Pokal		Europapokal	
2000/01	2	–	–	–	–	–
2001/02 *	22	1	2	–	–	–
2002/03 *	17	6	1	–	–	–
2003/04	5	–	1	–	–	–
2004/05 *	14	3	–	–	–	–
2005/06	20	2	4	–	–	–
Gesamt:	46	7	4	–	–	–

Einsätze bei den Amateuren: Oberliga Hessen 1999/2000 3/–, 2000/01 24/8, 2001/02 1/–, 2003/04 3/1 (insgesamt: 31/9)

Weitere BL-Einsätze: 5/– für Bayer Leverkusen

■ Judisch, Hermann († 1945)

Bis 1923 Helvetia Frankfurt, 1923 bis Dezember 1923 SpVgg Fürth, 1926 bis 1929 Eintracht

	Meisterschaft		Südd. Meist.		Südd. Pokal	
1926/27	3	–	2	–	1	–
1928/29	13	–	8	–	–	–
Gesamt:	16	–	10	–	1	–

■ Jüriens, Joachim (* 8. 8. 1958)

1968 bis 1977 TSV Frauenaurach, ASV Herzogenaurach, SpVgg Fürth, 1977 bis 1980 ASV Herzogenaurach, 1980 bis 1984 Eintracht, 1984/85 SSV Ulm 1846, Januar 1986 bis 1988 SpVgg Fechenheim, 1988 bis 1991 Union Niederrad, 1991 bis 1993 TSV Mainaschaff, 1993 bis 1996 Germania Dörnigheim, 1996 bis 1998 SG Bruchköbel

	Bundesliga		DFB-Pokal		Europapokal	
1980/81	3	–	–	–	–	–
1981/82	4	–	–	–	1	–
1982/83	16	–	1	–	–	–
1983/84	7	–	1	–	–	–
Gesamt:	30	–	2	–	1	–

■ Jüttner, „Heini"

	Gauliga		DM-Endrunde		Tschammer-Pokal	
1935/36	–	–	–	–	1	–

■ Jusufi, Fahrudin (* 8. 12. 1939)

Der 55-malige jugoslawische Nationalspieler (Olympiasieger 1960 und WM-Teilnehmer 1962) kam 1966 vom Europapokal-Finalisten Partizan Belgrad zur Eintracht, wo er schon bald zum Publikumsliebling wurde: „Wir brauchen keinen Beckenbauer, wir brauchen keinen Held – wir haben einen Jusufi, den besten Mann der Welt!" Markenzeichen des Außenverteidigers mit Offensivdrang waren seine heruntergerollten Stutzen. 1970 im Zuge von Einsparungen aussortiert, spielte er zunächst zwei Jahre bei Germania Wiesbaden und ging 1972 als Spielertrainer zum FC Dornbirn nach Österreich. In Deutschland trainierte er später u. a. den FC Schalke 04, die SG Wattenscheid 09 und den TSV 1860 München.

	Bundesliga		DFB-Pokal		Europapokal	
1966/67	33	–	1	–	7	–
1967/68	34	–	3	–	2	–
1968/69	30	1	–	–	–	–

1969/70	14	1	1	–	–	–
Gesamt:	111	2	5	–	9	–

Weitere Einsätze: Intertoto-Runde 1966/67 4/–; Alpenpokal 1967 1/–, 1969 3/– (insgesamt: 4/–)

■ **Kaczor, Josef** (* 23. 3. 1953)
Bis 1974 SC Westtünnen, Eintracht Heessen, Hammer SpVgg, 1974 bis Dezember 1980 VfL Bochum, Januar 1981 bis September 1982 Feyenoord Rotterdam, September 1982 bis 1983 Eintracht, 1983 bis November 1985 SCE Hamm, Februar 1986 SuS Hüsten 09, 1988 TuS Wischerhöfen

	Bundesliga		DFB-Pokal		Europapokal	
1982/83	15	1	–	–	–	–

Weitere BL-Einsätze: 142/51 für den VfL Bochum

■ **Kahlhofen, Mike** (* 1. 10. 1963)
Bis 1980 Eintracht Oberursel, FC Oberursel, 1980 bis 1984 Eintracht, 1984 bis 1986 Hessen Kassel, 1986 bis 1988 Alemannnia Aachen, 1988 bis 1992 Rot-Weiss Frankfurt

	Bundesliga		DFB-Pokal		Europapokal	
1982/83	2	–	–	–	–	–

Einsätze bei den Amateuren: Oberliga Hessen 1981/82 19/1, 1982/83 32/3, 1983/84 32/4 (insgesamt: 83/8); Deutsche Amateurmeisterschaft 1983 2/1

■ **Kaiser**

	Meisterschaft		Süddt. Meist.		Süddt. Pokal	
1921/22	+1	+1	?	?	–	–

■ **Kalb, Jürgen** (* 20. 5. 1948)
Mit 48 Einsätzen ist der 1967 vom VfB Unterliederbach zur Eintracht gekommene Mittelfeldspieler die Nr. 2 in der Rangliste der Amateur-Nationalspieler, mit denen er 1972 am Olympischen Fußballturnier in München teilnahm und 1974 Amateur-Europameister wurde. Im gleichen Jahr wurde er mit der Eintracht DFB-Pokalsieger. 1975 wechselte er zum Karlsruher SC und 1978 zum SV Darmstadt 98. Nachdem er 1980 zum VfB Unterliederbach zurückgekehrt war, spielte er von Herbst 1981 bis 1984 beim FC Hanau 93, bevor er 1986 seiner Karriere in Unterliederbach beendete.

	Bundesliga		DFB-Pokal		Europapokal	
1968/69	28	4	2	–	5	1
1969/70	34	1	3	–	–	–
1970/71	32	4	2	–	–	–
1971/72	20	8	3	–	–	–
1972/73	29	4	3	–	2	–
1973/74	27	5	4	1	–	–
1974/75	15	–	5	–	2	–
Gesamt:	185	26	22	1	9	1

Weitere Einsätze: Alpenpokal 1969 4/–; Ligapokal 1972/73 5/–
Weitere BL-Einsätze: 66/– für den Karlsruher SC, 34/2 für den SV Darmstadt 98

■ **Kalkbrenner, Alfred**
1904 bis 1907 Frankfurter Kickers

■ **Kallab**

	Gauliga		DM-Endrunde		Tschammer-Pokal	
1943/44	1	1	–	–	–	–

■ **Kampschmieder**

	Meisterschaft		Süddt. Meist.		DM-Endrunde	
1930/31	–	–	1	–	–	–
1931/32	–	–	1	–	–	–
Gesamt:	–	–	2	–	–	–

■ **Karger, Harald** (* 14. 10. 1956)
„Schädel-Harry" war die Entdeckung der Saison 1979/80. Über TuS Waldhausen und den FC Burgsolms zur Eintracht gestoßen, legten seine Tore den Grundstein für den Einzug ins UEFA-Pokal-Finale. Leider verletzte er sich im Hinspiel in Mönchengladbach so schwer, dass seine Profi-Karriere beendet war, bevor sie eigentlich richtig begonnen hatte. 1983/84 spielte er für den SV Wiesbaden, von 1984 bis 1987 für Eintracht Glas/Chemie Wirges, ab 1987 für den VfL Bad Ems und ab 1989 für den FC Werdorf. Heute arbeitet er im Trainerstab der Eintracht Frankfurt Fußballschule.

	Bundesliga		DFB-Pokal		Europapokal	
1979/80	23	9	4	1	10	5
1980/81	3	–	–	–	1	1
1981/82	1	–	–	–	–	–
1982/83	1	–	–	–	–	–
Gesamt:	28	9	4	1	11	6

■ **Karoly**

	Meisterschaft		Süddt. Meist.		Süddt. Pokal	
1925/26	13	9	–	–	2	1

■ **Kaster, Heinz** (* 23. 2. 1929, †)
Der Vater des heutigen OFC-Präsidenten Dieter Müller (-Kaster) spielte bis 1948 bei Kickers Offenbach und kam nach einem einjährigen Gastspiel beim FC St. Pauli 1949 zur Eintracht, mit der er 1953 Süddeutscher Meister wurde.

	Oberliga		DM-Endrunde		SFV-Pokal	
1949/50	22	1	–	–	–	–
1950/51	32	–	–	–	–	–
1951/52	25	–	–	–	7	–
1952/53	17	1	2	–	1	–
1953/54	1	–	–	–	–	–
Gesamt:	98	2	2	–	8	–

■ **Kaufmann**

	Meisterschaft		Süddt. Meist.		Süddt. Pokal	
1926/27	8	3	5	1	1	–
1927/28	6	1	–	–	–	–
Gesamt:	14	4	5	1	1	–

■ **Kaufmann, Oskar**
Bis 1944 Werder Bremen, 1944/45 Hamburger SV, 1945/46 Werder Bremen und FSV Frankfurt, Oktober 1946 Eintracht, November 1946 bis 1947 Werder Bremen

	Oberliga		DM-Endrunde		DFB-Pokal	
1946/47	2	–	–	–	–	–

■ **Kaufmann, Rudolf**
1911 bis 1913 Frankfurter FV

	Meisterschaft		Süddt. Meist.		DM-Endrunde	
1911/12	–	–	1	–	–	–
1912/13	+2	?	?	?	–	–
Gesamt:	+2	?	+1	?	–	–

■ **Kaymak, Burhanettin** (* 25. 8. 1973)
1985 bis 1990 SG Rosenhöhe, 1990 bis 1996 Eintracht, Juli bis November 1996 Galatasaray Istanbul, Dezember 1996 bis 1999 Eintracht, 1999 bis 2001 Göztepe Izmir, 2001 bis 2004 SV Wehen, 2004 bis 2006 1. FC Eschborn

	BL/2. BL *		DFB-Pokal		Europapokal	
1995/96	2	–	–	–	–	–
1997/98 *	7	–	–	–	–	–
1998/99	8	–	1	–	–	–
Gesamt:	17	–	1	–	–	–

Einsätze bei den Amateuren: Oberliga Hessen 1991/92 4/–, 1992/93 28/1, 1993/94 28/–, 1984/95 29/3, 1996/97 12/–, 1997/98 6/– (insgesamt: 107/4); Entscheidungs- und Aufstiegsspiele 1995 2/–; Regionalliga Süd 1995/96 30/1; Hessenpokal 1997 1/–

■ **Keifler, Günter** (* 30. 9. 1948)
Bis 1967 VfL Marburg, 1967 bis 1971 Eintracht, 1971 Sportinvalide

	Bundesliga		DFB-Pokal		Europapokal	
1967/68	8	1	–	–	1	–
1968/69	6	–	1	–	2	–
1970/71	2	–	–	–	–	–
Gesamt:	16	1	1	–	3	–

■ **Keller** (1899)
1899 FFC Victoria

■ **Keller** (1942)

	Gauliga		DM-Endrunde		Tschammer-Pokal	
1941/42	–	–	–	–	+2	–

■ **Keller, Jens** (* 24. 11. 1970)
Der Schwabe war als Kapitän in der Aufstiegssaison 2002/03 der verlängerte Arm von Trainer Willi Reimann. Doch bereits im zweiten Bundesligaspiel für die Eintracht verletzte er sich so schwer, dass er für den Rest der Saison ausfiel und nach dem Wiederaufstieg 2005 seiner Laufbahn beendete, die beim VfL Wangen begonnen hatte. Weitere Stationen waren: 1987 bis 1992 VfB Stuttgart, 1992 bis Ende 1994 TSV München 1860, Anfang 1995 bis 1998 VfL Wolfsburg, 1998 bis 2000 erneut VfB Stuttgart und 2000 bis 2002 beim 1. FC Köln.

	BL/2. BL *		DFB-Pokal		Europapokal	
2002/03 *	33	3	2	–	–	–
2003/04	2	–	–	–	–	–
2004/05 *	15	–	1	–	–	–
Gesamt:	50	3	3	–	–	–

Einsätze bei den Amateuren: Oberliga Hessen 2004/05 1/–
Weitere BL-Einsätze: 49/1 für den VfB Stuttgart, 5/– für den TSV München 1860, 31/1 für den VfL Wolfsburg, 55/– für den 1. FC Köln

■ **Kellerhoff, Bernhard** (* 21. 3. 1900, † 22. 10. 1978)
Der torgefährliche Linksaußen spielte seit 1916 bei Schwarz-Weiß Essen und kam im April 1926 zur Eintracht, mit der er 1930 und 1932 Süddeutscher Meister wurde. Eine schwere Knieverletzung verhinderte 1932 nicht nur die Teilnahme an den Endrundenspielen um die Deutsche Meisterschaft, sondern bedeutete auch das Ende seiner aktiven Karriere. Als Trainer arbeitete er 1935/35 beim SC 08 Münster. Mit dem 1. Göttingen 05 schaffte er 1935/36 den Aufstieg in die Gauliga Niedersachsen. Von Februar bis Dezember 1948 betreute er die Eintracht-Oberligamannschaft.

	Meisterschaft		Süddt. Meist.		DM-Endrunde	
1926/27	15	3	7	2	–	–
1927/28	19	8	13	2	1	–
1928/29	18	3	14	–	–	–
1929/30	7	1	14	3	2	–
1930/31	11	4	14	2	2	–
1931/32	18	6	12	–	–	–
Gesamt:	88	25	74	9	5	–

Weitere Einsätze: Süddeutscher Pokal 1926/27 1/–

■ **Kerzmann**
1904 Frankfurter Kickers

■ **Kesper, Herbert** (* 8. 8. 1919)
Bis 1949 FC Rödelheim 02, 1949 bis 1953 Eintracht, 1953 (bis 1957?) FC Rödelheim 02

	Oberliga		DM-Endrunde		SFV-Pokal	
1949/50	18	–	–	–	–	–
1950/51	13	–	–	–	–	–
1951/52	12	–	–	–	2	–
Gesamt:	43	–	–	–	2	–

■ **Kientz, Jochen** (* 17. 9. 1972)
Bis 1991 SpVgg Ketsch, VfR Mannheim, SV Waldhof Mannheim, SV Sandhausen, 1991 bis Januar 1994 Eintracht, Januar bis Juni 1994 TSV München 1860, 1994/95 ohne Verein, 1995/96 RCD Mallorca, 1996/97 CD Logroñes, 1997 bis 1999 TSV München 1860, Februar bis Juni 2000 Panionios Athen, 2000/01 Hamburger SV, September 2001 bis 2002 FC St. Pauli, 2002 bis 2004 Hansa Rostock, 2004 Sportinvalide

	Bundesliga		DFB-Pokal		Europapokal	
1992/93	1	–	–	–	–	–

Einsätze bei den Amateuren: Oberliga Hessen 1991/92 30/1, 1992/93 10/2, 1993/94 2/– (insgesamt: 42/3)
Weitere BL-Einsätze: 36/1 für den TSV 1860 München, 12/1 für den Hamburger SV, 21/1 für den FC St. Pauli, 23/1 für Hansa Rostock

■ **Kirchgarth** († vor 1914)
1908 bis 1911 FFC Victoria

	Meisterschaft		Süddt. Meist.		DM-Endrunde	
1910/11	?	+5	–	–	–	–

■ **Kirchheim, Karlheinz** (* 14. 1. 1925)
Ab 1938 Eintracht, Juni 1941 bis April 1942 Feldkirch, bis 1957 Eintracht

	Gau/-Oberliga		DM-Endrunde		Pokal	
1942/43	16	3	–	–	5	4
1947/48	2	–	–	–	–	–
1951/52	1	–	–	–	2	–
1952/53	2	–	–	–	1	–
Gesamt:	21	3	–	–	8	4

■ **Kirchheim, Rudi** († 17. 10.1972)
Aus der eigenen Jugend, bis 1929 Eintracht

	Meisterschaft		Süddt. Meist.		Süddt. Pokal	
1921/22	+2	?	2	–	–	–
1922/23	+6	4	–	–	1	–
1923/24	+10	–	–	–	+4	1
1924/25	14	–	–	–	2	–
1925/26	13	–	–	–	1	–
1926/27	4	–	1	–	–	–
1927/28	–	–	13	–	–	–
1928/29	4	–	7	–	–	–
Gesamt:	+53	+4	23	–	+8	+1

Weitere Einsätze: DM-Endrunde 1928 1/–.

■ **Kirchhof, Hans-Günter** (* 9. 9. 1936)
1948 bis 1956 Eintracht, 1956/57 Hessen Kassel, 1957 bis 1959 SV Waldhof Mannheim, 1959 bis 1961 Eintracht, 1961/62 FSV Frankfurt

	Oberliga		DM-Endrunde		SFV-Pokal	
1959/60	3	–	–	–	1	–

■ **Kissinger, H.** (* 1903/04)
Bis Dezember 1927 Borussia Frankfurt, ASV Nürnberg, Dezember 1927 bis 1929 Eintracht

	Meisterschaft		Süddt. Meist.		DM-Endrunde	
1927/28	–	–	13	8	1	–
1928/29	12	9	2	–	–	–
Gesamt:	12	9	15	8	1	–

■ **Kitzmann, Dieter** (* 11. 7. 1964)
Bis 1979 SG Mundenheim, VfL Neuhofen, SG Mußbach, Südwest Ludwigshafen, SV Röders-heim, TuS Hohenecken, 1981 bis November 1985 1. FC Kaiserslautern, November 1985 bis Januar 1988 Eintracht, Januar 1988 bis 1989 Union Solingen, 1989 Sportinvalide, Februar 1991 Blau-Weiß Oppau

	Bundesliga		DFB-Pokal		Europapokal	
1985/86	18	3	–	–	–	–
1986/87	9	–	1	–	–	–
1987/88	1	–	–	–	–	–
Gesamt:	28	3	1	–	–	–

Weitere BL-Einsätze: 76/5 für den 1. FC Kaiserslautern

■ **Klar, Willy** (* 9. 7. 1907)
1928/29 Eintracht, später Germania Bieber, 1933/34 Racing Straßburg, 1934/35 US Luxem- burg

	Meisterschaft		Süddt. Meist.		DM-Endrunde	
1928/29	1	–	–	–	–	–

■ **Klaiber, Ludwig**
Kam aus Württemberg, Januar 1943 bis Dezember 1943 Gastspieler bei der Eintracht, bis 1947 Tübingen

	Gauliga		DM-Endrunde		Tschammer-Pokal	
1942/43	5	1	–	–	+2	–
1943/44	+4	1	–	–	–	–
Gesamt:	+9	2	–	–	+2	–

■ **Klebe, H.**

	Meisterschaft		Süddt. Meist.		DM-Endrunde	
1911/12	9	–	–	–	–	–

■ **Klein, Michael** (* 22. 2. 1965)
Bis 1983 SG Hoechst, 1983 bis 1986 Viktoria Sindlingen, 1986 bis 1989 FSV Frankfurt, 1989 bis 1993 Eintracht, 1993 bis 1995 FSV Frankfurt, 1995/96 SV Darmstadt 98, 1996/97 Kickers Offenbach, 1997 bis 2000 FSV Frankfurt, 2000 bis 2002 Spielertrainer SV Zellhausen

	Bundesliga		DFB-Pokal		Europapokal	
1989/90	12	–	–	–	–	–
1990/91	14	–	2	1	1	–
1991/92	16	–	1	1	1	–
1992/93	7	–	1	1	1	–
Gesamt:	49	–	4	3	3	–

■ **Klemm, Edy**
Bis 1919 FFV Amicitia und 1902, 1919/20 FFV, 1920 bis 1924 Eintracht

	Meisterschaft		Süddt. Meist.		Süddt. Pokal	
1919/20	+3	+1	+3	?	–	–
1922/23	+8	+8	–	–	1	–
1923/24	+6	–	–	–	+2	–
Gesamt:	+17	+9	+3	?	+3	–

■ **Klepper**
1906 Frankfurter Kickers, 1911 FFV

■ **Klepper, Thomas** (* 7. 4. 1965)
Bis 1985 FSV Frankfurt, Eintracht, 1985 bis 1987 SV Darmstadt 98, 1987 bis 1990 Eintracht, 1990 bis 1996 Rot-Weiss Frankfurt, 1996 bis 1998 SV Calbach

	Bundesliga		DFB-Pokal		Europapokal	
1987/88	25	2	5	–	–	–
1988/89	26	–	2	–	3	–
1989/90	1	–	–	–	–	–
Gesamt:	52	2	7	–	3	–

Einsätze bei den Amateuren: Oberliga Hessen 1983/84 27/2, 1984/85 32/1 (insgesamt: 59/3)

■ **Kliemann, Uwe** (* 30. 6. 1949)
Der „Funkturm" spielte von 1961 bis 1964 beim BC Lichterfelde 1912 und von 1964 bis 1970 bei Hertha Zehlendorf. Nach zwei Jahren Rot-Weiß Oberhausen kam er 1972 zur Eintracht, wo er schnell zum Publikumsliebling wurde. Wahrscheinlich wäre der Vorstopper auch noch länger geblieben, wenn ihm 1974 nicht Hertha BSC ein Angebot gemacht hätte, dass er als Berliner nicht abschlagen konnte. So verpasste er den Pokalsieg 1974, bestritt für Hertha jedoch ein Länderspiel. Nach dem Abstieg 1980 ging er zu Arminia Bielefeld, wo er aber bereits nach einem Jahr wegen Sportinvalidität die Schuhe an den berühmten Nagel hängen musste. Nach Trainer-Versuchen bei Hertha BSC und der SpVgg Bayreuth wanderte er sogar nach Südafrika aus und war nach seiner Rückkehr im Jugendbereich von Eintracht Braunschweig und dem VfL Wolfsburg tätig. Zuletzt arbeitete er in Braunschweig beim Projekt „Arbeit und Leben", das sich mit den Ursachen und Folgen von Rechtsextremismus und Gewalt beschäftigt.

	Bundesliga		DFB-Pokal		Europapokal	
1972/73	34	3	4	2	2	–
1973/74	34	5	4	–	–	–
Gesamt:	68	8	8	2	2	–

Weitere Einsätze: Ligapokal 1973/73 10/4
Weitere BL-Einsätze: 56/4 für Rot-Weiß Oberhausen, 168/13 für Hertha BSC Berlin

■ **Kloss, Thomas** (* 26. 3. 1965)
Bis 1983 1. FC Hochstadt, Eintracht-Jugend, 1983/84 Eintracht, 1984 bis 1989 Kickers Offenbach, 1989 bis 1991 SV Darmstadt 98, 1991/92 SpVgg Bad Homburg, 1992/93 Viktoria Aschaffenburg, 1993/94 SV Wiesbaden, 1994/95 FV Bad Vilbel, 1995/96 Germania Dörnigheim, 1996/97 Sportfreunde Seligenstadt, 1997 TSV Heusenstamm

	Bundesliga		DFB-Pokal		Europapokal	
1983/84	2	–	–	–	–	–

Einsätze bei den Amateuren: Oberliga Hessen 1982/83 2/–, 1983/84 28/5 (insgesamt: 30/5)

■ **Klüber**

	Gauliga		DM-Endrunde		Tschammer-Pokal	
1942/43	7	–	–	–	–	–

■ **Dr. Knapp**

(Mindestens) 1931 bis 1936 FSV Frankfurt, 1936 bis 1938 Eintracht

	Gauliga		DM-Endrunde		Tschammer-Pokal	
1936/37	8	–	–	–	2	–
1937/38	1	–	–	–	–	–
Gesamt:	9	–	–	–	2	–

■ **Knaus**

	Meisterschaft		Südd. Meist.		Südd. Pokal	
1921/22	+1	?	1	–	–	–

■ **Knörzer, Otto** (* 27. 11. 1899, † 1974/74)

1912 bis 1920 FFV, bis Dezember 1921 in München, Dezember 1921 bis 1924 Eintracht

	Meisterschaft		Südd. Meist.		Südd. Pokal	
1919/20	+3	?	+1	?	–	–
1921/22	+1	?	?	–	–	–
1923/24	+2	–	–	–	–	–
Gesamt:	+6	?	+1	?	–	–

■ **Koch**

	Gauliga		DM-Endrunde		Tschammer-Pokal	
1943/44	+1	–	–	–	–	–

■ **Koch, (Jean?)**

1921 bis 1923 Eintracht, 1923 FSV Frankfurt?

	Meisterschaft		Südd. Meist.		Südd. Pokal	
1921/22	?	?	1	–	–	–
1922/23	+1	–	–	–	–	–
Gesamt:	+1	–	1	–	–	–

■ **Koch, K.**

	Gauliga		DM-Endrunde		Tschammer-Pokal	
1933/34	3	–	–	–	–	–
1934/35	4	–	–	–	–	–
1935/36	3	–	–	–	–	–
Gesamt:	10	–	–	–	–	–

■ **Köhler, André** (* 28. 2. 1965)

Bis 1990 Dynamo Klingenthal, Chemie Böhlen, Wismut Aue, 1990 bis November 1991 Eintracht (Rückrunde 1990/91 an Wismut Aue ausgeliehen), November 1991 bis 1995 Fortuna Köln, 1995 Sportinvalide

	Bundesliga		DFB-Pokal		Europapokal	
1991/92	4	–	–	–	1	–

■ **Köhler, Benjamin** (* 4. 8. 1980)

Der Berliner spielte bis 1998 bei Normannia 08, den Reinickendorfer Füchsen und beim 1. FC Lübars. Nach seinem Wechsel zu Hertha BSC spielte er zwar drei Mal für die deutsche U-21-Auswahl, zu mehr als einem Bundesliga-Einsatz reicht es aber nicht. So ging er 2001/02 für ein Jahr zum MSV Duisburg, kehrte nochmal zur Hertha zurück und fand über Rot-Weiss Essen (2003/04) seinen Weg zur Eintracht.

	BL/2. BL *		DFB-Pokal		Europapokal	
2004/05 *	29	7	3	–	–	–
2005/06	29	3	5	–	–	–
Gesamt:	58	10	8	–	–	–

Einsätze bei den Amateuren: Oberliga Hessen 2004/05 1/–

Weitere BL-Einsätze: 1/– für Hertha BSC Berlin

■ **Köhler, Karl** (* 1921, † in Russland)

1936 bis 1940 Eintracht

	Gauliga		DM-Endrunde		Tschammer-Pokal	
1939/40	3	–	–	–	2	–

Weitere Einsätze: Frankfurter Stadtrunde 1939 1/–

■ **Köllisch I, Karl**

	Meisterschaft		Südd. Meist.		DM-Endrunde	
1911/12	–	–	1	–	–	–

■ **Köllisch II, Otto** (* 13. 8. 1892)

1911 bis 1914 FFV, später Germania 94 Frankfurt

	Meisterschaft		Südd. Meist.		DM-Endrunde	
1911/12	2	–	+2	?	–	–
1912/13	11	+5	6	+1	–	–
1913/14	+5	?	3	–	–	–
Gesamt:	+18	+5	+11	+1	–	–

■ **Koenemund**

Kam vom 1. Bockenheimer FC 99, 1901 bis 1906 FFC Victoria

■ **König, Albert** (* 1920, † in Russland)

Aus der eigenen Jugend, bis März 1941 Eintracht

	Gauliga		DM-Endrunde		Tschammer-Pokal	
1940/41	1	–	–	–	–	–

■ **König, Michael** (* 8. 3. 1974)

Bis 1995 BSC Schwarz-Weiß 19 Frankfurt, Eintracht, Rot-Weiss Frankfurt, 1995 bis 1997 Eintracht, 1997 bis 2001 SV Wehen, 2001 bis 2003 FSV Frankfurt, seit 2003 Sportfreunde Seligenstadt

	2. Bundesliga		DFB-Pokal		Europapokal	
1996/97	2	–	–	–	–	–

Einsätze bei den Amateuren: Regionalliga Süd 1995/96 27/4; Oberliga Hessen 1996/97 20/2; Hessenpokal 1997 1/–

■ **Köpke, Andreas** (* 12. 3. 1962)

Der 59-malige Nationaltorhüter, der 1996 Europameister wurde und als Aktiver an drei WM-Endrunden teilnahm, hält einen wenig schmeichelhaften „Rekord": Mit allen Vereinen, bei denen er in Deutschland als Profi spielte, stieg er ab! So verpasste er mit seinem Stammverein Holstein Kiel, wo er 1970 mit dem Fußball begonnen hatte, 1981 die Qualifikation für die eingleisige 2. Bundesliga. Mit dem SC Charlottenburg (1983/84) und Hertha BSC Berlin (1984 bis 1986) stieg er aus der 2. Bundesliga ab. Nach acht Jahren beim 1. FC Nürnberg ereilte ihn 1994 das Schicksal in der Bundesliga und 1996 bei der Eintracht. Nur bei Olympique Marseille hatte er mit dem Abstieg nichts zu tun. Und er dachte wohl auch nicht im Traum daran, dass es ihn noch einmal treffen könnte, als er im Dezember 1998 zum 1. FC Nürnberg zurückkehrte. Doch im Mai 1999 war's erneut so weit: Der „Club" stieg ab, die Eintracht blieb drin. Nach Beendigung der aktiven Laufbahn arbeitete er drei Jahre bei der UFA, die u. a. den 1. FC Nürnberg vermarktete. Seit dem 21. Oktober 2004 ist Andreas Köpke Torwart-Trainer der deutschen Nationalmannschaft.

	Bundesliga		DFB-Pokal		Europapokal	
1994/95	34	–	2	–	8	–
1995/96	32	–	1	–	–	–
Gesamt:	66	–	3	–	8	–

Weitere Einsätze: UEFA-Intertoto-Cup 1995 4/–

Weitere BL-Einsätze: 280/2 für den 1. FC Nürnberg

■ Körbel, Karl-Heinz (* 1. 12. 1954)

Als es am 30. März 1996 nach 24 Jahren zur Trennung zwischen der Eintracht und dem „treuen Charlie“ kam, sah es lange so aus, als sei das Tischtusch für zerschnitten. Doch im Januar 2001 kehrte der Bundesliga-Rekordspieler als Scout zur Eintracht zurück und ist heute als Vorstandsberater und Leiter der Eintracht Frankfurt Fußballschule tätig. Außerdem ist er Ehrenspielführer. Sein Fußball-Abc erlernte der Mittelfeldspieler und spätere Vorstopper zwischen 1962 und 1972 beim FC Dossenheim. Noch als 17-Jährige gab er 1972 sein Bundesliga-Debüt gegen keinen Geringeren als den großen Gerd Müller – die Eintracht gewann 2:1. Danach war er aus der Startformation der Eintracht nicht wegzudenken. Selbst ein Beinbruch im Abstiegskampf 1984 warf ihn nicht um. Er war bei allen vier DFB-Pokal-Siegen dabei (1974, 1975, 1981, 1988), war 1980 UEFA-Pokal-Sieger und 1974 Amateur-Europameister und bestritt 6 A-, 10 B-, 5 Amateur- und 30 Jugend-Länderspiele. Nach Beendigung seiner aktiven Laufbahn 1991 war er zunächst Co-Trainer, führte die Eintracht aber nach der Beurlaubung von Klaus Toppmöller 1994 als Cheftrainer in den UEFA-Pokal, um unter Jupp Heynckes wieder ins zweite Glied zurückzutreten. Nach dessen Rücktritt begann am 3. April 1995 seine zweite Amtszeit als Cheftrainer, die am 30. März 1996 mit seiner Entlassung endete. Sein als Spieler geäußerter Spruch „So lange ich hier bin, steigen wir nicht ab!“, brachte ihm als Trainer wenig Glück. So konnte er den VfB Lübeck 1996/97 nicht vor dem Abstieg aus der 2. Bundesliga retten und auch beim FSV Zwickau wurde er 1997/98 vorzeitig entlassen.

	Bundesliga		DFB-Pokal		Europapokal	
1972/73	18	–	2	–	–	–
1973/74	34	2	5	–	–	–
1974/75	32	10	7	1	4	1
1975/76	34	2	4	1	8	1
1976/77	32	1	4	–	–	–
1977/78	29	–	3	–	5	–
1978/79	33	–	6	–	–	–
1979/80	32	4	4	–	12	–
1980/81	30	–	7	–	6	–
1981/82	34	5	2	–	5	1
1982/83	33	6	1	–	–	–
1983/84	30	5	1	–	–	–
1984/85	32	1	1	1	–	–
1985/86	33	2	1	–	–	–
1986/87	33	1	4	–	–	–
1987/88	33	2	6	–	–	–
1988/89	33	3	3	–	6	–
1989/90	34	1	1	–	–	–
1990/91	33	–	8	–	2	–
Gesamt:	602	45	70	3	48	3

Weitere Einsätze: Ligapokal 1972/73 3/–; Intertoto-Runde 1977 5/–; Supercup 1988 1/–; Relegation 1989 2/–

Einsätze bei den Amateuren: Hessenliga 1972/73 7/–

■ Köster, J.

Vor 1920 Hannover 96, 1920 bis 1922 Eintracht

	Meisterschaft		Süddt. Meist.		Süddt. Pokal	
1920/21	+12	?	5	2	–	–
1921/22	?	?	2	–	–	–
Gesamt:	+12	?	7	2	–	–

■ Koitka, Heinz-Josef (* 12. 2. 1952)

Bis Mai 1976 SG Wattenscheid 09, Mai 1976 bis 1979 Eintracht, 1979/80 Rot-Weiß Lüden- scheid, 1980 bis 1982 Hamburger SV, 1982 bis 1984 Alemannia Aachen, 1984 bis 1987 SG Wattenscheid 09, 1987 bis 1990 Hamburger SV

	Bundesliga		DFB-Pokal		Europapokal	
1975/76	3	–	–	–	–	–
1976/77	31	–	6	–	–	–
1977/78	34	–	4	–	8	–
1978/79	23	–	4	–	–	–
Gesamt:	91	–	14	–	8	–

Weitere Einsätze: Intertoto-Runde 1977 4/–

Weitere BL-Einsätze: 51/– für den Hamburger SV

■ Kolb

1899 FFC Victoria

■ Kolb, Ludwig (* 6. 11. 1919)

Bis 1938 Hassia Dieburg, 1938 bis 1952 Eintracht, 1952/53 Spielertrainer FC Hanau 93, später SV Darmstadt 98

	Gau-/Oberliga		DM-Endrunde		Pokal	
1938/39	6	–	–	–	4	–
1939/40	7	–	–	–	1	–
1940/41	10	–	–	–	2	–
1942/43	1	–	–	–	1	–
1943/44	6	–	–	–	–	–
1944/45	?	?	–	–	–	–
1945/46	22	–	–	–	–	–
1946/47	28	–	–	–	–	–
1947/48	29	–	–	–	–	–
1949/50	1	–	–	–	–	–
1950/51	2	–	–	–	–	–
Gesamt	+112	–	–	–	8	–

Weitere Einsätze: Frankfurter Stadtrunde 1939 4/–

■ Komljenovic, Slobodan (* 2. 1. 1971)

1977 bis 1985 SG Griesheim, 1985 bis 1990 SG Hoechst, 1990 bis 1997 Eintracht, 1997 bis 1999 MSV Duisburg, 1999 bis 2001 1. FC Kaiserslautern, 2001 bis 2003 Real Saragossa, Januar bis Juni 2004 Wacker Burghausen, 2004 bis 2006 TSV München 1860

	BL/2. BL *		DFB-Pokal		Europapokal	
1992/93	18	–	3	–	–	–
1993/94	26	–	1	–	5	–
1994/95	32	3	2	–	7	–
1995/96	31	1	2	–	–	–
1996/97 *	27	1	1	–	–	–
Gesamt	134	5	9	–	12	–

Weitere Einsätze: UEFA-Intertoto-Cup 1995 5/1

Einsätze bei den Amateuren: Oberliga Hessen 1990/91 27/3, 1991/92 32/2, 1992/93 16/3 (insgesamt: 75/8)

Weitere BL-Einsätze: 64/3 für den MSV Duisburg, 39/3 für den 1. FC Kaiserslautern

■ Konca, Ender (* 22. 10. 1947)

Jürgen Grabowski war 1970 nach dem EM-Qualifikationsspiel gegen die Türkei voll des Lobes über den Stürmer von Eskisehirspor (14 Länderspiele), der daraufhin 1971 an den Riederwald geholt wurde. In Frankfurt konnte er jedoch nie richtig Fuß fassen und so kehrte er 1973 in seine Heimat zu Fenerbahce Istanbul zurück.

	Bundesliga		DFB-Pokal		Europapokal	
1971/72	26	7	2	1	–	–
1972/73	10	–	1	–	2	–
Gesamt:	36	7	3	1	2	–

Weitere Einsätze: Ligapokal 1972/73 3/2

■ Kostner, Michael (* 7. 2. 1969)

Bis 1986 TSV Ludwigsfeld, Phönix Schleißheim, Bayern München, 1986 bis 1989 Eintracht, 1989 bis 1991 Kickers Offenbach, 1991 bis 1993 1. FC Saarbrücken, 1993 bis 1995 Hamburger SV, 1995/96 FC

Homburg, 1996 bis 1998 1. FC Köln, 1998 bis 2000 Wacker Burghausen

	Bundesliga		DFB-Pokal		Europapokal	
1987/88	10	–	1	–	–	–
1988/89	4	–	2	–	2	–
Gesamt:	14	–	3	–	2	–

Weitere BL-Einsätze: 32/5 für den 1. FC Saarbrücken, 28/– für den Hamburger SV, 31/– für den 1. FC Köln

■ Kotsch

1910/11 Frankfurter Kickers

	Meisterschaft		Süddt. Meist.		DM-Endrunde	
1910/11	8	–	–	–	–	–

■ Kraaz, Armin (* 3. 2. 1965)

1979 kam der Abwehrspieler von Viktoria Preußen Frankfurt zur Eintracht, mit der er 1983 Deutscher A-Junioren-Meister wurde. Im Zuge des finanziell notwendigen Umbruchs wurde er gleich in seinem ersten Jahr im Seniorenbereich Stammspieler im Bundesliga-Team. Doch bereits als 23-Jähriger nahm er Abschied vom Profi-Fußball und entschied sich für seine berufliche Fortbildung. Acht Jahre, von 1988 bis 1996, spielte er bei Rot-Weiss Frankfurt, bevor er als A-Jugend-Trainer an den Riederwald zurückkehrte. Im März 1997 wurde er sogar noch einmal für die Eintracht-Amateure reaktiviert. Nach dem Rausschmiss von Felix Magath Ende Januar 2001 zum Co-Trainer befördert, war er vom 8. März bis 27. Mai 2002 als Nachfolger vom Martin Andermatt sogar Cheftrainer. Heute ist er Stellvertretender Leiter des Fußball-Leistungszentrums der Eintracht. Im November/Dezember 2005 coachte er noch einmal kurzzeitig die Oberliga-Mannschaft der Eintracht.

	Bundesliga		DFB-Pokal		Europapokal	
1983/84	28	–	–	–	–	–
1984/85	31	2	1	–	–	–
1985/86	16	–	1	–	–	–
1986/87	29	–	3	–	–	–
1987/88	19	1	3	–	–	–
Gesamt:	123	3	8	–	–	–

Weitere Einsätze: Relegation 1984 2/–

Einsätze bei den Amateuren: Oberliga Hessen 1983/84 8/–, 1996/97 2/– (insgesamt: 19/–)

■ Kracht, Torsten (* 4. 10. 1967)

Bis 1979 Lok Naunhof, 1979 bis 1993 1. FC Lokomotive/VfB Leipzig, Juli bis Dezember 1993 VfB Stuttgart, Januar 1994 bis 1995 VfB Leipzig, 1995 bis 1999 VfL Bochum, 1999 bis 2001 Eintracht, 2001 bis 2003 Karlsruher SC, 2003/04 VfB Leipzig

	Bundesliga		DFB-Pokal		Europapokal	
1999/2000	32	1	2	1	–	–
2000/01	32	1	1	–	–	–
Gesamt:	64	2	3	1	–	–

Weitere BL-Einsätze: 13/– für den VfB Stuttgart, 7/– für den VfB Leipzig, 83/3 für den VfL Bochum

■ Krämer

	Meisterschaft		Süddt. Meist.		DM-Endrunde	
1929/30	1	–	–	–	–	–

■ Krämer, Harald (* 13. 2. 1964)

Bis 1978 VfB Unterliederbach, 1978 bis 1987 Eintracht, 1987 bis 1990 Sturm Graz, 1990/91 Chemnitzer FC, 1991/92 Hansa Rostock, 1992 Sportinvalide, bis November 1994 Raika FC Ligist/Österreich, November 1994 bis Ende 1995 VfB Unterliederbach, Januar bis Dezember 1996 Raika FC Ligist, Januar 1997 bis 2000 VfB Unterliederbach, August 2000 Viktoria Kelsterbach

	Bundesliga		DFB-Pokal		Europapokal	
1983/84	6	–	1	–	–	–
1984/85	17	10	1	–	–	–
1985/86	23	4	1	–	–	–
1986/87	15	1	2	–	–	–
Gesamt:	61	15	5	–	–	–

Weitere Einsätze: Relegation 1984 2/2

Einsätze bei den Amateuren: Oberliga Hessen 1981/82 1/–, 1982/83 30/23, 1983/84 24/19 (insgesamt: 55/42); Deutsche Amateurmeisterschaft 1983 2/2

Weitere BL-Einsätze: 6/– für Hansa Rostock

■ Krafczyk, Dieter (* 23. 9. 1941)

1951 bis 1960 VfR Neumünster, 1960/61 Holstein Kiel, 1961/62 Heider SV, 1962 bis 1964 1. FC Saarbrücken, 1964 bis 1966 Eintracht Braunschweig, 1966/67 Eintracht, 1967 bis 1969 Hertha BSC Berlin, 1969 bis 1971 1. FC Kaiserslautern, 1971 Kirchenbollenbach, 1973 bis 1977 FC Stiring-Wendel

	Bundesliga		DFB-Pokal		Europapokal	
1966/67	4	1	1	–	2	–

Weitere Einsätze: Alpenpokal 1967 1/–

Weitere BL-Einsätze: 28/13 für den 1. FC Saarbrücken, 42/13 für Eintracht Braunschweig, 32/4 für Hertha BSC Berlin, 29/7 für den 1. FC Kaiserslautern

■ Kraft (1921/22)

	Meisterschaft		Süddt. Meist.		Süddt. Pokal	
1921/22	?	?	1	–	–	–

■ Kraft (1943/44)

	Gauliga		DM-Endrunde		Tschammer-Pokal	
1943/44	+4	+4	–	–	–	–

■ Kraft, Dieter (* 3. 3. 1940)

Bis 1960 SV Offenthal, 1960 bis 1963 Eintracht, 1963 bis 1965 Wormatia Worms, 1965 bis 1971 SV Darmstadt 98

	Oberliga		DM-Endrunde		SFV-Pokal	
1960/61	3	–	–	–	1	1
1962/63	2	–	–	–	–	–
Gesamt:	5	–	–	–	1	1

■ Kratzenberg, Heinrich

1905 Frankfurter Kickers

■ Kraus, Alfred (* 16. 1. 1924, † 17. 3. 2005)

Der torgefährliche Stürmer („Bubi") kam 1935 zur Eintracht und debütierte bereits als 17-Jähriger in der 1.Mannschaft, für die er mit einer Unterbrechung – von 1947 bis 1949 bei der SpVgg Langenselbold – bis 1952 aktiv war. Ehrenmitglied.

	Gau-/Oberliga		DM-Endrunde		Tschammer-Pokal	
1940/41	–	–	–	–	2	5
1941/42	7	11	–	–	4	10
1942/43	10	3	–	–	+7	20
1943/44	+15	20	–	–	1	1
1944/45	+2	+7	–	–	–	–
1945/46	+15	+12	–	–	–	–
1946/47	8	2	–	–	–	–
1950/51	31	12	–	–	–	–
1951/52	4	–	–	–	–	–
Gesamt:	+92	+67	–	–	+14	36

■ Kraus, Helmut (* 16. 11. 1938)

Bis 1960 SV Buttenheim, 1960 bis 1963 1. FC Schweinfurt 05, 1963 bis 1969 Eintracht, 1969 bis 1973 1. FC Schweinfurt 05, 1973 VfR Schweinfurt

	Bundesliga		DFB-Pokal		Europapokal	
1963/64	15	4	4	1	–	–
1964/65	22	2	–	–	1	–
1966/67	2	–	–	–	1	2
1967/68	17	1	2	–	1	–
1968/69	9	–	–	–	4	–
Gesamt:	65	7	6	1	7	2

Weitere Einsätze: Intertoto-Runde 1965 5/–, 1966/67 10/1 (insgesamt: 15/1); Alpenpokal 1967 4/–, 1968 2/–, 1969 4/1 (insgesamt: 10/1)

■ **Kraus, Willi** (* 3. 12. 1926)

„Scheppe" Kraus, der Vater des späteren Bundesliga-Profis Wolfgang, spielte bis 1946 bei Viktoria Eckenheim. Nach einem Kurzgastspiel im Oktober 1945 beim FSV Frankfurt, kam er 1946 zur Eintracht. Aus Ärger um die Nichtberücksichtigung für die Amerika-Reise wollte er 1951 zu Viktoria Aschaffenburg wechseln, erhielt von der Eintracht jedoch keine Freigabe. So musste er ein Jahr bei Alemannia Aachen anheuern, bevor er nach Frankfurt zum FSV zurückkehrte, für den er bis 1957 in der Oberliga spielte. Danach ließ er seine Karriere bei Preußen Frankfurt ausklingen.

	Oberliga		DM-Endrunde		DFB-Pokal	
1946/47	10	5	–	–	–	–
1947/48	27	13	–	–	–	–
1948/49	23	6	–	–	–	–
1949/50	16	12	–	–	–	–
1950/51	25	7	–	–	–	–
Gesamt:	101	43	–	–	–	–

■ **Kraus, Wolfgang** (* 20. 8. 1953)

Wie Vater Willi wurde auch Sohn Wolfgang in Frankfurt nur „Scheppe" genannt. 1964 fing er in der Eintracht-Jugend an und stieß Ende der Saison 1971/72 zum Bundesliga-Kader. 1974 erzielte er das entscheidende 3:1 im DFB-Pokal-Endspiel gegen den Hamburger SV. Wegen einer schweren Verletzung war er im Jahr darauf bei der Titelverteidigung nicht dabei. Unterschiedliche Gehaltsvorstellungen zwischen ihm und Manager Udo Klug waren der Grund, dass er sich 1979 Richtung Bayern München verabschiedete. Nach fünf Jahren FC Bayern und zwei Jahren FC Zürich kehrte er 1986 zur Eintracht zurück und übernahm Ende des Jahres auch den Posten des Managers, den er bis zu seiner dubiosen Entlassung im September 1988 bekleidete.

	Bundesliga		DFB-Pokal		Europapokal	
1971/72	1	–	–	–	–	–
1972/73	14	–	1	–	–	–
1973/74	28	–	2	1	–	–
1974/75	27	6	5	2	3	–
1975/76	16	6	2	1	2	1
1976/77	29	10	6	–	–	–
1977/78	27	3	3	3	8	4
1978/79	32	4	4	1	–	–
1986/87	15	1	2	1	–	–
Gesamt:	189	30	25	9	13	5

Weitere Einsätze: Ligapokal 1972/73 3/–; Intertoto-Runde 1977 4/1
Einsätze bei den Amateuren: Hessenliga 1971/72 11/4, 1972/73 24/16, 1973774 11/5, 1974/75 4/4 (insgesamt: 50/29)
Weitere BL-Einsätze: 138/17 für Bayern München

■ **Krauth, Raimund** (* 27. 12. 1952)

Bis 1972 FC Neureut, 1972 bis 1974 Eintracht, 1974/75 FK Pirmasens, 1975 bis 1982 Karlsruher SC, danach Spielertrainer SV Langensteinbach, SC Pfullendorf, FC Neureut

	Bundesliga		DFB-Pokal		Europapokal	
1972/73	14	–	3	–	1	–
1973/74	9	1	1	1	–	–
Gesamt:	23	1	4	1	1	–

Weitere Einsätze: Ligapokal 1972/73 8/3
Weitere BL-Einsätze: 64/10 für den Karlsruher SC

■ **Kremer, Karl**

1906 Frankfurter Kickers

■ **Kreß, Richard** (* 6. 3. 1925, † 30. 3. 1996)

18 Jahre, von 1935 bis 1953, spielte Richard Kreß für den Fuldaer Vorortklub FV Horas, für den er 1953 auch ein Amateur-Länderspiel bestritt. Erst als 28-Jähriger wechselte der Drogist zur Eintracht und bestritt 1954 sein erstes A-Länderspiel. Obwohl er stets zu den besten Stürmern der Oberliga Süd gehörte, musste er mit der Eintracht erst Deutscher Meister werden und ins Europapokal-Finale einziehen, um 1960/61 acht weitere Länderspiele zu bestreiten. Für eine Nominierung zur WM 1962 in Chile reichte es zwar nicht, dafür war er beim Bundesliga-Start 1963 der älteste Spieler der neuen Spielklasse.

	OL/BL		DM-Endrunde		SFV-/DFB-Pokal	
1953/54	30	17	2	–	–	–
1954/55	30	8	–	–	2	–
1955/56	27	3	–	–	–	–
1956/57	25	4	–	–	2	2
1957/58	30	4	–	–	2	–
1958/59	23	6	7	5	2	1
1959/60	24	7	–	–	9	5
1960/61	28	12	6	1	2	1
1961/62	30	4	3	2	4	1
1962/63	30	3	–	–	6	–
1963/64	17	2	–	–	–	–
Gesamt:	291	70	18	8	29	10

Weitere Einsätze: Oberliga-Vergleichsrunde 1955 6/3, 1956 10/3 (insgesamt: 16/6); Flutlicht-Pokal 1957 6/2, 1958 3/1 (insgesamt: 9/3); Europapokal 1955-58 (Messe-Pokal mit der Stadtauswahl) 3/–, 1959/60 6/2 (insgesamt: 9/2)

■ **Kreuz**

	Meisterschaft		Süddt. Meist.		DM-Endrunde	
1928/29	–	–	6	1	–	–

■ **Kreuz, Ernst** (* 29. 9. 1940)

Bis 1960 Viktoria Aschaffenburg, 1960 bis 1962 Eintracht, 1962 bis 1965 Hamburger SV, 1965 bis 1967 SSV Reutlingen, 1967/68 Röchling Völklingen, 1968 bis 1970 ASV Bergedorf 85, 1970 bis August 1973 HSV Barmbek-Uhlenhorst, Oktober 1973 bis 1974 Holstein Kiel, 1974 Germania Schnelsen

	Oberliga		DM-Endrunde		SFV-/DFB-Pokal	
1960/61	14	2	5	3	3	2
1961/62	22	8	–	–	2	–
Gesamt:	36	10	5	3	5	2

BL-Einsätze: 25/5 für den Hamburger SV

■ **Kreuz, Markus** (* 29. 4. 1977)

1982 bis 1991 VfL Frei-Weinheim, 1991/92 1. FSV Mainz 05, 1992/93 1. FC Kaiserslautern, 1993 bis 1999 1. FSV Mainz 05, 1999/2000 Hannover 96, 2000 bis 2003 1. FC Köln, 2003/04 Eintracht, 2004/05 Rot-Weiß Erfurt, 2005/06 Real Murcia, seit 2006 Kickers Offenbach

	Bundesliga		DFB-Pokal		Europapokal	
2003/04	30	1	2	1	–	–

Weitere BL-Einsätze: 52/7 für den 1. FC Köln

■ **Kreuzer, Hermann**

1906 und 1907 Frankfurter Kickers, 1910 SV Wiesbaden

■ **Kreuzer, Karl**

1906 und 1907 Frankfurter Kickers, 1911 SV Wiesbaden

■ Kreuzer, Konrad
1907 Frankfurter Kickers

■ Kreuzer, Oskar
1907 Frankfurter Kickers, 1911 SV Wiesbaden

■ Krobbach, Peter (* 15. 1. 1954)
Bis 1971 Sportfreunde Andernach, 1971 bis 1975 Hamburger SV, 1975 bis 1978 Eintracht, 1978 bis 1982 Arminia Bielefeld, 1982/83 TuS Schloß Neuhaus, 1983/84 SC Verl, 1984 FC Gohfeld

	Bundesliga		DFB-Pokal		Europapokal	
1975/76	9	–	1	–	1	–
1976/77	3	–	1	–	–	–
1977/78	14	–	1	–	5	1
Gesamt:	26	–	3	–	6	1

Weitere Einsätze: Intertoto-Runde 1977 2/–
Weitere BL-Einsätze: 62/6 für den Hamburger SV, 72/5 für Arminia Bielefeld

■ Krömmelbein, Artur †
Kam vom FFC Germania 94, 1900 Mitbegründer der Frankfurter Kickers, 1911/12 FFV

	Meisterschaft		Süddt. Meist.		DM-Endrunde	
1910/11	2	–	–	–	–	–
1911/12	1	–	–	–	–	–
Gesamt:	3	–	–	–	–	–

■ Krömmelbein, Carl (* 9. 3. 1882, † 24. 8. 1954)
Kam vom FFC Germania 94, 1900 Mitbegründer der Frankfurter Kickers, 1911 FFV

■ Krömmelbein, Kurt (* 21. 7. 1922, † Januar 1998)
Kurt Krömmelbein stammt aus einer ganz alten Eintracht-Familie. Vater Carl und Onkel Artur gehörten 1900 zu den Gründungsmitgliedern der Frankfurter Kickers, aus denen nach der Vereinigung mit der Victoria zuerst der FFV und später die Eintracht wurde. Kein Wunder, dass der junge Kurt bereits als Zehnjähriger den schwarz-rot gestreiften Adler-Dress trug. Zwar spielte er nach dem Krieg kurz für die SG/TSG 1860 Frankfurt und 1948/49 für den FC Rödelheim 02 in der Oberliga, danach gab es aber nur noch Eintracht. 1953 wurde er Süddeutscher Meister und ließ sich 1955 für die eigenen Amateure reamateurisieren. Später war der Halbstürmer und Läufer lange Zeit als Vereinsjugendwart und 1979/80 als Vizepräsident tätig.

	Oberliga		DM-Endrunde		SFV-/DFB-Pokal	
1949/50	27	3	–	–	–	–
1950/51	11	2	–	–	–	–
1951/52	14	3	–	–	7	–
1952/53	22	–	6	–	1	–
1953/54	6	–	–	–	–	–
1954/55	1	–	–	–	1	–
Gesamt:	81	8	6	–	9	–

Weitere Einsätze: Oberliga-Vergleichsrunde 1956 2/–

■ Kron, Joseph (* 7. 12. 1906, † August 1966)
Bis 1928 SpVgg Hanau 1860/94, 1928 bis 1935 Eintracht

	Meisterschaft		Süddt. Meist.		DM-Endrunde	
1929/30	3	–	1	–	1	–
1930/31	3	1	8	–	2	–
1931/32	12	1	7	–	–	–
1932/33	11	–	4	–	–	–
1933/34	4	–	–	–	–	–
Gesamt:	33	2	20	–	3	–

Weitere Einsätze: Tschammer-Pokal 1935 1/–

■ Kroth, Thomas (* 26. 8. 1959)
Der offensive Mittelfeldspieler, der in fünf verschiedenen DFB-Auswahlmannschaften spielte (1 A-, 2 Olympia-Auswahl-, 13 U-21-, 17 U-18-/ 1 Tor und 2 U-16-Länderspiele/1 Tor) begann 1967 beim SV Erlenbach. Nach zwei Jahren Kickers Offenbach (1976 bis 1978) wechselte er zum 1. FC Köln, von wo er im November 1982 zur Eintracht kam. Von 1985 bis 1989 stand er beim Hamburger SV, von 1989 bis 1991 bei Borussia Dortmund unter Vertrag. Seine Laufbahn ließ er beim Wiesbadener Vorortklub SV Frauenstein ausklingen. Heute ist Thomas Kroth Spielervermittler mit offizieller FIFA-Lizenz.

	Bundesliga		DFB-Pokal		Europapokal	
1982/83	21	3	–	–	–	–
1983/84	30	4	–	–	–	–
1984/85	23	6	2	–	–	–
Gesamt:	74	13	2	–	–	–

Weitere Einsätze: Relegation 1984 2/–
Weitere BL-Einsätze: 56/2 für den 1. FC Köln, 73/6 für den Hamburger SV, 53/– für Borussia Dortmund

■ Krüger, Ernst

	Gauliga		DM-Endrunde		Tschammer-Pokal	
1940/41	4	–	–	–	–	–
1942/43	–	–	–	–	1	–
Gesamt:	4	–	–	–	1	–

■ Kruse, Axel (* 28. 9. 1967)
Der aus Wolgast in Vorpommern stammende Stürmer spielte von 1974 bis 1976 bei Dynamo und von 1976 bis 1981 bei Motor Wolgast und kam dann über die KJS (Kinder- und Jugendschule) zu Hansa Rostock. Kurz vor der Wende nutzte er ein Intertotospiel in Kopenhagen zur Flucht in den Westen. Mit Hertha BSC Berlin stieg er 1990 in die Bundesliga auf. Von Februar 1991 bis 1993 spielte er bei der Eintracht, von 1993 bis 1996 beim VfB Stuttgart – unterbrochen von einem Kurzgastspiel von April bis Juni 1994 beim FC Basel. 1996 kehrte er zu Hertha BSC zurück und schaffte 1997 erneut den Aufstieg in die Bundesliga. 1998 beendete er seine Laufbahn, trat aber ab 1998 noch einmal als Kicker beim NFL-Europe-Team Berlin Thunder in Erscheinung, mit dem er 2002 den World Bowl gewann. Außerdem sammelte er als TV-Moderator erste Erfahrungen und trainierte von November 2002 bis 2006 den Berliner Verbandsligisten SV Tasmania 73.

	Bundesliga		DFB-Pokal		Europapokal	
1990/91	12	3	3	3	–	–
1991/92	14	5	2	2	2	2
1992/93	28	6	6	2	4	3
Gesamt:	54	14	11	7	6	5

Weitere BL-Einsätze: 23/2 für Hertha BSC Berlin, 64/14 für den VfB Stuttgart

■ Kryszalowicz, Pawel (* 23. 6. 1974)
Der polnische Nationalspieler spielte bis 1994 bei Gryf Slupsk, von 1994 bis April 1995 bei Zawisza Bydgoszcz und ab April 1995 bei Amica Wronki, von wo ihn die Eintracht im Dezember 2000 nach Frankfurt holte. Doch auch er konnte den Abstieg 2001 nicht verhindern. In der Vorrunde 2001/02 schien dann der Knoten geplatzt, doch in der Rückrunde passte auch er sich den schwachen Leistungen der Mannschaft an. Nach der für Polen so enttäuschenden WM in Korea war er dann nur noch ein Schatten seiner selbst, so dass er nach dem Aufstieg im Sommer 2003 zu seinem alten Klub Amica Wronki zurückkehrte, von dem er Ende August 2005 zu Wisla Krakau wechselte.

	BL/2. BL *		DFB-Pokal		Europapokal	
2000/01	18	7	–	–	–	–
2001/02 *	30	16	2	–	–	–
2002/03 *	23	3	2	–	–	–
Gesamt:	71	26	4	–	–	–

■ Kudrass Ernst (* 17. 9. 1924)

Der gebürtige Oberschlesier hatte bis Kriegsende beim SV Ratibor 03 gespielt und kam 1948 zur Eintracht, mit der er als Verteidiger 1953 Süddeutscher Meister wurde. Obwohl er sein letztes Spiel bereits im November 1956 bestritt, gehörte er bis zu seiner Reamateurisierung 1962 zum Oberliga-Kader.

	Oberliga		DM-Endrunde		SFV-/DFB-Pokal	
1948/49	26	2	–	–	–	–
1949/50	29	–	–	–	–	–
1950/51	27	2	–	–	–	–
1951/52	29	–	–	–	10	–
1952/53	28	–	6	–	1	–
1953/54	28	–	2	–	–	–
1954/55	23	–	–	–	2	–
1955/56	29	–	–	–	–	–
1956/57	12	–	–	–	–	–
Gesamt:	231	4	8	–	13	–

Weitere Einsätze: Oberliga-Vergleichsrunde 1955 1/–, 1956 9/– (insgesamt: 10/–)

■ Kübert, Fritz (I) (* 16. 2. 1906, † Sept. 1998)

Seit 1920 bei der Eintracht, bestritt das spätere Ehrenmitglied die meisten seiner Spiele als rechter Läufer. Nach Beendigung der aktiven Laufbahn war er im Spielausschuss und als Vereinsjugendleiter tätig.

	Meisterschaft		Süddt. Meist.		Süddt. Pokal	
1925/26	13	2	–	–	2	–
1926/27	11	–	4	–	–	–
1927/28	22	–	12	1	–	–
1928/29	12	–	14	–	–	–
1929/30	8	–	–	–	–	–
Gesamt:	66	2	30	1	2	–

Weitere Einsätze: DM-Endrunde 1928 1/–

■ Kübert, Fritz (II) (* 8. 12. 1939, † Sept. 1997)

1952 bis 1965 Eintracht. Sein einziges Bundesligaspiel bestritt er bei der bis heute höchsten Heimniederlage: dem 0:7 am 19. September 1964 gegen den Karlsruher SC

	Bundesliga		DM-Endrunde		SFV-Pokal	
1959/60	–	–	–	–	1	–
1960/61	–	–	–	–	3	–
1964/65	1	–	–	–	–	–
Gesamt:	1	–	–	–	4	–

■ Kühn, Georg

1905 und 1906 Frankfurter Kickers

■ Künast, Michael (* 14. 2. 1961)

1966 bis 1979 FV Neuenburg, 1. FC Birkenfeld, 1979 bis 1983 Eintracht, 1983 bis 1986 Karlsruher SC, 1986 bis 1988 SV Darmstadt 98, Juli bis Dezember 1988 Austria Wien, Januar bis Juni 1989 SV Stockerau, Juli bis Dezember 1989 Austria Wien, Januar bis Juni 1990 Kremser SC, Juli bis Dezember 1990 Grazer AK, Januar 1991 bis 1992 Austria Klagenfurt, 1992/93 Spielertrainer SC Rheindorf Altach, 1995 bis 1998 Spielertrainer FC Neureut

	Bundesliga		DFB-Pokal		Europapokal	
1979/80	2	1	–	–	–	–
1980/81	2	–	–	–	–	–
1981/82	10	5	–	–	2	–
1982/83	8	2	1	–	–	–
Gesamt:	22	8	1	–	2	–

Einsätze bei den Amateuren: Oberliga Hessen 1978/79 2/–, 1979/80 15/8, 1980/81 23/8, 1981/82 22/15 (insgesamt: 62/31)

Weitere BL-Einsätze: 30/7 für den Karlsruher SC

■ Künz, Ernst (* 23. 2. 1912, † 21. 8. 1944)

Der viermalige österreichische Amateur-Nationalspieler, der bei Olympischen Fußballturnier 1936 Silber gewann, kam 1938 vom vorarlbergischen FC Lustenau 07 zur Eintracht. Er fiel im 2. Weltkrieg.

	Gauliga		DM-Endrunde		Tschammer-Pokal	
1938/39	6	2	–	–	3	–
1939/40	10	1	–	–	1	–
1940/41	1	–	–	–	–	–
1943/44	+1	–	–	–	–	–
Gesamt:	+18	3	–	–	4	–

Weitere Einsätze: Frankfurter Stadtrunde 1939 6/3

■ Kunter, Dr. Peter (* 28. 4. 1941)

Der „fliegende Doc" war der erste Bundesligaspieler, der bewies, dass Profi-Fußball und ein ernsthaftes akademisches Studium miteinander zu vereinbaren sind. Der viermalige Amateur-Nationalspieler wechselte 1961 von Eintracht Wetzlar zum Freiburger FC und kam 1965 zur Eintracht. Nach Beendigung seiner aktiven Laufbahn war er von 1977 bis 1979 Vizepräsident und von Januar 2002 bis 2005 Mitglied des Verwaltungsrats des „e. V.". Im gleichen Jahr beendete der frühere Torhüter auch seine berufliche Karriere als Zahnarzt.

	Bundesliga		DFB-Pokal		Europapokal	
1965/66	25	–	2	–	–	–
1966/67	24	–	1	–	7	–
1967/68	8	–	–	–	–	–
1968/69	20	–	2	–	2	–
1969/70	30	–	2	–	–	–
1970/71	26	–	–	–	–	–
1971/72	32	–	3	–	–	–
1972/73	31	–	4	–	2	–
1973/74	17	–	2	–	–	–
1974/75	13	–	1	–	2	–
1975/76	8	–	–	–	4	–
Gesamt:	234	–	17	–	17	–

Weitere Einsätze: Intertoto-Runde 1966/67 8/–; Alpenpokal 1969 3/–; Ligapokal 1972/73 8/–

■ Kutschera, Alexander (* 21. 3. 1968)

Bis 1986 SG Eichenfeld, Eintracht Freising, 1986 bis 1989 Bayern München Amateure, 1989 bis 1991 Blau-Weiß 90 Berlin, 1991 bis 1994 Bayer Uerdingen, 1994 bis Januar 1997 TSV München 1860, Januar 1997 bis 2001 Eintracht, 2001 bis 2003 CD Xerez, seit März 2004 SpVgg Landshut

	BL/2. BL *		DFB-Pokal		Europapokal	
1996/97 *	15	–	–	–	–	–
1997/98 *	34	1	3	–	–	–
1998/99	29	–	2	–	–	–
1999/2000	29	1	1	–	–	–
2000/01	22	1	–	–	–	–
Gesamt:	129	3	6	–	–	–

Weitere BL-Einsätze: 24/– für Bayer Uerdingen, 53/1 für den TSV München 1860

■ Kyrgiakos, Sotirios (* 23. 7. 1979)
Der aus Trikkala stammende Abwehrspieler begann 1990 bei Thyella Megalochoriou und wechselte 1996 zu Panathinaikos Athen. Von 1999 bis 2001 an den kretischen Klub AO Agios Nikolaos ausgeliehen, kam er nach seiner Rückkehr zu Panathinaikos im Februar 2002 zu seinem Länderspiel-Debüt (inzwischen 19 Einsätze/1 Tor). Nachdem er die EM 2004 wegen eines Kreuzbandrisses verpasst hatte, war er 2005 beim Confederations Cup in Deutschland dabei. Im Januar 2005 wechselte er zu den Glasgow Rangers und kam im Sommer 2006 ablösefrei zur Eintracht.

■ Lampe, A.
Bis 1911 Worms, 1911 bis 1913 FFV

	Meisterschaft		Süddt. Meist.		DM-Endrunde	
1911/12	+10	+2	+2	?	–	–

■ Lampert

	Gauliga		DM-Endrunde		Tschammer-Pokal	
1943/44	+1	–	–	–	–	–

■ Landerer, Ludwig (* 31. 5. 1937)
Um die Verpflichtung des zweimaligen Amateur-Nationalspielers hatte es 1961 einigen Wirbel gegeben. Da ihn sein bisheriger Klub TSG Ulm 1846 nicht freigab, durfte er 1961/62 nur in Pokalspielen eingesetzt werden. Bevor er 1960 nach Ulm ging, spielte er bis 1953 beim FC Penzberg und Amicitia München und anschließend sieben Jahre bei Bayern München. Nach fünf Jahren am Riederwald ging der Mittelläufer 1966 für ein Jahr zum FSV Frankfurt, bevor er 1967 als Spielertrainer des ESV nach München zurückkehrte.

	OL/BL		Pokal		Europapokal	
1961/62	–	–	2	1	–	–
1962/63	30	1	6	–	–	–
1963/64	13	–	5	–	–	–
1964/65	5	–	–	–	1	–
1965/66	4	–	–	–	–	–
Gesamt:	52	1	13	1	1	–

Weitere Einsätze: Intertoto-Runde 1965 3/–

■ Lange, Heinz (* 11. 1. 1929)
Bis 1953 TSG Neu-Isenburg, 1953 bis 1957 Eintracht, 1957 reamateurisiert

	Oberliga		DM-Endrunde		SFV-Pokal	
1954/55	1	–	–	–	–	–
1956/57	–	–	–	–	1	–
Gesamt:	1	–	–	–	1	–

Weitere Einsätze: Oberliga-Vergleichsrunde 1955 3/–

■ Langer, August (* 7. 1. 1921, † 7. 10. 2000)
Bis 1933 Union Niederrad, 1933 bis Februar 1944 Eintracht, 1945/46 Union Niederrad, 1946 bis 1948 Kirdorf, 1948 bis 1950 Union Niederrad. Nach eigenen Angaben bestritt er 1943/44 unter falschem Namen zehn weitere Gauliga-Spiele, die aber nicht eindeutig zugeordnet werden können (siehe dazu auch den Einwurf „Zwischen Anspruch und Wirklichkeit: Fußball im Krieg").

	Gauliga		DM-Endrunde		Tschammer-Pokal	
1942/43	1	–	–	–	–	–
1943/44	*2	–	–	–	–	–
Gesamt:	*3	–	–	–	–	–

■ Lanz, Karl
Bis 1936 SV 1920 Groß-Karben, 1936/37 Eintracht, 1937 SV 1920 Groß-Karben

	Gauliga		DM-Endrunde		Tschammer-Pokal	
1936/37	5	–	–	–	–	–

■ Larem, Ernst

	Meisterschaft		Süddt. Meist.		Süddt. Pokal	
1922/23	+2	+2	–	–	–	–
1924/25	2	–	–	–	–	–
Gesamt:	+4	+2	–	–	–	–

■ Lasser, Thomas (* 25. 10. 1969)
Bis 1985 SV Wehen, SV Wiesbaden, 1985 bis 1992 Eintracht, 1992/93 SV Waldhof Mannheim, 1993 bis April 1995 FSV Frankfurt, 1995 bis 1999 Alemannia Aachen, 1999/2000 FSV Frankfurt

	Bundesliga		DFB-Pokal		Europapokal	
1988/89	12	–	–	–	2	–
1989/90	11	–	–	–	–	–
1990/91	15	1	6	–	1	–
1991/92	6	–	2	–	3	–
Gesamt:	44	1	8	–	6	–

Weitere Einsätze: Relegation 1989 2/–
Einsätze bei den Amateuren: Oberliga Hessen 1988/89 17/3, 1990/91 8/– (insgesamt: 25/3)

■ Laux, Eduard
1905 und 1906 Frankfurter Kickers

■ Lechner, Georg (* 18. 8. 1941)
Bis 1964 Schwaben Augsburg, 1964 bis 1966 Eintracht, 1966 bis Oktober 1968 Schwaben Augsburg, 1969/70 TSV Göggingen, 1970/71 SSV Ulm 1846

	Bundesliga		DFB-Pokal		Europapokal	
1964/65	17	8	2	–	–	–
1965/66	28	8	2	1	–	–
Gesamt:	45	16	4	1	–	–

Weitere Einsätze: Intertoto-Runde 1965 6/2

■ Legat, Thorsten (* 7. 11. 1968)
Seine Verpflichtung war ein weiteres großes Missverständnis der „Ära Heynckes". Der Trainer verpasste ihm nämlich das Trikot mit der Nr. 10, doch die in ihn gesetzten Erwartungen als Bein-Nachfolger konnte er nie erfüllen. So wurde jedes Heimspiel für den aus

der Jugend von Vorwärts Werne stammenden Mittelfeldspieler, der von 1984 bis 1991 für den VfL Bochum und von 1991 bis 1994 bei Werder Bremen gespielt hatte, zu einem Spießrutenlaufen und er war froh, 1995 zum VfB Stuttgart wechseln zu können. Im Dezember 1999 ging er dann zum FC Schalke 04, wo er seine Karriere 2001 beendete.

	Bundesliga		DFB-Pokal		Europapokal	
1994/95	22	2	2	1	7	1

Weitere Einsätze: UEFA-Intertoto-Cup 1995 1/1
Weitere BL-Einsätze: 107/9 für den VfL Bochum, 70/4 für Werder Bremen, 40/– für den VfB Stuttgart, 4/– für den FC Schalke 04

■ Lehmann, Otto
Bis September 1939 Freiburger FC, Oktober 1939 bis 1946 Gastspieler bei der Eintracht, zeitweise nach Minsk versetzt, 1946/47 Germania 94 Frankfurt

	Gau-/Oberliga		DM-Endrunde		Tschammer-Pokal	
1939/40	6	–	–	–	5	–
1940/41	13	–	–	–	6	–
1941/42	11	–	–	–	+3	–
1942/43	–	–	–	–	2	–
1945/46	+5	–	–	–	–	–
Gesamt:	+35	–	–	–	+16	–

Weitere Einsätze: Frankfurter Stadtrunde 1939 4/–

■ Leiber, Albert
Kam aus der Schweiz, 1915/16 FFV, 1917 bis 1922 Servette Genf, 1922 Young Fellows Zürich, Schweizer Nationalspieler

■ Leis, Bernhard (* 8. 9. 1906, † Nov. 1974)
Der 1929 aus Kelsterbach gekommene Mittelläufer gehörte der großen Eintracht-Mannschaft der frühen 30er Jahre an. Gleich in seinem ersten Jahr wurde er 1930 mit der Eintracht Süddeutscher Meister, ein Erfolg, den er 1932 wiederholen konnte. Er war auch im Endspiel um die Deutsche Meisterschaft dabei, konnte das 0:2 gegen Bayern München aber auch nicht verhindern.

	Meisterschaft		Südd. Meist.		DM-Endrunde	
1929/30	13	1	6	4	1	–
1930/31	9	3	14	1	2	–
1931/32	19	1	14	1	4	–
1932/33	18	2	16	–	3	–
1933/34	21	4	–	–	–	–
1934/35	19	2	–	–	–	–
1935/36	16	–	–	–	–	–
1936/37	1	–	–	–	–	–
Gesamt:	116	13	50	6	10	–

Weitere Einsätze: Tschammer-Pokal 1935 1/–, 1936 2/– (insgesamt: 3/–)

■ Leising, K.
Bis 1912 FC Hanau 93, 1912/13 FFV

	Meisterschaft		Südd. Meist.		DM-Endrunde	
1912/13	14	+4	6	?	–	–

■ Lemke, Walter († 1942)

	Meisterschaft		Südd. Meist.		Südd. Pokal	
1924/25	–	–	–	–	2	–

■ Lemm, Paul (* 9. 3. 1921)
Bis 1947 SG Spandau-Altstadt, 1947 VfR Neuburg, 1947 bis 1949 Schwaben Augsburg, 1949/50 Eintracht, 1950/51 Spandauer SV, 1951/52 Tennis Borussia Berlin, 1952 bis 1955 SC Union 06 Berlin

	Oberliga		DM-Endrunde		DFB-Pokal	
1949/50	28	6	–	–	–	–

■ Lenze, Christian (* 26. 4. 1977)
1983 bis 1999 1. FC Magdeburg, 1999 bis 2001 bis Kickers Emden, 2001 bis Dezember 2003 Werder Bremen, Januar bis Juni 2004 VfL Osnabrück, 2004 bis Januar 2006 Eintracht, seit Januar 2006 Erzgebirge Aue

	2. Bundesliga		DFB-Pokal		Europapokal	
2004/05	16	2	2	1	–	–

Einsätze bei den Amateuren: Oberliga Hessen 2004/05 1/–, 2005/06 4/1 (insgesamt: 5/1)

■ Letsche
1899 FFC Victoria

■ Levy, Renato (* 29. 9. 1977)
19(89?) bis 1991 Viktoria/Preußen Frankfurt, 1991 bis 1993 Kickers Offenbach, 1993 bis 1997 FSV Frankfurt, 1997/98 Eintracht, 1998 bis 2000 FSV Frankfurt, 2000 bis 2002 FC Grenchen, 2002 bis November 2003 FC Solothurn, Januar bis Juni 2004 TSG Wörsdorf, seit 2004 FSV Frankfurt

	2. Bundesliga		DFB-Pokal		Europapokal	
1997/98	6	–	1	–	–	–

Einsätze bei den Amateuren: Oberliga Hessen 1997/98 16/2

■ Lexa, Stefan (* 1. 11. 1976)
1983 bis 1989 SV Heimstetten, 1989 bis 1995 TSV München 1860, 1995/96 SpVgg Landshut, Juni bis November 1996 SV Heimstetten, November 1996 bis 1998 Wacker Burghausen, 1998/99 SV Wehen, 1999 bis 2001 SSV Reutlingen, 2001/02 SpVgg Unterhaching, 2002/03 CD Teneriffa, 2003 bis 2006 Eintracht, seit 2006 1. FC Kaiserslautern.

	BL/2. BL *		DFB-Pokal		Europapokal	
2003/04	30	–	1	–	–	–
2004/05 *	12	2	1	–	–	–
2005/06	13	–	3	–	–	–
Gesamt:	55	2	5	–	–	–

Einsätze bei den Amateuren: Oberliga Hessen 2004/05 3/–

■ Lidin
Kam aus Straßburg, Januar 1944 Gastspieler bei der Eintracht

	Gauliga		DM-Endrunde		Tschammer-Pokal	
1943/44	+3	+1	–	–	–	–

■ Liesem, Hans (* 8. 11. 1923)
Bis Januar 1946 Union Niederrad, Januar 1946 bis 1948 Eintracht, 1948 Union Niederrad, September 1950 Grasshoppers Zürich

	Oberliga		DM-Endrunde		DFB-Pokal	
1945/46	+20	–	–	–	–	–
1946/47	24	1	–	–	–	–
1947/48	28	4	–	–	–	–
Gesamt:	+72	5	–	–	–	–

■ Lindemann, Hans (* 4. 9. 1947)
Bis 1968 Alemannia Nied, 1968 bis 1971 Eintracht, 1971 bis 1979 SV Darmstadt 98, 1979 SG Egelsbach

	Bundesliga		DFB-Pokal		Europapokal	
1969/70	10	–	3	1	–	–
1970/71	3	–	–	–	–	–
Gesamt:	13	–	3	1	–	–

Weitere BL-Einsätze: 11/– für den SV Darmstadt 98
Einsätze bei den Amateuren: Hessenpokal 1969 3/2; Süddeutscher Pokal 1969/70 1/–; Hessenliga 1969/70 2/–

■ Lindemann, Hermann
(* 29. 10. 1910, † 23. 7. 2002)
Der aus dem osthessischen Phlippsthal stammende Außenläufer hatte bereits eine bewgte Karriere hinter sich, als er im April 1937 zur Eintracht kam. Bis April 1932 hatte er für den VfL Philippsthal und FSV Frankfurt gespielt, 1932/33 beim VfB Leipzig und von 1933 bis April 1937 bei Kickers Offenbach. Mit der Eintracht wurde er 1938 Gaumeister. Im Oktober 1939 ging er zunächst zu Germania 94 Frankfurt und dann zur BSG IG Farben, nach deren Auflösung er 1942 an den Riederwald zurückkehrte. 1943/44 war er Gastspieler beim WTSV Schweinfurt. Im Oktober 1946 wechselte er zu Union Niederrad. Nach Beendigung seiner aktiven Laufbahn wurde er Trainer und betreute u. a. den Bundesligisten Borussia Dortmund (1969/70).

	Gau-/Oberliga		DM-Endrunde		Tschammer-Pokal	
1937/38	18	–	6	–	–	–
1938/39	16	–	–	–	1	–
1939/40	–	–	–	–	1	–
1942/43	12	–	–	–	2	1
1943/44	+2	1	–	–	–	–
1944/45	+1	–	–	–	–	–
1945/46	+26	–	–	–	–	–
Gesamt:	+75	1	6	–	4	1

Weitere Einsätze: Frankfurter Stadtrunde 1939 3/–

■ Lindner

	Meisterschaft		Süddt. Meist.		Süddt. Pokal	
1921/22	+3	+1	2	–	–	–
1922/23	+5	1	–	–	–	–
Gesamt:	+8	+2	2	–	–	–

■ Lindner, Dieter (* 11. 6. 1939)
Der langjährige Mannschaftskapitän war immer zur Stelle, wenn man ihn brauchte. Bereits als 17-Jähriger debütierte er im Februar 1957 als Mittelstürmer in der Oberliga. 1959 stand er als Halblinker in der Eintracht-Meistermannschaft und ein Jahr später im Europapokal-Finale. 1970 hatte er als Verteidiger bereits seine aktive Laufbahn beendet, doch wurde er im Abstiegskampf 1971 noch einmal reaktiviert und half mit, den Abstieg zu verhindern. Danach gehörte war er lange Jahre Vorsitzender des Aufsichtsrats, 1980/81 Vizepräsident und nach dem ersten Abstieg 1996 vom 5. Mai bis 2. Oktober Interimspräsident. Für seine Verdienste wurde er zum Ehrenmitglied und Ehrenspielführer ernannt.

	OL/BL		SFV-/DFB-Pokal		Europapokal	
1956/57	5	3	–	–	–	–
1957/58	22	5	2	–	–	–
1958/59	22	5	3	5	–	–
1959/60	29	16	8	1	7	4
1960/61	20	7	4	1	–	–
1961/62	18	9	3	1	–	–
1962/63	16	4	3	1	–	–
1963/64	29	2	5	–	–	–
1964/65	26	1	2	–	2	–
1965/66	33	–	2	–	–	–
1966/67	33	–	1	–	10	–
1967/68	26	–	3	–	1	–
1968/69	24	1	–	–	4	–
1969/70	3	–	–	–	–	–
1970/71	15	1	1	–	–	–
Gesamt:	321	54	37	9	24	4

Weitere Einsätze: Flutlicht-Pokal 1957 5/2, 1958 4/3 (insgesamt: 9/5); DM-Endrunde 1959 7/1, 1961 6/2, 1962 3/2 (insgesamt: 16/5); Intertoto-Runde 1965 6/–, 1966/67 12/– (insgesamt: 18/–); Alpenpokal 1967 4/–, 1968 2/–, 1969 4/– (insgesamt: 10/–)
Einsätze bei den Amateuren: Hessenliga 1970/71 1/–

■ Lindner, Karlheinz (* 2. 1. 1936, † 2005)
1955 bis 1958 Eintracht, 1958 VfB Friedberg

	Oberliga		SFV-Pokal		Flutlicht-Pokal	
1957/58	–	–	2	–	4	–

■ Lindner, Willi (* 27. 6. 1910, † Januar 1944)
„Etsche" Lindner ist ein weiterer Eintracht-Spieler, der nicht aus dem 2. Weltkrieg heimkehrte. Der Linksaußen spielte von 1921 bis 1928 bei Union Niederrad, von 1928 bis 1931 bei Rot-Weiss Frankfurt und von Juli bis September 1932 bei Tennis Borussia Berlin, bevor ihn die Eintracht holte. 1933 bestritt er gegen Frankreich sein einziges Länderspiel. Im März 1935 zog es ihn Tura Leipzig, doch kehrte er 1938 nach Frankfurt zurück, erst kurz zu Reichsbahn-Rot-Weiss, dann wieder zur Eintracht. Im Juli 1941 leitete er sogar ehrenamtlich das Training am Riederwald.

	Meisterschaft		Süddt. Meist.		Tschammer-Pokal	
1932/33	2	–	15	11	–	–
1933/34	20	18	–	–	–	–
1934/35	17	5	–	–	–	–
1938/39	7	2	–	–	2	–
1940/41	3	1	–	–	1	–
1941/42	3	1	–	–	–	–
1942/43	1	–	–	–	1	–
Gesamt:	53	27	15	11	4	–

Weitere Einsätze: DM-Endrunde 1933 3/3

■ Linken, Fritz (* 20. 12. 1913, † 11. 12. 1992)
1937 bis 1949 Eintracht, bis November 1947 in englischer Kriegsgefangenschaft

	Gau-/Oberliga		DM-Endrunde		Tschammer-Pokal	
1937/38	11	4	6	1	–	–
1938/39	13	6	–	–	4	2
1939/40	4	–	–	–	2	1
1947/48	25	5	–	–	–	–
1948/49	2	–	–	–	–	–
Gesamt:	55	15	6	1	6	3

Weitere Einsätze: Frankfurter Stadtrunde 1939 3/1

■ Löble, Otto (* 27. 10. 1888, † 29. 5. 1967)
Mindestens 1907 Stuttgarter Kickers, Rückrunde 1913/14 FFV, (bis 1922 Stuttgarter Kickers?)

	Meisterschaft		Süddt. Meist.		DM-Endrunde	
1913/14	4	1	–	–	–	–

■ Löffler, Franz († im 1. Weltkrieg)
1905 und 1906 Frankfurter Kickers

■ Lörinc, Tibor (* 30. 8. 1938)
Kam 1957 aus Ungarn, 1957/58 Eintracht, 1958/59 FC Altona 93, 1959/60 Bayern München, 1960 bis 1963 VV Alkmaar '54, 1963 AGOVV Apeldoorn

	Oberliga		DM-Endrunde		DFB-Pokal	
1957/58	3	1	–	–	–	–

■ Lösch, Markus (* 26. 9. 1971)
1978 bis 1988 TSV Schmiden, bis 1988 SV Fellbach, Stuttgarter Kickers, 1993 bis 1996 TSF Ditzingen, 1996 bis 1998 Stuttgarter Kickers, 1998 bis 2000 1. FC Nürnberg, 2000/01 Eintracht, Januar bis Juni 2002 Stuttgarter Kickers, 2002 bis 2004 Eintracht Trier, 2004/05 Fortuna Düsseldorf, 2005/06 Eintracht Trier, seit 2006 SSV Ulm 1846

	Bundesliga		DFB-Pokal		Europapokal	
2000/01	15	–	1	–	–	–

Weitere BL-Einsätze: 21/– für den 1. FC Nürnberg

■ Löw, Joachim (* 3. 2. 1960)
Der aktuelle Bundestrainer spielte bis 1978 beim FC Schönau und Eintracht Freiburg. Über den SC Freiburg kam er 1980 zum VfB Stuttgart, den er nach nur einem Jahr aber wieder Richtung Eintracht verließ. Auch in Frankfurt war ihm nur ein Jahr gegönnt. 1982 kehrte er zum SC Freiburg zurück, bei dem er mit einem Jahr Unterbrechung beim Karlsruher SC (1984/85) bis 1989 spielte. Danach zog es ihn in die Schweiz: 1989 bis 1992 FC Schaffhausen, 1992 bis 1994 FC Winterthur und 1994/95 FC Frauenfeld, wo er auch mit seiner Trainer-Karriere begann. Von 1996 bis 1998 trainierte er den VfB Stuttgart, 1998/99 Fenerbahce Istanbul, von Oktober 1999 bis April 2000 den Karlsruher SC, im Januar/Februar 2001 Adanaspor, 2001/02 den FC Tirol (2001/02) und von Juni 2003 bis März 2004 Austria Wien. Nach der EM 2004 wurde er Assistent von Jürgen Klinsmann und nach dessen Rücktritt nach der WM 2006 selbst Bundestrainer.

	Bundesliga		DFB-Pokal		Europapokal	
1981/82	24	5	2	–	3	–

Weitere BL-Einsätze: 4/– für den VfB Stuttgart, 24/2 für den Karlsruher SC

■ Loos

	Gauliga		DM-Endrunde		Tschammer-Pokal	
1933/34	1	–	–	–	–	–

■ Lorant, Werner (* 21. 11. 1948)
Schon als Spieler war „Werner Beinhart" kompromisslos, der sich selbst und seinen Gegnern nichts schenkte. Der Mittelfeldspieler kam 1971 über den SV Welver und Westfalia Herne zu Borussia Dortmund, mit der er 1972 aus der Bundesliga abstieg. Auch bei seinen nächsten beiden Stationen ereilte ihn das gleiche Schicksal: bei Rot-Weiß Essen (von 1973 bis 1977) und 1977/78 beim 1. FC Saarbrücken. Seine erfolgreichste Zeit erlebte er von 1978 bis Dezember 1982 bei der Eintracht, mit der er 1980 UEFA- und 1981 DFB-Pokal-Sieger wurde. Im Dezember 1982 wechselte er zum FC Schalke 04, mit dem 1983 Bundesliga-Abstieg Nr. 4 folgte. Über Hannover 96 (1983/84) kam er als Spielertrainer zuerst zum SV Heidingsfeld, und 1986 zum FC Schweinfurt 05. Ab 1987 nur noch Trainer, stiegt er mit Schweinfurt 1990 in die 2. Bundesliga auf. Von 1990 bis 1992 trainierte er Viktoria Aschaffenburg und übernahm anschließend den TSV 1860 München, mit dem er den Durchmarsch von der Bayern- in die Bundesliga schaffte. Nach seiner Entlassung dort im Oktober 2001 war er 2002 ein Jahr lang bei Fenerbahce Istanbul in der Türkei und betreute in der Rückrunde

2002/03 LR Ahlen. Von März bis August 2004 machte er einen Abstecher zum koreanischen Profiklub FC Incheon und von März bis Mai 2005 stand er kurzfristig bei APOEL Nicosia unter Vertrag. 2006/07 holte ihn der türkische Erstliga-Aufsteiger Sivasspor. Auch bei Saipa Teheran warf er Anfang Oktober 2006 enttäuscht die Brocken hin und heuerte kurz danach beim türkischen Erstligisten Kayseri Erciyesspor an.

	Bundesliga		DFB-Pokal		Europapokal	
1978/79	34	8	5	1	–	–
1979/80	26	1	3	1	11	2
1980/81	32	5	6	3	6	–
1981/82	29	7	2	1	5	1
1982/83	13	–	1	–	–	–
Gesamt:	134	21	17	5	22	3

Weitere BL-Einsätze: 23/– für Borussia Dortmund, 116/16 für Rot-Weiß Essen, 34/9 für den 1. FC Saarbrücken, 18/–für den FC Schalke 04

■ Lorenz, Alexander (* 31. 12. 1978)
1989/90 SG Mossautal, 1990 bis 1992 SV Beerfelden, 1992 bis 1994 FC Erbach, 1994 bis 1999 Eintracht, 1999/2000 Viktoria Aschaffenburg, 2000 bis 2002 SV Darmstadt 98, 2002 bis Dezember 2003 Kickers Offenbach, Februar bis Dezember 2004 1. FC Young Boys Oberursel, Januar 2005 bis 2006 VfB Unterliederbach, seit 2006 Sportfreunde Seligenstadt

	2. Bundesliga		DFB-Pokal		Europapokal	
1997/98	1	–	1	–	–	–

Einsätze bei den Amateuren: Oberliga Hessen 1996/97 11/–, 1997/98 19/2, 1998/99 25/2 (insgesamt: 55/4)

■ Lorenz, Bernd (* 24. 12. 1947, † 6. 4. 2005)
Bis 1969 Duwo 08 Hamburg, 1969 bis 1971 Werder Bremen, 1971 bis 1974 Rapid Wien, 1974 bis 1976 Eintracht, 1976 bis 1978 Young Boys Bern, 1977/78 FC Augsburg, 1978/79 First Vienna FC, 1979/80 FC Admira/Wacker

	Bundesliga		DFB-Pokal		Europapokal	
1974/75	16	10	5	2	1	–
1975/76	14	3	3	1	4	1
Gesamt:	30	13	8	3	5	1

Weitere BL-Einsätze: 51/10 für Werder Bremen

■ Lottermann, Dr. Stefan (* 5. 3. 1959)
Ein weiterer Akademiker in den Reihen der Eintracht, der bis 1979 für den FV Weilburg, FC Burgsolms und Kickers Offenbach gespielt hatte. Nach vier Jahren bei der Eintracht ging er 1983 zum 1. FC Nürnberg, wurde dort jedoch nach der Spielerrevolte im Oktober

1984 fristlos entlassen. 1985 bis 1987 spielte er für den SV Darmstadt 98 und von 1987 bis 1989 beim FC Burgsolms. Von Dezember 1992 bis September 1994 war er Vorsitzender der Spielergewerkschaft VdV. Seit 2002 ist er Wissenschaftlicher Mitarbeiter an der Deutschen Sporthochschule in Köln und ehrenamtliches Mitglied des DFB-Sportgerichts. Als Trainer arbeitete er u. a. beim FC Burgsolms, bei Wormatia Worms sowie beim FC Italia und Germania 94 Frankfurt.

	Bundesliga		DFB-Pokal		Europapokal	
1979/80	25	3	3	1	4	1
1980/81	32	6	5	3	5	–
1981/82	27	5	1	1	5	–
1982/83	13	–	1	–	–	–
Gesamt:	97	14	10	5	14	1

Weitere BL-Einsätze: 21/2 für den 1. FC Nürnberg

■ **Lotz, Oskar** (* 23. 4. 1940)

Bis 1961 Viktoria Urberach, 1961 bis 1965 Ki-ckers Offenbach, 1965 bis 1969 Eintracht, 1969/70 bis FSV Frankfurt, 1985 FC Rhein-Main

	Bundesliga		DFB-Pokal		Europapokal	
1965/66	17	3	1	–	–	–
1966/67	34	8	1	–	10	6
1967/68	33	6	3	–	2	–
1968/69	13	2	1	–	4	1
Gesamt:	97	19	5	–	16	7

Weitere Einsätze: Intertoto-Runde 1966/67 12/2; Alpenpokal 1967 5/–, 1968 5/2, 1969 4/– (insgesamt: 14/2)

■ **Loy, Egon** (* 14. 5. 1931)

Der Torhüter kam 1954 vom TSV 04 Schwabach zur Eintracht. Seine größten Erfolge waren der Gewinn der Deutschen Meisterschaft 1959 und das Europapokal-Finale 1960 gegen Real Madrid (3:7).

	OL/BL		DM-Endrunde		SFV-/DFB-Pokal	
1954/55	28	–	–	–	2	–
1955/56	1	–	–	–	–	–
1956/57	11	–	–	–	–	–
1957/58	30	–	–	–	–	–
1958/59	22	–	7	–	2	–
1959/60	27	–	–	–	8	–
1960/61	30	–	7	–	5	–
1961/62	30	–	3	–	3	–
1962/63	30	–	–	–	7	–
1963/64	28	–	–	–	4	–
1964/65	30	–	–	–	2	–
1965/66	9	–	–	–	–	–
1966/67	2	–	–	–	–	–
Gesamt:	278	–	17	–	33	–

Weitere Einsätze: Flutlicht-Pokal 1957 3/–; Europapokal 1959/60 7/–, 1964/65 2/–, 1966/67 1/– (insgesamt: 10/–); Intertoto-Runde 1965 6/–, 1966/67 2/– (insgesamt: 8/–)

■ **Lutz, Friedel** (* 21. 1. 1939)

Der Verteidiger begann 1950 beim FV Bad Vilbel und kam 1957 zur Eintracht, mit der er 1959 Deutscher Meister wurde und 1960 im Europapokal-Endspiel stand. Bei der WM 1966 in England bestritt er im Halbfinale gegen die UdSSR das letzte von 12 Länderspielen. Danach wechselte er zum TSV 1860 München, wo er aber nie heimisch wurde und bereits nach einem Jahr an den Riederwald zurückkehrte. Seine aktive Laufbahn ließ er 1973/74 bei TuS Makkabi Frankfurt, der SpVgg Neu-Isenburg (1974) und später (1987) beim FC Rhein-Main ausklingen. Von 1995 bis 2003 war er Zeugwart bei der Eintracht.

	OL/BL		Pokal		Europapokal	
1957/58	1	–	2	–	–	–
1958/59	25	–	3	–	–	–
1959/60	28	–	8	–	6	–
1960/61	28	2	2	–	–	–
1961/62	20	2	2	–	–	–
1962/63	22	–	6	–	–	–
1963/64	21	–	2	–	–	–
1964/65	21	–	2	–	–	–
1965/66	32	–	2	–	–	–
1967/68	3	–	–	–	–	–
1968/69	26	1	1	–	5	–
1969/70	29	2	1	–	–	–
1970/71	32	–	2	–	–	–
1971/72	32	1	4	–	–	–
1972/73	4	–	–	–	1	–
Gesamt:	324	8	37	–	12	–

Weitere Einsätze: Flutlicht-Pokal 1958 4/–; DM-Endrunde 1959 7/–, 1961 7/1 (insgesamt: 14/1); Intertoto-Runde 1965 2/–; Alpenpokal 1968 4/–, 1969 4/1 (insgesamt: 8/1); Ligapokal 1972/73 4/–
Weitere BL-Einsätze: 11/– für den TSV München 1860

■ **Maeder, Rudolf**

1904 bis 1907 Frankfurter Kickers

■ **Maljkovic, Vladimir** (* 14. 8. 1982)

Bis 1999 Croatia Sesvete, NK Zagreb, 1999 bis 2003 Eintracht, Februar 2004 Croatia Sesvete

	Bundesliga		DFB-Pokal		Europapokal	
2000/01	3	–	–	–	–	–

Einsätze bei den Amateuren: Oberliga Hessen 2000/01 3/–, 2001/02 18/2 (insgesamt: 21/2); Hessepokal 2001 3/–; Regionalliga Süd 2002/03 23/–

■ **Mantel, Hugo** (* 14. 5. 1907, † Februar 1942)

Der fünfmalige Nationalspieler kehrte nicht aus dem Krieg zurück. Er starb in Russland an Fleckfieber. Der „Schotte" begann 1916 bei der TSG 04 Dortmund-Bövinghausen und kam über den TSV Duisburg 1899 und Rheinhausen 1925 zum Dresdner SC. 1928 sicherte sich die Eintracht die Dienste des linken Läufers, der beim Gewinn der Süddeutschen Meisterschaften 1930 und 1932 sowie beim Endspiel um die Deutsche Meisterschaft 1932 dabei war. Im Februar verließ er Frankfurt, um ihn Mailand eine pharmazeutische Vertretung zu übernehmen. Da er als Nicht-Italiener jedoch keine Spielberechtigung für Ambrosiana-Inter erhielt, kehrte er im Dezember zur Eintracht zurück. 1938 wechselte er zu Germania 94 Frankfurt.

	Meisterschaft		Südd. Meist.		DM-Endrunde	
1928/29	15	–	13	–	–	–
1929/30	14	–	14	–	2	–

1930/31	12	–	11	–	2	–
1931/32	8	–	7	–	4	–
1932/33	16	1	13	–	3	–
1933/34	7	–	–	–	–	–
1934/35	11	–	–	–	–	–
1935/36	16	1	–	–	–	–
1936/37	11	1	–	–	–	–
Gesamt:	110	3	58	–	11	–

Weitere Einsätze: Tschammer-Pokal 1935 1/–, 1936 3/– (insgesamt: 4/-)

■ **Martin**

	Meisterschaft		Süddt. Meist.		DM-Endrunde	
1913/14	12	+4	1	2	–	–

■ **Martini, Edi** (* 2. 1. 1975)

1992 bis 1994 Vllaznia Shkoder, 1994/95 NK Vevce Ljubljana, 1995/96 SAK Klagenfurt, 1996 bis März 1997 Vllaznia Shkoder, März 1997 bis 1999 Eintracht, 1999 bis Dezember 2002 Vllaznia Shkoder, Januar bis Juni 2003 KS Lushnja, 2003/04 Vllaznia Shkoder, 2004 Apolonia Fier

	2. Bundesliga		DFB-Pokal		Europapokal	
1997/98	1	–	–	–	–	–

Einsätze bei den Amateuren: Oberliga Hessen 1997/98 4/5

■ **Mattern, Bodo** (* 3. 2. 1958)

Bis 1979 TuS Bockenheim, BSC Oppau, 1979 bis 1981 Wormatia Worms, 1981 bis 1983 SV Darmstadt 98, 1983 bis November 1984 Eintracht, November 1984 bis 1987 Blau-Weiß 90 Berlin, 1987 bis 1989 SV Darmstadt 98, 1989/90 FSV Frankfurt, 1990 Spielertrainer Rot-Weiß Darmstadt

	Bundesliga		DFB-Pokal		Europapokal	
1983/84	9	1	–	–	–	–
1984/85	3	–	–	–	–	–
Gesamt:	12	1	–	–	–	–

Weitere BL-Einsätze: 24/13 für den SV Darmstadt 98, 21/5 für Blau-Weiß 90 Berlin

■ **Maurischat, Fritz** (* 16. 12. 1901, † 1974/75)

Bis Februar 1928 Minerva 93 Berlin, FFV Sport-freunde 04, Germania 94 Frankfurt, Februar 1928 bis 1929 Eintracht, später Westmark Trier, Minerva 93 Berlin, Lufthansa Berlin

	Meisterschaft		Süddt. Meist.		DM-Endrunde	
1927/28	–	–	10	–	1	–
1928/29	13	–	2	–	–	–
Gesamt:	13	–	12	–	1	–

■ **Mayer**

	Meisterschaft		Süddt. Meist.		DM-Endrunde	
1932/33	1	–	–	–	–	–

■ **Mechling, Walter** (* 2. 7. 1908, † 1987/88)

Seit 1933 Eintracht

	Gauliga		DM-Endrunde		Tschammer-Pokal	
1936/37	1	–	–	–	–	–

■ **Mehic, Sead** (* 8. 4. 1975)

Bis 1996 Partizan Belgrad, Germania Ockstadt, 1996/97 KSV Klein-Karben, 1997/98 Eintracht, 1998/99 SV Meppen, 1999 bis 2004 SV Wehen, 2004/05 1. FC Eschborn, Juli bis Dezember 2005 Rot-Weiß Oberhausen, Januar 2006 1. FC Eschborn, seit 2006 FSV Frankfurt

	2. Bundesliga		DFB-Pokal		Europapokal	
1997/98	16	–	3	–	–	–

Einsätze bei den Amateuren: Oberliga Hessen 1997/98 4/2

■ **Mehlmann**

1906 FFC Victoria

■ **Meier, Alexander** (* 17. 1. 1983)

Der aus dem schleswig-holsteinischen Buchholz stammende offensive Mittelfeldspieler kam über die JSG Rosengarten, TuS Nenndorf, und den TSV Buchholz 08 1995 zum Hamburger SV. Nach einem Abstecher zum MSV Hamburg (1998/99), war er von 2001 bis 2003 an den FC St. Pauli ausgeliehen und durfte 2003/04 beim HSV erste Bundesliga-Erfahrung sammeln. Dennoch wurde er 2004 erneut ausgeliehen, diesmal zur Eintracht, die sich nach dem Aufstieg 2005 endgültig die Transferrechte sicherte. Inzwischen hat er es auf je zwei Einsätze im „Team 2006" und der deutschen U 21 gebracht, mit der er 2006 an der WM-Endrunde in Portugal teilnahm.

	BL/2. BL *		DFB-Pokal		Europapokal	
2004/05 *	34	9	3	1	–	–
2005/06	33	7	5	3	–	–
Gesamt:	67	16	8	4	–	–

Weitere BL-Einsätze: 6/– für den Hamburger SV

■ **Meier, Erich** (* 30. 3. 1935)

„Flutlicht-Meier" erlebte seine Sternstunden in den Europapokalspielen 1959/60, in denen er in sechs Spielen vier Tore schoss. In der Oberliga stand der 1956 vom FV Breidenbach gekommene Linksaußen aber anschließend im Schatten von Lothar Schämer, so dass er 1962 zum 1. FC Kaiserslautern wechselte. Seine Karriere ließ er in den Niederlanden 1965/66 bei VV Alkmaar '54 und danach bei AGOVV Apeldoorn ausklingen.

	Oberliga		DM-Endrunde		SFV-Pokal	
1956/57	6	2	–	–	–	–
1957/58	7	3	–	–	2	–
1958/59	13	7	2	1	–	–
1959/60	14	4	–	–	6	4
1960/61	2	1	5	5	–	–
1961/62	1	–	1	–	1	–
Gesamt:	43	17	8	6	9	4

Weitere Einsätze: Flutlicht-Pokal 1957 5/3, 1958 4/1 (insgesamt: 9/4); Europapokal 1959/60 6/4

BL-Einsätze: 26/12 für den 1. FC Kaiserslautern

■ **Meister**

	Gauliga		DM-Endrunde		Tschammer-Pokal	
1942/43	–	–	–	–	1	–

■ Menze, Steffen (* 28. 1. 1969)

Bis 1990 BSG Stahl Eisenhüttenstadt, Vorwärts Frankfurt/Oder (mindestens ab 1986), 1990/91 Eisenhüttenstädter FC Stahl, Vorrunde 1991/92 Banyasz Siofok, Rückrunde 1991/92 FC St. Pauli, 1992/93 1. FC Pforzheim, 1993/94 VfR Pforzheim, 1994 bis 1996 Hannover 96, Juli bis November 1996 Eintracht, November 1996 bis 1998 FSV Zwickau, 1998 bis 2003 1. FC Union Berlin, 2003/04 Kickers Offenbach

	2. Bundesliga		DFB-Pokal		Europapokal	
1996/97	10	1	2	–	–	–

■ Menzerath, Hans (* 20. 10. 1921, † 20. 3. 2004)

Aus der eigenen Jugend, bis Januar 1941 Eintracht, danach Sportinvalide

	Gauliga		DM-Endrunde		Tschammer-Pokal	
1939/40	–	–	–	–	1	–
1940/41	5	1	–	–	–	–
Gesamt:	5	1	–	–	1	–

■ Metzger, Georg (*Dez. 1884/Jan. 1885)

1900 Mitbegründer der Frankfurter Kickers

■ Meyer

	Gauliga		DM-Endrunde		Tschammer-Pokal	
1934/35	1	–	–	–	–	–

■ Meyer, Karl

1915/16 FFV, (1918/19 Etoile La Chaux-de-Fonds?), 1920 bis 1922 Young Fellows Zürich, Schweizer Nationalspieler

■ Meyerding

1906 Frankfurter Kickers

■ Mihajlovic, Radmilo (* 19. 11. 1964)

Bis 1983 Sutjeska Foca, 1983 bis 1988 Zeljeznicar Sarajevo, 1988/89 Dinamo Zagreb, 1989 bis Januar 1991 Bayern München, Januar 1991 bis 1993 FC Schalke 04, Oktober 1993 bis 1994 Eintracht, 1994/95 ohne Verein, 1997/98 APOP Paphos, von der FIFA weltweit wegen Vertragsbruch gesperrt

	Bundesliga		DFB-Pokal		Europapokal	
1993/94	10	–	–	–	1	–

Weitere BL-Einsätze: 34/4 für Bayern München, 46/9 für den FC Schalke 04

■ Mitchell, David (* 13. 6. 1962)

Der erste Australier in der Bundesliga kann auf eine bewegte Karriere verweisen. 1980 bis 1982 Adelaide City, 1982 und 1983 Sydney City, 1983 bis Januar 1985 Glasgow Rangers (im Sommer 1984 an Adelaide City ausgeliehen), Januar bis Juni 1985 Seiko Hongkong, Juli bis Dezember 1985 Sydney City. Von Dezember 1985 bis 1987 spielte der 29-malige australische Nationalspieler für die Eintracht. Weitere Stationen: 1987 bis Dezember 1988 Feyenoord Rotterdam, Dezember 1988 bis März 1990 FC Chelsea, März bis Juni 1990 NEC Nimwegen, 1990/91 FC Chelsea (Januar 1991 an Newcastle United ausgeliehen), 1991 bis August 1993 Swindon Town, August 1993 bis Oktober 1993 Altay Izmir, Oktober 1993 bis März 1995 FC Millwall, März 1995 FA Selangor/Malaysia, Februar bis Juni 1997 UTS Olympic Sydney, 1997 bis 1999 Spielertrainer Sydney United, 1999 bis 2002 Trainer bei Parramatta Power. Seit der Saison 2006/07 ist er Co-Trainer bei Perth Glory. Außerdem arbeitet er im australischen Fernsehen als Gastkommentator bei der Übertragung englischer Premier-League-Spiele.

	Bundesliga		DFB-Pokal		Europapokal	
1985/86	3	–	–	–	–	–
1986/87	32	5	2	2	–	–
Gesamt:	35	5	2	2	–	–

■ Möbs, August (* 8. 8. 1908, † 1945)

Der torgefährliche Halbstürmer kam bei einem Bombenangriff auf Frankfurt ums Leben. Er war im März 1930 vom VfB Friedberg zur Eintracht gekommen, mit der er 1932 Süddeutscher Meister wurde und im Endspiel um die Deutsche Meisterschaft stand.

	Meisterschaft		Süddt. Meist.		DM-Endrunde	
1930/31	14	8	12	7	2	–
1931/32	19	22	12	6	4	–
1932/33	16	10	6	1	3	4
1933/34	11	3	–	–	–	–
1934/35	18	6	–	–	–	–
1935/36	16	8	–	–	–	–
1936/37	18	13	–	–	–	–
1937/38	1	–	–	–	5	1
1938/39	2	–	–	–	–	–
Gesamt:	115	70	30	14	14	5

Weitere Einsätze: Tschammer-Pokal 1935 1/1, 1937 2/2, 1938 1/– (insgesamt: 4/3)

■ Mölders, H.

	Meisterschaft		Süddt. Meist.		Süddt. Pokal	
1920/21	+13	+2	1	–	–	–
1921/22	?	?	–	–	?	?
1922/23	+1	–	–	–	–	–
1923/24	+10	–	–	–	2	–
Gesamt:	+24	+2	1	–	+2	?

■ Möller, Andreas (* 2. 9. 1967)

Die Karriere des 85-maligen Nationalspielers, der an drei WM- (1990, 1994, 1998) und zwei EM-Turnieren (1992 und 1996) teilnahm, begann 1973 beim BSC Schwarz-Weiß 19 Frankfurt, von dem er 1981 zur Eintracht wechselte. 1985 wurde er Deutscher A-Junioren-Meister und 1987 U-20-Vizeweltmeister. Nach einem Disput mit Trainer Trainer Feldkamp wechselte er im Dezember 1987 zu Borussia Dortmund. 1990 kehrte er zur Eintracht zurück, ging aber nach der verpassten Meisterschaft 1992 zu Juventus Turin. 1994 wurde er von Borussia Dortmund in die Bundesliga zurückgeholt und erlebte mit dem BVB seine größten Erfolge: Deutscher Meister 1995 und 1996, Champions-League- und Weltpokal-Sieger 1997. Völlig überraschend kam dann 2000 sein Wechsel zum Revier-Rivalen FC Schalke 04, mit dem er 2001 und 2002 DFB-Pokal-Sieger wurde. Nach Beendigung seiner aktiven Laufbahn im Sommer 2003 wurde er für alle überraschend Ende August noch einmal von der Eintracht verpflichtet, konnte dort aber keine Akzente mehr setzen, so dass der Vertrag bereits im März 2004 wieder aufgelöst wurde.

	Bundesliga		DFB-Pokal		Europapokal	
1985/86	1	–	–	–	–	–
1986/87	22	1	3	2	–	–
1987/88	12	4	2	1	–	–
1990/91	32	16	7	1	2	1
1991/92	37	12	2	–	4	2
2003/04	11	–	1	–	–	–
Gesamt:	115	33	15	4	6	3

Einsätze bei den Amateuren: Oberliga Hessen 1985/86 6/1

Weitere BL-Einsätze: 228/71 für Borussia Dortmund, 86/6 für den FC Schalke 04

■ **Möller, Frank** (* 11. 7. 1967)

Bis 1989 Alemannia Laubenheim, 1989 bis Dezember 1991 1. FSV Mainz 05, Dezember 1991 bis 1994 Eintracht, 1994/95 1. FC Nürnberg, 1995 Sportinvalide

	Bundesliga		DFB-Pokal		Europapokal	
1991/92	13	–	–	–	–	–
1992/93	1	–	–	–	1	–
1993/94	2	–	–	–	3	–
Gesamt:	16	–	–	–	4	–

■ **Mohr, Jürgen** (* 18. 8. 1958)

Auf Händen wollten ihn die Eintracht-Verantwortlichen am liebsten nach Frankfurt tragen, nachdem er im Oktober 1982 fast im Alleingang für einen Hertha-Sieg über die Eintracht gesorgt hatte. Nach dem Berliner Abstieg war es dann so weit: Der Mittelfeld-Regisseur, der von 1968 bis 1973 bei Rhenania Rothe Erde Aachen, von 1973 bis 1978 bei Borussia Brand, von 1978 bis 1980 beim 1. FC Köln und ab 1980 bei Hertha BSC Berlin gespielt hatte, kam zur Eintracht, wo er aber verletzungsbedingt nur selten sein wahres Können unter Beweis stellen konnte und 1985 zum 1. FC Saarbrücken wechselte. Es folgten fünf Jahre in der Schweiz beim FC Luzern (1986 bis 1989), FC Sion (1989/90) und und Servette Genf (1990/91). Nach einem Jahr bei Blau-Weiß 90 Berlin ließ er seine Karriere zwischen 1992 und 1995 bei Eintracht Trier ausklingen.

	Bundesliga		DFB-Pokal		Europapokal	
1983/84	12	1	–	–	–	–
1984/85	29	4	1	–	–	–
Gesamt:	41	5	1	–	–	–

Weitere Einsätze: Relegation 1984 2/–

Weitere BL-Einsätze: 5/– für den 1. FC Köln, 33/5 für Hertha BSC Berlin, 22/2 für den 1. FC Saarbrücken

■ **Mohrmann, Fritz** (* 20. 3. 1915)

Kam von Werder Bremen, März 1946 Eintracht, 1946 bis Dezember 1948 Werder Bremen, Dezember 1948 Arminia Hannover

	Oberliga		DM-Endrunde		DFB-Pokal	
1945/46	+1	–	–	–	–	–

■ **Monteith, D. W.**

1910/11 Frankfurter Kickers

	Meisterschaft		Süddt. Meist.		DM-Endrunde	
1910/11	2	–	–	–	–	

■ **Montero, David** (* 16. 1. 1974)

Bis 1996 SV Heslach, TSV Georgii-Alianz Stuttgart, 1996 bis 1999 TSF Ditzingen, 1999 bis 2002 SV Waldhof Mannheim, 2002 bis August 2003 Eintracht, August 2003 bis 2005 Rot-Weiß Oberhausen, 2005 bis März 2006 Jahn Regensburg

	BL/2. BL *		DFB-Pokal		Europapokal	
2002/03 *	29	3	2	–	–	–
2003/04	1	–	–	–	–	–
Gesamt:	30	3	2	–	–	–

■ **Monz, Karl** (* 26. 2. 1913)

Gebürtiger Bremer, 1925 bis 1937 Eintracht

	Meisterschaft		Süddt. Meist.		Tschammer-Pokal	
1932/33	4	1	3	–	–	–
1933/34	10	4	–	–	–	–
1934/35	12	2	–	–	–	–
1935/36	3	–	–	–	1	–
1936/37	17	10	–	–	1	1
Gesamt:	46	17	3	–	2	1

■ **Moog, Alfons** (* 14. 2. 1915, † 1999)

In den DFB-Statistiken sind alle sieben Länderspiele dem VfL 99 Köln zugeordnet. Dabei war der Abwehrspieler, der zwischen 1924 und 1935 beim SV Kottenheim und von 1935 bis 1945 beim VfL 99 Köln spielte, bei sechs von ihnen als Gastspieler bei der Eintracht aktiv, erstmals von Dezember 1939 bis März 1941 und noch einmal im Juli 1941. Außerdem war er während des Krieges auch Gastspieler beim 1. FC Schweinfurt 05. Nach dem Krieg spielte er für den SC West Köln, bei dem er 1949 auch seine Karriere beendete.

	Gauliga		DM-Endrunde		Tschammer-Pokal	
1939/40	10	–	–	–	2	–
1940/41	9	–	–	–	3	–
Gesamt:	19	–	–	–	5	–

■ **Moritz, Karl** (* 27. 5. 1920, † 1985)

Seit 1935 Eintracht

	Gauliga		DM-Endrunde		Tschammer-Pokal	
1939/40	3	–	–	–	2	–

■ **Mornar, Ivica** (* 12. 1. 1974)

Bis September 1995 Hajduk Split, September 1995 bis 1996 Eintracht, 1996/97 FC Sevilla, 1997/98 CD Ourense, 1998 bis 2001 Standard Lüttich, 2001 bis Januar 2004 RSC Anderlecht, Januar bis August 2004 FC Portsmouth, 2004/05 Stade Rennes, seit 2005 FC Portsmouth

	Bundesliga		DFB-Pokal		Europapokal	
1995/96	19	2	–	–	–	–

■ **Mortensen, F.**

1905 bis 1911 FFC Victoria, 1911 FFC Germania 94

	Meisterschaft		Süddt. Meist.		DM-Endrunde	
1910/11	?	+6	–	–	–	–

■ **Motsch, Rudolf** (* 5. 2. 1920, † 1997)

Kam aus Neu-Isenburg, 1946/47 Eintracht, 1947 Rot-Weiss Frankfurt

	Oberliga		DM-Endrunde		DFB-Pokal	
1946/47	3	–	–	–	–	–

■ **Mrowka**

	Gauliga		DM-Endrunde		Tschammer-Pokal	
1943/44	+1	–	–	–	–	–

■ **Müller, Emil**

Kam vom FFC Germania 94, 1899 Mitbegründer des FFC Victoria, beim ersten Spiel dabei, 1903/04 Vorsitzender, 1911 FFV

■ **Müller, Helmut** (* 22. 4. 1953)

Der 1973 vom BSV Weißenthurm an den Main gewechselte Abwehrspieler kam, sah und traf: Gleich bei seinem Debüt erzielte er im Januar 1974 sein erstes Bundesliga-Tor und wurde im gleichen Jahr mit der Eintracht DFB-Pokal-Sieger. Eine schwere Verletzung, die ihn 1982 zum Sportinvaliden machte, verhinderte sein Mitwirken in den UEFA-Pokal-Endspielen 1980, nachdem er in den Runden zuvor in allen Spielen mit von der Partie gewesen war.

	Bundesliga		DFB-Pokal		Europapokal	
1973/74	16	1	4	–	–	–
1974/75	13	–	1	–	3	–
1975/76	24	–	4	–	6	–
1976/77	17	1	1	1	–	–
1977/78	14	–	–	–	3	–
1978/79	30	–	5	1	–	–
1979/80	25	1	2	–	10	1
Gesamt:	139	3	17	2	22	1

Weitere Einsätze: Intertoto-Runde 1977 2/–
Einsätze bei den Amateuren: Oberliga Hessen 1973/4 16/3

■ **Müller, James**

	Meisterschaft		Süddt. Meist.		Süddt. Pokal	
1924/25	6	–	–	–	2	1
1926/27	18	–	3	–	–	–
1927/28	21	–	4	–	1	–
Gesamt:	45	–	7	–	3	1

■ **Müller, Karl** (* 1921, † 1993)

	Gauliga		DM-Endrunde		Tschammer-Pokal	
1939/40	–	–	–	–	3	3
1940/41	1	1	–	–	2	–
1942/43	1	–	–	–	–	–
Gesamt:	2	1	–	–	5	3

■ **Müller, Uwe** (* 16. 10. 1963)

Bis 1978 SpVgg Langenselbold, 1978 bis 1988 Eintracht, 1988 bis 1994 FC Admira/Wacker, 1994/95 Austria Wien, 1995 bis Dezember 1996 FC (SCN) Admira/Wacker, Januar bis Juni 1997 SC Eisenstadt, 1997/98 FV Steinau, 1998 Eintracht Oberissigheim (1999 bis während der Saison 2000/01Spielertrainer)

	Bundesliga		DFB-Pokal		Europapokal	
1982/83	16	3	–	–	–	–
1983/84	20	4	–	–	–	–
1984/85	32	6	2	2	–	–
1985/86	21	–	1	–	–	–
1986/87	26	5	2	–	–	–
1987/88	16	–	2	–	–	–
Gesamt:	131	18	7	2	–	–

Weitere Einsätze: Relegation 1984 2/2
Einsätze bei den Amateuren: Oberliga Hessen 1981/82 2/–, 1982/83 19/5 (insgesamt: 21/5); Deutsche Amateurmeisterschaft 1983 2/–

■ **Münn, Volker** (* 10. 1. 1960)

Bis 1981 VfB Gießen, 1981 bis 1986 Hessen Kassel, 1986 bis 1988 Eintracht, 1988 bis 1992 VfL Marburg, 1992 bis 1996 SC Neukirchen, 1996/97 SC Gladenbach, 1998/99 TSV Großen-Linden

	Bundesliga		DFB-Pokal		Europapokal	
1986/87	21	–	2	–	–	–
1987/88	8	–	2	–	–	–
Gesamt:	29	–	4	–	–	–

■ **Muth, Georg** (* 30. 10. 1921)

Bis 1945 FV Bad Vilbel, 1945/46 FSV Frankfurt, 1946 bis 1948 Eintracht, 1948 FV Bad Vilbel

	Oberliga		DM-Endrunde		DFB-Pokal	
1946/47	21	5	–	–	–	–
1947/48	2	–	–	–	–	–
Gesamt:	23	5	–	–	–	–

■ **Mutzel, Michael** (* 27. 9. 1979)

Bis 1998 SV Greimertshofen, TSG Thannhausen, FC Memmingen, FC Augsburg, 1998 bis 2002 Eintracht, 2002 bis 2004 VfB Stuttgart, seit 2004 Karlsruher SC

	BL/2. BL *		DFB-Pokal		Europapokal	
1999/2000	4	1	–	–	–	–
2000/01	18	–	–	–	–	–
2001/02 *	12	–	–	–	–	–
Gesamt:	34	1	–	–	–	–

Einsätze bei den Amateuren: Oberliga Hessen 1998/99 24/2, 1999/2000 7/2, 2001/02 4/– (insgesamt: 35/4); Hessenpokal 2002 2/–
Weitere BL-Einsätze: 16/– für den VfB Stuttgart

■ **Nachtweih, Norbert** (* 4. 6. 1957)

Der B- und U-23-Nationalspieler der DDR spielte bis zu seiner Flucht in den Westen von 1963 bis 1967 bei Motor Sangerhausen, von 1967 bis 1969 bei Traktor Polleben, von 1969 bis 1971 bei MK Eisleben, 1971/72 bei Traktor Polleben und von 1971 bis 1976 bei Chemie Halle. Nach Absitzen seiner FIFA-Sperre gehörte er ab 1978 zum Bundesliga-Kader der Eintracht, mit der er 1980 UEFA- und 1981 DFB-Pokal-Sieger wurde. 1982 musste er aus finanziellen Gründen an Bayern München verkauft werden, wo er bis 1989 spielte. Nach zwei Jahren beim 1991 AS Cannes kehrte er 1991 zur Eintracht zurück, verließ den Klub aber bereits im Dezember 1991 Richtung SV Waldhof Mannheim, wo er bis Dezember 1995 blieb. Später war er noch beim SV Bernbach (März 1997) und von 1998 bis Dezember 1999 beim FC Schwalbach aktiv. Als Trainer war er u. a. beim SV Bernbach und FK Pirmasens (August bis Dezember 2002) tätig. Heute gehört er dem Trainerstab der Eintracht Frankfurt Fußballschule an.

	Bundesliga		DFB-Pokal		Europapokal	
1977/78	5	–	–	–	–	–
1978/79	22	1	4	–	–	–

1979/80	32	7	4	–	11	1
1980/81	30	7	7	1	5	2
1981/82	31	11	1	1	6	–
1991/92	3	–	1	–	2	–
Gesamt:	123	26	17	2	24	3

Einsätze bei den Amateuren: Hessenliga 1976/77 7/2, 1977/78 +7/–, Oberliga Hessen 1978/79 1/2 (insgesamt: +15/4); Deutsche Amateurmeisterschaft 1978 4/–
Weitere BL-Einsätze: 202/20 für Bayern München

■ **Vivaldo „Nascimento" Barretto** (* 14. 3. 1980)
2000 Cruzeiro EC Cruz das Almas (BA), Raya-dos Monterrey (?), 2001 und 2002 Prudentopolis EC, Februar 2003 bis Januar 2004 FC St. Pauli, Januar bis Juni 2004 Eintracht, 2004/95 Rot-Weiss Essen, 2005/06 FC St. Pauli

	Bundesliga		DFB-Pokal		Europapokal	
2003/04	2	–	–	–	–	–

Einsätze bei den Amateuren: Oberliga Hessen 2003/04 3/–

■ **Nauheimer, Werner** (* 1929/30)
Aus der eigenen Jugend

	Oberliga		DM-Endrunde		DFB-Pokal	
1948/49	1	1	–	–	–	–

■ **Nees, Heinz** (* 12. 1. 1921, † 1998)
Bis 1948 Germania 94 Frankfurt, 1948 bis 1950 Eintracht, November 1950 reamateurisiert für die eigenen Amateure, dort auch Trainer

	Oberliga		DM-Endrunde		DFB-Pokal	
1948/49	18	–	–	–	–	–
1949/50	6	–	–	–	–	–
Gesamt:	24	–	–	–	–	–

■ **Nees, Theodor** (* 20. 2. 1892)
1916/17 Frankfurter FV

■ **Neff, Hans** (* 27. 8. 1929)
Aus der eigenen Jugend

	Oberliga		DM-Endrunde		DFB-Pokal	
1948/49	4	–	–	–	–	–

■ **Neidhardt**
1910/11 Frankfurter Kickers

	Meisterschaft		Süddt. Meist.		DM-Endrunde	
1910/11	10	6	–	–	–	–

■ **Nemeth, Peter** (* 14. 9. 1972)
1981 bis 1991 Banik Prievidza, 1991 bis 1993 Dukla Banska Bystrica, 1993 bis Dezember 1995 Banik Prievidza, Januar 1996 bis 1997 MSK Zilina, 1997 bis 2000 Inter Bratislava, 2000/01 Banik Ostrau, 2001/02 Eintracht, 2002/03 Dukla Trencin, seit 2003 Sportfreunde Siegen

	2. Bundesliga		DFB-Pokal		Europapokal	
2001/02	13	–	2	–	–	–

■ **Neppach, R.**

	Meisterschaft		Süddt. Meist.		DM-Endrunde	
1911/12	–	–	1	–	–	–
1912/13	13	–	+3	–	–	–
1913/14	1	–	–	–	–	–
Gesamt	14	–	+4	–	–	–

■ **Neuberger, Willi** (* 15. 4. 1946)
Beim unterfränkischen SV Röllfeld nahm die Karriere die Karriere des Mittelfeldspielers, die 28 Jahre Jahre dauern sollte, 1955 ihren Anfang. 1966 wechselte er zu Borussia Dortmund, A- (2 Spiele) und B-Länderspiel-Ehren (1 Einsatz) kam. 1971 ging er zur „Millionen-Elf" von Werder Bremen, die ihrem Namen allerdings nie gerecht werden konnte. Pech hatte er auch bei seiner nächsten Station Wuppertaler SV, der 1973/74 nur haarscharf am Abstieg vorbeischrammte. Etwas überraschend kam im November 1974 sein Wechsel zur Eintracht, wo er zwei Mal (1975 und 1981) DFB- und 1980 UEFA-Pokal-Sieger wurde. 1983 beendete er damaliger Bundesliga-Rekordspieler (520 Einsätze) seine aktive Laufbahn und war anschließend zwei Jahre Co-Trainer bei der Eintracht. Heute arbeitet er als Sportartikelrepräsentant und ist begeisterter Hobby-Golfer.

	Bundesliga		DFB-Pokal		Europapokal	
1974/75	22	2	5	–	–	–
1975/76	34	5	4	–	8	1
1976/77	33	1	6	4	–	–
1977/78	34	2	4	1	7	–
1978/79	33	3	6	1	–	–
1979/80	32	1	3	–	12	1
1980/81	34	1	7	1	6	1
1981/82	31	3	1	–	6	–
1982/83	14	–	1	–	–	–
Gesamt:	267	18	37	7	39	3

Weitere Einsätze: Intertoto-Runde 1977 6/1
Weitere BL-Einsätze: 148/29 für Borussia Dortmund, 63/11 für Werder Bremen, 42/5 für den Wuppertaler SV

■ **Neumann, Ernst**
Aus der eigenen Jugend

	Oberliga		DM-Endrunde		DFB-Pokal	
1948/49	1	–	–	–	–	–

■ **Neureuther, Ferdinand** (* 27. 11. 1892, † 1959)
1908 FFC Victoria, 1911 bis 1920 FFV, 1920/21 Eintracht, 1921 SpVgg Fechenheim

	Meisterschaft		Süddt. Meist.		DM-Endrunde	
1913/14	1	–	–	–	–	–
1919/20	+3	+1	?	?	–	–
1920/21	+6	+5	2	2	–	–
Gesamt:	+10	+6	+2	+2	–	–

■ **Nichols, Cecil**
1899 und 1900 FFC Victoria

■ **Nickel, Bernd** (* 15. 3. 1949)
„Doktor Hammer" begann 1957 beim SV Eisemroth und kam 1966 zur Eintracht. Obwohl er in vier DFB-Auswahlteams berufen wurde (1 A-, 5 B-/3 Tore, 41 Amateur-/18 Tore und 1 U-23-Länderspiel)

und 1972 beim Olympischen Fußball-Turnier in München dabei war, blieb der UEFA-Pokal-Sieg 1980 sein größter internationaler Erfolg. Außerdem wurde er 1974, 1975 und 1981 DFB-Pokal-Sieger. Seine Karriere beendete der Mittelfeldspieler mit dem kernigen Schuss 1983/84 bei Young Boys Bern. Mit 141 Toren ist er nach Bernd Hölzenbein immer noch zweitbester Eintracht-Torschütze in der Bundesliga.

	Bundesliga		DFB-Pokal		Europapokal	
1967/68	9	3	2	–	–	–
1968/69	34	8	2	1	6	2
1969/70	31	9	3	1	–	–
1970/71	32	13	2	1	–	–
1971/72	28	13	3	3	–	–
1972/73	26	9	3	2	2	–
1973/74	21	10	3	–	–	–
1974/75	34	11	7	1	4	2
1975/76	33	15	4	1	8	3
1976/77	33	11	6	4	–	–
1977/78	34	11	4	2	7	2
1978/79	3	1	3	2	–	–
1979/80	26	6	3	2	7	3
1980/81	23	8	6	–	4	–
1981/82	28	7	2	1	4	–
1982/83	31	6	1	–	–	–
Gesamt:	426	141	54	21	42	12

Weitere Einsätze: Alpenpokal 1968 3/–, 1969 4/1 (insgesamt: 7/1); Ligapokal 1972/73 6/3; Intertoto-Runde 1977 6/1

■ **Niessen, Willy**

1904 bis 1907 Frankfurter Kickers

■ **Nikolov, Oka** (* 25. 5. 1974)

Der aus Erbach im Odenwald stammende Torhüter spielte von 1981 bis 1989 bei der SG Sandbach und kam 1991 vom SV Darmstadt 98 zur Eintracht, wo er nach dem Abstieg 1996 zur Nr. 1 wurde. Obwohl zeitweilig von Dirk Heinen verdrängt, setzte er sich schließlich doch wieder durch und war ein Garant beim zweiten Wiederaufstieg 2003. Nach dem Abstieg 2004 musste er hinter Markus Pröll zurück ins zweite Glied, konnte sich nach dessen Verletzung zu Beginn der Saison 2005/06 jedoch wieder den Stammplatz im Eintracht-Tor sichern und spielte auch im Pokal-Endspiel gegen Bayern München. Zu Beginn der Saison 2006/07 entschied sich Friedhelm Funkel allerdings erneut gegen den fünfmaligen mazedonischen Nationalspieler, der allerdings schon seit April 2000 die deutsche Staatsbürgerschaft besitzt.

	BL/2. BL *		DFB-Pokal		Europapokal	
1995/96	4	–	1	–	–	–
1996/97 *	31	–	2	–	–	–
1997/98 *	34	–	3	–	–	–
1998/99	34	–	2	–	–	–
1999/2000	17	–	2	–	–	–
2000/01	4	–	1	–	–	–
2001/02 *	19	–	–	–	–	–
2002/03 *	34	–	2	–	–	–
2003/04	31	–	2	–	–	–
2004/05 *	1	–	–	–	–	–
2005/06	30	–	6	–	–	–
Gesamt:	239	–	21	–	–	–

Weitere Einsätze: UEFA-Intertoto-Cup 1995 1/–
Einsätze bei den Amateuren: Oberliga Hessen 1992/93 11/–, 1993/94 34/–, 1994/95 25/– (insgesamt: 70/–); Entscheidungs- und Aufstiegsspiele 1995 2/–; Regionalliga Süd 3/

■ **„Nwosu", Henry Onyema** (* 14. 2. 1980)

Bis 1997 Iwuanyanmu National FC Owerri, African Shelter Lagos, LKS Lodz, 1997 bis 2001 Eintracht, August bis Dezember 2002 SV Waldhof Mannheim, Oktober 2003 bis 2004 FC St. Pauli, seit Juli 2006 Sandefjord Fotbol

	Bundesliga		DFB-Pokal		Europapokal	
1998/99	4	–	–	–	–	–

Einsätze bei den Amateuren: Oberliga Hessen 1998/99 3/–, 1999/2000 9/6, 2000/01 3/– (insgesamt: 15/6)

■ **Obajdin, Josef** (* 7. 11. 1970)

1976 bis 1984 SB Podebrady, 1984 bis 1989 Sparta Prag, 1989 bis 1991 VTJ Tábor, 1991/92 Sparta Prag und Skoda Pilsen, 1992/93 Dukla Prag und Poldi Kladno, 1993 bis Dezember 1994 Slovan Liberec, Januar bis Juni 1995 Eintracht, Juli bis Dezember 1995 Slovan Liberec, Januar 1996 bis Dezember 2001 Sparta Prag, Januar bis Juni 2002 Omonia Nicosia, 2002 bis Januar 2003 Sparta Prag, Februar bis Juni 2003 Bohemians Prag, 2003/04 Sparta Prag, Januar 2005 bis Januar 2006 Sparta Varnsdorf, seit Januar 2006 Wisla Plock

	Bundesliga		DFB-Pokal		Europapokal	
1994/95	3	–	–	–	–	–

■ **Obersberger**

1907 FFC Victoria

■ Ochs, Patrick (* 14. 5. 1984)
Der Abwehrspieler begann 1989 bei Germania Enkheim, wechselte aber schon 1991 zur Eintracht, bei der er zum Jugend-Nationalspieler wurde (8 U-16- und 11 U-18/19-Länderspiele). Nach seinem Wechsel zu den Amateuren von Bayern München 2002 kamen noch zwei Einsätze in der U 20 dazu. 2004 kehrte er zur Eintracht zurück und wurde sechs Mal in die U 21 berufen, mit der er 2006 an der EM in Portugal teilnahm.

	BL/2. BL *		DFB-Pokal		Europapokal	
2004/05 *	28	1	2	1	–	–
2005/06	28	–	4	1	–	–
Gesamt:	56	1	6	2	–	–

Einsätze bei den Amateuren: Oberliga Hessen 2004/05 1/–

■ Örtülü, Yilmaz (* 30. 3. 1980)
Bis 1997 Eintracht, 1997 bis 1999 SV Darmstadt 98, 1999 bis Dezember 2000 FSV Frankfurt, Januar bis Juni 2001 Berliner FC Dynamo, 2001/02 Eintracht, 2002 bis 2006 1. FC Saarbrücken, seit 2006 SC Paderborn 07.

	2. Bundesliga		DFB-Pokal		Europapokal	
2001/02	1	–	–	–	–	–

Einsätze bei den Amateuren: Oberliga Hessen 2001/02 34/26, Hessenpokal 2002 2/1

■ Österling
Bis 1922 Friedberg, 1922/April 1923 bis 1926 Eintracht

	Meisterschaft		Süddt. Meist.		Süddt. Pokal	
1923/24	+7	+5	–	–	+1	1
1924/25	4	1	–	–	–	–
1925/26	1	1	–	–	–	–
Gesamt:	+12	+7	–	–	+1	1

■ Okocha, Augustine (* 14. 8. 1973)
„Jay-Jay" kam 1991 von den Enugu Rangers nach Deutschland. Nach einer Saison bei Borussia Neunkirchen kam er 1992 zur Eintracht, wo er schnell zu einer festen Größe im Team wurde. Im Dezember 1994 gehörte er zu den drei „Rebellen" gegen Trainer Heynckes, fand im Gegensatz zu Gaudino und Yeboah jedoch Gnade bei den Verantwortlichen und blieb bis zum Abstieg 1996 am Riederwald. Danach wechselte er zu Fenerbahce Istanbul, wo er als Muhammed Yavuz die türkische Staatsangehörigkeit annahm. Von 1998 bis 2002 spielte er bei Paris St. Germain und von 2002 bis 2006 bei den Bolton Wanderers. Im Sommer 2006 verabschiedete sich der offensive Mittelfeldspieler, der 61 Länderspiele für Nigeria bestritt, an drei WM-Endrunden (1994, 1998, 2002) teilnahm und 1996 Olympiasieger wurde, von der Insel und ging zum SC Doha nach Katar.

	Bundesliga		DFB-Pokal		Europapokal	
1992/93	20	2	3	1	3	–
1993/94	19	2	2	–	4	2
1994/95	27	7	2	–	7	–
1995/96	24	7	1	1	–	–
Gesamt	90	18	8	2	14	2

Weitere Einsätze: UEFA-Intertoto-Cup 1995 4/3
Einsätze bei den Amateuren: Oberliga Hessen 1991/92 2/–, 1992/93 10/3 (insgesamt: 12/3)

■ Opper, Heini †
Bis 1938 FC Rödelheim 02, 1938 bis 1940 Eintracht, 1940 FC Rödelheim 02

	Gauliga		DM-Endrunde		Tschammer-Pokal	
1938/39	–	–	–	–	1	–
1939/40	–	–	–	–	1	–
Gesamt	–	–	–	–	2	–

Weitere Einsätze: Frankfurter Stadtrunde 1939 4/3

■ Otto, Theodor
Kam aus Trier, Oktober 1933 bis 1934 Eintracht, 1936/37 Arminia Hannover

	Gauliga		DM-Endrunde		Tschammer-Pokal	
1933/34	11	–	–	–	–	–

■ Otto, Norbert (* 19. 4. 1957)
Bis 1978 RSV Würges, 1978/79 Viktoria Sind-lingen, 1979 bis 1982 Eintracht, 1982/83 1. FSV Mainz 05, 1983 Spielertrainer Eisbachtaler Sportfreunde, März 1992 Spielertrainer FVgg Kastel

	Bundesliga		DFB-Pokal		Europapokal	
1981/82	3	–	1	–	2	–

Einsätze bei den Amateuren: Oberliga Hessen 1979/80 33/8, 1980/81 25/4, 1981/82 29/18 (insgesamt: 87/30)

■ Pahl, Jürgen (* 17. 3. 1956)
Der fünfmalige DDR-B-Nationalspieler von Chemie Halle flüchtete 1976 zusammen mit Norbert Nachtweih in den Westen, wo ihm nach dem UEFA-Pokal-Sieg 1980 der Durchbruch zur Nr. 1 im Eintracht-Tor gelang, 1981 gewann er außerdem den DFB-Pokal. Nachdem er 1985 seinen Stammplatz an „Hansi" Gundelach verloren hatte, wechselte er 1987 zu Rizespor in der Türkei, wo er seine aktive Laufbahn 1989 beendete und später nach Paraguay auswanderte.

	Bundesliga		DFB-Pokal		Europapokal	
1978/79	10	–	–	–	–	–
1979/80	9	–	1	–	4	–
1980/81	23	–	6	–	3	–
1981/82	32	–	2	–	5	–
1982/83	19	–	–	–	–	–
1983/84	27	–	–	–	–	–
1984/85	25	–	2	–	–	–
1985/86	4	–	–	–	–	–
1986/87	3	–	–	–	–	–
Gesamt:	152	–	11	–	12	–

Weitere Einsätze: Relegation 1984 2/–
Einsätze bei den Amateuren: Hessenliga 1976/77 5/–, 1977/8 +7/– (insgesamt: +12/–); Deutsche Amateurmeisterschaft 1978 5/–

■ Papies, Jürgen (* 22. 4. 1944)
Bis 1967 Wuppertaler SV, 1967 bis 1970 Fortuna Düsseldorf, 1970/71 Eintracht, 1971 bis 1973 Borussia Neunkirchen, 1972/73 Bayer Leverkusen, 1973/74 FK Pirmasens, 1974 VfB Remscheid

	Bundesliga		DFB-Pokal		Europapokal	
1969/70	–	–	2	–	–	–
1970/71	25	3	2	1	–	–
Gesamt:	25	3	4	1	–	–

■ Parits, Thomas (* 7. 10. 1946)
Der 27-malige österreichische Nationalspieler kommt aus der Jugend des SC Siegsdorf und spielte von 1964 bis 1970 bei Austria Wien. Nach einem Jahr beim 1. FC Köln holte ihn die Eintracht 1971 an den Riederwald, um die chronische Sturmschwäche zu beenden. Über den FC Granada (ab 1974) kehrte er 1977 zu Austria Wien zurück und bevor er zwischen 1979 und 1981 bei VÖEST Linz seine Karriere als Spieler beendete. Als Spieler war er 1969 und 1970, als Trainer 1985 mit Austria Wien Österreichischer Meister. Außerdem gewann er 1967 den ÖFB-Pokal.

	Bundesliga		DFB-Pokal		Europapokal	
1971/72	31	12	4	1	–	–
1972/73	26	4	2	–	1	–
1973/74	17	2	3	4	–	–
Gesamt:	74	18	9	5	1	–

Weitere Einsätze: Ligapokal 1972/73 9/3
Weitere BL-Einsätze: 29/5 für den 1. FC Köln

■ Paulus

	Gauliga		DM-Endrunde		Tschammer-Pokal	
1943/44	+3	3	–	–	–	–

■ Pedersen, Tore (* 29. 9. 1969)

Bis 1987 Selbak IF, 1988 Lilleström SK, 1989 Fredrikstad FK, 1990 bis 1992 IFK Göteborg, 1993 Brann Bergen, Dezember 1993 bis März 1994 Oldham Athletic, Sommer 1994 Brann Bergen, Herbst 1994 Sanfrecce Hiroshima, Frühjahr 1995 Brann Bergen, 1995 bis 1997 FC St. Pauli, 1997 bis Oktober 1998 Blackburn Rovers, Oktober 1998 bis 1999 Eintracht, 1999 bis Ende 2000 FC Wimbledon, 2001 Trosvik IF/Norwegen, 2002 und 2003 Fredrikstad FK

	Bundesliga		DFB-Pokal		Europapokal	
1998/99	20	1	–	–	–	–

Weitere BL-Einsätze: 37/– für den FC St. Pauli

■ Peinze

	Gauliga		DM-Endrunde		Tschammer-Pokal	
1933/34	2	–	–	–	–	–

■ Pejovic, Zvezdan (* 28. 10. 1966)

Bis Ende 1984 OFK Titograd, Anfang 1985 bis 1988(9?) Buducnost Titograd, 1988(9?) bis 1991 Hajduk Split, 1991/92 ohne Verein, 1992/93 VfL Osnabrück, 1993/94 Carl Zeiss Jena, 1994 bis 1996 Fortuna Düsseldorf, 1996/97 Eintracht

	2. Bundesliga		DFB-Pokal		Europapokal	
1996/97	14	–	2	–	–	–

BL-Einsätze: 8/– für Fortuna Düsseldorf

■ Penksa, Marek (* 4. 8. 1973)

Bis 1992 Dukla Banska Bystrica, 1992/93 Eintracht, 1993/94 Dynamo Dresden, 1994 bis Januar 1996 Eintracht, Januar bis Juli 1996 Grazer AK, 1996 bis Januar 2000 Rapid Wien, Februar bis Juni 2000 DSV Leoben, 2000 bis Februar 2001 Stuttgarter Kickers, März 2001 bis Januar Dunaferr SE Dunajvaros, Februar 2002 bis 2005 Ferencvaros Budapest, seit 2005 Wisla Krakau

	Bundesliga		DFB-Pokal		Europapokal	
1992/93	12	–	3	–	1	–
1994/95	11	–	–	–	1	–
Gesamt:	23	–	–	–	2	–

Weitere BL-Einsätze: 26/3 für Dynamo Dresden

■ Pettinger

Kam aus Magdeburg, Februar 1934 bis 1935 Eintracht

	Gauliga		DM-Endrunde		Tschammer-Pokal	
1933/34	5	6	–	–	–	–
1934/35	9	–	–	–	–	–
Gesamt:	14	6	–	–	–	–

■ Peukert, Christian (* 21. 2. 1960)

Bis 1983 SC Weiß-Blau Frankfurt und Eintracht, 1983 bis 1985 Kickers Offenbach, 1985 bis 1992 Rot-Weiss Frankfurt, 1992 bis 1994 SG Hoechst, 1994/95 Viktoria Kelsterbach, 1995 SV Ruppertshain

	Bundesliga		DFB-Pokal		Europapokal	
1979/80	1	1	–	–	–	–

Einsätze bei den Amateuren: Oberliga Hessen 1978/79 28/5, 1979/80 34/19, 1980/81 31/7, 1981/82 30/11, 1982/83 32/31 (insgesamt: 155/73); Deutsche Amateurmeisterschaft 1983 2/1

Weitere BL-Einsätze: 10/1 für Kickers Offenbach.

■ Peuttler, Alois (* 1916)

	Gauliga		DM-Endrunde		Tschammer-Pokal	
1937/38	11	–	4	–	–	–

■ Pezzey, Bruno (* 3. 2. 1955, † 31. 12. 1994)

Der kopfballstarke Abwehrspieler wurde 1978 nach der WM in Argentinien verpflichtet. Der 84-malige Nationalspieler (WM-Teilnehmer 1978 und 1982) spielte bis 1973 beim SV Lauterach und kam über den FC Vorarlberg 1974 zu Wacker Innsbruck. Mit der Eintracht gewann er 1980 den UEFA- und ein Jahr darauf den DFB-Pokal. 1983 musste er aus finanziellen Gründen an Werder Bremen verkauft werden, von wo er 1987 nach Innsbruck zum FC Tirol zurückkehrte und dort 1990 seine Laufbahn beendete. Völlig überraschend verstarb er an Silvester 1994 nach einer Herzattacke.

	Bundesliga		DFB-Pokal		Europapokal	
1978/79	32	4	5	2	–	–
1979/80	14	3	2	1	12	2
1980/81	31	10	7	2	5	1
1981/82	30	4	2	1	6	2
1982/83	34	6	1	–	–	–
Gesamt:	141	27	17	6	23	5

Weitere BL-Einsätze: 114/18 für Werder Bremen

■ Pfaff, Alfred (* 16. 7. 1926)

„Don Alfredo" spielte schon als Zehnjähriger bei der Eintracht. Nach der Kriegsgefangenschaft spielte kurz beim SC Wirges im Westerwald, von wo aus er nach Frankfurt zurückkehrte, allerdings zum FC Rödelheim 02, für den er 1948/49 auch seine ersten Oberligaspiele bestritt. Ab 1949 wieder am Riederwald wurde er bald zur Seele des Eintracht-Spiels und 1953 auch in die Nationalmannschaft berufen. Sein Pech war, dass er auf der gleichen Position wie Fritz Walter spielte, so dass er es nur auf 7 Länderspiele (2 Tore) – davon zwei als Kapitän – brachte. Bei der WM 1954 wurde er beim denkwürdigen 3:8 gegen Ungarn eingesetzt. Seine größten Erfolgen waren die Deutsche Meisterschaft 1959, der Einzug ins Europapokal-Finale 1960 und die beiden Süddeutschen Meisterschaften 1953 und 1959. 1961 beendete der Ehrenspielführer seine Karriere. Nachdem er lange Jahre eine Gaststätte an der Hauptwache besaß, betreibt er jetzt mit seiner Familie den Landgasthof Morretal in Zittenfelden im Odenwald. Anlässlich seines 80. Geburtstag wurde ihm 2006 der Hessische Verdienstorden verliehen.

	Oberliga		DM-Endrunde		SFV-/DFB-Pokal	
1949/50	28	2	–	–	–	–
1950/51	31	12	–	–	–	–
1951/52	28	8	–	–	9	5
1952/53	27	10	6	1	–	–
1953/54	28	9	2	–	–	–
1954/55	27	10	–	–	2	1

1955/56	28	15	–	–	–	–
1956/57	27	9	–	–	3	1
1957/58	21	7	–	–	–	–
1958/59	27	9	4	2	2	3
1959/60	25	12	–	–	8	4
1960/61	4	–	–	–	–	–
Gesamt:	301	103	12	3	24	14

Weitere Einsätze: Oberliga-Vergleichsrunde 1955 6/4, 1956 8/8 (insgesamt: 14/12); Flutlicht-Pokal 1957 5/–; Europapokal 1955-58 (Messe-Pokal mit der Stadtauswahl) 3/3, 1959/60 7/4 (insgesamt: 10/7)

■ **Pfeiffer, Willi** (* 27. 3. 1895, † 12. 3. 1965)

Schon als 15-Jähriger spielte der vielseitig verwendbare Akteur 1910/11 in der 1. Mannschaft der Frankfurter Kickers. Sein manchmal überschäumendes Temperament brachte ihn ein um andere Mal mit den Fußball-Autoritäten in Konflikt. Deshalb spielte er von September bis November 1922 auch kurz bei Kickers Offenbach. 1927/28 war er nach einer Tätlichkeit im Derby gegen den FSV ein Jahr gesperrt. Am 16. Februar 1930 bestritt er sein 700. Spiel für die Eintracht und wurde später zum Ehrenmitglied und Ehrenspielführer ernannt. 1932 ging er als Spielertrainer zu Union Niederrad. Nach dem 2. Weltkrieg gehörte er dem Ältestenrat der Eintracht an.

	Meisterschaft		Süddt. Meist.		Süddt. Pokal	
1912/13	14	?	6	?	–	–
1913/14	14	+1	6	–	–	–
1918/19	?	?	–	–	–	–
1919/20	+2	?	+2	?	–	–
1920/21	+16	?	6	–	–	–
1921/22	+7	+13	2	–	–	–
1922/23	+6	+5	–	–	1	2
1923/24	+10	8	–	–	4	5
1924/25	9	3	–	–	–	–
1925/26	1	1	–	–	–	–
1926/27	14	–	7	–	1	2
1928/29	–	–	7	1	–	–
1929/30	13	–	13	–	–	–
1930/31	6	–	3	–	–	–
1931/32	14	1	7	–	–	–
Gesamt:	+116	+32	+59	+1	6	9

Weitere Einsätze: DM-Endrunde 1930 1/–

■ **Pfister**

	Meisterschaft		Süddt. Meist.		DM-Endrunde	
1931/32	–	–	4	–	–	–

■ **Pflughoefft**

Kam vom SV St. Georg Hamburg, März 1943 bis Oktober 1943 Gastspieler bei der Eintracht

	Gauliga		DM-Endrunde		Tschammer-Pokal	
1942/43	2	1	–	–	1	1
1943/44	+3	1	–	–	–	–
Gesamt:	+5	2	–	–	1	1

■ **Pickel, Karl** († im 1. Weltkrieg)

1910/11 FFC Victoria, 1911 FFV

	Meisterschaft		Süddt. Meist.		DM-Endrunde	
1910/11	?	+5	–	–	–	–
1911/12	22	+10	6	?	–	–
1912/13	+9	+3	–	–	–	–
Gesamt:	+31	+18	6	?	–	–

■ **Pickel, Michael** (* 1. 8. 1884, † Dez. 1964)

1902 bis 1908 FFC Victoria, 1904 Vorsitzender, 1911 FFV

■ **Pisont, Istvan** (* 16. 5. 1970)

Bis 1988 Gadoros FC, Szarvasi Vasas, 1988 bis 1994 (Kispest-)Honved Budapest, 1994/95 SC Charleroi, 1995 bis 1998 Beitar Jerusalem, 1998/99 Eintracht, 1999 bis 2002 Hapoel Tel Aviv, 2002/03 MS Ashdod und Bnei Yehuda Tel Aviv, 2003/04 MTK Budapest, 2004 Vecsés FC

	Bundesliga		DFB-Pokal		Europapokal	
1998/99	17	–	2	1	–	–

■ **Pistauer, Björn** (* 15. 1. 1968)

Bis 1983 VfB Gießen, 1983 bis 1990 Eintracht, 1990 bis 1992 SpVgg Bad Homburg, 1992/93 Rot-Weiss Frankfurt, 1993/94 SV Wiesbaden, 1995 bis 2001 VfB Gießen, 2001/02 SC Waldgirmes, 2002/03 FSV Steinbach

	Bundesliga		DFB-Pokal		Europapokal	
1988/89	2	–	–	–	–	–

Einsätze bei den Amateuren: Oberliga Hessen 1985/86 6/–, 1986/87 31/1, 1987/88 27/–, 1988/89 28/1, 1989/90 32/3 (insgesamt: 124/5)

■ **Plock**

1919 Frankfurter FV

■ **Pohl**

	Gauliga		DM-Endrunde		Tschammer-Pokal	
1938/39	2	–	–	–	–	–

■ **Pohlenk, Albert** (* 12. 12. 1875, † 1947)

Kam vom FFC Germania 94, 1899 Mitbegründer des FFC Victoria, im ersten Spiel dabei, 1899 bis 1903 und 11. bis 18. 3. 1904 Vorsitzender, 1911 FFV

■ **Poppe, Hans**

1902 FFC Victoria, 1911 FFV

■ **Preuß, Christoph** (* 4. 7. 1981)

Der Mittelfeldspieler, der in vier DFB-Auswahlteams berufen wurde (15 U-18-/3 Tore, 9 U-20-/3 Tore, 23 U-21- und 3 „Team 2006"-Länderspiele) kam 1997 vom TSV Großen-Linden zur Eintracht. Im Sommer 2002 wechselte er zu Bayer Leverkusen, kam dort aber wegen Verletzung nur selten zum Einsatz. Daher kehrte er im August 2003 auf Leihbasis zur Eintracht zurück. Nach dem Abstieg 2004 ereilte ihn im Jahr darauf mit dem VfL Bochum aber das gleiche Schicksal und so holte ihn die Eintracht ein drittes Mal an den Main.

	BL/2. BL *		DFB-Pokal		Europapokal	
2000/01	21	1	1	–	–	–
2001/02 *	31	4	3	–	–	–
2003/04	29	3	2	–	–	–
2005/06	23	1	4	–	–	–
Gesamt:	104	9	10	–	–	–

Einsätze bei den Amateuren: Oberliga Hessen 1999/2000 2/–, 2000/01 9/1 (insgesamt: 11/1)

Weitere BL-Einsätze: 4/– für Bayer Leverkusen, 30/2 für den VfL Bochum

■ **Pries, Friedrich** (* 1918/19)

Bis 1947 FC Eutin 08, 1947 bis 1949 Eintracht, später Rot-Weiss Frankfurt

	Oberliga		DM-Endrunde		DFB-Pokal	
1947/48	1	–	–	–	–	–
1948/49	7	–	–	–	–	–
Gesamt:	8	–	–	–	–	–

■ Pröll, Markus (* 28. 8. 1979)
Begann 1985 als Mittelstürmer des VfR Flamersheim. Nach einer sportlichen Pause von 1991 bis 1993 ging er als Torhüter zu Eintracht Lommersum. Von 1995 bis 2003 spielte er beim 1. FC Köln und seit Sommer 2003 bei der Eintracht, wo er ihm in der Zweitliga-Saison 2004/05 der Durchbruch gelang. Nach dem Aufstieg verlor er wegen Verletzung seinen Stammplatz, ist seit Sommer 2006 jedoch wieder die Nr. 1 im Eintracht-Tor. 6 U-21-Länderspiele.

	BL/2. BL *		DFB-Pokal		Europapokal	
2003/04	3	–	–	–	–	–
2004/05 *	33	–	3	–	–	–
2005/06	2	–	–	–	–	–
Gesamt:	38	–	3	–	–	–

Weitere BL-Einsätze: 53&– für den 1.FC Köln

■ Puljiz, Jurica (* 13. 12. 1979)
1990 bis 2002 Hajduk Split, 2002/03 NK Sibenik, 2003 bis 2006 Eintracht, seit September 2006 Siroki Brijeg

	Bundesliga		DFB-Pokal		Europapokal	
2003/04	15	1	–	–	–	–

Einsätze bei den Amateuren: Oberliga Hessen 2005/06 3/–

■ Racky, Heiko (* 1. 10. 1946)
1961 bis 1969 Eintracht, 1969 bis 1971 VfR Heilbronn, 1971/72 Rot-Weiss Frankfurt, 1972 bis 1976 FSV Frankfurt, 1975 Sportfreunde Ostheim

	Bundesliga		DFB-Pokal		Europapokal	
1967/68	11	1	1	–	1	–
1968/69	5	–	–	–	3	–
Gesamt:	16	1	1	–	4	–

Weitere Einsätze: Alpenpokal 1967 1/–, 1969 3/– (insgesamt: 4/–)

■ Rada, Karel (* 2. 3. 1971)
1977 bis 1983 Sokol Straz u Tachova, 1983 bis 1985 UD Tachov, 1985 bis 1990 Skoda Pilsen, 1990 bis 1994 Dukla Prag, 1994 bis 1997 Sigma Olmütz, 1997 bis Dezember 1998 Trabzonspor, Januar 1999 bis Dezember 2000 Slavia Prag, Dezember 2000 bis 2002 Eintracht, 2002 bis 2006 FK Teplitz, seit 2006 Bohemians Prag

	BL/2. BL *		DFB-Pokal		Europapokal	
2000/01	11	–	–	–	–	–
2001/02 *	27	–	2	–	–	–
Gesamt:	38	–	2	–	–	–

■ Rahn, Uwe (* 21. 5. 1962)
1970 bis 1975 TSV Schönau, 1975 bis 1980 SV Waldhof Mannheim, 1980 bis November 1988 Borussia Mönchengladbach, November 1988 bis 1990 1. FC Köln, 1990/91 Hertha BSC Berlin, Dezember 1991 bis 1992 Fortuna Düsseldorf, 1992/93 Eintracht, 1993 bis Januar 1995 Urawa Red Diamonds/Japan

	Bundesliga		DFB-Pokal		Europapokal	
1992/93	12	3	1	–	2	1

Weitere BL-Einsätze: 227/81 für Borussia Mönchengladbach, 43/13 für den 1. FC Köln, 21/5 für Hertha BSC Berlin, 15/5 für Fortuna Düsseldorf

■ Raps, Ralf (* 10. 10. 1960)
Bis 1982 SG Dornheim und Eintracht, 1982 bis 1989 Hannover 96

	Bundesliga		DFB-Pokal		Europapokal	
1981/82	1	–	–	–	–	–

Einsätze bei den Amateuren: Oberliga Hessen 1979/80 27/–, 1980/81 32/–, 1981/82 35/– (insgesamt: 94/–)
Weitere BL-Einsätze: 88/– für Hannover 96

■ Rasiejewski, Jens (* 1. 1. 1975)
Bis 1993 SV Erfurtshausen, VfL/VfB Marburg, 1993 bis 1996 FSV Frankfurt, 1996 bis 1999 Hannover 96, 1999 bis 2002 Eintracht, 2002/03 FC St. Pauli, 2003/04 VfB Stuttgart, 2004 Sportinvalide

	BL/2. BL *		DFB-Pokal		Europapokal	
1999/2000	21	–	1	–	–	–
2000/01	12	–	1	–	–	–
2001/02 *	24	1	3	–	–	–
Gesamt:	57	1	5	–	–	–

■ Rauch
Bis Dezember 1923 Helvetia Frankfurt, Dezember 1923 bis 1925 Eintracht

	Meisterschaft		Süddt. Meist.		Süddt. Pokal	
1923/24	+3	–	–	–	+1	–
1924/25	1	–	–	–	–	–
Gesamt:	+4	–	–	–	+1	–

■ Rauffmann, Rainer (* 26. 2. 1967)
Als der Oberpfälzer 1997 nach Zypern ging, schien der Traum von der großen Karriere endgültig vorbei. Begonnen hatte alles bei der SpVgg Ebermannsdorf. Von 1987 bis 1991 spielte er beim 1. FC Amberg, 1991/92 bei Blau-Weiß 90 Berlin und von 1992 bis 1995 beim SV Meppen, von wo ihn die Eintracht holte. Nach dem Abstieg ging's 1996 zu Arminia Bielefeld, von wo er schon im Oktober weiter an den Linzer ASK transferiert wurde. 1997 dann der Wechsel zu Omonia Nicosia, der für ihn sportlich wie privat zum Glücksfall wurde. In sieben Jahren erzielte er in 152 Ligaspielen 181 Tore, wurde vier Mal Torschützenkönig und zwei Mal Meister. 2002 nahm er auch die zypriotische Staaatsbürgerschaft an und erzielte in fünf Länderspielen drei Tore. Nach Beendigung seiner aktiven Laufbahn wurde er 2004 Sportdirektor bei Omonia, trat aber im Januar 2005 zurück. Auch sein Engagement als Trainer beim Lokalrivalen Olympiakos endete vorzeitig. Nachdem die Spieler zwei Monate nicht bezahlt worden waren, löste Rauffmann, der mit einer Zypriotin verheiratet ist, seinen Vertrag Ende 2005 auf.

	Bundesliga		DFB-Pokal		UI-Cup	
1995/96	26	4	2	–	4	1

Weitere BL-Einsätze: 4/– für Arminia Bielefeld.

■ Rehmer, Marko (* 29. 4. 1972)
Die Verpflichtung des WM-Teilnehmers von 2002 kam im Sommer 2005 ziemlich überraschend, denn der Berliner hatte nach einem (unabsichtlichem) Doping-Verstoß ein Jahr nicht mehr gespielt. Doch Friedhelm Funkel setzte auf die Erfahrung aus 188 Bundesliga- und 35 Länderspielen. Die Karriere des Abwehrspielers begann 1978/79 bei Empor HO Berlin. Über TZ Prenzlauer Berg kam er 1980 zum 1. FC Union Berlin. Im Januar 1997 wechselte zu Hansa Rostock und 1999 zu Hertha BSC Berlin.

	Bundesliga		DFB-Pokal		Europapokal	
2005/06	25	2	3	–	–	–

Weitere BL-Einsätze: 81/4 für Hansa Rostock, 107/6 für Hertha BSC Berlin

■ Reich, Hermann

Kam aus Freiburg, Februar/März 1940 Gast-spieler bei der Eintracht

	Gauliga		DM-Endrunde		Tschammer-Pokal	
1939/40	4	–	–	–	–	–

■ Reich, Karl

Bis 1911 Stuttgarter Kickers, 1911/12 FFV

	Meisterschaft		Süddt. Meist.		DM-Endrunde	
1911/12	18	6	+4	?	–	–

■ Reichel, Peter (* 30. 1. 1951)

Der Abwehrspieler gehörte immer zu den stillen Vertretern seiner Zunft. 1961 begann er beim VfB Gießen, von dem er 1970 zur Eintracht kam. Nach den DFB-Pokal-Siegen 1974 und 1975 bestritt er auch zwei A-Länderspiele. Da die berufliche Ausbildung zum Lehrer stets Vorrang vor der Profi-Karriere hatte, nahm er 1978 Abschied von der Bundesliga und spielte bis 1982 für die Amateure in der Oberliga.

	Bundesliga		DFB-Pokal		Europapokal	
1969/70	–	–	2	–	–	–
1970/71	24	1	1	–	–	–
1971/72	28	–	4	1	–	–
1972/73	24	1	3	–	2	–
1973/74	32	2	5	–	–	–
1974/75	29	1	5	–	2	–
1975/76	30	2	4	–	7	1
1976/77	30	1	5	1	–	–
1977/78	27	1	4	–	6	–
1978/79	1	–	1	–	–	–
Gesamt:	225	9	34	2	17	1

Weitere Einsätze: Ligapokal 1972/73 5/–; Intertoto-Runde 1977 5/–
Einsätze bei den Amateuren: Oberliga Hessen 1978/79 28/4, 1979/80 29/3, 1980/81 28/4, 1981/82 32/7 (insgesamt: 117/18)

■ Reichenberger, Thomas (* 14. 10. 1974)

1979 bis 1994 Eintracht Bad Kreuznach, November 1994 bis 1995 Hassia Bingen, 1995 bis 1997 SV Wehen, 1997 bis Januar 2000 Bayer Leverkusen, Januar 2000 bis Dezember 2001 Eintracht, Dezember 2001 bis 2003 Energie Cottbus, 2003/04 KFC Uerdingen 05, seit 2004 VfL Osnabrück

	BL/2. BL *		DFB-Pokal		Europapokal	
1999/2000	15	1	–	–	–	–
2000/01	26	6	–	–	–	–
2001/02 *	5	–	1	–	–	–
Gesamt:	46	7	1	–	–	–

Weitere BL-Einsätze: 24/4 für Bayer Leverkusen, 21/1 für Energie Cottbus

■ Reichert, Friedel (* 10. 2. 1926)

Bis 1949 SV Hofheim, 1949 bis 1954 Eintracht, 1954 bis 1958 Eintracht Bad Kreuznach, 1958 bis 1960 1. FSV Mainz 05

	Oberliga		DM-Endrunde		DFB-Pokal	
1949/50	12	1	–	–	–	–
1950/51	25	6	–	–	–	–
1951/52	19	8	–	–	6	2
1952/53	2	–	–	–	–	–
1953/54	5	1	–	–	–	–
Gesamt:	63	16	–	–	6	2

■ Reick, Albert

1899 Mitbegründer des FFC Victoria, im ersten Spiel dabei

■ Reinhard, Christopher (* 19. 5. 1985)

Der Abwehrspieler begann 1991 bei Rot-Weiß Offenbach und spielte bereits von 1995 bis 1997 für die Eintracht. Es folgten drei Jahre bei den Offenbacher Kickers, doch 2000 kehrte das Talent an den Riederwald zurück. Nach einem U-15- und 4 U-19-Länderspielen rückte er 2004 in die U 20 auf und nahm 2005 an der U-20-WM in den Niederlanden teil,

	BL/2. BL *		DFB-Pokal		Europapokal	
2004/05 *	24	2	3	–	–	–
2005/06	7	–	–	–	–	–
Gesamt:	31	2	3	–	–	–

Einsätze bei den Amateuren: Oberliga Hessen 2003/04 7/–, 2004/05 3/–, 2005/06 11/1 (insgesamt: 21/1); Hessenpokal 2004 1/–

■ Reis, Thomas (* 4. 10. 1973)

Bis 1989 FC Wertheim-Eichel, 1989/90 VfB Stuttgart, 1990 bis 1995 Eintracht, 1995 bis 2003 VfL Bochum, 2003/04 Augsburg, August 2004/05 Eintracht Trier, seit 2005 SV Waldhof Mannheim

	Bundesliga		DFB-Pokal		Europapokal	
1992/93	3	–	1	–	–	–
1993/94	9	1	–	–	1	–
1994/95	4	1	–	–	–	–
Gesamt:	16	2	1	–	1	–

Weitere Einsätze: UEFA-Intertoto-Cup 1995 1/–
Einsätze bei den Amateuren: Oberliga Hessen 1991/92 4/–, 1992/93 18/4, 1993/94 8/2, 1994/95 7/5 (insgesamt: 37/11); Entscheidungs- und Aufstiegsspiele 1995 2/–
Weitere BL-Einsätze: 112/12 für den VfL Bochum

■ Reismann, Bruno (* 14. 11. 1935)

Bis 1956 Eintracht, 1956 Eintracht Bad Kreuz-nach

	Oberliga		DFB-Pokal		OL-Vergleichsr.	
1954/55	–	–	–	–	2	–

■ Remlein, Alfons (* 11. 9. 1925)

„Ali" Remlein war bis 1949 in britischer Kriegsgefangenschaft, wo er im „Camp 50" bei Manchester mit der Torhüter-Legende Bernd Trautmann zusammenspielte. Außerdem war der Außenläufer bei den „Non League"-Klubs Skelmersdale United und Prescott Cables aktiv. Nach seiner Rückkehr nach Deutschland hießen seine Stationen bis 1952 Blau-Weiß 90 Berlin, FV Geisenheim und SV Wiesbaden. Es folgte ein Jahr bei der TSG Ulm 1846 und 1953 der Wechsel zur Eintracht, wo er bis 1957 unter Vertrag stand. Seine Laufbahn beendete er 1959 bei der SG Westend Frankfurt.

	Oberliga		DM-Endrunde		DFB-Pokal	
1953/54	27	2	2	–	–	–
1954/55	30	2	–	–	2	–
1955/56	12	2	–	–	–	–
Gesamt:	69	6	2	–	2	–

Weitere Einsätze: Oberliga-Vergleichsrunde 1955 6/–.

■ Resch, Albert

Kam vom FV Saarbrücken, Januar bis März 1940 Gastspieler bei der Eintracht

	Gauliga		DM-Endrunde		Tschammer-Pokal	
1939/40	7	3	–	–	–	–

■ Reubold, Thomas (* 13. 9. 1966)

Bis 1987 Eintracht, 1987 bis 1989 SpVgg Bad Homburg, 1989/90 Sportfreunde Burkhards-felden, 1990 bis 1993 FSV Steinbach, 1993 bis Dezember 1994 TSV Großen-Linden, Januar 1995 bis 1996 FSV Steinbach, 1996 bis 1998 TSV Großen-Linden, 1998/99 Spielertrainer SG Ober-Bessingen/Münster, 1999 (mindestens bis 2002) Spielertrainer TSG Leihgestern

	Bundesliga		DFB-Pokal		Europapokal	
1985/86	2	–	–	–	–	–

Einsätze bei den Amateuren: Oberliga Hessen 1984/85 2/1, 1985/86 30/12, 1986/87 31/8 (insgesamt: 63/21)

■ Reußwig, K.
1912 bis 1920 FFV, 1920 Eintracht

	Meisterschaft		Süddt. Meist.		Süddt. Pokal	
1919/20	+1	?	+1	?	–	–

■ Reußwig, Leopold
1910/11 Frankfurter Kickers

	Meisterschaft		Süddt. Meist.		DM-Endrunde	
1910/11	1	–	–	–	–	–

■ Reuter, Timo (* 17. 7. 1973)
Bis 1993 SG Rosenhöhe, SV Jügesheim, 1993 bis Februar 1999 Eintracht, Februar bis Juni 1999 SG Croatia Frankfurt, 1999/2000 SV Jügesheim, 2000/01 Viktoria Aschaffenburg, 2001/02 Germania Ober-Roden

	BL/2. BL *		DFB-Pokal		Europapokal	
1994/95	1	–	–	–	–	–
1996/97 *	8	–	2	–	–	–
Gesamt:	9	–	2	–	–	–

Einsätze bei den Amateuren: Oberliga Hessen 1994/95 18/5, 1996/97 2/2, 1998/99 3/– (insgesamt: 23/7); Entscheidungs- und Aufstiegsspiele 1995 2/–; Regionalliga Süd 1995/96 25/2

■ Ribeiro, Antonio
1910/11 Frankfurter Kickers, 1911 FFV Amicitia und 1902

	Meisterschaft		Süddt. Meist.		DM-Endrunde	
1910/11	10	+4	–	–	–	–

■ Richardt
Kam von Wacker Halle, Mai 1941 bis Januar 1942 Gastspieler bei der Eintracht

	Gauliga		DM-Endrunde		Tschammer-Pokal	
1940/41	–	–	–	–	3	1
1941/42	6	–	–	–	–	–
Gesamt:	6	–	–	–	3	1

■ Richter, Otto (* 11. 1. 1921)
Seit 1933 Eintracht, Ende 1941 Invalide (in Russland Füße erfroren)

	Gauliga		DM-Endrunde		Tschammer-Pokal	
1939/40	1	–	–	–	4	–
1940/41	2	–	–	–	5	–
1941/42	1	–	–	–	–	–
Gesamt:	4	–	–	–	9	–

Weitere Einsätze: Frankfurter Stadtrunde 1939 1/–

■ Ricker, Hans (* 29. 6. 1921, † 1998)
Bis 1945 Reichsbahn-Rot-Weiss Frankfurt, 1945 bis September 1947 Eintracht, September 1947 bis 1948 Viktoria Aschaffenburg, 1948/49 FSV Frankfurt, 1949 bis 1951 Kickers Offenbach, 1951 (bis 1955?) Schwarz-Weiß Essen

	Oberliga		DM-Endrunde		DFB-Pokal	
1945/46	20	–	–	–	–	–
1946/47	6	–	–	–	–	–
1947/48	2	–	–	–	–	–
Gesamt:	28	–	–	–	–	–

■ Riedel
Bis 1948 TSV Kirchhain, 1948/49 Eintracht

	Oberliga		DM-Endrunde		DFB-Pokal	
1948/49	2	–	–	–	–	–

■ Riegel, Ingo
Bis 1924 Würzburger Kickers, 1924/25 Eintracht, 1925 Würzburger Kickers

	Meisterschaft		Süddt. Meist.		Süddt. Pokal	
1924/25	14	5	–	–	2	1

■ Riese, Willy †
Kam vom 1. Bockenheimer FC 99, 1899 Mit-begründer des FFC Victoria, im ersten Spiel dabei, bis 1907 FFC Victoria

■ Rieth, Dennis (* 10. 9. 1964)
Bis 1985 Eintracht, 1985/86 SV Sandhausen, 1986 bis Dezember 1987 Rot-Weiss Frankfurt, Januar 1988 bis 1994 SV Bernbach, 1994 bis 1996 Spielertrainer Eintracht Oberissigheim, November 1996 bis 2000 Spielertrainer VfB Oberndorf, 2000 Spielertrainer Germania Wächtersbach

	Bundesliga		DFB-Pokal		Europapokal	
1983/84	3	–	–	–	–	–

Einsätze bei den Amateuren: Oberliga Hessen 1982/83 3/–, 1983/84 28/4, 1984/85 34/10 (insgesamt: 65/14)

■ Riggenbach, H.
Kam aus Bern, 1904 bis 1908 FFC Victoria

■ Rischlein

	Meisterschaft		Süddt. Meist.		Süddt. Pokal	
1922/23	+1	–	–	–	–	–

■ Rist, Paul (* 6. 3. 1891, † 5. 2. 1966)
1910/11 Frankfurter Kickers

	Meisterschaft		Süddt. Meist.		DM-Endrunde	
1910/11	7	1	–	–	–	–

■ Rockmann, H.
Bis 1922 VfL Neu-Isenburg, Kickers Offenbach, 1922 bis Oktober 1923 Eintracht (März 1923 Borussia Frankfurt)

	Meisterschaft		Süddt. Meist.		Süddt. Pokal	
1922/23	+1	–	–	–	1	2
1923/24	+5	1	–	–	–	–
Gesamt:	+6	1	–	–	1	2

■ Röll, Karl (* 16. 7. 1916, † 1968/69)
Der Rechtsaußen kam 1936 aus Fulda zur Eintracht, mit der er 1938 Gaumeister wurde. Während des Krieges wirkte er 1942/43 als Gastspieler bei der SpVgg Zeitz mit. Am 4. November 1945 erzielte er bei Phönix Karlsruhe (2:2) das erste Oberliga-Tor für die Eintracht.

	Gau-/Oberliga		DM-Endrunde		Tschammer-Pokal	
1936/37	6	3	–	–	3	2
1937/38	17	11	5	5	–	–
1938/39	18	12	–	–	5	1
1939/40	1	–	–	–	1	1
1940/41	–	–	–	–	1	1
1941/42	5	3	–	–	–	–
1942/43	7	–	–	–	+4	3
1943/44	+5	+1	–	–	?	?
1944/45	?	?	–	–	–	–
1945/46	8	+2	–	–	–	–
Gesamt:	+67	+32	5	5	+14	8

Weitere Einsätze: Frankfurter Stadtrunde 1939 3/2

■ Rohrbach, Thomas (* 4. 4. 1949)

Der Pastorensohn spielte bis 1968 bei Hessen Bad Hersfeld und Borussia Fulda. Nach zwei Jahren beim 1. SC Göttingen 05 kam der Linksaußen 1970 zur Eintracht, wo er mit Gert Trinklein bald als „Enfant terrible" galt. Trainer Ribbeck funktionierte ihn 1971/72 zum Außenverteidiger um, doch unter Dietrich Weise durfte er seinen Offensivdrang wieder ausleben. 1974 wurde er DFB-Pokal-Sieger. 1975 zog es ihn nach Griechenland, wo er bis 1978 bei Ethnikos Piräus und von 1978 bis 1980 bei Olympiakos Piräus spielte. Es folgte ein Jahr beim SSV Ulm 1846 in der 2. Liga. Anschließend kehrte er zu Hessen Bad Hersfeld zurück und war 1985 auch für den FC Rhein-Main aktiv.

	Bundesliga		DFB-Pokal		Europapokal	
1969/70	–	–	1	–	–	–
1970/71	22	1	2	–	–	–
1971/72	31	–	4	–	–	–
1972/73	27	3	3	–	1	–
1973/74	28	6	5	3	–	–
1974/75	26	6	4	1	4	–
Gesamt:	134	16	19	4	5	–

Weitere Einsätze: Ligapokal 1972/73 5/–

■ Rompel, Dietmar (* 2. 2. 1962)

Bis 1980 TuS Lindenholzhausen, Eintracht-Jugend, 1980 bis 1984 FSV Frankfurt, 1984 bis 1987 Viktoria Aschaffenburg, 1987/88 Kickers Offenbach, 1988/89 Eintracht, 1989/90 Hessen Kassel, 1990/91 Eintracht-Amateure, 1991/92 SG Hoechst, 1992/93 Sportfreunde Schwalbach, 1993/94 SV Darmstadt 98, 1994/95 FSV Frankfurt, Rot-Weiss Frankfurt, 1995/96 Rot-Weiß Walldorf
1997/98 Trainer der Amateure

	Bundesliga		DFB-Pokal		Europapokal	
1988/89	3	–	–	–	2	–

Einsätze bei den Amateuren: Oberliga Hessen 1988/89 26/5, 1990/91 24/2 (insgesamt: 50/7)

■ Rose

Kam aus Westfalen, Dezember 1942 Gastspieler bei der Eintracht

	Gauliga		DM-Endrunde		Tschammer-Pokal	
1942/43	1	–	–	–	–	–

■ Rosen, Alexander (* 10. 4. 1979)

Bis 1998 SC Fürstenfeldbruck, FC Augsburg, 1998 bis Oktober 1999 Eintracht, Oktober 1999 bis 2000 FC Augsburg, 2000 bis Januar 2001 Eintracht, Januar bis Juni 2001 VfL Osnabrück, 2001/02 Eintracht, 2002 bis Januar 2004 1. FC Saarbrücken, 2004/05 SV Elversberg, seit 2006 Follo Fotboll/Norwegen

	BL/2. BL *		DFB-Pokal		Europapokal	
1998/99	1	–	–	–	–	–
2000/01	3	–	–	–	–	–
2001/02 *	3	–	–	–	–	–
Gesamt:	7	–	–	–	–	–

Einsätze bei den Amateuren: Oberliga Hessen 1998/99 25/1, 1999/2000 7/1, 2000/01 14/–, 2001/02 23/2 (insgesamt: 69/4); Hessenpokal 2002 3/–

■ Roskoni, Gottfried

Kam vom VfB Friedberg, 1939 Eintracht

	Gauliga		DM-Endrunde		Tschammer-Pokal	
1939/40	7	–	–	–	1	2

■ Rossi, Marco (* 9. 9. 1964)

1982 bis 1984 Turin Calcio, 1984 bis 1986 SSC Campania Neapel, 1986/87 SSC Campania-Puteolana, 1987/88 US Catanzaro, 1988 bis 1993 Brescia Calcio, 1993 bis 1995 Sampdoria Genua, 1995/96 CF America de Mexico, August 1996 bis 1997 Eintracht, 1997/98 FC Piacenza, 1998 AC Ospitaletto?

	2. Bundesliga		DFB-Pokal		Europapokal	
1996/97	14	–	1	–	–	–

■ Roth

Im 1. Weltkrieg FFV, 1920 bis 1925 Eintracht

	Meisterschaft		Süddt. Meist.		Süddt. Pokal	
1920/21	+1	?	–	–	–	–
1923/24	+1	–	–	–	+4	1
1924/25	9	–	–	–	–	–
Gesamt:	+11	?	–	–	+4	1

■ Roth, Dietmar (* 16. 9. 1963)

Der einmalige B- und achtmalige U-21-Nationalspieler stammt aus der Jugend des FV Liedolsheim. Von 1979 bis 1985 spielte er beim Karlsruher SC und von 1985 bis 1987 beim FC Schalke 04. Nach seinem Wechsel zur Eintracht wurde er 1988 auf Anhieb DFB-Pokal-Sieger. Nach dem Abstieg 1996 blieb er noch ein Jahr bei der Eintracht. Anschließend war er bis September 1998 beim FSV Frankfurt und von Oktober 1998 bis 2001 bei Kickers Offenbach aktiv. Seit Januar 2005 ist er wieder für den VfR Kesselstadt am Ball.

	BL/2. BL *		DFB-Pokal		Europapokal	
1987/88	27	–	6	–	–	–
1988/89	33	1	3	–	6	–
1989/90	26	1	1	–	–	–
1990/91	30	–	8	–	1	–
1991/92	35	2	2	–	1	–
1992/93	26	1	4	–	4	–
1993/94	20	–	2	–	6	–
1994/95	22	–	1	–	6	–
1995/96	18	–	2	–	–	–
1996/97 *	27	–	2	–	–	–
Gesamt:	264	5	31	–	24	–

Weitere Einsätze: Supercup 1988 1/–; Relegation 1989 2/–; UEFA-Intertoto-Cup 1995 3/–

Weitere BL-Einsätze: 31/– für den Karlsruher SC, 50/– für den FC Schalke 04

■ Rothenberger

Kam aus Bergen-Enkheim, April bis Juni 1942 Gastspieler bei der Eintracht

	Gauliga		DM-Endrunde		Tschammer-Pokal	
1941/42	–	–	–	–	4	4

■ Rothuber, Alexander (* 13. 4. 1931)

Bis 1951 SC Bruckmühl, 1951 bis 1958 Eintracht, 1958/59 Borussia Fulda, 1959 (bis 1963) FC Hanau 93

	Oberliga		DM-Endrunde		SFV-/DFB-Pokal	
1951/52	3	–	–	–	2	–
1952/53	–	–	–	–	1	–
1953/54	1	–	–	–	–	–
1954/55	2	–	–	–	–	–
1955/56	29	–	–	–	–	–
1956/57	19	–	–	–	3	–
Gesamt:	54	–	–	–	6	–

Weitere Einsätze: Oberliga-Vergleichsrunde 1955 6/–, 1956 10/– (insgesamt: 16/–); Flutlicht-Pokal 1957 3/–

■ Rudolf, Dieter (* 1. 5. 1952)

Bis 1973 SG Oberreifenberg, Eintracht, 1973 bis 1984 SV Darmstadt 98, 1984 bis 1986 FCA Darmstadt

	Bundesliga		DFB-Pokal		Ligapokal	
1970/71	–	–	1	–	–	–
1972/73	–	–	–	–	1	–

Gesamt:	–	–	1	–	1	–

Einsätze bei den Amateuren: Hessenliga 1970/71 14/–, 1971/72 31/–, 1972/73 32/– (insgesamt: 77/–)
BL-Einsätze: 58/– für SV Darmstadt 98

■ **Russ, Marco** (* 4. 8. 1985)
Ein großes Talent, das sich aus der Jugend über die Amateur-Mannschaft in den Profi-Kader hochspielte. Der gebürtige Hanauer kam 1996 vom VfB Grossauheim zur Eintracht und erkämpfte sich in der Rückrunde 2005/06 einen Stammplatz in der Eintracht-Abwehr. Höhepunkt seiner jungen Karriere war das DFB-Pokal-Endspiel 2006 in Berlin.

	BL/2. BL *		DFB-Pokal		Europapokal	
2004/05 *	3	–	–	–	–	–
2005/06	9	–	2	–	–	–
Gesamt:	12	–	2	–	–	–

Einsätze bei den Amateuren: Oberliga Hessen 2003/04 5/–, 2004/05 25/2, 2005/06 14/– (insgesamt: 44/2)

■ **Sackmann**
Kam aus Stuttgart, 1922/23 Eintracht

	Meisterschaft		Süddt. Meist.		Süddt. Pokal	
1922/23	+7	–	–	–	1	–

■ **Salou, Bachirou** (* 15. 9. 1970)
Der togolesische Nationalspieler spielte bis 1988 bei Omnisport Lomé und anschließend zwei Jahre in Kamerun bei Panthere Sportive de Bangangte. 1990 kam er nach Deutschland und spielte bis 1995 bei Borussia Mönchengladbach, von 1995 bis 1998 beim MSV Duisburg und 1998/99 bei Borussia Dortmund. 1999 kam er für die Rekord-Ablöse von sieben Millionen Mark zur Eintracht, wo er jedoch nur in seinem ersten Jahr überzeugen konnte. So wurde er im Dezember 2000 zu Hansa Rostock transferiert. Als sein Vertrag im Sommer 2003 nicht verlängert wurde, schloss er sich dem niederrheinischen Landesligisten SC Kapellen-Erft an, wurde im Januar 2004 von Jörg Berger aber zu Alemannia Aachen geholt und spielte im Pokal-Endspiel 2004. Danach folgte ein halbjähriger Abstecher zum belgischen Zweitligisten AS Eupen, von dem er im Januar 2005 zum SC Kapellen-Erft zurückkehrte, wo er bis Ende der Saison 2005/06 spielte.

	Bundesliga		DFB-Pokal		Europapokal	
1999/2000	32	8	1	–	–	–
2000/01	2	–	1	–	–	–
Gesamt:	34	8	2	–	–	–

Weitere BL-Einsätze: 86/13 für Borussia Mönchengladbach, 62/18 für den MSV Duisburg, 26/5 für Borussia Dortmund, 46/7 für Hansa Rostock

■ **Sand, Franz**

	Meisterschaft		Süddt. Meist.		DM-Endrunde	
1913/14	13	?	3	?	–	–

■ **Sarroca, Josef** (* 12. 8. 1960)
Bis 1974 FV Bad Vilbel, 1974 bis 1978 Eintracht, 1978 bis 1984 FSV Frankfurt, 1984/85 VfR Bürstadt, 1985 bis Dezember 1986 Eintracht, Dezember 1986 bis 1988 Viktoria Aschaffenburg, 1988 bis 1991 FSV Frankfurt, 1991 bis 1997 KSV Klein-Karben, 1997 FC Büdesheim (später Spielertrainer und bis Dezember 2002 Trainer)

	Bundesliga		DFB-Pokal		Europapokal	
1985/86	28	4	1	–	–	–
1986/87	5	–	2	–	–	–
Gesamt:	33	4	3	–	–	–

■ **Savelsberg**

	Gauliga		DM-Endrunde		Tschammer-Pokal	
1942/43	8	–	–	–	–	–

■ **Sawieh, Jonathan** (* 24. 9. 1975)
Bis 1996 Invincible 11 Monrovia/Liberia, Stella Abidjan/Elfenbeinküste, 1996/97 FC Baden/ Schweiz, 1997 bis Januar 1998 SV Waldhof Mannheim, Januar bis Juni 1998 Eintracht, Januar bis Dezember 1999 Kocaelispor, Januar bis Mai 2000 Istanbulspor, 2000/01 ohne Verein, November 2001 Kocaelispor

	2. Bundesliga		DFB-Pokal		Europapokal	
1997/98	7	–	–	–	–	–

■ **Sbordone, Domenico** (* 3. 9. 1969)
Bis 1986 ESV Laim, 1986 bis 1989 Bayern München, 1989/90 MTV Ingolstadt, 1990 bis 1992 BSC Sendling, 1992/93 TSV Eching, 1993 bis 1995 FC Augsburg, 1995/96 Eintracht, 1996 bis 2001 SpVgg Greuther Fürth, 2001 bis Dezember 2003 SSV Reutlingen, Januar 2004 bis 2005 FC Augsburg, seit 2005 FC Ingolstadt 04.

	Bundesliga		DFB-Pokal		UI-Cup	
1995/96	7	–	2	–	1	–

■ **Schädler, Erwin** (* 8. 4. 1917, † 1991)
Der viermalige Nationalspieler spielte von 1926 bis September 1940 beim Ulmer FV 94. Von September 1940 bis 1942 gab er sein erstes und ab 1943 sein zweites Gastspiel bei der Eintracht, das diesmal bis 1948 dauerte. Seine Karriere beendete der Halbstürmer, der auch als Außenläufer eingesetzt wurde, 1948/49 bei der TSG Ulm 1846 und 1949/50 bei der Eintracht.

	Gau-/Oberliga		DM-Endrunde		Pokal	
1940/41	5	–	–	–	–	–
1941/42	3	–	–	–	–	–
1943/44	+12	1	–	–	1	–
1944/45	+1	–	–	–	–	–
1945/46	28	+7	–	–	–	–
1946/47	+32	1	–	–	–	–
1947/48	17	–	–	–	–	–
1949/50	1	–	–	–	–	–
Gesamt:	+99	+9	–	–	1	–

■ **Schämer, Lothar** (* 28. 4. 1940)
Der Linksaußen mit der „linken Klebe" kam 1960 vom SV Erzhausen an den Riederwald, wo er sich schon bald als Torjäger einen Namen machte. 1962 war er Torschützenkönig der Oberliga Süd. In der Bundesliga wurde er erst zum linken Läufer und dann zum linken Außenverteidiger umgeschult. 1973 kehrte er zum SV Erzhausen zurück, war aber noch 1985 beim FC Rhein-Main aktiv.

	OL/BL		Pokal		Europapokal	
1960/61	24	8	4	2	–	–
1961/62	30	26	3	2	–	–
1962/63	22	9	5	2	–	–
1963/64	14	5	5	2	–	–
1964/65	20	3	2	–	2	–
1965/66	2	–	1	–	–	–
1966/67	33	4	1	–	9	2
1967/68	34	5	3	1	1	–
1968/69	27	2	2	–	5	–
1969/70	34	3	3	–	–	–
1970/71	24	1	1	–	–	–
1971/72	11	–	–	–	–	–
1972/73	17	1	4	–	1	–
Gesamt:	292	67	34	9	18	2

Weitere Einsätze: DM-Endrunde 1961 2/–, 1962 2/– (insgesamt: 4/–); Intertoto-Runde 1965 3/–, 1966/67 11/– (insgesamt: 14/–); Alpenpokal 1967 5/2, 1968 5/2, 1969 4/– (insgesamt: 14/4); Ligapokal 1972/73 7/1

■ **Schaffner**

	Meisterschaft		Süddt. Meist.		Süddt. Pokal	
1924/25	1	–	–	–	–	–

■ **Schaller, Fritz** (* 18. 1. 1902, † 26. 5. 1983)
1916 bis Dezember 1924 1. FC Oberstedten, Januar 1925 bis 1933 Eintracht, 1933 bis 1959 1. FC Oberstedten

	Meisterschaft		Süddt. Meist.		DM-Endrunde	
1925/26	11	7	–	–	–	–
1926/27	10	5	3	2	–	–
1927/28	19	14	12	9	1	–
1928/29	17	7	12	9	–	–
1929/30	13	5	8	1	–	–
1930/31	14	12	14	8	2	–
1931/32	18	8	10	4	3	1
1932/33	9	6	–	–	–	–
Gesamt:	111	64	59	33	6	1

Weitere Einsätze: Süddeutscher Pokal 1925/26 2/1, 1926/27 1/– (insgesamt: 3/1)

■ **Schallmayer, Jakob** (* 9. 2. 1924)
Bis 1946 Viktoria Urberach, während des Krieges Gastspieler bei Borussia Neunkirchen, 1946 bis 1948 Kickers Offenbach, 1948/49 Eintracht

	Oberliga		DM-Endrunde		DFB-Pokal	
1948/49	18	–	–	–	–	–

■ **Schaub, Fred** (* 28. 8. 1960, † 22. 4. 2003)
13 Minuten und ein Tor genügten, um den bei einem Autounfall tödlich verunglückte Stürmer in den Eintracht-Annalen zu verewigen. Im zweiten UEFA-Pokal-Endspiel 1980 wurde er von Trainer Rausch in der 77. Minute eingewechselt und erzielte nur vier Minuten später das „goldene" Tor zum UEFA-Pokal-Sieg. 1977 war er mit der Eintracht bereits Deutscher B-Junioren-Meister gewesen, nachdem er 1976 vom FV Neuhof an den Riederwald gekommen war. Da er bei der Eintracht aber nie über die Rolle des Einwechselspielers hinauskam, wechselte er im Januar 1981 zur SpVgg Fürth. Von Juli bis November 1983 spielte er bei Borussia Dortmund, von November 1983 bis 1986 bei Hannover 96 und von 1986 bis 1988 beim SC Freiburg. Es folgten fünf Jahre in Österreich, von 1988 bis 1990 beim FC Admira/Wacker, von 1990 bis 1992 beim VfB Mödling und 1992/93 beim Favoritner AC. Danach kehrte er nach Deutschland zurück, zunächst von 1993 bis 1995 als Spielertrainer von Germania Fulda und anschließend zu seinem Stammverein FV Neuhof. Ab 1999 war er Co-Trainer des Fusionsklubs VfB Admira/Wacker Mödling und war nebenbei auch noch für unterklassige Klubs in Österreich aktiv, so von März bis Juni beim USC Wampersdorf und ab 2002 beim ASK Oberwaltersdorf.

	Bundesliga		DFB-Pokal		Europapokal	
1978/79	10	2	1	–	–	–
1979/80	6	–	1	–	1	1
1980/81	5	1	2	–	1	–
Gesamt:	21	3	4	–	2	1

Einsätze bei den Amateuren: Oberliga Hessen 1978/79 1/1
Weitere BL-Einsätze: 6/1 für Borussia Dortmund, 31/9 für Hannover 96

■ **Scheiterle**
1899 FFC Victoria

■ **Schenk, Karl**
Aus der eigenen Jugend, bis 1925 Eintracht

	Meisterschaft		Süddt. Meist.		Süddt. Pokal	
1923/24	–	–	–	–	+2	–
1924/25	4	–	–	–	–	–
Gesamt:	4	–	–	–	+2	–

■ **Schieth, Hubert** (* 26. 1. 1927)
Der Halbrechte begann bei Blau-Weiß Obersayn im Westerwald. 1946 ging er zum FC Rödelheim 02 und wechselte nach dessen Oberliga-Abstieg 1949 zur Eintracht: Nach dem Gewinn der Süddeutschen Meisterschaft 1953 war er bis 1961 Vertragsspieler bei Schwarz-Weiß Essen und gewann 1959 den DFB-Pokal. Anschließend arbeitete er im Westen recht erfolgreich als Trainer, war von 1981 bis 1983 Manager beim VfL Bochum und später in gleicher Funktion bei Bayer Leverkusen und beim BVL 08 Remscheid tätig.

	Oberliga		DM-Endrunde		SFV-Pokal	
1949/50	28	15	–	–	–	–
1950/51	31	9	–	–	–	–
1951/52	22	11	–	–	–	–
1952/53	22	10	4	1	–	–
Gesamt:	103	45	4	1	–	–

■ **Schildt, Gerhardt** (* 23. 2. 1924)
1946 bis 1949 Hamburger SV, 1949/50 Eintracht, 1950 bis 1952 Marathon Remscheid, 1952 bis 1954 Meidericher SV

	Oberliga		DM-Endrunde		DFB-Pokal	
1949/50	1	–	–	–	–	–

■ **Schlindwein, Dieter** (* 7. 2. 1961)
Der Abwehrspieler kam 1977 vom FC Karlsdorf zum 1986 SV Waldhof Mannheim. Nach einem Jahr bei Werder Bremen wechselte er 1987 zur Eintracht und wurde 1988 DFB-Pokal-Sieger. 1989 fiel er dem Neuaufbau zum Opfer und ging zum FC St. Pauli, wo er seine Karriere 1997 beendete.

	Bundesliga		DFB-Pokal		Europapokal	
1987/88	18	1	4	–	–	–
1988/89	14	–	2	–	2	–
Gesamt:	32	1	6	–	2	–

Weitere Einsätze: Supercup 1988 1/–; Relegation 1989 1/–
Weitere BL-Einsätze: 86/5 für den SV Waldhof Mannheim, 3/– für Werder Bremen, 57/– für den FC St. Pauli

■ **Schlüter, Rudi** (Juni 1915 in Galizien vermisst)

	Meisterschaft		Süddt. Meist.		DM-Endrunde	
1913/14	+11	+5	5	+1	–	–

■ **Schmidt, A.**
1900 Mitbegründer der Frankfurter Kickers

■ **Schmidt, Adolf** (* 16. 12. 1919, †)
Der Halbstürmer und Außenläufer kam 1938 von der SpVgg Oberrad. Nach Kriegsbeginn Gastspieler bei Hertha BSC Berlin, gehörte er von 1945 bis 1948 zu den Stützen der Eintracht-Oberligamannschaft. Nach internen Differenzen wechselte er 1948 zusammen mit Albert Wirsching zu Kickers Offenbach und 1950 zum FC Bern, wo er seine Laufbahn 1953/54 als Spielertrainer beendete. Er erlag bei Gartenarbeiten einem Herzschlag.

	Gau-/Oberliga		DM-Endrunde		Pokal	
1938/39	5	–	–	–	4	–
1939/40	2	8	–	–	2	–
1940/41	3	–	–	–	1	2
1942/43	–	–	–	–	+1	–
1943/44	+4	–	–	–	?	?
1944/45	+2	+4	–	–	–	–
1945/46	+23	+1	–	–	–	–
1946/47	32	1	–	–	–	–
1947/48	34	2	–	–	–	–
Gesamt:	+105	+16	–	–	+8	+2

Weitere Einsätze: Frankfurter Stadtrunde 1939 5/–

■ **Schmidt, Heinrich**
1899 Mitbegründer des FFC Victoria, im ersten Spiel dabei, bis 1907 FFC Victoria

■ **Schmidt, Paul**
1899 Mitbegründer des FFC 1899, 1900 FFC 1899-Kickers

■ **Schmidtkunz, Helmut** (* 27. 7. 1941)
1964 bis 1967 Eintracht-Reserve

	Bundesliga		DFB-Pokal		Intertoto-Runde	
1964/65	–	–	–	–	1	–

■ **Schminke, Wolfram** (* 8. 12. 1921, † 1992)
1933 bis 1944 Eintracht

	Gauliga		DM-Endrunde		Tschammer-Pokal	
1939/40	–	–	–	–	3	3
1940/41	5	1	–	–	4	1
1942/43	2	–	–	–	–	–
1943/44	1	?	–	–	–	–
Gesamt:	8	+1	–	–	7	4

■ **Schmitt, Adam** (* 6. 11. 1914, † 1984)
Der 1935 von Hassia Dieburg gekommene Innenstürmer, der gegen Ende seiner Laufbahn auch als Außen- und Mittelläufer eingesetzt wurde, wurde 1938 mit der Eintracht Deutscher Meister. Nach seinem Abschied 1949 war der Ehrenspielführer noch mehrere Jahre als Spielertrainer bei Eintracht Bad Kreuznach tätig.

	Gau-/Oberliga		DM-Endrunde		Pokal	
1935/36	13	8	–	–	3	5
1936/37	15	11	–	–	3	5
1937/38	18	5	5	7	1	–
1938/39	18	14	–	–	4	7
1939/40	7	8	–	–	5	10
1940/41	14	11	–	–	7	3
1941/42	10	10	–	–	+3	2
1942/43	7	2	–	–	3	–
1943/44	+3	+3	–	–	–	–
1944/45	?	?	–	–	–	–
1945/46	19	+13	–	–	–	–
1946/47	31	10	–	–	–	–
1947/48	22	4	–	–	–	–
1948/49	22	1	–	–	–	–
Gesamt:	+199	+100	5	7	+29	32

■ **Schmitt, Edgar** (* 29. 4. 1963)
Zum „Euro-Eddie" wurde er zwar erst beim KSC, zum „goldenen Joker" wäre er jedoch fast am 16. Mai 1992 geworden, doch sein Schuss prallte vom Rostocker Innenpfosten ins Feld zurück. Deutscher Meister nach nur sieben Bundesliga-Spielen wäre nicht nur für ihn ein Traum gewesen. Bevor er 1991 zur Eintracht kam, war er bis 1984 für den FC Bitburg, bis 1987 für den FSV Salmrohr, 1987/88 für den 1. FC Saarbrücken und danach drei Jahre für Eintracht Trier auf Torjagd gegangen. 1993 wechselte er zum Karlsruher SC und im Januar 1997 zu Fortuna Köln, wo er seine Profi-Karriere 1998 beendete. Danach war er 1. Vorsitzender und Trainer seinen Stammklubs FC Bitburg, wo er heute ein Sportgeschäft betreibt.

	Bundesliga		DFB-Pokal		Europapokal	
1991/92	7	–	1	–	3	1
1992/93	23	10	6	3	1	–
Gesamt:	30	10	7	3	4	1

Weitere BL-Einsätze: 72/21 für den Karlsruher SC

■ **Schmitt, Ludwig** (* 28. 10. 1910, † in russischer Gefangenschaft)
Bis 1930 BSC Oberrad, 1930 bis 1938 Eintracht. 1932 Süddeutscher Meister und Torhüter der Endspiel-Mannschaft um die Deutsche Meisterschaft

	Meisterschaft		Süddt. Meist.		DM-Endrunde	
1930/31	14	–	14	–	2	–
1931/32	20	–	11	–	4	–
1932/33	18	–	16	–	3	–
1933/34	19	–	–	–	–	–
1935/36	12	–	–	–	–	–
1936/37	10	–	–	–	–	–
1937/38	–	–	–	–	2	–
Gesamt:	93	–	41	–	11	–

Weitere Einsätze: Tschammer-Pokal 1936 3/–, 1937 3/– (insgesamt: 6/–)

■ **Schmitt, Ralf** (* 21. 1. 1977)
Bis 2000 VfR Speyer, FV Speyer, 2000 bis 2002 Eintracht, 2002/03 Wormatia Worms, 2003/04 Karlsruher SC, 2004 bis Dezember 2004 FC Nöttingen, Dezember bis Januar 2006 Sportfreunde Siegen, seit Januar 2006 TSV München 1860 II

	Bundesliga		DFB-Pokal		Europapokal	
2000/01	1	–	–	–	–	–

Einsätze bei den Amateuren: Oberliga Hessen 2000/01 10/5, 2001/02 16/5 (insgesamt: 26/19); Hessenpokal 2002 2/–

■ **Schmitt, Roland** (* 20. 12. 1926)
Bis 1950 Würzburger Kickers, 1950/51 Eintracht, 1951 Würzburger Kickers, Oktober 1951 Urania Genf, 1952 bis 1954 Bayer Leverkusen

	Oberliga		DM-Endrunde		DFB-Pokal	
1950/51	14	3	–	–	–	–

■ **Schmitt, Sven** (* 27. 12. 1976)
Bis 1989 TSV 1860 Hanau, 1989 bis 2003 Eintracht, August 2003 bis 2006 1. FC Eschborn, seit September 2006 SV Darmstadt 98

	BL/2. BL *		DFB-Pokal		Europapokal	
1996/97 *	3	–	–	–	–	–
2000/01	2	–	–	–	–	–
Gesamt:	5	–	–	–	–	–

Einsätze bei den Amateuren: Regionalliga Süd 1995/96 30/–, 2002/03 35/– (insgesamt: 65/–); Oberliga Hessen 1996/97 14/–, 1997/98 4/–, 1998/99 22/–, 1999/2000 20/–, 2000/01 32/–, 2001/02 20/– (insgesamt: 112/–); Hessenpokal 1997 1/–, 2002 3/– (insgesamt: 4/–)

■ Schneider, Bernd (* 17. 11. 1973)

Der Mittelfeldspieler begann bei Aufbau Jena und spielte von 1981 bis 1998 bei Carl Zeiss Jena. Nach dem Aufstieg 1998 holte ihn die Eintracht, musste ihn aber nach nur einem Jahr zu Bayer Leverkusen ziehen lassen, wo er mit inzwischen 71 Länderspieler zum Rekord-Nationalspieler des Klubs wurde. Er nahm an der WM 2002 und 2006 sowie der EM 2004 teil.

	Bundesliga		DFB-Pokal		Europapokal	
1998/99	33	4	2	2	–	–

Weitere BL-Einsätze: 216/29 für Bayer Leverkusen

■ Schneider, Emil †

1912 bis 1920 FFV, 1920 bis 1925 Eintracht, 1920 bis 1940 Geschäftsführer, 1924 Ehrenspielführer

	Meisterschaft		Süddt. Meist.		Süddt. Pokal	
1913/14	4	+1	5	–	–	–
1918/19	?	?	–	–	–	–
1919/20	+2	+1	+3	?	–	–
1920/21	+13	?	6	–	–	–
1921/22	+1	?	+1	–	–	–
1922/23	+3	–	–	–	1	–
1923/24	+9	–	–	–	+4	–
1924/25	14	–	–	–	2	1
Gesamt:	+46	+2	+15	?	+7	1

■ Schneider, Karl (* 1. 11. 1910)

Bis Oktober 1934 Polizei SV Frankfurt, November 1934 bis 1935 Eintracht

	Gauliga		DM-Endrunde		Tschammer-Pokal	
1934/35	1	–	–	–	–	–

■ Schneider, Uwe (* 28. 8. 1971)

Bis 1997 TSG Backnang, 1987 bis 1994 VfB Stuttgart, 1994/95 VfL Bochum, 1995/96 Hannover 96, 1996 bis 1998 1. FC Nürnberg, 1998 bis Oktober 2000 Eintracht, November 2000 bis 2003 VfR Aalen, Januar bis März 2004 Borussia Fulda

	Bundesliga		DFB-Pokal		Europapokal	
1998/99	9	–	–	–	–	–
1999/2000	7	–	–	–	–	–
Gesamt:	16	–	–	–	–	–

Weitere BL-Einsätze: 72/– für den VfB Stuttgart, 11/– für den VfL Bochum

■ Schnitzler, Horst

Kam vom TSV 1920 Bissenberg, 1948/49 Eintracht

	Oberliga		DM-Endrunde		DFB-Pokal	
1948/49	6	1	–	–	–	–

■ Schnug, Hans

Kam vom FFC Germania 94, 1899 Mitbegründer des FFC Victoria, im ersten Spiel dabei, bis 1908 FFC Victoria

■ Schönfeld, Karl (* 29. 9. 1899, † 20. 10. 1954)

Seit 1909 im Verein, ab 1911 FFV, 1920 bis 1927 Eintracht

	Meisterschaft		Süddt. Meist.		Süddt. Pokal	
1919/20	?	?	+2	?	–	–
1920/21	+8	?	6	–	–	–
1921/22	?	?	–	–	–	–
1923/24	+11	6	–	–	+3	2
1924/25	14	–	–	–	2	–
1925/26	7	1	–	–	1	–
1926/27	3	–	5	–	1	–
Gesamt:	+43	+7	+13	?	+7	2

■ Schreiber, Horst (* 14. 8. 1929)

Aus der eigenen Jugend

	Oberliga		DM-Endrunde		DFB-Pokal	
1948/49	8	1	–	–	–	–
1949/50	1	–	–	–	–	–
Gesamt:	9	1	–	–	–	–

■ Schreiner, Karl (* 1. 10. 1914, † 3. 11. 1943)

	Gauliga		DM-Endrunde		Tschammer-Pokal	
1934/35	–	–	–	–	1	–

■ Schreml, Uwe (* 7. 2. 1960)

Bis 1975 ASV Pegnitz, 1975/76 1. FC Nürnberg, 1976 bis 1980 SpVgg Bayreuth, 1980 bis 1982 TSV München 1860, 1982 bis 1984 Eintracht, 1984 bis 1987 Hessen Kassel, 1987 bis 1989 SV Darmstadt 98, 1989 FC Epfendorf

	Bundesliga		DFB-Pokal		Europapokal	
1982/83	29	1	1	–	–	–
1983/84	17	1	1	–	–	–
Gesamt:	46	2	2	–	–	–

Weitere BL-Einsätze: 14/– für den TSV München 1860

■ Schué, E.

1905 Frankfurter Kickers, 1911 FFV

■ Schüler

	Meisterschaft		Süddt. Meist.		DM-Endrunde	
1929/30	1	–	2	–	1	–

■ Schütz, Franz (* 6. 12. 1900, † 22. 3. 1955)

Der gebürtige Offenbacher spielte bis 1920 für den BSC 99 und Kickers Offenbach. Über den BSC Köln kam er zum Mülheimer SV, von wo er 1925 zur Eintracht wechselte und lange Jahre mit Hans Stubb ein erstklassiges Verteidigerpaar abgab, das auch zusammen in der Nationalmannschaft spielte. Neben seinen 11 Länderspielen gehören die Süddeutschen Meisterschaften 1930 und 1932 sowie der Einzug in Endspiel um die Deutsche Meisterschaft zu den Höhepunkten seiner Laufbahn, der er 1934 beendete. Ehrenspielführer.

	Meisterschaft		Süddt. Meist.		DM-Endrunde	
1925/26	14	1	–	–	–	–
1926/27	17	2	8	–	–	–
1927/28	22	–	14	1	–	–
1928/29	18	–	13	–	–	–
1929/30	9	–	7	–	2	–
1930/31	13	–	12	–	1	–
1931/32	16	–	8	–	4	–
1932/33	11	–	16	–	3	–
1933/34	10	–	–	–	–	–
Gesamt:	130	3	78	1	10	–

Weitere Einsätze: Süddeutscher Pokal 1925/26 2/–, 1926/27 1/– (insgesamt: 3/–)

■ Schulz, Frank (* 18. 2. 1961)

Der Mittelfeldspieler kam 1983 von Westfalia Herne zum VfL Bochum und 1987 zur Eintracht, mit der er 1988 DFB-Pokal-Sieger wurde. Nachdem er 1989 in der Relegation in Saaarbrücken das wichtige Auswärtstor (2:0, 1:2) erzielt hatte, verließ er Frankfurt Richtung VfL Osnabrück. Von 1990 bis 1993 spielte er bei Borussia Mönchengladbach und von 1993 bis 1995 bei Alemannia Aachen.

	Bundesliga		DFB-Pokal		Europapokal	
1987/88	32	8	5	2	–	–
1988/89	18	2	–	–	2	1
Gesamt:	50	10	5	2	2	1

Weitere Einsätze: Supercup 1988 1/–; Relegation 1989 2/1

Weitere BL-Einsätze: 116/30 für den VfL Bochum, 48/4 für Borussia Mönchengladbach

■ Schumacher

Bis 1922 BSC 99 Offenbach, 1922/23 Eintracht

	Meisterschaft		Süddt. Meist.		DM-Endrunde	
1922/23	+4	1	–	–	–	–

■ Schupp, Markus (* 7. 1. 1966)

1973 bis 1981 SpVgg Nahbollenbach, 1981 bis 1991 1. FC Kaiserslautern, 1991/92 SG Wattenscheid 09, 1992 bis 1995 Bayern München, 1995/96 Eintracht, 1996 bis März 1997 Hamburger SV, März bis Juni 1997 FC Basel, 1997 bis 2001 Sturm Graz

	Bundesliga		DFB-Pokal		UI-Cup	
1995/96	30	4	2	–	4	1

Weitere BL-Einsätze: 177/16 für den 1. FC Kaiserslautern, 37/8 für die SG Wattenscheid 09, 91/12 für Bayern München, 16/– für den Hamburger SV

■ Schur, Alexander (* 23. 7. 1971)

Am 25. Mai 2003 köpfte sich der defensive Mittelfeldspieler in die „Hall of Fame" der Eintracht, denn mit seinem Tor in der dritten Minute der Nachspielzeit zum 6:3 über den SSV Reutlingen machte er den zweiten Bundesliga-Aufstieg perfekt. Von 1977 bis 1988 hatte der gebürtige Frankfurter für den VfR Bockenheim, von 1988 bis 1994 für Rot-Weiss Frankfurt gespielt. Nach einem Abstecher zum FSV wechselte er 1995 zur Eintracht, wo er nach dem ersten Abstieg 1996 Stammspieler wurde. Am 17.April 2005 zog er sich beim Auswärtssieg in Aue (5:0) ohne Einwirkung eines Gegners einen Kreuzbandriss zu, der ihn fast ein ganzes Jahr zum Zuschauen verurteilte. In den letzten beiden Saisonspielen 2005/06 durfte „Schui" dann nochmal Bundesliga-Luft schnuppern und wurde am letzten Spieltag von den Fans begeistert verabschiedet. Nach Absolvierung des Trainerlehrgangs in Köln soll er ins Jugendleistungszentrum der Eintracht eingebunden werden. Sportlich hält er sich momentan bei den Sportfreunden Seligenstadt fit.

	BL/2. BL *		DFB-Pokal		Europapokal	
1996/97 *	20	3	–	–	–	–
1997/98 *	31	2	3	–	–	–
1998/99	30	4	2	–	–	–
1999/2000	26	2	–	–	–	–
2000/01	24	1	1	–	–	–
2001/02 *	19	1	1	–	–	–
2002/03 *	31	4	2	–	–	–
2003/04	31	4	2	–	–	–
2004/05 *	23	2	3	–	–	–
2005/06	2	–	–	–	–	–
Gesamt:	237	23	11	–	–	–

Einsätze bei den Amateuren: Regionalliga Süd 1995/96 21/–; Oberliga Hessen 1996/97 15/1, 2005/06 12/1 (insgesamt: 27/2)

■ Schwab, Carl

1900 bis 1904 FFC Victoria, 1904 Vorsitzender

■ Schwalbe, Edgar

1900 Mitbegründer der Frankfurter Kickers, 1906 zuletzt in der ersten Mannschaft erwähnt

■ Schwan, Egon (* 4. 10. 1930)

Bis 1951 BC Sinn, 1951 bis 1953 Eintracht, 1953/54 SpVgg Herten, 1954/55 Fortuna Düsseldorf, 1955 BC Sinn

	Oberliga		DM-Endrunde		SFV-/DFB-Pokal	
1951/52	–	–	–	–	9	3
1952/53	2	1	–	–	–	–
Gesamt:	2	1	–	–	9	3

■ Schwarze, Max

1904 mit dem Karlsruher FV Süddeutscher Meister, März/April 1913 FFV, danach wieder Karlsruher FV (dort Ehrenmitglied)

	Meisterschaft		Süddt. Meist.		DM-Endrunde	
1912/13	–	–	+2	?	–	–

■ Schweickert

Kam aus Pforzheim, 1902 FFC 1899-Kickers, 1910/11 FFC Victoria, 1911/12 FFV

	Meisterschaft		Süddt. Meist.		DM-Endrunde	
1910/11	?	+1	–	–	–	–
1912/13	6	–	–	–	–	–
Gesamt:	+1	+1	–	–	–	–

■ Schwind († im 1. Weltkrieg)

1915/16 Frankfurter FV

■ Schymik, Eberhard (* 8. 7. 1934, † 8. 9. 1979)

Obwohl der 1955 vom 1. FC Gelnhausen gekommene Läufer und Verteidiger bis 1964 bei der Eintracht spielte, fehlte er bei den Endspielen 1959 (Deutsche Meisterschaft) und 1960 (Europapokal). Auch in der ersten Bundesliga-Saison 1963/64 kam er über einen Einsatz im DFB-Pokal nicht hinaus. Tragisch auch sein Tod. Er starb während des Bundesliga-Spiels gegen Bayer Leverkusen (3:0) an Herzversagen.

	Oberliga		DM-Endrunde		SFV-/DFB-Pokal	
1955/56	25	1	–	–	–	–
1956/57	28	3	–	–	3	–
1957/58	29	1	–	–	–	–
1958/59	24	1	2	1	3	–
1959/60	21	1	–	–	5	–
1960/61	30	4	4	–	4	1
1961/62	20	2	3	–	3	–
1962/63	14	1	–	–	3	–
1963/64	–	–	–	–	1	–
Gesamt:	191	14	9	1	22	1

Weitere Einsätze: Oberliga-Vergleichsrunde 1956 10/–; Flutlicht-Pokal 1957 6/–, 1958 3/– (insgesamt: 9/–); Europa-pokal 1955-58 (Messe-Pokal mit der Stadtauswahl) 1/–, 1959/60 4/– (insgesamt: 5/–)

■ Seehausen, Harald (* 3. 8. 1945)

1964 bis 1967 Eintracht-Reserve

	Bundesliga		DFB-Pokal		Intertoto-Runde	
1964/65	–	–	–	–	1	–

■ Seemann, Hans (*26. 1. 1930)

1955 bis 1957 Eintracht

	Oberliga		DM-Endrunde		DFB-Pokal	
1956/57	4	–	–	–	1	–

■ Seibel

Vor 1911 Frankfurter Kickers, 1911/12 FFV, ab Oktober 1911 beim Militär

	Meisterschaft		Süddt. Meist.		DM-Endrunde	
1910/11	23	?	–	–	–	–
1911/12	+8	–	–	–	–	–
Gesamt:	+31	?	–	–	–	–

■ Seubert, W. C.

1899 Mitbegründer des FFC Victoria, im ersten Spiel dabei

■ Siebel

Bis 1934 Kastel, 1934/35 Eintracht

	Gauliga		DM-Endrunde		Tschammer-Pokal	
1934/35	16	–	–	–	1	–

■ Sievers, Ralf (* 30. 10. 1961)

Der Junioren-Weltmeister von 1981 kam 1982 vom Lüneburger SK zu Eintracht, mit der er 1988 DFB-Pokal-Sieger wurde. Von September 1990 bis 1993 spielte er beim FC St. Pauli, bevor er zum Lüneburger SK zurückkehrte. Im Jahr 2001 wechselte er als Spielertrainer zum Lüneburger SV, wo er heute noch als Trainer tätig ist.

	Bundesliga		DFB-Pokal		Europapokal	
1982/83	7	–	–	–	–	–
1983/84	23	1	1	–	–	–
1984/85	31	4	2	–	–	–
1985/86	33	3	1	–	–	–
1986/87	28	1	4	–	–	–
1987/88	31	–	5	1	–	–
1988/89	28	–	2	–	4	2
1989/90	23	–	1	–	–	–
1990/91	1	–	–	–	–	–
Gesamt:	205	9	16	1	4	2

Weitere Einsätze: Relegation 1984 2/–, 1989 2/– (insgesamt: 4/–); Supercup 1988 1/–

Weitere BL-Einsätze: 27/1 für den FC St. Pauli

■ Sikorski

	Gauliga		DM-Endrunde		Tschammer-Pokal	
1943/44	+1	–	–	–	–	–

■ da Silva, Alessandro Alvarez („Butijao") (* 7. 11. 1970)

Bis Dezember 1991 FC Sao Paulo, März 1992 bis 1993 Eintracht, 1993/94 VfB Gießen, 1994 bis 1996 Brasilien (ohne Verein), August 1996 bis 2000 SV Wilhelmshaven, 2000 bis 2003 Eintracht Braunschweig, 2003 bis 2005 SC Paderborn 07, seit 2005 SV Waldhof Mannheim.

	Bundesliga		DFB-Pokal		Europapokal	
1992/93	1	–	–	–	–	–

Einsätze bei den Amateuren: Oberliga Hessen 1991/92 9/1, 1992/93 20/1 (insgesamt: 29/2)

■ da Silva, Antonio (* 13. 6. 1978)

Bis Dezember 1991 Flamengo Rio de Janeiro, Januar bis Juni 1992 TSC Pfalzel, 1992 bis 1994 Eintracht Trier, 1994/95 Flamengo Rio de Janeiro, 1995 bis 1997 Eisbachtaler Sportfreunde, 1997 bis 1999 Eintracht, 1999 bis 2003 SV Wehen, 2003 bis 2006 1. FSV Mainz 05, seit 2006 VfB Stuttgart.

	2. Bundesliga		DFB-Pokal		Europapokal	
1997/98	–	–	1	–	–	–

Einsätze bei den Amateuren: Oberliga Hessen 1997/98 14/4, 1998/99 12/4 (insgesamt: 26/8)

BL-Einsätze: 65/8 für den 1. FSV Mainz 05

■ Sim, Jae-Won (* 11. 3. 1977)

1997 Yeon Sei University, bis Juli 2001 Busan I.cons, August 2001 bis 2002 Eintracht, 2002 Busan I.cons

	2. Bundesliga		DFB-Pokal		Europapokal	
2001/02	19	–	2	–	–	–

■ Simons, Gerd (* 20. 10. 1951)

Bis 1973 Kickers Offenbach, 1973 bis 1978 Eintracht, 1978 Kickers Obertshausen

	Bundesliga		DFB-Pokal		Europapokal	
1974/75	–	–	–	–	1	–
1975/76	4	–	1	–	1	–
1976/77	3	–	1	–	–	–
Gesamt:	7	–	2	–	2	–

Weitere Einsätze: Intertoto-Runde 1977 1/–

Einsätze bei den Amateuren: Hessenliga 1973/74 28/1, 1974/75 34/2, 1975/76 32/–, 1976/77 29/1, 1977/78 +16/1 (insgesamt: +139/5); Deutsche Amateurmeisterschaft 1978 1/–

■ Sippel, Heinrich

1904 und 1905 Frankfurter Kickers

■ Sippel, Lothar (* 9. 5. 1965)

1972 bis 1985 1. SC Göttingen 05, 1985 bis 1989 Hessen Kassel, 1989 bis 1992 Eintracht, 1992 bis 1994 Borussia Dortmund, 1994 bis 1996 Hannover 96, Dezember 1996 bis 1997 SpVgg Unterhaching, 1997/98 First Vienna FC

	Bundesliga		DFB-Pokal		Europapokal	
1989/90	18	2	1	–	–	–
1990/91	19	2	4	2	2	–
1991/92	32	14	–	–	3	–
Gesamt:	69	18	5	2	5	–

Weitere BL-Einsätze: 39/5 für Borussia Dortmund

■ Skala, Lothar (* 2. 5. 1952)

Bis 1968 SG Dornheim, 1968 bis 1977 Kickers Offenbach, 1977 bis November 1978 Eintracht, 1979 Chicago Sting

	Bundesliga		DFB-Pokal		Europapokal	
1977/78	8	–	3	–	5	1
1978/79	2	–	–	–	–	–
Gesamt:	10	–	3	–	5	1

Weitere Einsätze: Intertoto-Runde 1977 1/–

Weitere BL-Einsätze: 83/3 für Kickers Offenbach

■ Skeib

Kam aus vom SV Ratibor 03, 1941 bis April 1943 Kickers Offenbach, April bis Juni 1943 Gastspieler bei der Eintracht, September 1943 TuS Neuendorf

	Gauliga		DM-Endrunde		Tschammer-Pokal	
1942/43	1	–	–	–	+3	–

■ Skela, Ervin (* 17. 11. 1976)

1992/93 Flamurtari Vlora, 1993/94 SK Tirana, 1994 bis Januar 1995 Flamurtari Vlora, Januar 1995 bis 1997 1. FC Union Berlin, 1997 bis 1999 Erzgebirge Aue, 1999 bis Dezember 2000 Chemnitzer FC, Januar bis Juni 2001 SV Waldhof Mannheim, 2001 bis 2004 Eintracht, 2004/05 Arminia Bielefeld, 2005/06 1. FC Kaiserslautern, seit 2006 Ascoli Calcio

	BL/2. BL *		DFB-Pokal		Europapokal	
2001/02 *	29	8	3	1	–	–
2002/03 *	33	10	2	1	–	–
2003/04	30	8	2	–	–	–
Gesamt:	92	26	7	2	–	—

Weitere BL-Einsätze: 32/– für Arminia Bielefeld, 34/4 für den 1. FC Kaiserslautern

■ Smolarek, Wlodzimierz (* 16. 7. 1957)

Der 60-malige polnische Nationalspieler spielte von 1967 bis 1973 bei Wlokniarz Alexandrow Lodz und von 1973 bis 1977 bei Widzew Lodz. Nach seinem Wehrdienst, währen dessen er von 1977 bis Dezember 1978 das Trikot von Legia Warschau trug, kehrte er zu Widzew Lodz zurück und ging nach der WM 1986 in Mexiko zur Eintracht, mit der er 1988 DFB-Pokal-Sieger wurde. Danach wechselte er zu Feyenoord Rotterdam und im Januar 1990 zum FC Utrecht, wo er seine Karriere 1996 beendete.

	Bundesliga		DFB-Pokal		Europapokal	
1986/87	30	4	3	1	–	–
1987/88	33	9	6	2	–	–
Gesamt:	63	13	9	3	–	–

■ Sobanski, Franz (* 1908)
Bis 1931 Berliner SV 92, 1931 bis Oktober 1932 Eintracht, Oktober 1932 Post-SV Berlin

	Meisterschaft		Süddt. Meist.		DM-Endrunde	
1931/32	1	–	6	–	1	–
1932/33	1	–	–	–	–	–
Gesamt:	2	–	6	–	1	–

■ Sobotzik, Thomas (* 16. 10. 1974)
Vier Mal kam „Sobo" zur Eintracht – und ebenso oft verließ er den Klub auch wieder. Der Mittelfeldspieler kam 1988 mit seinen Eltern aus Oberschlesien, wo er bei Piast Gleiwitz und Gornik Zabrze gespielt hatte, nach Frankfurt und schloss sich der Eintracht an. Im Januar 1989 ging er mit seinen Eltern nach Stuttgart, wo er nun bis 1990 für den VfB spielte. Sein zweiter Aufenthalt bei der Eintracht, von 1990 bis 1995, war der längste. In diese Zeit fiel auf sein Bundesliga-Debüt. 1995 wechselte er zum FC St. Pauli, kehrte 1997 aber erneut nach Frankfurt zurück. Im Sommer 1999 ging er ablösefrei zum 1. FC Kaiserslautern, wurde aber schon im Dezember zurückgeholt. Nach dem zweiten Abstieg 2001 wurde er bei der Eintracht aussortiert und spielte anschließend von November 2001 bis 2003 bei Rapid Wien. 2003/04 stand er beim Zweitligisten 1. FC Union Berlin unter Vertrag und wechselte danach zur SpVgg Unterhaching.

	BL/2. BL *		DFB-Pokal		Europapokal	
1994/95	2	–	–	–	1	–
1997/98 *	32	10	3	3	–	–
1998/99	30	7	1	1	–	–
1999/2000	12	3	–	–	–	–
2000/01	22	2	–	–	–	–
Gesamt:	98	22	4	4	1	–

Einsätze bei den Amateuren: Oberliga Hessen 1992/93 5/1, 1993/94 28/7, 1994/95 22/8 (insgesamt: 55/16); Entscheidungs- und Aufstiegsspiele 1995 1/–
Weitere BL-Einsätze: 65/6 für den FC St. Pauli, 3/– für den 1. FC Kaiserslautern

■ Sohn, Albert †
1902 bis 1908 FFC Victoria, später langjähriges Vorstandsmitglied

■ Solf
Kam aus Neustadt, Januar 1943 Gastspieler bei der Eintracht

	Gauliga		DM-Endrunde		Tschammer-Pokal	
1942/43	1	–	–	–	–	–

■ Solz, Wolfgang (* 12. 2. 1940)
Der „Brasilianer" begann 1949 bei Union Niederrad und kam 1958 zur Eintracht, für die er auch zwei A-Länderspiele bestritt. 1968 verließ er den Klub im Unfrieden und ging zum SV Darmstadt 98. Von 1971 bis 1974 war er Spielertrainer der SpVgg Bad Homburg, mit der er 1973 Deutscher Amateurmeister wurde. Anschließend übte er den gleichen Job bei der SpVgg Neu-Isenburg aus, wo er 1977 seine Laufbahn beendete.

	OL/BL		Pokal		Europapokal	
1959/60	9	3	2	1	–	–
1960/61	23	5	4	1	–	–
1961/62	7	1	2	–	–	–
1962/63	30	8	7	3	–	–
1963/64	27	14	2	3	–	–
1964/65	19	9	2	–	1	–
1965/66	23	6	2	1	–	–
1966/67	31	12	1	1	8	3
1967/68	13	5	2	–	1	–
Gesamt:	182	63	24	10	10	3

Weitere Einsätze: DM-Endrunde 1961 4/1, 1962 1/– (insgesamt: 5/1); Intertoto-Runde 1965 5/1, 1966/67 11/9 (insgesamt: 16/10); Alpenpokal 1967 4/3, 1968 2/1 (insgesamt: 6/4)

■ Sonnek, Wilhelm
Bis 1942 First Vienna FC, September/Oktober 1942 Gastspieler bei der Eintracht, 1945/46 SC Helfort, 1946 bis 1948 First Vienna FC, 1948 SC Helfort

	Gauliga		DM-Endrunde		Tschammer-Pokal	
1942/43	3	–	–	–	–	–

■ Sorger, Severin (* 7. 4. 1931)
Bis 1953 FV Engers, 1953 bis 1959 TuS Neuendorf, 1959/60 Eintracht, 1960 bis 1964 SV Niederlahnstein

	Oberliga		DM-Endrunde		SFV-Pokal	
1959/60	2	–	–	–	–	–

■ Speranza, Giovanni (* 6. 3. 1982)
1989/90 SpVgg Bad Homburg, 1990 bis 2003 Eintracht, 2003/04 1. FSV Mainz 05, September 2004 bis 2005 Eintracht, seit 2005 Slavia Sofia

	2. Bundesliga		DFB-Pokal		Europapokal	
2001/02	2	–	–	–	–	–

Einsätze bei den Amateuren: Oberliga Hessen 2001/02 17/1, 2004/05 25/7 (insgesamt: 42/8); Hessenpokal 2002 1/–; Regionalliga Süd 2002/03 30/2

■ Spycher, Christoph (* 30. 3. 1978)
Der Abwehrspieler war der einzige Eintrachtler, der bei der WM 2006 dabei war. Beim 2:0 der Schweiz gegen Südkorea bestritt er seit 22. Länderspiel. Seine Karriere begann 1986 in der Jugend des FC Sternenberg. 1992 wechselte er zum SC Bümpliz 78, 1997 zum FC Münsingen und 1999 zum FC Luzern, wo er seine ersten NLA-Spiele bestritt. Von 2001 bis 2005 spielte er für den Grasshopper-Club Zürich, mit dem er 2003 Schweizer Meister wurde.

	Bundesliga		DFB-Pokal		Europapokal	
2005/06	24	–	3	1	–	–

■ Stahl, Klaus-Peter (* 28. 5. 1946, †)
Bis 1971 FC Werbach, Viktoria Aschaffenburg, 1971/72 Eintracht, 1972 bis 1978 FSV Frankfurt, 1978 SV Kriftel

	Bundesliga		DFB-Pokal		Europapokal	
1971/72	4	–	1	–	–	–

Einsätze bei den Amateuren: Hessenliga 1971/72 1/–

■ **Stamm, Heinrich** (* 30. 12. 1908, † Mai 1980)
1920 bis 1923 SpVgg Ostend 07, 1923 Eintracht

	Meisterschaft		Süddt. Meist.		DM-Endrunde	
1927/28	5	2	1	–	–	–
1928/29	–	–	5	2	–	–
Gesamt:	5	2	6	2	–	–

■ **Steiert**
1902 FFC Victoria

■ **Steiger, Robert** († vor 1928)
Bis 1920 FSV Frankfurt, 1920/21 Eintracht, später wieder FSV Frankfurt

	Meisterschaft		Süddt. Meist.		DM-Endrunde	
1920/21	+11	–	–	–	–	–

■ **Stein**
1950 bis 1952 Eintracht-Reserve

	Oberliga		DM-Endrunde		DFB-Pokal	
1950/51	1	–	–	–	–	–

■ **Stein, Erwin** (* 10. 6. 1935)
Durch seinen Wechsel 1959 zur Eintracht fiel der torgefährliche Mittelstürmer, der bereits ein A-Länderspiel bestritten hatte, bei Bundestrainer Sepp Herberger in Ungnade, was ihn nicht nur einen möglichen Platz im Olympia-Aufgebot für Rom 1960 sondern die weitere internationale Karriere kostete. Begonnen hatte er 1945 bei der SG Bornheim, danach spielte er von 1951 bis 1954 beim FFC Olympia 07 und von 1954 bis 1959 bei der SpVgg Griesheim 02. Bei der Eintracht stand er bis 1966 Eintracht unter Vertrag, denen drei Jahre beim SV Darmstadt 98 folgten. 1969/70 beendete er seine Laufbahn bei der SpVgg Griesheim 02.

	OL/BL		Pokal		Europapokal	
1959/60	24	24	7	14	6	5
1960/61	28	23	5	3	–	–
1961/62	29	16	5	8	–	–
1962/63	26	12	7	6	–	–
1963/64	19	9	3	–	–	–
1964/65	21	5	–	–	2	1
1965/66	1	–	1	–	–	–
Gesamt:	148	89	28	31	8	6

Weitere Einsätze: DM-Endrunde 1961 7/4, 1962 3/6 (insgesamt: 10/10); Intertoto-Runde 1965 2/1, 1966/67 4/1 (insgesamt: 6/2)

■ **Stein, Ulrich** (* 23. 10. 1954)
Nur wenige Monate nach seinem Faustschlag im Supercup-Spiel gegen Bayern-Stürmer Wegmann im Frankfurter Waldstadion, der seinen Rausschmiss beim Hamburger SV bedeutete, kehrte der viermalige National-Torhüter und WM-Teilnehmer 1986 nach Frankfurt zurück. Zuvor hatte er bis 1976 beim FC Wunstorf, von 1976 bis 1980 bei Arminia Bielefeld und von 1980 bis 1987 beim Hamburger SV gespielt, mit dem er zwei Mal Deutscher Meister wurde und 1983 den Europapokal der Landesmeister gewann. Im November 1987 wurde er von der Eintracht verpflichtet und wurde 1988 zum zweiten Mal innerhalb eines Jahres (1987 mit dem HSV) DFB-Pokal-Sieger. Nachdem er im April 1994 bei der Eintracht fristlos entlassen worden war, kehrte er 1994/95 noch einmal zum Hamburger SV und von 1995 bis 1997 zu Arminia Bielefeld zurück. Im April 2000 kam es zu Kurzeinsätzen beim VfL Pinneberg, im Oktober 2001 bei Kickers Emden und im November/Dezember 2003 beim VfB Fichte Bielefeld.

	Bundesliga		DFB-Pokal		Europapokal	
1987/88	20	–	4	–	–	–
1988/89	34	–	3	–	6	–
1989/90	34	–	1	–	–	–
1990/91	34	–	7	–	2	–
1991/92	38	–	2	–	4	–
1992/93	34	–	6	–	4	–
1993/94	30	–	2	–	8	–
Gesamt:	224	–	25	–	24	–

Weitere Einsätze: Supercup 1988 1/–; Relegation 1989 2/–
Weitere BL-Einsätze: 60/– für Arminia Bielefeld, 228/– für den Hamburger SV

■ **Stepanovic, Dragoslav** (* 30. 8. 1948)
Der 34-malige jugoslawische Nationalspieler spielte bis 1967 beim FK Sibenik, von 1967 bis 1973 beim OFK Belgrad und von 1973 bis 1976 bei Roter Stern Belgrad. Nach seinem Wechsel zur Eintracht gehörte „Stepi" zur Mannschaft, die 1976/77 eine Serie von 21 Spielen ohne Niederlage hinlegte. 1978 musste er einen Ausländerplatz für Bruno Pezzey räumen und wurde an Wormatia Worms abgegeben. Von 1979 bis 1981 spielte er bei Manchester City und beendete seine Spieler-Laufbahn 1981/82 bei Wormatia Worms. Seine erste Trainerstation war Progres Frankfurt (bis 1985). Von 1985 bis April 1987 coachte er den FSV Frankfurt, von 1988 bis Januar 1991 Rot-Weiß Frankfurt und anschließend Eintracht Trier, von der er am 14. April 1991 zur Eintracht kam. Nach der verpassten Meisterschaft 1992 und dem Aus im DFB-Pokal-Halbfinale ein Jahr später trat der „Serbo-Hesse" am 30. März 1993 zurück und wurde von Bayer Leverkusen verpflichtet, mit denen er Pokalsieger wurde. Doch auch bei Bayer kam es am 7. April 1995 zur vorzeitigen Trennung. Von 1995 bis 17. März 1996 trainierte er Athletic Bilbao und wurde er am 1. April 1996 als Nachfolger von „Charlie" Körbel zurückgeholt, konnte den Abstieg aber auch nicht mehr verhindern. Als die Eintracht nach der Vorrunde 1996/97 sogar auf einem Abstiegsplatz in der 2. Bundesliga stand, waren seine Tage am 7. Dezember 1996 gezählt. Es folgten Kurz-Engagements bei AEK Athen (Juli bis Oktober 1998), VfB Leipzig (März bis August 1999), den Stuttgarter Kickers (März bis Juni 2000), Kickers Offenbach (August/September 2000) und Rot-Weiß Oberhausen (August bis Dezember 2001). 2003 arbeitete er bei Shenyang Ginde in China und von Juli bis September 2004 bei Zamalek Kairo. Ein Zweijahresvertrag als Manager beim Zweitliga-Aufsteiger TuS Koblenz wurde Ende Juli 2006 nach nur knapp drei Monaten wieder aufgelöst.

	Bundesliga		DFB-Pokal		Europapokal	
1976/77	20	2	5	1	–	–
1977/78	29	1	3	–	6	1
Gesamt:	49	3	8	1	6	1

Weitere Einsätze: Intertoto-Runde 1977 3/–

Stephan

Kam aus Essen, 1943/44 Gastspieler bei der Eintracht

	Gauliga		DM-Endrunde		Tschammer-Pokal	
1943/44	+6	–	–	–	–	–

Stephan, Fritz

1911/12 Frankfurter FV

	Meisterschaft		Südd. Meist.		DM-Endrunde	
1911/12	4	–	–	–	–	–

Stinka, Dieter (* 10. 8. 1937)

Der Außenläufer kam 1958 vom 1. FC Gelnhausen und wurde 1959 auf Anhieb mit der Eintracht Deutscher Meister. 1966 wechselte er zum SV Darmstadt 98 und 1968 zum FCA Darmstadt. Von 1973 bis 1975 und von 1978 bis 1983 war der einmalige B-Nationalspieler Co- und Amateur-Trainer am Riederwald

	OL/BL		DM-Endrunde		SFV-/DFB-Pokal	
1958/59	10	–	6	1	1	–
1959/60	28	1	–	–	7	–
1960/61	19	9	7	–	4	1
1961/62	27	6	3	–	4	2
1962/63	16	2	–	–	5	4
1963/64	14	–	–	–	4	1
1964/65	25	4	–	–	2	1
1965/66	4	–	–	–	–	–
Gesamt:	143	22	16	1	27	9

Weitere Einsätze: Europapokal 1959/60 7/1, 1964/65 2/1 (insgesamt: 9/2); Intertoto-Runde 1965 6/–, 1966/67 1/– (insgesamt: 7/–)

Stojak, Damir (* 22. 5. 1975)

Bis 1994 Vojvodina Novi Sad, 1994 bis Dezember 1995 FK Becej, Januar 1996 bis Februar 1998 Vojvodina Novi Sad, Februar bis Juni 1998 SSC Neapel, 1998/99 Eintracht, 1999/2000 FC Lugano, 2000 bis Januar 2001 SSC Neapel, Februar 2001 bis 2002 Eendracht Aalst, 2002 RCS Visetois

	Bundesliga		DFB-Pokal		Europapokal	
1998/99	9	1	–	–	–	–

Stradt, Winfried (* 25. 9. 1956)

Bis 1974 1. FC Paderborn, 1974 bis November 1976 Eintracht, November 1976 bis 1978 Tennis Borussia Berlin, 1978 bis 1981 Alemannia Aachen, 1981 Belgien

	Bundesliga		DFB-Pokal		Europapokal	
1974/75	2	–	–	–	–	–
1975/76	3	–	–	–	2	–
1976/77	2	–	1	–	–	–
Gesamt:	7	–	1	–	2	–

Einsätze bei den Amateuren: Hessenliga 1974/75 15/5, 1975/76 34/20, 1976/77 8/4 (insgesamt: 57/29)

Weitere BL-Einsätze: 21/5 für Tennis Borussia Berlin

Streit, Albert (* 28. 3. 1980)

Der in Bukarest geborene offensive Mittelfeldspieler spielte von 1986 bis 1989 beim FV Zuffenhausen und von 1989 bis 1997 beim VfB Stuttgart, mit dem er 1995 Deutscher B-Junioren-Meister wurde und in die U-16- (3 Einsätze) und U-18-Nationalmannschaft (2 Einsätze) berufen wurde. Nach seinem Wechsel zur Eintracht 1997 spielte er vier Mal für die U 18. Außerdem bestritt er 2003 das erste von vier Spielen für das „Team 2006". Nach dem Aufstieg 2003 verließ er die Eintracht Richtung VfL Wolfsburg, wechselte aber bereits im Januar 2004 zum 1. FC Köln, von dem er 2006 ablösefrei nach Frankfurt zurückkehrte.

	BL/2. BL *		DFB-Pokal		Europapokal	
2000/01	4	–	–	–	–	–
2001/02 *	17	1	1	–	–	–
2002/03 *	32	1	2	–	–	–
Gesamt:	53	2	3	–	–	–

Einsätze bei den Amateuren: Oberliga Hessen 1999/2000 24/6, 2000/01 27/9, 2001/02 5/1 (insgesamt: 56/16)

Weitere BL-Einsätze: 5/1 für den VfL Wolfsburg, 45/6 für den 1. FC Köln

Streit, Theodor

Kam vom FFC Victoria 94, 1900 Mitbegründer der Frankfurter Kickers, zuletzt 1905 in der ersten Mannschaft erwähnt, 1903 bis 1905 Vorsitzender

Stroh, Georg (* 26. 5. 1897, † 1987/88)

1913 FFV, 1926 bis 1928 Eintracht

	Meisterschaft		Südd. Meist.		Südd. Pokal	
1926/27	14	7	4	–	–	–
1927/28	1	–	–	–	–	–
Gesamt:	15	7	4	–	–	–

Stroh-Engel, Dominik (* 27. 11. 1985)

1992 bis 2001 RSV Büblingshausen, 2001 bis 2003 FC Burgsolms, 2003 bis 2005 SC Waldgirmes, seit 2005 Eintracht

	Bundesliga		DFB-Pokal		Europapokal	
2005/06	3	–	–	–	–	–

Einsätze bei den Amateuren: Oberliga Hessen 2005/06 24/14

Stubb, Hans (* 8. 10. 1906, † 19. 3. 1973)

Der Verteidiger begann 1920 bei Germania 94, wechselte 1925 zur SpVgg Ostend 07 und 1928 zur Eintracht, für die er im Juli 1944 sein 500. Spiel bestritt – zuletzt sogar als Torhüter! 1930 und 1932 wurde er Süddeutscher und 1938 Gaumeister. Im Endspiel um die Deutsche Meisterschaft 1932 war er der Unglücksrabe, der den Elfmeter zur Führung der Münchner Bayern verursachte. Berühmtheit erlangte sein einziges Tor in 10 Länderspielen, das er 1934 im Frankfurter Stadion gegen Ungarn mit einem Freistoß aus 60 Metern erzielte. Nach dem Krieg gehörte der Ehrenspielführer dem ersten Spielausschuss der Eintracht an.

	Meisterschaft		Südd. Meist.		DM-Endrunde	
1929/30	6	–	9	–	1	–
1930/31	9	1	12	–	2	–
1931/32	9	–	11	–	4	1
1932/33	13	3	12	–	1	–
1933/34	15	–	–	–	–	–
1934/35	19	4	–	–	–	–
1935/36	5	–	–	–	–	–
1936/37	18	–	–	–	–	–
1937/38	15	–	–	–	4	–
1938/39	3	–	–	–	–	–
1941/42	12	1	–	–	–	–
1942/43	12	–	–	–	–	–
1943/44	+3	–	–	–	–	–
Gesamt:	+139	9	43	–	12	1

Weitere Einsätze: Tschammer-Pokal 1936 3/–, 1937 3/–, 1938 1/–, 1942 6/1, 1943 +4/–, 1944 1/– (insgesamt: +18/1)

Studer, Stefan (* 30. 1. 1964)

Bis 1978 PSV Buxtehude, 1978 bis 1981 TV Hausbruch-Neugraben, 1981/82 Hamburger SV Amateure, 1982 bis 1988 FC St. Pauli, 1988 bis 1993 Eintracht, 1993/94 SG Wattenscheid 09, 1994/95 Hannover 96, 1995 bis 1998 Hansa Rostock, 1998 Spielertrainer VSV Hedendorf/ Neukloster

	Bundesliga		DFB-Pokal		Europapokal	
1988/89	23	2	3	–	4	1
1989/90	33	2	1	–	–	–
1990/91	33	3	7	–	2	–

1991/92	18	–	1	–	3	–
1992/93	21	2	4	–	4	–
Gesamt:	128	9	16	–	13	1

Weitere Einsätze: 1988 Supercup 1/–; 1989 Relegation 2/–
Weitere BL-Einsätze: 26/– für die SG Wattenscheid 09, 89/6 für Hansa Rostock

■ Stübler

	Gauliga		DM-Endrunde		Tschammer-Pokal	
1939/40	1	–	–	–	–	–

■ Stumpf, Carl († 21. 2. 1912)
Vor 1911 FFC Victoria, 1911/12 FFV

	Meisterschaft		Süddt. Meist.		DM-Endrunde	
1910/11	?	+1	–	–	–	–
1911/12	5	2	–	–	–	–
Gesamt:	+5	+3	–	–	–	–

■ Svensson, Jan (* 24. 4. 1956)
Der 26-malige schwedische Nationalspieler begann 1971 beim IK Ramunder, ging 1974 zum IK Sleipner und 1977 zum IFK Norrköping, von dem ihn die Eintracht 1983 an den Main holte. 1986 kehrte er zum IFK Norrköping zurück, um von März 1988 bis 1990 sein Glück noch einmal in der Schweiz beim FC Wettingen zu suchen. 1993 war er dann noch einmal für seinen Stammklub IK Ramunder am Ball.

	Bundesliga		DFB-Pokal		Europapokal	
1983/84	33	8	1	1	–	–
1984/85	33	6	2	–	–	–
1985/86	30	2	1	–	–	–
Gesamt:	96	16	4	1	–	–

Weitere Einsätze: Relegation 1984 1/1

■ Szabo, Peter (* 1899, † 21. 9. 1963)
Der zwölfmalige ungarische Nationalspieler war der erste richtige „Legionär" im Eintracht-Trikot. Von 1915 bis 1919 hatte der Linksaußen in der 1. Mannschaft des MTK Budapest gespielt. 1919/20 gewann er in Frankfurt mit dem 1. FC Nürnberg die erste Deutsche Meisterschaft nach dem 1. Weltkrieg und blieb anschließend bis 1923 bei der Eintracht. Danach zog es ihn über Chemnitz, Wacker München und die Schweiz nach Polen, wo er den mehrmaligen Meister Ruch Chorzow betreute. 1939 kehrte er nach Frankfurt zurück und war bis zum 31.Mai 1941 Eintracht-Trainer. Danach ging er zum FSV und leitete von März 1942 bis 1943 das Gemeinschaftstraining aller Frankfurter Vereine. Als Trainer des 1. FC Köln feierte er in den Spielen um die Deutsche Meisterschaft 1959 ein Wiedersehen mit Frankfurt

	Meisterschaft		Süddt. Meist.		Süddt. Pokal	
1920/21	+15	+8	6	1	–	–
1921/22	+6	+6	2	2	–	–
1922/23	+12	6	–	–	1	–
Gesamt:	+33	+20	8	3	1	–

■ Sziedat, Michael (* 22. 8. 1952)
Der Berliner spielte bis 1971 beim BC Lichterfelde 1912 und BFC Preussen, wo wo er zu Hertha BSC wechselte. 1980 kam er zur Eintracht und gewann gleich in seinem ersten Jahr den DFB-Pokal. 1984/85 beendete der Außenverteidiger seine Karriere in der 2. Bundesliga bei Hertha BSC.

	Bundesliga		DFB-Pokal		Europapokal	
1980/81	27	–	6	–	6	–
1981/82	29	1	2	–	6	–
1982/83	26	2	1	–	–	–
1983/84	17	1	1	–	–	–
Gesamt:	99	4	10	–	12	–

Weitere BL-Einsätze: 280/12 für Hertha BSC Berlin

■ Sztani, Istvan (* 19. 3. 1937)
Der Ungar verließ nach dem Volksaufstand 1956 seine Heimat, wo er für den Zweitligisten Vasas Ozd gespielt hatte. Nach Ablauf der FIFA-Sperre war er ab 1957 für die Eintracht spielberechtigt, mit der er 1959 Deutscher Meister wurde. Danach wechselte er zu Standard Lüttich, kehrte 1965 aber noch einmal für drei Jahre nach Frankfurt zurück. bis 1968 Eintracht. Nach einem Jahr beim TuS Makkabi Frankfurt (1968/69) ging er noch einmal nach Belgien, wo er bis 1971 Spielertrainer von ARA La Gantoise Gent war. Später trainierte er lange Jahr die FG 02 Seckbach und war bei der Eintracht als Spielerbeobachter und Jugend-Trainer tätig, zuletzt von Januar bis Oktober 1999.

	OL/BL		Pokal		Europapokal	
1957/58	11	10	2	1	–	–
1958/59	25	10	2	3	–	–
1959/60	–	–	1	–	–	–
1965/66	12	2	–	–	–	–
1966/67	2	–	–	–	2	–
1967/68	7	1	–	–	1	–
Gesamt:	57	23	5	4	3	–

Weitere Einsätze: Flutlicht-Pokal 1958 2/4; DM-Endrunde 1959 7/7; Intertoto-Runde 1966/67 8/1; Alpenpokal 1967 5/–, 1968 1/– (insgesamt: 6/–

■ Takahara, Naohiro (* 4. 6. 1979)
Der erste Japaner im Eintracht-Trikot spielte von 1992 bis 1995 für die Tokai University, von 1995 bis Januar 1998 für die Shumizu Highschool und von 1998 bis August 2001 für den J-League-Klub Jubilo Iwata. Von August 2001 bis Februar 2002 stand er in Argentinien bei den Boca Juniors unter Vertrag, wo er aber nur 7 Meisterschaftsspiele (1 Tor) bestritt. So kehrte er zu Jubilo Iwata zurück (insgesamt 108 J-League-Spiele/58 Tore). Von Januar 2003 bis 2006 spielte er für den Hamburger SV. Bei der WM 2006 bestritt er drei Spiele für Japan (insgesamt 44 Länderspiele), danach kam er zur Eintracht.
BL-Einsätze: 97/13 für den Hamburger SV

■ Tempel, Otto (* 29. 6. 1926)
Bis 1951 VfB Helmstedt, 1951/52 Eintracht, 1952 bis 1954 1. SC Göttingen 05, 1954 Sportinvalide

	Oberliga		DM-Endrunde		SFV-Pokal	
1951/52	9	3	–	–	3	1

■ ter Horst, H. W.
1910/11 Frankfurter Kickers, 1991 FFV

	Meisterschaft		Süddt. Meist.		DM-Endrunde	
1910/11	+10	+3	–	–	–	–

■ Theiss, Klaus (* 9. 7. 1963)
Bis 1981 TuS Ergenzingen, 1981 bis 1985 Karlsruher SC, 1985 bis 1987 Eintracht, 1987/88 Hamburger SV, 1988/89 Viktoria Aschaffenburg, 1989 bis 1991 FC Homburg, 1991 bis 1994 Tennis Borussia Berlin

	Bundesliga		DFB-Pokal		Europapokal	
1985/86	28	7	1	–	–	–
1986/87	14	2	1	–	–	–
Gesamt:	42	9	2	–	–	–

Weitere BL-Einsätze: 87/3 für den Karlsruher SC, 17/2 für den FC Homburg

■ Thélin, E.

	Meisterschaft		Süddt. Meist.		DM-Endrunde	
1911/12	7	–	5	?	–	–

■ Thönes
1919/20 FFV, 1920 Eintracht

	Meisterschaft		Süddt. Meist.		DM-Endrunde	
1919/20	unbekannt	+2	?	–	–	

■ Thurk, Michael (* 28. 5. 1976)
Der gebürtige Frankfurter spielte bis 1995 beim FFV Sportfreunde 04, von 1995 bis 1997 bei der SpVgg Oberrad und von 1997 bis 1999 beim SV Jügesheim. 1999 wechselte er zum 1. FSV Mainz 05, den er nach dem Bundesliga-Aufstieg 2004 aber in Richtung Energie Cottbus verließ. Kurios: mit zwei Toren gegen Energie schoss er Mainz auf Kosten seines neuen Arbeitsgebers in die höchste Spielklasse. Im Januar 2005 kehrte er jedoch an den Bruchweg zurück und wechselte Ende Juli 2006 für 1,5 Millione Euro zur Eintracht.
BL-Einsätze: 45/18 für den 1. FSV Mainz 05

■ Tiefel, Willi (* 14. 7. 1911, † 23. 9. 1941)
Ein weiterer Niederräder, der bei der Eintracht zum Nationalspieler wurde (7 Länderspiele) und 1932 nach zwölf Jahren bei der Union zur Eintracht kam. 1936 wurde der bei einer großen Kaufhaus-Kette angestellte Läufer nach Berlin versetzt, wo er bis 1940 für den BSV 92 spielte. Seine letzte Station war 1940/41 der Brandenburger SC 05.

	Meisterschaft		Süddt. Meist.		DM-Endrunde	
1932/33	3	–	6	–	2	1
1933/34	19	2	–	–	–	–
1934/35	13	–	–	–	–	–
1935/36	16	2	–	–	–	–
Gesamt:	51	4	6	–	2	1

■ Tilkowski, Hans (* 12. 7. 1935)
Als „Til" 1967 zur Eintracht kam, war seine „große" Zeit eigentlich schon vorbei. Begonnen hatte der 39-malige Nationaltorhüter 1946 beim SV Husen 19. 1949 wechselte er zu SuS Kaiserau und 1955 zu Westfalia Herne, mit der er 1959 Westdeutscher Meister wurde. Zum Bundesliga-Start 1963 wurde er von Borussia Dortmund verpflichtet und gewann mit dem BVB 1965 den DFB- und 1966 den Europapokal der Pokalsieger. Im gleichen jahr stand er auch im WM-Finale gegen England (n. V. 2:4). Von 1967 bis 1970 spielte er bei der Eintracht und trainierte später u. a. die Bundesligisten Werder Bremen und 1. FC Saarbrücken.

	Bundesliga		DFB-Pokal		Europapokal	
1967/68	26	–	3	–	2	–
1968/69	14	–	–	–	4	–
Gesamt:	40	–	3	–	6	–

Weitere Einsätze: Alpenpokal 1967 1/–, 1968 5/– (insgesamt: 6/–)
Weitere BL-Einsätze: 81/– für Borussia Dortmund

■ Tobollik, Cezary (* 22. 10. 1961)
Bis Dezember 1981 Stal Mielec Januar bis Juni Stal Rzeszow, 1982/83 Cracovia Krakau, 1983 bis 1985 Eintracht, 1985/86 Viktoria Aschaffenburg, 1986 bis 1989 RC Lens, 1990/91 Kickers Offenbach, Januar 1993 bis 1999 Viktoria Aschaffenburg, Oktober 2000 Viktoria Kahl

	Bundesliga		DFB-Pokal		Europapokal	
1983/84	13	3	–	–	–	–
1984/85	29	9	2	1	–	–
Gesamt:	42	12	2	1	–	–

Weitere Einsätze: Relegation 1984 2/1

■ Toppmöller, Dino (* 23. 11. 1980)
Bis 1999 SV Rivenich, FSV Salmrohr, 1999 bis Februar 2001 1. FC Saarbrücken, Februar bis Juni 2001 Manchester City, 2001/02 VfL Bochum, 2002/03 Eintracht, August 2003 bis 2005 Erzgebirge Aue, September 2005 bis 2006 Jahn Regensburg, seit August 2006 Kickers Offenbach

	2. Bundesliga		DFB-Pokal		Europapokal	
2002/03	16	3	–	–	–	–

Einsätze bei den Amateuren: Oberliga Hessen 2002/03 9/1

■ Toski, Faton (* 17. 2. 1987)
Nach nur einem Jahr bei TuS Makkabi Frankfurt wechselte der Mittelfeldspieler 1994 zur Eintracht, wo er bis 2006 in der A-Junioren-Bundesliga spielte. Außerdem bestritt er fünf Spiele in der deutschen U-19-Nationalmannschaft (1 Tor).
Einsätze bei den Amateuren: Oberliga Hessen 2005/06 1/–

■ Trapp, Erich (* 14. 6. 1921)
Bis 1945 FSV Frankfurt, September 1945 bis 1946 Eintracht, 1946 bis 1948 Rot-Weiss Frankfurt, 1948/49 FSV Frankfurt

	Oberliga		DM-Endrunde		DFB-Pokal	
1945/46	5	–	–	–	–	–

■ Trapp, Karl †
Kam vom FFC Germania 94, 1900 Mitbegründer der Frankfurter Kickers, 1900/01 Vorsitzender

■ Trapp, Oskar †
Kam vom FFC Germania 94, 1900 Mitbegründer der Frankfurter Kickers

■ Trapp, Wolfgang (* 1. 8. 1957)
1965 bis 1972 Germania Okriftel, 1972 bis November 1981 Eintracht, November 1981 bis 1983 SV Darmstadt 98, 1983 bis 1985 Kickers Offenbach, 1984/85 Union Solingen, 1985 bis 1991 Karlsruher SC, 1991 Spielertrainer ASV Durlach

	Bundesliga		DFB-Pokal		Europapokal	
1977/78	2	–	1	–	4	–
1978/79	13	–	2	–	–	–
1979/80	8	–	–	–	3	–
1980/81	19	–	2	1	2	–
1981/82	8	–	2	–	3	–
Gesamt:	50	–	7	1	12	–

Weitere Einsätze: Intertoto-Runde 1977 2/–
Einsätze bei den Amateuren: Hessenliga 1975/76 +2/–, 1976/77 33/2, 1977/78 +24/2, 1978/79 8/3 (insgesamt: +67/7); Deutsche Amateurmeisterschaft 1978 6/2
Weitere BL-Einsätze: 19/– für den SV Darmstadt 98, 32/5 für Kickers Offenbach, 88/7 für den Karlsruher SC

■ **Trieb, Martin** (* 23. 9. 1961)
Bis 1982 SSV Margertshausen, FC Augsburg, 1982 bis 1986 Eintracht, 1986 bis 1989 SV Waldhof Mannheim, 1989/90 SC Freiburg, 1990 bis 1992 FC Augsburg, September 1992 TSV Haunstetten

	Bundesliga		DFB-Pokal		Europapokal	
1982/83	20	1	–	–	–	–
1983/84	31	1	1	1	–	–
1984/85	21	3	2	–	–	–
1985/86	18	–	–	–	–	–
Gesamt:	90	5	3	1	–	–

Weitere Einsätze: Relegation 1984 2/2
Weitere BL-Einsätze: 75/5 für den SV Waldhof Mannheim

■ **Trimhold, Horst** (* 4. 2. 1941)
Der „Schotte" spielte bis 1951 beim SV Volkmarsen und anschließend bis 1963 bei Schwarz-Weiß Essen, wo er 1959 DFB-Pokal-Sieger wurde und 1962 sein einziges A-Länderspiel bestritt. Von 1963 bis 1966 führte er im Mittelfeld der Eintracht Regie, wechselte 1966 jedoch zu Borussia Dortmund. 1971 kehrte er ins Rhein-Main-Gebiet zurück, wo er in Hanau eine Druckerei betreibt, und war bis 1978 beim FSV Frankfurt aktiv, mit dem er 1972 Deutscher Amateurmeister. Seine Karriere beendete er bei Germania Enkheim.

	Bundesliga		DFB-Pokal		Europapokal	
1963/64	24	6	5	1	–	–
1964/65	20	2	2	1	2	1
1965/66	27	7	1	–	–	–
Gesamt:	71	15	8	2	2	1

Weitere Einsätze: Intertoto-Runde 1965 1/–
Weitere BL-Einsätze: 96/12 für Borussia Dortmund

■ **Trinklein, Gert** (* 18. 6. 1949)
Der Abwehrspieler kam 1967 von Rot-Weiss Frankfurt zur Eintracht. Wegen diverser Spritztouren mit seinem „Spezi" Thomas Rohrbach wurde ihm immer ein loser Lebenswandel attestiert, doch bei den Fans war „Schoppe-Gert" immer beliebt. 1974 und 1975 wurde er mit der Eintracht DFB-Pokalsieger. Nach einem Jahr bei Kickers Offenbach (1978/79) beendete der einmalige B-Nationalspieler seine Karriere 1980 bei Dallas Tornado in der amerikanischen Profiliga. Nach Beendigung seiner aktiven Laufbahn schaffte er sich als Vermarkter von Sportveranstaltungen ein neues berufliches Standbein. Bei den Kommunalwahlen 2006 zog er für die FDP in den Römer ein, wo er Mitglied des Ausschusses für Jugend und Sport ist.

	Bundesliga		DFB-Pokal		Europapokal	
1968/69	1	–	–	–	–	–
1969/70	31	3	2	–	–	–
1970/71	26	–	2	–	–	–
1971/72	30	–	4	–	–	–
1972/73	27	2	3	–	1	–
1973/74	30	2	4	1	–	–
1974/75	31	1	4	–	4	–
1975/76	11	–	1	–	–	–
1976/77	30	1	4	1	–	–
1977/78	13	1	3	–	2	–
Gesamt:	230	10	27	2	7	–

Weitere Einsätze: Ligapokal 1972/73 6/–; Intertoto-Runde 1977 5/–
Einsätze bei den Amateuren: Hessenpokal 1969 3/–; Süddeutscher Pokal 1969/70 1/–; Hessenliga 1969/70 3/–

■ **Trolliet, Carl**
1899 Mitbegründer des FFC Victoria, im ersten Spiel dabei

■ **Trumpler, Theodor** (* 7. 4. 1907, † 16. 1. 1992)
Der Halbrechte kam 1929 von Germania Ginnheim zur Eintracht und wurde mit ihr auf Anhieb Süddeutscher Meister. 1932 konnte er diesen Erfolg wiederholen und stand außerdem im Endspiel um die Deutsche Meisterschaft. Nachdem er bereits 1936 Abschied aus der Ligamannschaft genommen hatte, sprang er 1941/42 noch einmal ein, als Not am Mann war.

	Meisterschaft		Süddt. Meist.		DM-Endrunde	
1929/30	–	–	12	5	2	2
1930/31	–	–	12	2	–	–
1931/32	10	4	12	–	4	–
1932/33	12	2	13	5	3	2
1933/34	17	3	–	–	–	–
1935/36	16	6	–	–	–	–
1941/42	6	–	–	–	–	–
Gesamt:	55	15	49	12	9	4

Weitere Einsätze: Tschammer-Pokal 1936 2/2

■ **Trumpp, Willy** (* 28. 7. 1904, † 1999)
Neben Dr. Kunter ein weiterer Zahnarzt im Eintracht-Tor. 1920 kam er vom BSC 19 Frankfurt zur Eintracht und beendete nach dem Gewinn der Süddeutschen Meisterschaft 1932 seine aktive Laufbahn. Das Ehrenmitglied blieb dem Verein jedoch treu, gehörte zeitweise dem Ehrenrat an und besuchte bis ins hohe Alter die Bundesligaspiele im Waldstadion.

	Meisterschaft		Süddt. Meist.		Süddt. Pokal	
1923/24	+11	–	–	–	5	–
1924/25	14	–	–	–	2	–
1925/26	10	–	–	–	–	–
1926/27	15	–	6	–	–	–
1927/28	22	–	14	–	–	–
1928/29	5	–	6	–	–	–
1929/30	13	–	11	–	–	–
Gesamt:	+90	–	37	–	7	–

Weitere Einsätze: DM-Endrunde 1928 1/–, 1930 1/– (insgesamt: 2/–)

■ Tsoumou-Madza, Jean-Clotaire (* 31. 1. 1975)

Vor 1995 AS Inter Brazzaville, bis 1997 Concordia Ihrhove, 1997/98 VfL Herzlake, 1998/99 SV Meppen, 1999 bis Dezember 2000 FC St. Pauli, Januar bis Juni 2002 OFC Neugersdorf, 2002 bis 2004 Eintracht, 2004 bis Dezember 2005 MPPJ Selangor/Malaysia, Januar bis Juni 2006 LR Ahlen

	BL/2. BL *		DFB-Pokal		Europapokal	
2002/03 *	34	3	2	–	–	–
2003/04	8	–	1	–	–	–
Gesamt:	42	3	3	–	–	–

Einsätze bei den Amateuren: Oberliga Hessen 2003/04 5/–

■ Turek, Toni (* 18. 1. 1919, † 11. 5. 1984)

Der Torhüter der 54er-WM-Mannschaft (20 Länderspiele) spielte von Dezember 1946 bis Juli 1947 bei der Eintracht. Begonnen hatte seine Karriere 1929 beim Duisburger SV, von dem er 1936 zu TuS Duisburg 48/49 ging. 1941 verschlug es ihn zur TSG Ulm 1846, doch 1943 kehrte er zu 1946 TuS Duisburg 48/99 zurück. 1947 kehrte er noch mal zur TSG Ulm 1846 zurück, doch seine größte Zeit erlebte er zwischen 1950 und 1956 bei Fortuna Düsseldorf. Seine Karriere beendete er 1956/57 bei Borussia Mönchengladbach.

	Oberliga		DM-Endrunde		DFB-Pokal	
1946/47	22	–	–	–	–	–

■ Turowski, Janusz (* 7. 2. 1961)

1973 bis 1978 Polonia Bydgoszcz, 1978 Zawisza Bydgoszcz, 1978 bis 1982 Pogon Stettin, 1982 bis 1984 Legia Warschau, 1984 bis 1986 Pogon Stettin, 1986 bis 1991 Eintracht, 1991 bis 1993 VfB Leipzig, 1993 Sportinvalide

	Bundesliga		DFB-Pokal		Europapokal	
1986/87	17	7	1	1	–	–
1987/88	23	5	4	2	–	–
1988/89	27	7	2	–	5	–
1989/90	16	3	1	–	–	–
1990/91	22	6	6	–	1	–
Gesamt:	105	28	14	3	6	–

Weitere Einsätze: Relegation 1989 2/–

■ Tutschek, Hans-Georg (* 18. 9. 1941)

Bis 1963 Rapid Wien, 1963/64 1. Wiener Neustädter SC, 1964/65 Eintracht, 1965/66 Wacker Innsbruck, 1966/67 Bayern Hof, 1967/68 Hessen Kassel, 1968/69 Schwarz-Weiß Bregenz, 1969 bis 1971 Wacker Wien

	Bundesliga		DFB-Pokal		Europapokal	
1964/65	7	3	–	–	–	–

■ Ungewitter, Dieter (* 3. 1. 1951)

Bis 1971 VfR Heilbronn, VfB Stuttgart, 1971/72 Eintracht, 1972 bis 1974 SV Darmstadt 98, 1974 bis 1976 FC Villingen 08, 1976/77 VfR Mannheim

	Bundesliga		DFB-Pokal		Europapokal	
1971/72	7	–	–	–	–	–

■ Unkel

1908 Frankfurter Kickers

■ van Lent, Arie (* 31. 8. 1970)

Der gebürtige Niederländer begann 1976 bei Sparta Opheusden und durfte schon als 16-Jähriger mit einer Ausnahmegenehmigung in der ersten Mannschaft spielen. 1988/89 wurde er während seines Wehrdienstes im niedersächsischen Stolzenau bei einem Spiel einer niederländischen Militärauswahl von Werder Bremen entdeckt und verpflichtet. Von Dezember 1992 bis 1993 wurde er an den damaligen Zweitligisten VfB Oldenburg ausgeliehen. Nach der Rückkehr zu Werder nahm er die deutsche Staatsbürgerschaft an,

um nicht Opfer der Ausländeregel zu werden, brachte es bis 1996 aber nur auf vier Kurzeinsätze. Da er sich auch danach nicht im Werder-Bundesligateam etablieren konnte, wechselte er 1988/99 zur SpVgg Greuther Fürth und 1999 zu Borussia Mönchengladbach, mit der er 2001 in die Bundesliga zurückkehrte. 2004 holte ihn die Eintracht, wo er mit 16 Toren den Grundstein zum Aufstieg 2005 legte. Im Januar 2006 ließ man ihn vorzeitig zum Regionalligisten Rot-Weiss Essen gehen. Obwohl er nur anderthalb Jahre bei der Eintracht spielte, wurde ihm von den Verantwortlichen und den Fans ein begeisterter Abschied gegeben.

	BL/2. BL *		DFB-Pokal		Europapokal	
2004/05 *	32	16	2	–	–	–
2005/06	11	–	1	–	–	–
Gesamt:	43	16	3	–	–	–

Weitere BL-Einsätze: 32/6 für Werder Bremen, 77/21 für Borussia Mönchengladbach

■ van t'Oever, Hermann

Vor 1911 Frankfurter Kickers, bis Dezember 1911 FFV

	Meisterschaft		Süddt. Meist.		DM-Endrunde	
1910/11	6	–	–	–	–	–
1911/12	5	–	–	–	–	–
Gesamt:	11	–	–	–	–	–

■ Vasoski, Aleksandar (* 21. 11. 1979)

Mit der Verpflichtung des mazedonischen Nationalspielers (inzwischen 25 Länderspiele) im Januar 2005 gewann die Eintracht-Hintermannschaft in der Aufstiegssaison endlich an Stabilität. Vor seinem Wechsel an den Main spielte Vasoski von 1989 bis 1994 bei Metalurg Skopje, von 1994 bis 1998 beim FC Skopje, von 1998 bis 2000 bei Cementarnica Skopje und von 2000 bis Dezember 2004 bei Vardar Skopje.

	BL/2. BL *		DFB-Pokal		Europapokal	
2004/05 *	15	–	–	–	–	–
2005/06	33	1	6	–	–	–
Gesamt:	48	1	6	–	–	–

■ **Vesper** (1899)
1899 FFC Victoria

■ **Vesper, Heinrich** (* 22. 1. 1896, † 1968/69)
Bis 1928 Germania 94 Frankfurt, 1928/29 Eintracht

	Meisterschaft		Süddt. Meist		DM-Endrunde	
1928/29	2	–	–	–	–	–

■ **Vivian, Matheus Coradini** (* 5. 4. 1982)
Bis 2002 Gremio Porto Alegre, 2002/03 Eintracht, Juli bis Dezember 2003 Gremio Porto Alegre, Januar bis Juni 2004 UD Las Palmas, 2004 bis Februar 2005 AD Ceuta, Februar bis August 2006 Botafogo Rio de Janeiro, seit September 2005 Grenoble Foot 38

	2. Bundesliga		DFB-Pokal		Europapokal	
2002/03	2	–	–	–	–	–

Einsätze bei den Amateuren: Regionalliga Süd 2002/03 8/–

■ **Vogel**
Kam von Wormatia Worms, 1941/42 Gastspieler bei der Eintracht

	Gauliga		DM-Endrunde		Tschammer-Pokal	
1941/42	12	6	–	–	–	–

■ **Vogel, Wilfried** (* 21. 2. 1922, † August 1998)
Bis 1949 Hassia Dieburg, 1949 bis 1951 Eintracht, 1951 Hassia Dieburg

	Oberliga		DM-Endrunde		DFB-Pokal	
1949/50	2	1	–	–	–	–
1950/51	1	–	–	–	–	–
Gesamt:	3	1	–	–	–	–

■ **Voigt**

	Gauliga		DM-Endrunde		Tschammer-Pokal	
1943/44	+4	+2	–	–	–	–

■ **von Goldberger, Dr. Paul** †
„Gilly" spielte in Wien, Prag, München, bei Britannia Berlin (1902/03) und wurde mit dem Freiburger FC 1907 Deutscher Meister. Im Februar 1911 kam er zu den Frankfurter Kickers, wo er bald „Mädchen für alles" war: Spieler, Trainer und bis zur Fusion mit Victoria auch Vorsitzender. Nach dem Gewinn der Nordkreismeisterschaft 1912 verließ er Frankfurt aus beruflichen Gründen.

	Meisterschaft		Süddt. Meist.		DM-Endrunde	
1910/11	5	1	–	–	–	–
1911/12	18	6	5	?	–	–
Gesamt:	23	7	5	?	–	–

■ **Voss**
1910/11 FFC Victoria

	Meisterschaft		Süddt. Meist.		DM-Endrunde	
1910/11	?	+1	–	–	–	–

■ **Wachsmann, Albert** (* 28. 6. 1944)
Bis 1968 SV Mammendorf, 1968/69 Bayern München, 1969/70 Eintracht, 1970/71 Viktoria Aschaffenburg

	Bundesliga		DFB-Pokal		Europapokal	
1969/70	3	–	–	–	–	–

■ **Wacker, Hans-Dieter** (* 28. 12. 1958, † 3. 10. 1993)
Jugendspieler bei SKV Büttelborn und der Eintracht, 1979 Sportinvalide

	Bundesliga		DFB-Pokal		Intertoto-Runde	
1977/78	–	–	–	–	2	–
1978/79	1	–	–	–	–	–
Gesamt:	1	–	–	–	2	–

Einsätze bei den Amateuren: Hessenliga 1977/78 +20/–, Oberliga Hessen 1978/79 16/2 (insgesamt: +36/2); Deutsche Amateurmeisterschaft 1978 6/1

■ **Wagner, David** (* 19. 10. 1971)
Bis 1991 SV Geinsheim, Eintracht, 1991 bis 1995 1. FSV Mainz 05, 1995 bis 1997 FC Schalke 04, 1997 bis 1999 FC Gütersloh, Juli bis Oktober 1999 SV Waldhof Mannheim, Oktober 1999 bis 2002 SV Darmstadt 98, 2002 bis August 2004 TSG 62/09 Weinheim

	Bundesliga		DFB-Pokal		Europapokal	
1990/91	1	–	–	–	–	–

Weitere BL-Einsätze: 29/2 für den FC Schalke 04

■ **Wagner, Gerhard** (* 25. 8. 1944)
Bis 1966 STV Horst-Emscher, 1966/67 Sportfreunde Hamborn 07, 1967/68 TSV Marl-Hüls, 1968/69 Rot-Weiss Essen, 1969/70 Eintracht, 1970/71 Westfalia Herne, 1972 bis 1974 SV Ahlen, 1974 bis 1977 Warendorfer SU

	Bundesliga		DFB-Pokal		Europapokal	
1969/70	5	–	–	–	–	–

■ **Wagner, H.**
1906 bis 1908 FFC Victoria

■ **Wagner, Michael-Walter** (* 26. 7. 1949)
Bis 1969 VfB Altenvers, 1969 bis 1971 Eintracht, 1971/72 SSV Reutlingen, 1972 bis 1974 Austria Wien, 1974 bis 1977 AEK Athen, 1977/78 Aris Saloniki, August bis Dezember 1978 Panathinaikos Athen, 1979 Los Angeles Aztecs, 1979/80 Röchling Völklingen, 1980/81 Panachaiki Patras, 1981/82 SG Wattenscheid 09

	Bundesliga		DFB-Pokal		Europapokal	
1970/71	11	–	–	–	–	–

Einsätze bei den Amateuren: Hessenliga 1969/79 31/11, 1970/71 2/– (insgesamt: 33/11); Süddeutscher Pokal 1969/70 und Deutsche Amateurmeisterschaft 1970 5/–

■ **Walsch**

	Meisterschaft		Süddt. Meist.		DM-Endrunde	
1929/30	–	–	1	–	–	–

■ **Weber** (1912/13)
Bis 1912 Berliner BC 03, 1912/13 FFV

	Meisterschaft		Süddt. Meist.		DM-Endrunde	
1912/13	1	–	–	–	–	–

■ **Weber, Artur** († 14. 8. 1943)
Kam aus Hildesheim, November 1942 bis 1943 Gastspieler bei der Eintracht

	Gauliga		DM-Endrunde		Tschammer-Pokal	
1942/43	7	–	–	–	2	1

■ **Weber, Friedrich** (* 1901, † April 1950)

	Meisterschaft		Süddt. Meist.		Süddt. Pokal	
1922/23	+8	1	–	–	1	–
1923/24	+8	4	–	–	+4	1
1924/25	13	1	–	–	2	–
1925/26	11	5	–	–	2	1
1926/27	5	–	4	1	–	–
Gesamt:	+45	11	4	1	+9	2

■ **Weber, Joachim** (* 3. 7. 1951)
1967 bis 1971 SG Praunheim und Eintracht, 1971 bis 1980 SV Darmstadt 98, 1980 bis 1982 SpVgg Bad Homburg, 1982 KSV Klein-Karben

	Bundesliga		DFB-Pokal		Europapokal	
1970/71	3	–	1	–	–	–

Einsätze bei den Amateuren: Hessenliga 1969/70 29/17, 1970/71 16/6 (insgesamt: 45/23); Süddeutscher Pokal 1969/70 und Deutsche Amateurmeisterschaft 1970 5/–
Weitere BL-Einsätze: 33/5 für den SV Darmstadt 98

■ **Weber, Ralf** (* 31. 5. 1969)
Der neunmalige A-Nationalspieler begann 1974 bei der SpVgg Hainstadt, wechselte 1982 zu Kickers Offenbach und 1989 zur Eintracht, wo er alle Höhen und Tiefen durchlebte. Seine größte Enttäuschung war die verpasste Meisterschaft 1992, als er kurz vor Schluss im Rostocker Strafraum von den Beinen geholt wurde, der Elfmeterpfiff jedoch ausblieb. 1995 war er dann auf dem besten Wege, sich einen Stammplatz für die EM 1996 in England zu sichern, fiel dann in Folge einer Sprunggelenkverletzung die gesamte Saison 1995/96 aus. Der Antrag auf Sportinvalidität war schon ausgefüllt, als er Ende der Saison 1996/97 sein Comeback feierte. 1998 führte er die Eintracht zurück in die Bundesliga, musste 2001 aber nach insgesamt 14 Operationen seine Karriere endgültig beenden. Seit 2003 ist er wieder für die Eintracht tätig, hauptsächlich als Spielbeobachter sowie als Trainer in der Fußballschule.

	BL/2. BL *		DFB-Pokal		Europapokal	
1989/90	18	2	1	–	–	–
1990/91	13	2	5	–	1	–
1991/92	34	4	2	–	4	1
1992/93	25	1	4	–	3	–
1993/94	25	3	2	–	6	1
1994/95	29	1	2	–	7	–
1996/97 *	2	1	–	–	–	–
1997/98 *	30	9	3	1	–	–
1998/99	20	4	2	–	–	–
1999/2000	18	2	2	1	–	–
Gesamt:	214	29	23	2	21	2

Weitere Einsätze: UEFA-Intertoto-Cup 1995 4/–

■ **Weber, Richard** (* 27. 6. 1938)
Bis 1961 VfL Marburg, 1961 bis 1967 Eintracht, 1967 VfL Marburg

	OL/BL		SFV-/DFB-Pokal		Europapokal	
1962/63	9	–	2	2	–	–
1963/64	4	–	1	–	–	–
1964/65	24	–	–	–	2	–
1965/66	1	–	–	–	–	–
Gesamt:	38	–	3	2	2	–

Weitere Einsätze: Intertoto-Runde 1965 5/–

■ **Wegmann, A.**
1899 FFC Victoria, 1900 Frankfurter Kickers

■ **Wehner, Hermann-Josef** (* 6. 9. 1932)
Bis 1956 FV Horas, 1956 bis 1958 Eintracht, 1958 bis 1960 Phönix Ludwigshafen

	Oberliga		DFB-Pokal		Flutlicht-Pokal	
1956/57	4	–	–	–	–	–
1957/58	–	–	–	–	2	1
Gesamt:	4	–	–	–	2	1

■ **Weicz, Fritz** († 1915)
Bis 1910 FC 33 Budapest, Germania Bockenheim, 1910/11 FFV Amicitia und 1902, 1911/12 FC 33 Budapest, 1912 bis März 1913 FFV, März 1913 bis 1914 SpVgg Fürth

	Meisterschaft		Süddt. Meist.		DM-Endrunde	
1912/13	+10	+6	+2	?	–	–

■ **Weidle, Roland** (* 1. 1. 1949)
Der Schwabe kommt aus der Jugend des TSV Rohr, von wo er 1966 zum VfB Stuttgart wechselte. 1971 kam er zur Eintracht und schien bereits als Fehleinkauf abgeschrieben, als er nach einer schweren Verletzung von Jürgen Grabowski doch noch den Weg in die Mannschaft fand und aus dieser bald nicht mehr wegzudenken war. Sein Vorteil war, dass er vielseitig verwendbar war. Seine Spezialität waren weite Einwürfe bis in den Strafraum des Gegners hinein. Nachdem er 1974 und 1975 mit der Eintracht DFB-Pokal-sieger geworden war, ging er im August 1978 zu Arminia Bielefeld und 1980 in die Schweiz, wo er fünf Jahre für den AC Bellinzona spielte. Zum Abschluss seiner Karriere schloss er sich 1985 dem FC Morobbia an.

	Bundesliga		DFB-Pokal		Europapokal	
1971/72	15	4	4	2	–	–
1972/73	33	4	4	–	2	–
1973/74	31	3	5	2	–	–
1974/75	28	4	7	1	3	–
1975/76	30	1	3	1	7	–
1976/77	31	1	6	3	–	–
1977/78	30	–	3	–	6	–
Gesamt:	198	17	32	9	18	–

Weitere Einsätze: Ligapokal 1972/73 9/3; Intertoto-Runde 1977 5/–
Weitere BL-Einsätze: 27/2 für den VfB Stuttgart, 30/– für Arminia Bielefeld

■ **Weigand, Josef**
Kam aus Somborn, März 1935 bis 1936 Eintracht

	Gauliga		DM-Endrunde		Tschammer-Pokal	
1935/36	11	3	–	–	–	–

■ **Weigert, Uwe** (* 9. 6. 1958)
Bis 1980 Eintracht, 1980 bis 1991 FSV Frankfurt, 1991 FSV Steinbach

	Bundesliga		DFB-Pokal		Europapokal	
1978/79	1	–	–	–	–	–

Einsätze bei den Amateuren: Hessenliga 1976/77 21/2, 1977/78 +32/2, Oberliga Hessen 32/3, 1979/80 27/2 (insgesamt: +112/9); Deutsche Amateurmeisterschaft 1978 6/1

■ **Weil**
1910/11 Frankfurter Kickers

	Meisterschaft		Süddt. Meist.		DM-Endrunde	
1910/11	2	2	–	–	–	–

■ **Weilbächer, Hans** (* 23. 10. 1933)
Der linke Läufer begann 1945 beim SV Hattersheim und kam 1952 zur Eintracht. Nach einem Jahr bei den Amateuren gehörte er ab 1953 zum Stamm der ersten Mannschaft und wurde 1955 sogar in die A-Nationalmannschaft berufen. Höhepunkt seiner Laufbahn war die Deutsche Meisterschaft 1959 und der Einzug ins Europapokal-Endspiel 1960. Zu Bundesliga-Ehren kam der Ehrenspielführer nicht mehr, obwohl er bis 1965 bei der Eintracht unter Vertrag stand.

	Oberliga		DM-Endrunde		SFV-/DFB-Pokal	
1953/54	30	9	2	1	–	–
1954/55	26	13	–	–	2	1
1955/56	18	8	–	–	–	–
1956/57	21	2	–	–	3	2
1957/58	30	6	–	–	2	–
1958/59	28	3	5	–	2	2
1959/60	29	3	–	–	8	1
1960/61	30	3	7	–	5	4
1961/62	23	1	3	1	5	–
1962/63	6	–	–	–	3	1
Gesamt:	241	48	17	2	30	11

Weitere Einsätze: Oberliga-Vergleichsrunde 1955 4/1, 1956 9/5 (insgesamt: 13/6); Flutlicht-Pokal 1957 6/1, 1958 4/– (insgesamt: 10/1); Europapokal 1955-58 (Messe-Pokal mit der Stadtauswahl) 1/–, 1959/60 7/1 (insgesamt: 8/1)

■ **Weilbächer, Josef** (* 29. 12. 1944)
1962 bis 1965 SV Hattersheim und Eintracht, 1965 bis 1971 Kickers Offenbach, 1971 Alemannia Klein-Auheim

	Bundesliga		DFB-Pokal		Europapokal	
1963/64	2	–	–	–	–	–
1964/65	2	–	–	–	–	–
Gesamt:	4	–	–	–	–	–

Weitere BL-Einsätze: 58/2 für Kickers Offenbach.

■ **Weissenberger, Markus** (* 8. 3. 1975)
Der 22-malige österreichische Nationalspieler kommt aus Hard am Bodensee, wo er von 1980 bis 1988 beim heimischen FC spielte. Danach folgten drei Jahre beim Bundesnachwuchszentrum des FC Dornbirn, von wo er 1991 zum SV Spittal/Drau wechselte. Über den Linzer ASK (ab 1995) kam er im August 1998 nach Deutschland, wo er zunächst bis 2001 bei Arminia Bielefeld und danach beim TSV München 1860 am Ball war. Im Sommer 2004 wechselte er ablösefrei zur Eintracht.

	BL/2. BL *		DFB-Pokal		Europapokal	
2004/05 *	24	2	1	–	–	–
2005/06	14	1	5	–	–	–
Gesamt:	38	3	6	–	–	–

Weitere BL-Einsätze: 33/9 für Arminia Bielefeld, 74/7 für den TSV München 1860

■ **Weißenfeldt, Lars** (* 15. 2. 1980)
Bis 2001 VfB Marburg, 2001 bis 2004 Eintracht, seit August 2004 Kickers Offenbach

	BL/2. BL *		DFB-Pokal		Europapokal	
2002/03 *	10	–	–	–	–	–
2003/04	1	–	–	–	–	–
Gesamt:	11	–	–	–	–	–

Einsätze bei den Amateuren: Oberliga Hessen 2001/02 30/1, 2003/04 29/6 (insgesamt: 59/7); Hessenpokal 2002 3/–; Regionalliga Süd 2002/03 9/–

■ **Wenczel, Michael** (* 23. 11. 1977)
Bis 1998 VfR Heilbronn, 1998/99 FV Lauda, 1999 bis 2001 VfR Mannheim, 2001 bis 2003 Eintracht, 2003 bis 2005 FC Augsburg, seit 2005 FC Ingolstadt 04

	2. Bundesliga		DFB-Pokal		Europapokal	
2001/02	5	–	1	–	–	–
2002/03	1	–	–	–	–	–
Gesamt:	6	–	1	–	–	–

Einsätze bei den Amateuren: Oberliga Hessen 2001/02 6/–; Regionalliga Süd 2002/03 27/2

■ **Wentz**
1906 und 1907 Frankfurter Kickers

■ **Wenzel, Rüdiger** (* 3. 6. 1953)
Der Mittelstürmer wurde 1975 vom FC St. Pauli verpflichtet, nachdem er bis 1974 für den VfB Lübeck gespielt hatte. Sein Meisterstück machte der fünfmalige B-Nationalspieler am 29. Januar 1977, als er beim 4:0 über den 1. FC Köln alle Tore erzielte, darunter zwischen der 68. und 78. Minute sogar einen lupenreinen Hattrick. 1979 ging er zu Fortuna Düsseldorf, kehrte 1984 jedoch noch einmal zum FC St. Pauli zurück, bei dem er 1990 seine Laufbahn beendete.

	Bundesliga		DFB-Pokal		Europapokal	
1975/76	33	13	4	4	8	1
1976/77	34	20	5	3	–	–
1977/78	34	14	4	2	6	3
1978/79	29	4	5	2	–	–
Gesamt:	130	51	18	11	14	4

Weitere Einsätze: Intertoto-Runde 1977 4/2
Weitere BL-Einsätze: 143/36 für Fortuna Düsseldorf, 27/4 für den FC St. Pauli

■ **Westerthaler, Christoph** (* 11. 1. 1965)
Bis 1986 SPG Silz-Mötz, Wacker Innsbruck, 1986 bis 1988 Linzer ASK, 1988 bis 1994 FC Tirol (Wacker/FC) Innsbruck, 1994 bis Herbst 1995 Vorwärts Steyr, Frühjahr 1996 bis 1997 Linzer ASK, Juli bis November 1997 APOEL Nicosia, Januar 1998 bis Januar 2000 Eintracht, Januar bis Dezember 2000 FSV Frankfurt, Dezember 2000 bis 2001 VfL Osnabrück, 2001/02 nicht aktiv, 2002/03 SPG Svarovski Wattens/FC Wacker Tirol

	BL/2. BL *		DFB-Pokal		Europapokal	
1997/98 *	16	5	–	–	–	–
1998/99	27	3	2	2	–	–
1999/2000	4	–	1	–	–	–
Gesamt:	47	8	3	2	–	–

■ **Whittle, S.**
Kam aus Manchester, 1902 bis 1908 FFC Victoria

■ **Wiedener, Andree** (* 14. 3. 1970)
Bis 1987 TSV Bahrdorf, SV Velpke, 1987 bis Januar 2002 Werder Bremen, Januar 2002 bis 2006 Eintracht

	BL/2. BL *		DFB-Pokal		Europapokal	
2001/02 *	14	–	–	–	–	–
2002/03 *	23	1	2	–	–	–
2003/04	17	–	2	–	–	–
2004/05 *	21	–	3	1	–	–
2005/06	1	–	3	–	–	–
Gesamt:	76	1	10	1	–	–

Weitere BL-Einsätze: 164/3 für Werder Bremen

■ **Wiegand, Heinrich** (* 1923, † 1943)
Aus Oberursel, Januar 1941 bis 1942 Gastspieler bei der Eintracht

	Gauliga		DM-Endrunde		Tschammer-Pokal	
1940/41	4	–	–	–	4	–
1941/42	7	6	–	–	–	–
Gesamt:	11	6	–	–	4	–

■ Wieland, Franz (* 16. 3. 1925)
Bis 1950 Germania 94 Frankfurt, SG Westend Frankfurt, 1950/51 Eintracht, 1951/52 Alemannia Aachen, 1952 bis 1958 Eintracht Bad Kreuznach, 1958 Sportinvalide

	Oberliga		DM-Endrunde		DFB-Pokal	
1950/51	1	–	–	–	–	–

■ Wienhold, Günter (* 21. 1. 1948)
Der 15-malige Amateur-Nationalspieler (davon 12 für die Eintracht) stammt aus Duisburg, wo er für die DJK Wanheimerort und den MSV spielte, bevor es ihn während seiner Bundeswehrzeit 1968 zum FC Singen 04 verschlug. Von dort fand er 1972 den Weg an den Riederwald. 1975 gewann er den DFB-Pokal, büßte seinen Stammplatz 1976 nach einem Knöchelbruch an Jupp Koitka ein und kehrte nach Südbaden zurück, wo er von 1978 bis 1990 das Tor des SC Freiburg hütete.

	Bundesliga		DFB-Pokal		Europapokal	
1972/73	4	–	–	–	–	–
1973/74	17	–	3	–	–	–
1974/75	21	–	6	–	2	–
1975/76	24	–	4	–	4	–
1976/77	3	–	1	–	–	–
Gesamt:	69	–	14	–	6	–

Weitere Einsätze: Ligapokal 1972/73 2/–; Intertoto-Runde 1977 2/–
Einsätze bei den Amateuren: Hessenliga 1972/73 2/–

■ Wiese
Kam aus Warnsdorf, Dezember 1939 Gastspieler bei der Eintracht

	Gauliga		DM-Endrunde		Tschammer-Pokal	
1939/40	1	–	–	–	–	–

■ Williams
1902 FFC Victoria

■ Wimmer, Gerd (* 9. 1. 1977)
Bis 1994 SC Laa/Thaya, Herbst 1994 FC Admira/Wacker, Frühjahr 1995 Sturm Graz, 1995 bis 1997 FC (SCN) Admira/Wacker, 1997 bis 2000 Rapid Wien, 2000 bis 2002 Eintracht, 2002 bis 2004 Hansa Rostock, Oktober 2004 bis 2005 Rot-Weiß Oberhausen, 2005/06 VfB Admira/Wacker Mödling, seit 2006 Austria Wien

	BL/2. BL *		DFB-Pokal		Europapokal	
2000/01	23	1	1	–	–	–
2001/02 *	29	–	2	–	–	–
Gesamt:	52	1	3	–	–	–

Weitere BL-Einsätze: 30/– für Hansa Rostock

■ Winkler (1919)
1919 Frankfurter FV

■ Winkler (1935/36)

	Gauliga		DM-Endrunde		Tschammer-Pokal	
1935/36	3	–	–	–	–	–

■ Winter
1905 Frankfurter Kickers

■ Wirsching, Albert (* 1. 9. 1920, † 21. 8. 1997)
Der Halbrechte war wohl eines der größten Talente, das die Eintracht-Jugend hervorbrachte. 1930 trat er der Eintracht bei und gab 1936 bereits als 16-Jähriger sein Debüt in der 1. Mannschaft, die er 1938 mit 25 Toren zur Gaumeisterschaft schoss. Er wurde auch zu mehreren Nationalmannschafts-Lehrgängen eingeladen, doch verhinderte der Krieg eine Berufung. 1948 schied er zusammen mit Adolf Schmidt im Streit von der Eintracht und wechselte zu Kickers Offenbach, von wo beide 1950 den Weg zum FC Bern

fanden. Nach 1954 war Albert Wirsching Spielertrainer beim FC Winterthur und von 1956 bis 1960 beim FC Langenthal. Er lebte bis zu seinem Tod in der Schweiz.

	Gau-/Oberliga		DM-Endrunde		Tschammer-Pokal	
1936/37	–	–	–	–	1	1
1937/38	18	25	6	5	1	–
1938/39	16	5	–	–	5	3
1939/40	12	7	–	–	5	2
1940/41	14	6	–	–	7	2
1941/42	1	2	–	–	–	–
1942/43	1	–	–	–	–	–
1943/44	+2	+2	–	–	?	–
1944/45	?	?	–	–	–	–
1945/46	8	+3	–	–	–	–
1946/47	34	18	–	–	–	–
1947/48	32	12	–	–	–	–
Gesamt:	+138	+80	6	5	+19	8

Weitere Einsätze: Frankfurter Stadtrunde 1939 5/4

■ Wirsching, William
Bruder von Albert, seit 1927 Eintracht

	Gau-/Oberliga		DM-Endrunde		Tschammer-Pokal	
1933/34	1	–	–	–	–	–

■ Wirth, Karl-Heinz (* 20. 1. 1944)
1956 bis 1965 Sportfreunde Hamborn 07, 1965 bis 1973 Eintracht, 1973 bis 1977 SpVgg Bad Homburg, 1977 FC Paulus Gravenbruch

	Bundesliga		DFB-Pokal		Europapokal	
1965/66	21	–	2	–	–	–
1966/67	13	–	–	–	6	–
1967/68	4	–	–	–	1	–
1968/69	20	–	2	–	6	–
1969/70	29	–	3	–	–	–
1970/71	24	–	–	–	–	–
1971/72	20	–	3	–	–	–
1972/73	7	–	1	–	–	–
Gesamt:	138	–	11	–	13	–

Weitere Einsätze: Intertoto-Runde 1966/67 8/1; Alpenpokal 1967 4/–, 1968 4/– (insgesamt: 8/–); Ligapokal 1972/73 1/–

■ Wirth, Manfred (* 5. 8. 1947)
Bis 1965 FV Bad Vilbel, 1965 bis 1971 Eintracht, 1971 bis 1974 SV Darmstadt 98, 1974 FV Bad Vilbel

	Bundesliga		DFB-Pokal		Europapokal	
1969/70	–	–	1	–	–	–

1970/71	9	–	1	–	–	–
Gesamt:	9	–	2	–	–	–

Einsätze bei den Amateuren: Hessenpokal 1969 3/1; Hessenliga 1969/70 34/7; Süddeutscher Pokal 1969/70 und Deutsche Amateurmeisterschaft 1970 6/1

■ **Wloka, Hans** (* 8. 3. 1925, † 8. 4. 1976)
Der Verteidiger und Mittelläufer spielte bis Kriegsende bei Vorwärts-Rasensport Gleiwitz und kam im Mai 1948 zur Eintracht, mit der er 1953 Süddeutscher Meister wurde. 1957 ließ er sich reamateurisieren und spielte noch je ein Jahr für die SKV Mörfelden und Preußen Frankfurt.

	Oberliga		DM-Endrunde		SFV-/DFB-Pokal	
1947/48	3	1	–	–	–	–
1948/49	16	–	–	–	–	–
1949/50	6	–	–	–	–	–
1950/51	13	–	–	–	–	–
1951/52	26	–	–	–	8	3
1952/53	26	–	5	1	–	–
1953/54	28	1	2	–	–	–
1954/55	29	–	–	–	1	–
1955/56	20	–	–	–	–	–
1956/57	24	–	–	–	3	–
Gesamt	191	2	7	1	12	3

Weitere Einsätze: Oberliga-Vergleichsrunde 1955 4/–, 1956 8/– (insgesamt: 12/–); Europapokal 1955-58 (Messe-Pokal mit der Stadtauswahl) 2/–

■ **Wohlfart**
1910/11 FFC Victoria

	Meisterschaft		Süddt. Meist.		DM-Endrunde	
1910/11	?	+4	–	–	–	–

■ **Wohnaut, Willi** (* 23. 4. 1925)
Bis 1950 Germania 94 Frankfurt, 1950 bis 1953 Eintracht, 1953 Germania 94 Frankfurt

	Oberliga		DM-Endrunde		DFB-Pokal	
1950/51	1	–	–	–	–	–

■ **Wolf, Dirk** (* 4. 8. 1972)
Bis 1986 SC Roth-Argenstein, VfL Marburg, 1986 bis 1995 Eintracht, 1995 bis 1997 Borussia Mönchengladbach, 1997/98 Eintracht, 1998 bis 2000 FC St. Pauli, 2000 bis Januar 2002 ohne Verein, Februar 2002 bis 2003 FSV Frankfurt, 2003 bis 2006 SV Darmstadt 98, seit 2006 Germania Ober-Roden

	BL/2. BL *		DFB-Pokal		Europapokal	
1991/92	9	–	–	–	–	–
1992/93	11	–	3	–	3	1
1993/94	2	–	–	–	–	–
1994/95	12	–	1	–	4	–
1997/98 *	26	3	3	–	–	–
Gesamt:	60	3	7	–	7	1

Einsätze bei den Amateuren: Oberliga Hessen 1990/91 3/–, 1991/92 20/9 (insgesamt: 23/9)
Weitere BL-Einsätze: 15/– für Borussia Mönchengladbach

■ **Wolff, Philipp**
1899 Mitbegründer des FFC 1899, 1900 FFC 1899-Kickers, bis 1905 Frankfurter Kickers, 1905 Vorsitzender

■ **Würzburger, Frank** (* 3. 12. 1968)
1974 bis 1979 DJK Bad Homburg, 1979 bis 1987 Eintracht, 1987 bis 1990 Kickers Offenbach, 1990 bis 1993 Eintracht-Amateure, August/September 1993 SV Wehen, November 1993 bis 1994 SG Egelsbach, 1994/95 SG Hoechst, 1995/96 Rot-Weiß Walldorf

	Bundesliga		DFB-Pokal		Europapokal	
1986/87	1	–	–	–	–	–

Einsätze bei den Amateuren: Oberliga Hessen 1990/91 33/8, 1991/92 19/9, 1992/93 23/10 (insgesamt: 75/27)

■ **Wüst, Ph.**
1899 bis 1902 FFC Victoria

■ **Wunderlich, Artur** (* 18. 6. 1926)
Kam vom SC Bürgel, 1945 bis 1949 Kickers Offenbach, 1949 bis 1951 Eintracht, 1951 SpVgg Bad Homburg

	Oberliga		DM-Endrunde		DFB-Pokal	
1950/51	1	–	–	–	–	–

■ **Yang, Chen** (* 17. 1. 1974)
Der erste Chinese in der Bundesliga kam 1998 von Guoan Peking zur Eintracht, konnte aber nur in seiner ersten Saison richtig überzeugen. Mangelnde Sprachkenntnisse und zahlreiche Abstellungen zu Länderspielen machten die Integration nicht einfacher. Obwohl er 2002 an der WM in Korea und Japan teilnahm, wurde sein Vertrag nicht verlängert. Nach einer Saison beim FC St. Pauli kehrte er im Sommer 2003 in seine Heimat zu Shenzhen Jianlibao zurück. Seit dem Frühjahr 2006 spielt er für Xiamen Lanshi.

	BL/2. BL *		DFB-Pokal		Europapokal	
1998/99	23	8	2	1	–	–
1999/2000	27	4	1	–	–	–
2000/01	15	4	–	–	–	–
2001/02 *	29	5	2	1	–	–
Gesamt:	94	21	5	2	–	–

■ **Yeboah, Anthony** (* 6. 6. 1964)
Im Juni 1989 wurde der Ghanaer von den Eintracht-Fans noch mit üblen Schmäh-Rufen bedacht, als er die Eintracht mit dem 1. FC Saarbrücken in der Relegation fast aus der Bundesliga schoss. Von 1990 bis Dezember 1994 lagen diese ihm dann als „Zeugen Yeboahs" zu Füßen, worüber das Mundart-Duo „Badesalz" sogar einen Sketch produzierte („Anthony Sabini"). In seiner Heimat hatte der Vollblutstürmer bis 1983 bei Ashanti Kotoko Kumasi, von 1983 bis 1986 bei den Corner Stones Kumasi und von 1986 bis 1988 bei Okwahu United gespielt. Nach zwei Jahren in Saarbrücken kam er 1990 zur Eintracht, wurde aber im Winter 1994/95 als einer der „Rebellen" gegen Trainer Heynckes zu Leeds United transferiert. Von September 1997 bis Dezember 2001 gab er dann noch einmal ein Bundesliga-Gastspiel beim Hamburger SV. Im Sommer 2002 beendete er seine Karriere bei Al-Ittahad Doha in Katar.

	Bundesliga		DFB-Pokal		Europapokal	
1990/91	26	8	6	2	1	1
1991/92	34	15	1	–	3	2
1992/93	27	20	6	5	4	5
1993/94	22	18	2	1	3	1
1994/95	14	7	2	1	5	3
Gesamt:	123	68	17	9	16	12

Weitere BL-Einsätze: 100/28 für den Hamburger SV

■ **Zänger, Fritz** (* 4. 9. 1920)
Bis 1947 SpVgg Griesheim 02, SV Fürstenwalde, Flensburger SV 08, LSV Flensburg, SpVgg Griesheim 02, 1947 bis 1950 Rot-Weiss Frankfurt, 1950/51 Eintracht, 1951 SpVgg Griesheim 02

	Oberliga		DM-Endrunde		DFB-Pokal	
1950/51	14	–	–	–	–	–

■ **Zahn**
1905 bis 1907 FFC Victoria, 1907 FFV Amicitia und 1902

■ Zampach, Thomas (* 27. 12. 1969)
Bis 1991 Kickers Offenbach, TSG Frankfurter Berg, FV Bad Vilbel, 1991 bis 1996 1. FSV Mainz 05, 1996/97 SV Wehen, 1997 bis 2002 Eintracht, September 2002 bis 2003 TSG Wörsdorf, Mai bis Juli 2004 FC Bürgstadt, 2004/05 SV Wehen
Seit 26. 1. 2001 Fan-Koordinator, bis April 2004 Scout

	BL/2. BL *		DFB-Pokal		Europapokal	
1997/98 *	33	1	3	–	–	–
1998/99	20	1	2	–	–	–
1999/2000	11	1	1	–	–	–
Gesamt:	64	3	6	–	–	–

Einsätze bei den Amateuren: Oberliga Hessen 2000/01 11/–, 2001/02 12/– (insgesamt: 23/–)

■ Zchadadse, Kachaber (* 7. 9. 1968)
Der Georgier bestritt 6 Länderspiele für die UdSSR und nahm 1992 mit der GUS-Auswahl an der EM in Schweden teil. Zu diesem Zeitpunkt hatte der Abwehrspieler schon eine kleine Odyssee hinter sich. Bis 1985 hatte er bei Metalurgi Rustawi gespielt, danach von 1986 bis 1990 bei Dinamo Tiflis, 1991 bei GIF Sundsvall in Schweden. Seine nächste Station war von Januar bis Juni 1992 Spartak Moskau. Nach der EM-Endrunde wechselte er zu Dynamo Moskau, von wo ihn die Eintracht im Februar 1993 verpflichtete. Nachdem ein Transfer zu Manchester City im November 1996 an der fehlenden Arbeitserlaubnis gescheitert war, spielte der damalige Kapitän der georgischen Nationalmannschaft (25 Länderspiele) 1997 bei Alania Wladikawkas in Russland. Im Januar 1998 klappte der Wechsel zu Manchester City schließlich doch, wegen Verletzung wurde der Vertrag im März 2002 jedoch vorzeitig aufgelöst. So kehrte Zchadadse nach Georgien zurück und war bis 2002 Spielertrainer bei Lokomotiwi Tiflis. 2003 und 20043 spielte er für den russischen Zweitligisten Anschi Machatschkala. Danach arbeitete er wieder als Trainer, zunächst von März 2005 bis Januar 2006 bei Dinamo Tiflis und in der Rückrunde 2005/06 bei Sioni Bolnisi, das er zur georgischen Meisterschaft führte. Im September 2006 wurde er vom Georgischen Verband wegen rowdyhaftem Benehmen bis Ende Mai 2007 gesperrt.

	BL/2. BL *		DFB-Pokal		Europapokal	
1992/93	17	–	1	–	–	–
1993/94	29	–	2	–	7	–
1994/95	15	1	2	1	1	–
1995/96	3	–	–	–	–	–
1996/97 *	9	–	1	1	–	–
Gesamt:	73	1	6	2	8	–

Weitere Einsätze: UEFA-Intertoto-Cup 1995 3/–

■ Zech I
Aus der eigenen Jugend

	Gauliga		DM-Endrunde		Tschammer-Pokal	
1943/44	–	–	–	–	1	1

■ Zech II
Aus der eigenen Jugend

	Gauliga		DM-Endrunde		Tschammer-Pokal	
1943/44	–	–	–	–	1	–

■ Zelic, Nedijeljko (* 4. 7. 1971)
1980 bis 1987 Croatia Deakin Canberra, 1987 und 1988 Australian Institute of Sport, 1989 bis 1991 Sydney Croatia, 1991/92 Sydney Olympic, 1992 bis 1995 Borussia Dortmund, Juli bis Dezember 1995 Queen's Park Rangers, Dezember 1995 bis 1996 Eintracht, 1996 bis Januar 1998 AJ Auxerre, Januar 1998 bis Januar 2002 TSV München 1860, Januar bis März 2002 Kyoto Antlers/Japan, September 2002 bis November 2003 Urawa Red Diamonds/Japan, 2004 bis Mai 2005 FC Wacker Tirol, 2005/06 Newcastle United Jets, seit August 2006 Helmond Sport

	Bundesliga		DFB-Pokal		Europapokal	
1995/96	17	1	–	–	–	–

Weitere BL-Einsätze: 41/1 für Borussia Dortmund, 102/3 für den TSV München 1860

■ Zick, Claus-Peter (* 12. 9. 1958)
Bis 1978 FC Burgsolms, TSV Klein-Linden, 1978 bis 1981 Eintracht, 1981/82 Eintracht Haiger, 1982 bis 1985 VfB Gießen, 1985 bis 1989 Eintracht Haiger, 1989 bis 1991 VfL Marburg, 1991/92 FC Herborn, 1992 bis 1996 FSV Steinbach

	Bundesliga		DFB-Pokal		Europapokal	
1979/80	1	–	–	–	–	–
1980/81	1	–	–	–	–	–
Gesamt:	2	–	–	–	–	–

Einsätze bei den Amateuren: Oberliga Hessen 1978/79 32/1, 1979/80 32/2 (insgesamt: 64/3)

■ Zimmermann, Franz (* 24. 9. 1936)
August 1950 Eintracht (Rugby-Abteilung)

	Oberliga		DM-Endrunde		DFB-Pokal	
1955/56	1	–	–	–	–	–

■ Zimmermann, Jan (* 19. 4. 1985)
1991 bis 1994 Kickers Obertshausen, seit 1994 Eintracht

	Bundesliga		DFB-Pokal		Europapokal	
2005/06	2	–	–	–	–	–

Einsätze bei den Amateuren: Oberliga Hessen 2003/04 1/–, 2004/05 27/–, 2005/06 25/– (insgesamt: 53/–)

■ Zindel
1905 FFC Victoria

■ Zinnow, Stefan (* 28. 5. 1980)
1985 bis 1998 TSG Lützelsachsen, FV 09 Weinheim, SV Waldhof Mannheim, 1998 bis 2001 Eintracht, 2001 bis 2003 SV Waldhof Mannheim, 2003/04 VfB Lübeck, 2004 bis 2006 SV Wehen, seit 2006 SV Elversberg

	Bundesliga		DFB-Pokal		Europapokal	
1998/99	1	–	–	–	–	–
2000/01	2	–	–	–	–	–
Gesamt:	3	–	–	–	–	–

Einsätze bei den Amateuren: Oberliga Hessen 1999/2000 29/5, 2000/01 30/6 (insgesamt: 59/11)

■ Zipp, Walter (* 8. 11. 1909, † 1985)
Seit 1927 Eintracht

	Gauliga		DM-Endrunde		Tschammer-Pokal	
1933/34	11	–	–	–	–	–
1934/35	19	–	–	–	1	–
1935/36	–	–	–	–	3	–
1936/37	11	–	–	–	–	–
1937/38	–	–	3	–	–	–
1938/39	2	–	–	–	–	–
Gesamt:	43	–	3	–	–	–

■ Zölls

	Gauliga		DM-Endrunde		Tschammer-Pokal	
1941/42	2	–	–	–	+1	–

■ Dr. Zscherlich, Wolfgang (* 2. 12. 1938)
1950 bis 1963 Eintracht

	Oberliga		DM-Endrunde		SFV-Pokal	
1961/62	–	–	–	–	2	–

Zwei Titel, zwei Feiern. Oben jubilieren Hans Weilbächer, Ekkehard Feigenspan und Alfred Pfaff (von links) nach dem Gewinn der Deutschen Meisterschaft 1959. Links triumphiert Bernd Hölzenbein nach dem DFB-Pokalsieg 1981.

Die Eintracht in der Meisterschaft

Stichtag für alle Angaben: 31. 6. 2006

Saison 1899/1900

Keine Meisterschaft in Frankfurt. Im März 1900 Gründung des „Frankfurter Associations-Bund" (FAB) durch 1. Bockenheimer FC 1899, Germania 94 und FFC Victoria. Keiner der drei Vereine nahm an den Spielen um die Süddeutsche Meisterschaft teil.

Saison 1900/01

FAB-Meisterschaft:

1.	Germania 94 Frankfurt	4	5:3	5-3
2.	**FFC VICTORIA**	4	6:2	5-3
3.	1. Bockenheimer FC 99	4	2:8	2-6

Entscheidungsspiel am 18.11.1900 in Bockenheim:

Germania 94 - FFC Victoria	1:0

Süddeutsche Meisterschaft:

FFC Victoria - Germania 94	1:0 abgebr.
Darmstädter FC - FFC Victoria	5:1

Saison 1901/02

FAB-Meisterschaft:

1.	**FFC VICTORIA**	6	6:1	12-0
2.	**FFC 1899-KICKERS**	6	5:3	7-5
3.	1. Bockenheimer FC 99	6	5:5	3-9
4.	Germania 94 Frankfurt	6	5:12	2-10

Süddeutsche Meisterschaft:

FC Hanau 93 - FFC Victoria	2:0
FFC 1899-Kickers - FC Hanau 93	1:5

Saison 1902/03

FAB-Meisterschaft:

1.	**FFC VICTORIA**	8	26:7	12-4
2.	Germania 94 Frankfurt	8	*6:3*	11-5
3.	FSV Frankfurt	8	*7:5*	11-5
4.	Hermannia Frankfurt	8	*4:20*	6-10
5.	**FFC 1899-KICKERS**	8	2:10	0-16

Torverhältnisse in *Kursiv* sind anhand der bekannten Ergebnisse ermittelt. Es fehlen die Ergebnisse von fünf Spielen. Sechs Spiele des FFC 1899-Kickers wurden mit 0:X gewertet.

Süddeutsche Meisterschaft:

FFC Victoria - Kickers Offenbach	3:0
FFC Victoria - Viktoria 94 Hanau	2:0
FC Hanau 93 - FFC Victoria	3:2
FFC 1899-Kickers - Germania Bockenheim	4:2
FFC 1899-Kickers - Hermannia Frankfurt	3:0
FFC 1899-Kickers - Darmstädter FC	2:3

Saison 1903/04

Nordkreis, Westmaingau:

1.	Germania 94 Frankfurt	11	76:5	20-2
2.	**FFC 1899-KICKERS**	11	66:31	17-5
3.	Hermannia Frankfurt	11	40:25	15-7
4.	Wiesbadener FC	11	40:29	15-7
5.	FSV Frankfurt	11	56:24	13-9
6.	Amicitia Bockenheim	11	40:23	11-11
7.	Bockenheimer FVgg	11	30:29	11-11
8.	Germania Bockenheim	11	27:39	11-11
9.	**FFC VICTORIA**	11	29:29	9-13
10.	Frankfurter FC 1902	11	18:36	6-16
11.	Alemannia Griesheim	11	9:75	3-19
12.	FC Rödelheim 02	11	4:80	1-21
13.	Helvetia Bockenheim	zurückgezogen		

FAB-Meisterschaft:

1.	**FFC 1899-KICKERS**	3	*6:1*	6-0
2.	**FFC VICTORIA**	3	8:2	4-2
	Germania Bockenheim	2	*1:3*	*0-4*
	FSV Frankfurt	2	*1:10*	*0-4*

Tor- und Punktverhältnisse in *Kursiv* sind anhand der bekannten Ergebnisse ermittelt. Es fehlen die Ergebnisse von zwei Spielen.

Saison 1904/05

Nordkreis, Westmaingau:

1.	**FFC VICTORIA**	9	60:11	18-0
2.	Germania 94 Frankfurt	9	54:6	16-2
3.	**FCF KICKERS**	9	43:14	14-4
4.	Germania Bockenheim	9	36:24	10-8
5.	1. FC Wiesbaden	9	27:23	10-8
6.	Amicitia Bockenheim	9	18:28	8-10
7.	Bockenheimer FVgg	9	26:30	8-10
8.	FSV Frankfurt	9	26:24	6-12
9.	Hermannia Frankfurt	9	0:68	0-18
10.	Frankfurter FC 1902	9	0:72	0-18

Die Spiele von Hermannia und FFC 1902 wurden nachträglich annulliert. Siege gegen beide Klubs wurden mit 10:0, Niederlagen mit 5:0 für den jeweiligen Gegner gewertet. Wertung Hermannia - FFC 1902 (2:0): 0:8 für Hermannia, 0:2 für FFC 1902.

Nordkreis, Endrunde:

1.	FC Hanau 93	2	9:1	4-0
2.	Union 97 Mannheim	2	4:4	2-2
3.	**FFC VICTORIA**	2	1:9	0-4

FAB-Meisterschaft:

1.	FSV Frankfurt	3	8:5	4-2
2.	**FFC VICTORIA**	3	8:3	4-2
3.	Germania Bockenheim	3	2:2	3-3
4.	**FCF KICKERS**	3	4:12	1-5

FSV - Germania Bockenheim endete unentschieden, das Ergebnis ist jedoch nicht bekannt.

Entscheidungsspiel am 25.6.1905 in Hanau:

FSV Frankfurt - FFC Victoria	n.V. 4:2

Saison 1905/06

Nordkreis, Westmaingau:

1.	**FFC VICTORIA**	7	27:6	12-2
2.	FSV Frankfurt	7	22:12	12-2
3.	**FCF KICKERS**	7	27:9	11-3
4.	Germania 94 Frankfurt	7	16:19	8-6
5.	Frankfurter FC 1902	7	15:23	6-8
6.	Hermannia Frankfurt	7	13:13	5-9
7.	Bockenheimer FVgg	7	14:35	2-12
8.	Amicitia Bockenheim	7	10:27	0-14

Nordkreis, Endrunde:

1.	FC Hanau 93	3	10:1	6-0
2.	SV Wiesbaden	3	5:3	3-3
3.	Viktoria Mannheim	3	3:9	2-4
4.	**FFC VICTORIA**	3	4:9	1-5
5.	Pfalz Ludwigshafen	zurückgezogen		

Saison 1906/07

Nordkreis, Südmaingau:

1.	**FCF KICKERS**	6	26:14	8-4
2.	FSV Frankfurt	6	19:16	7-5
3.	**FFC VICTORIA**	6	12:17	5-7
4.	Germania 94 Frankfurt	6	11:21	4-8
5.	Hermannia Frankfurt	disqualifiziert		

Nordkreis, Endrunde:

1.	FC Hanau 93	10	65:11	20-0
2.	Mannheimer FG 96	10	29:20	12-8
2.	SV Wiesbaden	10	37:22	11-9
4.	**FCF KICKERS**	10	37:27	10-10
5.	Amicitia Bockenheim	10	20:61	6-14
6.	Pfalz Ludwigshafen	10	10:57	1-19

Saison 1907/08

Nordkreis, Südmaingau:

1.	**FVF KICKERS**	10	53:15	19-1
2.	SV Wiesbaden	10	48:20	17-3
3.	Germania 94 Frankfurt	10	27:26	8-12
4.	**FFC VICTORIA**	10	24:33	8-12
5.	Hermannia Frankfurt	10	18:24	6-14
6.	Germania Wiesbaden	10	9:61	2-18
	1. FC Wiesbaden	zurückgezogen		
	FSV Frankfurt	disqualifiziert		

Nordkreis, Endrunde:

1.	FC Hanau 93	6	39:10	10-2
2.	Viktoria Mannheim	6	38:11	10-2
3.	**FVF KICKERS**	6	23:21	4-8
4.	Bockenheimer FVgg	6	2:60	0-12

FAB-Meisterschaft:

1.	Germania 94 Frankfurt	5	27:8	9-1
2.	Hermannia Frankfurt	5	12:7	8-2
3.	**FFC VICTORIA**	5	16:12	5-5
4.	Germania Bockenheim	5	9:14	4-6
5.	Frankfurter FC 1902	5	12:22	2-8
6.	Britannia Frankfurt	5	11:22	2-8

Die Bockenheimer FVgg wurde disqualifiziert, Helvetia Bockenheim schied nach nur einem Spiel aus und der FSV Frankfurt nahm nach der Disqualifikation in den Verbandsspielen nicht teil.

Saison 1908/09

Nordkreis, Bezirk I:

1.	FSV Frankfurt	12	49:12	23-1
2.	Viktoria 94 Hanau	12	39:17	18-6
3.	**FVF KICKERS**	12	23:14	15-9
4.	Hermannia Frankfurt	12	17:32	8-16
5.	Germania 94 Frankfurt	12	20:35	8-16
6.	**FFC VICTORIA**	12	18:34	7-17
7.	Germania Bieber	12	10:32	5-19
8.	Germania Wiesbaden	zurückgezogen		

Qualifikation zur A-Klasse: Bockenheimer FVgg - Germania 94 Frankfurt 5:4, Germania Bockenheim - Hermannia Frankfurt 3:2, FFV Amicitia und 1902 - Germania Bieber 2:1.

Saison 1909/10

Nordkreis, A-Klasse:

1.	Viktoria 94 Hanau	22	69:24	37-7
2.	SV Wiesbaden	22	68:24	36-8
3.	FSV Frankfurt	22	70:40	32-12
4.	FC Hanau 93	22	87:30	28-16
5.	FFV Amicitia und 1902	22	55:57	25-19
6.	**FVF KICKERS**	22	44:34	24-20
7.	Kickers Offenbach	22	51:37	22-22
8.	**FFC VICTORIA**	22	54:47	18-26
9.	Britannia Frankfurt	22	36:58	15-29
10.	Germania Bockenheim	22	33:58	15-29
11.	Germania Bieber	22	23:90	7-37
12.	Bockenheimer FVgg	22	23:109	5-39

Saison 1910/11

Nordkreis, A-Klasse:

1.	SV Wiesbaden	24	59:15	39-9
2.	FSV Frankfurt	24	83:41	35-13
3.	FC Hanau 93	24	59:40	31-17
4.	Kickers Offenbach	24	68:40	31-17
5.	Viktoria 94 Hanau	24	45:26	28-20
6.	**FVF KICKERS**	24	62:41	28-20
7.	**FFC VICTORIA**	24	54:51	25-23
8.	Germania Bockenheim	24	52:69	22-26
9.	FFV Amicitia und 1902	24	54:65	21-27
10.	Germania Bieber	24	54:66	19-29
11.	Britannia Frankfurt	24	44:58	18-30
12.	Germania 94 Frankfurt	24	42:76	13-35
13.	Bockenheimer FVgg	24	27:115	2-46

Saison 1911/12

Nordkreis, A-Klasse:

1.	**FRANKFURTER FV**	22	50:26	35-9
2.	FC Hanau 93	22	86:33	31-13
3.	FSV Frankfurt	22	62:27	31-13
4.	Viktoria 94 Hanau	22	52:24	30-14
5.	Kickers Offenbach	22	50:36	28-16
6.	SC Bürgel	22	47:50	25-19
7.	SV Wiesbaden	22	53:35	23-21
8.	Britannia Frankfurt	22	54:69	17-27
9.	Germania Bockenheim	22	34:48	16-28
10.	Germania 94 Frankfurt	22	40:55	13-31
11.	Germania Bieber	22	38:64	13-31
12.	Bockenheimer FVgg	22	18:117	2-42
13.	FFV Amicitia und 1902	disqualifiziert		

Süddeutsche Meisterschaft:

1.	Karlsruher FV	6	31:6	11-1
2.	Phönix Mannheim	6	11:9	7-5
3.	SpVgg Fürth	6	11:22	4-8
4.	**FRANKFURTER FV**	6	5:21	2-10

Saison 1912/13

Nordkreis, Liga-Klasse:

1.	**FRANKFURTER FV**	14	45:12	24-4
2.	Viktoria 94 Hanau	14	31:18	20-8
3.	Kickers Offenbach	14	32:21	18-10
4.	FSV Frankfurt	14	30:28	15-13
5.	SV Wiesbaden	14	19:25	13-15
6.	FC Hanau 93	14	23:34	9-19
7.	SC Bürgel	14	19:38	7-21
8.	Germania 94 Frankfurt	14	17:40	6-22

Süddeutsche Meisterschaft:

1.	Stuttgarter Kickers	6	8:4	7-5
2.	**FRANKFURTER FV**	6	5:5	6-6
3.	VfR Mannheim	6	8:16	6-6
4.	SpVgg Fürth	6	9:5	5-7

Saison 1913/14

Nordkreis, Liga-Klasse:

1.	**FRANKFURTER FV**	14	35:13	24-4
2.	SV Wiesbaden	14	23:17	15-13
3.	FC Hanau 93	14	27:27	15-13
4.	Kickers Offenbach	14	21:25	14-14
5.	Viktoria 94 Hanau	14	25:32	12-16

6. SC Bürgel	14	27:33	11-17
7. FSV Frankfurt	14	28:28	11-17
8. Germania Bieber	14	12:23	10-18

Süddeutsche Meisterschaft:

1. SpVgg Fürth	6	18:8	10-2
2. **FRANKFURTER FV**	6	7:8	7-5
3. Stuttgarter Kickers	6	8:9	6-6
4. VfR Mannheim	6	6:14	1-11

Saison 1914/15

Nach Kriegsausbruch zunächst Einstellung des gesamten Spielverkehrs. Der Frankfurter FV trug nur Wohltätigkeits- und Freundschaftsspiele aus.

Saison 1915/16

Nordkreis, Südmaingau Bezirk I (Herbstrunde):

1. **FRANKFURTER FV**	10	33:5	19-1
2. FSV Frankfurt	8	27:8	10-6
3. SV Wiesbaden	8	11:4	9-7
4. Germania 94 Frankfurt	6	6:25	2-10
5. Amicitia 1911 Frankfurt	6	0:24	2-10
6. FSV Bergen	4	0:11	0-8

Rangliste laut „Frankfurter Nachrichten" vom 6.12.1915. Punktstände und Torverhältnisse anhand der bekannten Ergebnisse.

Endspiel um die Südmaingau-Meisterschaft am 6.2.1916:

FFV - Viktoria Neu-Isenburg 4:1

Nordkreis, Südmaingau

(Frühjahrsrunde um den „Eisernen Fußball"):

1. **FRANKFURTER FV**	8	19:6	14-2
2. FSV Frankfurt	8	18:10	12-4
3. SV Wiesbaden	8	17:15	6-10
4. Viktoria Neu-Isenburg	8	11:22	5-11
5. Germania 94 Frankfurt	8	13:25	3-13

Nordkreis, Endrunde:

FC Hanau 93 - FFV Amicitia und 1902 n.V. 3:1

FC Hanau 93 - Frankfurter FV 3:1

Saison 1916/17

Nordkreis, Südmaingau (Herbstrunde):

1. FSV Frankfurt	10	32:9	16-4
2. SV Wiesbaden	10	26:15	14-6
3. Viktoria Neu-Isenburg	10	22:16	13-7
4. **FRANKFURTER FV**	10	14:15	9-11
5. Germania 94 Frankfurt	10	13:27	7-13
6. FV Neu-Isenburg	10	10:35	1-19

Nordkreis, Südmaingau (Frühjahrsrunde):

1. FSV Frankfurt	6	26:6	11-1
2. KVgg Neu-Isenburg	6	16:10	8-4
3. **FRANKFURTER FV**	6	5:10	4-8
4. Germania 94 Frankfurt	6	7:28	1-11
5. SV Wiesbaden	zurückgezogen		

Laut „Wiesbadener Tagblatt" vom 13.5.1917 sah sich der SV Wiesbaden „durch das Verhalten der Frankfurter Vereine ... gezwungen, von den Frühjahrsverbandsspielen zurückzutreten".

Saison 1917/18

Nordkreis, Südmaingau (Herbstrunde):

1. **FRANKFURTER FV**	6	21:7	9-3
2. FSV Frankfurt	6	12:5	8-4
3. Viktoria Neu-Isenburg	6	9:12	4-8
4. FV Neu-Isenburg	6	4:21	3-9
5. FV Biebrich 02	zurückgezogen		

Nordkreis, Endrunde:

1. FFV Amicitia und 1902	4	14:4	7-1
2. Kickers Offenbach	4	8:8	4-4
3. **FRANKFURTER FV**	4	2:12	1-7

Nordkreis, Südmaingau (Frühjahrsrunde):

1. FSV Frankfurt	8	42:8	15-1
2. Viktoria Neu-Isenburg	8	25:21	8-8
3. FV Sprendlingen	8	22:31	7-9
4. FV Neu-Isenburg	8	13:24	6-10
5. **FRANKFURTER FV**	8	17:35	4-10

Der SV Wiesbaden war vom SFV zu einer Geldstrafe verurteilt worden und nahm höchstwahrscheinlich nicht an der Runde teil.

Saison 1918/19

Nordkreis, Südmaingau (Herbstrunde):

1. **FRANKFURTER FV**	12	31:3	22-2
2. FSV Frankfurt	12	30:6	22-2
Viktoria Neu-Isenburg	7	13:17	4-10
SV Wiesbaden	6	11:16	3-9
FV Neu-Isenburg	5	11:16	2-8
FV Sprendlingen	7	8:32	2-12
FC Langen	7	9:23	1-13

Nur vom FFV sind alle Ergebnisse bekannt. FFV und FSV waren punktgleich. Ob die Runde überhaupt ordentlich beendet wurde, ist zweifelhaft. Im „Fußball" vom 5.3.1919 wird über die Südmaingau-Sitzung vom 23.2.1919 berichtet: „Durch die Besetzung Wiesbadens und Langen können die *Frühjahrs*spiele nicht zu Ende geführt werden." (Hervorhebung vom Autor) Da diese jedoch erst am 2.3.1919 begannen, müssen die *Herbst*verbandsspiele gemeint sein. Der Artikel enthält zudem die Information, dass sich FFV und FSV auf ein Entscheidungsspiel geeinigt hätten.

Entscheidungsspiele am 2. und 9.3.1919:

FFV - FSV Frankfurt n.V. 2:2 und n.V. 3:2

Nordkreis, Endrunde:

1. FFV Amicitia und 1902	4	13:1	8-0
2. **FRANKFURTER FV**	4	5:8	4-4
3. SC Bürgel	4	2:11	0-8

Nordkreis, Liga (inoffizielle Frühjahrsrunde):

1. Kickers Offenbach	12	28:15	16-8
2. Viktoria 94 Hanau	12	27:15	16-8
3. FSV Frankfurt	12	12:14	13-11
4. Germania Bieber	12	16:21	13-11
5. **FRANKFURTER FV**	12	12:13	10-14
6. FC Hanau 93	12	13:19	8-16
7. SC Bürgel	12	10:21	8-16

Saison 1919/20

Kreisliga Nordmain:

1. **FRANKFURTER FV**	18	46:18	28-8
2. FSV Frankfurt	18	33:19	26-10
3. VfR 01 Frankfurt	18	42:27	25-11
4. FFV Sportfreunde 04	18	30:25	22-14
5. FC Hanau 93	18	23:28	18-18
6. Helvetia Frankfurt	18	38:34	16-20
7. Viktoria 94 Hanau	18	24:27	16-20
8. Germania 94 Frankfurt	18	36:46	15-21
9. FV Groß-Auheim	18	15:38	9-27
10. FC Langendiebach	18	22:47	5-31

Süddeutsche Meisterschaft, Nordgruppe:

1. 1. FC Nürnberg	6	23:5	11-1
2. TuSV 1877 Waldhof	6	15:18	6-6
3. **EINTRACHT**	6	5:13	4-8
4. Kickers Offenbach	6	7:14	3-9

Saison 1920/21

Kreisliga Nordmain:

1. **EINTRACHT**	20	31:18	29-11
2. Germania 94 Frankfurt	20	46:20	28-12
3. Viktoria Aschaffenburg	20	30:22	24-16

4. VfR 01 Frankfurt	20	29:24	24-16
5. Helvetia Frankfurt	20	24:20	22-18
6. Viktoria 94 Hanau	20	29:27	21-19
7. Germania Rückingen	20	22:27	16-24
8. FSV Frankfurt	20	20:26	16-24
9. FC Hanau 93	20	28:32	15-25
10. FFV Sportfreunde 04	20	24:30	15-25
11. FG Seckbach 02	20	12:49	10-30

Süddeutsche Meisterschaft, Nordgruppe:

1. 1. FC Nürnberg	6	20:4	11-1
2. TuSV 1877 Waldhof	6	11:9	7-5
3. **EINTRACHT**	6	10:13	4-8
4. Kickers Offenbach	6	6:21	2-10

Saison 1921/22

Mainbezirk, Kreisliga Nordmain, Abteilung I:

1. **EINTRACHT**	14	43:12	26-2
2. FSV Frankfurt	14	37:16	20-8
3. FC Hanau 93	14	28:13	17-11
4. VfR 01 Frankfurt	14	42:24	16-12
5. VfB Groß-Auheim	14	14:42	11-17
6. Borussia Frankfurt	14	26:36	8-20
7. FG Seckbach 02	14	14:26	7-21
8. VfB Friedberg	14	10:45	7-21

Endspiele um die Kreismeisterschaft am 29.1., 5.2. und 12.2.1922:

Germania 94 Frankfurt - Eintracht	2:2
Eintracht - Germania 94 Frankfurt	0:0 abgebr.
Eintracht - Germania 94 Frankfurt	1:4

Saison 1922/23

Mainbezirk, Kreisliga Nordmain:

1. FSV Frankfurt	14	28:12	21-7
2. Helvetia Frankfurt	14	18:15	19-9
3. **EINTRACHT**	14	29:23	17-11
4. FC Hanau 93	14	20:20	14-14
5. VfR 01 Frankfurt	14	21:22	13-15
6. FFV Sportfreunde 04	14	16:21	10-18
7. Germania 94 Frankfurt	14	24:31	10-18
8. Viktoria 94 Hanau	14	21:33	8-20

Saison 1923/24

Bezirksliga Main:

1. FSV Frankfurt	14	35:20	20-8
2. **EINTRACHT**	14	27:21	16-12
3. SC Bürgel	14	22:20	16-12
4. Helvetia Frankfurt	14	32:35	15-13
5. FC Hanau 93	14	31:30	15-13
6. Kickers Offenbach	14	32:27	14-14
7. Viktoria Aschaffenburg	14	22:27	11-17
8. SV Offenbach 99	14	18:39	5-23

Saison 1924/25

Bezirksliga Main:

1. FSV Frankfurt	14	39:10	25-3
2. Kickers Offenbach	14	23:17	18-10
3. Helvetia Frankfurt	14	24:15	17-11
4. FC Hanau 93	14	29:22	16-12
5. Union Niederrad	14	22:31	12-16
6. **EINTRACHT**	14	15:20	12-16
7. VfR 01 Frankfurt	14	15:25	10-18
8. SC Bürgel	14	14:41	2-26

Saison 1925/26

Bezirksliga Main:

1. FSV Frankfurt	14	41:10	22-6
2. FC Hanau 93	14	37:19	22-6
3. Kickers Offenbach	14	30:24	17-11
4. **EINTRACHT**	14	40:28	15-13
5. Union Niederrad	14	33:47	12-16
6. Germania 94 Frankfurt	14	18:27	12-16
7. Viktoria Aschaffenburg	14	31:38	11-17
8. Helvetia Frankfurt	14	7:44	1-27

Entscheidungsspiel um die Mainbezirksmeisterschaft am 28.2.1926 in Mannheim:

FSV Frankfurt - FC Hanau 93	2:1

Saison 1926/27

Bezirksliga Main:

1. FSV Frankfurt	18	62:18	31-5
2. **EINTRACHT**	18	41:19	28-8
3. Kickers Offenbach	18	29:26	20-16
4. Rot-Weiss Frankfurt	18	29:22	19-17
5. VfL Neu-Isenburg	18	34:31	18-18
6. FC Hanau 93	18	26:31	16-20
7. Germania 94 Frankfurt	18	25:32	15-21
8. Union Niederrad	18	46:48	14-22
9. Viktoria Aschaffenburg	18	31:58	11-25
10. Viktoria 94 Hanau	18	13:51	8-28

Süddeutsche Meisterschaft („Runde der Zweiten"):

1. SV München 1860	8	20:8	11-5
2. Karlsruher FV	8	15:12	10-6
3. **EINTRACHT**	8	14:14	8-8
4. VfR Mannheim	8	16:20	7-9
5. FV Saarbrücken	8	9:20	4-12

Saison 1927/28

Bezirksliga Main-Hessen, Gruppe Main:

1. **EINTRACHT**	22	93:13	41-3
2. FSV Frankfurt	22	87:25	36-8
3. Rot-Weiss Frankfurt	22	53:29	30-14
4. Union Niederrad	22	55:40	26-18
5. FC Hanau 93	22	48:46	22-22
6. Viktoria Aschaffenburg	22	53:57	21-23
7. Kickers Offenbach	22	32:42	20-24
8. SpVgg Fechenheim	22	60:82	20-24
9. Sport 1860 Hanau	22	41:80	17-27
10. Viktoria 94 Hanau	22	37:74	12-32
11. VfR Offenbach	22	29:81	10-34
12. Germania 94 Frankfurt	22	41:60	9-35

Süddeutsche Meisterschaft:

1. Bayern München	14	41:17	24-4
2. **EINTRACHT**	14	39:23	21-7
3. SpVgg Fürth	14	37:15	20-8
4. Karlsruher FV	14	34:29	12-16
5. Stuttgarter Kickers	14	25:30	11-17
6. Wormatia Worms	14	28:37	11-17
7. SV Waldhof	14	33:42	9-19
8. FV Saarbrücken	14	19:63	4-24

Deutsche Meisterschaft:

R1 SpVgg Sülz 07 - Eintracht	3:1

Saison 1928/29

Bezirksliga Main-Hessen, Gruppe Main:

1. **EINTRACHT**	18	56:29	27-9
2. FSV Frankfurt	18	72:25	25-11
3. Union Niederrad	18	52:26	25-11
4. Kickers Offenbach	18	34:30	23-13
5. FC Hanau 93	18	42:32	22-14
6. Germania Bieber	18	37:27	19-17
7. Rot-Weiss Frankfurt	18	34:26	19-17
8. SpVgg Fechenheim	18	26:68	10-26

9. Viktoria Aschaffenburg	18	19:62	5-31
10. SpVgg 60/94 Hanau	18	18:67	5-31

Süddeutsche Meisterschaft:

1. 1. FC Nürnberg	14	52:7	25-3
2. Bayern München	14	47:28	20-8
3. VfL Neckarau	14	30:28	15-13
4. **EINTRACHT**	14	27:26	15-13
5. Karlsruher FV	14	24:25	13-15
6. Germania Brötzingen	14	17:29	11-17
7. Wormatia Worms	14	18:37	10-18
8. Borussia Neunkirchen	14	10:45	3-25

Saison 1929/30

Bezirksliga Main-Hessen, Gruppe Main:

1. **EINTRACHT**	14	33:12	23-5
2. Rot-Weiss Frankfurt	14	26:17	16-12
3. FSV Frankfurt	14	29:22	16-12
4. Union Niederrad	14	35:26	16-12
5. Kickers Offenbach	14	30:26	15-13
6. Germania Bieber	14	23:25	13-15
7. FC Hanau 93	14	27:40	9-19
8. SpVgg 02 Griesheim	14	20:55	4-24

Entscheidungsspiele um Platz 2 am 22. und 29.12.1929:

FSV - Rot-Weiss Frankfurt n.V. 1:1, 0:2

Entscheidungsspiel um Platz 3 am 1.1.1930:

FSV Frankfurt - Union Niederrad 4:3

Süddeutsche Meisterschaft:

1. **EINTRACHT**	14	45:26	24-4
2. SpVgg Fürth	14	45:20	17-11
3. Bayern München	14	55:30	16-12
4. FK Pirmasens	14	35:44	16-12
5. VfB Stuttgart	14	42:39	14-14
6. SV Waldhof	14	31:38	10-18
7. Wormatia Worms	14	23:39	10-18
8. Freiburger FC	14	29:69	5-23

Deutsche Meisterschaft:

R1	Eintracht - VfL Benrath	1:0
VF	Holstein Kiel - Eintracht (in Berlin)	4:2

Saison 1930/31

Bezirksliga Main-Hessen, Gruppe Main:

1. **EINTRACHT**	14	41:13	23-5
2. Rot-Weiss Frankfurt	14	26:17	18-10
3. Union Niederrad	14	41:22	17-11
4. Kickers Offenbach	14	29:21	16-12
5. FSV Frankfurt	14	19:16	14-14
6. FC Hanau 93	14	21:35	11-17
7. Germania Bieber	14	14:34	11-17
8. SpVgg Fechenheim	14	14:58	2-26

Süddeutsche Meisterschaft:

1. SpVgg Fürth	14	36:17	21-7
2. **EINTRACHT**	14	32:20	20-8
3. Bayern München	14	44:25	19-9
4. SV Waldhof	14	33:31	13-15
5. Karlsruher FV	14	26:29	13-15
6. FK Pirmasens	14	30:42	10-18
7. Wormatia Worms	14	32:41	9-19
8. Union Böckingen	14	25:53	7-21

Deutsche Meisterschaft:

R1	Fortuna Düsseldorf - Eintracht	n.V. 2:3
VF	Hamburger SV - Eintracht (in Altona)	2:0

Saison 1931/32

Bezirksliga Main-Hessen, Gruppe Main:

1. **EINTRACHT**	20	81:18	35-5
2. FSV Frankfurt	20	50:30	28-12
3. Rot-Weiss Frankfurt	20	58:30	25-15
4. Union Niederrad	20	69:39	25-15
5. Kickers Offenbach	20	40:31	25-15
6. VfL Neu-Isenburg	20	42:46	18-22
7. Germania Bieber	20	36:52	16-24
8. FC Hanau 93	20	35:56	16-24
9. FSV Heusenstamm	20	23:51	14-26
10. SpVgg 02 Griesheim	20	33:59	12-28
11. Germania 94 Frankfurt	20	25:80	6-34

Süddeutsche Meisterschaft, Gruppe Nord-West:

1. **EINTRACHT**	14	29:20	20-8
2. FSV Frankfurt	14	31:17	19-9
3. Wormatia Worms	14	36:25	17-11
4. VfL Neckarau	14	28:26	16-12
5. FV Saarbrücken	14	28:34	12-16
6. FK Pirmasens	14	23:34	10-18
7. SV Waldhof	14	27:31	9-19
8. 1. FSV Mainz 05	14	20:35	9-19

Endspiel am 1.5.1932 in Stuttgart:

Eintracht - Bayern München 2:0

Deutsche Meisterschaft:

R1	Hindenburg Allenstein - Eintracht (in Königsberg)	0:6
VF	Tennis Borussia Berlin - Eintracht	1:3
HF	Eintracht - FC Schalke 04 (in Dresden)	2:1
E	Bayern München - Eintracht (in Nürnberg)	2:0

Saison 1932/33

Bezirksliga Main-Hessen, Gruppe Main:

1. FSV Frankfurt	18	49:16	31-5
2. **EINTRACHT**	18	45:16	29-7
3. Kickers Offenbach	18	52:24	26-10
4. Union Niederrad	18	39:37	20-16
5. VfL Neu-Isenburg	18	36:33	17-19
6. Germania Bieber	18	29:32	15-21
7. Rot-Weiss Frankfurt	18	42:44	14-22
8. FFV Sportfreunde 04	18	28:52	13-23
9. FC Hanau 93	18	19:40	8-28
10. VfB Friedberg	18	21:66	7-29

Süddeutsche Meisterschaft, Gruppe Nord-Süd:

1. FSV Frankfurt	14	33:17	21-7
2. **EINTRACHT**	14	31:17	20-8
3. Wormatia Worms	14	36:37	17-11
4. Stuttgarter Kickers	14	35:27	15-13
5. Karlsruher FV	14	24:29	13-15
6. Phönix Karlsruhe	14	28:29	12-16
7. 1. FSV Mainz 05	14	35:38	8-20
8. Union Böckingen	14	24:52	6-22

Entscheidungsspiele um den dritten Südvertreter in der Deutschen Meisterschaft am 23. und 30.3.1933:

Eintracht - VfB Stuttgart 2:0

Eintracht - SpVgg Fürth (in Saarbrücken) 1:0

Deutsche Meisterschaft:

R1	Hamburger SV - Eintracht	1:4
VF	Eintracht - Hindenburg Allenstein	12:2
HF	Fortuna Düsseldorf - Eintracht (in Berlin)	4:0

Saison 1933/34

Gauliga Südwest:

1. Kickers Offenbach	22	46:31	30-14
2. FK Pirmasens	22	59:32	27-17
3. Wormatia Worms	22	43:41	27-17
4. **EINTRACHT**	22	53:40	25-19
5. Borussia Neunkirchen	22	46:49	22-22
6. FSV Frankfurt	22	43:48	21-23

7.	1. FC Kaiserslautern	22	46:53	21-23
8.	Sportfreunde Saarbrücken	22	40:38	20-24
9.	Phönix Ludwigshafen	22	39:44	20-24
10.	SV Wiesbaden	22	37:43	20-24
11.	1. FSV Mainz 05	22	44:53	19-25
12.	Alemannia-Olympia Worms	22	29:53	12-32

Saison 1934/35

Gauliga Südwest:

1.	Phönix Ludwigshafen	20	43:25	28-12
2.	FK Pirmasens	20	49:32	25-15
3.	Kickers Offenbach	20	52:37	23-17
4.	FSV Frankfurt	20	43:42	23-17
5.	Wormatia Worms	20	45:39	22-18
6.	Union Niederrad	20	34:41	22-18
7.	**EINTRACHT**	20	30:29	21-19
8.	Borussia Neunkirchen	20	35:38	18-22
9.	Sportfreunde Saarbrücken	20	41:42	16-24
10.	1. FC Kaiserslautern	20	28:42	12-28
11.	Saar 05 Saarbrücken	20	27:60	10-30

Saison 1935/36

Gauliga Südwest:

1.	Wormatia Worms	18	49:22	26-10
2.	FK Pirmasens	18	46:24	26-10
3.	**EINTRACHT**	18	32:19	25-11
4.	Borussia Neunkirchen	18	27:26	23-13
5.	FSV Frankfurt	18	37:30	19-17
6.	Kickers Offenbach	18	26:33	17-19
7.	FV Saarbrücken	18	28:37	15-21
8.	Union Niederrad	18	19:38	13-23
9.	Opel Rüsselsheim	18	31:49	8-28
10.	Phönix Ludwigshafen	18	17:44	8-28

Saison 1936/37

Gauliga Südwest:

1.	Wormatia Worms	18	48:23	26-10
2.	**EINTRACHT**	18	48:31	26-10
3.	Kickers Offenbach	18	37:31	21-15
4.	Borussia Neunkirchen	18	37:32	19-17
5.	FSV Frankfurt	18	37:31	18-18
6.	FV Saarbrücken	18	30:38	17-19
7.	FK Pirmasens	18	26:36	15-21
8.	SV Wiesbaden	18	24:37	14-22
9.	Union Niederrad	18	32:45	13-23
10.	Sportfreunde Saarbrücken	18	28:44	11-25

Saison 1937/38

Gauliga Südwest:

1.	**EINTRACHT**	18	58:25	28-8
2.	Borussia Neunkirchen	18	40:19	27-9
3.	Wormatia Worms	18	41:32	22-14
4.	Kickers Offenbach	18	47:27	21-15
5.	FSV Frankfurt	18	33:33	17-19
6.	FK Pirmasens	18	27:28	16-20
7.	SV Wiesbaden	18	30:37	16-20
8.	FV Saarbrücken	18	33:48	12-24
9.	1. FC Kaiserslautern	18	24:49	12-24
10.	Opel Rüsselsheim	18	16:51	9-27

Deutsche Meisterschaft:

1.	Hamburger SV	6	21:5	10-2
2.	**EINTRACHT**	6	24:13	10-2
3.	Stettiner SC	6	12:18	4-8
4.	Yorck Boyen Insterburg	6	4:25	0-12

Saison 1938/39

Gauliga Südwest:

1.	Rb.-Wormatia Worms	18	34:20	26-10
2.	FSV Frankfurt	18	38:27	23-13
3.	**EINTRACHT**	18	49:34	22-14
4.	Kickers Offenbach	18	40:30	19-17
5.	SV Wiesbaden	18	23:26	18-18
6.	Borussia Neunkirchen	18	30:27	15-21
7.	TSG Ludwigshafen	18	30:40	15-21
8.	FV Saarbrücken	18	31:45	14-22
9.	Rb.-Rot-Weiss Frankfurt	18	24:35	14-22
10.	FK Pirmasens	18	23:38	14-22

Saison 1939/40

Gauliga Südwest, Gruppe Mainhessen:

1.	Kickers Offenbach	12	41:9	21-3
2.	**EINTRACHT**	12	28:17	19-5
3.	FSV Frankfurt	12	33:27	14-10
4.	SV Wiesbaden	12	22:28	9-15
5.	Union Niederrad	12	23:39	8-16
6.	Rb.-Rot-Weiss Frankfurt	12	15:37	7-17
7.	Opel Rüsselsheim	12	23:28	6-18

Saison 1940/41

Bereichsklasse Südwest, Gruppe Mainhessen:

1.	Kickers Offenbach	14	54:12	27-1
2.	Rb.-Rot-Weiss Frankfurt	14	35:15	20-8
3.	**EINTRACHT**	14	34:22	17-11
4.	Rb.-Wormatia Worms	14	34:32	12-16
5.	FSV Frankfurt	14	24:33	12-16
6.	Union Niederrad	14	24:33	11-17
7.	SV (KSG) Wiesbaden	14	20:41	8-20
8.	Germania 94 Frankfurt	14	17:54	5-23

Saison 1941/42

Bereichsklasse Hessen-Nassau, Gruppe 1:

1.	Kickers Offenbach	12	50:13	23-1
2.	**EINTRACHT**	12	46:20	17-7
3.	FSV Frankfurt	12	34:21	16-8
4.	FC Hanau 93	12	43:29	11-13
5.	KSG Wiesbaden	12	21:30	9-15
6.	TSV 1860 Hanau	12	10:45	5-19
7.	SV Wetzlar 05	12	11:57	3-21

Saison 1942/43

Gauliga Hessen-Nassau:

1.	Kickers Offenbach	18	70:20	30-6
2.	FSV Frankfurt	18	65:24	29-7
3.	Rb.-Rot-Weiss Frankfurt	18	38:23	27-9
4.	FC Hanau 93	18	38:32	20-16
5.	**EINTRACHT**	18	33:38	16-20
6.	SpVgg Neu-Isenburg	18	25:32	16-20
7.	Union Niederrad	18	38:55	12-24
8.	Opel Rüsselsheim	18	25:44	12-24
9.	Rb.-Wormatia Worms	18	36:52	10-26
10.	SV Darmstadt 98	18	26:64	8-28

Saison 1943/44

Gauliga Hessen-Nassau:

1.	Kickers Offenbach	18	74:20	31-5
2.	FC Hanau 93	18	67:28	26-10
3.	FSV Frankfurt	18	78:39	23-13
4.	**EINTRACHT**	18	53:33	23-13
5.	SpVgg Neu-Isenburg	18	38:52	23-13
6.	Opel Rüsselsheim	18	32:37	13-23

7.	VfL Rödelheim	18	30:51	13-23
8.	Rb.-Rot-Weiss Frankfurt	18	21:61	13-23
9.	VfB Offenbach	18	23:42	11-25
10.	Union Niederrad	18	15:68	4-32

Saison 1944/45

Gauliga Hessen-Nassau, Staffel 3:

1.	FFC Olympia 07	5	11:5	9-1
2.	**KSG FSV/EINTRACHT**	5	32:4	6-4
3.	Viktoria Eckenheim	5	3:23	5-5
4.	KSG Rödelheim/Rot-Weiss	5	0:0	4-6
5.	VDM Heddernheim	4	3:16	2-6
6.	SpVgg Ostend 07	2	1:2	0-4

Tabellen- und Punktestände laut „Frankfurter Anzeiger" von Anfang Januar 1945. Torverhältnisse anhand der Tabelle vom 17.12.1944 und dem Spiel Viktoria Eckenheim - KSG FSV/Eintracht (0:16) vom 7.1.1945. Danach konnten für die Staffel 3 keine weiteren Ergebnisse mehr ermittelt werden. Laut „Rhein-Mainischer Zeitung" vom 22.1.1945 wurden VDM Heddernheim und KSG Rödelheim/Rot-Weiss wegen Nichtantretens am 7.1.1945 mit zwei Minuspunkten bestraft. Diese sind in der obigen Tabelle nicht berücksichtigt.

Saison 1945/46

Oberliga Süd:

1.	VfB Stuttgart	30	91:34	46-14
2.	1. FC Nürnberg	30	86:44	45-15
3.	Stuttgarter Kickers	30	88:51	42-18
4.	SV Waldhof	30	55:36	39-21
5.	Schwaben Augsburg	30	68:45	39-21
6.	Bayern München	30	67:48	34-26
7.	1. FC Schweinfurt 05	30	55:40	33-27
8.	BC Augsburg	30	49:64	28-32
9.	TSV München 1860	30	52:44	27-33
10.	FSV Frankfurt	30	44:62	26-34
11.	**EINTRACHT**	30	71:75	25-35
12.	Kickers Offenbach	30	60:72	24-36
13.	SpVgg Fürth	30	46:69	22-38
14.	VfR Mannheim	30	41:74	19-41
15.	Phönix Karlsruhe	30	54:90	18-42
16.	Karlsruher FV	30	33:112	13-47

Saison 1946/47

Oberliga Süd:

1.	1. FC Nürnberg	38	108:31	62-14
2.	SV Waldhof	38	74:54	49-27
3.	**EINTRACHT**	38	72:50	46-30
4.	TSV München 1860	38	67:50	44-32
5.	Kickers Offenbach	38	76:58	43-33
6.	VfB Stuttgart	38	64:58	43-33
7.	Stuttgarter Kickers	38	90:56	42-34
8.	Schwaben Augsburg	38	75:51	41-35
9.	1. FC Schweinfurt 05	38	56:46	40-36
10.	SpVgg Fürth	38	56:57	38-38
11.	Bayern München	38	75:56	36-40
12.	VfR Mannheim	38	50:62	35-41
13.	TSG Ulm 1846	38	56:80	34-42
14.	FSV Frankfurt	38	35:50	33-43
15.	Viktoria Aschaffenburg	38	68:111	33-43
16.	VfL Neckarau	38	74:83	32-44
17.	BC Augsburg	38	62:89	30-46
18.	1. FC Bamberg	38	44:75	28-48
19.	Karlsruher FV	38	48:84	27-49
20.	Phönix Karlsruhe	38	46:95	24-52

Saison 1947/48

Oberliga Süd:

1.	1. FC Nürnberg	38	88:37	60-16
2.	TSV München 1860	38	77:63	52-24
3.	Stuttgarter Kickers	38	113:58	50-26
4.	Bayern München	38	72:38	50-26
5.	VfB Stuttgart	38	96:60	45-31
6.	SV Waldhof	38	77:59	45-31
7.	FSV Frankfurt	38	66:50	43-33
8.	VfR Mannheim	38	66:55	43-33
9.	Kickers Offenbach	38	75:55	42-34
10.	**EINTRACHT**	38	64:56	41-35
11.	Schwaben Augsburg	38	66:59	41-35
12.	TSG Ulm 1846	38	60:60	38-38
13.	1. FC Schweinfurt 05	38	49:53	34-42
14.	VfB Mühlburg	38	53:59	33-43
15.	SpVgg Fürth	38	68:86	31-45
16.	VfL Neckarau	38	48:81	30-46
17.	Viktoria Aschaffenburg	38	46:88	25-51
18.	Rot-Weiss Frankfurt	38	50:99	22-54
19.	Wacker München	38	41:89	21-55
20.	Sportfreunde Stuttgart	38	30:100	14-62

Entscheidungsspiel um Platz 3 am 11.7.1949 in Stuttgart:

Stuttgarter Kickers - Bayern München 5:1

Saison 1948/49

Oberliga Süd:

1.	Kickers Offenbach	30	79:29	49-11
2.	VfR Mannheim	30	51:42	38-22
3.	Bayern München	30	61:42	35-25
4.	TSV München 1860	30	61:41	34-26
5.	SV Waldhof	30	54:45	34-26
6.	VfB Stuttgart	30	56:51	31-29
7.	Schwaben Augsburg	30	49:50	30-30
8.	Stuttgarter Kickers	30	53:65	30-30
9.	VfB Mühlburg	30	51:45	29-31
10.	1. FC Schweinfurt 05	30	46:56	29-31
11.	1. FC Nürnberg	30	49:55	27-33
12.	FSV Frankfurt	30	40:53	27-33
13.	**EINTRACHT**	30	28:41	26-34
14.	BC Augsburg	30	46:66	22-38
15.	TSG Ulm 1846	30	43:53	22-38
16.	FC Rödelheim 02	30	40:73	17-43

Entscheidungsspiel um Platz 14 am 29.5.1949 in Frankfurt:

BC Augsburg - TSG Ulm 1846 1:0

Saison 1949/50

Oberliga Süd:

1.	SpVgg Fürth	30	77:39	43-17
2.	VfB Stuttgart	30	50:39	38-22
3.	Kickers Offenbach	30	62:48	37-23
4.	VfR Mannheim	30	57:41	34-26
5.	FSV Frankfurt	30	45:38	34-26
6.	SV Waldhof	30	51:53	33-27
7.	VfB Mühlburg	30	44:42	32-28
8.	1. FC Nürnberg	30	52:40	31-29
9.	TSV München 1860	30	46:42	31-29
10.	BC Augsburg	30	50:74	26-34
11.	Schwaben Augsburg	30	39:60	26-34
12.	1. FC Schweinfurt 05	30	38:38	25-35
13.	Bayern München	30	56:70	25-35
14.	**EINTRACHT**	30	45:52	24-36
15.	Jahn Regensburg	30	49:66	22-38
16.	Stuttgarter Kickers	30	45:64	19-41

Saison 1950/51

Oberliga Süd:

1.	1. FC Nürnberg	34	93:46	47-21
2.	SpVgg Fürth	34	86:43	45-23
3.	VfB Mühlburg	34	94:55	44-24
4.	VfB Stuttgart	34	82:55	43-25
5.	FSV Frankfurt	34	71:52	43-25
6.	TSV München 1860	34	97:67	42-26
7.	1. FC Schweinfurt 05	34	69:57	36-32
8.	**EINTRACHT**	34	56:64	34-34
9.	Bayern München	34	64:53	33-35
10.	Kickers Offenbach	34	69:64	32-36
11.	VfL Neckarau	34	74:94	32-36
12.	VfR Mannheim	34	72:72	31-37
13.	Schwaben Augsburg	34	46:67	29-39
14.	SV Waldhof	34	54:67	28-40
15.	SV Darmstadt 98	34	54:86	25-43
16.	BC Augsburg	34	59:82	24-44
17.	FC Singen 04	34	56:112	22-46
18.	SSV Reutlingen	34	49:109	22-46

Saison 1951/52

Oberliga Süd:

1.	VfB Stuttgart	30	60:24	44-16
2.	1. FC Nürnberg	30	72:33	43-17
3.	Kickers Offenbach	30	75:41	40-20
4.	**EINTRACHT**	30	52:43	34-26
5.	VfR Mannheim	30	64:60	32-28
6.	SpVgg Fürth	30	46:42	30-30
7.	FSV Frankfurt	30	45:58	30-30
8.	Bayern München	30	53:54	29-31
9.	VfB Mühlburg	30	67:47	28-32
10.	SV Waldhof	30	49:61	28-32
11.	Viktoria Aschaffenburg	30	45:70	28-32
12.	Stuttgarter Kickers	30	61:63	27-33
13.	TSV München 1860	30	46:54	27-33
14.	1. FC Schweinfurt 05	30	32:56	24-36
15.	Schwaben Augsburg	30	41:62	19-41
16.	VfL Neckarau	30	46:86	17-43

Saison 1952/53

Oberliga Süd:

1.	**EINTRACHT**	30	62:49	39-21
2.	VfB Stuttgart	30	69:33	38-22
3.	SpVgg Fürth	30	65:45	35-25
4.	KSC Mühlburg-Phönix	30	68:52	34-26
5.	1. FC Schweinfurt 05	30	40:51	32-28
6.	Kickers Offenbach	30	61:53	30-30
7.	Bayern München	30	59:56	30-30
8.	1. FC Nürnberg	30	67:61	29-31
9.	SV Waldhof	30	56:62	29-31
10.	BC Augsburg	30	59:61	28-32
11.	FSV Frankfurt	30	38:44	28-32
12.	Viktoria Aschaffenburg	30	59:74	28-32
13.	VfR Mannheim	30	46:59	27-33
14.	Stuttgarter Kickers	30	65:69	26-34
15.	TSV München 1860	30	46:58	24-36
16.	TSG Ulm 1846	30	41:74	21-39

Das Spiel SV Waldhof - Kickers Offenbach wurde mit 0:0 Toren für beide Klubs als verloren gewertet.

Deutsche Meisterschaft, Gruppe 1:

1.	1. FC Kaiserslautern	6	16:7	11-1
2.	**EINTRACHT**	6	8:7	7-5
3.	1. FC Köln	6	8:10	5-7
4.	Holstein Kiel	6	8:16	1-11

Saison 1953/54

Oberliga Süd:

1.	VfB Stuttgart	30	64:39	43-17
2.	**EINTRACHT**	30	70:31	42-18
3.	Kickers Offenbach	30	70:38	41-19
4.	1. FC Nürnberg	30	71:44	38-22
5.	Karlsruher SC	30	61:53	35-25
6.	Jahn Regensburg	30	42:48	33-27
7.	FSV Frankfurt	30	60:56	30-30
8.	1. FC Schweinfurt 05	30	53:50	28-32
9.	Bayern München	30	42:46	28-32
10.	VfR Mannheim	30	62:71	27-33
11.	SpVgg Fürth	30	42:54	26-34
12.	BC Augsburg	30	52:66	25-35
13.	Hessen Kassel	30	54:74	23-37
14.	Stuttgarter Kickers	30	63:79	21-39
15.	SV Waldhof	30	47:66	21-39
16.	Viktoria Aschaffenburg	30	44:82	19-41

Das Spiel SV Waldhof - Viktoria Aschaffenburg (2:2) wurde mit X:0 für Waldhof gewertet.

Deutsche Meisterschaft, Gruppe 2:

1.	1. FC Kaiserslautern	2	5:3	4-0
2.	1. FC Köln	2	6:6	2-2
3.	**EINTRACHT**	2	2:4	0-4

Saison 1954/55

Oberliga Süd:

1.	Kickers Offenbach	30	67:38	39-21
2.	SSV Reutlingen	30	62:44	37-23
3.	1. FC Schweinfurt 05	30	52:44	37-23
4.	**EINTRACHT**	30	56:36	36-24
5.	Karlsruher SC	30	69:51	35-25
6.	FSV Frankfurt	30	55:49	33-27
7.	BC Augsburg	30	72:60	32-28
8.	Schwaben Augsburg	30	46:45	32-28
9.	1. FC Nürnberg	30	64:51	29-31
10.	VfR Mannheim	30	77:79	29-31
11.	SpVgg Fürth	30	56:67	29-31
12.	Stuttgarter Kickers	30	48:56	27-33
13.	VfB Stuttgart	30	58:60	26-34
14.	Jahn Regensburg	30	47:85	26-34
15.	Hessen Kassel	30	37:67	18-42
16.	Bayern München	30	42:76	15-45

Saison 1955/56

Oberliga Süd:

1.	Karlsruher SC	30	63:38	41-19
2.	VfB Stuttgart	30	52:29	38-22
3.	VfR Mannheim	30	73:45	36-24
4.	Kickers Offenbach	30	66:51	36-24
5.	Viktoria Aschaffenburg	30	61:45	35-25
6.	**EINTRACHT**	30	56:49	31-29
7.	1. FC Nürnberg	30	42:41	31-29
8.	1. FC Schweinfurt 05	30	53:53	30-30
9.	FSV Frankfurt	30	51:43	29-31
10.	Jahn Regensburg	30	41:51	28-32
11.	BC Augsburg	30	48:53	26-34
12.	Schwaben Augsburg	30	43:57	26-34
13.	SpVgg Fürth	30	48:69	26-34
14.	Stuttgarter Kickers	30	33:43	24-36
15.	SSV Reutlingen	30	49:81	24-36
16.	TSV München 1860	30	43:74	19-41

Saison 1956/57

Oberliga Süd:

1.	1. FC Nürnberg	30	76:33	47-13
2.	Kickers Offenbach	30	81:35	43-17
3.	Karlsruher SC	30	74:41	41-19
4.	VfB Stuttgart	30	69:44	39-21
5.	**EINTRACHT**	30	60:42	35-25
6.	SpVgg Fürth	30	61:57	29-31
7.	VfR Mannheim	30	51:54	29-31
8.	Viktoria Aschaffenburg	30	44:54	27-33
9.	Jahn Regensburg	30	46:73	27-33
10.	Bayern München	30	52:62	26-34
11.	FSV Frankfurt	30	41:60	26-34
12.	1. FC Schweinfurt 05	30	41:68	24-36
13.	BC Augsburg	30	49:66	23-37
14.	Stuttgarter Kickers	30	46:50	22-38
15.	Schwaben Augsburg	30	35:64	22-38
16.	Freiburger FC	30	43:66	20-40

Saison 1957/58

Oberliga Süd:

1.	Karlsruher SC	30	60:38	42-18
2.	1. FC Nürnberg	30	74:45	41-19
3.	**EINTRACHT**	30	58:32	39-21
4.	SpVgg Fürth	30	54:33	39-21
5.	Kickers Offenbach	30	68:45	37-23
6.	TSV München 1860	30	50:48	36-24
7.	Bayern München	30	66:56	30-30
8.	1. FC Schweinfurt 05	30	51:48	29-31
9.	VfB Stuttgart	30	55:46	28-32
10.	VfR Mannheim	30	43:57	27-33
11.	Viktoria Aschaffenburg	30	51:54	26-34
12.	BC Augsburg	30	45:66	26-34
13.	FSV Frankfurt	30	33:46	25-35
14.	SSV Reutlingen	30	41:55	23-37
15.	Jahn Regensburg	30	29:79	17-43
16.	Stuttgarter Kickers	30	31:61	15-45

Das Spiel Stuttgarter Kickers - FSV Frankfurt wurde wegen einer Platzsperre nicht ausgetragen und mit X:0 für den FSV gewertet.

Saison 1958/59

Oberliga Süd:

1.	**EINTRACHT**	30	71:25	49-11
2.	Kickers Offenbach	30	73:31	47-13
3.	1. FC Nürnberg	30	80:38	43-17
4.	Bayern München	30	79:49	39-21
5.	VfB Stuttgart	30	61:49	30-30
6.	TSV München 1860	30	61:47	30-30
7.	SpVgg Fürth	30	47:45	30-30
8.	VfR Mannheim	30	65:71	29-31
9.	Karlsruher SC	30	73:69	28-32
10.	1. FC Schweinfurt 05	30	47:59	25-35
11.	FSV Frankfurt	30	49:69	24-36
12.	SSV Reutlingen	30	44:71	24-36
13.	TSG Ulm 1846	30	39:57	22-38
14.	Viktoria Aschaffenburg	30	43:69	22-38
15.	BC Augsburg	30	53:85	20-40
16.	SV Waldhof	30	43:84	18-42

Deutsche Meisterschaft, Gruppe 1:

1.	**EINTRACHT**	6	26:11	12-0
2.	1. FC Köln	6	10:14	5-7
3.	FK Pirmasens	6	16:18	4-8
4.	Werder Bremen	6	12:21	3-9

Endspiel am 28.6. 1959 in Berlin:

Eintracht - Kickers Offenbach n.V. 5:3

Loy - Eigenbrodt, Höfer - Stinka, Lutz, H. Weilbächer - Kreß, Sztani (2), Feigenspan (3), D. Lindner, Pfaff - Trainer: Oßwald - SR: Asmussen (Flensburg) - Zuschauer: 75.000.

Saison 1959/60

Oberliga Süd:

1.	Karlsruher SC	30	78:39	45-15
2.	Kickers Offenbach	30	75:45	39-21
3.	**EINTRACHT**	30	81:57	37-23
4.	TSV München 1860	30	65:56	35-25
5.	Bayern München	30	81:55	34-26
6.	1. FC Nürnberg	30	73:54	34-26
7.	VfB Stuttgart	30	66:57	33-27
8.	SSV Reutlingen	30	55:57	31-29
9.	FSV Frankfurt	30	59:53	28-32
10.	VfR Mannheim	30	55:52	27-33
11.	SpVgg Fürth	30	48:59	26-34
12.	1. FC Schweinfurt 05	30	48:64	25-35
13.	Bayern Hof	30	45:84	25-35
14.	TSG Ulm 1846	30	39:64	21-39
15.	Viktoria Aschaffenburg	30	43:73	21-39
16.	Stuttgarter Kickers	30	38:80	15-45

Bayern München wurden wegen „Überbezahlung“ seiner Spieler in der Saison 1957/58 vier Punkte abgezogen.

Saison 1960/61

Oberliga Süd:

1.	1. FC Nürnberg	30	96:30	48-12
2.	**EINTRACHT**	30	78:38	41-19
3.	Karlsruher SC	30	75:51	38-22
4.	Kickers Offenbach	30	57:46	36-24
5.	SSV Reutlingen	30	65:55	32-28
6.	TSV München 1860	30	61:66	32-28
7.	VfB Stuttgart	30	57:53	30-30
8.	Bayern München	30	57:54	30-30
9.	VfR Mannheim	30	53:51	29-31
10.	Bayern Hof	30	41:60	27-33
11.	SpVgg Fürth	30	40:47	26-34
12.	FSV Frankfurt	30	45:59	26-34
13.	SV Waldhof	30	47:56	25-35
14.	1. FC Schweinfurt 05	30	42:54	25-35
15.	TSG Ulm 1846	30	48:62	24-36
16.	Jahn Regensburg	30	27:107	11-49

Deutsche Meisterschaft, Gruppe 1:

Qualifikation am 6.5.1961 in Ludwigshafen:

Eintracht - Borussia Neunkirchen 5:0

1.	Borussia Dortmund	6	19:12	7-5
2.	**EINTRACHT**	6	13:9	7-5
3.	Hamburger SV	6	14:19	6-6
4.	1. FC Saarbrücken	6	11:17	4-8

Saison 1961/62

Oberliga Süd:

1.	1. FC Nürnberg	30	70:30	43-17
2.	**EINTRACHT**	30	81:37	43-17
3.	Bayern München	30	67:55	40-20
4.	Kickers Offenbach	30	65:50	37-23
5.	VfB Stuttgart	30	66:53	34-26
6.	Bayern Hof	30	55:56	32-28
7.	TSV München 1860	30	64:57	30-30
8.	SSV Reutlingen	30	57:51	29-31
9.	Karlsruher SC	30	47:44	28-32
10.	VfR Mannheim	30	47:59	28-32
11.	BC Augsburg	30	55:63	26-34
12.	SpVgg Fürth	30	31:39	24-36

13.	Schwaben Augsburg	30	43:78	23-37
14.	1. FC Schweinfurt 05	30	39:63	22-38
15.	FSV Frankfurt	30	35:65	21-39
16.	SV Waldhof	30	39:61	20-40

Deutsche Meisterschaft, Gruppe 2:

1.	1. FC Köln	3	14:1	6-0
2.	**EINTRACHT**	3	11:5	4-2
3.	Hamburger SV	3	7:6	2-4
4.	FK Pirmasens	3	4:24	0-6

Saison 1962/63

Oberliga Süd:

1.	TSV München 1860	30	72:38	44-16
2.	1. FC Nürnberg	30	87:41	41-19
3.	Bayern München	30	67:52	40-20
4.	**EINTRACHT**	30	56:32	39-21
5.	Karlsruher SC	30	59:48	34-26
6.	VfB Stuttgart	30	49:40	32-28
7.	Kickers Offenbach	30	57:49	32-28
8.	TSG Ulm 1846	30	64:58	30-30
9.	SpVgg Fürth	30	49:48	29-31
10.	Hessen Kassel	30	49:57	29-31
11.	1. FC Schweinfurt 05	30	43:53	26-34
12.	VfR Mannheim	30	49:62	26-34
13.	Bayern Hof	30	40:62	21-39
14.	SSV Reutlingen	30	48:75	21-39
15.	Schwaben Augsburg	30	49:73	19-41
16.	BC Augsburg	30	38:88	17-43

Saison 1963/64

Bundesliga:

1.	1. FC Köln	30	78:40	45-15
2.	Meidericher SV	30	60:36	39-21
3.	**EINTRACHT**	30	65:41	39-21
4.	Borussia Dortmund	30	73:57	33-27
5.	VfB Stuttgart	30	48:40	33-27
6.	Hamburger SV	30	69:60	32-28
7.	TSV München 1860	30	66:50	31-29
8.	FC Schalke 04	30	51:53	29-31
9.	1. FC Nürnberg	30	45:56	29-31
10.	Werder Bremen	30	53:62	28-32
11.	Eintracht Braunschweig	30	36:49	28-32
12.	1. FC Kaiserslautern	30	48:69	26-34
13.	Karlsruher SC	30	42:55	24-36
14.	Hertha BSC Berlin	30	45:65	24-36
15.	Preußen Münster	30	34:52	23-37
16.	1. FC Saarbrücken	30	44:72	17-43

Saison 1964/65

Bundesliga:

1.	Werder Bremen	30	54:29	41-19
2.	1. FC Köln	30	66:45	38-22
3.	Borussia Dortmund	30	67:48	36-24
4.	TSV München 1860	30	70:50	35-25
5.	Hannover 96	30	48:42	33-27
6.	1. FC Nürnberg	30	44:38	32-28
7.	Meidericher SV	30	46:48	32-28
8.	**EINTRACHT**	30	50:58	29-31
9.	Eintracht. Braunschweig	30	42:47	28-32
10.	Borussia Neunkirchen	30	44:48	27-33
11.	Hamburger SV	30	46:56	27-33
12.	VfB Stuttgart	30	46:50	26-34
13.	1. FC Kaiserslautern	30	41:53	25-35
14.	Hertha BSC Berlin	30	40:62	25-35
15.	Karlsruher SC	30	47:62	24-36
16.	FC Schalke 04	30	45:60	22-38

Hertha BSC Berlin wurde die Lizenz entzogen, der Abstieg ausgesetzt und die Bundesliga auf 18 Vereine aufgestockt.

Saison 1965/66

Bundesliga:

1.	TSV München 1860	34	80:40	50-18
2.	Borussia Dortmund	34	70:36	47-21
3.	Bayern München	34	71:38	47-21
4.	Werder Bremen	34	76:40	45-23
5.	1. FC Köln	34	74:41	44-24
6.	1. FC Nürnberg	34	54:43	39-29
7.	**EINTRACHT**	34	64:46	38-30
8.	Meidericher SV	34	70:48	36-32
9.	Hamburger SV	34	64:52	34-34
10.	Eintracht Braunschweig	34	49:49	34-34
11.	VfB Stuttgart	34	42:48	32-36
12.	Hannover 96	34	59:57	30-38
13.	Bor. Mönchengladbach	34	57:68	29-39
14.	FC Schalke 04	34	33:55	27-41
15.	1. FC Kaiserslautern	34	42:65	26-42
16.	Karlsruher SC	34	35:71	24-44
17.	Borussia Neunkirchen	34	32:82	22-46
18.	Tasmania 1900 Berlin	34	15:108	8-60

Saison 1966/67

Bundesliga:

1.	Eintracht Braunschweig	34	49:27	43-25
2.	TSV München 1860	34	60:47	41-27
3.	Borussia Dortmund	34	70:41	39-29
4.	**EINTRACHT**	34	66:49	39-29
5.	1. FC Kaiserslautern	34	43:42	38-30
6.	Bayern München	34	62:47	37-31
7.	1. FC Köln	34	48:48	37-31
8.	Bor. Mönchengladbach	34	70:49	34-34
9.	Hannover 96	34	40:46	34-34
10.	1. FC Nürnberg	34	43:50	34-34
11.	MSV Duisburg	34	40:42	33-35
12.	VfB Stuttgart	34	48:54	33-35
13.	Karlsruher SC	34	54:62	31-37
14.	Hamburger SV	34	37:53	30-38
15.	FC Schalke 04	34	37:63	30-38
16.	Werder Bremen	34	49:56	29-39
17.	Fortuna Düsseldorf	34	44:66	25-43
18.	Rot-Weiss Essen	34	35:53	25-43

Saison 1967/68

Bundesliga:

1.	1. FC Nürnberg	34	71:37	47-21
2.	Werder Bremen	34	68:51	44-24
3.	Bor. Mönchengladbach	34	77:45	42-26
4.	1. FC Köln	34	68:52	38-30
5.	Bayern München	34	68:58	38-30
6.	**EINTRACHT**	34	58:51	38-30
7.	MSV Duisburg	34	69:58	36-32
8.	VfB Stuttgart	34	65:54	35-33
9.	Eintracht Braunschweig	34	37:39	35-33
10.	Hannover 96	34	48:52	34-34
11.	Alemannia Aachen	34	52:66	34-34
12.	TSV München 1860	34	55:39	33-35
13.	Hamburger SV	34	51:54	33-35
14.	Borussia Dortmund	34	60:59	31-37
15.	FC Schalke 04	34	42:48	30-38
16.	1. FC Kaiserslautern	34	39:67	28-40

17.	Borussia Neunkirchen	34	33:93	19-49
18.	Karlsruher SC	34	32:70	17-51

Saison 1968/69
Bundesliga:

1.	Bayern München	34	61:31	46-22
2.	Alemannia Aachen	34	57:51	38-30
3.	Bor. Mönchengladbach	34	61:46	37-31
4.	Eintracht Braunschweig	34	46:43	37-31
5.	VfB Stuttgart	34	60:54	36-32
6.	Hamburger SV	34	55:55	36-32
7.	FC Schalke 04	34	45:40	35-33
8.	**EINTRACHT**	34	46:43	34-34
9.	Werder Bremen	34	59:59	34-34
10.	TSV München 1860	34	44:59	34-34
11.	Hannover 96	34	47:45	32-36
12.	MSV Duisburg	34	33:37	32-36
13.	1. FC Köln	34	47:56	32-36
14.	Hertha BSC Berlin	34	31:39	32-36
15.	1. FC Kaiserslautern	34	45:47	30-38
16.	Borussia Dortmund	34	49:54	30-38
17.	1. FC Nürnberg	34	45:55	29-39
18.	Kickers Offenbach	34	42:59	28-40

Saison 1969/70
Bundesliga:

1.	Bor. Mönchengladbach	34	71:29	51-17
2.	Bayern München	34	88:37	47-21
3.	Hertha BSC Berlin	34	67:41	45-23
4.	1. FC Köln	34	83:38	43-25
5.	Borussia Dortmund	34	60:67	36-32
6.	Hamburger SV	34	57:54	35-33
7.	VfB Stuttgart	34	59:62	35-33
8.	**EINTRACHT**	34	54:54	34-34
9.	FC Schalke 04	34	43:54	34-34
10.	1. FC Kaiserslautern	34	44:55	32-36
11.	Werder Bremen	34	38:47	31-37
12.	Rot-Weiss Essen	34	41:54	31-37
13.	Hannover 96	34	49:61	30-38
14.	Rot-Weiß Oberhausen	34	50:62	29-39
15.	MSV Duisburg	34	35:48	29-39
16.	Eintracht Braunschweig	34	40:49	28-40
17.	TSV München 1860	34	41:56	25-43
18.	Alemannia Aachen	34	31:83	17-51

Saison 1970/71
Bundesliga:

1.	Bor. Mönchengladbach	34	77:35	50-18
2.	Bayern München	34	74:36	48-20
3.	Hertha BSC Berlin	34	61:43	41-27
4.	Eintracht Braunschweig	34	52:40	39-29
5.	Hamburger SV	34	54:63	37-31
6.	FC Schalke 04	34	44:40	36-32
7.	MSV Duisburg	34	43:47	35-33
8.	1. FC Kaiserslautern	34	54:57	34-34
9.	Hannover 96	34	53:49	33-35
10.	Werder Bremen	34	41:40	33-35
11.	1. FC Köln	34	46:56	33-35
12.	VfB Stuttgart	34	49:49	30-38
13.	Borussia Dortmund	34	54:60	29-39
14.	Arminia Bielefeld	34	34:53	29-39
15.	**EINTRACHT**	34	39:56	28-40
16.	Rot-Weiß Oberhausen	34	54:69	27-41
17.	Kickers Offenbach	34	49:65	27-41
18.	Rot-Weiss Essen	34	48:68	23-45

Saison 1971/72
Bundesliga:

1.	Bayern München	34	101:38	55-13
2.	FC Schalke 04	34	76:35	52-16
3.	Bor. Mönchengladbach	34	82:40	43-25
4.	1. FC Köln	34	64:44	43-25
5.	**EINTRACHT**	34	71:61	39-29
6.	Hertha BSC Berlin	34	46:55	37-31
7.	1. FC Kaiserslautern	34	59:53	35-33
8.	VfB Stuttgart	34	52:56	35-33
9.	VfL Bochum	34	59:69	34-34
10.	Hamburger SV	34	52:52	33-35
11.	Werder Bremen	34	63:58	31-37
12.	Eintracht Braunschweig	34	43:48	31-37
13.	Fortuna Düsseldorf	34	40:53	30-38
14.	MSV Duisburg	34	36:51	27-41
15.	Rot-Weiß Oberhausen	34	33:66	25-43
16.	Hannover 96	34	54:69	23-45
17.	Borussia Dortmund	34	34:83	20-48
18.	Arminia Bielefeld	34	0:0	0-0

Lizenzentzug für Arminia Bielefeld: Alle Spiele wurden nur für den Gegner gewertet (41:75 Tore, 19-49 Punkte).

Saison 1972/73
Bundesliga:

1.	Bayern München	34	93:29	54-14
2.	1. FC Köln	34	66:51	43-25
3.	Fortuna Düsseldorf	34	62:45	42-26
4.	Wuppertaler SV	34	62:49	40-28
5.	Bor. Mönchengladbach	34	82:61	39-29
6.	VfB Stuttgart	34	71:65	37-31
7.	Kickers Offenbach	34	61:60	35-33
8.	**EINTRACHT**	34	58:54	34-34
9.	1. FC Kaiserslautern	34	58:68	34-34
10.	MSV Duisburg	34	53:54	33-35
11.	Werder Bremen	34	50:52	31-37
12.	VfL Bochum	34	50:68	31-37
13.	Hertha BSC Berlin	34	53:64	30-38
14.	Hamburger SV	34	53:59	28-40
15.	FC Schalke 04	34	46:61	28-40
16.	Hannover 96	34	49:65	26-42
17.	Eintracht Braunschweig	34	33:56	25-43
18.	Rot-Weiß Oberhausen	34	45:84	22-46

Saison 1973/74
Bundesliga:

1.	Bayern München	34	95:53	49-19
2.	Bor. Mönchengladbach	34	93:52	48-20
3.	Fortuna Düsseldorf	34	61:47	41-27
4.	**EINTRACHT**	34	63:50	41-27
5.	1. FC Köln	34	69:56	39-29
6.	1. FC Kaiserslautern	34	80:69	38-30
7.	FC Schalke 04	34	72:68	37-31
8.	Hertha BSC Berlin	34	56:60	33-35
9.	VfB Stuttgart	34	58:57	31-37
10.	Kickers Offenbach	34	56:62	31-37
11.	Werder Bremen	34	48:56	31-37
12.	Hamburger SV	34	53:62	31-37
13.	Rot-Weiss Essen	34	56:70	31-37
14.	VfL Bochum	34	45:57	30-38
15.	MSV Duisburg	34	42:56	29-39
16.	Wuppertaler SV	34	42:65	25-43
17.	Fortuna Köln	34	46:79	25-43
18.	Hannover 96	34	50:66	22-46

Saison 1974/75

Bundesliga:

1. Bor. Mönchengladbach	34	86:40	50-18
2. Hertha BSC Berlin	34	61:43	44-24
3. **EINTRACHT**	34	89:49	43-25
4. Hamburger SV	34	55:38	43-25
5. 1. FC Köln	34	77:51	41-27
6. Fortuna Düsseldorf	34	66:55	41-27
7. FC Schalke 04	34	52:37	39-29
8. Kickers Offenbach	34	72:62	38-30
9. Eintracht Braunschweig	34	52:42	36-32
10. Bayern München	34	57:63	34-34
11. VfL Bochum	34	53:53	33-35
12. Rot-Weiss Essen	34	56:68	32-36
13. 1. FC Kaiserslautern	34	56:55	31-37
14. MSV Duisburg	34	59:77	30-38
15. Werder Bremen	34	45:69	25-43
16. VfB Stuttgart	34	50:79	24-44
17. Tennis Borussia Berlin	34	38:89	16-52
18. Wuppertaler SV	34	32:86	12-56

Saison 1975/76

Bundesliga:

1. Bor. Mönchengladbach	34	66:37	45-23
2. Hamburger SV	34	59:32	41-27
3. Bayern München	34	72:50	40-28
4. 1. FC Köln	34	62:45	39-29
5. Eintracht Braunschweig	34	52:48	39-29
6. FC Schalke 04	34	76:55	37-31
7. 1. FC Kaiserslautern	34	66:60	37-31
8. Rot-Weiss Essen	34	61:67	37-31
9. **EINTRACHT**	34	79:58	36-32
10. MSV Duisburg	34	55:62	33-35
11. Hertha BSC Berlin	34	59:61	32-36
12. Fortuna Düsseldorf	34	47:57	30-38
13. Werder Bremen	34	44:55	30-38
14. VfL Bochum	34	49:62	30-38
15. Karlsruher SC	34	46:59	30-38
16. Hannover 96	34	48:60	27-41
17. Kickers Offenbach	34	40:72	27-41
18. Bayer Uerdingen	34	28:69	22-46

Saison 1976/77

Bundesliga:

1. Bor. Mönchengladbach	34	58:34	44-24
2. FC Schalke 04	34	77:52	43-25
3. Eintracht Braunschweig	34	56:38	43-25
4. **EINTRACHT**	34	86:57	42-26
5. 1. FC Köln	34	83:61	40-28
6. Hamburger SV	34	67:56	38-30
7. Bayern München	34	74:65	37-31
8. Borussia Dortmund	34	73:64	34-34
9. MSV Duisburg	34	60:51	34-34
10. Hertha BSC Berlin	34	55:54	34-34
11. Werder Bremen	34	51:59	33-35
12. Fortuna Düsseldorf	34	52:54	31-37
13. 1. FC Kaiserslautern	34	53:59	29-39
14. 1. FC Saarbrücken	34	43:55	29-39
15. VfL Bochum	34	47:62	29-39
16. Karlsruher SC	34	53:75	28-40
17. Tennis Borussia Berlin	34	47:85	22-46
18. Rot-Weiss Essen	34	49:103	22-46

Saison 1977/78

Bundesliga:

1. 1. FC Köln	34	86:41	48-20
2. Bor. Mönchengladbach	34	86:44	48-20
3. Hertha BSC Berlin	34	59:48	40-28
4. VfB Stuttgart	34	58:40	39-29
5. Fortuna Düsseldorf	34	49:36	39-29
6. MSV Duisburg	34	62:59	37-31
7. **EINTRACHT**	34	59:52	36-32
8. 1. FC Kaiserslautern	34	64:63	36-32
9. FC Schalke 04	34	47:52	34-34
10. Hamburger SV	34	61:67	34-34
11. Borussia Dortmund	34	57:71	33-35
12. Bayern München	34	62:64	32-36
13. Eintracht Braunschweig	34	43:53	32-36
14. VfL Bochum	34	49:51	31-37
15. Werder Bremen	34	48:57	31-37
16. TSV München 1860	34	41:60	22-46
17. 1. FC Saarbrücken	34	39:70	22-46
18. FC St. Pauli	34	44:86	18-50

Saison 1978/79

Bundesliga:

1. Hamburger SV	34	78:32	49-19
2. VfB Stuttgart	34	73:34	48-20
3. 1. FC Kaiserslautern	34	62:47	43-25
4. Bayern München	34	69:46	40-28
5. **EINTRACHT**	34	50:49	39-29
6. 1. FC Köln	34	55:47	38-30
7. Fortuna Düsseldorf	34	70:59	37-31
8. VfL Bochum	34	47:46	33-35
9. Eintracht Braunschweig	34	50:55	33-35
10. Bor. Mönchengladbach	34	50:53	32-36
11. Werder Bremen	34	48:60	31-37
12. Borussia Dortmund	34	54:70	31-37
13. MSV Duisburg	34	43:56	30-38
14. Hertha BSC Berlin	34	40:50	29-39
15. FC Schalke 04	34	55:61	28-40
16. Arminia Bielefeld	34	43:56	26-42
17. 1. FC Nürnberg	34	36:67	24-44
18. SV Darmstadt 98	34	40:75	21-47

Saison 1979/80

Bundesliga:

1. Bayern München	34	84:33	50-18
2. Hamburger SV	34	86:35	48-20
3. VfB Stuttgart	34	75:53	41-27
1. FC Kaiserslautern	34	75:53	41-27
5. 1. FC Köln	34	72:55	37-21
6. Borussia Dortmund	34	64:56	36-32
7. Bor. Mönchengladbach	34	61:60	36-32
8. FC Schalke 04	34	40:51	33-35
9. **EINTRACHT**	34	65:61	32-36
10. VfL Bochum	34	41:44	32-36
11. Fortuna Düsseldorf	34	62:72	32-36
12. Bayer Leverkusen	34	45:61	32-36
13. TSV München 1860	34	42:53	30-38
14. MSV Duisburg	34	43:57	29-39
15. Bayer Uerdingen	34	43:61	29-39
16. Hertha BSC Berlin	34	41:61	29-39
17. Werder Bremen	34	52:93	25-43
18. Eintracht Braunschweig	34	32:64	20-48

Saison 1980/81

Bundesliga:

1.	Bayern München	34	89:41	53-15
2.	Hamburger SV	34	73:43	49-19
3.	VfB Stuttgart	34	70:44	46-22
4.	1. FC Kaiserslautern	34	60:37	44-24
5.	**EINTRACHT**	34	61:57	38-30
6.	Bor. Mönchengladbach	34	68:64	37-31
7.	Borussia Dortmund	34	69:59	35-33
8.	1. FC Köln	34	54:55	34-34
9.	VfL Bochum	34	53:45	33-35
10.	Karlsruher SC	34	56:63	32-36
11.	Bayer Leverkusen	34	52:53	30-38
12.	MSV Duisburg	34	45:58	29-39
13.	Fortuna Düsseldorf	34	57:64	28-40
14.	1. FC Nürnberg	34	47:57	28-40
15.	Arminia Bielefeld	34	46:65	26-42
16.	TSV München 1860	34	49:67	25-43
17.	FC Schalke 04	34	43:88	23-45
18.	Bayer Uerdingen	34	47:79	22-46

Saison 1981/82

Bundesliga:

1.	Hamburger SV	34	95:45	48-20
2.	1. FC Köln	34	72:38	45-23
3.	Bayern München	34	77:56	43-25
4.	1. FC Kaiserslautern	34	70:61	42-26
5.	Werder Bremen	34	61:52	42-26
6.	Borussia Dortmund	34	59:40	41-27
7.	Bor. Mönchengladbach	34	61:51	40-28
8.	**EINTRACHT**	34	83:72	37-31
9.	VfB Stuttgart	34	62:55	35-33
10.	VfL Bochum	34	52:51	32-36
11.	Eintracht Braunschweig	34	61:66	32-36
12.	Arminia Bielefeld	34	46:50	30-38
13.	1. FC Nürnberg	34	53:72	28-40
14.	Karlsruher SC	34	50:68	27-41
15.	Fortuna Düsseldorf	34	48:73	25-43
16.	Bayer Leverkusen	34	45:72	25-43
17.	SV Darmstadt 98	34	46:82	21-47
18.	MSV Duisburg	34	40:77	19-49

Saison 1982/83

Bundesliga:

1.	Hamburger SV	34	79:33	52-16
2.	Werder Bremen	34	76:38	52-16
3.	VfB Stuttgart	34	80:47	48-20
4.	Bayern München	34	74:33	44-24
5.	1. FC Köln	34	69:42	43-25
6.	1. FC Kaiserslautern	34	57:44	41-27
7.	Borussia Dortmund	34	78:62	39-29
8.	Arminia Bielefeld	34	46:71	31-37
9.	Fortuna Düsseldorf	34	63:75	30-38
10.	**EINTRACHT**	34	48:57	29-39
11.	Bayer Leverkusen	34	43:66	29-39
12.	Bor. Mönchengladbach	34	64:63	28-40
13.	VfL Bochum	34	43:49	28-40
14.	1. FC Nürnberg	34	44:70	28-40
15.	Eintracht Braunschweig	34	42:65	27-41
16.	FC Schalke 04	34	48:68	22-46
17.	Karlsruher SC	34	39:86	21-47
18.	Hertha BSC Berlin	34	43:67	20-48

Saison 1983/84

Bundesliga:

1.	VfB Stuttgart	34	79:33	48-20
2.	Hamburger SV	34	75:36	48-20
3.	Bor. Mönchengladbach	34	81:48	48-20
4.	Bayern München	34	84:41	47-21
5.	Werder Bremen	34	79:46	45-23
6.	1. FC Köln	34	70:57	38-30
7.	Bayer Leverkusen	34	50:50	34-34
8.	Arminia Bielefeld	34	40:49	33-35
9.	Eintracht Braunschweig	34	54:69	32-36
10.	Bayer Uerdingen	34	66:79	31-37
11.	SV Waldhof Mannheim	34	45:58	31-37
12.	1. FC Kaiserslautern	34	68:69	30-38
13.	Borussia Dortmund	34	54:65	30-38
14.	Fortuna Düsseldorf	34	63:75	29-39
15.	VfL Bochum	34	58:70	28-40
16.	**EINTRACHT**	34	45:61	27-41
17.	Kickers Offenbach	34	48:106	19-49
18.	1. FC Nürnberg	34	38:85	14-54

Relegation gegen den Dritten der 2. Bundesliga:

MSV Duisburg - Eintracht 0:5, 1:1

Saison 1984/85

Bundesliga:

1.	Bayern München	34	79:38	50-18
2.	Werder Bremen	34	87:51	46-22
3.	1. FC Köln	34	69:66	40-28
4.	Bor. Mönchengladbach	34	77:53	39-29
5.	Hamburger SV	34	58:49	37-31
6.	SV Waldhof Mannheim	34	47:50	37-31
7.	Bayer Uerdingen	34	57:52	36-32
8.	FC Schalke 04	34	63:62	34-34
9.	VfL Bochum	34	52:54	34-34
10.	VfB Stuttgart	34	79:59	33-35
11.	1. FC Kaiserslautern	34	56:60	33-35
12.	**EINTRACHT**	34	62:67	32-36
13.	Bayer Leverkusen	34	52:54	31-37
14.	Borussia Dortmund	34	51:65	30-38
15.	Fortuna Düsseldorf	34	53:66	29-39
16.	Arminia Bielefeld	34	46:61	29-39
17.	Karlsruher SC	34	47:88	22-46
18.	Eintracht Braunschweig	34	39:79	20-48

Saison 1985/86

Bundesliga:

1.	Bayern München	34	82:31	49-19
2.	Werder Bremen	34	83:41	49-19
3.	Bayer Uerdingen	34	63:60	45-23
4.	Bor. Mönchengladbach	34	65:51	42-26
5.	VfB Stuttgart	34	69:45	41-27
6.	Bayer Leverkusen	34	63:51	40-28
7.	Hamburger SV	34	52:35	39-29
8.	SV Waldhof Mannheim	34	41:44	33-35
9.	VfL Bochum	34	55:57	32-36
10.	FC Schalke 04	34	53:58	30-38
11.	1. FC Kaiserslautern	34	49:54	30-38
12.	1. FC Nürnberg	34	51:54	29-39
13.	1. FC Köln	34	46:59	29-39
14.	Fortuna Düsseldorf	34	54:78	29-39
15.	**EINTRACHT**	34	35:49	28-40
16.	Borussia Dortmund	34	49:65	28-40
17.	1. FC Saarbrücken	34	39:68	21-47
18.	Hannover 96	34	43:92	18-50

Saison 1986/87
Bundesliga:

1.	Bayern München	34	67:31	53-15
2.	Hamburger SV	34	69:37	47-21
3.	Bor. Mönchengladbach	34	74:44	43-25
4.	Borussia Dortmund	34	70:50	40-28
5.	Werder Bremen	34	65:54	40-28
6.	Bayer Leverkusen	34	56:38	39-29
7.	1. FC Kaiserslautern	34	64:51	37-31
8.	Bayer Uerdingen	34	51:49	35-33
9.	1. FC Nürnberg	34	62:62	35-33
10.	1. FC Köln	34	50:53	35-33
11.	VfL Bochum	34	52:44	32-36
12.	VfB Stuttgart	34	55:49	32-36
13.	FC Schalke 04	34	50:58	32-36
14.	SV Waldhof Mannheim	34	52:71	28-40
15.	**EINTRACHT**	34	33:79	25-43
16.	FC Homburg	34	33:79	21-47
17.	Fortuna Düsseldorf	34	42:91	20-48
18.	Blau-Weiß 90 Berlin	34	36:76	18-50

Saison 1987/88
Bundesliga:

1.	Werder Bremen	34	61:22	52-16
2.	Bayern München	34	83:45	48-20
3.	1. FC Köln	34	57:28	48-20
4.	VfB Stuttgart	34	69:49	40-28
5.	1. FC Nürnberg	34	44:40	37-31
6.	Hamburger SV	34	63:68	37-31
7.	Bor. Mönchengladbach	34	55:53	33-35
8.	Bayer Leverkusen	34	53:60	32-36
9.	**EINTRACHT**	34	51:50	31-37
10.	Hannover 96	34	59:60	31-37
11.	Bayer Uerdingen	34	59:61	31-37
12.	VfL Bochum	34	47:51	30-38
13.	Borussia Dortmund	34	51:54	29-39
14.	1. FC Kaiserslautern	34	53:62	29-39
15.	Karlsruher SC	34	37:55	29-39
16.	SV Waldhof Mannheim	34	35:50	28-40
17.	FC Homburg	34	37:70	24-44
18.	FC Schalke 04	34	48:84	23-45

Saison 1988/89
Bundesliga:

1.	Bayern München	34	67:26	50-18
2.	1. FC Köln	34	58:30	45-23
3.	Werder Bremen	34	55:32	44-24
4.	Hamburger SV	34	60:36	43-25
5.	VfB Stuttgart	34	58:49	39-29
6.	Bor. Mönchengladbach	34	44:43	38-30
7.	Borussia Dortmund	34	56:40	37-31
8.	Bayer Leverkusen	34	45:44	34-34
9.	1. FC Kaiserslautern	34	47:44	33-35
10.	FC St. Pauli	34	41:42	32-36
11.	Karlsruher SC	34	48:51	32-36
12.	SV Waldhof Mannheim	34	43:52	31-37
13.	Bayer Uerdingen	34	50:60	31-37
14.	1. FC Nürnberg	34	36:54	26-42
15.	VfL Bochum	34	37:57	26-42
16.	**EINTRACHT**	34	30:53	26-42
17.	Stuttgarter Kickers	34	41:68	26-42
18.	Hannover 96	34	36:71	19-49

Relegation gegen den Dritten der 2. Bundesliga:
Eintracht - 1. FC Saarbrücken 2:0, 1:2

Saison 1989/90
Bundesliga:

1.	Bayern München	34	64:28	49-19
2.	1. FC Köln	34	54:44	43-25
3.	**EINTRACHT**	34	61:40	41-27
4.	Borussia Dortmund	34	51:35	41-27
5.	Bayer Leverkusen	34	40:32	39-29
6.	VfB Stuttgart	34	53:47	36-32
7.	Werder Bremen	34	49:41	34-34
8.	1. FC Nürnberg	34	42:46	33-35
9.	Fortuna Düsseldorf	34	41:41	32-36
10.	Karlsruher SC	34	32:39	32-36
11.	Hamburger SV	34	39:46	31-37
12.	1. FC Kaiserslautern	34	42:55	31-37
13.	FC St. Pauli	34	31:46	31-37
14.	Bayer Uerdingen	34	41:48	30-38
15.	Bor. Mönchengladbach	34	37:45	30-38
16.	VfL Bochum	34	44:53	29-39
17.	SV Waldhof Mannheim	34	36:53	26-42
18.	FC Homburg	34	33:51	24-44

Saison 1990/91
Bundesliga:

1.	1. FC Kaiserslautern	34	72:45	48-20
2.	Bayern München	34	74:41	45-23
3.	Werder Bremen	34	46:29	42-26
4.	**EINTRACHT**	34	63:40	40-28
5.	Hamburger SV	34	60:38	40-28
6.	VfB Stuttgart	34	47:44	38-30
7.	1. FC Köln	34	50:43	37-31
8.	Bayer Leverkusen	34	47:46	35-33
9.	Bor. Mönchengladbach	34	49:54	35-33
10.	Borussia Dortmund	34	46:57	34-34
11.	SG Wattenscheid 09	34	42:51	33-35
12.	Fortuna Düsseldorf	34	40:49	32-36
13.	Karlsruher SC	34	46:52	31-37
14.	VfL Bochum	34	50:52	29-39
15.	1. FC Nürnberg	34	40:54	29-39
16.	FC St. Pauli	34	33:53	27-41
17.	Bayer Uerdingen	34	34:54	23-45
18.	Hertha BSC Berlin	34	37:84	14-54

Saison 1991/92
Bundesliga:

1.	VfB Stuttgart	38	62:32	52-24
2.	Borussia Dortmund	38	66:47	52-24
3.	**EINTRACHT**	38	76:41	50-26
4.	1. FC Köln	38	58:41	44-32
5.	1. FC Kaiserslautern	38	58:42	44-32
6.	Bayer Leverkusen	38	53:39	43-33
7.	1. FC Nürnberg	38	54:51	43-33
8.	Karlsruher SC	38	48:50	41-35
9.	Werder Bremen	38	44:45	38-38
10.	Bayern München	38	59:61	36-40
11.	FC Schalke 04	38	45:45	34-42
12.	Hamburger SV	38	32:43	34-42
13.	Bor. Mönchengladbach	38	37:49	34-42
14.	Dynamo Dresden	38	34:50	34-42
15.	VfL Bochum	38	38:55	33-43
16.	SG Wattenscheid 09	38	50:60	32-44
17.	Stuttgarter Kickers	38	53:64	31-45
18.	Hansa Rostock	38	43:55	31-45
19.	MSV Duisburg	38	43:55	30-46
20.	Fortuna Düsseldorf	38	41:69	24-52

Saison 1992/93

Bundesliga:

1.	Werder Bremen	34	63:30	48-20
2.	Bayern München	34	74:45	47-21
3.	**EINTRACHT**	34	56:39	42-26
4.	Borussia Dortmund	34	61:43	41-27
5.	Bayer Leverkusen	34	64:45	40-28
6.	Karlsruher SC	34	60:54	39-29
7.	VfB Stuttgart	34	56:50	36-32
8.	1. FC Kaiserslautern	34	50:40	35-33
9.	Bor. Mönchengladbach	34	59:59	35-33
10.	FC Schalke 04	34	42:43	34-34
11.	Hamburger SV	34	42:44	31-37
12.	1. FC Köln	34	41:51	28-40
13.	1. FC Nürnberg	34	30:47	28-40
14.	SG Wattenscheid 09	34	46:67	28-40
15.	Dynamo Dresden	34	32:59	27-41
16.	VfL Bochum	34	45:52	26-42
17.	Bayer Uerdingen	34	35:64	24-44
18.	1. FC Saarbrücken	34	37:71	23-45

Das Spiel Bayer Uerdingen - Eintracht (2:5) wurde mit 2:0 Toren und 2-0 Punkten für Uerdingen gewertet, da die Eintracht unerlaubterweise vier Ausländer gleichzeitig eingesetzt hatte. Die fünf Tore sind jedoch in der Torstatistik berücksichtigt.

Saison 1993/94

Bundesliga:

1.	Bayern München	34	68:37	44-24
2.	1. FC Kaiserslautern	34	64:36	43-25
3.	Bayer Leverkusen	34	60:47	39-29
4.	Borussia Dortmund	34	49:45	39-29
5.	**EINTRACHT**	34	57:41	38-30
6.	Karlsruher SC	34	46:43	38-30
7.	VfB Stuttgart	34	51:43	37-31
8.	Werder Bremen	34	51:44	36-32
9.	MSV Duisburg	34	41:52	36-32
10.	Bor. Mönchengladbach	34	65:59	35-33
11.	1. FC Köln	34	49:51	34-34
12.	Hamburger SV	34	48:52	34-34
13.	Dynamo Dresden	34	34:44	30-34
14.	FC Schalke 04	34	38:50	29-39
15.	SC Freiburg	34	54:57	28-40
16.	1. FC Nürnberg	34	41:55	28-40
17.	SG Wattenscheid 09	34	48:70	23-45
18.	VfB Leipzig	34	32:69	17-51

Dynamo Dresden wurden wegen Verstoßes gegen Lizenzierungsauflagen vier Pluspunkte abgezogen.

Saison 1994/95

Bundesliga:

1.	Borussia Dortmund	34	67:33	49-19
2.	Werder Bremen	34	70:39	48-20
3.	SC Freiburg	34	66:44	46-22
4.	1. FC Kaiserslautern	34	58:41	46-22
5.	Bor. Mönchengladbach	34	66:41	43-25
6.	Bayern München	34	55:41	43-25
7.	Bayer Leverkusen	34	62:51	36-32
8.	Karlsruher SC	34	51:47	36-32
9.	**EINTRACHT**	34	41:49	33-35
10.	1. FC Köln	34	54:54	32-36
11.	FC Schalke 04	34	48:54	31-37
12.	VfB Stuttgart	34	52:66	30-38
13.	Hamburger SV	34	43:50	29-39
14.	TSV München 1860	34	41:57	27-41
15.	Bayer Uerdingen	34	37:52	25-43
16.	VfL Bochum	34	43:67	22-46
17.	MSV Duisburg	34	31:64	20-48
18.	Dynamo Dresden	34	33:68	16-52

Das Spiel Eintracht - Bayern München (2:5) wurde mit 2:0 Toren und 2-0 Punkten für die Eintracht gewertet, da Bayern unerlaubterweise vier Amateure eingesetzt hatte. Die beiden Tore sind jedoch in der Torstatistik berücksichtigt.

Saison 1995/96

Bundesliga:

(Ab dieser Saison gibt es drei Punkte für den Sieg.)

1.	Borussia Dortmund	34	76:38	68
2.	Bayern München	34	66:46	62
3.	FC Schalke 04	34	45:36	56
4.	Bor. Mönchengladbach	34	52:51	53
5.	Hamburger SV	34	52:47	50
6.	Hansa Rostock	34	47:43	49
7.	Karlsruher SC	34	53:47	48
8.	TSV München 1860	34	52:46	45
9.	Werder Bremen	34	39:42	44
10.	VfB Stuttgart	34	59:62	43
11.	SC Freiburg	34	30:41	42
12.	1. FC Köln	34	33:35	40
13.	Fortuna Düsseldorf	34	40:47	40
14.	Bayer Leverkusen	34	37:38	38
15.	FC St. Pauli	34	43:51	38
16.	1. FC Kaiserslautern	34	31:37	36
17.	**EINTRACHT**	34	43:68	32
18.	KFC Uerdingen 05	34	33:56	26

Saison 1996/97

2. Bundesliga:

1.	1. FC Kaiserslautern	34	74:28	68
2.	VfL Wolfsburg	34	52:29	58
3.	Hertha BSC Berlin	34	57:38	58
4.	1. FSV Mainz 05	34	50:34	54
5.	Stuttgarter Kickers	34	38:27	53
6.	SpVgg Unterhaching	34	35:29	49
7.	**EINTRACHT**	34	43:46	48
8.	VfB Leipzig	34	53:54	46
9.	KFC Uerdingen 05	34	46:44	44
10.	SV Meppen	34	44:48	44
11.	Fortuna Köln	34	52:47	42
12.	Carl Zeiss Jena	34	44:49	42
13.	FC Gütersloh	34	43:51	42
14.	FSV Zwickau	34	34:48	42
15.	SV Waldhof Mannheim	34	45:56	40
16.	VfB Lübeck	34	32:53	36
17.	Rot-Weiss Essen	34	47:74	29
18.	VfB Oldenburg	34	33:67	27

Dem FC Gütersloh wurden wegen eines Verstoßes im Lizenzierungsverfahren drei Punkte abgezogen.

Saison 1997/98

2. Bundesliga:

1.	**EINTRACHT**	34	50:32	64
2.	SC Freiburg	34	57:36	61
3.	1. FC Nürnberg	34	52:35	59
4.	FC St. Pauli	34	43:31	56
5.	FC Gütersloh	34	43:26	55
6.	Fortuna Köln	34	53:53	46
7.	Fortuna Düsseldorf	34	52:54	46
8.	Energie Cottbus	34	38:36	45
9.	SpVgg Greuther Fürth	34	32:32	45
10.	1. FSV Mainz 05	34	55:48	44

11.	SpVgg Unterhaching	34	41:35	44
12.	Stuttgarter Kickers	34	44:47	44
13.	KFC Uerdingen 05	34	36:40	43
14.	SG Wattenscheid 09	34	41:41	40
15.	VfB Leipzig	34	31:51	39
16.	Carl Zeiss Jena	34	39:61	33
17.	FSV Zwickau	34	32:55	28
18.	SV Meppen	34	35:61	27

Saison 1998/99

Bundesliga:

1.	Bayern München	34	76:28	78
2.	Bayer Leverkusen	34	61:30	63
3.	Hertha BSC Berlin	34	59:32	62
4.	Borussia Dortmund	34	48:34	57
5.	1. FC Kaiserslautern	34	51:47	57
6.	VfL Wolfsburg	34	54:49	55
7.	Hamburger SV	34	47:46	50
8.	MSV Duisburg	34	48:45	49
9.	TSV München 1860	34	49:56	41
10.	FC Schalke 04	34	41:54	41
11.	VfB Stuttgart	34	41:48	39
12.	SC Freiburg	34	36:44	39
13.	Werder Bremen	34	41:47	38
14.	Hansa Rostock	34	49:58	38
15.	**EINTRACHT**	34	44:54	37
16.	1. FC Nürnberg	34	40:50	37
17.	VfL Bochum	34	40:65	29
18.	Bor. Mönchengladbach	34	41:79	21

Saison 1999/2000

Bundesliga:

1.	Bayern München	34	73:28	73
2.	Bayer Leverkusen	34	74:36	73
3.	Hamburger SV	34	63:39	59
4.	TSV München 1860	34	55:48	53
5.	1. FC Kaiserslautern	34	54:59	50
6.	Hertha BSC Berlin	34	39:46	50
7.	VfL Wolfsburg	34	51:58	49
8.	VfB Stuttgart	34	44:47	48
9.	Werder Bremen	34	65:52	47
10.	SpVgg Unterhaching	34	40:42	44
11.	Borussia Dortmund	34	41:38	40
12.	SC Freiburg	34	45:50	40
13.	FC Schalke 04	34	42:44	39
14.	**EINTRACHT**	34	42:44	39
15.	Hansa Rostock	34	44:60	38
16.	SSV Ulm 1846	34	36:62	35
17.	Arminia Bielefeld	34	40:61	30
18.	MSV Duisburg	34	37:71	22

Der Eintracht wurden wegen Lizenzverstößen in der laufenden Saison zwei Punkte abgezogen.

Saison 2000/01

Bundesliga:

1.	Bayern München	34	62:37	63
2.	FC Schalke 04	34	65:35	62
3.	Borussia Dortmund	34	62:42	58
4.	Bayer Leverkusen	34	54:40	57
5.	Hertha BSC Berlin	34	58:52	56
6.	SC Freiburg	34	54:37	55
7.	Werder Bremen	34	53:48	53
8.	1. FC Kaiserslautern	34	49:54	50
9.	VfL Wolfsburg	34	60:45	47
10.	1. FC Köln	34	59:52	46
11.	TSV München 1860	34	43:55	44
12.	Hansa Rostock	34	34:47	43
13.	Hamburger SV	34	58:58	41
14.	Energie Cottbus	34	38:52	39
15.	VfB Stuttgart	34	42:49	38
16.	SpVgg Unterhaching	34	35:59	35
17.	**EINTRACHT**	34	41:68	35
18.	VfL Bochum	34	30:67	27

Saison 2001/02

2. Bundesliga:

1.	Hannover 96	34	93:37	75
2.	Arminia Bielefeld	34	68:38	65
3.	VfL Bochum	34	69:49	65
4.	1. FSV Mainz 05	34	66:38	64
5.	SpVgg Greuther Fürth	34	62:41	59
6.	1. FC Union Berlin	34	61:41	56
7.	**EINTRACHT**	34	52:44	54
8.	LR Ahlen	34	60:70	48
9.	SV Waldhof Mannheim	34	42:48	45
10.	SSV Reutlingen	34	53:67	44
11.	MSV Duisburg	34	56:57	43
12.	Rot-Weiß Oberhausen	34	55:49	42
13.	Karlsruher SC	34	45:51	41
14.	Alemannia Aachen	34	41:67	40
15.	SpVgg Unterhaching	34	40:49	38
16.	1. FC Saarbrücken	34	30:74	25
17.	1. FC Schweinfurt 05	34	30:70	24
18.	SV Babelsberg 03	34	39:82	18

Saison 2002/03

2. Bundesliga:

1.	SC Freiburg	34	58:32	67
2.	1. FC Köln	34	63:45	65
3.	**EINTRACHT**	34	59:33	62
4.	1. FSV Mainz 05	34	64:39	62
5.	SpVgg Greuther Fürth	34	55:35	57
6.	Alemannia Aachen	34	57:48	51
7.	Eintracht Trier	34	53:46	48
8.	MSV Duisburg	34	42:47	46
9.	1. FC Union Berlin	34	36:48	45
10.	Wacker Burghausen	34	48:41	44
11.	VfB Lübeck	34	51:50	44
12.	LR Ahlen	34	48:60	40
13.	Karlsruher SC	34	35:47	39
14.	Rot-Weiß Oberhausen	34	38:48	37
15.	Eintracht Braunschweig	34	33:53	34
16.	SSV Reutlingen	34	43:53	33
17.	FC St. Pauli	34	48:67	31
18.	SV Waldhof Mannheim	34	32:71	25

Dem SSV Reutlingen wurden wegen Verstößen im Lizenzierungsverfahren sechs Punkte abgezogen.

Saison 2003/04

Bundesliga:

1.	Werder Bremen	34	79:38	74
2.	Bayern München	34	70:39	68
3.	Bayer Leverkusen	34	73:39	65
4.	VfB Stuttgart	34	52:24	64
5.	VfL Bochum	34	57:39	56
6.	Borussia Dortmund	34	59:48	55
7.	FC Schalke 04	34	49:42	50
8.	Hamburger SV	34	47:60	49
9.	Hansa Rostock	34	55:54	44
10.	VfL Wolfsburg	34	56:61	42

11.	Borussia Mönchengladbach	34	40:49	39
12.	Hertha BSC Berlin	34	42:59	39
13.	SC Freiburg	34	42:67	38
14.	Hannover 96	34	49:63	37
15.	1. FC Kaiserslautern	34	39:62	36
16.	**EINTRACHT**	34	36:53	32
17.	TSV München 1860	34	32:55	32
18.	1. FC Köln	34	32:57	23

Dem 1. FC Kaiserslautern wurden wegen Verstößen gegen Lizenzierungsauflagen drei Punkte abgezogen.

Saison 2004/05

2. Bundesliga:

1.	1. FC Köln	34	62:33	67
2.	MSV Duisburg	34	50:37	62
3.	**EINTRACHT**	34	65:39	61
4.	TSV München 1860	34	52:39	57
5.	SpVgg Greuther Fürth	34	51:42	56
6.	Alemannia Aachen	34	60:40	54
7.	Erzgebirge Aue	34	49:40	51
8.	Dynamo Dresden	34	48:53	49
9.	Wacker Burghausen	34	48:55	48
10.	SpVgg Unterhaching	34	40:43	45
11.	Karlsruher SC	34	46:47	43
12.	1. FC Saarbrücken	34	44:50	40
13.	LR Ahlen	34	43:49	39
14.	Energie Cottbus	34	35:48	39
15.	Eintracht Trier	34	39:53	39
16.	Rot-Weiß Oberhausen	34	40:62	34
17.	Rot-Weiss Essen	34	35:51	33
18.	Rot-Weiß Erfurt	34	34:60	30

Saison 2005/06

Bundesliga:

1.	Bayern München	34	67:32	75
2.	Werder Bremen	34	79:37	70
3.	Hamburger SV	34	53:30	68
4.	FC Schalke 04	34	47:31	61
5.	Bayer Leverkusen	34	64:49	52
6.	Hertha BSC	34	52:48	48
7.	Borussia Dortmund	34	45:42	46
8.	1. FC Nürnberg	34	49:51	44
9.	VfB Stuttgart	34	37:39	43
10.	Bor. Mönchengladbach	34	42:50	42
11.	1. 1. FSV Mainz 05	34	46:47	38
12.	Hannover 96	34	43:47	38
13.	Arminia Bielefeld	34	32:47	37
14.	**EINTRACHT**	34	42:51	36
15.	VfL Wolfsburg	34	33:55	34
16.	1. FC Kaiserslautern	34	47:71	33
17.	1. FC Köln	34	49:71	30
18.	MSV Duisburg	34	34:63	27

Der Kader 2006/07

Hinten v.l.n.r.: Chris Maicon Hening, Marko Rehmer, Sotirios Kyrgiakos, Marco Russ, Alexander Meier, Dominik Stroh-Engel, Benjamin Huggel. 2. Reihe v.l.n.r.: Materialwart Franco Lionti, Physiotherapeut Thomas Kühn, Michael Fink, Patrick Ochs, Aleksandar Vasoski, Jermaine Jones, Naohiro Takahara, Ioannis Amanatidis. 3. Reihe v.l.n.r.: Lizenzspielerleiter Rainer Falkenhain, Mannschaftsarzt Dr. Christoph Seeger, Physiotherapeut Björn Reindl, Faton Toski, Mounir Chaftar, Daniyel Cimen, Christopher Reinhard, Reha-/ Fitnesstrainer Michael Fabacher, Torwarttrainer Andreas Menger, Co-Trainer Armin Reutershahn, Trainer Friedhelm Funkel. Vorn v.l.n.r.: Markus Weissenberger, Francisco Copado, Benjamin Köhler, Markus Pröll, Oka Nikolov, Jan Zimmermann, Alexander Huber, Albert Streit, Christoph Preuss. Es fehlt: Christoph Spycher.

Nationaler Pokal

Saison 1917/18

Süddeutscher Pokal, Nordkreis:

In dieser Saison erstmals ausgetragen. Der Frankfurter FV hatte in der 1. Runde beim FV Neu-Isenburg anzutreten. Da die Mannschaft aber zu spät eintraf, wurde Neu-Isenburg zum Sieger erklärt. Das anschließende Freundschaftsspiel gewann der FFV mit 1:0. Kreis-Pokalsieger wurde der FSV Frankfurt (5:0 gegen TV Offenbach).

Saison 1918/19

Süddeutscher Pokal, Nordkreis:

VF	FFV - Viktoria 94 Hanau	n.V. 1:0
HF	Viktoria Neu-Isenburg - FFV	0:3
E	FFV - Britannia Frankfurt	2:3

Saison 1919/20

Süddeutscher Pokal, Nordkreis:

Kreis-Pokalsieger wurde der VfR 01 Frankfurt (1:0 gegen FFV Sportfreunde 04). Der FFV bzw. die Eintracht nahm wegen Teilnahme an der Süddeutschen Meisterschaft vermutlich nicht an den Pokalspielen teil.

Saison 1920/21

Süddeutscher Pokal, Mainkreis:

Kreis-Pokalsieger wurde der VfR 01 Frankfurt (1:0 gegen Union Niederrad). Die Eintracht nahm wegen Teilnahme an der Süddeutschen Meisterschaft vermutlich nicht an den Pokalspielen teil.

Saison 1921/22

Süddeutscher Pokal, Mainkreis:

1	Germania Mörfelden - Eintracht	2:1

(Das Spiel wurde von der sog. „Schupo"-Mannschaft bestritten, da die 1. Mannschaft pausierte und die 2., 3. und 4. Mannschaften Punktspiele zu bestreiten hatten.)

Saison 1922/23

Süddeutscher Pokal, Mainbezirk:

1	Kickers Offenbach - Eintracht	6:5

Saison 1923/24

Süddeutscher Pokal:

Ab dieser Saison durfte der Süddeutsche Pokalsieger an der Endrunde um die Süddeutsche Meisterschaft teilnehmen.

1	Eintracht - Kickers/Viktoria Mühlheim	5:2
2	Eintracht - Germania 94 Frankfurt	2:0
3	Viktoria Aschaffenburg - Eintracht	1:2
AF	Eintracht - SV Darmstadt 98	3:2
VF	Eintracht - Stuttgarter Kickers	3:4

Saison 1924/25

Süddeutscher Pokal:

1	Eintracht - Homburger SV 05	3:0
2	Germania 94 Frankfurt - Eintracht	2:0

Saison 1925/26

Süddeutscher Pokal:

1	Eintracht - SpVgg 1911 Bürgel	6:2
2	FSV Frankfurt - Eintracht	2:1

Saison 1926/27

Süddeutscher Pokal:

3	FC Pirmasens - Eintracht	3:2

1927 bis 1931 keine Pokalspiele. 1931/32 und 1932/33 ermittelten die Dritt- bis Achtplazierten der Bezirksligen in einer einfachen Runde die Bezirkspokalsieger, die dann den Süddeutschen Pokalsieger ausspielten. Dieser nahm an der Qualifikation für den dritten Südvertreter an der Deutschen Meisterschaft teil. Die Eintracht nahm in beiden Jahren als Mainmeister bzw. Zweiter nicht an den Pokalspielen teil.

Pokal-Saison 1935

In diesem Jahr wurde erstmals ein nationaler deutscher Pokalsieger ermittelt. Zu Ehren des Pokal-Stifters, Reichssportführer Hans von Tschammer und Osten, hieß der Wettbewerb „Tschammer-Pokal". Im Anschluss an die Meisterschaft wurden zunächst auf Gauebene 64 Mannschaften ermittelt, die dann nach der Sommerpause auf Reichsebene den deutschen Pokalsieger ermittelten.

Tschammer-Pokal, Gauebene:

1	Eintracht - Opel Rüsselsheim	1:3

Pokal-Saison 1936

Tschammer-Pokal, Gauebene:

1	FC Egelsbach - Eintracht	1:2
2	Eintracht - Schwarz-Weiß Worms	5:1
3	Eintracht - SV Flörsheim	1:2

Pokal-Saison 1937

Tschammer-Pokal, Gauebene:

1	Eintracht - Germania Schwanheim	4:1
2	Eintracht - Rb.-RW Frankfurt	n.V. 4:3
3	VfL Neckarau - Eintracht	1:3

Tschammer-Pokal, Reichsebene:

1	SpVgg Sülz 07 - Eintracht	2:0

Pokal-Saison 1938

Tschammer-Pokal, Gauebene:

Als Gaumeister direkt für die Schlussrunden auf Reichsebene qualifiziert.

Tschammer-Pokal, Reichsebene:

1	Eintracht - TSV München 1860	1:2

Pokal-Saison 1939

Tschammer-Pokal, Gauebene:

1	MSV Darmstadt - Eintracht	3:8
2	Eintracht - Viktoria Walldorf	3:0
3	Kickers Obertshausen - Eintracht	n.V. 2:2
3	Eintracht - Kickers Obertshausen	4:1

Tschammer-Pokal, Reichsebene:

1	SV Beuel 06 - Eintracht	0:5
2	Eintracht - SV Waldhof	n.V. 0:1

Pokal-Saison 1940

Tschammer-Pokal, Gauebene:

V	Viktoria Eckenheim - Eintracht	1:5
1	SV Steinheim - Eintracht	1:4

2 Eintracht - Rb.-SG 05 Bad Homburg 8:0
3 Germania 94 Frankfurt - Eintracht 1:4
Tschammer-Pokal, Reichsebene:
1 Eintracht - Westfalia Herne 3:2
2 Rot-Weiss Essen - Eintracht 0:2
AF Eintracht - Fortuna Düsseldorf 2:3

Pokal-Saison 1941
Tschammer-Pokal, Bereichsebene:
1 GfL Darmstadt - Eintracht 1:5
2 Eintracht - FSV Frankfurt 2:0
3 FFV Sportfreunde 04 - Eintracht 1:3
4 Eintracht - SV Waldhof 1:6

Pokal-Saison 1942
Tschammer-Pokal, Bereichsebene:
V1 SV Bonames - Eintracht 0:7
V2 Eintracht - Post SV Frankfurt 4:3
1 Teut. Watzenborn-Steinberg - Eintracht 2:5
2 Eintracht - Union Niederrad kampflos
(Niederrad bekam keine Mannschaft zusammen.)
3 SV Niederlahnstein - Eintracht 0:3
Tschammer-Pokal, Reichsebene:
1 Eintracht - SpVgg Fürth 4:1
2 FC Schalke 04 - Eintracht (in Kassel) 6:0

Pokal-Saison 1943
Tschammer-Pokal, Gauebene:
1 TSG Bensheim - Eintracht 0:14
2 1. FSV Schierstein 08 - Eintracht 2:4
AF Eintracht - FC Hanau 93 3:2
VF SV Darmstadt 98 - Eintracht 2:5
HF SpVgg Weisenau - Eintracht 2:7
E Kickers Offenbach - Eintracht 2:1 (im Stadion)

Pokal-Saison 1944
Tschammer-Pokal, Gauebene:
1 KSG Wiesbaden - Eintracht 4:2
Nachdem alle Gau-Pokalsieger ermittelt waren, sollten am 6.8.1944 Qualifikationsspiele für die 1. Schlussrunde auf Reichsebene stattfinden. Am 4.8. meldete die gemeinsame Kriegsausgabe des „Kicker/Fußball": „Die Reichsmeisterschaften im deutschen Sport werden eingestellt. Dadurch entfallen auch die Ausscheidungsspiele im Tschammer-Pokal."

Saison 1951/52
Nach Ende der Oberliga-Saison wurden im Süden erstmals wieder Pokalspiele ausgetragen. Ähnlich wie von 1931 bis 1933 wurden dazu sechs Gruppen gebildet, deren Sieger sich für den ab August ausgespielten DFB-Vereinspokal 1952/53 qualifizierten.
Süddeutscher Pokal, Gruppe 1:

1.	Kickers Offenbach	10	26:11	16-4
2.	**EINTRACHT**	10	20:11	12-8
3.	FSV Frankfurt	10	17:15	10-10
4.	Hessen Kassel	10	20:20	8-12
5.	SV Darmstadt 98	10	18:25	7-13
6.	SpVgg Bad Homburg	10	14:33	5-15

Saison 1952/53
Süddeutscher Pokal:
Als Teilnehmer an der Endrunde um die Deutsche Meisterschaft war die Eintracht von den ersten Runden befreit.
VF Stuttgarter Kickers - Eintracht 3:0

Saison 1953/54
Die Spiele um den Süddeutschen Pokal entfielen. Für die 1. Hauptrunde des DFB-Pokals 1954/55 qualifizierten sich die ersten acht Mannschaften der Oberliga Süd 1953/54.

Saison 1954/55
DFB-Pokal:
1 Eintracht - FK Pirmasens 1:0
AF Altonaer FC 93 - Eintracht 2:1

Saison 1955/56
Wegen Terminschwierigkeiten wurden im Süden keine Pokalspiele ausgetragen. Für die Endrunde auf Bundesebene wurde der Süddeutsche Pokalsieger 1955 und Süddeutsche Meister 1956, der Karlsruher SC, gemeldet.

Saison 1956/57
Süddeutscher Pokal:
Q 1. FC Pforzheim - Eintracht 0:6
1 FC Hanau 93 - Eintracht 0:3
AF Eintracht - FSV Frankfurt 3:4

Saison 1957/58
Süddeutscher Pokal:
1 Würzburger Kickers - Eintracht 2:4
2 ASV Cham - Eintracht 1:0

Saison 1958/59
Süddeutscher Pokal:
1 VfL Marburg - Eintracht 1:8
2 Hessen Kassel - Eintracht 2:3
AF Karlsruher SC - Eintracht 0:8
VF Kickers Offenbach - Eintracht 1:3
(im Stadion)
HF VfB Stuttgart - Eintracht n.V. 2:2
HF Eintracht - VfB Stuttgart 5:0
E VfR Mannheim - Eintracht 1:0
(in Karlsruhe)

Saison 1959/60
Süddeutscher Pokal:
1 FC Rödelheim 02 - Eintracht 0:8
2 SV Darmstadt 98 - Eintracht 2:3
AF Freiburger FC - Eintracht 2:3
VF Eintracht - SpVgg Fürth 4:1
HF FSV Frankfurt - Eintracht 2:4
E Karlsruher SC - Eintracht 2:1
(in Mannheim)

Saison 1960/61
Ab dieser Saison wurde der Süddeutsche Pokal nur noch bis zum Viertelfinale ausgespielt. Die letzten Vier qualifizierten sich für die Schlussrunden des DFB-Pokals, der zu Beginn der folgenden Saison ausgetragen wurde.
Süddeutscher Pokal:
1 VfB Friedberg - Eintracht 0:6
2 SV Hünfeld - Eintracht 0:6
AF Hessen Kassel - Eintracht n.V. 0:1
VF Eintracht - 1. FC Pforzheim 4:0
DFB-Pokal 1961:
AF Eintracht - 1. FC Köln n.V. 2:3

Saison 1961/62

Süddeutscher Pokal:

1	VfR 07 Limburg - Eintracht	n.V. 3:5
2	SV Wiesbaden - Eintracht	0:5
AF	Eintracht - SpVgg Neu-Isenburg	3:2
VF	Eintracht - SV Waldhof	2:0

DFB-Pokal 1962:

AF	Eintracht - Tasmania 1900 Berlin	1:0
VF	1. FC Köln - Eintracht	n.V. 1:2
HF	1. FC Nürnberg - Eintracht	4:2

Saison 1962/63

Süddeutscher Pokal:

1	Eintracht Wetzlar - Eintracht	0:6
2	FSV Frankfurt - Eintracht	1:2
AF	VfR Heilbronn - Eintracht	0:7
VF	Hessen Kassel - Eintracht	2:1

Saison 1963/64

Neuordnung des Pokal-Wettbewerbs. Die Bundesligaklubs sind automatisch für die 1. Hauptrunde des DFB-Pokals qualifiziert.

DFB-Pokal:

1	VfL Wolfsburg - Eintracht	0:2
AF	Eintracht - Hessen Kassel	6:1
VF	Eintracht - FC Schalke 04	2:1
HF	Eintracht - Hertha BSC Berlin	3:1
E	TSV München 1860 - Eintracht (in Stuttgart)	2:0

Saison 1964/65

DFB-Pokal:

1	Eintracht - Borussia Neunkirchen	2:1
AF	Eintracht - FC Schalke 04	1:2

Saison 1965/66

DFB-Pokal:

1	Eintracht - SV Alsenborn	2:1
AF	1. FC Nürnberg - Eintracht	2:1

Saison 1966/67

DFB-Pokal:

Q	Hessen Kassel - Eintracht	6:2

Saison 1967/68

DFB-Pokal:

1	1. FC Schweinfurt 05 - Eintracht	n.V. 1:2
AF	1. FC Köln - Eintracht	n.V. 1:1
AF	Eintracht - 1. FC Köln	0:1

Saison 1968/69

DFB-Pokal:

1	Eintracht - Borussia Dortmund	6:2
AF	1. FC Kaiserslautern - Eintracht	1:0

Saison 1969/70

DFB-Pokal:

1	VfL Osnbrück - Eintracht	n.V. 1:2
AF	Eintracht - Hamburger SV	2:0
VF	Eintracht - Kickers Offenbach	0:3

Saison 1970/71

DFB-Pokal:

1	FC St. Pauli - Eintracht	n.V. 2:3
AF	Eintracht - 1. FC Köln	1:4

Saison 1971/72

1971/72 und 1972/73 wurden die Pokalspiele mit Hin- und Rückspiel ausgetragen.

DFB-Pokal:

1	1. FC Schweinfurt 05 - Eintracht	1:0, 1:6
AF	Bor. Mönchengladbach - Eintracht	4:2, 2:3

Saison 1972/73

DFB-Pokal:

1	Hannover 96 - Eintracht	1:0, 2:4
AF	Eintracht Braunschweig - Eintracht	1:0, 2:2

Saison 1973/74

DFB-Pokal:

1	Tennis Borussia Berlin - Eintracht	1:8
AF	Hessen Kassel - Eintracht	2:3
VF	Eintracht - 1. FC Köln	n.V. 4:3
HF	Eintracht - Bayern München	3:2

Endspiel am 17.8.1974 in Düsseldorf:

Eintracht - Hamburger SV n.V. 3:1

Dr. Kunter - Reichel (106. H. Müller), Trinklein (1), Körbel, Kalb - Beverungen, Weidle (74. W. Kraus (1)), Nickel - Grabowski, Hölzenbein (1), Rohrbach - Trainer: Weise - SR: Weyland (Oberhausen) - Zuschauer: 52.800.

Saison 1974/75

Ab dieser Saison sind auch alle Zweitligisten automatisch für die 1. Runde qualifiziert.

DFB-Pokal:

1	Arminia Bielefeld - Eintracht	1:3
2	Union Solingen - Eintracht	n.V. 1:2
3	1. FC Mülheim - Eintracht	0:3
AF	Eintracht - VfL Bochum	1:0
VF	Eintracht - Fortuna Köln	4:2
HF	Eintracht - Rot-Weiss Essen	n.V. 3:1

Endspiel am 21.6.1975 in Hannover:

Eintracht - MSV Duisburg 1:0

Wienhold - Reichel, Trinklein, Körbel (1), Neuberger - Weidle, Beverungen, Nickel - Grabowski, Hölzenbein, B. Lorenz - Trainer: Weise - SR: Horstmann (Groß-Escherde) - Zuschauer: 43.000.

Saison 1975/76

DFB-Pokal:

1	Eintracht - Viktoria Köln	6:0
2	Offenburger FV - Eintracht	1:5
3	Eintracht - VfL Osnabrück	3:0
AF	Hertha BSC Berlin - Eintracht	n.V. 1:0

Saison 1976/77

DFB-Pokal:

1	Saar 05 Saarbrücken - Eintracht	1:6
2	Eintracht - Hertha Zehlendorf	10:2
3	Röchling Völklingen - Eintracht	2:3
AF	FC Schalke 04 - Eintracht	n.V. 2:2
AF	Eintracht - FC Schalke 04	4:3
VF	Bayer Uerdingen - Eintracht	n.V. 6:3

Saison 1977/78

DFB-Pokal:

1	FC Konstanz - Eintracht	1:6
2	TuS Schloß-Neuhaus - Eintracht	n.V. 2:2
2	Eintracht - TuS Schloß-Neuhaus	4:0
3	FC Schalke 04 - Eintracht	1:0

Saison 1978/79

DFB-Pokal:

1	SpVgg Bad Pyrmont - Eintracht	1:2
2	Werder Bremen - Eintracht	2:3
3	Eintracht - KSV Baunatal	4:1
AF	Borussia Dortmund - Eintracht	1:3
VF	Eintracht - Rot-Weiß Oberhausen	2:1
HF	Hertha BSC Berlin - Eintracht	2:1

Saison 1979/80

DFB-Pokal:

1	Eintracht - Olympia Neugablonz	6:1
2	Freiburger FC - Eintracht	1:4
3	Eintracht - SV Waldhof Mannheim	2:0
AF	VfB Stuttgart - Eintracht	3:2

Saison 1980/81

DFB-Pokal:

1	VfB Gaggenau - Eintracht	0:3
2	Eintracht - VfB Friedrichshafen	6:0
3	Eintracht - SSV Ulm 1846	3:0
AF	VfB Oldenburg - Eintracht	4:5
VF	Eintracht - VfB Stuttgart	2:1
HF	Eintracht - Hertha BSC Berlin	1:0

Endspiel am 2.5.1981 in Stuttgart:

Eintracht - 1. FC Kaiserslautern 3:1

Pahl - Sziedat, Pezzey, Körbel, Neuberger (1) - Lorant, Nachtweih, Borchers (1), Nickel - Hölzenbein, Cha (1) - Trainer: Buchmann - SR: Joos (Stuttgart) - Zuschauer: 71.000.

Saison 1981/82

DFB-Pokal:

1	Eintracht - BSC Brunsbüttel	6:1
2	Fortuna Düsseldorf - Eintracht	3:1

Saison 1982/83

Ab dieser Saison haben Amateurvereine automatisch Heimrecht.

DFB-Pokal:

1	SV Waldhof Mannheim - Eintracht	2:0

Saison 1983/84

DFB-Pokal:

1	1. SC Göttingen 05 - Eintracht	4:2

Saison 1984/85

DFB-Pokal:

1	Eintracht Braunschweig - Eintracht	1:3
2	Bor. Mönchengladbach - Eintracht	n.V. 4:2

Saison 1985/86

DFB-Pokal:

1	1. FC Kaiserslautern - Eintracht	3:1

Saison 1986/87

DFB-Pokal:

1	Eintracht - Eintracht Braunschweig	3:1
2	1. FSV Mainz 05 - Eintracht	n.V. 0:1
AF	SG Wattenscheid 09 - Eintracht	1:3
VF	Stuttgarter Kickers - Eintracht	3:1

Saison 1987/88

DFB-Pokal:

1	Eintracht - FC Schalke 04	3:2
2	Eintracht - SSV Ulm 1846	3:0
AF	Fortuna Düsseldorf - Eintracht	0:1
VF	Eintracht - Bayer Uerdingen	4:2
HF	Werder Bremen - Eintracht	0:1

Endspiel am 28.5.1988 in Berlin:

Eintracht - VfL Bochum 1:0

U. Stein - Binz - Schlindwein, Körbel - Kostner (71. Klepper), Sievers, Schulz, Detari (1), Roth - Friz (78. Turowski), Smolarek - Trainer: Feldkamp - SR: Heitmann (Drentwede) - Zuschauer: 76.000.

Als DFB-Pokalsieger spielte die Eintracht gegen den Deutschen Meister Werder Bremen um den Supercup:

Eintracht - Werder Bremen (in Frankfurt) 0:2

Saison 1988/89

DFB-Pokal:

1	VfL Wolfsburg - Eintracht	n.V. 1:1
1	Eintracht - VfL Wolfsburg	6:1
2	Bayer Uerdingen - Eintracht	n.V. 5:4

Saison 1989/90

DFB-Pokal:

1	Eintracht - Bayern München	0:1

Saison 1990/91

Ab dieser Saison wird jedem Amateurverein in der 1. Runde automatisch ein Profiklub zugelost.

DFB-Pokal:

1	ASC Schöppingen - Eintracht	1:2
2	Eintracht - 1. FC Nürnberg	n.V. 0:0
2	1. FC Nürnberg - Eintracht	n.V. 0:2
AF	1. FC Saarbrücken - Eintracht	n.V. 0:0
AF	Eintracht - 1. FC Saarbrücken	n.V. 3:2
VF	Eintracht - SG Wattenscheid 09	3:1
HF	Eintracht - Werder Bremen	n.V. 2:2
HF	Werder Bremen - Eintracht	6:3

Saison 1991/92

Ab dieser Saison entfallen die Wiederholungsspiele. Bei unentschiedenem Spielstand nach 120 Minuten gibt es sofort Elfmeterschießen.

DFB-Pokal:

1	Freilos	
2	SpVgg Ludwigsburg - Eintracht	1:6
3	Eintracht - Karlsruher SC	0:1

Saison 1992/93

DFB-Pokal:

1	SV Wehen - Eintracht (in Wiesbaden)	2:3
2	SC 08 Bamberg - Eintracht	1:3
3	Eintracht - SV Waldhof Mannheim	n.V. 4:1
AF	Eintracht - VfL Osnabrück	3:1
VF	Karlsruher SC - Eintracht	n.V. 1:1 (E. 3:5)
HF	Eintracht - Bayer Leverkusen	0:3

Saison 1993/94

DFB-Pokal:

1	Freilos	
2	Fortuna Düsseldorf - Eintracht	0:2
3	SC Freiburg - Eintracht	n.V. 5:3

Saison 1994/95

DFB-Pokal:

1	1. SC Göttingen 05 - Eintracht	0:6
2	Eintracht - VfL Wolfsburg	n.V. 0:0 (E. 3:4)

KAYH
HAUSBERG
IM GLORREICHEN

„Europa – Wir kommen!" Choreographie der Eintracht-Fans beim Pokal-Halbfinale am 11. April 2006.

Antrag auf Mitgliedschaft in der Fan- und Förderabteilung von Eintracht Frankfurt e.V.

ab __.__.____

Passiv für die Abteilung: Fan- und Förder

Die Mitgliedschaft in der Fan- und Förderabteilung ist der günstigste Weg, bei Eintracht Frankfurt Mitglied zu werden! Eine normale Mitgliedschaft kostet nur noch 4 €, Azubis, Schüler, Studenten, Jugendliche von 7-17 Jahren und Eintracht-Fans mit 1. Wohnsitz im Ausland zahlen gegen Nachweis nur 2 €, Familien nur 7 € pro Monat, Kinder bis 6 Jahre und Arbeitslose gegen Nachweis beitragsfrei! Die einmalige Aufnahmegebühr beträgt 20 € und kommt dem Gesamtverein zugute. Stand: Oktober 2006. Die jeweils aktuellen Mitgliedsbeiträge sind unter www.fanabteilung.de einsehbar.

Name: ______________________________

Vorname: ______________________________

Straße: ______________________________

PLZ Ort: ______________________________

Telefon: ______________________________

Beruf: ______________________________

Geb.Datum: ______________________________

E-Mail: ______________________________

Familienstand: [ ] ledig [ ] verh. [ ] verw. [ ] gesch.

Einzugsermächtigung - Bis zum jederzeit möglichen Widerruf ist die Eintracht ermächtigt, die Abbuchung der fälligen Beträge von folgendem Konto zu veranlassen: [X] jährliche Abbuchung

Konto-Nummer (nur Giro): ______________________________

Bankleitzahl: ______________________________

Konto-Nummer: ______________________________

Name des Kontoinhabers: ______________________________

Eigenhändige Unterschrift: ______________________________

Bei Minderjährigen Unterschrift der Eltern oder des ges. Vertreters

Ort Datum ______________________________, den ______________________________

Mir ist bekannt, dass sich die Bedingungen der Mitgliedschaft nach der jeweiligen Satzung von Eintracht Frankfurt e.V. richten. Die Abteilungen sind berechtigt, Sonderbeiträge zu erheben.

Ausfüllen und einsenden an:

Eintracht Frankfurt e.V. - Fan- und Förderabteilung
Gustav-Behringer-Str. 10 - D-60386 Frankfurt am Main

Weitere Infos siehe

www.fanabteilung.de

Saison 1995/96
DFB-Pokal:

1	1. FC Saarbrücken - Eintracht	n.V. 1:2
2	TSV München 1860 - Eintracht	5:1

Saison 1996/97
DFB-Pokal:

1	Holstein Kiel - Eintracht	2:4
2	SV Meppen - Eintracht	6:1

Saison 1997/98
DFB-Pokal:

1	VfL Halle 96 - Eintracht	0:4
2	Eintracht - Werder Bremen	3:0
AF	MSV Duisburg - Eintracht	1:0

Saison 1998/99
DFB-Pokal:

1	Rot-Weiß Erfurt - Eintracht	1:6
2	VfB Stuttgart - Eintracht	3:2

Saison 1999/2000
In dieser Saison wurde die 1. Runde ohne Bundesligisten gespielt. Die Teilnehmer an UI-Cup und Europapokal griffen erst in der 3. Runde in den Wettbewerb ein.
DFB-Pokal:

1	Freilos	
2	SC Verl - Eintracht	0:4
3	1. FC Köln - Eintracht	2:1

Saison 2000/01
Rückkehr zum bis 1999 gültigen Modus.
DFB-Pokal:

1	VfB Stuttgart Am. - Eintracht	6:1

Saison 2001/02
DFB-Pokal:

1	FC St. Pauli Am. - Eintracht	n.V. 0:1
2	Werder Bremen Am. - Eintracht	n.V. 3:3 (E. 4:2)
AF	Eintracht - Hertha BSC Berlin	n.V. 1:2

Saison 2002/03
DFB-Pokal:

1	Rot-Weiß Erfurt - Eintracht	n.V. 2:3
2	Hansa Rostock - Eintracht	1:0

Saison 2003/04
DFB-Pokal:

1	Kickers Offenbach – Eintracht	n.V. 1:1 (E. 3:4)
2	Eintracht – MSV Duisburg	n.V. 1:2

Saison 2004/05
DFB-Pokal:

1	Rot-Weiß Erfurt – Eintracht	0:1
2	Eintracht – SpVgg Greuther Fürth	n.V. 4:2
AF	Eintracht – FC Schalke 04	0:2

Saison 2005/06
DFB-Pokal:

1	Rot-Weiß Oberhausen – Eintracht	1:2
2	Eintracht – FC Schalke 04	6:0
AF	Eintracht – 1. FC Nürnberg	n.V. 1:1 (E. 4:1)
VF	TSV München 1860 – Eintracht	1:3
HF	Eintracht – Arminia Bielefeld	1:0
E	Bayern München – Eintracht	(in Berlin) 1:0

Alle Pokalsieger der Eintracht auf einen Blick:

4 x Pokalsieger: Körbel (1974, 1975, 1981, 1988).
3 x Pokalsieger: Hölzenbein (1974, 1975, 1981), Nickel (1974, 1975, 1981).
2 x Pokalsieger: Beverungen (1974, 1975), Grabowski (1974, 1975), Neuberger (1975, 1981), Reichel (1974, 1975), Trinklein (1974, 1975), Weidle (1974, 1975).
1 x Pokalsieger: Binz (1988), Borchers (1981), Cha (1981), Detari (1988), Friz (1988), Kalb (1974), Klepper (1988), Kostner (1988), W. Kraus (1974), Dr. Kunter (1974), Lorant (1981), Lorenz (1975), H. Müller (1974), Nachtweih (1981), Pahl (1981), Pezzey (1981), Rohrbach (1974), Roth (1988), Schlindwein (1988), Schulz (1988), Sievers (1988), Smolarek (1988), U. Stein (1988), Sziedat (1981), Turowski (1988), Wienhold (1975).

Weitere nationale Pokal-Wettbewerbe

Herbst 1939
Frankfurter Stadtrunde:
Nach Kriegsausbruch von September bis November 1939 ausgespielt. Da Ende November die Kriegsmeisterschaft begann, wurde die Eintracht zum Sieger erklärt.

1.	**EINTRACHT**	6	25:6	11-1
2.	Germania 94 Frankfurt	8	16:9	11-5
3.	Union Niederrad	9	21:14	10-8
4.	FSV Frankfurt	6	27:8	9-3
5.	Rb.-Rot-Weiß Frankfurt	7	12:12	8-6
6.	FFV Sportfreunde 04	9	8:25	8-10
7.	VfL Rödelheim	7	18:19	7-7
8.	VfL Neu-Isenburg	8	17:18	7-9
9.	SpVgg 02 Griesheim	8	15:21	6-10
10.	Germania Schwanheim	7	12:23	3-11
11.	BSG IG Farben	7	15:31	2-12

Fortsetzung der Runde im Sommer 1940:

Eintracht - VfL Neu-Isenburg	5:0
Eintracht - VfL Rödelheim	7:0

Im Sommer 1941 weitere Fortsetzung:

Viktoria Eckenheim - Eintracht	4:4
SV Heddernheim - Eintracht	3:2
SG 01 Höchst - Eintracht	3:2
Germania 94 Frankfurt - Eintracht	1:1
SpVgg 02 Griesheim - Eintracht	1:4
SpVgg Fechenheim - Eintracht	1:8
Eintracht - FFV Sportfreunde 04	1:1
Reichsbahn-Rot-Weiss - Eintracht	2:0
Eintracht - BSG Adlerwerke	4:2
FSV Frankfurt - Eintracht	2:1

Ende September 1941 abgebrochen, Eintracht belegte mit 64:25 Toren und 24-12 Punkten Platz 4 der „Gesamttabelle".

Sommer/Herbst 1940
Kriegserinnerungspokal der Stadt Frankfurt:
Von Juni bis Dezember 1940 ausgespielt.

1	Eintracht - BSG Degussa	9:1
2	BSG Voigt & Haeffner - Eintracht	1:9
AF	VfL Rödelheim - Eintracht	0:2
VF	Eintracht - Flak Hausen	5:0
HF	Eintracht - FSV Frankfurt	3:1
E	Eintracht - SpVgg 02 Griesheim	9:1

Saison 1942/43
Kriegserinnerungspokal Hessen-Nassau:
Von April 1942 bis Mai 1943 ausgespielt. Die noch ausstehenden Spiele wurden vermutlich nicht mehr ausgetragen.

1.	FSV Frankfurt	15	59:23	24-6
2.	Rb.-Rot-Weiß Frankfurt	13	52:19	17-9
3.	Kickers Offenbach	8	26:16	10-6
4.	FC Hanau 93	9	44:20	10-8
5.	**EINTRACHT**	10	28:25	10-10
6.	KSG Wiesbaden	10	17:30	8-12
7.	Union Niederrad	14	35:76	8-20
8.	SV Darmstadt 98	11	16:70	3-19

Sommer 1943
Rhein-Main-Preis:
Von Mai bis September 1943 ausgespielt. Tabelle auf Grund der vorliegenden Ergebnisse.

1.	Kickers Offenbach	8	51:9	15-1
2.	FC Hanau 93	8	26:9	14-2
3.	**EINTRACHT**	8	29:7	9-7
4.	Opel Rüsselsheim	8	19:12	9-7
5.	FSV Frankfurt	8	20:22	8-8
6.	SpVgg Neu-Isenburg	7	14:16	6-8
7.	SV Darmstadt 98	7	13:28	6-8
8.	Rb.-Rot-Weiß Frankfurt	5	13:19	5-5
9.	KSG Wiesbaden	7	8:31	1-13
10.	Union Niederrad	8	7:50	1-15

Entscheidungsspiele:
FC Hanau 93 - Kickers Offenbach 1:3, 0:9

Sommer 1946
Hessenpokal:
Von Juli bis September 1946 ausgespielt.

1	Eintracht - Viktoria Eckenheim	5:0
2	KSG Heldenbergen - Eintracht	0:1
3	Eintracht - SG Kriftel	7:5
AF	Eintracht - SpVgg Neu-Isenburg	7:0
VF	Borussia Fulda - Eintracht	0:3
HF	Eintracht - TSG Mainflingen	5:2
E	Eintracht - Rot-Weiss Frankfurt	3:2

Herbst/Winter 1949
Hessenpokal:

1	Germania 94 Frankfurt – Eintracht Res.	1:4
2	SpVgg Hochheim – Eintracht Res.	3:4
VF	VfL Marburg - Eintracht	2:3
HF	Eintracht - FC Hanau 93	n.V. 2:1
E	Eintracht - Kickers Offenbach	1:4

Mai/Juni 1950
Hessenpokal:

1	SG Arheilgen - Eintracht	0:4
2	Borussia Fulda - Eintracht	1:0

Sommer 1951
Hessenpokal:
Im August 1951 gespielt.

1	VfL Marburg - Eintracht (Eintracht verzichtet auf die Wiederholung.)	2:2

Sommer 1955
Oberliga-Vergleichsrunde (Totorunde), Gr. 3:
Im Mai/Juni 1955 ausgespielt.

1.	Hannover 96	6	12:5	9-3
2.	**EINTRACHT**	6	14:8	8-4
3.	Fortuna Düsseldorf	6	8:12	4-8
4.	Phönix Ludwigshafen	6	14:20	3-9

Sommer 1956
Oberliga-Vergleichsrunde (Totorunde), Gr. 1:
Von Mai bis August 1956 ausgespielt.

1.	**EINTRACHT**	10	31:14	13-7
2.	Arminia Hannover	10	18:13	13-7
3.	Alemannia Aachen	10	26:25	11-9
4.	FK Pirmasens	10	15:27	10-10
5.	Viktoria Aschaffenburg	10	22:19	9-11
6.	TuS Neuendorf	10	12:25	4-16

Sommer/Herbst 1957
Flutlicht-Pokal:
Von Mai bis Oktober 1957 ausgetragen.

VF	Eintracht - Fortuna Düsseldorf	3:1, 2:3
HF	Preußen Münster - Eintracht	1:2, 3:6
E	FC Schalke 04 - Eintracht	3:3, 0:0

(Eintracht wegen des besseren Eckenverhältnisses [8:6] Sieger)

Sommer 1958
Flutlicht-Pokal, Gruppe 3:
Im Mai/Juni 1958 ausgetragen.

1.	Eintracht Braunschweig	4	9:8	6-2
2.	**EINTRACHT**	4	13:9	4-4
3.	Viktoria 89 Berlin	4	11:16	2-6

Saison 1972/73
Ligapokal, Gruppe 7:
Gruppenspiele von Juli bis September 1972, Endrunde bis Juni 1973.

1.	**EINTRACHT**	6	23:9	10-2
2.	Borussia Neunkirchen	6	14:18	6-6
3.	1. FC Kaiserslautern	6	11:12	5-7
4.	1. FSV Mainz 05	6	8:17	3-9

VF	Fortuna Köln - Eintracht	2:3, 3:3
HF	Bor. Mönchengladbach - Eintracht	3:1, 0:1

Sommer 1992
Fuji-Cup:
Im August 1992 ausgespielt.

HF	Eintracht - VfB Stuttgart (in Worms)	2:0
E	Eintracht - 1. FC Kaiserslautern (in Trier)	1:1 (E. 5:3)

Sommer 1993
Fuji-Cup:
Im August 1993 ausgespielt.

HF	Borussia Dortmund - Eintracht (in Lüdenscheid)	0:0 (E. 5:4)
P3	Werder Bremen - Eintracht (in Marburg)	3:1

Sommer 1994
Fuji-Cup:
Im August 1994 ausgespielt.

HF	Eintracht - Bor. Dortmund (in Münster)	1:0
E	Bayern München - Eintracht (in Koblenz)	0:0 (E. 5:4)

Europapokal

Messe-Pokal 1955-58

Am ersten Wettbewerb nahm Frankfurt mit einer Stadtauswahl teil, in der neben Spielern der Eintracht auch Akteure des FSV Frankfurt, von Kickers Offenbach und der SpVgg Neu-Isenburg eingesetzt wurden.

Vorrunde, Gruppe 1:

1.	London	4	9:3	6-2
2.	**FRANKFURT**	4	10:10	4-4
3.	Basel	4	7:13	2-6

Saison 1959/60

Europapokal der Landesmeister:

1	Kuopio PS verzichtet.	
AF	Young Boys Bern - Eintracht	1:4, 1:1
VF	Eintracht - Wiener SC	2:1, 1:1
HF	Eintracht - Glasgow Rangers	6:1, 6:3

Endspiel am 18.5.1960 in Glasgow:

Real Madrid - Eintracht 7:3

Loy - Lutz, Höfer - H. Weilbächer, Eigenbrodt, Stinka - Kreß (1), D. Lindner, E. Stein (2), Pfaff, Meier - Trainer: Oßwald - SR: Mowat (Schottland) - Zuschauer: 127.621.

Saison 1964/65

Messe-Pokal:

1	Eintracht - FC Kilmarnock	3:0, 1:5

Saison 1966/67

Messe-Pokal:

1	Drumcondra Dublin - Eintracht	0:2, 1:6
2	Eintracht - Hvidovre Kopenhagen	5:1, 2:2
AF	Ferencvaros Budapest - Eintracht	2:1, 1:4
VF	Eintracht - FC Burnley	1:1, 2:1
HF	Eintracht - Dinamo Zagreb	3:0, n.V. 0:4

Saison 1967/68

Messe-Pokal:

1	Eintracht - Nottingham Forest	0:1, 0:4

Saison 1968/69

Messe-Pokal:

1	Wacker Innsbruck - Eintracht	2:2, 0:3
2	Juventus Turin - Eintracht	0:0, n.V. 0:1
AF	Atletico Bilbao - Eintracht	1:0, 1:1

Saison 1972/73

UEFA-Pokal:

1	FC Liverpool - Eintracht	2:0, 0:0

Saison 1974/75

Europapokal der Pokalsieger:

1	Eintracht - AS Monaco	3:0, 2:2
AF	Eintracht - Dynamo Kiew	2:3, 1:2

Saison 1975/76

Europapokal der Pokalsieger:

1	Eintracht - FC Coleraine	5:1, 6:2
AF	Atletico Madrid - Eintracht	1:2, 0:1
VF	Sturm Graz - Eintracht	0:2, 0:1
HF	Eintracht - West Ham United	2:1, 1:3

Saison 1977/78

UEFA-Pokal:

1	Eintracht - Sliema Wanderers	5:0, 0:0
2	FC Zürich - Eintracht	0:3, 3:4
AF	Eintracht - Bayern München	4:0, 2:1
VF	Eintracht - Grasshoppers Zürich	3:2, 0:1

Saison 1979/80

UEFA-Pokal:

1	FC Aberdeen - Eintracht	1:1, 0:1
2	Dinamo Bukarest - Eintracht	2:0, n.V. 0:3
AF	Eintracht - Feyenoord Rotterdam	4:1, 0:1
VF	Eintracht - Zbrojovka Brünn	4:1, 2:3
HF	Bayern München - Eintracht	2:0, n.V. 1:5

1. Endspiel am 7.5.1980 in Mönchengladbach:

Borussia Mönchengladbach - Eintracht 3:2

Pahl - Neuberger, Pezzey, Körbel, Ehrmantraut - Lorant, Nickel, Hölzenbein (1) (79. Nachtweih) - Karger (1) (81. Trapp), Cha - Trainer: Rausch - SR: Guruceta y Muro (Spanien) - Zuschauer: 25.000.

2. Endspiel am 21. 5. 1980 in Frankfurt:

Eintracht - Borussia Mönchengladbach 1:0

Pahl - Neuberger, Pezzey, Körbel, Ehrmantraut - Lorant, Nickel, Nachtweih (79. Schaub (1)) - Hölzenbein, Cha - Trainer: Lorant - SR: Ponnet (Belgien) - Zuschauer: 59.000.

Saison 1980/81

UEFA-Pokal:

1	Schachtjor Donezk - Eintracht	1:0, 0:3
2	FC Utrecht - Eintracht	2:1, 1:3
AF	Eintracht - FC Sochaux	4:2, 0:2

Saison 1981/82

Europapokal der Pokalsieger:

1	Eintracht - PAOK Saloniki	2:0, n.V. 0:2 (E. 5:4)
AF	SKA Rostow - Eintracht	1:0, 0:2
VF	Tottenham Hotspur - Eintracht	2:0, 1:2

Saison 1988/89

Europapokal der Pokalsieger:

1	Grasshoppers Zürich - Eintracht (Hinspiel in Basel)	0:0, 0:1
AF	Eintracht - Sakaryaspor	3:1, 3:0
VF	Eintracht - KV Mechelen	0:0, 0:1

Saison 1990/91

UEFA-Pokal:

1	Bröndby IF - Eintracht	5:0, 1:4

Saison 1991/92

UEFA-Pokal:

1	Eintracht - Spora Luxemburg	6:1, 5:0
2	KAA Gent - Eintracht	0:0, 1:0

Saison 1992/93

UEFA-Pokal:

1	Widzew Lodz - Eintracht	2:2, 0:9
2	Eintracht - Galatasaray Istanbul	0:0, 0:1

Saison 1993/94
UEFA-Pokal:

1	Dynamo Moskau - Eintracht	0:6, 2:1
2	Eintracht - Dnjepr Dnjepropetrowsk	2:0, 0:1
AF	Eintracht - Deportivo La Coruña	1:0, 1:0
VF	Austria Salzburg - Eintracht (Hinspiel in Wien)	1:0, n.V. 0:1 (E. 5:4)

Saison 1994/95
UEFA-Pokal:

1	Olimpija Ljubljana - Eintracht	1:1, 0:2
2	Rapid Bukarest - Eintracht	2:1, 0:5
AF	Eintracht - SSC Neapel	1:0, 1:0
VF	Eintracht - Juventus Turin	1:1, 0:3

In der Saison 2006/07 spielte die Eintracht wieder auf europäischer Bühne mit.

Weitere internationale Pokal-Wettbewerbe

Sommer 1960
„Trofeo Ramon de Carranza"
Im August 1960 in Cadiz ausgespielt.

HF	Atletico Bilbao - Eintracht	2:1
P3	Stade Reims - Eintracht	4:1

Sommer 1965
Intertoto-Runde, Gruppe 3:
Gruppenspiele im Juni/Juli 1965.

1.	IFK Norrköping	6	16:7	9-3
2.	PSV Eindhoven	6	15:12	8-4
3.	**EINTRACHT**	6	11:11	4-8
4.	FC La Chaux-de-Fonds	6	8:20	3-9

Saison 1966/67
Intertoto-Runde, Gruppe 1:
Gruppenspiele im Juni/Juli 1966, Endrunde bis Juni 1967.

1.	**EINTRACHT**	6	15:9	10-2
2.	Lanerossi Vicenza	6	10:11	5-7
3.	FC La Chaux-de-Fonds	6	12:15	5-7
4.	Feyenoord Rotterdam	6	9:11	4-8
VF	IFK Norrköping - Eintracht		2:1, 1:3	
HF	Zaglebie Sosnowitz - Eintracht		4:1, 1:6	
E	Inter Bratislava - Eintracht		2:3, n.V. 1:1	

Sommer 1967
Alpenpokal:
Von Juni bis August 1967 ausgespielt.

1.	**EINTRACHT**	5	12:5	9-1
2.	TSV 1860 München	5	11:8	7-3
3.	AS Rom	5	12:10	6-4
4.	AC Turin	5	3:3	5-5
5.	Servette Genf	5	5:7	5-5
6.	AC Mailand	5	3:3	4-6
7.	FC Zürich	5	6:9	3-7
8.	FC Basel	5	5:12	1-9

Sommer 1968
Alpenpokal, Gruppe 2:
Im Juni 1968 ausgespielt.

1.	FC Schalke 04	5	13:4	8-2
2.	US Cagliari	5	12:7	8-2
3.	**EINTRACHT**	5	16:10	7-3
4.	Young Boys Bern	5	10:11	3-7
5.	Juventus Turin	5	8:11	2-8
6.	FC Luzern	5	9:25	0-10

Sommer 1969
Alpenpokal, Gruppe 2:
Im Juni 1969 ausgespielt.

1.	FC Basel	4	12:6	6-2
2.	SSC Neapel	4	8:6	5-3
3.	KSV Waregem	4	9:8	4-4
4.	**EINTRACHT**	4	7:9	4-4
5.	Sampdoria Genua	4	7:10	3-5
6.	FC Biel	4	4:8	2-6

Sommer 1976
„Copa Juan Gamper"
Im August 1976 in Barcelona ausgespielt.

HF	Eintracht - ZSKA Moskau	5:3
E	FC Barcelona - Eintracht	2:0

Sommer 1977
Intertotorunde, Gruppe 3:
Gruppenspiele im Juni/Juli 1977.

1.	Inter Bratislava	6	18:11	9-3
2.	**EINTRACHT**	6	13:8	7-5
3.	Wacker Innsbruck	6	10:10	6-6
4.	FC Zürich	6	4:17	2-10

Sommer 1995
UEFA-Intertoto-Cup, Gruppe 12:
Im Juni/Juli 1995 ausgespielt.

1.	Vorwärts Steyr	4	8:2	10
2.	**EINTRACHT**	4	14:3	9
3.	Spartak Plovdiv	4	3:6	4
4.	Iraklis Saloniki	4	4:9	4
5.	Panerys Vilnius	4	2:11	1
AF	Girondins Bordeaux - Eintracht		3:0	

Die Vorsitzenden und Präsidenten

Frankfurter Fußball-Club Victoria:
(Protokollbücher liegen vor vom 8. März 1899 bis zum 31. August 1906)

1899 - 1903	Albert Pohlenk
1903 - 1904	Emil Müller
11. - 18.3.1904	Albert Pohlenk
1904 -	Carl Schwab
	Michael Pickel

Fußball-Club Frankfurter Kickers:
(Protokollbuch liegt vor vom 10. April 1904 bis zum 21. April 1908)

1900 - 1901	Karl Trapp
	Friedrich Hamburger
	Hermann Hößbacher
1901 - 1903	Ludwig Gatzert
1903 - 1905	Theodor Streit
1905	Philipp Wolff
1905 - 1906	Ludwig Gatzert
1906 - 1908	Heinrich Duntze
1908 - 1911	Arthur Cahn
	Rudolf Hetebrügge
	Dr. Paul von Goldberger

Frankfurter Fußball-Verein (FFV):

1911 - 1913	Rudolf Hetebrügge
1913 - 1915	Emil Flasbarth
1915 - 1920	Rudolf Hetebrügge

Frankfurter Turn- und Sportgemeinde Eintracht (FFV):

1920 - 1926	Dr. Wilhelm Schöndube

Frankfurter Sportgemeinde Eintracht (FFV):

- 1927	Fritz Steffan
	Heinrich Berger
1927	Dr. Horst Rebenschütz
1927 - 1933	Egon Graf von Beroldingen
1933 - 1939	Hans Söhngen („Vereinsführer")
1939 - 1942	Rudi Gramlich
	Adolf Metzner
1942 - 1945	Anton Gentil (kommissarisch)
1945 - 1946	Christian Kiefer (kommissarisch)
1946	Günther Reis
1946 - 1949	Robert Brubacher
1949 - 1955	Dr. Anton Keller
1955 - 1969	Rudi Gramlich (ab 1966 Präsident)

Eintracht Frankfurt e.V.:

1969 - 1970	Rudi Gramlich
1970 - 1973	Albert Zellekens
1973 - 1981	Achaz von Thümen
1981 - 1983	Axel Schander
1983 - 1988	Dr. Klaus Gramlich
14. - 22.11.1988	Dr. Joseph Wolf
1988 - 1996	Matthias Ohms
Mai - Okt. 1996	Dieter Lindner (kommissarisch)
2.10. - 5.11.96	Hans-Joachim Otto
11.11.1996 - 31.1.2000	Rolf Heller
seit 26.7.2000	Peter Fischer

Die stellvertretenden Vorsitzenden und Vizepräsidenten seit 1945

1945 - 1946	Carl Dimpfl
1946	Carl Dimpfl
	Christian Kiefer
1946 - 1947	Carl Dimpfl
	Emanuel Rothschild
15. - 17.11.1947	Karl Zimmer
	Walter Kunkel
24.11.47 - 1949	Christian Kiefer
	Walter Kunkel
1949 - 1950	Dr. Willi Jacobi
	Ernst Geerling
1950 - 1955	Ernst Geerling
	Christian Kiefer
1955 - 1956	Rudi Gramlich (29.6. - 1.9.)
	Christian Kiefer
	Ernst Geerling
1956 - 1957	Christian Kiefer
	Ernst Geerling
	Dr. John A. Block
1957 - 1958	Erich Gabler
	Dr. John A. Block
	Ernst Geerling
1958 - 1965	Erich Gabler
	Ernst Geerling
	Dr. John A. Block
1965 - 1966	Dr. Hans-Eberhard Amend
	Maximilian Riedel
	Jürgen Gerhardt
1966 - 1969	Dr. Hans-Eberhard Amend (stellvertretender Präsident)
1969 - 1970	Kurt Jöst
	Albert Zellekens
1970 - 1973	Kurt Jöst
1973 - 1977	Ernst Berger
1977 - 1979	Dr. Peter Kunter
1979 - 1980	Kurt Krömmelbein
1980 - 1981	Dieter Lindner
1981 - 1982	Hermann Höfer
1982 - 1983	Wolfgang Zenker
1983 - 1985	Dr. Harald Böhm
1985 - 1988	Klaus Mank
1988 - 1994	Bernd Hölzenbein
1994 - 3.9.1996	Peter Röder
2.10.96 - April 2002	Hans-Joachim Schroeder
2.10. - 11.11.96	Rolf Heller
22.11. 1996 - 30.6.2001	Dr. Peter Lämmerhirdt
27.9. - 20.10.99	Gaetano Patella
9.5. - 2.8.2000	Bernd Ehinger
	Dr. Joseph Wolf
seit 2.8.2000	Klaus Lötzbeier
seit 21.8.2001	Axel Hellmann
seit 26.11.2002	Hans-Dieter Burkert
	Fred Moske (Finanzen)

Schatzmeister seit 1945

1945 - 1947	Jost Deeg
1947 - 1949	Finanzausschuss:
	Bernhardt Levi
	Fritz Ewe
	Karl Meyer
1949 - 1950	Edi Kempf
1950 - 1951	Fritz Ewe
1951 - 1965	Karl Hohmann
1965 - 1971	Dr. Hartmut Knöpke
1971 - 1979	Gerhard Jakobi
1979 - 1981	Joachim Erbs
1981	Dieter Bartl
Okt. 1981 - 1982	Peter Heinz
1982 - 1994	Wolfgang Knispel
1994 - 1996	Joachim Erbs
Mai - Okt. 1996	Wolfgang Knispel (kommissarisch)
20.10. - 5.11.96	Bernd Thate
8.12.1996 - 27.9.1999	Gaetano Patella
21.10.1999 - 6.5.2000	Rainer Leben
2.8.2000 - 10.11.2002	Dr. Joseph Wolf
seit 26.11.2002	Fred Moske (als Vizepräsident)

Spielausschuss-Vorsitzende, Manager und Sportliche Leiter 1945 bis 2000

1945 - 1946	Emanuel Rothschild
1946 - 1947	Fritz Becker
1947 - 1949	Hans Bechtold
1949 - 1950	Rudi Gramlich
1950 - 1955	Willi Balles
1955 - 1965	Ernst Berger
1965 - 1968	Ludwig Kolb (ab 1966 Leiter der Lizenzspielerabteilung)
1977 - 1978	Dr. Joseph Wolf (Hauptgeschäftsführer)
1978 - 1981	Udo Klug (Manager)
Juni 82 - Jan. 83	Jürgen Tresselt (Hauptgeschäftsführer)
1986 - 1988	Wolfgang Kraus (Manager)
1988 - 1989	Jürgen Friedrich (Manager)
1990 - 1992	Klaus Gerster (Manager)
1994 - 1996	Bernd Hölzenbein (Sportlicher Leiter)
seit August 1997	Rainer Falkenhain (Leiter der Lizenzspielerabteilung)
1.10.1998 - 20.4.1999	Gernot Rohr (Technischer Direktor, zugleich Mitglied des Präsidiums)

„Eintracht Frankfurt Fußball AG“

Vorstandsvorsitzende:

1.7.2000 - 1.1.2002	Steven Jedlicki
bis 13.8.2000	mit Bernd Ehinger
5. - 31.5.2002	Gabor Varszegi
25.9.2002 - 30.6.2003	Volker Sparmann
8. - 28.8.2003	Dr. Peter Schuster
seit 1.12.2003	Heribert Bruchhagen

Finanz-Vorstand:

seit 1. 10.2000	Dr. Thomas Pröckl

Sport-Vorstand:

18.5 - 3.7.2001	Dr. Dieter Ehrich (kommissarisch)
3.7.2001 - 31.5.2002	Anthony Woodcock

Aufsichtsratsvorsitzende:

13.8.2000 - 19.11.2001	Reinhard Gödel
20.12.2001 - 25.9.2002	Volker Sparmann
25.9. - 12.11.2002	Dr. Robin Fritz
11.12.2002 - 7.8.2003	Jürgen Neppe
seit 8.8.2003	Herbert Becker

Manager und Sportliche Leiter:

3.7.2000 - 18.5.2001	Rolf Dohmen (Sportdirektor)
20.5. - 3.7.2001	Friedel Rausch (Team-Manager)

Die Trainer

1919	Albert Sohn („übernahm die Leitung")	9.12.77 - 1978	Dettmar Cramer
1921/22	Dori Kürschner	1.7. - 9.12.1978	Otto Knefler
März 1925 - Januar 1926	Maurice Parry	8.1.1979 - 1980	Friedel Rausch
1926/27	Fritz Egly/Walter Dietrich (Spielertrainer)	1980 - 1982	Lothar Buchmann
Okt. 1927 - 1928	Gustav Wieser	1.7. - 17.9.1982	Helmut Senekowitsch
1928 - 30.8.1933	Paul Oßwald	19.9.1982 - 17.10.1983	Branko Zebec
1 9.1933 - 1935	Willi Spreng	18. - 29.10.1983	Klaus Mank/ Jürgen Grabowski (Interim)
1935 - 1938	Paul Oßwald	30.10.1983 - 3.12.1986	Dietrich Weise
Aug. - Dez. 1938	ohne Trainer	4.12.1986 - 1987	Hans-Dieter Zahnleiter
Januar 1939	Otto Boer	1987 - 13.9.1988	Karl-Heinz Feldkamp
1939 - 31.5.1941	Peter Szabo	14.9. - 12.12.1988	Pal Csernai
Juli 1941	Willi Lindner	2.1.1989 - 13.4.1991	Jörg Berger
März 1942	Peter Szabo („leitet das Frankfurter Gemeinschafts-Training")	14.4.1991 - 30.3.1993	Dragoslav Stepanovic
Sept. 1942	Willi Balles („stellt die Mannschaft auf")	31.3. - 30.6.1993	Horst Heese
Nov./Dez. 1945	Willy Pfeiffer	1993 - 10.4.1994	Klaus Toppmöller
Dez. 45/Jan. 46	Sepp Herberger	10.4. - 30.6.94	Karl-Heinz Körbel
Jan. 46 - 1.6. 47	Emil Melcher	1994 - 2.4.1995	Jupp Heynckes
2.6.47 - 30.1.48	Willi Treml	3.4.95 - 30.3.96	Karl-Heinz Körbel
1.2. - 31.12.48	Bernhard Kellerhoff	1.4. - 7.12.96	Dragoslav Stepanovic
1.1.1949 - 1950	Walter Hollstein	18.12.1996 - 8.12.1998	Horst Ehrmantraut
1950 - 1956	Kurt Windmann	8. - 19.12.1998	Bernhard Lippert (Interim)
1956 - 1958	Adolf Patek	22.12.1998 - 18.4.1999	Reinhold Fanz
1958 - 17.4.64	Paul Oßwald	19.4. - 19.12.99	Jörg Berger
18.4.64 - 1965	Ivica Horvath	27.12.1999 - 29.1.2001	Felix Magath
1965 - 1968	Elek Schwartz	29.1. - 3.4.01	Rolf Dohmen
1968 - 1973	Erich Ribbeck	3.4. - 19.5.01	Friedel Rausch
1973 - 1976	Dietrich Weise	18.6.2001 - 8.3.2002	Martin Andermatt
1.7. - 8.11.1976	Hans-Dieter Roos	8.3. - 27.5.2002	Armin Kraaz
9.11.1976 - 30.11.1977	Gyula Lorant	1.7.2002 - 27.5.2004	Willi Reimann (vom 27.3. bis 24.4. gesperrt; auf der Bank von Co-Trainer Jan Kocian vertreten)
		seit 1.7.2004	Friedhelm Funkel

Branko Zebec, Eintracht-Trainer 1982/83 und Jupp Heynckes, Eintracht-Trainer 1994/95.

Die Nationalspieler

A-Nationalspieler

44 **Jürgen Grabowski** (1966 – 1974, 5 Tore)
40 **Bernd Hölzenbein** (1973 – 1978, 5 Tore)
25 **Andreas Köpke** (1994 – 1996, dazu kommen 14 für den 1. FC Nürnberg und 20 für Olympique Marseille)
22 **Rudolf Gramlich** † (1931 – 1936)
21 **Thomas Berthold** (1985 – 1986, 1 Tor, dazu kommen 10 für Hellas Verona, 18 für den AS Rom und 13 für den VfB Stuttgart)
17 **Uwe Bein** (1989 – 1993, 3 Tore)
14 **Manfred Binz** (1990 – 1992, 1 Tor)
12 **Friedel Lutz** (1960 – 1966)
12 **Andreas Möller** (1990 – 1992, 1 Tor, dazu kommen 53 für Borussia Dortmund und 20 für Juventus Turin)
11 **Franz Schütz** † (1929 – 1932)
10 **Hans Stubb** † (1930 – 1934, 1 Tor)
9 **Richard Kreß** † (1954 – 1961, 2 Tore)
9 **Ralf Weber** (1994 – 1995)
7 **Alfred Pfaff** (1953 – 1956, 2 Tore)
7 **Willi Tiefel** † (1935 – 1936)
6 **Ronald Borchers** (1978 – 1981)
6 **Karl-Heinz Körbel** (1974 – 1975)
5 **Maurizio Gaudino** (1993 – 1994, 1 Tor)
4 **Ralf Falkenmayer** (1984 – 1986)
4 **Hugo Mantel** † (1930 – 1933)
2 **Peter Reichel** (1975 – 1976)
2 **Wolfgang Solz** (1962 – 1964)
1 **Erich Bäumler** † (1956, 1 Tor)
1 **Fritz Becker** (FCF Kickers) † (1908, 2 Tore)
1 **Horst Heldt** (1999, dazu kommt 1 für den TSV München 1860)
1 **Thomas Kroth** (1985)
1 **Willi Lindner** † (1933)
1 **Bernd Nickel** (1974)
1 **Hans Weilbächer** (1955)

B-Nationalspieler

10 **Karl-Heinz Körbel** (1974 – 1979)
7 **Peter Reichel** (1976 – 1977)
5 **Bernd Nickel** (1974 – 1976, 3 Tore)
5 **Rüdiger Wenzel** (1977 – 1979, 1 Tor)
4 **Ronald Borchers** (1978 – 1980)
3 **Richard Kreß** † (1954 – 1958)
2 **Erich Bäumler** †(1956, 1 Tor)
2 **Wolfgang Kraus** (1977)
2 **Alfred Pfaff** (1953 – 1954, 3 Tore)
2 **Hans Weilbächer** (1957 – 1958)
1 **Peter Blusch** (1965)
1 **Helmut Henig** (1953)
1 **Bernd Hölzenbein** (1972)
1 **Heinz-Josef Koitka** (1977, dazu kommen 2 für den Hamburger SV)
1 **Dieter Lindner** (1959)
1 **Friedel Lutz** (1959)
1 **Thomas Rohrbach** (1972)
1 **Ralf Sievers** (1986)
1 **Dieter Stinka** (1959)
1 **Gert Trinklein** (1974)

A2-Nationalspieler

3 **Marco Gebhardt** (2000 – 2001)
3 **Thomas Reichenberger** (2000, 1 Tor, dazu kommen 2 für Bayer Leverkusen)
2 **Jens Rasiejewski** (2000)
1 **Bernd Schneider** (1999, 1 Tor, dazu kommen 3 für Bayer Leverkusen)
1 **Thomas Sobotzik** (1999)

„Team 2006"-Nationalspieler

1 **Daniyel Cimen** (2005)
1 **Nico Frommer** (2003, dazu kommt 1 für den SSV Reutlingen)
1 **Alexander Huber** (2005)
1 **Alexander Meier** (2005, dazu kommt 1 für den FC St. Pauli)
1 **Christoph Preuß** (2005, dazu kommt je 1 für Bayer Leverkusen und den VfL Bochum)
1 **Albert Streit** (2003, dazu kommen 3 für den 1. FC Köln)

Olympia-Auswahlspieler

3 **Thomas Lasser** (1990)
2 **Ralf Sievers** (1987 – 1988)
1 **Dirk Bakalorz** (1988, dazu kommen 2 für Borussia Mönchengladbach)
1 **Ralf Falkenmayer** (1984)
1 **Frank Schulz** (1987)

Amateur-Nationalspieler

48 **Jürgen Kalb** (1969 – 1975, 6 Tore)
41 **Bernd Nickel** (1968 – 1972, 18 Tore)
12 **Günther Wienhold** (1972 – 1974, dazu kommen 3 für den FC Singen 04)
10 **Wolfgang Kraus** (1972 – 1975)
9 **Heinz-Josef Koitka** (1976 – 1978, dazu kommen 5 für die SG Wattenscheid 09)
6 **Hermann Höfer** † (1954 – 1957)
5 **Karl-Heinz Körbel** (1973 – 1974, 1 Tor)
4 **Ronald Borchers** (1978, 1 Tor)
3 **Klaus Hommrich** (1969 – 1970, 1 Tor)
3 **Günter Keifler** (1967 – 1968, 1 Tor, dazu kommt 1 für den VfL Marburg)
3 **Helmut Müller** (1974)
2 **Wolfgang Mühlschwein** (1965)
2 **Winfried Stradt** (1976, 1 Tor, dazu kommen 5 für Tennis Borussia Berlin und 1 für Alemannia Aachen)
2 **Hans Weilbächer** (1953 – 1954)
1 **Wolfgang Trapp** (1978)

U23-Nationalspieler

2 **Bernd Hölzenbein** (1969)
1 **Jürgen Friedrich** (1966)
1 **Jürgen Grabowski** (1967)
1 **Hermann Höfer** (1957)
1 **Bernd Nickel** (1971)

U21-Nationalspieler

16 **Ralf Falkenmayer** (1982 – 1986)
15 **Christoph Preuß** (2002 – 2004, dazu kommen 8 für Bayer Leverkusen)
9 **Manfred Binz** (1987 – 1990)
8 **Jermaine Jones** (2002 – 2003, 3 Tore)
6 **Armin Kraaz** (1984 – 1985)
6 **Uwe Müller** (1984 – 1985)
6 **Patrick Ochs** (2005 – 2006)
6 **Alexander Rosen** (1999 – 2000, dazu kommt 1 für den FC Augsburg)
5 **Thomas Berthold** (1984 – 1986)
5 **Matthias Hagner** (1994 – 1996, 1 Tor)
5 **Stefan Zinnow** (1999 – 2000, 1 Tor)
4 **René Beuchel** (1995 – 1996, dazu kommen 7 für Dynamo Dresden)
4 **Patrick Falk** (1999 – 2000, 1 Tor)
4 **Giuseppe Gemiti** (2002, dazu kommen 11 für Udinese Calcio, 5 für Genua CFC 1893)
4 **Martin Trieb** (1983)
3 **Rigobert Gruber** (1979 – 1980, 1 Tor, dazu kommen 4 für Werder Bremen)
3 **Thomas Lasser** (1989 – 1990)
3 **Thomas Reis** (1993 – 1994)
2 **Hans-Jürgen Gundelach** (1985)
2 **Alexander Meier** (2006)
2 **Klaus Theiss** (1985 – 1986)
2 **Dirk Wolf** (1992)
1 **Alexander Conrad** (1987)
1 **Thorsten Flick** (1996)
1 **Norbert Hönnscheidt** (1980)
1 **Harald Krämer** (1985)
1 **Thomas Kroth** (1984, dazu kommen 12 für den 1. FC Köln)
1 **Thomas Sobotzik** (1993)
1 **Ralf Weber** (1989)

Die Eintracht bei internationalen Turnieren

Olympische Spiele 1928 in Amsterdam:
Walter Dietrich (1 Einsatz für die Schweiz)

Weltmeisterschaft 1934 in Italien:
Rudolf Gramlich (1 Einsatz)

Olympische Spiele 1936 in Berlin:
Rudolf Gramlich (1 Einsatz)

Weltmeisterschaft 1954 in der Schweiz:
Alfred Pfaff (1 Einsatz /1 Tor)

Olympische Spiele 1956 in Melbourne:
Hermann Höfer (1 Einsatz)

Weltmeisterschaft 1966 in England:
Friedel Lutz (1 Einsatz)
Jürgen Grabowski (kein Einsatz)

Weltmeisterschaft 1970 in Mexiko:
Jürgen Grabowski (5 Einsätze)

Europameisterschaft 1972 in Belgien:
Jürgen Grabowski (1 Einsatz)

Olympische Spiele 1972 in München:
Jürgen Kalb (6 Einsätze /1 Tor)
Bernd Nickel (6 Einsätze /6 Tore)
Günter Wienhold (5 Einsätze)

Weltmeisterschaft 1974 in Deutschland:
Jürgen Grabowski (6 Einsätze /1 Tor)
Bernd Hölzenbein (6 Einsätze)

Europameisterschaft 1976 in Jugoslawien:
Bernd Hölzenbein (2 Einsätze / 1 Tor)

Weltmeisterschaft 1978 in Argentinien:
Bernd Hölzenbein (3 Einsätze / 1 Tor)

Weltmeisterschaft 1982 in Spanien:
Bruno Pezzey (5 Einsätze / 1 Tor für Österreich)

Europameisterschaft 1984 in Frankreich:
Ralf Falkenmayer (kein Einsatz)

Weltmeisterschaft 1986 in Mexiko:
Thomas Berthold (6 Einsätze)

Olympische Spiele 1988 in Seoul:
Ralf Sievers (1 Einsatz)

Weltmeisterschaft 1990 in Italien:
Uwe Bein (4 Einsätze / 1 Tor)

Afrikameisterschaft 1992 im Senegal:
Anthony Yeboah (5 Einsätze / 2 Tore für Ghana)

Europameisterschaft 1992 in Schweden:
Manfred Binz (3 Einsätze)
Andreas Möller (3 Einsätze)

Afrikameisterschaft 1994 in Tunesien:
Augustine Okocha (4 Einsätze für Nigeria)
Anthony Yeboah (2 Einsätze für Ghana)

Weltmeisterschaft 1994 in den USA:
Maurizio Gaudino (kein Einsatz)
Augustine Okocha (3 Einsätze für Nigeria)

Europameisterschaft 1996 in England:
Andreas Köpke (6 Einsätze)

FIFA Confederations Cup 1999 in Mexiko:
Horst Heldt (1 Einsatz)

Afrikameisterschaft 2000 in Ghana und Nigeria:
Rolf-Christel Guié-Mien (2 Einsätze für Kongo)

Asienmeisterschaft 2000 im Libanon:
Yang Chen (6 Einsätze / 3 Tore für China)

Weltmeisterschaft 2002 in Japan/Südkorea:
Pawel Kryszalowicz (3 Einsätze / 1 Tor für Polen)
Yang Chen (2 Einsätze für China)

Asienmeisterschaft 2004 in China:
Du-Ri Cha (4 Einsätze / 1 Tor für Südkorea)

Weltmeisterschaft 2006 in Deutschland:
Christoph Spycher (1 Einsatz für die Schweiz)

Stand: 31.7.2006

Die ausländischen Spieler der Eintracht

(Es sind nur die Spieler berücksichtigt, die in Pflichtspielen zum Einsatz kamen oder im Kader 2006/07 standen.)

Albanien:
Geri Cipi (2003/04)
Mehmet Dragusha (2003 – 2005)
Edi Martini (1997/98)
Ervin Skela (2001 – 2004, mit italienischem Pass)

Australien:
David Mitchell (1985 – 1987)
Nedijelko Zelic (1995/96)

Bosnien-Herzegowina:
Sead Mehic (1997/98)

Brasilien:
„Chris" Christian Maicon Hening (seit 2003)
Franciel Rodrigo Hengemühle (2002 bis 2004)
Vivaldo „Nascimento" Barretto (2003/04)
Alessandro Alvarez da Silva Butijao (1992/93)
Antonio da Silva (1997/98)
Matheus Coradini Vivian (2002/03, mit italienischem Pass)

Bulgarien:
Petr Hubtchev (1996 – 2001)

China:
Yang Chen (1998 – 2002)

England:
Hamilton (1905 Frankfurter Kickers)
Peter Hobday (1988 – 1990)
Mortensen (1905 – 1911 FFC Victoria)
Cecil Nichols (1899 – 1900 FFC Victoria)
E. Thélin (1911/12 FFV)
Whittle (1902 – 1904 FFC Victoria)
Williams (1902 FFC Victoria)

Frankreich:
Charles Charboud-Mollard (1911/12 FFV)

Georgien:
Kachaber Zchadadse (1992 – 1997)

Ghana:
Anthony Yeboah (1990 – 1995)

Griechenland:
Ioannis Amanatidis (2003/04 und seit 2005)
Sotirios Kyrgiakos (seit 2006)

Italien:
Marco Rossi (1996/97)
Giovanni Speranza (2001/02)

Japan:
Naohiro Takahara (seit 2006)

Jugoslawien
(ab 2003 Serbien & Montenegro, ab 2006 Serbien):
Michael Anicic (1992 – 1996)
Ivan Horvat (1957 – 1959)
Fahrudin Jusufi (1966 – 1970)
Slobodan Komljenovic (1992 – 1997)
Radmilo Mihajlovic (1993/94)
Dragoslav Stepanovic (1976 – 1978)
Damir Stojak (1998/99)

Kamerun:
Serge Branco (2000 – 2003 – mit französischem Pass!)

Kongo:
Rolf-Christel Guié-Mien (1999 – 2003)
Jean-Clotaire Tsoumou-Madza (2002 – 2004)

Kroatien:
Vladimir Maljkovic (2000/01)
Ivica Mornar (1995/96)
Zvezdan Pejovic (1996/97)
Jurica Pulzic (2003 – 2006)

Liberia:
Jonathan Sawieh (1997/98)

Marokko:
Mourad Bounoua (1998/99)

Mazedonien:
Sasa Ciric (2000 – 2002)
Oka Nikolov (seit 1995, seit April 2000 Deutscher)
Aleksandar Vasoski (seit 2004)

Niederlande:
Augustinus (1942/43 Gastspieler)
De Jonge (1942 – 1944 Gastspieler)
Van t'Oever (1911/12 FFV)

Nigeria:
Stephen Famewo (2001/02)
Augustine Okocha (1992 – 1996)
Henry Onyema „Nwosu" (1998/99)

Norwegen:
Jörn Andersen (1988 – 1990, 1991 – 1994, seit 9.5.1992 Deutscher)
Tommy Berntsen (2000/01)
Jan-Age Fjörtoft (1998 – 2001)
Tore Pedersen (1998/99)

Österreich:
Karl Froneck (1945/46)
Willi Huberts (1963 – 1970)
Ernst Künz (1938 – 1944)
Stefan Lexa (2003 – 2006)

Thomas Parits (1971 – 1974)
Bruno Pezzey (1978 – 1983)
Wilhelm Sonnek (1942/43 Gastspieler)
Hans-Georg Tutschek (1964/65)
Markus Weissenberger (seit 2004)
Christoph Westerthaler (1997 – 2000)
Gerd Wimmer (2000 – 2002)

Polen:
Dariusz Adamczuk (1992/93)
Jaroslaw Biernat (1986 – 1989, seit Dezember 1986 Deutscher)
Jan Furtok (1993 – 1995)
Pawel Kryszalowicz (2000 – 2003)
Bogdan Kwiecin (1985/86, seit 9. 1. 1986 als Wolfgang April Deutscher)
Wlodzimierz Smolarek (1986 – 1988)
Cezary Tobollik (1983 – 1985, seit 1984 Deutscher)
Janusz Turowski (1986 – 1991, seit Dezember 1986 Deutscher)

Schweden:
Johnny Ekström (1995 – 1997)
Jan Svensson (1983 – 1986)

Schweiz:
Karl Billeter (1901 FFC Victoria)
Walter Dietrich (1925 – 1935)
Rudolf Elsener (1978/79)
Urs Güntensperger (1996 – 1998)
Benjamin Huggel (seit 2005)
Albert Leiber (1915/16 FFV)
Karl Meyer (1915/16 FFV)
Riggenbach (1904 FFC Victoria)
Christoph Spycher (seit 2005)

Slowakei:
Peter Nemeth (2001/02)
Marek Penksa (1992/93 und 1994/95)

Spanien:
Francisco Copado (2005 – 2006)
Oscar Corrochano (1996/97)
David Montero (2002 – 2004)

Südafrika:
Rowan Hendricks (1999/2000)

Südkorea:
Bum-kun Cha (1979-83)
Du-Ri Cha (2003 – 2006)
Jae-won Sim (2001/02)

Togo:
Bachirou Salou (1999 – 2001, seit 20. 9. 2000 Deutscher)

Tschechien:
Josef Obajdin (1994/95)
Karel Rada (2000 – 2002)

Türkei:
Erol Bulut (1999 – 2001)
Hakan Cengiz (1997/98)
Burhanetin Kaymak (1995/96 und 1997 – 1999)
Ender Konca (1971 – 1973)
Yilmaz Örtülü (2001/02)

Ungarn:
Lajos Detari (1987/88)
Tibor Dombi (1999/2000)
Janos Hanek (1957/58)
Karoly (1925/26)
Tibor Lörinc (1957/58)
Istvan Pisont (1998/99)
Peter Szabo (1920 – 1923)
Istvan Sztani (1957 – 1960 und 1965 – 1968)
Fritz Weicz (1912/13 FFV)

Nationalität nicht eindeutig zuzuordnen:
Carmouche (1905 Frankfurter Kickers, Franzose?)
Antonio Ribeiro (1910/11 Frankfurter Kickers, Spanier/Portugiese?)

Die Eintracht-Jugend

A-Junioren (U18; ab 2001/02 U19)
Deutscher Meister: 1982, 1983, 1985
(Finalist 1987)
Süddeutscher Meister: 1970
Hessenmeister: 1964, 1965, 1968, 1970, 1976, 1978, 1981, 1982, 1983, 1985, 1986, 1987, 1988, 1990, 1992, 1993, 1994, 1996
DFB-jugendkicker-Pokal: Finalist 1998
Hessenpokalsieger: 1992, 1996, 1997, 1998, 2001, 2002, 2003
Gaumeister Hessen-Nassau: 1943

Die Platzierungen in der Junioren-Regionalliga Süd:

1996/97	5.	26	52:42	45
1997/98	6.	26	52:45	41
1998/99	4.	26	67:37	52
1999/2000	4.	26	60:28	47
2000/01	4.	22	48:29	43
2001/02	3.	22	49:32	42
2002/03	7.	22	35:39	30

Die Platzierungen in der Junioren-Bundesliga Süd/Südwest:

2003/04	6.	26	42:41	44
2004/05	9.	26	29:40	32
2005/06	12	26	37:44	27

B-Junioren (U16; ab 2001/02 U17)
Deutscher Meister: 1977, 1980, 1991
(Finalist 1981, 1982)
Süddeutscher Meister: 1977
Hessenmeister: 1977, 1980, 1981, 1982, 1984, 1986, 1987, 1988, 1989, 1991, 1993, 1995, 1996, 1997, 1998, 1999, 2000, 2001 (B2), 2004 (B2)
Hessenpokalsieger: 1992, 1996, 1997, 1998, 2002, 2003, 2005

Die Platzierungen in der Junioren-Regionalliga Süd:

2000/01	4.	22	53:32	35
2001/02	2.	22	51:25	45
2002/03	4.	22	45:23	44
2003/04	2.	22	52:28	50
2004/05	6.	22	54:41	35
2005/06	8.	22	35:36	29

C-Junioren (U14; ab 2001/02 U15)
Süddeutscher Meister: 1980, 1989, 1995, 2005
Hessenmeister: 1976, 1977, 1978, 1979, 1980, 1983, 1985, 1986, 1989, 1990, 1993, 1995, 1997, 1998, 1999, 2001, 2002, 2003, 2004, 2005

Die Eintracht-Frauen

Zu den Pionieren im Frankfurter Frauen-Fußball zählte die Niederräder Schützengesellschaft „Obert Schiel" 02. Von 1972 bis 1979 war sie die Nr. 1 am Main und nahm 1974 auch an der ersten Deutschen Meisterschaft teil. Insgesamt kamen die Niederräderinnen auf vier Endrunden-Teilnahmen, wobei sie 1977 sogar das Finale erreichten. Doch nach einem 0:0 bei der damals zur deutschen Spitze zählenden SSG Bergisch Gladbach wurde das Rückspiel vor über 3.000 Zuschauern auf den Sandhöfer Wiesen mit 0:1 verloren. 1979 übernahm der FSV die Führungsrolle im Frankfurter Frauen-Fußball, und ein Jahr später verschwand „Oberst Schiel" von der Bildfläche. Da es bei der Struktur der Schützengesellschaft Probleme mit der Nachwuchsförderung gab, schloss sich das Team der SKG Frankfurt an. Der FSV wurde von 1980 bis 1990 elfmal in Folge Hessenmeister und gewann 1986 die Deutsche Meisterschaft. Weitere Titel folgten 1995 und 1998, letzterer übrigens der erste in der nun eingleisigen Bundesliga. Vizemeister wurde die SG Praunheim, die aus der Mannschaft der Deutschen Bundesbank hervorgegangen war und sich am 1. Januar 1999 in 1. FFC Frankfurt umbenannte. Während der 1. FFC 2006 zum zweiten Mal nach 2002 den UEFA-Pokal der Frauen nach Frankfurt holte, wurde das Kapitel Frauen-Fußball beim FSV nach 36 Jahren geschlossen. Mit 5:142 Toren und nur einem Punkt beendeten die Bornheimerinnen ihre letzte Bundesliga-Saison und verzichteten sogar auf ihren Startplatz in der 2. Bundesliga. Insgesamt gewannen Frankfurter Mannschaften acht Deutsche Meisterschaften (drei der FSV, fünf der 1. FFC) und holten zehnmal den DFB-Pokal an den Main (je fünfmal der FSV und 1. FFC). 2006/07 nehmen elf Frankfurter Frauen-Teams an den Meisterschaftsspielen von der Bundesliga bis hinunter zur Bezirksliga teil. Der 1. FFC stellt dabei mit vier Teams über ein Drittel der Teilnehmer.
Mit im Rennen ist seit 2004 auch die Eintracht. Nach mehreren Sichtungslehrgängen traten die Eintracht-Frauen 2004/05 in der Bezirksliga an, wurden auf Anhieb Kreispokalsieger und stiegen in die Bezirksoberliga auf. Ab der Saison 200/07 wird am Riederwald auch Mädchenfußball angeboten und eine U16 und U14 zum Spielbetrieb gemeldet. Damit soll zahlreichen Anfragen interessierter Eltern entsprochen und der Frauenmannschaft der nötige Unterbau gegeben worden. Diese wurde im Juni 2006 zum zweiten Male Kreispokalsieger und sicherte sich anschließend auch den Bezirkspokal.

Die Platzierungen der Eintracht-Frauen:

2004/05	BezL 2	2.	14	55:5	35
2005/06	BOL	3.	16	29:21	31

Erklärung:
BezL 2 = Bezirksliga Frankfurt, Gruppe 2;
BOL = Bezirksoberliga Frankfurt.

Die Eintracht-Amateure

Nachdem der DFB auf seinem Bundestag am 27. Oktober 1951 in Barsinghausen beschlossen hatte, dass Vertragsspielervereine berechtigt sind, mit einer 1. Amateurmannschaft am Spielbetrieb der Landesverbände teilzunehmen, wurde auch bei der Eintracht eine Amateurmannschaft gebildet. Dazu die Eintracht-Hefte vom März 1952: „Im kommenden Jahr werden wir zu den Meisterschaftsspielen eine Amateurmannschaft melden, der die ehrenvolle Aufgabe zufällt, die Fußball-Amateurabteilung leistungsmäßig zu vertreten ... Wir wissen noch nicht, in welche Spielklasse unsere 1. Amateurmannschaft eingereiht wird, und wir sind uns auch noch nicht schlüssig, wer in dieser Mannschaft Aufstellung findet, da der leistungsfähige Nachwuchs sowohl in der 1. Amateur- als auch in der 1. Juniorenmannschaft zwei Eisen im Feuer haben wird, die eine Lösung der Nachwuchsfrage bringen sollen. Die Härte der Spiele in der Amateurklasse wird uns wahrscheinlich dazu bewegen, die besten der ‚Soma' und der Junioren – soweit sie auch physisch dazu in der Lage sind – zu unserer Amateurmannschaft heranzuziehen; denn es weht ein rauer Wind in den unteren Spielklassen, die es nicht gerne sehen, dass die Vereine mit Vertragsspielern noch auch mit ihren Amateuren aufstiegsberechtigt um die Amateurmeisterschaft mitspielen können." So lehnte der Verbandstag des Hessischen Fußball-Verbandes am 18. Juni 1952 in Hanau zunächst auch mit großer Mehrheit eine Teilnahme der Amateurmannschaften von Vertragsspielervereinen an den Punktspielen ab. Daher nahm die 1. Amateur-Mannschaft (3a) 1952/53 an einer „privaten" Punktrunde mit der SG Höchst, dem BSC 19, der SpVgg Fechenheim, der SpVgg Neu-Isenburg, Kickers Offenbach und dem FFC Olympia 07 teil und erreichte im HFV-Pokal des Bezirks Frankfurt nach Siegen über den SC Dortelweil (5:4), FV 09 Eschersheim (3:1) und Germania Okriftel (n.V. 4:4 und 2:1) die 6. Runde (Viertelfinale), in der sie gegen die SpVgg Griesheim 02 (n.V. 1:3) ausschied. Erst nachdem der DFB dem HFV angedroht hatte, ihm seinen Startplatz bei der Deutschen Amateur-Meisterschaft zu streichen, revidierte der HFV-Verbandstag am 17. Juni 1953 in Kassel seinen Beschluss aus dem Vorjahr. Am 23. August 1953 erfolgte bei der Bockenheimer TG 1860 (1:1) der Punktspielstart für die Eintracht-Amateure in der B-Klasse Frankfurt, Gruppe 2.

Alle Platzierungen der Eintracht-Amateure:

1953/54	B-Kl	1.	26	123:18	49-3
1954/55	A-Kl	1.	30	72:21	46-14
	AR	1.	8	25:10	13-3
1955/56	2. AL	2.	28	62:37	37-19
1956/57	2. AL	10.	30	53:50	27-33
1957/58	2. AL	12.	30	45:52	26-34
1958/59	2. AL	13.	30	43:58	23-37
1959/60	2. AL	11.	28	61:56	25-31
1960/61	2. AL	4.	30	80:56	36-24
1961/62	2. AL	10.	32	63:62	29-35
1962/63	2. AL	3.	32	71:43	41-23
1963/64	2. AL	2.	32	78:36	42-22
1964/65	2. AL	3.	32	71:33	41-23
1965/66	GrL	3.	34	87:47	45-23
1966/67	GrL	4.	32	70:33	41-23
1967/68	GrL	6.	32	60:40	36-28
1968/69	GrL	1.	32	76:26	50-14
1969/70	HL	1.	34	65:41	49-19
1970/71	HL	5.	34	43:30	41-27
1971/72	HL	13.	36	64:45	46-26
1972/73	HL	5.	34	68:54	42-26
1973/74	HL	8.	34	52:51	35-33
1974/75	HL	13.	36	49:54	27-45
1975/76	HL	5.	34	53:44	38-30
1976/77	HL	5.	34	53:33	36-32
1977/78	HL	2.	34	78:34	49-19
1978/79	OL	5.	34	71:47	42-26
1979/80	OL	5.	34	73:56	41-27
1980/81	OL	5.	34	52:49	37-21
1981/82	OL	3.	36	95:39	50-22
1982/83	OL	2.	32	87:37	46-18
1983/84	OL	5.	34	67:46	41-27
1984/85	OL	3.	36	80:46	46-26
1985/86	OL	7.	34	78:63	37-31
1986/87	OL	11.	32	56:68	30-34
1987/88	OL	11.	34	38:42	30-38
1988/89	OL	8.	30	45:55	28-32
1989/90	OL	10.	34	39:47	32-36
1990/91	OL	8.	34	44:52	35-33
1991/92	OL	9.	32	39:45	28-36
1992/93	OL	12.	32	42:54	28-36
1993/94	OL	10.	34	42:42	32-36
1994/95	OL	2.	30	57:25	44-16
	ES um Platz 1:			0:4 SC Neukirchen	
	AR:			3:1 VfR Pforzheim	
1995/96	RL	17.	34	33:61	30
1996/97	OL	8.	34	75:68	48
1997/98	OL	6.	30	55:45	46
1998/99	OL	4.	28	49:35	51
1999/00	OL	4.	34	63:39	57
2000/01	OL	4.	34	73:58	56
2001/02	OL	1.	34	72:35	74
2002/03	RL	18.	36	36:64	32
2003/04	OL	9.	34	63:75	42
2004/05	OL	12.	34	59:71	42
2005/06	OL	11.	34	47:41	42

Erklärung: B-Kl = B-Klasse Frankfurt, Gruppe 2; A-Kl = A-Klasse Frankfurt; 2. AL = 2. Amateurliga Frankfurt-West; GrL = Gruppenliga Süd (ab 1965 zweithöchste Amateurspielklasse, heute Landesliga), HL = Hessenliga (ab 1978 OL = [Amateur-] Oberliga Hessen, bis 1994 höchste Amateurspielklasse), RL = Regionalliga Süd – seit 2005/06 werden die Amateur-Mannschaften der Profiklubs als 2. Mannschaft („II") bezeichnet.

Spiele im Süddeutschen Pokal:

1969	1. R.	Karlsruher SC (H)	1:0
	AF	Kickers Offenbach (H)	0:4

Spiele in der Deutschen Amateurmeisterschaft:

1970	1. R.	Victoria Hamburg	2:0, 1:2
	VF	Eintracht Braunschweig Am.	0:1, 0:1
1978	1. R.	HSV Barmbek-Uhlenhorst	3:1, 2:3
	VF	Eintracht Bad Kreuznach	1:0, 1:1
	HF	ESV Ingolstadt	n.V. 1:2, 1:1
1983	VF	Offenburger FV	5:1, 1:6

Spiele im Hessenpokal:

1969	VF	Borussia Fulda (A)	1:0
	HF	Hermannia Kassel (in Nidda)	3:2
	E	SV Hermannstein (in Wetzlar)	n.V. 3:2
1997	AF	Hessen Kassel (in Stadtallendorf)	0:3
2002	AF	SV 07 Raunheim (A)	5:0
	VF	SV Darmstadt 98 (A)	1:0
	HF	SC Neukirchen (H)	1:2
2004	AF	Kickers Offenbach (A)	1:4

Die Eintracht-Reserve

Bereits in der zweiten Nachkriegs-Saison 1946/47 verfügte die Eintracht über eine so große Auswahl an Spielern, dass die 2. Mannschaft „außer Konkurrenz" an den Spielen der Kreisklasse Nordmain 1 teilnahm. 1948/49 gewann die Eintracht eine Reserverunde, an der außerdem noch teilnahmen: Kickers Offenbach, FSV Frankfurt, Rot-Weiss Frankfurt, FC Rödelheim 02, SV Wiesbaden, SV Darmstadt 98, Union Niederrad und Germania Bieber. Ab 1949/50 beteiligte sich die Vertragsspieler-Reserve an der Reserverunde der Oberliga Süd. Nach Einführung der Bundesliga spielten die süddeutschen Bundesligisten 1963/64 eine Vierfach-Runde aus, an der auch der 1. FC Kaiserslautern teilnahm. Von 1964 bis 1968 gab es eine sogenannte „gemischte" Reserverunde der süddeutschen Bundesligisten und den Klubs der Regionalliga Süd. An dieser Runde nahm die Eintracht-Reserve 1965/65 und 1966/67 teil. 1965/66 spielte die Eintracht-Reserve außer Konkurrenz in der Hessenliga mit. 1969/70 organisierte die Eintracht zusammen mit Kickers Offenbach, Opel Rüsselsheim, dem Karlsruher SC, 1.FC Kaiserslautern, Wormatia Worms, Borussia Neunkirchen und dem 1.FC Saarbrücken eine private Nachwuchsrunde. Nach der Vorrunde führte die Eintracht die Tabelle punktgleich mit Kickers Offenbach an. Da es in der Rückrunde wegen des strengen Winters Terminprobleme gab, wurde die Runde wahrscheinlich nicht beendet. In der Presse fanden sich jedenfalls keine Meldungen mehr dazu. Von 1978/79 bis 1985/86 gab es eine Bundesliga-Nachwuchsrunde (ab 1984/85 Adi-Daßler-Pokal), von 1994/95 bis 1996/97 eine Bundesliga-Reserverunde, jeweils in regionalen Gruppen.

Alle Platzierungen der Eintracht-Reserve:

1946/47	KrKl	a. K.	18	59:33	24-12
1948/49	Res-R.	1.	nicht bekannt		
1949/50	OL, Gr. II	2.	12	31:21	14-10
1950/51	OL	8.	30	63:52	32-28
1951/52	OL	7.	18	29:41	15-21
1952/53	OL	6.	18	47:53	16-20
1953/54	OL	5.	30	92:66	34-26
1954/55	OL	8.	30	87:70	34-26
1955/56	OL	5.	28	83:64	35-21
1956/57	OL	8.	26	38:35	25-27
1957/58	OL	7.	26	52:40	24-28
1958/59	OL (-2)	3.	28	76:53	36-20
1959/60	OL (-3)	4.	27	72:59	34-20
1960/61	OL (-1)	1.	27	96:34	45-9
1961/62	OL (-2)	1.	28	92:38	48-8
1962/63	OL (-9)	8.	21	41:37	25-17
1963/64	BLS (-1)	1.	19	55:19	32-6
1964/65	Süd	6.	26	53:48	27-25
1965/66	HL (-3)	a. K.	29	112:32	49-9
1966/67	Süd (-1)	3.	31	105:64	45-17
1969/70	NWR	1.	7	22:14	10-4
1978/79	BLN	3.	8	27:15	9-7
1979/80	BLN	1.	10	40:12	16-4
	VF 1. FC Kaiserslautern 0:0, 0:5				
1980/81	BLN	2.	10	35:9	14-6
1981/82	BLN	2.	10	33:23	12-8
1982/83	BLN	1.	8	26:8	14-2
	VF VfB Stuttgart			5:2, 2:4	
	HF Fortuna Köln			4:1, 1:1	
	E Bor. Mönchengladbach			2:5 A	
1984/85	BLN (-1)	1.	9	22:16	14-4
	VF Werder Bremen				5:2 H
	HF Borussia Dortmund			1:4 A	
1985/86	BLN	2.	6	(12:8)	6-6
	(Ein Ergebnis ist nicht bekannt.)				
1994/95	BLR	1.	14	29:17	19-9
	HF Bayer Leverkusen			1:4 A	
1995/96	BLR	6.	10	11:16	7
1996/97	BLR	nicht teilgenommen			

Erklärung: KrKl = Kreisklasse Nordmain 1, Res-R. = Reserverunde, OL = Reserverunde Oberliga Süd, BLS = Reserverunde Bundesliga Süd/Südwest, Süd = Reserverunde Süd, HL = Hessenliga, NWR = Nachwuchsrunde, BLN = Bundesliga-Nachwuchsunde, BLR = Bundesliga-Reserverunde - Zahlen in Klammern = Anzahl der nicht ausgetragenen Spiele, a. K. = außer Konkurrenz.

Das Eintracht-Futsal-Team

Jüngstes Kind in der Familie der Eintracht-Fußballer/-innen ist das Futsal-Team, das auf Anhieb regional und überregional für Furore sorgte. Älteren Fans sind sicherlich noch die Hallenfußball-Turniere in der Festhalle oder der Ballsporthalle Höchst in Erinnerung. Im Gegensatz zum Hallenfußball, bei dem es von 1987 bis 2001 einen offiziellen DFB-Wettbewerb (DFB-Hallenpokal) gegeben hatte, wird Futsal ohne Bande gespielt. Seinen Ursprung hat Futsal in Südamerika, wo es schon seit den 1950er Jahren gespielt wird. In Europa ist es vor allem Süd- und Osteuropa sehr populär. In Spanien gibt es sogar eine Profiliga mit 16 Mannschaften. Seit 1989 wird eine offizielle FIFA-Futsal-WM ausgetragen, die dreimal von Brasilien sowie 2000 und 2004 von Spanien gewonnen wurde. Spanien ist auch der amtierende Europameister, und vier der bisherigen UEFA-Futsal-Cup-Sieger kommen ebenfalls von der iberischen Halbinsel. Deutschland wird erstmals 2006/07 bei diesem Wettbewerb vertreten sein, nachdem im April der erste offizielle DFB-Futsal-Cup ausgespielt und vom UFC Münster gewonnen wurde.
Einen hervorragenden 3. Platz bei diesem Turnier belegte das Futsal-Team der Eintracht, das es erst seit 2005 gibt. Das von Horst Schumacher betreute Team belegte zunächst in der zweigleisigen Hessenliga den 2. Platz und sicherte sich anschließend die erstmals ausgetragene Hessenmeisterschaft. Doch damit noch nicht genug: Im März wurde in Crailsheim durch ein 4:3 über das favorisierte Team Rosenheim auch die Süddeutsche Meisterschaft eingefahren und damit das Ticket für den DFB-Futsal-Cup in Göttingen gelöst. Nach einem 3:1 gegen den RSV 05 Göttingen, einem 1:4 gegen den SVC Kastellaun und einem 2:0 gegen den SC Bayer 05 Uerdingen wurde das Halbfinale erreicht, wo man dem SVG 07 Göttingen mit 0:2 den Vortritt lassen musste. Im kleinen Finale sicherte sich die Eintracht im Sechsmeterschießen (8:7) gegen den SC Bayer 05 Uerdingen den 3. Platz, nachdem die reguläre Spielzeit (2 x 20 Minuten) torlos geendet hatte.

Zuschauer-Statistik seit 1920

Aus der Vorkriegszeit sind nicht alle Zuschauerzahlen überliefert. In diesen Fällen ist nur die Summe der bekannten Zahlen mit einem entsprechenden Hinweis angegeben (z.B. „3 von 10", d.h. nur von drei der zehn Heimspiele sind Zuschauerzahlen bekannt). Auf die Angabe eines Zuschauerschnitts wurde verzichtet (mit einem Sternchen [*] markiert), wenn nicht mindestens 80 Prozent der Zuschauerzahlen bekannt sind. Eine Ausnahme wurde in der Saison 1945/46 gemacht, da wegen des beschränkten Fassungsvermögens an der Roseggerstraße über den gesamten Saisonverlauf keine großen Schwankungen möglich waren.

Saison	Heimspiele	Gesamt	Schnitt
Süddeutsche Kreis- und Bezirksliga			
1920/21	3 von 10	22.500	*
Süddt. Meist.	3	33.000	11.000
1921/22	3 von 7	13.000	*
Kreismeist.	1	unbekannt	
1922/23	5 von 7	34.000	*
1923/24	1 von 7	10.000	*
1924/25	2 von 7	10.500	*
1925/26	7	25.500	3.643
1926/27	9	50.000	5.556
Trostrunde	4	25.000	6.250
1927/28	11	58.500	5.318
Süddt. Meist.	7	117.000	16.714
DM-Endrunde		kein Heimspiel	
1928/29	9	57.000	6.333
Süddt. Meist.	7	100.000	14.286
1929/30	3 von 7	40.000	*
Süddt. Meist.	7	93.000	13.286
DM-Endrunde	1	15.000	15.000
1930/31	7	53.000	7.571
Süddt. Meist.	7	108.000	15.428
DM-Endrunde		kein Heimspiel	
1931/32	10	55.000	5.500
Süddt. Meist.	7	55.500	7.928
DM-Endrunde	1	22.000	22.000
1932/33	9	43.000	4.778
Süddt. Meist.	8	53.500	6.687
DM-Endrunde	1	12.000	12.000
Gauliga Südwest und Hessen-Nassau			
1933/34	10 von 11	49.000	4.900
1934/35	9 von 10	48.500	5.338
1935/36	9	73.000	8.111
1936/37	8 von 9	67.000	8.375
1937/38	9	62.000	6.889
DM-Endrunde	3	18.000	6.000
1938/39	9	74.000	8.222
1939/40	5 von 6	25.800	5.160
1940/41	7	18.000	2.571
1941/42	2 von 6	9.000	*
1942/43	5 von 9	17.000	*
1943/44	9		unbekannt
1944/45			unbekannt

Saison	Heimspiele	Gesamt	Schnitt
Oberliga Süd			
1945/46	11 von 15	79.500	7.227
1946/47	19	233.000	12.263
1947/48	19	225.000	11.842
1948/49	15	173.000	11.533
1949/50	15	195.000	13.000
1950/51	17	178.000	10.471
1951/52	15	174.500	11.633
1952/53	15	246.000	16.400
DM-Endrunde	3	124.033	41.389
1953/54	15	266.000	17.733
1954/55	15	233.000	15.533
1955/56	15	135.000	9.000
1956/57	15	157.500	10.500
1957/58	15	204.000	13.633
1958/59	15	265.500	17.700
DM-Endrunde	3	150.665	50.222
1959/60	15	222.000	14.800
1960/61	15	174.000	11.600
DM-Endrunde	3	187.510	62.503
1961/62	15	284.000	18.933
DM-Endrunde	1	47.100	47.100
1962/63	15	202.380	13.492
Bundesliga			
1963/64	15	398.425	26.561
1964/65	15	338.416	22.561
1965/66	17	491.412	28.906
1966/67	17	472.096	27.770
1967/68	17	355.719	20.924
1968/69	17	371.983	21.881
1969/70	17	308.574	18.151
1970/71	17	392.283	23.075
1971/72	17	372.304	21.900
1972/73	17	233.138	13.714
1973/74	17	429.031	25.237
1974/75	17	399.689	23.511
1975/76	17	350.529	20.619
1976/77	17	383.664	22.568
1977/78	17	405.489	23.852
1978/79	17	398.499	23.441
1979/80	17	348.797	20.517
1980/81	17	354.672	20.863

Saison	Heimspiele	Gesamt	Schnitt
1981/82	17	344.685	20.276
1982/83	17	338.763	19.927
1983/84	17	352.895	20.759
1984/85	17	378.643	22.273
1985/86	17	267.651	15.744
1986/87	17	299.845	17.638
1987/88	17	337.320	19.842
1988/89	17	255.266	15.016
1989/90	17	425.776	25.046
1990/91	17	400.266	23.545
1991/92	19	551.494	29.026
1992/93	17	416.616	24.507
1993/94	17	524.305	30.841
1994/95	17	480.360	28.256
1995/96	17	465.592	27.388
2. Bundesliga			
1996/97	17	245.785	14.458
1997/98	17	370.436	21.790

Saison	Heimspiele	Gesamt	Schnitt
Bundesliga			
1998/99	17	531.979	31.293
1999/2000	17	570.267	33.545
2000/01	17	482.152	28.362
2. Bundesliga			
2001/02	17	227.603	13.388
2002/03	17	257.090	15.123
Bundesliga			
2003/04	17	419 856	24.697
2. Bundesliga			
2004/05	17	390 167	22.951
Bundesliga			
2005/06	17	696 806	40.989

Zahlreiche Fans begleiten 1960 ihre Eintracht zum Europapokal-Finale in Glasgow gegen Real Madrid (3:7).

Daten zum Verein

Eintracht Frankfurt Fußball AG
Mörfelder Landstraße 362
60528 Frankfurt am Main
Telefon: (0 69) 95 50 30 - Fax: (0 69) 95 50 31 10
Internet: www.eintracht.de
E-Mail: info@eintracht-frankfurt.de

Gegründet: 8. März 1899
(seit 1. Juli 2000 Eintracht Frankfurt Fußball AG)

Titel:
Deutscher Meister 1959
Deutscher Pokalsieger 1974, 1975, 1981, 1988
UEFA-Pokal-Sieger 1980
Rappan-Cup-Sieger (Intertoto-Runde) 1967
Alpenpokal-Sieger 1967
Deutscher Flutlichtpokal-Sieger 1957
Süddeutscher Meister 1930, 1932, 1953, 1959
Gaumeister Südwest 1938
Meister des Frankfurter Associations-Bundes 1902, 1903 (Victoria), 1904 (1899-Kickers)
Westmaingaumeister 1905, 1906 (Victoria)
Südmaingaumeister 1907, 1908 (Kickers), Herbst 1915, Frühjahr 1916, Herbst 1917, Herbst 1918 (FFV)
Nordkreismeister 1912, 1913, 1914 (FFV)
Nordmainmeister 1920 (FFV), 1921
Mainbezirksmeister 1928, 1929, 1930, 1931, 1932
Meister der 2. Bundesliga 1998
Hessenmeister (Amateure) 1969, 2002
Hessenpokalsieger 1946, Amateure 1970

Vorstand: Heribert Bruchhagen (Vorsitzender), Heiko Beeck (Fußball/Öffentlichkeitsarbeit), Dr. Thomas Pröckl (Marketing/Sponsoring/Finanzen/Administration)
Aufsichtsrat: Herbert Becker (Vorsitzender), Peter Fischer (Stellvertreter), Hans-Dieter Burkert, Bernd Ehinger, Axel Hellmann, Andreas Mechler, Hans Hermann Reschke, Achim Vandreike
Medienbeauftragte: Michael Feick, Carsten Knoop
Leiter der Lizenzspieler-Abteilung: Rainer Falkenhain
Trainer: Friedhelm Funkel
Co-Trainer: Armin Reutershahn
Torwart-Trainer: Andreas Menger
Reha-Trainer: Michael Fabacher
Scouting: Bernd Hölzenbein, Ralf Weber
Leiter Fußballschule: Karl-Heinz Körbel
Mannschaftsarzt: Dr. Christoph Seeger
Physiotherapeuten: Thomas Kühn, Björn Reindl
Zeugwart: Franco Lionti

Vereinsfarben: Rot-Schwarz-Weiß
Spielkleidung: Schwarz-rot längsgestreiftes Hemd, schwarze Hose, rote Stutzen oder weißes Hemd, schwarze oder weiße Hose, weiße Stutzen oder schwarzes Hemd, weiße Hose, schwarze Stutzen

Eintracht Frankfurt e.V.
Sportplatz am Riederwald
Gustav-Behringer-Straße 10
60386 Frankfurt am Main
Telefon: (0 69) 42 09 70 37, Fax: (0 69) 40 80 17 19

Präsident: Peter Fischer
Vizepräsidenten: Fred Moske (Finanzen), Hans-Dieter Burkert (Nicht-Fußball-Abteilungen), Klaus Lötzbeier (Amateur- und Jugend-Fußball), Axel Hellmann (Geschäftsführer und Recht)
Leiter Leistungszentrum Fußball: Klaus Lötzbeier (Stellvertreter: Armin Kraaz)
Abteilungsleiter Fußball: Stephan Winterling – Talentsichtung: Holger Müller, Samads El Messaoudi
Trainer U23 (ehem. Amateure): Petr Hubtchev
Trainer A-Junioren (U19): Frank Leicht
Trainer B-Junioren (U17): Slaven Skeledzic

Mitglieder: 10.100
Abteilungen: Basketball (seit 1954), Boxen (seit 1919), Eishockey (seit 2002), Eissport (seit 1960), Fan- und Förderabteilung (seit 2000), Fußball (seit 1899), Handball (seit 1921), Hockey (seit 1906), Leichtathletik (seit 1899), Rugby (seit 1923), Tennis (seit 1921), Tischtennis (seit 1947), Turnen (seit 1861), Volleyball (seit 1962)

Fanbetreuung:
Andreas Hornung, Tel. (01 79) 4 51 04 85;
Rudi Köhler, Tel. (01 70) 7 65 01 24;
c/o Eintracht Frankfurt Fußball AG,
z. Hd. Fanbetreuung, Mörfelder Landsraße 362,
60528 Frankfurt am Main,
E-Mail: fanbetreuung@eintracht-frankfurt.de
Vereinsarchiv: Matthias Thoma,
Tel. (0 69) 42 09 70 28, Fax: (0 69) 42 09 70 43,
E-Mail: archiv@eintracht-frankfurt.de

Literaturverzeichnis

1. Originalquellen

Protokoll-Buch für den F. F. C. „Victoria", 8. März 1899 bis 12. Januar 1900

Spiel-Berichte des F. F. C. „Victoria" 1899, 19. März 1899 bis 7. April 1907

Fußballclub Frankfurter Kickers, Protokollbuch, 10. April 1905 bis 21. April 1908

Michel Pickel, Aus den Gründungsjahren 1899 - 1911 und Aus den Jahren 1911 - 1920: Der Frankfurter Fussball-Verein, zwei Schreibmaschinen-Manuskripte zum 25jährigen Vereinsjubiläum 1924

Liebe Eintracht-Jugend!, hektografiertes Rundschreiben des Stellvertretenden Vorsitzenden und Jugendleiters Wilhelm Ewald, 23. Mai 1933

Jürgen Gerhardt, Eintracht-Vorstände leisteten Pionierarbeit beim Wiederaufbau des Vereins nach dem 2. Weltkrieg, Schreibmaschinen-Manuskript 1959

Heiner Stocke, Dokumentation über die Vereinsgeschichte von „Eintracht Frankfurt e. V." nach Ende des letzten Krieges, abgeschlossen im Mai 1988

2. Vereinspublikationen

2.1. Festschriften, Vereinschroniken und Jahrbücher

Frankfurter Fußball-Verein (Kickers-Victoria-Turnsportverein) e. V., Satzungen, Druckerei Enz & Rudolph, Frankfurt 1914

Kriegsjahre und Zukunft, Frankfurter Fußball-Verein 1919

Festschrift zur Einweihung des neuen Sport- und Spielplatzes „Am Riederwald" der Frankfurter Turn- und Sportgemeinde „Eintracht von 1861", 5. September 1920

Programm zum 25jährigen Jubiläum der Sportgemeinde „Eintracht" Frankfurt a. M., 30. August bis 7. September 1924

Vereins-Nachrichten der Frankfurter Sportgemeinde Eintracht e. V. (F. F. V.), Jubiläums-Ausgabe Mai-Juni 1929

Offizielles Programm zur Tribünen-Weihe, Fortuna Düsseldorf - Eintracht Frankfurt, 5. September 1937

Eintracht kämpfte in aller Welt, 40 Jahre Erziehungsarbeit im deutschen Sport, Sonderausgabe der Vereins-Nachrichten zum 40jährigen Jubiläum, Juli/August 1939

Es war nicht nur ein Name..., 50 Jahre Eintracht 1899 - 1949

Eintracht Frankfurt gegen Ägypten, Offizielles Sportprogramm zur Einweihung des Sportplatzes am Riederwald, 17. August 1952

Eintracht in aller Welt, 60 Jahre Eintracht 1899 - 1959

Eintracht Frankfurt 75 Jahre, Der Eintracht-Report, Dokumentation 1899 - 1974

Eintracht Report ,78, 15 Jahre Bundesliga, Verlag Birkholz u. Schnell, Frankfurt 1978

Eintracht Frankfurt, Jahrbuch 1995/96

Eintracht Frankfurt, Saison-Journal, Alle Informationen zur Bundesliga 1998/99

Eintracht Frankfurt, Saison-Journal 1999/2000, Jubiläumsausgabe: Alle Spieler - alle Daten, Das historische Tor

Eintracht Frankfurt, Saison-Journal 2000/2001

Eintracht Frankfurt, Saison-Journal 2001/2002

Eintracht Frankfurt, Saison-Journal 2002/03

Eintracht Frankfurt, Jahrbuch Bundesliga-Saison 2003/04

Eintracht Frankfurt, Jahrbuch Saison 2004/05

Unsere Eintracht, Offizielles Jahrbuch 2005/06 der Eintracht Frankfurt Fußball AG

Unsere Eintracht, Offizielles Jahrbuch 2006/07 der Eintracht Frankfurt Fußball AG

2.2. Vereinszeitungen/-Magazine, Fanzeitungen

Clubzeitung des F. C. Frankfurter Kickers, 15. Februar 1905 bis März 1907, 28 Ausgaben (drei fehlen) plus Extra-Ausgabe Ostern 1905

Vereinszeitung der Frankfurter Kickers, 1. September 1910 bis 1. Mai 1911, 16 Ausgaben (eine fehlt)

Vereins-Zeitung des Frankfurter Fußball-Vereins, 15. Mai 1911 bis 15. Juli 1914, insgesamt 76 Ausgaben

Rundschreiben an die Mitglieder während des 1. Weltkrieges, 8. Dezember 1914, April, Juni und Dezember (Liebe F. F. Ver!) 1915, 1. Mai 1916, 1. Dezember 1916 und August 1917

Mitteilungen der Frankfurter Turn- und Sportgemeinde Eintracht, Dezember 1920 bis Juni 1923, Mai 1924 bis März 1927, insgesamt 60 Ausgaben

Vereins-Nachrichten der Frankfurter Sportgemeinde Eintracht e. V. (F. F. V.), Juni 1927 bis Mai 1941, insgesamt 225 Ausgaben

Feldpostbriefe der Frankfurter Sportgemeinde „Eintracht" (FFV) e. V., Frankfurt am Main: „Brücke von der Front zur Heimat", Nr. 1 (Dezember 1941) und Nr. 2 (Mai 1942)

Eintracht Hefte, Mitteilungen der Sportgemeinde

Eintracht (F. F. V.) e. V., April 1950 bis Oktober/Dezember 1967, insgesamt 176 Ausgaben
Eintracht Frankfurt, Vereinszeitung und Stadionprogramm, erstmals am 17. August 1968 erschienen, seit November 1980 reines Stadionprogramm, pro Saison erschienen bis zu 20 und mehr Hefte je nach Spielprogramm (Bundesliga, DFB-Pokal, Europapokal), bis 1988 Zeitungsformat, seit 1988/89 farbig im Format DIN A4
Eintracht-Magazin, erstmals zum Abschiedsspiel von Jürgen Grabowski am 12. November 1980 erschienen, bis Herbst 2006 58 Ausgaben
Fan geht vor, 1. Frankfurter Allgemeine Fanzeitung, erstmals im Oktober 1991 erschienen, bis September 2006 147 Ausgaben sowie 1 Sonderausgabe
Youngster (seit März 2003 Youngster Magazin), ca. 1992 bis 2000 Jugendzeitschrift von Eintracht Frankfurt (25 Ausgaben), seit der Saison 2001/02 Zeitschrift der Amateur- und Jugendabteilung Fußball, bis September 2006 insgesamt 47 Ausgaben
Die Kurve, Infos zur Fanszene der Eintracht, erstmals erschienen am 25. April 2003, bis August 2006 8 Ausgaben (www.DieKurve.de)

3. Stadionprogramme

Der Sport-Expreß, Hg. Rolf Knötzele, Frankfurt ca. 1928 bis 1960
D. F. B. Meisterschaft 1932 in Nürnberg, Eintracht Frankfurt - Bayern München, Deutscher Sport-, Werbe- und Nachrichten-Verlag, Frankfurt 1932
Das Programm, Illustrierter Sonntags-Sportspiegel, Verlag M. Imke, Frankfurt 1937 bis 1944 und 1950 bis 1967
Fußball-Expreß, Programm für die Spiele der Süddeutschen Oberliga, Verlag E. Wilhelm, Frankfurt 1948/49
Der Neue Sport, Programm mit Mannschaftsaufstellung, Verlag M. Imke/Verlag Der Neue Sport, Frankfurt 1949/50
Der Sportfreund, Das Sportprogramm der Woche, Verlag Th. Hartwig, Oberstedten 1953
Offizielles Programm, Verlag unbekannt, ca. 1956 bis 1974
Endspiel um die Deutsche Fußballmeisterschaft Eintracht Frankfurt - Kickers Offenbach, Amtliches Programm, hg. vom DFB, Union-Sportverlag, Berlin 1959
European Cup Final, Eintracht Frankfurt v. Real Madrid, Official Programme, Glasgow 1960
Eintracht Fußball, Stadionprogramm der Frankfurter Sportgemeinde Eintracht (F. F. V.) e. V., 1965 bis 1968
Eintracht Frankfurt, Vereinszeitung und Stadionprogramm, seit 1968 (siehe 2.2.)
DFB-Pokalendspiel Hamburger SV - Eintracht Frankfurt, Amtliches Programm, Hg. im Auftrag des DFB: Verlag Jürgen Abel, Kettwig 1974
DFB aktuell: DFB-Pokalendspiel Eintracht Frankfurt - MSV Duisburg, Amtliches Programm, Hg. im Auftrag des DFB: Verlag Jürgen Abel, Kettwig 1975
Deutsches Pokalendspiel 1975 MSV Duisburg - Eintracht Frankfurt, Sport-Druck-Verlag Karl Schaper, Springe 1975
Endspiel DFB-Vereinspokal Eintracht Frankfurt - 1. FC Kaiserslautern, Offizielles Programm, Hg. im Auftrag des DFB: Pressebüro Jürgen Abel, Essen 1981
DFB aktuell: 45. Deutsches Pokalendspiel Eintracht Frankfurt - VfL Bochum, Offizielles Programm, Hg. im Auftrag des DFB: CWL-Werbung, Kreuzlingen 1988
DFB aktuell: DFB-Pokalendspiele 29. April 2006 Olympiastadion Berlin, Eintracht Frankfurt – FC Bayern München, 1. FFC Turbine Potsdam – 1. FFC Frankfurt, Hg. vom DFB, Frankfurt 2006

4. Broschüren, Hefte, Dias, Schallplatten, Filme, Videos, CDs

Eintracht Frankfurt, Serie: Fußball-Sportbildhefte, Stalling-Verlag, Bad Soden, Saison 1950/51
Das Sportliche Ereignis, Deutsche Fußball-Meisterschaft 1959 Eintracht Frankfurt - Kickers Offenbach, Single-Schallplatte, Ariola 1959
Traumendspiel um die Deutsche Fußball-Meisterschaft, Vorderseite: Der Meister heißt „Eintracht“ aus Frankfurt, Rückseite: Schuß und Tor ruft Offenbach im Chor, Single-Schallplatte, Bella Musica 1959
Endspiel Europa-Cup 1960, Eintracht Frankfurt - Real Madrid, Single-Schallplatte, Ariola 1960
Eintracht Frankfurt, Serie: Sport-Report, Walhalla u. Praetoria Verlag, Regensburg/München 1965
Eintracht Frankfurt, Serie: Stars im Stadion, Ehapa-Verlag, Stuttgart, Saison 1965/66 und 1966/67
Eintracht Frankfurt, Serie: Am Ball, Bundesliga-Sportarchiv in Bildern, J. Bauer-Verlag München, Saison 1968/69
Eintracht Frankfurt, Revue Dia-Serien Deutscher Bundesliga-Mannschaften, 1968/69
Der Frankfurter Studio Chor, Im Wald, da spielt die Eintracht, Single, CBS 1974, Institut für Stadtgeschichte Frankfurt
Eintracht, Eintracht über alles, Langspielplatte, Univers 1977
Eintracht Frankfurt, Serie: Merky-Pocket, Verlag E. Klett, Stuttgart 1979
Mach ihn rein, meine Diva vom Main, Single, Glashaus Edition 1991

Stepi und die Strassenjungs, Eintracht, CD, Tritt Record 1992

Wo der Adler fliegt, wo die Eintracht siegt . . ., CD, Jopro & Show Service Rhein-Main 1993

Eintracht Frankfurt, Die Fußball-Zauberer vom Main, Video, ran-Fußball Bundesliga, Saison 1993/94

Eintracht Power Hits, CD, Jopro & Show Service Rhein-Main 1994

Jay Jay Okocha, I I am am JJ, CD, Kult Film GmB/Intercord Ton GmbH 1994

Frankfurter Erzählcafé, Bert Merz: In vielen Sportstätten zu Hause und Richard Kreß: Fußballstar ohne Allüren, Video 12. November 1994, Institut für Stadtgeschichte Frankfurt

Dragoslach Stepanowitz singt: Läbbe geht waider, Hit Radio FFH 1997

We love you Frankfurt, Der offizielle Eintracht-Song, CD, Intergroove 1997

Herbert & The Heroes, Eintrachten, Fan-Initiative: 1,- DM für Eintracht Frankfurt, CD, 1997

Die Zweitkläßler, Eintracht Frankfurt lernt, was absteigen heißt, ein Film von Jörg Rheinländer und Rudi Schmalz-Goebels, HR3 11. Juni 1997

Eintracht Frankfurt: Himmel und Hölle, CD, Bellaphon 1997

Eintracht Frankfurt: Mein Verein, Der offizielle Eintracht-Song, CD, Minotaurus Records 1998

Tore & die Chef Kolter Band, Wenn die Sonne scheint, 1 Mark für das Vereins-Archiv, CD, Racker Records 1998

Eine Diva wird 99. „Eintracht Frankfurt" und 99 Jahre Fußball, ein Film von Holger Avenarius, HR3 21. August 1998

100 Jahre Eintracht Frankfurt 1899 – 1999, Hymne – Fansongs - Liveaufnahmen, CD, 1999

Die ARD-Schaltkonferenz vom Finale der Bundesliga-Saison 98/99, Live-Mitschnitt vom WDR2, CD, hg. von der ARD-Werbung Sales & Services GmbH (1999)

Sounds of Frankfurt, CD, hg. von Fan geht vor (1999)

Das Frankfurter Waldstadion: gestern - heute - morgen, ein Film von Silke Klose-Klatte, HR3 28. Februar 2001

Goundwarriors, Treu bis in den Tod, Ultras Frankfurt, CD, eastwest records 2001

Gestrauchelt, Gestolpert, Gescheitert: Eintracht Frankfurts Abstieg besiegelt?, HR3 extra, 19. Juni 2002

Lizenz für Eintracht Frankfurt?, HR3 extra, 3. Juli 2002

Spiele zur Endrunde um die Deutsche Fußballmeisterschaft 1932, hg. vom Sportantiquariat Kopp-Wittner, Würzburg 2002

Mundstuhl, Adler auf der Brust und Adler auf der Brust. Geschafft-Version, 2 CDs, Sony 2003

Das Herzschlag-Finale in Frankfurt. Nie mehr 2. Liga! Live-Mitschnitt der ARD-Konferenzschaltung vom Finale der Zweiten Fußball-Bundesliga am 25. 5. 2003

Die Familienkellerei Possmann präsentiert: Eintracht, nur dich woll'n wir lieben, CD, Double U. P. Productions 2003

Eine Diva wird 100. 100 Jahre Fußball Eintracht Frankfurt, ein Film von Holger Avenarius (1999), HR3 2. August 2003

100 Jahre Eintracht Frankfurt – eine Diva mit vielen Gesichtern, ein Film von Holger Avenarius (1999), HR3 2. August 2003

Solo Ultra, ein Film von Erik Winter, DVD, fantasticweb new media GmbH 2003; 3sat 6. Juni 2004

Sing along with the Bembelbar, Kultlieder der Eintracht Fans, Vol. 1, CD, Fan geht vor & Bembelbar 2005

Madhouse Flowers: Auf geht's Eintracht, CD, Cream Music Studio Frankfurt 2005

Andreas Berger: Wir sind wieder da!, CD, Innowave Ltd. 2005

12 – Die Eintracht CD von Fans für Fans, Soccer Records 2005

Tankard, Schwarz-Weiß wie Schnee, CD, Afm (Soulfood Music) 2006

5. Bücher und Aufsätze über die Eintracht

Herbert Neumann, Eintracht Frankfurt, Die Geschichte eines berühmten Sportvereins, Droste Verlag, Düsseldorf 1974, ^{2}1977

Rainer Franzke und Wolfgang Tobien, Die Eintracht, 80 Jahre Fußball-Zauber, Dasbach Verlag, Taunusstein 1979

Rainer Franzke und Wolfgang Tobien, Eintracht Frankfurt, Immer oben dabei, Dasbach Verlag, Taunusstein 1981, ^{2}1992

Hartmut Scherzer, Jürgen Grabowski, Copress Verlag, München ca. 1985

Dieter Bott, Gerold Hartmann, „Wir sind alle Frankfurter Jungs", Die Fans er SGE, Hessische Sportjugend/Fußballfanprojekt, Frankfurt 1985, ^{2}1986

Dieter Bott, Gerold Hartmann, Die Fans aus der Kurve, „Let's go, Eintracht, let's go!", Aus der Welt der Fußballfans, Brandes & Apsel, Frankfurt 1986

Hartmut Scherzer und Peppi Schmitt, Der treue Charly, Karl-Heinz Körbel und die Eintracht, Hg. K.-H. Körbel 1986

Uli Stein, Halbzeit, Eine Bilanz ohne Deckung, Simander Verlag, Frankfurt 1993

Thomas Kilchenstein, Olé, Olé, SGE!, Eintracht Frankfurt, 343 trickreiche Fragen für echte Fans der Riederwälder, Eichborn Verlag, Frankfurt 1994

Deutschlands große Fußballmannschaften, Teil 7: Ein-

tracht Frankfurt, zusammengestellt von Matthias Kropp, Agon-Sportverlag, Kassel 1995
Steffen Gerth, Jay Jay Best in Soccer, Hg. Eintracht Frankfurt 1996
Ulrich Matheja, Eintracht Frankfurt - Schlappekicker und Himmelsstürmer, Verlag Die Werkstatt, Göttingen 1998, [2]2003
Eintracht Frankfurt, 100 Jahre Fußball und mehr, hg. von Stephan Kuß, Societätsverlag, Frankfurt 1998
Jörg Heinisch und Matthias Thoma, Main-Derby in Berlin - Deutsche Meisterschaft 1959: Eintracht Frankfurt gegen Kickers Offenbach, Agon-Sportverlag, Kassel 1999
Matthias Thoma, Michael Gabriel, Das Rostock-Trauma, Geschichte einer Fußballkatastrophe, Fuldaer Verlagsanstalt 2002
Klaus Veit, Christian Klein, Eintracht Frankfurt - Die Bruchlandung, Saison 2001/2002, Societäts-Verlag, Frankfurt 2002
Matthias Thoma, Kindheit und Jugend im Sportverein während des Nationalsozialismus am Beispiel Eintracht Frankfurt, Diplomarbeit, Fachhochschule Frankfurt 2003
Werner Skrentny (Hg.), Frankfurter Eintracht und FSV: 1933 endet eine »gute Ära«, in: Dietrich Schulze-Marmeling (Hg.), Davidstern und Lederball, Die Geschichte der Juden im deutschen und internationalen Fußball, Verlag Die Werkstatt, Göttingen 2003, S. 131 - 152
Jörg Heinisch, Das Jahrhundertspiel – Eintracht Frankfurt und Real Madrid im Europapokal der Meister 1960, Agon-Sportverlag, Kassel 2004
Jörg Heinisch, Der große Triumph - Eintracht Frankfurt im Europapokal 1980, Agon-Sportverlag, Kassel 2005
Jörg Heinisch, Frankfurter Fußballwunder – Die Klassenkämpfe von Eintracht Frankfurt, Agon-Sportverlag, Kassel 2005
Die Eintracht, Von Titelträumen und Triumphen, von Abstiegsangst und Aufstiegslust, hg. von Brigitte Heinrich, Heinrich & Hahn Verlagsgesellschaft, Frankfurt 2006
Jörg Heinisch, Würstchen, Bomben, Fußballzauber – Eintracht Frankfurt in aller Welt, Agon-Sportverlag, Kassel 2006
Jörg Heinisch, Helden in Schwarz-Weiß – Eintracht Frankfurt im Vereinspokal, Agon-Sportverlag, Kassel 2006
Frank Gotta, Dr. Othmar Hermann, Im Herzen von Europa, Die Geschichte eines der bekanntesten Fußballvereine in Bildern, Agon-Sportverlag, Kassel 2006 (www.im-herzen-von-europa.de)

6. Tageszeitungen

6.1. Frankfurter Tageszeitungen

Frankfurter Nachrichten und Intelligenz-Blatt (begründet 1722 als Wöchentliche Franckfurter Frag- und Anzeigungs-Nachrichten), 11. Oktober 1910 bis 30. April 1934
Frankfurter Zeitung und Handelsblatt, Druck und Verlag: Frankfurter Societäts-Druckerei, 16. November 1866 bis 31. August 1943
General-Anzeiger der Stadt Frankfurt, Druck und Verlag: H. & G. Horstmann, 26. Mai 1876 bis 31. März 1943
Kleine Presse, Stadtanzeiger und Fremdenblatt, 1. April 1885 bis 31. März 1922 (ab 1. Januar 1919 unter dem Titel Mittagsblatt)
Rhein-Mainische Volkszeitung, Unabhängige Katholische Tageszeitung, 1923 bis 30. September 1943
Frankfurter Anzeiger, Druck und Verlag: Frankfurter Societäts-Druckerei, 1. April 1943 bis 2. März 1945
Rhein-Mainische Zeitung, Amtliches Organ der NSDAP für den Gau Hessen Nassau, 25. März 1943 bis 21. März 1945 (vorher Frankfurter Volksblatt)
Frankfurter Presse, Alliiertes Nachrichtenblatt der amerikanischen 12. Heeresgruppe für die deutsche Zivilbevölkerung, 21. April bis 5. Juli 1945
Frankfurt Rundschau, Druck- und Verlagshaus Frankfurt am Main, seit 1. August 1945
Frankfurter Neue Presse, Druck und Verlag: Frankfurter Societäts-Druckerei, seit 15. April 1946
Frankfurter Allgemeine Zeitung, Zeitung für Deutschland, seit 1. November 1949

6.2. auswärtige Tageszeitungen

Aschaffenburger Zeitung, 12. und 14. April 1924
Badische Neueste Nachrichten (Karlsruhe), 1. und 5. März, 22. und 25. Juni 1946
Beobachter vom Main (Aschaffenburg), 14. April 1924
B. Z. (Berlin), 17. Mai 1990
Fränkischer Kurier (Nürnberg), 13. und 23. März 1920
Fuldaer Zeitung, 21. November 1960
General-Anzeiger für Hamburg-Altona, 17. Juni 1914
Hamburger Zeitung, 30. Dezember 1946
Hanauer Anzeiger, 30. April und 16. Oktober 1900
Hanauer Zeitung, 16. Oktober 1900
Hessische Landeszeitung (Darmstadt), 20. Juni 1943
Hessisch Niedersächsische Allgemeine (Kassel), 20. März 1997
Kinzig-Wacht (Hanau), 31. Mai 1943
Koblenzer General-Anzeiger, 19., 20./21. und 22. Juni 1942
Main-Spitze (Rüsselsheim), 13. Mai 1935
Mainzer Anzeiger, 12. Juli 1943
Mannheimer General-Anzeiger, 31. Mai 1920

Mannheimer Morgen, 8. Oktober 1946
Mitteilungsblatt der Militär-Regierung (Schweinfurt), 16. November 1945
Neu-Isenburger Anzeigeblatt, Jahrgänge 1916 bis 1918
The Newcastle Daily Chronicle, 6., 8. und 10. Mai 1907
Noordhollands Dagblad (Alkmaar)
Nordbayerische Zeitung (Nürnberg), 4. April 1907 und 15. April 1912
Nürnberger Nachrichten, 10. und 14. November, 29. Dezember 1945, 3. Januar, 9. und 13. März, 4. und 8. Mai 1946
Oberhessische Presse (Marburg), 20. März 1997
Offenbacher Zeitung, 20./21. und 22. Mai 1944
Pirmasenser Zeitung, 2. Mai 1927
Rhein-Neckar-Zeitung (Mannheim), 5. Dezember 1945, 6. und 13. Februar, 10. April und 14. Mai 1946
Rheinische Post (Düsseldorf), 1. Juni 1957
Schwäbische Landeszeitung (Augsburg), 23. Dezember 1945, 27. Januar, 2. Juni und 7. Juli 1946
Sprendlinger Anzeiger, Jahrgänge 1918 und 1919
Der Start, Das Forum der Jugend für politischen und geistigen Aufbau, Hg. Miltärregierung Landkreis Karlsruhe, 13. Februar und 6. März 1946
Stuttgarter Zeitung, 23. November 1945, 23. Januar, 2. April und 28. Mai 1946
Süddeutsche Zeitung (München), 11. Dezember 1945, 15. Januar, 24. April und 21. Mai 1946
Wiesbadener Tagblatt, Jahrgänge 1903 bis 1918
Wiesbadener Zeitung, 27./28./29. und 30. Mai 1944
Wormser Volkszeitung, 20. Juli 1914

7. Sport- und Fußball-Zeitschriften, Jahrbücher

Sport im Wort, allgemeine Sport-Zeitung, ursprünglich Beilage der Zeitschrift Sport im Bild, später (ca. 1901/02) darin aufgegangen Spiel und Sport, Deutscher Sport-Verlag, Berlin 1899 - (1915)
Jahrbuch für Volks- und Jugendspiele, begründet von E. von Schenckendorff und Dr. med. F. A. Schmidt, 9. - 12. Jahrgang, R. Voigtländers Verlag, Leipzig 1900 - 1903; 15. - 17. sowie 24. - 27. Jahrgang, Verlag B. G. Teubner, Leipzig 1906 - 1908, 1915 - 1918
Süddeutsche Sportzeitung, Illustrierte Zeitschrift für alle Sportzweige: Fußball, Lawn-Tennis, Athletik, Hockey, etc. etc., Alleiniges amtliches Organ des Verbandes Süddeutscher Fußballvereine, Offizielles Organ des Deutschen Fußball-Bundes, Münchner Fußball-Bundes, Frankf. Association-Bundes, Deutschen Rugby-Verbandes und der Deutschen Sportbehärde für Athletik, Karlsruhe, Jahrgänge 1908 (= 4. Jahrgang), 1911, 1913
Illustrierte Sportzeitung zur Hebung der Volkskraft, Verlag der Sportzeitung, München 1911 bis 1914 (vorher Illustrierte Amateur-Athleten-Zeitung, Illustrierte Athletiksportzeitung und Illustrierte Sportzeitung für Athletik, Gymnastik und Verwandtes: Wochenschrift für gesunde schönheitliche Körper-Ausbildung)
Fußball, Illustrierte Sportzeitung, begründet von Eugen Seybold, München 1911 bis 1943
(Der) Kicker, begründet von Walther Bensemann, Konstanz 1920/21, Stuttgart 1921 bis 1925, Nürnberg 1925 bis 1943, ab 1. Dezember 1951 Verlag Th. Martens & Co., München (ab 5. Juli 1954 Druck in Köln, ab 24. August 1964 in Frankfurt), 4. Juli 1966 bis 30. September 1968 Verlag Axel Springer & Sohn, Hamburg (Druck in Frankfurt)
Sport-Echo aus dem Maingebiet, Nachrichtenblatt für das gesamte Turn-, Sport- und Spielwesen, Seibold'sche Buchdr. W. Dohany, Offenbach 1920 bis 1937
Deutsche Sport-Illustrierte, Verlag Deutsche Sport-Illustrierte, Stuttgart 6. September 1933 bis 9. März 1943
Der Kicker-Fußball, Gemeinsame Kriegsausgabe, 13. April 1943 bis 26. September 1944
Die Sportwelt, Wochenprogramm für die Nürnberg-Fürther Sportfreunde, Verlag Nürnberger Presse, Zirndorf ab 4. November 1945 (später Olympia-Verlag, Nürnberg; ab 12. Juni 1949: 1:0-Sportexpreß für alle)
Sportmagazin, begründet als Sport, Olympia-Verlag, Nürnberg 6. November 1946 bis 3. Oktober 1968
Die neue Fußball-Woche, Sportverlag, Berlin (Ost), 11. Oktober 1949 bis 28. Dezember 1992 (4. Januar bis 15. Februar 1993 als FuWo-kicker, Olympia-Verlag, Nürnberg)
kicker-Almanach, zusammengestellt und bearbeitet von Karl-Heinz Heimann, Karl-Heinz Jens u. a., Copress-Verlag, München seit 1958
kicker-sportmagazin, Olympia-Verlag, Nürnberg seit 7. Oktober 1968
Jahrbuch des Fußballs (seit 1991: Fußball-Jahrbuch), Copress-Verlag, München, in Zusammenarbeit mit der Redaktion von kicker-sportmagazin, seit 1980

8. Sonstige Literatur

Karl Planck, Fusslümmelei. Über Stauchballspiel und englische Krankheit, Verlag W. Kohlhammer, Stuttgart 1898 (Nachdruck mit einem Nachwort von Henning Eichberg und Wilhelm Hopf, Fußball zwischen deutschem Turnen und englischem Sport, Lit-Verlag, Münster 1982)
Internationale Ausstellung für Sport und Spiel, Frankfurt a. M. 15. Mai bis 15. Juli 1910 (Programm)

Festschrift 17. Vertretertag des Verbandes Süddeutscher Fußball-Vereine e. V., Frankfurt 9. bis 11. August 1913
Festbuch zur Stadionweihe Frankfurt a. M. 21. Mai 1925, Römerverlag, Frankfurt 1925
Fritz Becker, Fußball, in: Frankfurter Sport-Almanach 1925/26, Hg. Deutscher Reichsausschuß für Leibesübungen e. V., Ortsgruppe Frankfurt a. M., Frankfurt 1925
Aus der Steinzeit des Frankfurter Fußballs, Erinnerungen von Ludwig Isenburger, Druck und Verlag: Otto E. Schröder, Frankfurt 1929
Neue Ausgrabungen aus der Steinzeit des Frankfurter Fußballs, Erinnerungen von Phil. Wolf, Selbstverlag des Herausgebers, Frankfurt 1930
H. Heimpel, Frankfurter Sport um die Jahrhundertwende, in: Frankfurter Wochenschau, 16. August 1936
Hessisches Fußball-Jahrbuch 1954, Von der Oberliga bis zur A-Klasse, bearbeitet von Fritz Röhn und Rudolf Lamers, Marburg 1954
Die Sportstadt Frankfurt am Main, Neue Hauptkampfbahn im Stadion, W. Limpert-Verlag, Frankfurt 1955
Sechzig Jahre Süddeutscher Fußball-Verband 1897 - 1957, hg. vom SFV, Druck F. Willmy, Nürnberg 1957
Hajo Bernett, Sportpolitik im Dritten Reich, Aus den Akten der Reichskanzlei, Schorndorf 1971
Das Frankfurter Waldstadion, Hg. Dezernat Soziales und Freizeit, Sport- und Badeamt, Stadion GmbH, Frankfurt ca. 1974
Günther Vogt, Mit Armbrust und Degen, Frankfurter Sport begann mit Waffengeklirre, in: Frankfurt, Lebendige Stadt, Vierteljahresheft für Kultur, Wirtschaft und Verkehr, Heft 1, März 1975
Erich Beyer, Sport in der Weimarer Republik, in: Geschichte der Leibesübungen, Hg. Horst Ueberhorst, Band 3/2: Leibesübungen und Sport in Deutschland vom Ersten Weltkrieg bis zur Gegenwart, Berlin 1982
Hajo Bernett, Der Weg des Sports in die NS-Diktatur, Schorndorf 1983
Armin Schmid, Frankfurt im Feuersturm, Die Geschichte der Stadt im Zweiten Weltkrieg, Societätsverlag, Frankfurt Neuauflage 1984
Ludolf Hyll, Süddeutschlands Fußballgeschichte in Tabellenform, ruf-Druck, Karlsruhe 1988
Raphael Keppel, Die deutsche Pokalgeschichte 1935 - 1988, Sport- und Spielverlag, Rotenburg/Fulda 1988
Martin Lothar Müller, Sozialgeschichte des Fußballsports im Raum Frankfurt am Main 1890 - 1933, Magisterarbeit, Johann Wolfgang Goethe-Universität Frankfurt 1989
FSV Frankfurt 1899 - traditionsbewußt, 1989 zukunftsnah, Denkschrift von Karl Seeger, Hg. FSV Frankfurt, Sportschul-Verlag, Fritzlar/Graphische Werkstatt, Kassel 1989
Josef (Peppi) Schmitt, Eintracht Frankfurt, Spiele, Siege, Sensationen, in: Fußball-Magazin, Oktober 1990
Hans-Dieter Baroth, Anpfiff in Ruinen, Fußball in der Nachkriegszeit und die ersten Jahre der Oberligen Süd, Südwest, West, Nord und Berlin, Klartext-Verlag, Essen 1990
Dieter Rebentisch, Frankfurt am Main in der Weimarer Republik und im Dritten Reich 1918 - 1945, in: Frankfurt am Main, Die Geschichte der Stadt, J. Thorbecke Verlag, Sigmaringen 1991
Martin Lothar Müller, Turnen und Sport im sozialen Wandel, Körperkultur in Frankfurt am Main während des Kaiserreichs und der Weimarer Republik, in: Archiv für Sozialgeschichte, 33. Band, Verlag J. H. W. Dietz Nachf., Bonn 1993
Hardy Grüne, Who's Who des Deutschen Fußballs, Deutsche Vereine von 1903 - 1992, Kasseler Sportverlag (Agon), Kassel 1992, 21995
Werner Skrentny (Hg.), Als Morlock noch den Mondschein traf, Die Geschichte der Oberliga Süd 1945 - 1963, Klartext-Verlag, Essen 1993
Ralf Grengel, Das deutsche Wembley, 60 Jahre Vereinspokal 1935 - 1994, Bonifatius Verlag, Paderborn 1994
Hardy Grüne, Vom Kronprinzen bis zur Bundesliga 1890 bis 1963, Deutsche Meisterschaft, Gauliga, Oberliga, Agon-Sportverlag, Kassel 1996 (= Enzyklopädie des deutschen Ligafußballs, Band 1)
Gundi Mohr, Die fiskalische Ausbeutung der Juden im Dritten Reich, Ein Beitrag zur Rolle der Finanzverwaltung 1933 - 1945, Frankfurt 1996
50 Jahre Hessischer Fußball-Verband, Dokumentation, hg. vom HFV, Frankfurt 1996
Sport aus den Trümmern, Frankfurter Sportgeschichte der Nachkriegszeit 1945 - 1948, Faltblatt zur Ausstellung im Historischen Museum Frankfurt am Main, 23. Mai bis 30. Juni 1996
Skydome. Mehr erleben!, Faltblatt der Projektgruppe Weltstadion, Frankfurt 1996
100 Jahre Süddeutscher Fußball-Verband, hg. vom SFV, Vindelica Verlag, Gersthofen 1997
Peter Gay, My German Question, Growing Up in Nazi Berlin, Yale University Press, New Haven und London 1998
Frankfurt am Ball, Eintracht und FSV - 100 Jahre Fußballgeschichte, Begleitbuch zur Ausstellung des Frankfurter Sportmuseums der Stadion GmbH in Zusammenarbeit mit dem Historischen Museum Frankfurt, 4. März bis 19. September 1999

Ein Jahrhundert FSV Frankfurt 1899 e. V. Die Geschichte eines traditionsreichen Frankfurter Sportvereins, von Harald Schock und Christian Hinkel, Hg. FSV Frankfurt, Druckerei Scheufler, Frankfurt 1999

Gerhard Fischer und Ulrich Lindner, Stürmer für Hitler, Vom Zusammenspiel zwischen Fußball und Nationalsozialismus, Verlag Die Werkstatt, Göttingen 1999

Horst Müller, Süddeutsche Fußball-Meisterschaften 1898 - 1904, Zum 102. Geburtstag oder Dinner für die Urväter, W9-Selbstverlag, Berlin 1999

100 Jahre DFB, Die Geschichte des Deutschen Fußball-Bundes, hg. vom DFB, Sportverlag, Berlin 1999

Fritz Koch, „Die Artillerie des Nationalsozialismus", Die NS-Gau-Presse vom „Frankfurter Beobachter" zur „Rhein-Mainischen Zeitung" 1927 - 1945, in: Archiv für Frankfurts Geschichte und Kunst, Band 65, Verlag Waldemar Kramer, Frankfurt 1999

Arthur Heinrich, Der Deutsche Fußballbund, Eine politische Geschichte, PapyRossa, Köln 2000

Matthias Weinrich, 25 Jahre 2. Liga, Der Zweitliga-Almanach: Alle Spieler, alle Vereine, alle Ergebnisse, Agon-Sportverlag, Kassel 2000, ^{2}2001

Der Ball ist rund. Katalog zur Fußballausstellung im Gasometer Oberhausen im CentrO. anlässlich des 100-jährigen Bestehens des Deutschen Fußball-Bundes 12. Mai bis 15. Oktober 2000, Feuer & Flamme Ausstellungsgesellschaft, hg. von Franz-Josef Brüggemeier, Ulrich Borsdorf und Jürg Steinerm, Klartext-Verlag, Essen 2000

Thomas Bauer, Frankfurter Waldstadion, 75 Jahre Sportgeschichte, Hg. Stadion GmbH Frankfurt am Main, Nest Verlag, Frankfurt 2000

Matthias Weinrich, Hardy Grüne, Deutsche Pokalgeschichte seit 1935, Bilder, Statistiken, Geschichten, Aufstellungen, Agon-Sportverlag, Kassel 2000

Karl-Heinz Schwarz-Pich, Der DFB im Dritten Reich, Einer Legende auf der Spur, Agon-Sportverlag, Kassel 2000

Werner Skrentny (Hg.), Das große Buch der deutschen Fußball-Stadien, Verlag Die Werkstatt, Göttingen 2000, ^{2}2001

Kickers Offenbach - die ersten hundert Jahre, Hg. OFC Kickers 1901 e. V., Offenbach 2001 (Druck und Verarbeitung: Ingra, Hanau)

Erik Eggers, Fußball in der Weimarer Republik, Agon-Sportverlag, Kassel 2001

Hardy Grüne, Vereinslexikon, Agon-Sportverlag, Kassel 2001 (= Enzyklopädie des deutschen Ligafußballs, Band 7)

Tobias Picard, Willi Klar, Fotograf der Nachkriegs- und Wiederaufbaujahre in Frankfurt am Main, in: Archiv für Frankfurts Geschichte und Kunst, Band 67, Verlag Waldemar Kramer, Frankfurt 2001

Horst Müller, Süddeutsche Fußball-Meisterschaften 1903 - 1906, Zum 104. Geburtstag oder Younger than ever!, W9-Selbstverlag, Berlin 2001

Markwart Herzog (Hg.), Fußball als Kulturphänomen: Kunst - Kult - Kommerz, Verlag W. Kohlhammer, Stuttgart 2002

Bernd-M. Beyer, Der Mann, der den Fußball nach Deutschland brachte, Das Leben des Walther Bensemann, Ein biografischer Roman, Verlag Die Werkstatt, Göttingen 2003

Klaus Leger, So wie einst Real Madrid ..., Der Fußball-Europapokal 1955 – 1964, Agon-Sportverlag, Kassel o. J. (2003)

Horst Müller, Süddeutsche Fußball-Meisterschaften 1906 - 1910, Zum 107. Geburtstag oder I declare this bazar opened!, W9-Selbstverlag, Berlin 2004

Matthias Alexander, Falk Orth, Faszination des Ovals. Vom Waldstadion zur Commerzbank-Arena, Societäts-Verlag, Frankfurt 2005

Nils Havemann, Fußball unterm Hakenkreuz, Der DFB zwischen Sport, Politik und Kommerz, Campus Verlag, Frankfurt 2005

Peter Cardorff, Conny Böttger, Der letzte Pass, Fußballballzauber in Friedhofswelten – Zuschauer erwünscht, Verlag Die Werkstatt, Göttingen 2005

Faszination Fankurve, Ein Streifzug durch Europas Stadion, hg. von Stadionwelt.de, Brühl 20052005

Fußball im Nationalsozialismus: Kultur – Künste – Medien, Tagungsbericht von Dr. Markwart Herzog zur Veranstaltung am 17.-19. Februar 2006 an der Schwabenakademie Irsee, in: H-Soz-u-Kult, 31. März 2006 (http://hsozkult.geschichte.hu-berlin.de/tagungsberichte/id=1085)

Helden – Heilige - Himmelsstürmer, Katalog zur Ausstellung im Ikonenmuseum Frankfurt 16. Mai bis 10. September 2006

Fotonachweis

Mehrens-Pressebild: 79, 150, 155, 161 (o), 164, 185, 189, 197, 210, 230, 259, 289, 292, 354, 357, 372, 383, 389, 419, 427
Alte Publikationen / Archiv Eintracht Frankfurt: 16, 17, 27, 36, 37, 39, 46, 103, 110, 111, 114, 117 (u), 128, 244
Archiv Dr. Hermann: 49, 54, 93, 111, 118, 134
Archiv Der Kicker / kicker-sportmagazin: 13, 56, 62, 65, 77, 80, 88, 89, 90, 115, 123, 125, 129, 145, 159, 323, 444
Fotoagentur Bongarts: 243 (o), 255, 264, 267, 282, 307, 309, 312, 315, 317, 319, 349 (2), 358, 369, 381, 396, 399, 400 (1), 402
Fotoagentur Horst Müller: 72, 221, 225 (o), 239, 256, 271 (u), 277, 283, 353, 390, 392, 395, 404, 414, 417, 418, 420
picture alliance / dpa: 9, 272/273, 320, 327, 328, 331, 332, 335, 337 (o), 339, 340, 343; Farbseiten: II, IV, VIII; Cover (2)

Weitere Bildquellen
100 Jahre FSV: 61; 100 Jahre Kickers Offenbach: 117 (o), 139; Archiv Agon Verlag: 180; Baader: 243; Baumann: 201; Belz: 427; Berlin-Bild: 177, 178; Camera 4: 281; Fan geht vor: 174; Gayer: 194, 205; Grüne: 73; Harder: 297, 300, 303, 305, 409;
Hartung: 261, 362, 367, 393, 400 (1), 422; Imago: 70; Archiv August Langer: 131; Maibohm: 143; Moenkebild: 278, Nordbild: 207; Rauchensteiner: 240; Reilaender 161 (u); Andy Sanders: 274; Schirner: 11, 152, 394; Schmidtpeter: 191; Sven Simon: 215, 285; Stephan: 274, 291; Joachim Storch: 337 (u); Matthias Thoma: 269; Wende: 280; Werek: 225 (u), 246; Andreas Wolf: 270, 271 (o), Farbseite VII; Zentralbild: 288.

Der Autor

Ulrich Matheja wurde am 23. Juli 1956 in Frankfurt geboren. Nach Abitur, kaufmännischer Ausbildung und Zivildienst studierte er 1979 bis 1985 in Frankfurt und Newcastle upon Tyne (England) Geschichte und Englisch für das Lehramt an Gymnasien. 1985 bis 1987 absolvierte er ein Referendariat. Seit 1987 arbeitet er beim „kicker-sportmagazin" in Nürnberg, zuerst in der Dokumentation und seit 2004 in der Datenredaktion.
1998 erschien die erste, 2003 die zweite Auflage seines Buches über den „eigenen" Verein, Eintracht Frankfurt.

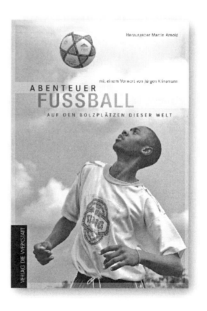